上海地方立法
蓝皮书
（2022 年）

上海市立法研究所 编

上海人民出版社

出版说明

为了更好地展示上海地方立法工作的丰富成果，上海市立法研究所从2020年起开创编辑出版年度《上海地方立法蓝皮书》，自首版即2019年版出版以来，已连续出版三辑，本辑是《上海地方立法蓝皮书（2022年）》。

2022年上海地方立法蓝皮书基本沿袭了历年蓝皮书体例，由正文和附录组成。正文由四部分组成：一是立法工作总评述，系统总结、评述了2022年度上海地方立法总体情况；二是立法篇，按照立法背景、主要内容、工作评述的框架结构对该年度重要立法的相关情况作了描述；三是法治综合篇，涵盖基层立法联系点、备案审查、制度建设、浦东新区法规立法情况、长三角立法协同等年度主要立法工作；四是理论研究篇，摘录了市人大常委会领导相关重要讲话，收录了部分代表专家对立法工作的评析，摘编市立法研究所部分研究成果。附录收录了2022年度上海市人大代表的立法议案及审议结果的报告、2022年度上海市人大常委会立法计划、2022年度制定和修改的上海市地方性法规年度法规汇编。

本书资料来源于上海市人大常委会法工委及常委会其他各工作部门在立法工作中形成的资料。值此本书出版之际，谨向为本书提供大量第一手资料的上海市人大常委会相关工作人员致以崇高的敬意，向为出版本书提供大力支持的上海人民出版社以及出版编辑人员一并致以衷心的感谢。

本书对2022立法年度上海地方立法作了全领域、全景式的梳理研究，以权威、翔实的资料展现该年度上海科学立法、民主立法、依法立法实践探索、制度创新及理论研究的状况。编写者希冀本书能够成为社会观察、了解

1

上海地方立法的重要窗口，并且成为专家学者研究上海地方立法的重要数据库。

上海市立法研究所

2023 年 8 月

目 录

三、法治综合篇

四、理论研究篇

附　录

一、2022 年上海地方立法工作的总评述

2022 年上海地方立法工作的总评述

2022 年是党和国家发展进程中极为重要的一年，也是十五届人大常委会履职的收官之年，党的二十大和市十二次党代会胜利召开之年，是全党全国各族人民迈上全面建设社会主义现代化国家新征程、向第二个百年奋斗目标进军的关键之年。在上海市委坚强领导下，上海市人大及其常委会坚持以习近平新时代中国特色社会主义思想为指导，深入学习贯彻习近平法治思想，全面贯彻落实党的十九大、十九届中央历次全会精神、二十大精神和中央人大工作会议精神，围绕中心、服务大局，按照"紧跟、紧贴、紧扣"的要求，加强和改进人大工作，积极行使宪法和法律赋予的立法权，蹄疾步稳高质量推进本市地方立法工作，全年共审议地方性法规草案、法律性问题决定草案共 42 件，通过 40 件，包括制定 26 件，修改或废止 14 件，转结至下一年度继续审议和表决 2 件。一批重点领域、新兴领域法规相继出台，浦东新区法规开创性制定，为上海加快建设具有世界影响力的社会主义现代化国际大都市持续提供高水平法治供给。

回眸 2022 年立法，主要呈现以下特点：一是善于把党的主张、方针、政策转化为法规规定，使每一项立法都符合宪法精神、反映人民意愿、适应和满足改革开放的需要；二是聚焦重点难点问题，从上海实际出发，加强和深化立法调研，注重"小切口"立法，彰显地方特色，更有效解决实际问题；三是拓宽基层和代表参与立法工作的途径，运用现代信息技术搭建立法工作平台，助力高质量立法，现综述如下：

一、坚持以习近平新时代中国特色社会主义思想为指导，深入贯彻习近平法治思想，推动地方立法工作高质量发展

2021 年 10 月，党中央召开中央人大工作会议，这在党的历史上、人民代表大会制度历史上都是首次，在我国社会主义民主政治建设进程中具有里程碑意义。习近平总书记发表了重要讲话，深刻阐明人民代表大会制度是保障实现中华民族伟大复兴的好制度，明确提出新时代加强和改进人大工作的指导思想、重大原则和主要任务。市人大常委会认真把握中央关于新时代人大工作的总体部署，深入贯彻习近平法治思想，全面贯彻落实中央人大工作会议精神，为推动新时代上海地方立法工作与时俱进、完善发展，以高水平法治供给保障高质量发展，研究制定《上海市人大常委会关于深入学习贯彻中央人大工作会议精神 推动健全和完善地方立法工作格局的意见》，召开 2022 年度立法工作座谈会，推动健全和完善"党委领导、人大主导、政府依托、各方参与"地方立法工作格局。进一步健全重要法规起草工作市人大、市政府双组长机制，在法规审议中建立拟解决问题清单、制度供给清单、实施部门责任清单三项清单制度，优化制度设计、强化法规实施，不断提高科学立法、民主立法、依法立法水平。

二、紧紧围绕中央对上海的战略定位，全面贯彻落实中央和市委决策部署，推动地方立法高效能供给

市人大常委会牢记习近平总书记交给上海的重大任务，加强重点领域、新兴领域立法，运用法治方式推动中央和市委重大决策部署贯彻落实，不断提升城市核心竞争力。

1. 围绕国家重大战略和全市重点工作，扎实有力推动重点领域、新兴领域立法

根据习近平总书记对临港新片区"五个重要"的发展定位，制定《中国

（上海）自由贸易试验区临港新片区条例》，成为临港新片区高水平改革开放的基础性法规。深化落实《上海市推进科技创新中心建设条例》，推进科技创新中心和国际金融中心联动发展，修改《上海市科学技术普及条例》。

深入贯彻习近平总书记关于上海建设三大先导产业高地的重要指示，助力强化人工智能科技创新策源功能，制定全国首部省级《上海市促进人工智能产业发展条例》，统筹科技创新、产业发展、应用赋能和产业治理，形成促进世界级人工智能产业集群发展的法治框架。

在进博会举办五周年之际，在商务部支持下，制定《上海市服务办好中国国际进口博览会条例》，持续放大进博会溢出带动效应，创新实施国家重大战略的地方立法保障机制。

贯彻中央关于构建国内国际双循环新发展格局的战略部署，落实虹桥国际开放枢纽建设要求，制定《上海市促进虹桥国际中央商务区发展条例》，将商务区功能定位和保障措施法定化，支持商务区成为全国统一大市场的关键节点、长三角一体化的新引擎、上海强劲活跃增长的动力源。同时为贯彻中央乡村振兴战略部署，聚焦产业发展、农民增收、城乡整合、乡村治理、生态宜居等，制定《上海市乡村振兴促进条例》。

2. 积极推进长三角区域协同立法，落实长三角高质量一体化发展法治保障

习近平总书记明确将长三角一体化发展上升为国家战略，并要求上海发挥龙头带动作用，促进长三角地区实现更高质量一体化发展。市人大及其常委会牢记嘱托，持续落实同苏浙皖人大协同作出的《关于支持和保障长三角更高质量一体化发展的决定》，落实长三角协同发展机制，克服疫情带来的困难，如期召开长三角地区三省一市人大常委会主任座谈会，与三地同步制定《推进长三角区域社会保障卡居民服务一卡通若干规定》。该《规定》是长三角区域民生领域首部协同立法，聚焦基本公共服务便利共享，推进交通出行、旅游观光、文化体验以及医疗卫生、社会保障、金融服务等领域的一卡多用、跨省通用，建立健全长三角一卡通的工作推进机制。还在《上海市船舶污染防治条例》《上海市促进虹桥国际中央商务区发展条例》设专章规定长三角区域协同发展内容。《上海市消费者权益保护条例》《上海市促进人工智能产业发展条例》《上海市乡村振兴促进条例》《上海市服务办好中国国际进口博览会条例》等多项法规设专门条款规定长三角区域协同发展，形成贯彻实施国家战略的区域法治合力。

三、坚持人民城市重要理念，持续推进民生保障和城市治理立法，为提升城市治理现代化水平提供高质量法治保障

坚持以人民为中心，健全城市治理急需、满足人民日益增长的美好生活需要必备的法规制度，市人大常委会持续做好民生保障立法，不断提升城市软实力。

1. 持续推动民生保障立法，促进民生福祉提升

关注婴幼儿成长和青少年教育，制定《上海市学前教育与托育服务条例》，制定《上海市预防未成年人犯罪条例》，修改《上海市未成年人保护条例》，为青少年编织起严密的守护网络。聚焦本市水、大气、土壤环境治理短板问题，制定《上海市船舶污染防治条例》。修改《上海市工会条例》《上海市红十字会条例》，固化群团组织改革成果。制定《上海市妇女权益保障条例》，做好《上海市消费者权益保护条例》修改工作，服务人民城市建设。以管用有效立法促进城市治理现代化法治化水平，以惠民立法满足人民群众对美好生活的需要，提高人民群众的获得感、幸福感、安全感。

2. 完善城市治理立法，加强和改进城市功能

着眼城市管理精细化，修改《上海市市容环境卫生管理条例》《上海市环境保护条例》，提高城乡市容环境卫生标准，完善户外设施管理，加强市容环境卫生综合整治，保障城市整洁、有序、温馨、安全、美观的市容市貌。制定《上海市浦东新区推进住宅小区治理创新若干规定》等浦东新区法规，促进科技手段在城市管理中的应用和执法规范及力量下沉。制定《上海市人民

代表大会常务委员会关于进一步促进和保障城市运行"一网统管"建设的决定》，全面提升城市治理的科学化、精细化、智能化水平。修改《上海市禁毒条例》，增设基层政府和组织的禁毒职责，进一步提升禁毒工作信息化、智能化水平。制定《上海市人民代表大会常务委员会关于加强新时代检察机关法律监督工作的决定》，听取市人民检察院关于加强法律监督情况的报告，以法治思维、法治方法引领城市治理现代化。

此外，为维护国家法治统一并根据本市改革发展要求，做好《上海市公共场所控制吸烟条例》等法规的打包修改。

四、大力支持引领区建设，开创性推进浦东新区法规建设，发挥浦东新区法规创新引领作用

贯彻落实习近平总书记要求浦东全力打造社会主义现代化建设引领区的重要指示精神，根据党中央和全国人大常委会的授权，市人大常委会积极落实《上海市人民代表大会常务委员会关于加强浦东新区高水平改革开放法治保障 制定浦东新区法规的决定》，开创性推进浦东新区法规建设。一年来，围绕优化营商环境，制定《上海市浦东新区市场主体登记确认制若干规定》《上海市浦东新区推进市场准营承诺即入制改革若干规定》；围绕科技创新和产业发展，制定《上海市浦东新区优化揭榜挂帅机制促进新型研发机构发展若干规定》《上海市浦东新区促进无驾驶人智能网联汽车创新应用规定》《上海市浦东新区化妆品产业创新发展若干规定》《上海市浦东新区文物艺术品交易若干规定》；围绕生态文明建设，制定《上海市浦东新区绿色金融发展若干规定》《上海市浦东新区固体废物资源化再利用若干规定》；围绕社会治理，制定《上海市浦东新区推进住宅小区治理创新若干规定》等浦东新区法规，9 件法规突出制度型开放，聚焦创制性和变通性，努力构建支持浦东大胆闯、大胆试、自主改的法治保障体系。

同时委托第三方科研单位对一年半以来出台的 15 部浦东新区法规开展立

法后评估，深入研判立法质量和实施效果，为谋划进一步做好浦东新区法规工作的路径提供借鉴。

五、统筹疫情防控和经济社会发展，为打赢大上海保卫战发挥立法监督保障作用

2022 年上半年上海发生新一波严峻复杂疫情后，市人大常委会深入贯彻落实习近平总书记关于坚决打赢大上海保卫战的重要讲话精神和中央、市委关于做好常态化疫情防控的部署要求，在本市疫情防控向常态化阶段转换的关键时点，作出《上海市人民代表大会常务委员会关于进一步促进和保障城市运行"一网统管"建设的决定》，就常态化疫情防控条件下规范和推进个人疫情防控信息核验措施作出规定，明确强化有关主体的法定职责和配合义务，为"场所码""数字哨兵"等常态化疫情防控措施的实施提供及时有力的法治保障。接续审议通过的《上海市工会条例》《上海市红十字会条例》《上海市公安机关警务辅助人员管理条例》《上海市环境保护条例》等，也及时新增公共卫生应急管理和疫情防控有关内容，进一步织密全方位疫情防控"法治网"。

根据本市就业工作实际，市人大常委会跨前研判回应社会关切，及时新增制定《上海市人民代表大会常务委员会关于进一步做好当前促进就业工作的决定》，并持续推进《上海市就业促进条例》立法进程，以"法律性问题决定＋法规"的加强模式，进一步形成本市疫情后全社会合力关注并推动解决就业问题。为加强对经济工作的监督，制定《上海市人民代表大会常务委员会关于加强经济监督工作的决定》，加强对半年计划执行情况监督，着力为上海经济平稳健康发展营造良好法治环境。

六、深入践行全过程人民民主重大理念，加强人大自身建设，推动地方人大及其常委会高质量履职

市人大常委会牢记使命，坚持把全过程人民民主贯彻到市人大工作全过

程各方面，发挥人民代表大会制度作为实现全过程人民民主重要制度载体的作用，提升基层立法联系点的作用，努力按照市委关于把上海打造成为全过程人民民主最佳实践地的要求履职实践。

1. 继续推进基层立法联系点工作

加强基层立法联系点服务指导、支持保障和业务培训，提升覆盖全市 25 个基层立法联系点的信息网络平台功能，全力推进基层立法联系点提质增效，市人大常委会党组通过《市人大常委会 2022 年度推进基层立法联系点建设提质增效工作计划》。建立立法联系点日常联系结对机制，引导立法联系点根据自身特点有重点地参与年度立法项目，并推进联系点参与立法工作向立法前后两端延伸，如编制年度立法计划向联系点书面征询立项建议、邀请列席立项联合论证会等。2022 年共收到基层立法联系点各类立法意见建议 6586 条，采纳 919 条，采纳率 13.9%，比上一年度有较大幅度提升。在重点法规表决通过后向联系点作法规解读，促进法治宣传，强化其在监督执法、促进守法、宣传普法的功能拓展，努力把基层立法联系点打造成实践全过程人民民主的最鲜活载体、最响亮品牌。

2. 完善地方人大及其常委会议事规则

根据新修订的全国人大组织法、地方组织法、全国人大常委会议事规则等，修改《上海市人民代表大会议事规则》和《上海市人民代表大会常务委员会议事规则》，保障代表权利、扩大人民民主、优化会议组织，建设政治坚定、运行高效的国家权力机关。修改《上海市人民代表大会常务委员会任免国家机关工作人员条例》、打包修改《上海市实施〈中华人民共和国全国人民代表大会和地方各级人民代表大会代表法〉办法》《上海市人民代表大会关于代表议案的规定》《上海市人民代表大会关于代表建议、批评和意见的规定》，废止《上海市授予荣誉市民称号规定》，加强和改进代表和人大工作。

此外，市人大常委会持续做好规范性文件备案审查条例的贯彻落实，督促相关部门做好本届人大常委会组建以来地方性法规配套性文件的制定和报备工作，推动并实现市区两级人大常委会听取和审议备案审查工作情况报告全覆盖，推进本市地方性法规规章规范性文件数据库建设。积极发挥立法研究所枢纽平台作用，对浦东新区促进无人驾驶智能网联汽车与无人驾驶装备创新应用管理等四部法规开展立法平行研究，进一步完善与智库建立的长效合作机制，为立法项目论证过程提供重要参考。

（编写人：张慧红　上海市立法研究所所长）

二、立法篇

1.《上海市未成年人保护条例》立法工作的评述

一、立法背景

《上海市未成年人保护条例》（以下简称《条例》）已由上海市第十五届人民代表大会常务委员会第三十九次会议于 2022 年 2 月修订通过，自 2022 年 3 月 1 日起施行。本市未成年人保护立法工作一直走在全国前列。早在 1987 年制定的《上海市青少年保护条例》，开创了未成年人保护领域专门立法的先河。现行《条例》于 2005 年施行、2013 年修正，为本市未成年人保护工作提供了有力的法治保障。在长期实践中，本市探索形成了未成年人维权保护、家庭教育指导服务、儿童友好社区建设、困境儿童保护等制度机制，取得了积极成效。但随着经济社会发展，上海超大城市的未成年人保护工作面临许多新情况、新问题、新挑战，亟需在制度层面予以回应。2021 年 6 月 1 日，新修订的《中华人民共和国未成年人保护法》（以下简称《未成年人保护法》）正式施行，内容大幅扩充，制度更加细化，对校园安全、防治欺凌、心理健康、网络保护等涉未成年人保护的热点问题，都作出了有针对性的回应，国家有关部门也相继出台了相关配套政策，明确了具体措施。为做好与《未成年人保护法》的衔接，总结固化本市未成年人保护工作有效经验，及时回应本市未成年人保护领域的新情况新挑战，有必要对《条例》进行全面修订，营造保障未成年人健康成长的良好法治环境。

二、主要内容

（一）加强家庭保护和自我保护

父母或者其他监护人是保护未成年人的首要责任主体。《条例》在上位法规定基础上，针对现实中的突出问题，对家庭监护职责、未成年人身心健康、参与社会活动、户外安全保障、交通安全保障、看护责任等内容作出明确规定，并保留了原《条例》中有关未成年人自我保护的内容，以加强对未成年人家庭保护和自我保护的规范和引导。为突出"自我保护"的重要性，在其他各章节也分别从多主体多角度明确了共同提升未成年人自我保护意识和能力的相关要求。

（二）细化学校保护制度

学校是未成年人成长成才的重要场所。《条例》对未成年人学校保护制度予以细化：一是明确建立以校长为第一责任人的未成年学生保护工作制度，强化学校的教职员工责任、关爱帮扶职责和家校合作等工作要求。二是针对未成年学生心理健康问题，规定学校应当开设心理健康课程、配备心理健康教育教师、加强心理健康辅导、及时实施心理干预等内容，并强调了信息保密要求。三是结合"双减"等国家政策要求，对学校合理安排学生学习和休息、娱乐等时间，减轻学生过重学习负担等作出规定。四是从传染病防治、校园安全管理、校车安全、突发事件和伤害事故应对、欺凌防治和性侵害预防等方面对学校安全管理职责予以细化。

（三）充实社会保护内容

优化未成年人成长环境，是全社会的共同责任。《条例》明确了居村委会的职责任务，要求设置专人专岗负责未成年人保护工作。同时，对与未成年人密切相关的公共场所便利服务设施设置、信息传播保护、突发事件保护、住宿管理、不适宜未成年人活动的场所管理、烟酒彩票管理、贵重物品交易及文身服务管理等内容作出明确规定。

（四）明确网络保护职责

随着信息技术的发展，网络环境对未成年人的影响越来越大。《未成年人保护法》新增网络保护一章，明确了有关部门、学校、家庭、网络产品和服务提供者等主体在未成年人网络保护中的具体职责。《条例》在此基础上，进一步对相关主体共同做好网络沉迷、网络暴力、非理性消费、饭圈文化等网络乱象的预防与整治作出明确规定，形成教育、引导、预防、干预等措施的完整体系，营造有利于未成年人健康成长的网络环境。

（五）整合政府保护与司法保护

考虑到地方立法在司法领域的调整空间有限，《条例》延续原有体例，将上位法中政府保护与司法保护两章整合为国家机关保护。一是明确市、区民政部门具体承担未成年人保护工作，街镇设立未成年人保护工作站或者指定专门人员办理相关事务，健全未成年人保护工作体系。二是明确相关部门和群团组织在落实教育制度改革、托育与学前教育、职业教育、特殊教育、家庭教育指导服务、校园及周边环境安全管理等方面的具体职责。三是针对孤独症未成年人群体，明确由民政部门会同相关部门建立关爱服务体系。四是明确公安机关、检察院、法院、司法行政部门建立司法保护联动机制、法律援助与司法救助、办案保护、指派法治副校长等司法保护职责。五是支持社会力量参与。明确国家机关可以通过购买服务等方式，引入社会组织、社会工作者等社会专业力量，提高未成年人保护工作专业化水平。

（六）增设特别保护

针对少数处于监护缺失、监护不当情形的困境未成年人群体，《条例》专设一章，予以特别保护，推动国家监护职责的落地落实。一是对监护缺失、监护不当的情形予以界定，明确居村委、民政、公安的具体处置机制及工作职责。二是明确对存在监护缺失、监护不当情形的家庭，开展监护能力评估，并根据评估结果采取监护人领回、监护支持干预、撤销监护人资格等措施。三是对临时监护、长期监护机制，以及监护场所及服务作出具体规定。

三、评述

一是《条例》特别突出"特别保护""自我保护"。为了给监护缺失或监护不当的困境儿童遮风挡雨，《条例》在细化规范《未成年人保护法》提出的

"六大保护"基础上，增设"特别保护"专章，明确了监护缺失或监护不当困境儿童的"发现报告""应急处置""临时监护""家庭监护能力评估"等要求，形成了工作机制上的闭环。校园安全、防止欺凌、网络保护等事关未成年人健康成长的热点问题，《条例》中都得到了明确的回应。"学校保护"一章明确了学校的关爱帮扶、突发事件和伤害事故应对、欺凌防治、性侵害预防等管理职责。"网络保护"一章细化规定，明确任何组织或者个人不得以任何形式向未成年人提供网络游戏账号租售交易服务，否则将承担法律责任，《条例》通过进一步健全管理和约束机制，让网络保护落到实处。《条例》特别突出"自我保护"的重要性：来自家庭、学校、社会、政府等方面的保护，只能为未成年人的健康成长提供外部条件。提升未成年人的自我保护意识和能力，也是未成年人保护的重要一环。为此，《条例》将"自我保护"与"家庭保护"放在同一章，在其他章节也提到应帮助未成年人树立正确的成才观等要求，提升未成年人的自我保护意识和能力。

二是凝聚共识，推动社会力量参与。《条例》在"政府保护和司法保护"一章中，进一步对机构设施和工作队伍支撑进行了明确。以此推进市、区未成年人保护机构建设，在全市215个街（镇）全面建立未成年人保护工作站，同时不断拓展丰富未成年人保护工作站的服务内容，在街（镇）层面打造汇聚各方资源、保护未成年人身心健康和合法权益的枢纽平台。上海继续加强街（镇）儿童督导员、居（村）儿童主任和专业社会工作者队伍建设，为开展未成年人保护工作夯实人力支撑。上海历来重视社会力量作用，《条例》将"鼓励支持社会力量广泛参与"贯穿于各保护主体的职责中，并在"政府保护和司法保护"章节专门对支持社会力量参与提出要求。

（编写人：王琨　上海市立法研究所助理研究员）

2.《中国（上海）自由贸易试验区临港新片区条例》立法工作的评述

一、立法背景

2022 年 2 月 18 日，上海市第十五届人民代表大会常务委员会第三十九次会议表决通过了《中国（上海）自由贸易试验区临港新片区条例》（以下简称《条例》）。《条例》是临港新片区第一部综合性地方性法规，是推动临港新片区各项改革创新发展工作在法治化轨道上守正创新、行稳致远的关键性立法。

设立中国（上海）自由贸易试验区临港新片区是以习近平同志为核心的党中央总揽全局、科学决策作出的进一步扩大开放的重大战略部署，是新时代彰显我国坚持全方位开放鲜明态度、主动引领经济全球化健康发展的重要举措。2019 年国务院发布《中国（上海）自由贸易试验区临港新片区总体方案》（以下简称《总体方案》），要求新片区要打造更具国际市场影响力和竞争力的特殊经济功能区。经过两年多的实践，新片区基本形成了以"五自由一便利"为核心的开放型制度体系框架，全面系统集成改革创新成效逐步显现。为深刻贯彻落实习近平总书记"五个重要"指示精神和在浦东开发开放 30 周年庆祝大会上讲话精神，充分体现临港新片区改革创新的重要成果，在更深层次、更宽领域、以更大力度推进全方位高水平开放，有必要制定一部综合性法规，稳定市场主体预期，为临港新片区加大开放型经济的风险压力测试提供强有力的法治保障。

二、主要内容

（一）关于投资自由便利

《条例》实行市场主体登记确认制，配合国家有关部门制定放宽市场准入特别清单（特别措施），实行以过程监管为重点的投资便利措施，优化市场主体退出机制，建立市场主体强制退出机制；建设国际金融资产交易平台、场内全国性大宗商品仓单注册登记中心、国际油气交易中心等金融要素平台；对外国投资者投资及收益转移、外商投资征收以及境外投资明确了相应便利措施。

（二）关于贸易和运输自由便利

《条例》明确，洋山特殊综合保税区探索对境外抵离物理围网区域的货物，依据风险情况，实施以安全监管为主、体现更高水平贸易自由化便利化的监管模式；临港新片区内可以发展保税维修检测、再制造等新业态、新功能；符合条件的国际航行船舶可以开展以洋山港为国际中转港的外贸集装箱沿海捎带业务，试点实施与国际惯例接轨的船舶登记管理制度。

（三）关于资金自由便利

《条例》规定，临港新片区内的金融机构可以通过自由贸易账户开展离岸金融服务，符合条件的商业银行按照国家部署试点开展离岸人民币业务；实施跨境货物贸易、服务贸易和新型国际贸易结算便利化措施，探索放开个人境外投资，开展金融业务和金融监管服务创新。

（四）关于人才从业自由便利和人才保障

《条例》明确给予外籍人员出入境、停居留、工作创业便利，逐步放开临港新片区内专业领域境外人才从业限制，符合条件的境外人员可以担任临港新片区内法定机构、事业单位、国有企业的法定代表人；对符合条件的非上海生源普通高校应届毕业生、紧缺急需人才、留学回国人员等国内人才在申办常住户口时给予政策倾斜，实施差异化住房政策。

（五）关于数据流动

《条例》规定以临港新片区为先导，推进国际数据港建设，探索制定低风险跨境流动数据目录，发展数据经纪、数据运营等数据产业新业态，推动互联网数据中心、信息服务等增值电信业务对外开放；支持在临港新片区建立与数字贸易相关的公共服务平台，建设数字贸易领域国家级基地、数字贸易人才培养实践基地，探索推进数字贸易规则制度建设，培育国际化数字贸易品牌。

（六）关于前沿产业发展

《条例》聚焦前沿产业发展瓶颈，明确管委会在全市能效指标框架下自主布局建设人工智能算力平台；允许区内医疗机构少量进口境外已上市部分药品和医疗器械以及自行研制体外诊断试剂；探索在新片区全域开展智能网联汽车道路测试、示范应用、商业运营和特定区域高精地图绘制试点；允许在符合条件的特定区域布局建设与氢燃料电池应用相关的制氢项目。

此外，《条例》在风险防范方面明确，建立针对临港新片区的全面风险防范工作机制，推动区内各领域公共数据、相关企业接入一体化信息管理服务平台等；在权益保障方面，明确建立企业合规监督评估机制，探索设立知识产权交易平台，创新公平竞争审查工作机制，完善涉外商事纠纷调解、仲裁、诉讼一站式争议解决机制等。

三、评述

一是贯彻落实党中央重大战略决策部署。建设中国（上海）自由贸易试验区临港新片区是党中央交给上海的重大任务，习近平总书记多次对临港新片区建设作出指示，提出"五个重要"战略定位，要求实行更大程度的压力测试，在若干重点领域率先实现突破。《条例》体现了临港新片区改革创新突破的核心内容，深入贯彻落实习近平总书记"五个重要"指示精神，彰显临港新片区在全面深化改革和扩大开放中的试验田作用。

二是体现临港新片区改革创新的重要成果。两年来，临港新片区在投资体制改革、贸易监管模式、金融开放创新、重大风险防范等方面形成了一批改革创新成果，《条例》对这些内容予以了确认，并进一步完善了特殊经济功能区建设的四梁八柱。《条例》也充分体现了临港新片区自主发展、自主改革、自主创新的定位，将临港新片区正在探索和推进的内容纳入其中，为后续政策制度预留了空间。

三是注重对标国际最高标准、最高水平和国内先进经验。《总体方案》要求临港新片区持续对标国际公认竞争力最强的自由贸易园区、自由贸易港和RCEP、CPTPP、DEPA等高水平国际经贸规则，结合实际需求，构筑开放型经济的制度新优势。《条例》通过运用浦东新区法规和先行管理措施、暂时调整或停止适用市政府规章及规范性文件等方式，为临港新片区进一步改革创新提供更加有力的法治保障。

（编写人：李秋悦　上海市立法研究所研究人员）

3.《上海市科学技术普及条例》立法工作的评述

一、立法背景

2022 年 2 月 18 日，上海市第十五届人民代表大会常务委员会第三十九次会议表决通过了《上海市科学技术普及条例》（以下简称《条例》）。

习近平总书记指出："科技创新、科学普及是实现创新发展的两翼，要把科学普及放在与科技创新同等重要的位置。"这一重要指示精神是新发展阶段科普和科学素质建设高质量发展的根本遵循。

2021 年 6 月，国务院印发的《全民素质行动规划纲要（2021—2035）》明确提出，要"完善科普法律法规体系，鼓励有条件的地方制修订科普条例"。上海历来高度重视科普工作，长期以来在科普工作协调机制、科普资源开发利用、科普品牌建设等方面开展了有益探索，形成了较为有效的工作机制。为更好地落实国家相关要求，并固化本市科普工作的有益经验，亟需通过制定本条例为科普工作的高质量发展提供制度支撑。

此外，本市正在加快推进具有全球影响力的科技创新中心建设，需要通过加强科普工作，提高公民科学素质，营造崇尚创新的良好氛围，为科技创新中心建设提供更坚实的社会基础。

二、主要内容

（一）优化科普工作的组织管理

科普工作涉及领域广泛，为形成系统完善的组织管理机制，《条例》强调了科普工作应当坚持政府推动、全民参与、社会协同、开放合作的原则，因地制宜建立有效的科普供给体系，营造尊重科学、崇尚创新的社会氛围，并具体明确了相关要求：一是关于政府推动，明确市区两级政府、科普主管部门以及宣传、教育、卫生健康、文旅等相关部门在科普工作中的职责。二是关于全民参与，重申科普是全社会的共同任务，社会各界应当依法参与科普活动，并保障单位和个人在开展科普活动中的合法权益，保护公民参与科普活动的权利。三是关于社会协同，明确支持社会力量兴办科普事业，支持、培育和推动科普产业发展。四是关于开放合作，加强与长三角及国内其他地区的合作，鼓励和推动开展国际合作，提升科普工作的国际化水平。

（二）构筑全社会共同参与的科普工作格局

《条例》针对科普活动的具体组织与开展，作出如下规定：一是明确科学技术协会是科普工作的主要社会力量，应当依法组织开展科普活动。二是明确各类媒体的宣传职责，探索建立科学顾问制度，创设住宅楼宇内有条件的广告设施应当在中小学生上学放学时段展示科普内容的义务性规定。三是强化对中小学生及学前教育机构的科普。明确建立健全课内教育和课外教育衔接机制，将科学素质纳入中小学生综合素质评价。为落实国家"双减"政策，明确要求中小学校进一步丰富科普形式，加大科普内容供给，每年组织学生参观科技馆、博物馆、对外开放的实验室等场所。四是明确高校院所、医疗卫生机构、企业以及社区等在科普工作中的责任，结合自身特点，开展形式多样的科普活动。五是加强公共场所和生态空间科普。在机场、火车站、客运码头、公路长途客运站、城市轨道交通站点等人群集聚的公共场所，从自然灾害防御、消防安全、人身急救等科普需求出发，有针对性地开展科普活动；各类公园、绿地、自然保护区、湿地和野生动物栖息地等生态空间的经营管理单位，根据自然条件因地制宜开展科普活动。六是推动应急科普，明确相关职能部门应当履行应急科普职责，及时向公众提供有效的应急科普，依法及时发布灾情信息，澄清不实传闻和伪科学谣言。此外，针对假借科普名义误导公众、损害社会公共利益及他人合法权益等情况，《条例》还对科普活动作出相应规范。

（三）推动科普资源的建设、开发与利用

科普资源是开展科普工作的支撑和基础，《条例》通过资源规划布局、场馆设施建设和创新利用等，丰富科普资源供给：一是优化科普资源管理和布局。通过建设科普资源库和公共服务平台，实现科普资源的动态管理，促进优质科普资源共享共用，推进科普资源数字化转型；对区域科普资源进行整体规划，与区域产业、自然生态等特色资源整合发展。二是强化科普场馆和设施建设。加强对现有场馆和设施的利用、维修和改造，推进场馆信息化建设。鼓励社会力量建馆。三是推动优质资源与科普融合发展。拓展本市科技创新资源的科普功能，实现科普与旅游、文化创意产业的深度融合。四是突出上海特色科普资源。设立"上海科技节"，每年举办一次；支持"上海市科普基地"建设，并依法向公众开放。

（四）强化多层次科普队伍建设

针对本市科普队伍建设有待加强、科技人员参与科普的激励保障机制不足、科普志愿服务有待优化等问题，《条例》作出如下规定：一是明确科普队伍建设的总体要求。市、区人民政府应当加强科普队伍建设，扩大队伍规模，优化队伍结构。二是强化科普专业能力建设。通过完善培训体系、建立科普人才库、加强学科建设、科普领军人才工程等方式，提升科普人员的专业化能力。三是推动专业人员参与科普。明确科技人员应当积极参与和支持科普活动；具有专业背景的人员参与科普活动，其所在单位应当予以支持。四是优化科普志愿服务管理。加强科普志愿服务组织和队伍建设，开展科普志愿服务培训和经验推广等工作。五是完善职称和工作绩效保障。鼓励科普人员申报专业技术职称。

（五）完善科普工作保障措施

围绕科普工作的保障措施，《条例》从财政、土地、激励等方面予以明确：一是强化经费和用地保障。明确将科普经费列入同级财政预算，依法保障科普场馆和设施的用地需求。二是完善表彰奖励。在上海市科学技术奖中设立科学技术普及奖，对作出贡献的组织和个人予以奖励；对以设立科普基金、捐赠财物等方式资助科普活动的，依法给予税收优惠和褒奖。三是建立完善科普评估制度和指标体系。定期对科普活动开展情况进行考核评估，评估结果作为编制和调整科普规划、制定科普政策的重要依据。

三、评述

一是突出科普的社会化工作格局。科普工作格局由以往政府主导科普工作，变为构建"政府积极主导，社会广泛参与"的发展格局。上海科普保持全国前列，得益于政府对科普工作的有效管理，以及在人财物等资源方面的投入保障。新时代，政府公益性、普惠性的科普公共服务供给，与市民群众不断增长的个性化、品质化的服务需求之间存在不充分、不均衡的矛盾。因此，科普工作应由政府"独舞"包打天下，进化为全社会"共舞"合力推进。

二是突出科普工作的上海特色。将本市推进科普事业发展的实践，通过法规条款形成固定有效的工作机制。例如，在科普设施方面，本市在1996年即开展科普基地建设管理工作，并由此形成了较为完备的科普基地管理办法，本市人均科普基地享有量和科普基地参观量均居全国前列；与此同时，本市大力推进重点实验室、工程技术中心等科技创新基地对公众开放，取得了较好的社会效益。在科普活动方面，本市是全国首个设立科技节的城市，近年来上海科技节的影响力和社会参与度不断提高，已成为弘扬科学精神、展示科技创新成就、提升公民科学素养的有力抓手。在推进社会参与方面，本市是全国首个，也是目前唯一一个在省级科技奖励中，单独设立科学普及奖的城市，有力激发了包括广大科研人员在内的社会力量参与科普的热情。在应对重大突发公共事件方面，本市基本形成了部门协同、资源共享的应急科普机制，有力支撑了新冠疫情防控工作。在资源共享共用方面，长三角地区科普协同发展已写入长三角一体化发展规划，上海科技馆已牵头成立长三角科普场馆联盟，推动三省一市间优质科普资源共享共用。

三是解决新时代科普工作面临的新问题。面对科普发展新形势和网络传播的新态势，现行的规章制度难以正面回应新型科普现象所带来的法定职权与法定边界的模糊，难以有效解决新型科普纠纷所引发的观念碰撞和权利冲突。例如，网络媒体科普传播乱象丛生，在公益广告等领域，打着科普旗号谋取私利的现象开始出现；"公知"由文艺界转战科普圈，科普中夹带"私货"的现象也在发生。《条例》设立行为规范章节，对上述随着社会发展出现的新情况及当前群众关注度高的社会现象，进行约束规范，填补当前法律监管的"留白"之处。

（编写人：谭天　上海市立法研究所助理研究员）

4.《上海市预防未成年人犯罪条例》立法工作的评述

一、立法背景

2022 年 2 月 18 日，上海市第十五届人民代表大会常务委员会第三十九次会议表决通过了《上海市预防未成年人犯罪条例》(以下简称《条例》)。《条例》是上海首部全面规范和推进预防未成年人犯罪工作的地方性法规，对预防未成年人违法犯罪意义重大。

未成年人是祖国的未来、民族的希望。预防未成年人犯罪，关系千万家庭幸福安宁和社会和谐稳定，是我国平安建设的重要组成部分，意义重大。2020 年全国人大常委会对《中华人民共和国预防未成年人犯罪法》(以下简称《预防未成年人犯罪法》) 作了全面修订，为未成年人违法犯罪中出现的新情况、新特点，遇到的新问题、新挑战提供了法治保障。上海的预防未成年人犯罪工作一直走在全国前列，创造了全国第一个"少年法庭"、第一个"少年起诉组"、第一个独立的少年警务机构"少年科"、第一个未成年人司法社会服务地方标准等多个第一，形成了较为成熟的预防体系。经过 20 年长期不懈的努力，未成年人犯罪率也持续、显著下降。但从预防、发现、处置未成年人违法犯罪数据来看，近几年来涉及未成年人网络诈骗和盗窃等新型违法犯罪数量有一定增长趋势。因此，为了进一步织密织牢预防犯罪网络，一方面要将近些年的经验做法和创新成果以法规形式固化，另一方面要依托上位法，及时解决预防未成年人犯罪中的突出问题，通过法治途径保障未成年人身心健康，有效预防未成年人违法犯罪。

二、主要内容

（一）压实主体责任，完善工作体制机制

《条例》构建了完备的预防未成年人犯罪责任体系。一是明确市、区人民政府以及政府有关部门和"两院"在预防未成年人犯罪方面的职责，形成了分工合理、责任清晰的工作制度。二是建立完善市、区两级预防犯罪工作协调机制，确定其主要职能，明确日常工作由同级青少年服务和权益保护办公室承担。三是拓展长三角区域合作。明确本市建立健全长三角区域预防未成年人犯罪工作联动机制，推动开展长三角区域预防未成年人犯罪工作的交流和合作。

（二）提供专业服务，强化社会协同参与

《条例》明确建立健全标准引领、专业保障、基层联动、社会协同、公众参与的预防未成年人犯罪工作支持体系，提高预防未成年人犯罪工作的专业化、社会化、智能化水平。一是强化预防未成年人犯罪相关专业服务。支持培育预防未成年人犯罪工作的专业服务机构和青少年事务社会工作者，完善专业服务网络和人才培养体系，并明确相关专业服务的内容及要求。二是建立基层预防网络。规定乡镇人民政府和街道办事处应当设置预防未成年人犯罪工作的服务站点，为专业服务机构开展预防未成年人犯罪工作提供条件。三是发挥社会协同参与作用。明确相关群团组织、社会组织等为预防未成年人犯罪工作提供支持服务，发挥好12355青少年公共服务热线及其网络平台功能。

（三）坚持预防为主，加强预防犯罪教育

《条例》在加强预防犯罪教育方面规定了以下内容。一是细化未成年人的监护人的教育责任。要求监护人加强对未成年人道德、心理等方面的教育，发现未成年人异常的，应当及时处理，并配合政府部门、学校等开展的预防犯罪工作，提升监护能力。二是明确学校的教育责任。学校应当将预防未成年人犯罪纳入学校日常教育管理工作，完善学生关爱机制，规定中小学校法治副校长在预防未成年人犯罪方面的职责，鼓励中小学校配备法律顾问等。三是筑牢网络预防的屏障。禁止网站、移动互联网应用程序提供或传播影响未成年人健康成长的网络服务和违法信息。健全未成年人网络保护专项协同机制，明确有关部门应当依据各自职责开展预防未成年人网络犯罪工作，及时发现和查处相关违法犯罪行为。四是营造良好社会环境。明确居民委员会、村民委员会积极开展预防未成年人犯罪工作，支持未成年人依托学生组织开展同伴教育，鼓励单位和个人关心关爱处于困境中的未成年人，同时发挥检察机关的督促教育作用。

（四）织密预防网络，构建分级干预体系

《条例》构建了预防未成年人犯罪的干预体系。一是完善早期干预机制。明确监护人、学校、社区等对未成年人不良行为的干预责任，完善处置制度。同时，探索建立青少年事务社工驻校联校机制。二是严重不良行为矫治。突出专门学校作用，明确专门学校入学程序，完善专门学校经费、人员等方面的保障制度，健全义务教育与职业教育相衔接的机制，提出了保证教育质量的要求，以及对专门学校学生的权益保障措施。三是对重新犯罪的预防。明确司法机关应当采用适合未成年人身心特点的特殊办案制度和办案举措，通过社会观护、合适保证人、分类矫治、安置帮教等途径做好重新犯罪的预防。

三、评述

一是坚持实际问题导向，完善预防制度供给。随着时代的发展和社会的变化，未成年人违法犯罪问题出现了新情况新特点，比如违法犯罪低龄化、团伙化，犯罪类型和方式多样化等，给预防未成年人违法犯罪工作提出了新要求。为此，《条例》坚持问题导向，针对预防未成年人犯罪工作的"痛点"，多管齐下，建立预防支持体系，加强预防犯罪教育，健全分级干预措施，推动社会协同参与，形成了完善的预防制度体系，保障未成年人健康成长。

二是填补地方立法空白，推动法律有效落地。2020 年《未成年人保护法》《预防未成年人犯罪法》《刑法》等涉及未成年人的法律先后修订通过，体现了新形势下国家对未成年人身心健康发展法治保障的重视。上海早在 2004 年就制定了《上海市未成年人保护条例》，但是针对预防未成年人犯罪的地方性法规仍处于空白。此次《条例》的出台弥补了这一空白，与上位法有效衔接，形成了完善的预防未成年人犯罪法律体系，推动法律落地见效。

三是固化工作实践经验，体现上海地方特色。上海的预防未成年人犯罪工作一直走在前列，在不良行为早期干预、涉罪未成年人考察帮教、社会力量协同参与等方面形成了一系列宝贵的探索经验，首创的"社会观护""合适成年人""心理干预""回访帮教"等措施写入了国家立法中，并在全国范围内推广。此次《条例》将地方多年探索实践和经验以法规形式予以固化，并在上位法的基础上，增加了预防未成年人犯罪的社会支持体系，有效发挥社会支持体系在犯罪预防层面的作用，增强预防的社会力量，体现了上海立法特色。

（编写人：李秋悦　上海市立法研究所研究人员）

5.《上海市浦东新区市场主体登记确认制若干规定》立法工作的评述

一、立法背景

2022 年 2 月 18 日，上海市第十五届人民代表大会常务委员会第三十九次会议表决通过了《上海市浦东新区市场主体登记确认制若干规定》（以下简称《规定》），这是 2022 年颁布的首部浦东新区法规。

党的十八大以来，我国持续深化商事制度改革，为市场主体松绑减负。2019 年国务院《中国（上海）自由贸易试验区临港新片区总体方案》要求，在临港新片区率先探索商事登记确认制。2021 年《中共中央　国务院关于支持浦东新区高水平改革开放打造社会主义现代化建设引领区的意见》要求浦东探索试点市场主体登记确认制。2021 年 7 月公布的《市场主体登记管理条例》明确"登记机关对申请材料实行形式审查"。面对改革新要求，制定有关市场主体登记确认制的浦东新区法规十分必要。《规定》的出台对进一步转变政府职能，减少对市场活动的直接干预，打造市场化、法治化、国际化的一流营商环境具有重要意义。

二、主要内容

（一）放松事前监管，构建市场主体登记确认体系

《规定》创新规定了市场主体登记确认制度。一是市场主体设立登记的确认制创新。符合法律法规规定的设立条件的，由登记机关确认其主体资格，并分别登记为相应类型的市场主体，签发营业执照。二是各类登记事项的确

认制创新。在名称登记方面，实行申报承诺制；在经营范围登记方面，明确市场主体经营范围由其自主确定并向社会公示。审议中有意见提出，在简化经营范围登记、尊重市场主体经营自主权的同时，要处理好与外商投资法等法律法规的衔接。经研究，《规定》采纳这一意见，明确市场主体仅需将主营项目、许可项目以及涉及外商投资准入特别管理措施的项目申请登记，登记机关按照经营项目分类标准予以确认并登记。在住所登记方面，积极稳妥地推进"一照多址"和"一址多照"。三是自主信息公示的机制创新。将市场主体向登记机关申请备案的部分事项，改为自主向社会信息公示，落实市场主体责任。

（二）加强事中事后监管，强化信用分级分类监管

《规定》围绕事中事后监管，创设"以托管机制为抓手、以信息公示为手段、以信用监管为核心"的信用分级分类监管制度。一是创新托管机制，发挥专业服务机构和有关行业协会的共治功能，明确托管服务机构的权责，切实防范市场风险。二是运用信息化手段，通过实名验证、异议核查、信息标注等方式，维护登记机制的公信力。三是深化信用分级监管，将市场主体自主公示事项和留存文件纳入"双随机、一公开"监管范围，并针对不同信用等级的市场主体实施差异化监管措施。审议中有意见提出，在事中事后监管中，要特别对提交虚假材料等方式骗取登记的行为作出有效规制。经研究，《规定》采纳这一意见，明确采取欺诈手段取得市场登记的，依法撤销登记。

（三）优化登记服务，提升市场主体获得感满意度

《规定》推出了优化服务的若干举措，提升登记便利化水平，进一步提高市场主体感受度。一是助推信息公开，建立覆盖市场主体全生命周期的登记服务体系，实现登记工作的标准公开、服务公开和结果公开。二是精简申请材料，登记机关不再收取市场主体内部决议等自治性文件材料，精简营业执照记载事项。三是推行智能化，通过"一网通办"平台推进市场主体登记全程线上办理，丰富电子证照应用场景。

此外,《规定》为保障市场主体登记确认制改革落地,建立了登记确认制改革创新容错机制,明确登记机关及其工作人员在实施确认登记中依据本规定和相关制度尽责履职、未牟取私利,但因现有科学技术、监管手段限制未能及时发现问题的,不予追究执法过错责任。

三、评述

一是准确把握商事制度改革趋势,创新登记管理制度。《规定》通过立法形式,构建了市场主体自主申报、登记机关形式审查的登记确认制模式,赋予市场主体更大的经营自主权。市场主体登记制度从行政"许可"到行政"确认"的这一创新转变,不仅提高了市场主体登记便利度,也意味着上海在深化商事制度改革中迈出了关键的一步。

二是紧紧抓牢"放管服"改革主线,营造良好市场秩序。上海市场主体规模大、数量多,创新监管方式、提升监管效能已成为构建现代化市场监管体系的内在要求。《规定》坚持"放管服"改革主线,以放松管制落实市场主体自治,以信用监管维护市场秩序,以优化服务提升市场主体获得感,营造了规则公平、预期稳定、公开透明的良好市场秩序。

三是对标持续优化营商环境要求,激发市场主体活力。《规定》借鉴国际先进经验和商事通行规则,通过一系列"放"的制度设计,有效减少登记机关对市场主体准入的行政干预,大幅降低准入制度性交易成本,有利于进一步为市场主体放权赋能,最大限度还市场主体经营自主权,为市场主体寻找发展新赛道新空间提供了更多便利。

（编写人：李秋悦　上海市立法研究所研究人员）

6.《上海市关于修改〈上海市禁毒条例〉的决定》立法工作的评述

一、立法背景

2022年2月18日，上海市第十五届人民代表大会常务委员会第三十九次会议表决通过了《上海市关于修改〈上海市禁毒条例〉的决定》（以下简称《决定》）。修改后的《上海市禁毒条例》为加强和改进上海禁毒工作提供了更有力的法治保障。

党的十八大以来，上海切实贯彻落实习近平总书记关于禁毒工作的重要指示精神以及市委关于禁毒工作的要求，不断强化对易涉毒物品的排查管控，加大对涉毒违法犯罪的打击力度，取得了明显的工作成效。近年来，受国际国内毒情形势变化、传统毒品与新型毒品叠加、毒品网上传播与网下蔓延交织等影响，毒品滥用人数明显上升，当前的禁毒形势面临着毒品渗透态势加剧、监管管控力度不足等问题。《上海市禁毒条例》自2016年4月1日施行以来，对推动上海市毒品问题治理、维护社会秩序发挥了十分重要的作用。但是面对禁毒工作的新情况、新问题，原来法规中部分内容已难以适应实践管理的要求，亟需通过修改法规对当前禁毒工作的现实需要及时作出回应。

二、主要内容

（一）明确禁毒主体责任

为了应对当前禁毒形势和工作要求，加强基层禁毒工作力量，压实行业组织相关责任，《决定》规定了督促落实禁毒工作责任并组织开展考核、组织开展禁毒示范创建和重点整治等内容，明确了乡镇街道、居委会、村委会、相关行业协会禁毒职责。

（二）加大重点关注物品的监管力度

《决定》规定市禁毒委员会按照国家禁毒工作要求和具体部署，建立禁毒重点关注物品信息采集管理制度，合理确定、动态调整、及时公布本市禁毒重点关注物品清单。考虑到部分物品多为生产、生活常用的化学品或者器械设备，为了兼顾禁毒管控需要和优化企业生产、经营环境之间的平衡，《决定》明确信息采集的相关要求，不得过度采集、重复采集，保护市场主体合法权益。此外，关于特殊药品的管理，《决定》根据特殊药品的管理等级和具体要求，对药品企业、医疗机构等不同主体管理特殊药品的具体要求分别作了相应规定。

（三）加强互联网涉毒风险管控

《决定》明确了网络交易平台的主体责任。一是网络交易平台经营者对发生在平台内的销售麻醉药品、精神药品等药品，以及非法添加麻醉药品、精神药品成分的食品、化妆品等违法网络经营行为，负有管理和报告的义务。二是网络交易平台经营者、平台内经营者以及通过其他网络服务开展交易活动的经营者的商品信息披露义务，以保护消费者的知情权。

（四）推进禁毒工作智能化管理

为了进一步提升禁毒工作信息化、智能化水平，《决定》规定依托"一网通办""一网统管"平台，健全完善禁毒智能化管理服务预警平台，实现信息采集、监测评估、分析研判、预警发布、信息查询等功能，并明确相关单位和个人的信息报送义务。一是要求禁毒委员会各成员单位及时、准确地向禁毒智能化管理服务预警平台传送本单位与禁毒工作相关的信息和数据。二是要求社会团体、企业事业单位以及其他组织和公民应当配合做好相关信息和数据的采集等工作。此外，为更好保护企业商业秘密、个人隐私等合法权益，《决定》明确有关部门加强安全管理，对采集、共享的数据和信息严格保密。

（五）强化相关主体法律责任

《决定》进一步明确了上海市广播电视、电影、新闻出版、互联网信息服务提供者、文艺团体及相关单位，制作广播电视节目、举办文艺演出，发布电影、电视剧、广播电视节目以及商业广告的，应当遵守国家对有吸毒等违法犯罪行为人员的限制性规定。并对违反规定的行为，明确了相应的处罚措施。此外，《决定》针对有关单位、企业未及时履行报告义务，未严格落实实名登记或者未及时采取一定措施，导致出现一定后果的行为，补充设定了法律责任，明确禁毒委员会或者有关部门可以予以警告、告诫、约谈、限期整改、责令改正，并依法追究其相关法律责任。

三、评述

一是防范风险，坚持问题导向和需求导向。在新的毒情形势下，上海禁毒工作面临新风险新问题。比如毒品违法犯罪网络化、隐蔽化特征明显，毒品种类更加复杂多样，未列管化学品和设备流失风险加剧等。针对这些现实问题，《决定》坚持问题导向、需求导向，积极探索和尝试建立有关信息采集工作制度，加大重点关注物品的监管力度，加强互联网涉毒风险管控，完善监管制度中的不足和短板，强化防范措施，筑牢禁毒防线。

二是多措并举，提升禁毒综合治理能力。《决定》严格遵循和贯彻国家有关法律法规和文件要求，加强禁毒综合治理顶层设计。比如，《决定》明确了乡镇人民政府、街道办事处、村民委员会和居民委员会以及行业协会的禁毒职责，对上海禁毒联动共治工作起到了重要的推动作用；《决定》建立长三角地区禁毒合作工作机制，为区域禁毒综合治理提供了法治保障。

三是与时俱进，推动禁毒工作数字化转型。数字化改革是推进新时代禁毒工作的重要抓手，《决定》加强禁毒领域数字化建设，通过健全完善禁毒智能化管理服务预警平台，发挥平台功能综合集成作用，进一步强化对各类涉毒要素的排查和管控。综合运用各种信息技术手段，提升禁毒工作信息化、智能化水平，构建禁毒工作新格局。

（编写人：李秋悦 上海市立法研究所研究人员）

7. 《上海市人民代表大会常务委员会关于进一步促进和保障城市运行"一网统管"建设的决定》立法工作的评述

一、立法背景

2022 年 5 月 24 日，上海市第十五届人民代表大会常务委员会第四十次会议表决通过了《上海市人民代表大会常务委员会关于进一步促进和保障城市运行"一网统管"建设的决定》（以下简称《决定》），"一网通办"与"一网统管"双向融合、相互协同，推进新时代政府管理服务模式创新和数字化转型，助力超大城市治理体系和治理能力现代化。

2019 年 11 月，习近平总书记考察上海时强调，提高城市治理现代化水平，要抓一些"牛鼻子"工作，抓好政务服务"一网通办"、城市运行"一网统管"。市委、市政府高度重视"一网统管"建设工作，市领导多次调研并提出工作要求。全市"一网统管"建设加快推进，以"一屏观天下、一网管全城"为目标，坚持科技之智与规则之治、人民之力相结合，基本形成了"三级平台、五级应用"的"王"字形架构和"观管战防"一体化的城市运行管理体系，在顶层设计、平台集成、场景创新、数字体征、基层治理等方面取得了积极成效，形成了"上海方案"和"上海经验"，并在实战中不断发展完善。为进一步贯彻落实中央决策部署，推进新时代政府服务管理模式创新、超大城市治理体系和治理能力现代化，亟需通过地方立法对"一网统管"建设予以支撑和保障，不断提升城市数字化治理能力和水平，使城市更安全、更健康、更具韧性、更具活力。

二、主要内容

（一）明确建设目标和职责分工

根据市委、市政府对"一网统管"建设工作的总体要求和部署，《决定》明确"一网统管"建设以"一屏观天下、一网管全城"为目标，构建系统完善的城市运行管理体系，实现数字化呈现、智能化管理、智慧化预防，聚焦高效处置一件事，做到早发现、早预警、早研判、早处置，不断提升城市治理效能，并明确了"两级政府、三级管理"及相关部门和单位的职责分工。

（二）完善组织架构

为了完善"一网统管"建设的组织基础和运行架构，《决定》一是明确市、区和乡镇（街道）三级城市运行管理机构的职责及其相互关系。二是加强"一网统管"平台建设，由城市运行管理机构负责规划建设和运行维护，整合部门业务系统，提供数据和技术支撑。三是建立市、区、乡镇（街道）、网格、社区（楼宇）五级应用体系，实现线上线下协同高效处置一件事，并赋予城市运行管理机构派单调度、督办核查的权力。四是加强"一网统管"应用场景建设，定期向社会公布场景建设情况。五是建设城市运行数字体征系统，加强对城市运行状态的实时动态、智能精准监测。六是加强数据归集与共享，明确有关部门、单位和市场主体的相关职责和义务。

（三）推进融合发展，赋能基层治理

为了推进"一网统管"与"一网通办"、城市规划建设管理的融合发展，《决定》一是明确依托大数据资源平台，围绕数据、场景、系统，推动"两张网"双向融合、相互协同，促进政府职能转变和流程再造，提升数字化治理能力和水平，建设数字政府。二是要求将"一网统管"和数字治理的理念融入城市规划、建设和管理，相关部门在有关规划制定、重大项目立项时，应当征求同级城市运行管理机构的意见。同时，根据基层的意见建议，《决定》对相关部门为基层减负增能、依法提供基础数据、赋能基层治理，提出了明确要求。

（四）加强保障监督

为了保障"一网统管"建设顺利推进，《决定》一是鼓励社会参与，拓展参与渠道和方式，推动形成共建、共治、共享的城市治理格局。二是加强经费、人才保障和网络、数据、信息等安全保障，并加强对"一网统管"建设工作成效的考核。三是支持浦东新区创新探索，率先构建经济治理、社会治理、城市治理统筹推进和有机衔接的治理体系。四是发挥"一网统管"在推进长三角区域协同治理中的作用，加强合作与交流。五是加强人大法治保障与监督，明确相关法律责任和尽职免责条款。

三、评述

一是《决定》的出台为"一网统管"建设提供了法治保障。《决定》是"一网统管"的全国第一部地方性法规，总结提炼了上海市"一网统管"建设成效，并对下一步"一网统管"建设的总体目标、职责分工、工作重点、配套措施等予以明确，为推动城市数字化转型，提高城市治理科学化、精细化、智能化水平提供了有力的法治保障，助推实现"人民城市人民建，人民城市为人民"。

二是《决定》的出台在法治层面推进"一网统管"建设向纵深发展。为在更宽领域、更深层次推动城市治理全方位变革，《决定》明确"一网统管"建设以"一屏观天下、一网管全城"为目标，努力构建系统完善的城市运行管理体系，努力实现数字化呈现、智能化管理、智慧化预防，不断提升城市治理效能；明确依托大数据资源平台，推动"一网通办"与"一网统管"双向融合、相互协同，促进政府职能转变和流程再造，努力建设数字政府。

（编写人：谭天　上海市立法研究所助理研究员）

8.《上海市人民代表大会常务委员会关于加强新时代检察机关法律监督工作的决定》立法工作的评述

一、立法背景

2022 年 5 月 23 日，上海市第十五届人民代表大会常务委员会第四十次会议表决通过了《上海市人民代表大会常务委员会关于加强新时代检察机关法律监督工作的决定》(以下简称《决定》)。

我国宪法规定人民检察院是国家的法律监督机关，法律监督是检察机关的基本职责。2021 年 6 月，中共中央专门印发《关于加强新时代检察机关法律监督工作的意见》(以下简称中央《意见》)，这在党的历史上是第一次，是当前和今后一个时期做好检察工作的纲领性文件。2009 年，市人大常委会曾作出《关于加强人民检察院法律监督工作的决议》。时至今日，其不少内容与新时代检察机关法律监督工作要求已不相适应，同时检察机关也面临着不少亟需改进和完善的问题。为进一步贯彻落实中央《意见》，更好发挥检察机关法律监督职能作用，服务保障上海经济社会发展大局，有必要作出新的《决定》对新时代检察履职提出要求。

二、主要内容

(一) 明确新时代法律监督工作的总体要求和职能定位

《决定》明确提出，坚持以习近平新时代中国特色社会主义思想为指导，全面贯彻习近平法治思想，进一步加强党对检察工作的绝对领导，自觉接受人民代表大会及其常务委员会监督，围绕宪法定位，依法充分履行检察职能，努力为上海建设具有世界影响力的社会主义现代化国际大都市提供优质法治保障的总体要求。同时强调了本市检察机关要坚持总体国家安全观，坚持以落实国家战略为牵引，坚持以人民为中心的发展思想，坚持将社会主义核心价值观融入法律监督，为大局服务、为人民司法的工作定位。

（二）强化法律监督主责主业，深化特色亮点工作

《决定》专设四个条文围绕全面履行"四大检察"职能紧扣法律监督主责主业提出了新的要求。同时，聚焦"着力加强金融、知识产权检察专业化建设，深化完善未成年人检察工作机制建设，推进涉案企业合规改革优化营商环境建设"这三项具有创新特色的重点工作，在深化巩固成果的基础上，强化传统优势，深化创新举措。

（三）推动保障国家战略实施的探索试点

《决定》对接重大国家战略和重要决策部署实施中的相关司法需求，设专条就建立完善与支持国家战略实施相适应的法律监督保障体系，加强浦东新区打造社会主义现代化建设引领区、中国（上海）自由贸易试验区和临港新片区、虹桥国际开放枢纽建设的法治保障等事项作出规定。

（四）完善对突发事件应对处置的监督保障

《决定》设专条对检察机关在履行法律监督职能中，充分运用法治方式和措施，依法配合和保障突发事件应对处置，切实将突发事件应急处置和常态化防控的相关要求落到实处，促进完善应急状态公共安全治理等作出规定。

（五）落实检察机关法律监督工作的配合保障

《决定》从五个方面作出规定：一是检察机关为履行法律监督职责开展调查核实，有关单位和个人依法具有配合义务，并规定了无正当理由拒不配合的责任及处理办法。二是监察机关、审判机关、公安机关和司法行政机关应当在完善检监衔接、行刑衔接、案件移送、案卷调阅等协作机制方面，依法加强配合，建立良性互动关系。三是将法律监督意见落实情况纳入本市法治建设考评体系，为增强法律监督刚性提供有力保障。四是充分运用大数据赋

能新时代法律监督，推进检察机关、审判机关、公安机关、司法行政机关等跨部门信息数据互联互通和共享应用。五是通过法律监督积极引领社会法治意识，推动形成社会治理长效机制，全面深化长三角区域检察协作。

（六）加强检察机关的自身建设

《决定》从两个方面提出具体要求：一是把检察队伍专业能力建设作为一项长期重要任务持续抓深抓实，全面落实司法责任制，完善检察官权益保障制度。二是建立健全内外部监督制约机制，层层压实责任。同时要深化检务公开，主动接受社会监督。

（七）加大人大对检察机关的监督支持力度

《决定》从两个方面提出具体要求：一是把检察队伍专业能力建设作为一项长期重要任务持续抓深抓实，全面落实司法责任制，完善检察官权益保障制度。二是建立健全内外部监督制约机制，层层压实责任。同时要深化检务公开，主动接受社会监督。

三、评述

《决定》明确了新时代检察机关法律监督的总体要求和工作定位，并对全面提升法律监督质量和效果提出了具体要求。

一是对标更高要求，全面提升法律监督质量。《决定》对标人民群众在民主、法治、公平、正义、安全、环境等方面的更高要求，对检察机关依法推进刑事、民事、行政、公益诉讼检察工作全面协调充分发展，全面提升法律监督质量和效果提出新要求。如提出要依法探索实施民事公益诉讼惩罚性赔偿制度，设立公益诉讼资金专门账户等。

二是紧扣上海特点，提出针对性举措。《决定》紧扣上海特点，提出着力加强金融检察、知识产权检察专业化建设，深化完善未成年人检察工作机制建设，推进涉案企业合规改革优化营商环境建设等创新举措；对接重大国家战略中的相关司法需求，明确检察机关要加强改革系统集成，结合浦东新区打造社会主义现代化建设引领区的法治需求，建立完善与支持国家战略实施相适应的法律监督保障体系。

三是积极应对突发事件，提供法治保障。《决定》着眼积极应对突发事件对城市公共安全治理提出的新挑战新要求，提出检察机关应加强对自然灾害、事故灾难、公共卫生、社会安全等领域突发事件应对的法治保障。

（编写人：宋果南　上海市立法研究所研究人员）

9.《上海市人民代表大会常务委员会关于修改〈上海市工会条例〉的决定》立法工作的评述

一、立法背景

2022 年 5 月 24 日，上海市第十五届人民代表大会常务委员会第四十次会议表决通过了《上海市人民代表大会常务委员会关于修改〈上海市工会条例〉的决定》，对《上海市工会条例》(以下简称《条例》)进行了修改。

工会是中国共产党领导的职工自愿结合的工人阶级群众组织，是党联系职工群众的桥梁和纽带。本市历来坚持以立法推动工会组织体系完善，注重发挥各级工会参与社会治理和服务职工群众的积极作用。尤其在应对新冠肺炎疫情中，各级工会在有序应对疫情、推动发挥工人阶级防疫抗疫先锋队作用方面作出了重要贡献。1995 年 2 月 8 日，市人大常委会通过《上海市工会条例》，自 1995 年 5 月 1 日施行以来，历经 3 次修改，为本市各级工会依法开展活动、全面履行各项职能、维护职工合法权益、构建和谐劳动关系、促进本市经济发展和社会稳定提供了有力的法治保障。

党的十八大以来，习近平总书记对于坚持党对工会的领导以及工会工作的开展提出了一系列新要求。2021 年 12 月 24 日，第十三届全国人民代表大会常务委员会第三十二次会议通过决定，从七个方面对《中华人民共和国工会法》进行了修改。根据上位法修改情况，有必要及时对《条例》进行修改完善，以贯彻落实党中央决策部署和习近平总书记重要指示精神，同时也紧密联系上海实际，契合疫情防控等现实需要，总结固化本市各级工会在工会改革中积累的经验做法。

二、主要内容

（一）明确工会工作指导思想

一是为保持和增强工会组织的政治性、先进性、群众性，明确工会应坚持中国共产党的领导，将习近平新时代中国特色社会主义思想同马克思列宁主义、毛泽东思想、邓小平理论、"三个代表"重要思想、科学发展观确立为工会工作的指导思想。二是为体现上海党的诞生地和工人阶级发祥地的历史地位，明确工会应弘扬伟大建党精神，彰显党的诞生地和初心始发地、工人阶级发祥地的历史地位，传承红色工运基因。三是发扬三种精神的引领作用，在工会职责中增加弘扬劳模精神、劳动精神、工匠精神，发挥先进集体和职工的示范引领作用的内容。四是发挥工会组织在社会治理、城市运行安全维护中的作用，在工会职责中增加相应内容。

（二）推进民主管理制度建设

深化用人单位民主管理制度建设，一是规定工会依照法律规定通过职工代表大会（职工大会）或者其他形式践行全过程人民民主重要理念，组织职工参与本单位的民主选举、民主协商。二是对照市人大常委会 2017 年修改的《上海市职工代表大会条例》，对职工代表大会的相关表述进行修改。

（三）体现工会改革的新要求和新成果

一是明确工会应建立联系广泛、服务职工的工会工作体系。二是明确工会应推动产业工人队伍建设改革，提高产业工人队伍整体素质，发挥产业工人骨干作用，维护产业工人合法权益。三是明确工会应适应企业组织形式、职工队伍结构、劳动关系、就业形态等方面的新变化，依法维护劳动者参加和组织工会的权利。

（四）加强工会组织建设

一是强调本市构建和完善工会组织体系，进一步明确上下级工会组织间的指导和服务关系，同时根据群团改革基本原则和本市已经取得的成果，对街道、乡镇的地方总工会、开发区（工业园区）总工会、行业性工会联合会、区域性工会联合会作出规定，并明确根据工会工作需要，明确人员编制，合理配备工作力量。二是规定基层工会委员会成员人选应当依法确定，并将各级工会建立女职工委员会的条件降低到十人以上。三是加强工会人员和资金监管，规定经费审查委员会主任的任免应当征得上一级工会的同意，各级工会经费收支情况应当接受上一级工会经费审查委员会审计。四是强化工会监督职能。对于有关单位和个人违反条例规定的行为，完善了市、区总工会发出工会劳动法律监督整改意见书及将相关信息向上海市公共信用信息服务平台归集两种处理机制。

（五）完善工会的基本职责和权利义务

一是将工会的基本职责由"维护职工合法权益"扩展为"维护职工合法权益、竭诚服务职工群众"。二是规定工会通过平等协商和集体合同制度等，就工作时间、休息休假、女职工保护等涉及职工切身利益问题组织职工参与用人单位民主管理、民主协商等规定，尤其明确讨论涉及女职工保护事项时，一般应当有女职工代表参加。三是明确工会可为所属工会和职工提供法律援助等法律服务，维护职工合法劳动权益，构建和谐劳动关系。四是规定工会会同用人单位加强对职工的思想政治引领，组织职工开展劳动和技能竞赛活动、参加职业教育和文化体育活动，推进职业安全健康教育和劳动保护工作。

三、评述

一是突出上海城市特点、工会组织特质和工会工作特色。《条例》紧密结合本市强化"四大功能"、深化"五个中心"建设、发展"五型经济"等需要，完善相关制度和工作机制，认真总结提炼本市各级工会近年来在拓展履职领域、建立健全工会工作体系、推动产业工人队伍建设改革、扩大基层工会组织覆盖面、维护职工合法权益、竭诚服务职工群众等方面的经验做法，展现了上海工会服务中心大局的责任担当。

二是体现全市上下打好疫情防控攻坚战的修法背景。《条例》总结了本市各级工会组织动员广大职工积极投身疫情防控工作、关心关爱职工群众的经验做法，体现各级工会组织在维护城市运行安全、应对应急突发事件等工作中的积极作用，发挥广大职工立足本职岗位建功立业，积极参与社会治理，助力经济高质量发展中的主力军作用。此外，此次修法的一大亮点，即工会要服务保障新就业形态劳动者，特别是外卖小哥等群体参加工会的权利。这一规定为保障灵活就业人员的权益，尤其是在疫情严峻形势下劳动者的合法权益，维护社会和谐稳定奠定了重要法治基础。

（编写人：施娟萍　上海市立法研究所研究人员）

10.《上海市公安机关警务辅助人员管理条例》立法工作的评述

一、立法背景

2022年6月22日，上海市第十五届人民代表大会常务委员会第四十一次会议表决通过了《上海市公安机关警务辅助人员管理条例》（以下简称《条例》）。《条例》的出台也标志着上海公安辅警正式迈入制度化、规范化、法治化新阶段。

辅警作为公安机关的重要辅助力量，有效缓解了现有警力不足的问题。但实践中存在着辅警法律地位不明、职责权限不清、管理使用不规范、职业保障不足、职业认同感不高等问题。2016年，国务院办公厅印发《关于规范公安机关警务辅助人员管理工作的意见》（以下简称国办《意见》），从国家层面对公安机关警务辅助人员（以下简称辅警）的管理体制、岗位职责、人员招聘、管理监督、职业保障等作出规范。根据国办《意见》要求，上海自2017年以来陆续出台相关规定，形成了涵盖辅警招聘、管理与使用等方面较为完善的制度体系，初步建立了职业化、正规化的辅警队伍，主要在各区公安机关、街镇派出所等基层单位从事窗口服务、信息录入、路面执勤、交通疏导、后勤保障等方面工作。与此同时，有必要通过地方立法，在总结固化辅警管理工作经验的基础上，进一步规范辅警履职行为，加强监督管理，保障辅警合法权益，提高其职业认同感和荣誉感，推动辅警队伍制度化、规范化、法治化建设，有效发挥辅警在协助公安机关维护社会治安、打击违法犯罪、开展行政管理和服务人民群众等方面的积极作用。

二、主要内容

（一）明确辅警的身份性质和法律地位

《条例》从立法层面对辅警的身份性质作出界定，明确辅警是"为公安机关日常运作和警务活动提供辅助支持的非人民警察身份人员"。由于辅警不享有执法权，其履职行为不属于执法活动，《条例》明确辅警应当在公安机关及其人民警察的管理、指挥和监督下开展警务辅助工作，其履行职责的后果由所在公安机关承担。

（二）明确辅警招聘要求和程序

为了规范辅警招聘工作，打造高素质辅警队伍，《条例》明确辅警实行员额管理，要求按照"总量控制、倾斜基层、动态调整、分类使用"的原则，科学配置辅警人员额度。在招聘要求和程序方面，为保证招聘工作的公开公平公正，《条例》明确了辅警应当具备的条件和不予聘用的情形，明确应当按照法定程序严格选拔聘用；同时，为解决高精尖人才短缺和艰苦岗位招聘难的问题，《条例》还明确对专业性较强的岗位和紧缺人才，可以采取优化程序等方式招聘。

（三）明确辅警的工作职责和履职规范

辅警履职行为可能对社会公众的权利义务产生影响，有必要对其职责边界予以厘清。《条例》根据岗位属性，将辅警划分为文职辅警和勤务辅警两大类，分别明确相应的岗位职责。其中，勤务辅警的岗位职责又细分为一般勤务职责和协助执法执勤职责，前者根据公安机关的安排可以独立开展有关警务辅助工作，后者则需要在人民警察的带领下协助开展相关执法执勤工作。此外，《条例》还明确了辅警不得从事的工作，为其履职行为划定底线边界。审议中有意见提出，在《条例》中明确人民警察带领辅警从事相关工作的，应当严格遵循相关法律法规关于人民警察执法人员人数的要求，防止"辅进警退"现象出现。经研究，《条例》采纳了这一意见。

（四）对辅警履职加强监督和管理

为进一步加强对辅警的监督管理，《条例》按照"谁使用、谁管理、谁负责"的原则，明确辅警所在公安机关具体负责辅警的日常管理工作。《条例》明确辅警履行职责接受全社会的监督，并要求公安机关健全各项制度建设，包括内部管理机制、教育培训体系、层级管理和考核制度、内部惩戒和举报投诉处理机制，加强对辅警的规范管理。审议中有意见提出，建议增加辅警履职应当接受社会和公众的监督相关内容。经研究，《条例》采纳了这一意见，明确"辅警履行职责应当接受社会监督""对辅警的违纪违规行为，任何单位和个人有权向公安机关举报、投诉"。

（五）强化辅警的职业保障

《条例》一是明确辅警的薪酬、社会保障、福利待遇、休息休假等劳动权利以及参加工会的权利。二是明确符合条件的牺牲辅警可以依法评定为烈士，其遗属依法享受有关抚恤优待。三是明确可以从特别优秀的辅警中定向招录人民警察。

（六）明确相关法律责任

辅警管理涉及辅警自身、社会公众及相关管理部门等多方主体。《条例》针对辅警违法履职行为、因履职行为侵犯相对人合法权益造成的损害赔偿、阻碍辅警履职或者对辅警及其近亲属实施不法侵害、非法制造销售购买使用辅警制式服装和标识、有关国家机关及其工作人员失职渎职等情形，分别明确了相应的法律责任。

三、评述

一是规定了辅警履职正负面清单。根据《条例》，勤务辅警可以开展治安巡逻、值守等7项工作。此外，在人民警察的带领下，勤务辅警可以协助开展治安检查，以及对人员聚集场所进行安全检查、日常消防监督检查等10项工作。同时，《条例》也明确了7项辅警不得从事的工作。《条例》将能做的、不能做的——划分，极大改善辅警的工作境况，为辅警依法规范履职提供明确的依据和强有力的支持保障。

二是搭建了辅警的职业发展通道。《条例》规定，经市公务员主管部门批准，公安机关可以从特别优秀的辅警中定向招录人民警察。《条例》用专章对辅警的职业保障体系作出规定，健全了辅警职业保障体系，拓宽了职业发展空间，有利于提升辅警工作的积极性和队伍的稳定性。

三是增强了辅警的职业认同感。无论是路面执勤、交通劝导还是在辅助行政管理、服务人民群众方面，辅警都发挥了不可忽视的重要作用。为了提升辅警队伍正规化、履职规范化水平，《条例》对辅警履职提出了严格的要求，并对辅警的服装、标识和证件使用、执勤以及安全防护装备的配备和使用、工作记录等提出要求，以保证辅警依法公正履职，增强了辅警的职业认同感、职业荣誉感。

（编写人：陈晓燕　上海市立法研究所研究人员）

11.《上海市浦东新区绿色金融发展若干规定》立法工作的评述

一、立法背景

2022 年 6 月 22 日，上海市第十五届人民代表大会常务委员会第四十一次会议表决通过《上海市浦东新区绿色金融发展若干规定》（以下简称《若干规定》)。《若干规定》的出台，是自 2021 年 6 月全国人大常委会授权上海市人大及其常委会制定浦东新区法规以来，本市首次运用立法变通权在金融领域的一次有益尝试。同时是落实国家统一部署、贯彻新发展理念、构建新发展格局、助力实现"碳达峰碳中和"目标、促进高质量发展的一次重要立法成果。

发展绿色金融，是助力"双碳"目标实现、促进产业绿色转型升级、打造上海国际绿色金融枢纽的必然选择。浦东新区具有金融要素市场丰富、金融机构集聚和金融交易活跃等优势，已初步形成较为完善的绿色金融服务体系。党中央、国务院明确要求浦东新区"打造上海国际金融中心核心区，强化服务实体经济能力"，成为"全球资源配置的功能高地"。为确保重要战略任务落实落地，推动浦东绿色金融改革创新先行先试，形成具有上海特色的绿色金融示范样本，提高上海国际金融中心核心竞争力，有必要制定浦东新区法规，为经济社会发展全面绿色转型提供法治保障。

二、主要内容

（一）夯实制度基础，完善管理体制

《若干规定》明确市和浦东新区政府及其相关部门的绿色金融发展工作职

责。支持国家金融管理部门在沪机构在浦东新区建立改革试验机制，支持金融机构等开展产品业务创新。引导浦东新区金融机构制定绿色金融发展规划，建立绩效考核、激励约束和内部风险管理制度。支持金融机构等为碳密集型、高环境风险的项目或者市场主体向低碳、零碳排放转型提供金融服务。

（二）突出特色优势，深化开放创新

《若干规定》深化绿色金融国际合作，推动国际合作项目在浦东新区落地，为绿色企业提供更便利的跨国投融资服务，鼓励金融机构积极参与生物多样性投融资示范项目，开展气候投融资试点。依托在沪的全国性金融基础设施机构和境内外金融机构，大力发展绿色信贷、绿色票据、绿色债券、绿色保险、绿色融资租赁、绿色信托、绿色投资、绿色基金等。审议中有意见提出，建议进一步加大对绿色融资租赁的支持力度。经研究，采纳该意见。《若干规定》明确"本市支持银行业金融机构加大对绿色融资租赁项目的资金支持"，突出体现融资租赁对绿色发展的支撑作用，并将放宽监管限制的业务范围从"重大环保装备"扩展为"节能环保、清洁生产、清洁能源、生态环境、基础设施绿色升级以及绿色服务等领域"。

（三）推动改革突破，引领绿色转型

《若干规定》鼓励浦东新区金融机构对绿色低碳技术成果转化和应用开展投贷联动业务，加大对中小微企业的支持力度。支持金融机构开展环境权益担保融资、回购、拆借等业务，支持浦东新区金融基础设施机构和金融机构等开展绿色相关衍生产品和业务。

（四）强化信息披露，助力资源配置

《若干规定》强化企业环境信息提供义务，相关企业向资金融出方提供相关环境信息。规范突发生态环境事件等情形下企业重大环境信息告知义务。规范银行业金融机构法人环境信息披露，浦东新区内的银行业金融机构法人应当按照中国人民银行有关要求，发布年度环境信息报告。鼓励除银行业金融机构法人之外的金融机构发布年度环境信息报告。

（五）加强公共供给，健全保障体系

《若干规定》优化金融数据信息服务，建立绿色金融数据服务专题库，实现区内绿色企业、环境权益等信息归集、整合、查询、共享。推进绿色金融与普惠金融融合，探索建立企业与个人碳账户。将绿色金融发展纳入财政政策体系予以专项支持，为吸引绿色金融高层次、紧缺急需和优秀青年人才提供便利支持，强化绿色金融创新发展司法保障。规范第三方机构服务，鼓励第三方机构依法开展专业化业务活动。审议中有意见提出，建议增加除法院之外的其他司法保障主体。经研究，采纳该意见。《若干规定》明确"本市各级人民法院、人民检察院应当充分发挥司法职能，为绿色金融创新发展提供司法保障"；同时明确"支持人民法院、仲裁机构在审判、仲裁活动中尊重金融行业交易规则和习惯，发布绿色金融典型案例。支持上海金融法院探索金融市场案例测试机制，向金融市场提供规则指引，服务绿色金融创新"。

三、评述

一是浦东新区对接先进国际经贸规则"先行者"的重要举措。发展绿色金融是浦东新区作为衔接高水平国际经贸规则引领区的应有之义。当下，高水平国际经贸规则普遍有不得以降低环境标准来扩大贸易和吸引投资的要求。《若干规定》通过金融引导企业提高环境保护标准，是浦东作为对接先进国际经贸规则"先行者"的重要举措。

二是统一相关绿色金融标准为亮点之一。《若干规定》在浦东新区率先制定国家绿色金融标准配套制度或者补充性绿色金融地方标准，支持国家金融管理部门在沪机构在浦东新区加快建立改革试验机制，促进绿色金融等领域创新监管互动。这些规定将有利于金融机构为真正绿色企业或绿色产品、服务提供融资，推动经济实现绿色高质量发展。

三是人人拥有"碳账户"，撬动社会参与热情。作为绿色金融领域的前瞻性立法，《若干规定》提出了人人享有"碳账户"的理念，由此充分调动起社

会参与热情，其中明确，将企业碳排放表现信息和个人绿色低碳活动信息等纳入碳账户，形成碳积分，并据此提供优惠的产品或者服务。这一规定将有效助力碳普惠生态圈的构建。

（编写人：施娟萍　上海市立法研究所研究人员）

12.《上海市浦东新区推进市场准营承诺即入制改革若干规定》立法工作的评述

一、立法背景

2022年6月22日，上海市第十五届人民代表大会常务委员会第四十一次会议表决通过了《上海市浦东新区推进市场准营承诺即入制改革若干规定》（以下简称《规定》）。《规定》的出台是继"证照分离""一业一证"后，又一项聚焦市场需求、再造"放管服"流程的重要改革举措。

《中共中央　国务院关于支持浦东新区高水平改革开放打造社会主义现代化建设引领区的意见》（以下简称《引领区意见》）明确提出，"探索试点商事登记确认制和市场准营承诺即入制"。市人大常委会在表决通过《上海市浦东新区市场主体登记确认制若干规定》的基础上，接续制定准营承诺机制方面的浦东新区法规。市人大常委会领导高度重视市场准营承诺即入制浦东新区法规制定工作。按照市人大常委会领导要求，法制委员会、常委会法工委会同浦东新区人大、浦东新区司法局、浦东新区审改办等共同组成起草工作组，通过召开座谈会、论证会等方式开展了一系列调研起草工作。2月22日，市人大常委会主任蒋卓庆、副主任莫负春召开工作推进会，听取了起草工作情况汇报，并就法规草案的修改完善提出明确要求。在广泛征询相关市场主体、行政机关和专家学者意见建议的基础上，浦东新区人大向市人大常委会办公厅报送了草案建议稿。常委会法工委会同有关方面对草案建议稿作了进一步研究修改，并征求了市级有关部门的意见。

二、主要内容

（一）界定了定义、适用范围、基本要求

《规定》界定了市场准营承诺即入制的定义、适用范围、基本要求。《规定》在行政审批告知承诺制的基础上，明确了对纳入市场准营承诺即入制的行业，改变当事人对涉及某行业的行政许可条件逐项承诺的做法，一次性告知从事该行业经营涉及的多项审批条件，并由市场主体自愿作出承诺。市场主体书面承诺其已经符合要求并提交必要材料的，即可取得"准营"的行政许可，实现"证照衔接"。审议中有意见提出，建议对可以适用准营承诺即入制的行业和涉企经营许可事项再作研究，将风险较大、纠错成本较高的行业和事项排除在外。经研究同意该意见，《规定》增加了涉及"社会稳定、金融业审慎监管"两个领域的除外规定。

（二）明确了职责分工

《规定》明确了推进市场准营承诺即入制改革的职责分工，提出了市场准营承诺即入制改革的各项机制创新并强化了相关支撑保障机制。

（三）提出了改革有效推进和运行的各项机制创新

《规定》提出了市场准营承诺即入制改革有效推进和运行的各项机制创新。《规定》提出，应当通过告知承诺书一次性告知市场主体提交材料的清单、方式、期限等。告知内容应当可量化、可操作，保障市场主体"看得懂、敢签字、做得到"。同时，有关行政机关应当在作出行政许可后两个月内，按照分级分类监管原则，结合市场主体信用和风险状况，根据"双随机、一公开"的要求，对市场主体的承诺内容进行检查。一旦发现其不符合法定条件和承诺内容的，应当责令其立即停止相关经营活动。审议中有意见提出，要进一步确定不得适用市场准营承诺即入方式的适用对象，降低实行准营承诺即入制带来的风险。经研究采纳了这一意见，《规定》增加了"列入严重失信企业名单的市场主体，不得适用市场准营承诺即入方式"的表述。

三、评述

一是推动了改革系统集成。《上海市浦东新区市场主体登记确认制若干规定》为便利市场主体准入（即办理营业执照）提供了法治保障。本部法规则聚焦于破解"照后"办理相关行政许可存在的"准入不准营"难题，进一步推动政府服务管理方式创新，形成深化"放管服改革"、优化营商环境的法治保障"组合拳"。

二是固化了改革实践成果。《引领区意见》发布后，浦东新区人民政府和临港新片区管委会联合印发了实行市场准营承诺即入制的实施方案，对本项改革作了一定的探索。为进一步夯实改革成果，凝聚改革共识，亟需将实践中积累的经验和做法加以提炼，并上升为浦东新区法规予以固化。

三是预留了深化改革空间。通过《规定》，建立健全推进市场准营承诺即入制改革的体制机制，明确相关部门的工作职责，回应市场主体期待。同时，建立改革迭代机制，持续优化纳入市场准营承诺即入制改革的行业和事项，为进一步深化改革预留空间。

（编写人：陈晓燕　上海市立法研究所研究人员）

13. 《上海市红十字会条例》立法工作的评述

一、立法背景

《上海市红十字会条例》(以下简称《条例》)已由上海市第十五届人民代表大会常务委员会第四十一次会议于2022年6月22日修订通过，自2022年7月1日起施行。上海红十字会是从事人道主义工作的社会救助团体，是党和政府在人道领域的重要助手。近年来本市各级红十字会在参与应急救援、应急救护、人道救助、无偿献血、造血干细胞捐献、遗体和人体器官捐献以及传播红十字文化等方面作出了积极贡献。特别是2020年新冠肺炎疫情发生以来，红十字会依法认真做好捐赠款物的接受和使用，广泛整合各方资源，多渠道筹措帮扶资金，大力开展特殊困难群体帮扶工作，积极参与国际抗疫援助，在国内外疫情防控工作中发挥了独特的作用。但随着经济社会发展，红十字会在实践过程中也遇到了一些新情况、新问题，需要进一步完善法治保障，夯实法治基础。本次修订是贯彻落实党中央深化群团改革部署的需要，有助于上海红十字会职能完善与自我改革，巩固党对红十字会的领导，保证红十字会发展的正确方向。2017年，全国人大常委会对《中华人民共和国红十字会法》进行了修订。现行《条例》于1995年起实施，内容已明显滞后。上海红十字会在志愿服务、赈灾济困、救死扶伤等方面积累了实践经验，有必要将相关制度和做法上升为法规，更好地推进上海红十字事业高质量发展。

二、主要内容

(一)明确性质定位，夯实职能基础

《条例》明确了红十字会的性质。规定市、区、乡镇、街道红十字会是从

事人道主义工作的社会救助团体，是党和政府在人道领域的助手和联系群众的桥梁纽带。《条例》强化了红十字会履行职能的基础。规定各级人民政府应当将红十字事业纳入国民经济和社会发展规划，为红十字事业发展提供经费与政策支持。

（二）完善组织结构，优化治理体系

《条例》加强了红十字会基层组织建设。规定市、区、乡镇、街道按照行政区域建立地方红十字会，企事业单位、居（村）委会根据需要建立红十字会。《条例》完善了红十字会内部治理体系。规定会员代表大会选举产生理事会和监事会，理事会执行会员代表大会的决议，监事会负责对组织内各部门执行有关法律法规以及工作开展情况进行监督。

（三）明确主要职责，提供履职保障

《条例》明确了红十字会的主要职责。规定红十字会除了在日常工作中需承担"三救三献"、志愿服务、青少年工作、群众性宣传活动等方面的职责之外，还应当在公共卫生事件等突发事件中，开展抢险救灾、现场救护、防疫消杀等应急救援工作，募集、调拨救灾款物，开展紧急人道救助。《条例》支持和保障红十字会履职。强调各级政府、相关部门应当为红十字会履行职责给予支持、配合和保障。明确红十字会在执行任务时享有优先通行权；对于接受境内外援助或者捐赠用于救助和公益事业的款物，给予优先办理手续，减免相关税费。

（四）实现财产管理公开透明，强化运行监督

《条例》明确了红十字会财产主要来源。红十字会财产来源主要包括会员会费、捐赠款物、动产和不动产收入、政府拨款以及其他合法收入。《条例》完善了红十字会使用捐赠财产的规则。规定红十字会使用捐赠财产开展的公益项目，应当由红十字会组织实施；对于专业性强、技术要求高的项目，可以委托具备相应能力的部门或机构开展。三是加强红十字会财产使用的监督管理。在建立红十字会组织体系内部财产使用监督制约机制的基础上，还规定红十字会财产的收入使用情况依法接受财政、审计、税务、民政等部门的监督以及独立第三方机构的审计，并将审计结果向社会公布。

（五）完善法律责任，提供追责依据

《条例》规定了指引条款。明确对违反《条例》规定的行为，国家法律法规已有处理规定的，从其规定。《条例》明确了信用责任。规定对单位和个人违反《条例》相关规定，受到行政处罚或者被追究刑事责任的，按照相关规定实施失信惩戒。《条例》明确了其他违法责任。规定政府有关部门、红十字会及其工作人员在工作中滥用职权、玩忽职守、徇私舞弊的，对直接责任人员依法处分；构成犯罪的，依法追究刑事责任。

三、评述

一是体现了红十字会改革的新方向。《条例》明确了红十字会性质与活动准则。围绕群团组织改革要求，规定市、区、乡镇、街道红十字会是中国红十字会的地方组织，是从事人道主义工作的社会救助团体，是党和政府在人道领域的助手和联系群众的桥梁纽带，必须坚持中国共产党的领导，依照法律、法规和中国红十字会章程，遵循国际红十字和红新月运动基本原则，独立自主开展工作。《条例》完善了组织结构，优化了治理体系。构建了市、区和乡镇、街道三级红十字会的组织体系，完善了理事会负责决策、执委会负责执行、监事会负责监督的权责分明、管监分离的红十字会新型治理结构。

二是明确了支持红十字事业发展的新举措。立足构建红十字事业高质量发展新格局，《条例》梳理了近年来党和政府及有关部门出台的政策文件中促进红十字事业发展的举措，以及红十字会与相关部门在合作中形成的有效做法，逐项明确了各级政府、相关部门和有关方面对红十字工作的支持、配合和必要的保障，凝聚红十字事业发展整体合力。同时《条例》明确，执行救援、救助任务并标有红十字标志的人员、物资和交通工具享有优先通行权；红十字标志和名称受法律保护，任何组织和个人不得损害红十字会名誉。

　　三是提出了加强红十字会监管的新要求。聚焦红十字会"公信力"这一生命线,《条例》完善了三个方面的内容:其一是完善捐赠财产的管理规定,对募捐程序、相关票据管理、捐赠财产处分、项目实施等进行了规范。其二是完善红十字会内外部监督,规定红十字会要建立财务管理、内部控制、审计公开和监督检查等内部监督制约机制,以及接受财政、审计、税务、民政等部门的监督以及独立第三方机构的审计监督;明确加强和规范信息公开工作,建立投诉举报受理和反馈机制,打造公开透明红十字会。其三是明确相应法律责任,强化责任落实,保障法规实施的权威性和有效性。

（编写人：王琨　上海市立法研究所助理研究员）

14.《上海市消费者权益保护条例》立法工作的评述

一、立法背景

2022 年 7 月 21 日，上海市第十五届人民代表大会常务委员会第四十二次会议表决通过了《上海市消费者权益保护条例（修订）》（以下简称《条例》）。

随着经济社会快速发展，消费结构、消费业态和消费模式等不断变化，消费者权益保护面临许多新情况、新问题，迫切需要对《条例》作出修订。

一是贯彻落实党中央决策部署和推进上海国际消费中心城市建设的需要。《中华人民共和国国民经济和社会发展第十四个五年规划和 2035 年远景目标纲要》对"全面促进消费"作出战略部署；《中共中央 国务院关于完善促进消费体制机制进一步激发居民消费潜力的若干意见》《关于以新业态新模式引领新型消费加快发展的意见》等文件对消费环境建设都提出了全新要求。2021 年，国务院批准上海等 5 座城市率先开展国际消费中心城市培育建设工作。为此，有必要及时修改《条例》，将本市贯彻落实党中央决策部署的具体做法在地方立法中予以体现，为建设国际消费中心城市提供法治保障。

二是积极应对消费者权益保护新情况新问题的需要。迫切需要通过地方立法，在制度层面对新型业态经营者义务作出更加明确的规定，为解决消费者权益保护工作中遇到的新问题提供依据，助力营造安全放心的消费环境。

三是总结固化消费者权益保护工作成效的需要。本市近年来在消费维权工作方面不断实现创新和突破，包括建立消费者权益保护工作联席会议制度；发挥消保委的平台功能和社会监督功能，围绕消费维权重点领域发布指导信息、开展比较试验、推进专业维权、发起公益诉讼；与长三角其他省市共同成立"长三角消费维权联盟",四地消保委联手推动消费投诉纠纷化解等。这些行之有效的经验、做法和制度设计,有必要通过修订《条例》予以总结、固化和提升。

另外,近年来,国家和本市制定、修改了《民法典》《电子商务法》《上海市食品安全条例》等法律法规,其中有关个人信息保护、禁止不合理的差别待遇、禁止利用会议等方式进行虚假宣传等内容,都与消费者权益保护息息相关。为了与相关法律法规保持统一,也需要对《条例》的部分条款进行修改和完善。

二、主要内容

(一)优化消费者权益保护工作体系,形成保护合力

消费者权益保护需要多方主体共同参与。为进一步形成消费者权益保护工作合力,《条例》明确:一是本市各级人民政府应当加强对消费者权益保护工作的领导,组织、协调、督促有关行政部门做好贯彻实施本条例的工作。二是建立消费者权益保护工作议事协调机制,负责统筹研究决定消费者权益保护重大政策,协调处理消费领域重大问题。三是发挥各级人大代表作用,汇集、反映人民群众的意见和建议,督促有关方面落实消费者权益保护工作。四是强化消保委和其他依法成立的消费者组织以及其他社会机构、组织在维护消费者的合法权益方面的作用发挥。五是明确本市推动长三角区域消费者权益保护工作协作,推广异地异店退换货,对重大消费事件开展联合调查。

(二)强化新型消费领域经营者的行为规范

为回应社会普遍关注的热点难点问题,《条例》在对涉及消费者安全权、知情权等普适性条款予以细化的同时,着重对新型消费业态等特殊领域的经营者义务作出特别规制:一是完善金融服务经营者告知义务,要求对于利率、费用、收益及风险等重大信息,使用足以引起消费者注意的方式进行标识、予以说明,以适当方式确认消费者已接收完整信息,并明确其开展营销活动

应当符合国家规定的资质许可、营销渠道和行为规范等要求。二是规范盲盒等随机销售经营行为，明确以显著方式公示抽取规则、商品或者服务分布、提供数量、隐藏款抽取概率等关键信息。三是对互联网经营者相关义务作出规范，包括防止不合理的差别待遇以及对以启动播放、视频插播、弹出等形式发送广告的一键关闭功能等。四是规定网络游戏经营者对参与网络游戏消费的未成年人应当履行相应保护义务。五是对网络直播营销平台、直播间运营者、直播营销人员的身份信息认证、协助维权等相关行为作出规范。六是新增社区团购经营者义务，针对疫情防控中社区团购存在的问题，规定经营者应当标明商品或者服务的品名、项目、数量、价格等内容，向社区团购组织者提供主体资质、商品来源、售后渠道等重要信息，团购组织者应当向团购参与者披露相关信息并协助解决售后问题。七是跨境电商零售进口经营者、跨境电商第三方平台的商品质量保证义务。八是设置单用途预付消费卡"冷静期"制度，明确消费者在"冷静期"内可以要求退卡。

（三）强化消保委在消费者权益保护中的作用发挥

《条例》进一步明确消保委的法律定位，充实消保委的职责，发挥消保委的平台作用和共治作用。包括建立沟通机制，发布消费需求报告，开展消费新模式新业态的评估、商品和服务的评测等，建立社会共同参与的消费维权志愿者队伍，促进国际消费中心城市建设，并创设性地规定市消保委应当将消费公益诉讼赔偿金用于消费者权益保护，为今后消保委在公益诉讼中获得赔偿金后，如何合理使用赔偿金预留了制度空间。

（四）完善消费争议解决方式

在提高争议解决的便捷性方面，《条例》鼓励经营者建立方便快捷的消费争议处理机制，鼓励行业组织依法建立消费者投诉和维权第三方平台；对于符合相关规定或条件的案件，仲裁机构、人民法院可以适用简易程序或小额诉讼程序。在化解争议的具体途径方面，《条例》明确，本市健全行政管理部门、人民调解组织、专业组织与人民法院、仲裁机构相衔接的消费争议多元化解机制，有关行政管理部门或者司法部门可以将消费纠纷委托或者移交人民调解组织、行业组织及其他第三方机构开展调解。

（五）优化消费环境，助推国际消费中心城市建设

对标国际消费中心城市的目标要求，《条例》增设"消费环境建设"专章，共8条，为营造安全放心的消费环境提供框架性制度安排：一是加大消费供应，满足品质消费需求，让消费者能消费。二是完善城市商业设施布局，支持建设友好型消费环境，保障老年人、残疾人、母婴等特殊群体消费环境需求，让消费者愿消费。三是强化行业自律，推进社会监督，完善信用治理，让消费者敢消费。

三、评述

此次修订，《条例》全方位加强了对消费者的保护，强化了新型消费领域经营者的行为规范。此次修订最大的亮点，即回应社会普遍关注的热点难点，对新型消费业态经营者的义务作出特别规制，助力营造安全放心的消费环境。比如盲盒销售，在立法中的术语表达为"随机销售"。此次修订着重规范随机销售经营者的底线义务。《条例》明确，经营者采取随机抽取的方式向消费者销售特定范围内商品或者提供服务的，应当以显著方式公示抽取规则、商品或者服务分布、提供数量、抽取概率等关键信息。同时鼓励随机销售经营者通过建立保底机制等方式，维护消费者的合法权益。

《条例》的主要亮点有：

一是规范隐性营销方式。《条例》明确，经营者通过互联网媒介，以竞价排名等互联网广告形式推销商品、服务的，应当依法显著标明"广告"。其中，落脚点在"显著"二字。

二是强化金融消费披露义务。《条例》明确，金融服务经营者对于利率、费用、收益以及风险等重大信息，应当使用足以引起消费者注意的方式进行标识、予以说明，并以适当方式确认消费者已接收完整信息。《条例》强化了金融经营者的披露义务，并要求经营者就消费者已确认接收完整信息承担举证责任。

三是明令禁止大数据杀熟。《条例》明确，经营者利用消费者个人信息进行自动化决策的，应当保证决策的透明度和结果公平、公正，不得对消费者在交易价格等交易条件上实行不合理的差别待遇。

四是限制未成年人网络游戏消费。《条例》明确，网络游戏经营者向未成年人提供游戏服务的，应当符合法律、法规和国家有关规定对时间、时长、消费限制、内容等的要求；应通过电子身份认证等技术，要求未成年人以真实身份信息注册并登录网络游戏。

五是规范网络直播行为。《条例》明确，网络直播营销平台应当加强对直播间内链接、二维码等跳转服务的信息安全管理，提供有关记录以及其他必要的信息、数据等；直播间运营者应当标明直播间内链接、二维码等跳转所对应的商品或者服务的实际经营者，否则应当承担相应的责任。

（编写人：谭天　上海市立法研究所助理研究员）

15.《上海市人民代表大会常务委员会关于修改〈上海市环境保护条例〉的决定》立法工作的评述

一、立法背景

2022 年 7 月 20 日，上海市第十五届人民代表大会常务委员会第四十二次会议表决通过了《上海市人民代表大会常务委员会关于修改〈上海市环境保护条例〉的决定》（以下简称《决定》）。

《上海市环境保护条例》（以下简称《条例》）是本市生态环境保护的基础性法规，于 1995 年 5 月 1 日起施行，已作了 8 次修改。《条例》的施行，对改善本市生态环境质量、促进经济社会可持续发展发挥了重要作用。近年来，随着城市"亮化"工程的开展，夜间"光污染"越来越受到社会关注。市委、市政府对此高度重视，要求加强制度供给。同时，本市在推进生态文明体制机制完善、禁塑限塑等方面的有效举措，也亟待立法固化升级。为了更好地适应当前环保新形势，保障人民群众健康和安全，有必要采用局部修正方式修改《条例》，及时破解人民群众身边的环境保护问题，并强化、完善相关管理举措。

二、主要内容

（一）固化完善生态文明体制机制

根据生态文明体制改革要求，本市深入贯彻落实生态环境保护"党政同责、一岗双责"制。在领导机制上，分别成立了市、区生态文明建设领导小组。在管理体制上，结合基层治理改革精神，深化对街镇放权赋能，由市政府决定将城管执法等部门的环保执法权下沉街镇，充实基层政府环保事权。为深入推进本市生态文明建设，巩固机制体制改革成果，本次修改加以固化完善：一是规定本市建立健全生态文明建设领导机制，实行生态环境保护党政同责、一岗双责。设立市、区生态文明建设领导小组，强化统筹协调等职能。二是明确街镇按照市人民政府确定的执法事项履行执法职责。

审议中有意见指出，为确保本市如期实现碳达峰、碳中和目标，建议增加有关"双碳目标"的规定。经研究审议，实现碳达峰、碳中和，是党中央统筹国内国际两个大局作出的重大战略决策，是着力解决资源环境约束突出问题、实现中华民族永续发展的必然选择。《上海市环境保护条例》作为本市环保领域的基础性、综合性法规，应当贯彻落实党中央要求，强化相关法治保障。为此，在《条例》第三章增加一条，作为第二十一条，对将碳达峰、碳中和纳入经济社会发展全局，推动经济社会发展全面绿色转型等内容作出相应规定。

（二）完善"光污染"防治规范

"光污染"治理是此次修改的重点。在法律层面，目前《环境保护法》仅提出了排污单位应当采取措施防治光辐射的原则性要求，没有具体的防治措施，不能落地。现行《条例》及本市其他相关规章对户外灯光广告招牌、照明设备、工地照明等"光污染"防控作了零星规定，缺乏系统性。此次修改在整合现有规定基础上，进一步作了优化和升级：一是强化源头防治，要求在道路照明、景观照明等相关规划中平衡好"亮化"与"污染"的矛盾，明确分区域亮度管理措施。二是强化绿色照明，要求完善城市照明智能控制网络，推广使用节能、环保的照明新技术、新产品，提高绿色低碳水平。三是强化技术要求，规定道路照明、景观照明以及户外灯光广告、招牌不符合照明限值等要求的，应当及时调整，防止影响周围居民的正常生活和车辆、船舶安全行驶。明确相关部门在监控设施建设过程中，逐步推广应用微光、无光技术，防止补光造成眩光干扰。四是强化居民区环境保护，要求采取合理措施控制户外照明对居民区的影响，禁止投光、激光等景观照明直射住宅窗口，对于外滩、北外滩和小陆家嘴地区确需投射的，明确由监管部门合理控制光照投射时长、启闭时间，并向社会公布。

审议中有意见指出，《条例》修正案（草案）第十二条明确禁止设置直接射向住宅居室窗户的景观照明，同时规定在规划确定的景观照明核心区域内营造光影效果确需投射的除外。为减少景观照明对居民生活的影响，建议对例外情形再作限定。经研究审议，根据景观照明总体规划和黄浦江光影秀设施固化方案的规定，将因营造光影效果确需投射的范围由"规划确定的景观照明核心区域"明确限定为"外滩、北外滩和小陆家嘴地区"。

（三）强化其他环境治理举措

总结本市环境治理其他成果经验，补充完善以下四方面措施：一是强化数字化建设，明确依托"一网通办""一网统管"平台等信息技术，加强环境监管等信息的归集、共享和分析应用，提升环境治理智能化水平。二是明确禁塑、限塑规范，推广应用可循环、易回收、可再生利用的替代产品。三是夯实产业园区环保责任，增加落实生态环境准入要求、开展巡查等责任。四是完善固体废物管理，强化了对建筑垃圾、危险废物等固体废物的资源化利用要求。

审议中有意见指出，为确保常态化疫情防控环境保护工作的规范化、长效化、法治化，建议增加疫情期间环境污染防治工作规定。经审议研究，在《条例》第四章增加一条，作为第四十三条，明确突发公共卫生事件发生时，市、区人民政府应当统筹协调医疗废物收运、贮存、处置，以及医疗污水处理等工作，保障所需的车辆、场地、处置设施和防护物资；必要时，为作业人员提供集中住宿等条件，实施闭环管理。卫生健康、生态环境、绿化市容、交通运输、水务等主管部门应当协同配合，依法履行应急处置职责。

三、评述

《决定》共二十条，主要是要建立健全生态环境治理体制机制，着力破解人民群众反映强烈的"光污染"环保难题，同时进一步完善固体废物管理等相关管理制度。

一是多维度"破题"，剑指"光污染"。"光污染"治理是此次修改的重点。《决定》首先从源头入手，对规划编制提出了规范要求，在道路照明、景观照明等城市照明相关规划中明确分区域亮度管理措施。再从技术"破题"，推广绿色照明。在安全方面，则明确各种限值要求。同时强化居住环境保护，明确在居民住宅区及其周边设置照明光源的，应当采取合理措施控制光照射向住宅居室窗户外表面的亮度、照度，还进一步对直接射向住宅居室窗户的投光、激光等景观照明予以明确禁止。

二是建立健全生态环境治理体制机制。为了进一步推进本市生态环境治理工作，完善相关体制机制，《决定》作了三方面的规定：其一是明确本市建立健全生态文明建设领导机制，实行生态环境保护党政同责、一岗双责。设立市、区生态文明建设领导小组，负责统筹协调生态文明建设和环境保护工作。其二是增加了碳达峰、碳中和相关工作要求，对将碳达峰、碳中和纳入经济社会发展全局，推动经济社会发展全面绿色转型等内容作出相应规定。其三是增加了疫情防控期间环境污染防治工作规定，明确了市、区人民政府及相关部门的应急处置职责。

三是完善固体废物管理制度。《决定》在总结实践经验的基础上，进一步完善了固体废物管理制度，对固体废物的减量化、资源化再利用、无害化处置等提出了原则要求，同时对加强一次性塑料制品管理和危险废物资源化再利用管理作出了明确规定：其一是禁止或者限制生产、销售和使用国家和本市明令禁止或者限制的一次性塑料制品，并鼓励和引导塑料制品绿色设计，推广应用可循环、易回收、可再生利用的替代产品，减少使用一次性塑料制品。其二是危险废物实行资源化再利用的，资源化再利用活动以及形成的产品应当符合国家和本市有关规定、标准规范。

（编写人：宋果南　上海市立法研究所研究人员）

16.《上海市浦东新区化妆品产业创新发展若干规定》立法工作的评述

一、立法背景

2022 年 7 月 21 日，上海市第十五届人民代表大会常务委员会第四十二次会议表决通过了《上海市浦东新区化妆品产业创新发展若干规定》（以下简称《若干规定》），自 2022 年 8 月 1 日起施行。

化妆品是实现人民群众对美好生活新期盼的重要消费品，对于促进相关产业发展具有重要作用。上海化妆品产业持续保持全国领先，生产企业总数位列全国第四；化妆品注册备案数位列全国第二，其中进口普通化妆品备案数位列全国第一。浦东新区作为本市化妆品产业发展的核心区之一，聚集了化妆品研发、原料制造、生产经营企业以及丰富的医疗和科研资源。同时，化妆品产业发展中存在的与新模式新业态培育不相符合的瓶颈问题，也亟待制度层面加以解决。为充分发挥浦东新区化妆品产业核心区的功能，推动产业创新发展和促进消费，助力上海国际消费中心城市建设，迫切需要通过立法加以破解。为此，有必要通过立法将这些行之有效的经验、做法和制度设计，及时予以总结、固化和提升。

二、主要内容

（一）完善管理体制，形成工作合力

实现浦东新区化妆品产业创新发展需要市、区政府及相关部门、海关等的共同参与和合力推进。为此，《若干规定》规定：明确市和浦东新区政府及

其相关部门在化妆品产业发展方面的工作职责，统筹推进和指导浦东新区化妆品产业创新发展。建立市区两级会商机制，加强沟通协调，对于浦东新区化妆品产业创新发展工作中出现的跨部门、跨领域事项共同协商。建立化妆品风险信息交换机制，实现化妆品风险信息的共享、预警和及时处置。

（二）强化政府引领，培育化妆品领域新模式

新业态针对企业诉求强烈的化妆品领域新模式新业态发展，《若干规定》在确保消费者用妆安全的前提下，作出如下规定：支持、培育化妆品消费新模式新业态，优化服务，实行包容审慎监管，促进化妆品产业健康发展。推进全球化妆品品牌集聚，支持国产品牌化妆品在免税店设立销售专区，引导化妆品品牌在浦东新区开展营销活动。加强品牌示范，推动化妆品品牌引领示范培育和建设，建设品牌孵化基地。鼓励化妆品销售模式创新，化妆品企业可以运用科学技术，精准研发适合消费者个性化需求的普通化妆品。

（三）发挥区域研发优势，推动化妆品领域科技成果转移转化

《若干规定》立足浦东新区生物医药等方面优势，强化化妆品领域科技引领：支持开展皮肤基础科学、化妆品新原料、新配方、新检验检测方法的研发与应用，促进产学研医深度融合。引导和支持企业加大研发投入，培育、发展高新技术企业，支持有条件的企业创建国家级、市级科技创新基地。推动制定化妆品新原料、新技术和新业态等创新领域团体标准和企业标准。强化知识产权保护，建立化妆品专利快速审查服务机制。

（四）积极创新变通，努力破解化妆品产业发展中的堵点问题

为满足产业发展创新需求，《若干规定》对相关行政法规作了针对性变通；同时，对暂无上位法或者明确规定的领域积极先行先试：明确本市化妆品备案人可以在浦东新区的经营场所内，根据消费者个性化需要，通过现场包装、分装或者"前店后厂"模式提供化妆品个性化服务。规定行业协会、园区管理机构或者第三方机构可以建立化妆品原料服务供应平台，为浦东新区化妆品注册人、备案人、受托生产企业提供原料供应和质量管理等服务，

满足企业微量物料需求，减轻企业生产成本。允许境外化妆品注册人、备案人或者其境内责任人在浦东新区行政区域内的海关特殊监管区域内，在不接触或者暴露化妆品内容物的情况下，对进口化妆品进行简单包装。优化进口化妆品样品通关，明确对于符合规定的化妆品样品及展览展示化妆品，免于提供注册、备案信息并免于进口检验。推动实现"展品变商品"，对中国国际进口博览会、中国美容博览会以及本市其他化妆品专业展会在会展结束后，参展商可以将保税项下展品转为浦东新区行政区域内的海关特殊监管区域的保税货物，举办消费促进等推广活动，按照跨境电商方式销售。

三、评述

一是贯彻落实党中央、国务院建设国际消费中心的决策部署。《中共中央　国务院关于支持浦东新区高水平改革开放打造社会主义现代化建设引领区的意见》，明确要求浦东新区着力创造高品质产品和服务供给，培育消费新模式新业态，建设国际消费中心。化妆品产业是满足人民群众对高品质生活追求和美好生活向往的"美丽经济"，是建设"国际消费中心城市""国际时尚之都"的强大驱动力。《若干规定》的出台，将本市落实党中央决策部署的具体做法在地方立法中加以贯彻，为推动国际消费中心城市建设提供有力的法治保障。

二是推动化妆品产业高质量发展的需要。浦东新区在化妆品产业研发创新、进出口贸易、国内国际双循环战略链接等诸多方面具有先发优势。2017年，浦东新区率先在全国开展进口非特殊用途化妆品备案试点，为全国范围推动进口非特殊用途化妆品由注册改备案奠定基础。但与此同时，为加快产业高质量发展，化妆品企业对本市化妆品政策创新突破有着较大期盼，在化妆品创新研发、新模式新业态培育、绿色共享发展、贸易便利创新等方面提出了诉求和建议，《若干规定》出台，对不适应改革和发展的上位法有关规定进行变通适用，建立完善与"大胆试、大胆闯、自主改"相适应的法治保障体系。

（编写人：王琨　上海市立法研究所助理研究员）

17.《上海市人民代表大会常务委员会关于进一步做好当前促进就业工作的决定》立法工作的评述

一、立法背景

2022 年 7 月 21 日，上海市第十五届人民代表大会常务委员会第四十二次会议表决通过《上海市人民代表大会常务委员会关于进一步做好当前促进就业工作的决定》（以下简称《决定》）。《决定》的及时出台，为进一步做好促进就业工作提供有力法治保障。

2022 年，受新冠肺炎疫情影响，上海市就业工作面临前所未有的严峻挑战，第二季度本市平均城镇调查失业率为 12.5%。市人大常委会领导在"防疫情、稳经济、保安全"大走访大排查调研中了解到，全市各区、各相关部门和单位在落实国家和本市有关稳市场主体稳就业政策措施过程中，均希望进一步明确政府、企业、社会各方在促进就业方面的法定责任。同时，应届高校毕业生就业困难，以及疫情导致就业困难人员失业等问题突出，企业劳资纠纷矛盾也明显增多。鉴此，有必要制定出台相关法律性问题决定，进一步明确各方在稳经济稳市场主体促进就业工作中的主体责任，用法治方式增强全社会促进就业工作的合力；进一步支持政府及有关部门创新与稳定和扩大就业相适应的行政管理和政务服务方式，为积极、高效、精准推进援企稳岗促进就业工作提供法治支撑；进一步要求依法妥善处理涉疫情劳动争议纠纷，推进各方运用法治思维多元化解企业用工和职工就业矛盾。

二、主要内容

（一）明确政府、企业、社会各方责任

《决定》明确市、区政府及乡镇、街道在稳定和扩大就业方面的责任，强调区政府承担所辖行政区域内稳定和扩大就业的第一责任，要求相关政府部门按照各自职责分工，加大政策供给力度，共同做好稳定和扩大就业工作。明确工会等社会团体应当引导职工和用人单位共克时艰，稳定工作岗位，积极提供相应的就业创业服务。支持市场主体落实稳岗促就业责任，明确国有企业应当发挥在吸纳就业方面的引领示范作用，充分发挥中小微企业吸纳就业的主渠道作用。同时，围绕保障应届高校毕业生等重点群体就业、支持自主创业和灵活就业、扩大开发公益性岗位、加大企业人才储备力度、完善人才落户政策、提升公共就业服务能级等，明确了相关方面的责任。此外，明确在各类援企稳岗纾困政策期限届满后，市、区政府及有关部门应当根据本市实际，采取相应的扶持措施。

（二）明确制度创新和法治保障相关内容

《决定》明确政府有关部门可以通过行政审批绿色通道、容缺后补、"一网通办"、限时完成等方式支持吸纳就业容量大的企业高效办理各项政务服务事项，探索建立因疫情不可抗力因素造成失信的豁免制度。支持浦东新区在稳定和扩大就业方面先行先试，将浦东新区在优化营商环境、便利市场主体准入等方面的改革经验及时向全市复制推广；发挥企业预重整或者破产重整、和解等制度的作用，促进稳企业、保就业。同时，明确市人大常委会根据实际需求及时提供相应的法治保障。

（三）明确公平就业和纠纷化解相关要求

《决定》明确任何用人单位不得因劳动者患传染性疾病而解除其劳动合同，在招用人员时不得以曾患传染性疾病为由拒绝录用，法律、行政法规另有规定的除外。明确人民法院、劳动人事争议仲裁机构、工会组织、调解组织等应当依法、及时、妥善处理涉疫情的劳动争议纠纷。

（四）明确狠抓落实及强化监督的相关要求

《决定》明确市、区政府应当强化对下一级政府及有关部门促进就业工作成效的考核，并将考核结果作为年度绩效考核和领导干部综合考核评价的重要依据；要求市、区相关部门加强对落实主要就业指标和政策措施情况的专项监督和检查，做好就业法律法规和政策措施的宣传解读，稳定社会各方对就业形势的社会预期。同时，就市、区人大常委会加强对促进就业工作情况的监督等，作了规定。

三、评述

一是充分体现了上海市人大的担当作为。就业是最大的民生。2022 年，受疫情影响，经济下行压力加大，上海劳动力市场流动性急剧收缩，就业形势面临极大挑战。《决定》的出台有效增强了企业复工复产信心，为后疫情时期稳岗促就业提供了强有力的法治支持，尤其《决定》明确加强市、区人大常委会对促进就业工作情况的监督，充分展现了其在特殊困难时期的担当与作为，也充分体现了我国人民代表大会制度维护人民根本权益的制度优势。

二是有力回应了劳动者公平就业的现实需求。大上海保卫战之后，新冠肺炎康复者在求职过程中因被歧视找不到工作、企业提出解约等问题受到社会关注。维护劳动者的公平就业权成为现实需求。为了保障劳动者的合法权益，《决定》明确公平就业和纠纷化解相关要求，为康复患者送上了法治及时雨，充分体现了人民至上的理念。

（编写人：施娟萍　上海市立法研究所研究人员）

18.《上海市乡村振兴促进条例》立法工作的评述

一、立法背景

2022 年 8 月 27 日，上海市第十五届人民代表大会常务委员会第四十三次会议表决通过《上海市乡村振兴促进条例》（以下简称《条例》）。《条例》的颁布为上海全面实施乡村振兴战略，率先实现农业农村现代化提供了强有力的法治保障。

实施乡村振兴战略是党的十九大作出的重大战略决策，也是新时代做好"三农"工作的总抓手。2021 年 4 月，国家《乡村振兴促进法》正式出台，全国人大常委会委员长栗战书要求各地"结合地方实际，及时制定地方法规，完善乡村振兴地方立法"。近年来，本市陆续出台政策文件，全面推动乡村振兴工作。但同时，农业基础较薄弱、农村发展不充分、城乡发展不平衡等问题依然存在，一定程度上制约了超大城市乡村发展。为此，有必要制定乡村振兴地方法规，落实国家战略和上位法有关要求，发挥上海乡村发展特色优势，总结固化成熟经验，不断提升乡村振兴工作能级，以更好贯彻落实国家乡村振兴战略。

二、主要内容

（一）明确本市全面贯彻乡村振兴战略总体要求

《条例》规定本市建立健全乡村振兴促进工作领导责任制，完善联动工作机制；市、相关区人民政府应当组织编制乡村振兴规划；落实最严格的耕地保护制度和国家粮食安全战略；建立农民收入稳定增长机制，深化农村集体产权制度改革，拓宽农村劳动力就业渠道；推动建立长三角乡村振兴协同工作机制。审议中有意见提出，对促进农民富裕的具体路径、协调生态保护与农民增收关系等规定作修改完善。经研究，采纳该意见。《条例》进一步补充细化了总则有关促进农民富裕的总体性要求，使总则条款与后文具体条款实现更好衔接。

（二）构建城乡融合发展新格局

《条例》明确协同推进乡村振兴战略和新型城镇化战略，构建城乡融合发展新格局；加大乡村公共基础设施的统筹规划和建设，加强乡村数字基础设施建设；教育经费使用向薄弱地区和关键环节倾斜，促进城乡优质卫生资源均衡分布；健全城乡一体的公共就业创业服务体系，完善促进农民就业创业的扶持政策；持续提高农村社会保障水平，推动农村养老事业发展；加强农村数字化建设，提升乡村公共服务数字化、智能化水平；构建乡村社区生活圈，提升乡村生活品质。审议中有意见提出，强化乡村数字化转型在促进现代农业生产、加强乡村治理方面的作用。经研究，采纳该意见。《条例》在相关条款中增加"推进乡村公共服务和管理数字化应用场景建设，实现信息发布、民情收集、议事协商、公共服务等村级事务网上运行""大力推进都市现代农业建设""促进信息技术在农业生产、经营、管理和服务中的运用"的规定。

（三）细化举措推进乡村"五个振兴"

一是强调促进乡村产业高质量融合发展，提高农业综合生产能力、发展生态农业、扶持农业新型经营主体、支持乡村休闲旅游发展。二是明确组织编制镇级国土空间总体规划、郊野单元村庄规划，推进乡村建设，推进农民相对集中居住，依法保障农村村民建房权益。审议中有意见提出，细化农民相对集中居住用地保障的规定，并对推动农村村民建房工作，保障农村村民建房权益作进一步研究。经研究，采纳该意见。《条例》在相关条款中增加"调整优化农村平移集中居住点布局和用地规模，涉及占用耕地的按照有关规定落实用地占补平衡等措施"的规定，并明确本市按照"坚持规划引领、分类施策"的原则推进农村村民建房工作，相关区人民政府负责统筹制定和完善具体方案，乡镇人民政府负责落实规划、实施具体方案。三是健全乡村公共文化体育设施网络和服务运行机制，加大农村文化体育设施建设和资源配送力度，保护、传承农耕文化遗产和非物质文化遗产。四是建立健全现代乡村社会治理体制，加强城中村改造和治理。审议中有意见提出，强化乡村治理能力，加强应急机制建设；同时，对城中村治理条款作修改完善。经研究，采纳该意见。《条例》在相关条款中增加"推进乡村振兴示范村、乡村振兴示范镇等建设""建立统一指挥、快速反应、上下联动的应急体系"的规定。此外，对城中村改造的总体原则、资源统筹和政策支持，以及改造实施要求和基本目标等予以明确；并从压实治理责任、加强突出问题整治、提升隐患排查能力等方面，对城中村治理的规定作修改完善。五是实施乡村人才振兴项目，精准施策，加强农村工作队伍建设，健全人才评价与激励机制。

（四）激活潜力壮大集体经济

《条例》明确建立完善扶持机制，保障农村集体经济组织运营和发展壮大；加强农村集体经济发展平台建设，提升农村集体经济组织的造血功能；鼓励多种形式盘活利用集体资源资产，推动农村集体经济转型升级。

（五）健全完善保障机制

《条例》规定设立乡村振兴专项资金，调整完善土地出让收入使用范围，优先保障支持乡村振兴；支持建立乡村振兴基金，完善政策性农业信贷担保体系，建立完善多层次农业保险体系；推进节约集约用地，完善农村新增建设用地保障机制；依法有序推进集体经营性建设用地入市；推进农村宅基地制度改革；推进乡村振兴激励机制。审议中有意见提出，增加有关农村集体经营性建设用地入市的规定。经研究，采纳该意见。《条例》对集体经营性建设用地入市作指引性规定，为相关改革试点工作预留制度空间。

（六）打造崇明世界级生态岛

《条例》设"崇明世界级生态岛建设"专章，明确支持崇明岛打造国家全域旅游示范区和世界级休闲旅游度假岛；科学规划崇明岛生态保护空间和经济社会发展空间，统筹优化设定生态保护指标，建立生态系统碳汇监测评估体系和一体化生态环境监测网络；发展特色产业，建立并完善多元化投入机制。审议中有意见提出，对崇明世界级生态岛建设的内容作进一步充实。经研究，采纳该意见。《条例》在相关条款中增加"支持崇明区开展碳达峰碳中和示范试点""支持支柱型、功能型、聚集型的乡村振兴重大生态产业项目优先布局崇明""推进崇明农业科技园区建设"等规定。

三、评述

一是以问题为导向，推动解决实施乡村振兴战略中难点问题和农民群众"急难愁盼"问题。重农固本，乃安民之基。虽然上海是国际化大都市，但乡村仍是城市核心功能的重要承载地，是上海持续提升超大城市能级的新空间。《条例》坚持农民主体地位，按照产业兴旺、生态宜居、乡风文明、治理有效、生活富裕的总要求，推进乡村"五个振兴"，进一步增加了农民群众的幸福感、获得感和安全感。

二是体现上海特色。《条例》将中央和市委关于乡村振兴的重大决策部署，本市实施乡村振兴战略中行之有效的经验和做法，以法规的形式予以固化，确保乡村振兴战略部署得到全面落实，持之以恒、久久为功。特别是设立了农村集体经济、崇明世界级生态岛建设两个专章，体现了国际化大都市乡村振兴工作的特点，增强了上海乡村振兴的底色。

三是体现法规的制度刚性。《条例》对一些制度性的规定，能定量的均采取定量的表述，形成刚性指标和要求，使法规更加具有可操作性。比如，《条例》明确，本市应当重点保障乡村产业用地，编制相关区、乡镇国土空间规划时，应当安排不少于百分之十的建设用地指标；制定土地利用年度计划时，应当安排至少百分之五新增建设用地指标。这一规定，使得村庄规划在"多规合一"实用性前提下，有效保障了农村产业发展用地的合理需求。

（编写人：施娟萍　上海市立法研究所研究人员）

19.《上海市浦东新区文物艺术品交易若干规定》立法工作的评述

一、立法背景

2022 年 8 月 27 日，上海市第十五届人民代表大会常务委员会第四十三次会议表决通过了《上海市浦东新区文物艺术品交易若干规定》（以下简称《规定》）。《规定》是上海市人大常委会根据全国人大常委会授权制定的第十一部浦东新区法规，也是文化领域第一部浦东新区法规。

规范和促进文物艺术品交易，推动国际文物艺术品交易中心建设，是建设社会主义文化大都市，提升城市软实力的重要内容。习近平总书记在主持中共中央政治局第三十九次集体学习时强调，要积极推进文物保护利用和文化遗产保护传承，挖掘文物和文化遗产的多重价值，传播更多承载中华文化、中国精神的价值符号和文化产品。文物艺术品作为重要的文化载体，蕴含着巨大的历史文化价值、艺术价值和经济价值。上海作为中国重要的经济和文化中心，是国际文物艺术品市场的重要节点城市，具有良好的资源优势和营商环境。《上海市社会主义国际文化大都市建设"十四五"规划》提出，要建设成为国际重要的艺术品交易中心。2020 年 11 月，国家文物局、上海市人民政府签署共同推进社会文物管理综合改革试点合作协议（以下简称"部市协议"），启动全国唯一的社会文物领域系统性改革试点，积极探索中国特色社会文物保护利用之路。

二、主要内容

（一）明确基本要求与政府职责

《规定》明确上海市遵循守正创新、扩大开放、交流互鉴、科学监管的原则，推动文物艺术品市场高水平开放；规定上海市和浦东新区政府职责以及相关行政管理部门职责，建立相应工作机制，完善服务保障与监督管理。

（二）设立交易服务中心，规范交易活动

《规定》明确在浦东新区设立上海国际文物艺术品交易服务中心（以下简称服务中心），为文物拍卖经营活动和艺术品交易提供场所、设施、鉴定等服务。服务中心依法履行平台管理责任，并配合相关行政管理部门对通过其开展文物拍卖经营活动的拍卖企业进行管理，确保文物艺术品交易依法依规开展，严守文物安全工作底线。

（三）丰富文物艺术品交易形式，培养文物鉴定等专业人才

《规定》支持符合条件的企业在海关特殊监管区域外开展文物艺术品保税展示交易活动；鼓励开展文物艺术品在线展示、交易、定制服务等活动。加强文物鉴定人才培养，培养一批适应上海文物艺术品市场发展需求的专业人才；明确经考核合格并达到相应专业技术能力的人员，可以视同符合条件的文博专业技术人员。

（四）加强监管措施，确保文物艺术品交易安全

《规定》建立联合监管机制，强化工作协同和信息共享，加强事中事后监管，确保文物安全和文物艺术品市场健康规范有序发展；建立文物市场信用信息分类监管平台，根据信用等级实施差异化监管措施；对有关违法行为的处理作出指引规定，并明确服务中心的相关法律责任。

三、评述

一是充分发挥了本市文物艺术品市场的资源优势。《规定》依托浦东新区

打造国际文物艺术品交易中心，需要把握好全国人大常委会授权制定浦东新区法规的契机，在遵循有关法律、行政法规基本原则、坚守文物安全底线的前提下，对上位法有关规定作适当变通，突破制度瓶颈。

二是为文物艺术品市场高水平对外开放提供法治保障。《规定》进一步增强上海在文物艺术品交易领域的全球资源配置能力，发挥汇聚全球高品质文物艺术品资源、扩大中华文明影响力、加强中外文明交流互鉴的重要作用。

（编写人：陈晓燕　上海市立法研究所研究人员）

20.《上海市市容环境卫生管理条例》立法工作的评述

一、立法背景

2022年9月19日，上海市第十五届人民代表大会常务委员会第四十四次会议表决通过了修订后的《上海市市容环境卫生管理条例》（以下简称《条例》）。

市容环境卫生是城市管理水平和市民生活品质的最直观体现，也是城市营商环境的组成部分。2001年11月，市人大常委会审议通过的《上海市市容环境卫生管理条例》，为本市加强市容环境卫生管理提供了重要的法治保障。随着上海进入新发展阶段，现行法规已无法适应新形势新任务新要求。对《上海市市容环境卫生管理条例》进行修改是落实市委、市政府重大决策的必要举措，是创造市民高品质生活的重要保障，是推进城乡一体化发展的有效措施，是确保法制统一的现实需求，是妥善应对疫情等突发事件的迫切需要，也是落实上位法规定并与相关法规衔接的重要举措。

二、主要内容

（一）将农村市容环境卫生纳入适用范围

近年来，本市立足城乡一体，持续开展农村人居环境整治，为农村市容环境卫生管理的制度规范提供了实践基础。修订后的《条例》将农村地区纳入管理范围，实行一体化管理。同时，结合农村特点，对城乡容貌标准制定、农户设摊经营、农村水域保洁、家禽家畜饲养等方面作了专门规定。

审议中有意见指出，上海的城乡容貌标准应当体现城乡一体化要求和人文特色，适应国际化大都市发展的新形势新需求。经审议，决定在第十四条中明确本市城乡容貌标准应当坚持高标准引领，并在修订草案第十五条中增加城乡容貌提升行动计划落实高标准引领的具体要求。

（二）明晰部门职责和管理机制

修订后的《条例》完善了市容环境卫生工作管理体制：一是明确建立市、区两级综合协调机制，对全市和各区市容环境卫生工作进行统筹协调和决策。二是明晰市绿化市容局作为主管部门的组织、协调、指导、监督等职责。三是夯实街道、乡镇的属地管理职责。四是结合实践需要，对管理执法协作提出要求。

审议中有意见指出，建议进一步完善政府及其部门职责。经审议，对修订草案作两点修改：一是将街道办事处、乡镇人民政府的职责调整为"按照职责开展本辖区的市容环境卫生相关管理工作，对本区域范围内的市容环境卫生工作进行协调、监督"。二是新增一条作为第六条，明确本条例规定的市容环境卫生违法行为，由城管执法部门以及街道办事处、乡镇人民政府实施行政处罚及相关的行政检查、行政强制。

（三）注重规划引领、标准配套

修订后的《条例》充分体现城市管理精细化要求：一是注重规划引领，将市容环境卫生事业纳入国民经济和社会发展规划，并在景观照明、户外广告设施、环境卫生设施等具体领域明确了编制专项规划的要求。二是加强标准化体系建设，编制覆盖市容环境卫生全领域的标准、技术规范、导则、定额等，形成高水平市容环境卫生标准化体系。三是促进数字化转型，依托"一网通办""一网统管"平台，加强部门间的信息共享，利用各类智能技术和网格化管理等方式，实现智慧管理。

（四）优化设摊经营、广告招牌管理

修订后的《条例》重点对设摊经营、户外广告设施和户外招牌管理等方面作了优化：一是助力恢复城市"烟火气"，在强调不得擅自占道设摊和跨门营业的基础上，对"夜间经济""体验经济""步行街业态""农产品地产地销"等新业态，明确区政府可以在城市和农村地区划定一定公共区域允许从事经营活动。二是兼顾"放管服"改革和城市运行安全的要求，将户外广告设施、户外招牌的设置调整为"许可＋备案"的分类管理模式，对于大型户外广告设施、设置在历史风貌区等特定区域的户外招牌，以及设置可能影响公共安全的户外广告设施、户外招牌，实行许可管理；其他户外广告设施、户外招牌设置采用备案形式。

审议中有意见指出，户外广告设施的备案管理技术性较强，街镇专业力量不足，难以承担户外广告设施设置备案工作，有意见指出，要合理区分户外设施设置者与载体所有权人之间的责任。经审议，决定对修订草案作两方面修改：一是将设置无需审批的户外广告设施向街道办事处、乡镇人民政府备案，调整为向区绿化市容部门备案。二是明确户外广告设施设置期满或者因搬迁、退租等原因不再需要户外招牌的，设置者应当拆除，设置者未及时拆除的，户外设施载体所有权人应当予以拆除。同时，删去对所有权人未及时拆除进行处罚的内容。

（五）完善突发事件应对举措

修订后的《条例》针对本轮疫情期间市容环境卫生管理实践，形成了有针对性的制度措施：一是由市、区绿化市容部门结合市容环境卫生专业领域特点，编制突发事件应急预案，明确组织指挥体系与职责、处置程序等内容。二是在发生重大公共卫生事件时，公园绿地、公共厕所等应当按照规定进行消毒。三是因突发事件造成生活垃圾、装修垃圾无法及时运输、处置的，市绿化市容部门可以作出临时调整。四是要求生活垃圾管理责任人保障生活垃圾的及时收集、驳运，区绿化市容、房管等部门予以指导、督促和协调，街道、乡镇负责托底。五是规定突发事件发生后，由区政府负责解决环境卫生作业服务人员临时居住、作业条件保障以及其他相关问题。

（六）构建市容环境卫生共治共享格局

修订后的《条例》以专章形式，通过建立公众参与机制、加强宣传教育、明确责任区制度、强调自我管理和社会监督并举、倡导志愿服务和"爱心接力"等多项举措，畅通社会公众积极有序参与市容环境卫生治理的渠道，提升市容环境卫生共治、共享水平。

审议中有意见指出，公共厕所是与市民生活密切相关的环境卫生设施，法规应当对公共厕所配置、开放时间以及沿街单位开放公共厕所的激励措施等方面作出明确规定。经审议，决定修订草案第三十四条中增加四点内容：一是农贸市场、轨道交通站点、旅游景点等场所应当按照规定配置公共厕所。二是鼓励农村地区建设生态型公共厕所。三是具备条件的政府投资建设的公共厕所实行二十四小时开放。四是沿街单位开放公共厕所情况可以作为单位履行社会责任的内容，纳入相应的评价体系。

三、评述

市容环境卫生是城市发展的重要基础，是展示城市形象和底蕴的重要窗口和名片，在城市建设和管理中具有不可替代的地位和作用。修订后的《条例》为打造更整洁、更有序、更温馨、更安全、更美观的市容环境，推动市容环境卫生事业高质量发展，提供更加有力的法治保障。主要有如下特点：

一是高标准引领，全面提升市容环境卫生公共服务水平。在规划层面，《条例》明确市和区人民政府应当将市容环境卫生事业纳入国民经济和社会发展规划，完善市容环境卫生设施布局建设，推进市容环境卫生综合治理，依法保障市容环境卫生工作所需经费，提升市容环境卫生公共服务水平和能力；在相关标准和技术规范层面，《条例》要求加强市容环境卫生标准化体系建设，按照科学规范、系统完备、结构优化、层次合理、协调配套的要求，编制覆盖市容环境卫生全领域的标准、技术规范、导则、定额等，形成适应精细化管理要求、满足高品质生活需求、彰显上海城乡特色的高水平市容环境卫生标准化体系；在智能化管理层面，《条例》要求推动市容环境卫生管理数字化转型，依托"一网通办""一网统管"平台，与公安、住房城乡建设管理、交通、水务、房屋管理、城管执法等部门共享市容环境卫生领域相关行政许可、行政处罚等信息，利用智能技术和网格化管理等方式，实现集感知、分析、处置、执法、服务为一体的智慧管理。

二是精准施策，体现城市管理精细化要求。根据"放管服"改革、优化营商环境和城市运行安全的要求，对相关管理措施进行必要调整：其一是将户外设施设置管理模式由原来"全领域许可"模式调整为"许可＋备案"的分类管理模式。对大型户外广告设施，其他因结构、体量、位置等因素可能影响公共安全的户外广告设施，以及临时性户外广告设施，还有部分户外招牌的设置继续实施许可管理；对其他户外广告设施、户外招牌的设置实施备案管理，在设置前分别报区绿化市容部门、街镇备案。其二是对户外设施设置提出规范要求，同时也为彰显个性留下必要空间。《条例》明确户外设施设置应当与区域功能相适应，与街区历史风貌和人文特色相融合，与周边景观和市容环境相协调；户外招牌设置应当体现区域环境、建筑风格以及业态特点，为设置者展现个性和创意提供空间，避免样式、色彩、字体等同质化。其三是将散发商业性宣传品由全面禁止调整为重点区域禁止，这些重点区域包括主要道路、景观区域、商业集中区域、交通集散点、轨道交通站点以及市绿化市容部门确定的其他公共场所。

三是疏堵结合，实现烟火气和秩序感的平衡。修订后的《条例》根据本市市容管理现状，按照疏堵结合的思路，对占道设摊经营提出了新的管理要求：首先，对擅自占道设摊经营的行为实施禁止，并设定了相应的处罚。其次，明确占道设摊经营应当在区人民政府会同市有关部门根据需要，综合考虑市容环境卫生、交通安全、公共安全、消费需求等因素后划定的公共区域内从事经营活动。这意味着本市不再全面禁止占道设摊经营，但也不是全面放开。准确的说，是实行"面上控、点上疏"。最后，明确设摊经营需要遵守区人民政府关于经营活动的区域范围、时段、业态以及市容环境卫生责任主体及管理要求。这意味着本市在特定区域允许设摊经营，但同时也要求设摊经营者承担相应的市容环境卫生责任，力求做到权利与义务、秩序与活力的平衡。

（编写人：宋果南　上海市立法研究所研究人员）

21.《上海市服务办好中国国际进口博览会条例》 立法工作的评述

一、立法背景

2022 年 9 月 22 日，上海市第十五届人民代表大会常务委员会第四十四次会议表决通过了《上海市服务办好中国国际进口博览会条例》（以下简称《条例》）。

中国国际进口博览会（以下简称进博会）是迄今为止世界上第一个以进口为主题的国家级展会，是国际贸易发展史上一大创举。举办进博会是我国着眼于推动新一轮高水平对外开放作出的重大决策，是我国主动向世界开放市场的重大举措。党中央、国务院高度重视进博会的筹办工作，已连续五年将进博会筹办工作列入中央政治局常委会工作要点、写入政府工作报告。在中央的高度重视下，在商务部等国家有关部门和本市的全力推动下，进博会已成功举办四届，平均每届有 3200 余家企业参展、40 万采购商注册参会，累计发布新产品新技术新服务 1500 多项，意向成交额达 2700 多亿美元，企业商业展面积从首届的 27 万平方米扩大至第四届的 36.6 万平方米。

为更好发挥进博会"国际采购、投资促进、人文交流、开放合作"四大平台作用，持续放大进博会溢出带动效应，确保进博会办出水平、办出成效、越办越好，有必要以地方立法的形式，对已经取得的有益经验、做法及时加以固化，为进博会成功举办提供有力的法治支撑。

二、主要内容

（一）明确工作机制，强化职责分工

为更好贯彻国家战略，服务办好进博会，《条例》在明确目标任务的基础上，作出如下规定：一是完善部市合作机制。二是明确政府职责。三是强化部门责任。四是加强长三角地区及国内合作。

（二）立足基本定位，支持办展办会

基于本市协助商务部等国家部门推进进博会招展、招商、论坛筹办等基本定位，《条例》在四个方面加以明确：一是支持招展招商。二是协同办好虹桥国际经济论坛。三是科技赋能。四是宣传推广。审议中有意见提出，增加城市数字化治理的内容，提升进博会相关区域城市管理和服务保障工作精细化水平的规定。经研究，采纳该建议，增加了相关内容。

（三）对标一流展会，强化服务保障

《条例》在总结吸收相关举措的基础上，对更好承担服务保障职责作出进一步优化：一是提供高质量服务。包括为受邀参加进博会的境外展客商等人员和进博会展品出入境提供便利化服务等。二是做好高标准保障。在社会治安、无线电管理等方面强化保障措施，确保进博会期间的安全有序。三是开展高水平管理。加强进博会期间住宿、交通等方面的价格指导和监督，规范不正当竞争行为，提高展会的管理水平。

（四）发挥平台作用，放大综合效应

为进一步发挥进博会四大平台作用，促进本市贸易、投资、消费和产业升级，加强区域合作交流，《条例》着重在以下方面持续放大进博会综合效应：一是贸易促进。二是展品转为商品。三是投资促进。四是消费促进。五是开放合作。六是辐射长三角服务全国。

三、评述

一是贯彻落实"越办越好"总要求的重要举措。进博会是习近平总书记亲自谋划、亲自提出、亲自部署、亲自推动的全球贸易盛会。上海作为进博会的永久举办城市和主办方之一，充分体现了中央对上海的高度信任和殷切期望，服务办好进博会是上海的一项重大政治任务。因此，通过立法将习近平总书记"越办越好"等重要指示精神和党中央的各项要求转化为法律规范，进一步体现我国推动新一轮高水平对外开放的决心，凸显上海服务办好进博会的信心。

二是规范进博会展会运营和管理的客观要求。举办进博会是一项复杂的系统工程，涉及招商招展、服务保障、组织采购、区域合作等诸多环节，以及主办方、参展商、服务商、采购商、专业观众等各个方面。尽管进博会已经成功举办四届，但仍存在着诸如服务商服务流程不够规范、知识产权侵权等问题，面临着交通保障、食品卫生、应急救援以及大客流管理等方面的考验，在加强科技赋能，推动信息技术、大数据、绿色技术和材料等的运用方面，也有着进一步改进空间。因此，通过地方立法对进博会的运营管理加以规范和引导。

三是提升进博会服务保障工作能级和发挥综合效应的内在需要。本市建立的进博会城市服务保障工作机制以及相关议事协调机制等，为历届进博会的成功举办发挥了重要作用。此外，通过举办进博会，本市在安全保卫、交通管理、卫生防疫、城市运行等领域形成了诸多成熟的经验做法和行之有效的工作模式，也亟需通过地方立法使其常态化实施，以不断提升进博会服务保障工作能级。同时，进博会让展品变商品，让展商变投资商，溢出效应不断放大，吸引了越来越多的跨国企业和投资商进入中国，深耕中国市场，共享发展机遇，极大地推动上海乃至全国经济实现更高质量、更高水平发展。为此，通过地方立法保障和推动进博会发挥好越来越强劲的溢出带动效应。

（编写人：陈晓燕　上海市立法研究所研究人员）

22.《上海市推进长三角区域社会保障卡居民服务一卡通规定》立法工作的评述

一、立法背景

2022年9月22日，上海市第十五届人民代表大会常务委员会第四十四次会议表决通过了《上海市推进长三角区域社会保障卡居民服务一卡通规定》（以下简称《规定》）。

2020年8月20日，习近平总书记在合肥主持召开扎实推进长三角一体化发展座谈会并发表重要讲话，强调要促进基本公共服务便利共享，要探索以社会保障卡为载体建立居民服务一卡通。2021年9月底，上海市委常委会专题审议通过上海市居民服务一卡通工作方案。大家一致认为，当前为推进长三角区域社会保障卡居民服务一卡通提供法治保障，很有必要。

市人大常委会高度重视，按照健全完善地方立法工作格局的要求，着力提升法规调研起草的质量和水平。一是确定协同立法路径。2021年11月，市人大常委会主任蒋卓庆与浙江省人大常委会党组书记梁黎明就此项协同立法沟通一致；同月，在江苏省昆山市召开的2021年三省一市人大社会建设工作座谈会上，此项协同立法纳入了会议纪要。2021年年底，安徽省人大常委会在全国地方立法工作座谈会上表示，着力推进社会保障卡居民服务一卡通协同立法。2022年2月中旬，蒋卓庆带队赴南京市，与江苏省委、省人大常委会、省政府主要负责同志就协同立法工作进行沟通座谈，对协同立法的重点问题进行深入交流，就协同立法的路径、方式、构架以及立法工作时间安排达成了共识。之后，三省一市人大常委会加强协同立法的工作会商，确定此项协同立法采用"1+1"的模式，即三省一市的共同条款和各省市的个性条款相结合。此外，长三角区域合作办公室将此项协同立法纳入了2022年度长三角区域合作年度工作计划和长三角地区主要领导座谈会纪要内容。

二是积极争取国家相关部门指导支持。2022年1月，市人大常委会副主任陈靖与国办电子政务办主任陈宏曲等召开专题视频会议，国办电子政务办对上海方面提出开展长三角区域社会保障卡居民服务一卡通协同立法工作的意向表示肯定和支持，并表示，居民服务一卡通丰富拓展了长三角"一网通办"工作，全国一体化政务服务平台将全力为长三角区域社会保障卡居民服务一卡通提供技术支撑。4月30日，国务院办公厅印发《依托全国一体化政务服务平台开展社会保障卡居民服务一卡通应用试点方案》（国办函〔2022〕38号），要求上海、江苏、浙江、安徽等10个省市开展居民服务一卡通试点工作，并明确支持有条件的地区制定相关法规规章。

三是完善协同立法推进机制。2022年年初，经市人大常委会党组与市政府党组会商研究，明确常务副市长吴清和副主任陈靖共同担任协同立法"双组长"，并成立协同立法工作专班。认真总结近年来长三角区域促进跨省通办公共服务便利共享、居民异地就医等方面形成的经验和做法，全面梳理交通出行、旅游观光、文化体验以及医疗卫生、社会保障、金融服务等领域社会保障卡居民服务一卡通工作现状及法治保障需求，于2022年2月共同形成了《上海市推进长三角区域社会保障卡居民服务一卡通规定（草案）》，先后两轮征求江苏省、浙江省、安徽省人大相关委员会和政府相关部门的意见。

四是认真征求协同立法各方意见。协同立法工作认真贯彻全过程人民民主重大理念，市人大常委会副主任高小玫召开市人大相关专门委员会和部分市人大代表座谈会，就完善《规定（草案）》重点条款进行深入研讨。同时，立法工作专班还征求了部分基层立法联系点等方面的意见，并请市人力资源社会保障局、市司法局、市发展改革委征求三省相关部门的意见，不断完善《规定（草案）》。三省一市人大及相关部门已就《规定（草案）》的共同条款达成共识。

二、主要内容

（一）明确长三角区域社会保障卡居民服务一卡通功能定位、工作目标和基本原则

明确在长三角区域内，以社会保障卡作为载体，率先在交通出行、旅游观光、文化体验以及医疗卫生、社会保障、金融服务等领域实现一卡多用、跨省通用。明确拓展社会保障卡应用领域和范围，推进长三角区域社会保障卡线上线下场景融合发展，逐步推动"多卡集成、多码融合、一码通用"，促进跨区域居民服务便利共享。

（二）明确长三角区域社会保障卡居民服务一卡通协同推进工作机制

明确依托全国一体化政务服务平台和长三角区域合作机制，利用长三角区域"一网通办"数据共享交换，实现社会保障卡居民服务一卡通跨省业务数据共享交换和数据标准统一互认，统一居民服务一卡通应用场景，实现应用互通、证照互认。同时，要求市人民政府加强对社会保障卡居民服务一卡通工作的领导，建立健全社会保障卡居民服务一卡通工作推进机制等。

（三）明确长三角区域社会保障卡居民服务一卡通应用领域

明确三省一市共同编制社会保障卡居民服务一卡通的应用项目清单，实行动态调整，并向社会公布。同时，明确社会保障卡可以作为公共服务、政务服务以及办理住宿登记等事项的有效身份凭证，长三角区域社会保障卡持卡人在社会保障、就医、交通、文化旅游、金融服务等领域，可以享受相应服务。

（四）明确推进数字政府建设及先行先试相关要求

鼓励长三角区域各地根据本地实际，积极开展居民服务一卡通管理服务探索创新，鼓励长三角生态绿色一体化发展示范区开展先行先试。同时，明确三省一市共同推进数字长三角建设，落实数字政府建设各项任务，促进居

民服务一卡通和"一网通办"融合发展。

（五）明确跨区域业务、技术标准互认互通及保障用卡数据和信息安全相关规定

明确三省一市加强省级政务服务平台对接，共同制定长三角区域社会保障卡居民服务一卡通业务和技术标准，促进异地相关业务互认和数据互通。明确构建社会保障卡居民服务一卡通应用平台支撑和安全防护体系，建立突发事件应急处置机制，要求相关部门加强线上线下业务安全管理，做好社会保障卡居民服务一卡通相关数据安全和网络安全工作；特别是强调在方便居民使用社会保障卡的同时，相关部门和单位应当对服务管理中获取的个人隐私、个人信息、商业秘密等数据依法采取保护措施，不得违法使用或者泄露。

（六）明确强化社会宣传和服务监督相关要求

明确相关部门以及媒体应当对社会保障卡居民服务一卡通的政策措施、应用场景和使用方式等加大宣传力度，并要求相关部门通过社会保障卡居民服务一卡通线下应用场所、线上服务平台和12345等电话热线，为持卡人提供用卡咨询、服务引导和投诉受理等服务。

三、评述

一是协同立法方面，提供有力法治保障。三省一市人大助力推进长三角区域社会保障卡居民服务"一卡通"，2022年9月，四地人大常委会分别以本省（市）地方法规的形式出台《推进长三角区域社会保障卡居民服务一卡通规定》，并于2022年10月1日起同步施行。为推进以社会保障卡为载体在交通出行、旅游观光、文化体验等方面实现居民服务"一卡通"提供有力法治保障。

二是深入贯彻落实习近平总书记重要讲话精神和国家相关决策部署的需要。推进以社会保障卡为载体建立居民服务一卡通，是促进长三角区域基本公共服务便利共享的重要举措，是推动数字政府建设的重要途径，开展长三

角区域社会保障卡居民服务一卡通协同立法，进一步推进了长三角区域高质量一体化发展。

三是用法治方式促进长三角区域社会保障卡居民服务一卡通实践创新的需要。推进长三角区域社会保障卡居民服务一卡通，涉及长三角三省一市2.35 亿人口，是一项重大民生工程。近年来，三省一市按照国家相关部门关于做好社会保障卡应用推广以及长三角地区依托全国一体化政务服务平台推进政务服务"一网通办"等工作部署，在医疗、公安、住房公积金等高频服务领域积极推进一卡通，并联合制定《长三角地区电子证照互认运用合作共识》。截至 2022 年 7 月，三省一市通过线上和线下 567 个窗口，打造 138 项跨省通办服务事项和服务场景应用，全程网办 540 多万件，居民异地就医门诊结算 980 多万人次，结算费用 26 亿多元，实现了长三角区域 41 个城市全覆盖。上述成功实践，既为实施长三角区域社会保障卡居民服务一卡通打下了良好基础，也对开展协同立法提出了现实需求。

（编写人：陈晓燕　上海市立法研究所研究人员）

23.《上海市机关运行保障条例》立法工作的评述

一、立法背景

2022年9月22日，上海市第十五届人民代表大会常务委员会第四十四次会议表决通过《上海市机关运行保障条例》(以下简称《条例》)，自2022年11月1日起施行。

党中央、国务院高度重视机关运行保障工作，习近平总书记多次就机关运行保障有关工作作出重要批示指示，强调要"强化财力资源集中统管""完善科学标准体系""努力建设强大的现代化后勤""按照统一项目、统一标准、经费归口、资源共享的原则，统一提供后勤服务""坚持勤俭办一切事业，在厉行勤俭节约、反对铺张浪费上作表率"。党的十八大以来，中央关于"厉行节约、反对浪费"的一系列要求，均对机关运行保障工作提出了新的更高的要求。2021年，国家机关事务管理局明确上海、河南、湖北等地作为出台机关运行保障地方性法规的试点地区。开展机关运行保障立法，是促进机关运行保障科学化、规范化、可持续发展的重要支撑。为了理顺有关职能部门职责分工，推动体制机制深化创新，健全完善机关运行保障的制度规范，通过机关运行保障立法对提升本市机关运行保障的质量和效率，为国家层面立法提供上海经验，推动新时代机关事务工作高质量发展，具有重要意义。

二、主要内容

(一)完善机关运行保障管理体制

《条例》从制度层面回答了"保障谁"的问题，明确界定了机关运行保障对象，包括本市党委、人大、政府、政协、司法、民主党派、人民团体机关和参公单位；同时明确，机关运行保障是对上述机关运行所需经费、资产、服务、能源等资源要素进行统筹配置、保障支撑和监督管理活动，从而最大限度为本市各级各类机关高效有序运行提供物质保障。同时，《条例》也明确了基本原则。机关运行保障工作实行统一项目、统一标准、归口管理、资源共享，构建集中统一、权责明晰、协同高效的机关运行保障体制。《条例》从制度层面回答了"谁来保障"的问题。强化政府和部门职责，明确了市、区政府及其机关事务管理部门，以及发展改革、财政等部门在机关运行保障方面承担的职责。《条例》要求市和各区政府依法依规设置机关事务管理部门。

（二）明确机关运行保障事项

《条例》将保障事项按经费、资产、服务三大类进行规范，从制度层面回答了"保障什么"的问题。首先，规范经费保障。统一实物定额和经费标准，《条例》要求机关事务管理部门制定相关定额和标准，财政部门据此编制机关运行经费支出定额和开支标准。确立了保障计划制度，《条例》要求各级机关应当在计划中明确新增资产配置、后勤服务购买等需求，经同级机关事务管理部门审核后向财政部门申报相关经费预算。建立了运行成本统计调查制度，《条例》规定由机关事务管理部门会同财政、统计等部门定期开展机关运行成本统计、分析和评价。其次，规范资产保障。确立了资产管理制度，《条例》要求机关事务管理、财政部门制定资产管理制度，各级机关健全资产管理内控制度，严格资产日常使用管理和处置流程。建立了公物仓制度，《条例》明确，相关机关应将闲置、超标准配置等资产纳入本级公物仓，由财政、机关事务管理部门建立本级公物仓管理平台，各部门配置资产应厉行节约，优先通过公物仓调剂解决。明确了办公用房"五统一"管理机制和规范公务用车配备使用等。最后，规范服务与安全保障。《条例》明确市机关事务管理部门制定机关服务管理制度，实行后勤服务备案制度，健全机关后勤服务质量考核评价制度，加强机关内部安全保障。

（三）优化机关运行保障机制

《条例》确立了三大保障机制，从制度层面回答了"怎么保障"的问题。建立了协调保障机制，统一政策标准，统筹资源调配，建立和完善相应管理信息平台。明确了社会化保障机制，发挥市场对资源配置的决定性作用，规范运作机关后勤服务政府采购。建立了应急保障机制，突出物资调配、人员管控、应急采购等应急保障中的作用。发生突发事件时，要求及时启动应急预案，采取相应措施，确保机关正常运行。

（四）通过监督保证机关运行保障规范化

《条例》确立了多元监督机制，从制度层面回答了"如何监督"的问题。《条例》要求各级机关事务管理部门和相关职能部门应当根据各自职责，加强对机关运行保障工作的监督，自觉接受社会监督，任何组织和个人对违反本条例规定的行为，有权向相关部门举报。接到举报的相关部门应当依法依规及时调查处理。

三、评述

一是坚持机关运行保障法治思维，完善体制机制建设。机关事务无"法"可依，无"法"可治，在一定程度上制约了机关运行保障的高质量发展。《条例》坚持以问题为导向，完善体制机制建设。为形成"资金、资产、资源"集中统一管理格局，《条例》以经费保障、资产保障、服务保障、资源节约的架构理念对"保障事项"内容进行排列，体现"三资统一"的保障理念；为构建"共建、共享、共用"融合机制，《条例》以社会共建、数字共享、标准共用的架构理念对"保障机制"内容进行体制性固化，体现"三共融合"的保障机制；为优化"财力、物力、人力"配置效能，《条例》通过对经费标准、预算编制、保障计划、成本统计调查、公物仓的管理、职责分工相关条款的设置，推动形成财力保障计划、物力盘活利用、人力合理调配的运行体制，体现"三力协同"的配置机制。《条例》围绕和回应机关运行保障所需和人民群众所盼，聚焦关键环节，从制度层面明确了保障谁、谁来保障、保障什么、怎么保障、如何监督等基础性、根本性问题，以机关运行保障的法治化推动节约型机关建设。

二是贯彻新发展理念，保障治理效能提升。机关运行保障立法是促进机关运行保障供给有序、服务有效、管理可持续运行的关键因素。《条例》坚持新发展理念，聚焦质量效能提升。在创新发展方面，《条例》对办公用房使用协议和成本租金制、后勤服务合同备案、应急保障等创新保障措施进行法治化固化，实现机关运行高水平保障；在协调发展方面，《条例》构建区域协同、部门协同、监督协同多维度共轨并行，通过长三角区域协作、协调保障机制、多层次监督条款的设置，法治化固化协调发展机制；在绿色发展方面，《条例》以绿色发展保障理念，促进能源节约和资源循环利用，联动反食品浪费，加强目标责任管理，助力节约型机关建设；在开放发展方面，《条例》扩大机关能源资源消费市场开放，促进社会化绿色低碳循环发展，探索机关附属空间和公共设施等开放共享路径，推动机关资源逐步实现社会化便民开放；在共享发展方面，《条例》将公物仓机制上升到法治化高度，设置公物仓资产管理、资产来源、资产使用等条款，发挥公物仓有效配置资产的作用，推动机关资产循环利用和共享共用，提高机关资产使用效益，以法治化手段为公物仓高效能保障赋能增效。

三是落实中央及市委的部署要求，夯实保障的工作基础。作为改革开放排头兵、创新发展先行者，上海有条件、有责任先行先试，以立法举措系统总结提炼和固化有关经验做法和制度成果，制定一部科学全面的机关运行保障地方性法规，为国家机关运行保障立法提供上海经验，为推动新时代机关事务工作高质量发展贡献力量。《条例》通过政府职责、标准化保障机制、数字化保障机制相关条款的设置，对国家提出的新发展思路进行法治化固化，推动机关运行保障由战略高度上升为立法高度；为承接上海城市治理的新实践，践行"人民城市人民建，人民城市为人民"重要理念，《条例》在"监督与法律责任"中引入"社会监督"条款，建立健全机关运行保障信息公开制度，畅通社会组织和个人举报渠道，并对举报处理责任进行了规定，自觉接受社会和公民监督。

（编写人：王琨　上海市立法研究所助理研究员）

24.《上海市浦东新区推进住宅小区治理创新若干规定》立法工作的评述

一、立法背景

2022年9月22日，上海市第十五届人民代表大会常务委员会第四十四次会议表决通过了《上海市浦东新区推进住宅小区治理创新若干规定》（以下简称《规定》）。这是上海市人大常委会根据全国人大常委会授权制定的第十二部浦东新区法规，也是第二部社会治理领域的浦东新区法规。

《中共中央　国务院关于支持浦东新区高水平改革开放打造社会主义现代化建设引领区的意见》（以下简称《引领区意见》）明确了"提高城市治理现代化水平，开创人民城市建设新局面"新要求，并指出要"推动社会治理和资源向基层下沉，强化街道、社区治理服务功能，打通联系服务群众'最后一公里'"。《中共中央　国务院关于加强基层治理体系和治理能力现代化建设的意见》也明确指出，"基层治理是国家治理的基石，统筹推进乡镇（街道）和城乡社区治理，是实现国家治理体系和治理能力现代化的基础工程"。住宅小区是城市最基本的"细胞"，也是城市治理的缩影，与人民群众最关心、最直接、最现实的切身利益密切相关。因此，有必要通过制定浦东新区法规的形式推进住宅小区治理创新。

二、主要内容

（一）明确住宅小区相关主体职责

《规定》针对住宅小区的治理创新工作，明确了浦东新区人民政府及其部门、街道办事处、镇人民政府以及居民委员会的具体职责。审议中有意见提出，按照《引领区意见》的要求，浦东新区应当建立依据常住人口配置公共服务资源的制度。经研究，《规定》采纳这一意见并予以明确。此外，《规定》还明确了住宅小区业主、物业使用人和物业服务企业的有关责任。

（二）创新住宅小区自治模式

《规定》提出，在基层党建引领的基础上，着力加强居民自治能力建设，推进住宅小区建立健全议事协商机制，引导居民有序开展协商自治和邻里互助；推进志愿服务机制创新，加强居民志愿者队伍建设；细化业委会接受居委会指导和监督的规定，明确居委会可以在特殊情形下临时代行业委会职责的条件以及相应的程序规范。审议中有意见提出，有关居委会临时代行业委会职责的规定，要进一步理顺基层政府管理与业主自我管理、居民自治的关系，提升住宅小区公共服务和管理水平。经研究，《规定》采纳这一意见，明确居委会代行业委会职责的前提条件为"业主委员会无法选举产生或者无法正常运作"，按照《中华人民共和国民法典》中关于业主共同决定事项表决规则的精神，对征询意见的业主比例作出完善，提出了居委会代行业委会相关职责的工作要求，确保代行工作合规有序开展。

（三）创新住宅小区管理机制

《规定》建立居民需求响应机制，及时回应解决居民实际问题；明确在住宅小区统筹设立联勤联动站（点），完善联勤联动处置机制；建立住宅小区应急管理制度，完善平急转换机制；明确居委会在特定条件下依法落实临时性管理措施。审议中有意见提出，要提高物业服务企业的应急处置能力，加强政府相关部门对物业服务企业应急处置工作的指导。经研究，《规定》采纳这一意见，增加对物业服务企业纳入应急处置工作体系的物资、资金等保障支持，明确房屋管理、应急管理等相关部门对物业服务企业的业务指导，提升物业服务企业的应急处置水平。

（四）完善社区治理特别规定

《规定》针对社区治理的短板，建立健全老旧小区更新改造投入机制和物业服务财政扶持机制，改善老旧小区居住条件和生活环境。《规定》要求制定计划加快实施推进城中村改造，加大对城中村整治力度。《规定》探索建立类住宅自治模式，明确将在整治期间尚有居民实际居住的商业办公用房区域纳入社区治理和居民自治范畴。

（五）保障和规范执法行为

《规定》注重保障和规范执法行为，明确执法人员依法查处住宅小区违法行为时，业主、物业使用人的配合义务和公安机关的依法协助义务；规定对侵害小区业主共同利益的特定违法行为，综合执法部门有权采取相应的行政强制措施；明确在不动产登记簿上进行注记措施的适用范围和相关程序；规定简化执法流程快速办理的情形；探索完善文书送达方式；变通行政强制法相关规定，扩大代履行措施的适用范围；确立裁执分离机制，保障行政行为的执行力。

（六）推进社区数字治理机制创新

《规定》明确，畅通"一网统管"和"社区云"平台，动态更新实有人口、实有房屋等基础信息，实现信息共享，赋能社区治理；加强对相关信息和数据的分析研判与运用，提高服务水平和管理效率；建立依托大数据平台的执法协作机制。

三、评述

一是创新住宅小区治理新模式。住宅小区是居民群众生活的基本场所，《规定》从立法层面，探索建立"人人都能有序参与、人人都能感受温度、人人都能归属认同"的治理新模式，进一步理顺基层政府管理与业主自我管理、居民自治的关系，率先走出一条体现时代特征、满足群众需求、彰显浦东水平的住宅小区治理新路，为上海超大型城市治理"试"出可复制可推广的社区治理范式。

二是提升住宅小区公共服务管理水平。住宅小区往往存在管理制度缺失、管理能力薄弱、管理不规范等痛点难点。特别是在经历过疫情防控后，住宅小区在公共服务和管理方面暴露出更多问题。《规定》以改革创新和机制建设为抓手，推动政府治理同社会参与、居民自治良性互动，加强居委会工作人员、志愿者队伍的专业化建设，加快推进社区治理的数字化转型，为提升住宅小区公共服务管理水平提供了制度创新和法治保障。

三是有效维护住宅小区公共利益。住宅小区是城市治理的最小环节，涉及人民群众的众多利益。近些年，在城市精细化治理和严格行政执法的态势下，住宅小区的环境面貌和管理秩序有了显著改善，但仍然存在一些人民群众关心的老问题和新情况。《规定》在推动执法工作的同时，进一步强化执法的程序性和规范性，保障相对人合法权益，更好地维护住宅小区公共利益。

（编写人：李秋悦　上海市立法研究所研究人员）

25.《上海市促进人工智能产业发展条例》立法工作的评述

一、立法背景

2022年9月22日，上海市第十五届人民代表大会常务委员会第四十四次会议表决通过了《上海市促进人工智能产业发展条例》（以下简称《条例》）。这是上海继《上海市数据条例》后的第二部数字经济领域地方法规，将有力支撑城市全面数字化转型，助力建成具有国际影响力的人工智能"上海高地"。

人工智能是引领未来发展的战略性技术，也是新一轮科技革命和产业变革的重要驱动力量。习近平总书记在中央政治局集体学习时指出，要推动我国新一代人工智能健康发展。上海积极落实总书记关于打造人工智能世界级产业集群的要求，将人工智能作为着力发展的三大先导产业之一，加快建设人工智能"上海高地"，相继出台了《关于本市推动新一代人工智能发展的实施意见》《上海市人工智能产业发展"十四五"规划》等文件，为人工智能产业发展提供政策支撑。

为有效解决产业发展中存在的自主创新能力不足、场景落地难、治理体系不够健全等堵点难点问题，有必要从地方性法规层面进行制度创新，发挥本市人工智能产业的生态优势，破解发展中的问题瓶颈，确保重要战略任务落实落地，为上海数字经济的高质量发展提供法治保障。

二、主要内容

（一）明确人工智能产业范围，完善管理体制机制

《条例》根据国家有关标准和本市实际，对相关概念予以界定，并就产业

发展相关体制机制作出规定：一是对人工智能、人工智能产业予以明确。二是明确各级政府及相关部门在促进人工智能产业发展中的具体职责。三是设立市人工智能战略咨询专家委员会，为产业发展中的重大战略、重大决策提供咨询意见。四是要求人工智能行业协会及其他相关行业组织，促进产业协同，加强行业自律。五是鼓励市场主体积极创新。审议中有意见提出，建议增加关于激发市场主体创新活力的规定。经研究，采纳该意见。《条例》在总则增加一条，明确"本市鼓励公民、法人和其他组织在人工智能领域开展各项创新活动，法律、法规以及国家和本市相关规定明确禁止事项除外。市经济信息化部门会同有关部门探索建立人工智能科研、应用等领域的负面清单"。六是推动长三角区域人工智能产业协同融合发展，加强国际合作，推动人工智能科技普及工作。

（二）优化要素资源配置，推动科技创新

《条例》按照人工智能产业发展逻辑，设基本要素、科技创新两个专节，提出下列举措：一是聚焦算力、算法、数据三大基本要素，加强算力基础设施规划，推进公共算力资源平台建设，保障中小企业获得普惠的公共算力；支持算法创新，推动算法模型交易流通，加强对算法模型的保护；突出人工智能领域高质量数据集建设，扩大面向人工智能产业的公共数据供给范围。审议中有意见提出，建议增加关于公共算力支持的规定。经研究，采纳该意见。《条例》明确"推进公共算力资源平台建设"相关内容。二是强化科技创新。明确加强基础理论和关键共性技术研发、鼓励跨学科交叉领域研究；推动相关国家实验室创新发展、全国重点实验室能力提升；鼓励开展人工智能全领域创新和自主研发；推动人工智能领域大型科学仪器设施开放共享；加大在战略性新兴产业项目中对人工智能产业技术创新的布局，支持开展人工智能技术基础理论以及核心技术研究。改革科研组织管理方式、赋予科研人员人工智能职务科技成果所有权或者长期使用权等，建立科技成果转化激励机制。审议中有意见提出，建议完善各项制度设计，保障和促进人工智能领域科技创新。经研究，采纳该意见。《条例》对跨学科交叉领域研究、大型科学仪器设施开放共享、推动科研项目立项和组织管理方式改革等内容作了规定。

（三）加大政策支持力度，促进产业发展

针对企业现实需求，《条例》加大政策支持力度：一是突出产业软硬一体化生态建设，加强龙头企业、培育创业企业，依托龙头企业带动产业链上下游协同发展，构建人工智能产业生态。二是强化资金支持，完善人才培养、激励与保障，加强知识产权保护等，营造产业的良好发展环境。三是发挥企业和行业组织在相关标准制定中的作用，使用人工智能"上海标准"专门标识。四是突出重点方向，着力促进基础硬件、关键软件、智能产品等高质量发展。审议中有意见提出，建议充实相关激励措施。经研究，采纳该意见。《条例》对加强人工智能龙头企业、创业企业培育，带动产业链上下游协同发展，发挥人工智能企业和行业组织在相关标准制定中的作用等内容作了规定。

（四）推动场景应用赋能，融合经济社会发展

《条例》加强人工智能在城市数字化转型中的应用：一是明确经济信息化部门组织制定人工智能示范应用清单，具有公共事务管理职能的组织率先落实。二是明确推广人工智能领域创新产品和服务应用，建立人工智能应用场景开放制度，明确浦东新区开展人工智能制度创新试点。三是规定人工智能在制造、金融、商务、物流等经济领域的应用。四是深化人工智能在互联网、教育、医疗、健康养老等生活应用方面的规定。五是聚焦人工智能在城市治理中的应用，明确在城市运行中加强智慧感知、智能中枢建设，全面推广城市治理的智能场景应用等。审议中有意见提出，建议进一步完善应用赋能的规定，推动人工智能在经济、生活、城市治理等领域规模化应用。经研究，采纳该意见。《条例》对"应用赋能"分专节予以规定，分别明确一般规定及人工智能在经济、生活和城市治理中的应用。

（五）构建体系化治理框架，维护产业发展与安全

围绕产业治理需求，《条例》作出相应规定：一是坚持总体国家安全观，

统筹人工智能产业发展与安全。二是明确监管准则和标准，探索分级治理和沙盒监管。三是设立人工智能伦理专家委员会，并明确其职责。四是加强开发者伦理规范，并对生物识别技术进行规范。五是注意劳动者、老年人、残疾人、妇女、未成年人等群体的保护。审议中有意见提出，建议明确规定人工智能产业发展相关行为底线。经研究，采纳该意见。《条例》对明确人工智能伦理专家委员会职责、增强伦理意识、设置必要的替代方案等内容作了规定。

三、评述

一是定位促进立法，助力先导产业发展。人工智能是上海"集中精锐力量、加快发展突破"的三大先导产业之一。《条例》立足于促进法的基本定位，注重创新性和引领性，充分发挥有效市场和有为政府的作用，采取各种激励措施推动人工智能产业高质量发展。

二是突出创新特色，激发创新活力。在互联网与大数据技术推动下，以深度学习、跨界融合、人机协同、自主操控为特征的新一代人工智能技术取得巨大突破，已经成为推动产业变革与发展的新引擎。《条例》设"基本要素和科技创新"专章，在强化算力、算法、数据"三大基本要素"建设的基础上，设置多项创新激励机制，激发人工智能创新发展。尤其值得一提的是，明确本市探索赋予科研人员人工智能领域职务科技成果所有权或者长期使用权，有效激发了科研人员创新源动力，增强了鼓励产业创新的制度弹性。《条例》的相关措施也与上海建设具有国际影响力的科技创新中心主题相契合，为上海完成国家重大战略部署奠定了强有力的制度基础。

三是划定应用边界，明确行为底线。人工智能是一把双刃剑，在赋能人类社会的同时，其发展的不确定性及可能产生的道德、法律、伦理等方面的风险和挑战也引起了人们的极大关注，并越来越受到各国政府的高度重视。早在2018年，习近平总书记就强调："推动我国新一代人工智能健康发展。"

《条例》设置"产业治理与安全"专章，提出了人工智能治理的"上海方案"，划定了人工智能产业发展的界限，明确了底线，为发展负责任的人工智能提出了有力法治保障。

（编写人：施娟萍　上海市立法研究所研究人员）

26.《上海市促进虹桥国际中央商务区发展条例》立法工作的评述

一、立法背景

2022 年 10 月 28 日，上海市第十五届人民代表大会常务委员会第四十五次会议表决通过《上海市促进虹桥国际中央商务区发展条例》(以下简称《条例》)。《条例》的制定，与《上海市人民代表大会常务委员会关于促进和保障长三角生态绿色一体化发展示范区建设若干问题的决定》《中国（上海）自由贸易试验区临港新片区条例》一起，奏响了示范区、新片区、商务区立法三部曲。

2009 年 7 月，市委、市政府作出了开发建设虹桥商务区的重大战略决策。2010 年 1 月，《上海市虹桥商务区管理办法》(以下简称《管理办法》)颁布施行。2019 年 11 月，上海发布《关于加快虹桥商务区建设打造国际开放枢纽的实施方案》，将虹桥商务区总面积从 86 平方公里扩展到 151 平方公里。2019 年 12 月，中共中央、国务院印发《长江三角洲区域一体化发展规划纲要》，明确打造虹桥国际开放枢纽，推动建设中央商务区，增强服务长三角、联通国际的枢纽功能。2021 年 2 月，国务院批复《虹桥国际开放枢纽建设总体方案》(以下简称《总体方案》)，建设虹桥国际开放枢纽上升为国家战略，明确"一核两带"功能布局。虹桥商务区升级为虹桥国际中央商务区，并作为虹桥国际开放枢纽的核心承载区承担了新的发展重任和使命。随着商务区区域范围的扩展和新定位、新目标、新要求的确立，《管理办法》确定的管理体制和工作机制已不能完全满足商务区发展现状。为更好地贯彻落实国家战略，在更深层次、更宽领域、以更大力度推进开放合作，打造一流的国际化中央商务区，持续提供更高质量的法治保障，有必要制定促进商务区发展的综合性地方性法规。

二、主要内容

（一）优化商务区管理体制设计，促进"一核""两带"协同发展

为全面推进商务区发展，《条例》在《管理办法》的基础上，进一步优化商务区的管理体制：一是明确政府和部门职责，形成市政府统筹协调，市发改、商务、规资、交通等相关部门按职责推进商务区建设与发展，所在地区政府按职责结合辖区产业特色，推进相关工作的管理体制。二是优化商务区管委会职责和工作机制，建立促进商务区发展的财政保障机制。三是明确形成"一核""两带"发展格局，商务区应当在虹桥国际开放枢纽建设，助力形成国内国际双循环格局中积极发挥作用。审议中有意见提出，商务区是上海建设国内大循环中心节点和国内国际双循环战略链接的重要抓手之一，应当在国际化商务服务、国际贸易中心新平台、综合交通枢纽等方面，进一步体现与国内大循环中心节点和国内国际双循环战略链接建设相关的内容。经研究，采纳该意见。《条例》明确，本市加大商务区与长三角其他区域的协同联动力度，推动长三角产业联动、企业互动、资源流动，努力成为长三角畅通国内循环、促进国内国际双循环的枢纽节点。

（二）高标准编制区域规划，合理布局产业项目

为发挥区域规划在打造世界一流国际化中央商务区中的基础性作用，《条例》设置专章进行规定：一是明确商务区规划管理工作体制，市规资部门、商务区管委会和商务区所在地区政府应当协同配合，共同做好商务区国土空间规划、各片区控制性详细规划以及各专项规划的编制、修订和报批工作。二是明确商务区管委会在市统计部门的指导下，根据实际需要，与四区加强统计工作合作。三是探索设立与高端商务、会展、交通功能相适应的综合保税区等海关特殊监管区域。

（三）发展商旅会展等高端商务服务业，打造总部经济新高地

为推动商务服务往国际化、专业化、品牌化方向发展，《条例》作了如下规定：一是明确大力发展总部经济，吸引、培育跨国公司地区总部、贸易型总部、中央企业和民营企业总部。二是明确商务区管委会配合推进进博会的招展、招商以及虹桥国际经济论坛筹办等工作，完善进博会跨区域协同服务保障机制。三是着力发展会展经济，商务区可以制定促进会展经济发展的专项政策，对符合条件的会展举办单位等给予定向扶持。四是鼓励现代服务业集聚，吸引具有国际服务功能的会计、法律、设计、咨询等专业服务机构入驻商务区，鼓励、吸引在临港新片区设立的境外知名仲裁及争议解决机构在商务区设立分支机构，打造现代服务业集聚区。

（四）发展新型国际贸易，建设开放共享的国际贸易中心新平台

为创新发展新型国际贸易，促进金融与贸易深度融合，强化国际贸易产业支撑，《条例》对建设国际贸易中心新平台作了如下规定：一是打造商务区全球数字贸易港，建设以商务区为主体的数字贸易跨境服务集聚区。二是持续发挥进博会综合效应，建设国家级进口贸易促进创新示范区。三是加强"一带一路"建设公共服务供给，加强新虹桥国际医学中心建设，定期编制、发布"虹桥开放指数"报告。审议中有意见提出，对新虹桥国际医学中心建设作专门规定。经研究，采纳该意见。《条例》新增一条，对支持商务区引进境内外先进医疗机构、探索相关领域制度创新，支持商务区内医疗机构建设等内容作规定。审议中还有意见提出，将《条例》草案中"虹桥指数"修改为"虹桥开放指数"，并完善有关指数内涵的表述。经研究，采纳该意见。《条例》对指数名称作了修改，并根据商务区的发展定位丰富了其内涵。

（五）强化交通枢纽功能，打造联通国际国内综合交通新门户

为进一步夯实商务区"大交通"功能基础，强化虹桥综合交通枢纽核心功能，打造服务长三角、联通国际的畅通便捷综合交通门户，《条例》从以下四个方面进行规划：一是优化拓展虹桥国际机场国际航运服务功能，促进优

化联通国际主要航空枢纽的精品航线。加强与周边机场协作，推进多式联运服务发展。二是推动虹桥国际机场获得空运整车进口口岸资质，并加强相关保障。三是发展航空服务业，加快建设跨区域轨道交通网。四是推进智能交通建设，实现交通方式、应用场景、交通管理全过程数字化转型。

（六）推进产城融合，打造产城融合示范区

为了推进产城融合，《条例》作了如下规定：一是构建布局合理、功能完备、优质高效的商务配套和生活服务体系，打造产城融合示范区，建设高品质公共服务配套设施。二是鼓励企业在商务区设立中高端消费品发布展示中心，打造联系亚太、面向世界、辐射国内的重要商贸流通中心。三是提供优质社会公共服务，打造"智慧虹桥"，践行绿色低碳发展理念，推进商务区功能建设。

（七）开展探索创新，服务长三角一体化发展

为更大力度促进长三角区域的协同发展，发挥商务区引领发展的示范作用，《条例》设"服务长三角一体化发展"专章：一是依托商务区推动长三角地区在知识产权保护、国际贸易法律服务、国际商事仲裁等事项领域的公共服务共享。二是加强与长三角政务服务的合作交流，完善"跨省通办"工作机制，推进长三角电子证照互认和数据资源共享。三是设立服务长三角一体化发展的投资基金，主要用于虹桥国际开放枢纽的重大基础设施建设、科技创新产业平台发展、公共服务信息系统集成等投入。四是建设长三角区域城市展示中心，协调长三角各城市共同打造"虹桥国际会客厅"。

（八）强化服务与保障，助力建设人才高地

为促进商务区建设与发展，《条例》制定了全方位的服务与保障措施：一是加强用地支持、资金扶持，打造人才高地。明确实施商住用地动态调整机制，允许按照程序将商务区内已建低效商办楼宇改造为租赁住房。审议中有意见提出，应当进一步明确商务区用地保障机制，与商务区总体功能定位相匹配。还有意见提出，为推动商务区更好发展，应当加强财政支持保障力度。经研究，采纳上述意见。《条例》明确，本市建立与商务区发展相适应的用地

保障机制。同时《条例》明确建立促进商务区发展的财政保障机制，对商务区重要基础设施建设、产业发展等方面加强财政资金支持。二是强化知识产权保护，支持商务区在创新展会知识产权保护机制方面先行先试。三是为境外人才居留、执业、子女教育，以及国内优秀人才引进等提供政策支持。

三、评述

一是彰显了"开放"属性，服务构建国内国际双循环新发展格局。打造虹桥国际开放枢纽，是以习近平同志为核心的党中央推动长三角一体化发展战略的又一重大布局。《条例》围绕这一重大战略布局，形成了制度型开放的体系框架，尤其创设"虹桥开放指数"，作为"世界开放指数"提法的重要组成部分，在更深层次、更宽领域、以更大力度推进开放合作，有效回应了商务区使命迭代升级的需要，为商务区各项改革实践提供了必要的法治保障。

二是提升了"枢纽"功能，助力推进商务区"三大功能"建设。大商务、大会展、大交通是《总体方案》为商务区"量身打造"的核心功能定位。《条例》根据《总体方案》要求，结合本市实际，通过立法推动商务区"三大功能"深度融合。《条例》的制定有利于打造全国最大的现代化综合交通枢纽，营造万商云集、充满活力的商务发展环境，承接和放大进博会的综合效应，助力上海城市能级和核心竞争力的提升。

三是加强了"协同"机制，发挥各方优势形成商务区建设的整体合力。商务区开发建设具有跨区域、多主体的特征。《条例》一方面健全管理体制，突出规划引领，强化各项服务和保障措施；另一方面，《条例》处处贯穿着以更大力度促进长三角区域协同发展，发挥商务区引领发展示范作用的特点，将大力度促进长三角地区更高水平协同开放。

（编写人：施娟萍　上海市立法研究所研究人员）

27.《上海市动物防疫条例》立法工作的评述

一、立法背景

2022 年 10 月 28 日，上海市第十五届人民代表大会常务委员会第四十五次会议表决通过《上海市动物防疫条例（修订）》（以下简称《条例》）。2021年新修订的《中华人民共和国动物防疫法》，对防疫责任体系、制度体系和监管体系等都作出重大调整。此次上海修法，一方面确保《条例》与上位法保持统一和衔接，构建更为健全的动物防疫体系，另一方面也解决动物防疫工作体制机制不健全、疫病监测能力有待加强、无害化处理公共设施建设有所滞后等风险隐患，提升动物疫病整体防控能力。同时，针对家养宠物、流浪动物的免疫和管控，室内动物园、"撸猫馆"等新兴业态的监管等新问题，《条例》结合上海动物防疫工作实践需求和有益经验，也在制度层面予以回应。

二、主要内容

（一）关于建立健全动物防疫工作体制机制

《条例》对本市动物防疫工作体制机制进行了明确，市、区农业农村部门是本行政区域内动物防疫工作的行政主管部门。未设置农业农村部门的相关区的动物防疫工作由区市场监督管理部门负责。市、区农业农村部门和相关区市场监督管理部门统称为动物防疫主管部门。市动物防疫主管部门应当加强对区动物防疫主管部门的业务指导、技术支持和工作监督。

（二）关于新业态防疫管理

室内动物园、"撸猫馆"等新兴业态近年来不断出现，也伴随着相关监管新问题。《条例》提出，探索新兴业态防疫管理，明确在商场等公共场所开设室内动物展示及互动体验场馆应当依法取得相关行政许可、动物检疫证明等，并在区域设置、专业人员配备、设施设备配置等方面落实防疫措施；商场等公共场所的经营者负有材料核实义务。

（三）关于畜禽活体交易场所防疫

畜禽活体交易点是销售畜禽活体及其产品的重要经营场所。为加强对畜禽活体交易点的管理，《条例》规定根据当地畜禽养殖规模和消费习惯，合理布局畜禽屠宰加工场所，引导畜禽屠宰企业在符合动物防疫要求的情况下，整合屠宰资源，调整优化屠宰工艺和布局，满足饲养场（户）对于不同畜禽的屠宰需求。根据重大动物疫病疫情防控工作需要，在一定区域、一定时间内禁止畜禽活体交易。

（四）关于动物无害化处理责任

动物无害化处理是防止动物疫病传播、提高公共卫生安全水平的重要环节。为了全面杜绝隐患，《条例》规定任何单位和个人不得买卖、屠宰、加工、随意弃置病死动物、病害动物产品；并在《条例》法律责任部分增设相应的罚则，以进一步增强法规的刚性。

（五）关于动物诊疗机构的管理

《条例》规定，从事动物诊疗活动的机构，应当具备国家规定的条件，并取得区动物防疫主管部门颁发的动物诊疗许可证。此外，为了保障动物和人体的生命健康，从事动物诊疗活动，不仅相关机构要取得行政许可，而且相关执业人员也应具有相应资质，对动物诊疗机构实施监督量化分级管理。

（六）关于鼓励支持宠物药品生产供应

为缓解宠物用药难问题，《条例》鼓励和支持本市兽药生产企业重视宠物药品的关键技术研究和新产品生产，并加快推动人用药品转宠物用药品注册等工作，不断丰富宠物用兽药品种，满足宠物诊疗行业发展需要。

三、评述

《条例》针对上海超大型城市动物防疫工作的特点和需求，作出了一系列相关规范。

一是聚焦疫病风险，细化、创新防控制度。《条例》建立动物疫病风险评估制度，落实动物疫病强制免疫计划，制定实施动物疫病监测计划，鼓励开展动物防疫技术创新和常见、多发动物疫病兽药研制；加强疫病源头治理，支持建设无规定动物疫病生物安全隔离区，严格落实动物饲养、屠宰等相关场所开办、运营的防疫条件和要求，逐步推进饲养猫狂犬病免疫；明确流浪犬、猫管理职责分工，完善相关管控与处置机制要求等。

二是构建长三角动物防疫协同治理。有关上海动物防疫工作格局与协同机制的规定是《条例》的制度创新和重要亮点。动物疫情具有爆发快、易传播等特点，必须遵循以防为主的思路，讲求提前介入、快速行动、系统施治，需要加强动物检验检疫、防疫风险评估以及疫情分析预警与信息交流协作，尤其需要加强相互毗邻地区之间的相互交流与合作。

三是推进动物防疫工作数字化转型。有关数字化动物防疫的规定是《条例》另一创新和亮点。在动物防疫方面，推进数字化建设有着更为重要的意义。动物防疫需要加强疫情预判与评估，需要实现疫情信息乃至生物安全信息的全过程监控与全链条追溯，而这一切都建立在政府必须掌握大量数据的基础之上。《条例》规定了依托政务服务"一网通办"和城市运行"一网统管"平台，推进动物防疫工作数字化转型。

（编写人：谭天　上海市立法研究所助理研究员）

28.《上海市浦东新区优化揭榜挂帅机制促进新型研发机构发展若干规定》立法工作的评述

一、立法背景

2022年10月28日，上海市第十五届人民代表大会常务委员会第四十五次会议审议通过《上海市浦东新区优化揭榜挂帅机制促进新型研发机构发展若干规定》(以下简称《规定》)，《规定》自2022年12月1日起施行。

习近平总书记指出，改革重大科技项目立项和组织管理方式，完善科研任务"揭榜挂帅""赛马"制度，鼓励科技领军人才挂帅出征。《中共中央　国务院关于支持浦东新区高水平改革开放打造社会主义现代化建设引领区的意见》指出，"支持新型研发机构实施依章程管理、综合预算管理和绩效评价为基础的管理模式"。市十二次党代会明确指出，完善"揭榜挂帅""赛马制""包干制"等机制，疏通基础研究、应用研究和产业化双向链接快车道。

通过制定浦东新区法规，优化揭榜挂帅机制，推进保障新型研发机构的培育、发展和聚集，有利于贯彻落实习近平总书记和党中央重大战略部署，主动承担国家战略使命，更好地吸引科技领军人才，推动"政产学研用"深度融合，有效转化科技成果；有利于营造更加优良的新型研发机构发展环境，培育新型研发机构高质量发展，助力打造新型研发机构创新集群；有利于深化科技创新体制机制改革，更好发挥浦东新区科技创新策源和产业生态环境优势，加快向具有全球影响力的科技创新中心进军。

二、主要内容

《规定》共十八条，主要内容和制度创新包括：

（一）明确职责，积极推进创新项目揭榜挂帅和促进新型研发机构发展

《规定》从三个维度对政府职责进行明确：一是规定市人民政府应当支持浦东新区率先推进科技体制机制创新，建立促进新型研发机构发展工作的统筹协调机制。二是规定浦东新区人民政府应当统筹协调本行政区域创新项目揭榜挂帅和新型研发机构发展的重大事项，增强自主创新能力，搭建公共服务平台，吸引社会力量参与和科技人才集聚，营造有利于创新的生态环境。三是要求市、区相关部门按照职责和本规定，共同做好创新项目揭榜挂帅和促进新型研发机构发展的相关工作。

（二）搭建平台，为创新项目揭榜挂帅提供公共服务

《规定》从四个方面对服务平台运营管理提出要求：一是规定在浦东新区设立非营利性、公益性创新项目揭榜挂帅公共服务平台，承担汇集发布创校招项目信息、组织实施创新项目揭榜挂帅等事项，并提供相关的公共服务。二是明确服务平台采用专业化、社会化运作模式，由专门机构运营，接受区科技经济部门管理。三是规定浦东新区人民政府应当为服务平台的运营机构制定开展创新项目揭榜挂帅活动等规则，由服务平台建立信息公开制度，明确服务内容和监督办法。四是要求服务平台选聘科技创新领域知名专家组成专家委员会，由专家根据相关参与方的需求对创新项目的发布、申报、评鉴、揭榜等活动提供专业支持，专家委员会和专家库名单向社会公布。

（三）完善制度，为相关机制创新提供保障和支撑

《规定》围绕项目发布、申报、管理明确相关制度要求：一是规定本市政府部门、国有企业、事业单位的创新项目可以在服务平台上公开发布，同时支持其他企业和社会组织在服务平台上发布。二是要求项目申报主体按照项目需求提供方案，说明项目组织形式、首席科学家或其他重要科技领衔人、团队组成，证明科研能力等情况。三是规定发布方根据项目需求对申报主体提供的有关情况和方案开展尽职调查并进行评鉴，可以采用"赛马制"方式，择优选择多个申报主体各自独立揭榜攻关，并按合同约定开展科研活动。

（四）优化环境，全方位支持新型研发机构聚集发展

《规定》从多方面优化科研创新环境，促进新型研发机构在浦东集聚发展：一是鼓励参与创新项目揭榜挂帅活动的企业、单位在浦东新区开展有关科技成果转化和应用，实现集聚发展。二是要求浦东新区采取措施，引进和培育符合创新规律、提升创新效能、满足创新需求的新型研发机构，支持其在浦东新区加快发展，并实施依章程管理的组织体系和治理结构，参与创新项目揭榜挂帅活动。三是明确创新项目成果知识产权归属，并对符合本市和浦东新区发展战略定位的成果转化和应用给予相应支持，更好激发创新活力。同时鼓励社会资本与浦东新区政府投资基金合作，对在浦东新区实施的科技成果转化、示范应用、产业项目等进行投资。四是支持新型研发机构对使用财政科研经费的创新项目实行包干制和负面清单管理。五是规定对新型研发机构及相关人才提供全方位服务保障。六是进一步完善激励和容错机制，支持新型研发机构实行以任务为导向的绩效评价管理模式。

三、评述

一是贯彻落实中央重大战略部署。《规定》以立法的形式将习近平总书记和党中央、市委的要求落实落地，推进进一步深化创新项目揭榜挂帅机制，更好地吸引科技领军人才，推进"政产学研用"深度融合和新型研发机构高质量发展。

二是深化科技创新体制机制改革。通过揭榜挂帅机制，将创新项目面向全社会开放、由科技领军人才作为项目负责人组织团队开展研究，充分调动新型研发机构等各类科研机构和科研人员的积极性，推进科研成果转化，进一步提升浦东新区科技创新策源和产业生态环境优势。

三是优化新型研发机构发展环境，打造创新集群。近年来，本市相关部门就新型研发机构培育和发展制定了一系列政策措施。通过《规定》，进一步将相关创新举措予以总结优化，对一些改革事项在浦东新区率先试点完善，

营造更加优良的新型研发机构发展环境，助力打造新型研发机构创新集群，引领高端产业加快发展，对于推进浦东新区国际科技创新中心核心区建设具有重要意义和作用。

（编写人：张慧红　上海市立法研究所所长）

29.《上海市妇女权益保障条例》立法工作的评述

一、立法背景

2022 年 11 月 23 日，上海市第十五届人民代表大会常务委员会第四十六次会议审议通过《上海市妇女权益保障条例》(以下简称《条例》)，自 2023 年 1 月 1 日起施行。

党的十八大以来，以习近平同志为核心的党中央对保障妇女合法权益、促进男女平等和妇女全面发展等作出一系列重要部署。为深入贯彻习近平总书记关于推进妇女事业发展的一系列重要论述和指示要求，始终把促进妇女事业发展摆在上海经济社会发展的重要位置。为进一步结合本市实际，贯彻党的十九届四中全会提出的"坚持和完善促进男女平等、妇女全面发展的制度机制"，迫切需要发挥法治引领保障作用，推动本市妇女事业高质量发展。

上海是我国现代妇女运动的发源地。随着社会主义现代化国际大都市建设的深入推进，上海妇女权益保障工作不断迈上新台阶，取得显著成绩。为进一步传承妇女运动的红色基因，引导妇女发扬爱国奉献精神，发挥妇女积极性、主动性、创造性，支持妇女立足本职、巾帼建功，积极投身社会治理和社区公共事务，展现新时代女性风采，有必要通过制定《条例》，固化上海在保障妇女权益方面的成功经验。与此同时，《上海市实施〈中华人民共和国妇女权益保障法〉办法》最近一次修订至今已超过 15 年，《民法典》《反家庭暴力法》《人口与计划生育法》等法律陆续出台或作出修改完善，其中均涉及妇女权益保障的内容，这些都对本市加快相关立法提出了迫切要求。经过系统梳理立法需求后，确定"废旧立新"立法路径。与保障妇女权益的新形势需要尤其是全面修订的《妇女权益保障法》相比，《上海市实施〈中华人民共和国妇女权益保障法〉办法》的体例架构已难以满足实际需要。为此，经过充分听取各方意见，本次立法采用"废旧立新"形式，即在制定《条例》同时，废止上述实施办法。

二、主要内容

（一）明确妇女政治权利保障

《条例》明确，保障男女享有平等的选举权和被选举权，规定各级人民代表大会、居（村）委会及职工代表大会中，妇女应当有适当的名额。践行全过程人民民主重要理念，明确各级妇联代表妇女积极参与国家和社会事务的民主协商、民主决策、民主管理和民主监督。

（二）加强妇女人身和人格权益保障

《条例》明确，增加本市保障妇女享有与男子平等的人身和人格权益的规定。根据上海实际，补充细化了保护妇女生命健康、人身自由、人格尊严的禁止性规定。同时根据上位法精神，补充细化了反拐卖妇女，学校、单位和公共场所防治性骚扰，以及加强公共设施保障等条款。加强妇女健康权益保障力度。对增加妇女疾病的筛查次数和筛查项目，推动适龄女性接种宫颈癌疫苗作出规定。

（三）注重妇女文化教育权益保障

《条例》明确，保障妇女与男子平等的文化教育权利，完善了教育机会均等，以及保障义务教育、终身教育权益等相关内容。完善了女性人才选拔培养的相关制度和措施，保障妇女从事科技、文化等活动的权利，发挥女性人才在本市加快建设高水平人才高地中的作用。

（四）强化妇女劳动和社会保障权益保障

《条例》明确，保障妇女享有与男子平等的劳动和社会保障权利，鼓励和支持妇女创新创业创造。明确了用人单位为女职工建立妇幼保健设施的要求，确立了平台经济等新业态保障妇女劳动权益的新要求，在突发事件应对和社会救助中，做好女性及母婴用品等方面的保障。

（五）强化妇女财产权益保障

《条例》明确，强调妻子对夫妻共同财产享有知情权，细化了离婚时夫妻共同财产的处理规定，同时加强了对农村妇女的权益保障力度。

（六）加强妇女婚姻家庭权益保障

保障妇女享有与男子平等的婚姻家庭权益，强化了相关部门对家庭教育的责任，并明确公安机关应当将家庭暴力案件纳入接警受理范围，加大了对家庭暴力的处置和救助力度。

（七）明确对困难妇女的救济措施

新增"救济措施"章节，完善了控告检举、救助支持、督促执行、妇联救济等不同的救济形式。明确了检察机关对侵害妇女权益的违法行为可以发出检察建议或者提起公益诉讼的情形。

三、评述

一是认真贯彻党的二十大精神，全方位保障妇女各项合法权益。此次立法把党的二十大关于保障妇女权益的最新精神落实到《条例》当中，强调坚持中国共产党对妇女权益保障工作的领导，建立政府主导、各方协同、社会参与的保障妇女权益工作机制，更好落实男女平等基本国策。

二是促进妇女工作传承创新，践行全过程人民民主重大理念。《条例》明确市、区两级妇女儿童工作委员会及相关部门职责，健全工作责任体系。既弘扬上海妇女运动的优良传统，又体现新时代新征程加强妇女权益保障的新要求。固化法规政策性别平等评估机制和统计调查分析机制，充分体现了妇女事业的传承创新。《条例》明确，上海各级妇女联合会应当发挥好党和政府联系妇女群众的桥梁和纽带作用，践行全过程人民民主重大理念，巩固和扩大妇女群众基础。

三是贯彻落实国家立法精神，着力体现地方特色。本次地方立法与国家修订《妇女权益保障法》基本同步进行，着力推动上海妇女权益保护地方性法规的建设。《条例》立新废旧，形式由原来的实施办法到妇保条例；由强调操作性到更强调系统性、操作性和约束力。在内容上更加充分体现上位法的立法精神；更加充分展现上海的亮点和特色；更加充分彰显妇女权益保障在更高水平上的创新和发展，不断提高妇女群众的获得感、安全感和幸福感。

（编写人：王琨　上海市立法研究所助理研究员）

30.《上海市学前教育与托育服务条例》 立法工作的评述

一、立法背景

2022 年 11 月 22 日，上海市第十五届人民代表大会常务委员会第四十六次会议表决通过了《上海市学前教育与托育服务条例》(以下简称《条例》)。

习近平总书记在考察上海时对解决"老小旧远"问题提出重要指示要求。市十二次党代会报告提出，优化托育服务体系，推动学前教育公益普惠。党的二十大报告也指出，要着力解决人民群众急难愁盼问题，强化学前教育，提高公共服务水平。学前教育与托育服务面向"最柔软的群体"，是民生保障的重中之重。发展学前教育与托育服务，对于减轻家庭负担、提高生育意愿、落实积极生育支持政策、促进人口长期均衡发展，具有重要作用。本市学前教育与托育服务发展始终走在全国前列，但也面临一些问题和挑战，如资源布局结构不够均衡、服务体系和网络不够完善、法规制度体系不够健全等。要解决这些问题，有必要通过制定一部综合性地方法规，总结托幼一体化发展的实践经验，探索将学前教育与托育服务整合立法，推动学前教育与托育服务协调发展，落实国家的人口发展政策，切实回应和解决人民群众关心的民生难题，真正实现幼有善育，在全国起到示范引领作用。

二、主要内容

(一) 明确服务体系与各方责任

《条例》坚持托幼一体化发展思路，明确本市实行学前教育与托育服务一体规划、一体实施、一体保障，建立健全家庭科学育儿指导服务网络，构建普惠多元的学前教育与托育公共服务体系。同时，《条例》细化明确了各级人民政府及相关部门职责，对家庭、社会、行业等各方主体责任作出原则性规定。

审议中有意见指出，建议补充完善相关政府部门的职责。经审议，决定在《条例》第六条第一款增加"市教育部门主管本市行政区域内的学前教育与托育服务工作，牵头推进学前教育与托育公共服务体系建设"的内容。

（二）明确规划与建设要求

为保障学前教育与托育服务设施合理布局、规范建设，《条例》从规划布局、用地保障、设施建设、选址与建设要求等方面作出规定，充分落实托幼一体化发展要求，并根据社区托育服务需求，明确将社区托育服务纳入十五分钟社区生活圈、乡村社区生活圈和社区综合服务体系建设内容，加强社区托育点建设。

审议中有意见指出，要充分运用城市更新的各种支持政策，推进学前教育与托育服务设施建设。经审议，决定根据《上海市城市更新条例》的有关规定，在《条例》中增加一条，作为第十八条："本市将学前教育与托育服务设施建设作为城市更新的重要内容，在保障公共利益、符合更新目标和安全要求的前提下，可以按照规定对用地性质、容积率、建筑高度等指标予以优化。"

（三）细化设立与管理要求

为进一步规范幼儿园和托育机构的设立与日常管理，《条例》一是对幼儿园和托育机构的设立条件、程序等作出规定，并重点明确了托育机构的备案要求。二是细化了普惠性学前教育与托育服务的要求，明确由教育部门会同相关部门制定普惠认定管理办法，具体开展认定工作。三是从公益属性、信息公示、财务管理、收费管理等方面细化了具体要求。四是对社区托育点的服务管理予以规范。

（四）规范保教活动和从业人员管理

为加强对保育教育活动及从业人员的管理，《条例》一是明确将保障儿童身心健康和安全放在首位，强调了保育教育的基本原则与要求。二是要求建立健全安全管理和责任制度，强化安全保障责任，对视频监控设施的安装与记录保存期限作出明确规定。三是从保育教育活动、学前特殊教育、保教资源、科学衔接、家园共育、禁止行为等方面提出明确要求。四是明确从业人员的基本要求以及工资福利、职称评定、津贴补贴等待遇保障，加强从业人员队伍建设。五是明确从业人员的禁业要求和禁止行为。

审议中有意见指出，目前幼儿园卫生保健人员的职称评定路径不畅通，不利于队伍的稳定和业务水平的提升。经审议，决定在《条例》第三十九条第二款中，增加"相关部门应当优化职称评价标准，畅通幼儿园卫生保健人员职业发展路径"的内容。

（五）固化家庭科学育儿指导服务

家庭科学育儿指导服务是本市学前教育与托育公共服务体系的重要组成部分，也是地方特色之一，需要通过立法予以总结固化。《条例》一是明确本市依托市、区家庭科学育儿指导机构和社区指导站（点），建立覆盖城乡社区的指导服务网络，健全相关工作机制。二是对线上、线下指导方式及指导内容予以细化，提升服务的便利度与可及性。三是明确通过购买服务等多种方式，加强家庭科学育儿指导服务队伍建设。

（六）完善支持与保障措施

为加强对学前教育与托育服务的支持和保障力度，《条例》一是明确经费投入机制，相关财政补助经费按照事权和支出责任相适应的原则，分别列入市、区财政预算，市政府负责制定相关标准，区政府按照不低于市级标准落实日常经费投入保障。二是明确政府对普惠性民办幼儿园和托育机构、社区托育点的支持政策。三是根据国家最新文件精神，明确幼儿园和托育机构使用水、电、燃气、电话按照居民生活类价格标准收费等优惠政策。四是建立学前教育资助制度，完善相关政务服务。

（七）加强监督管理

为加强事中事后监管，切实保护"最柔软的群体"，《条例》一是要求健全综合监管机制，明确各级政府及相关职能部门的监管职责，依托"一网统管"平台，加强监管信息共享和执法协作。二是从安全风险防控体系建设、经费监管、质量监测评估、教育督导、人大监督等方面进一步细化监管要求，织密监管体系。

三、评述

为 0—6 岁儿童及其家庭提供普惠多元、安全优质的学前教育与托育服务，减轻家庭育儿负担，是重要的民生保障措施。《条例》聚焦"老小旧远"中学前教育和托育服务这个"小"问题，将这两项内容整合在一部法规之中，通过地方立法推动完善本市的学前教育与托育公共服务体系，保障相关设施的规划与建设，规范保育与教育活动，健全科学育儿指导服务，呵护 0—6 岁儿童这一"最柔软的群体"的健康成长，将"幼有所育"向"幼有善育"提升。主要有如下特点：

一是完善服务体系，保障设施建设。《条例》体现"人民城市"建设要求，将"政府主导、社会参与、普惠多元、安全优质、方便可及"作为本市学前教育与托育服务发展的基本遵循。对学前教育，《条例》明确以政府举办的公办幼儿园为主，构建布局合理、公益普惠的学前教育公共服务体系，普及学前教育；对托育服务，《条例》提出构建普惠多元的托育公共服务体系，通过开设幼儿园托班、举办托育机构、设置社区托育点、提供福利性托育服务等方式，发展托育服务。

为推动实现学前教育与托育服务的发展目标，《条例》规定各级政府应当将学前教育与托育服务纳入本级国民经济和社会发展规划，并将相关重点工作纳入为民办实事项目予以推进。

为保障幼儿园及其托班的规划和建设，《条例》明确新建居住区应当配套建设幼儿园及其托班设施，与住宅同步规划、同步设计、同步建设、同步验收、同步交付使用。对已建成居住区的幼儿园及其托班如果没有达到规划要求或者建设标准的，所在地的区人民政府应当通过新建、扩建、改建以及支持社会力量参与等方式，予以补充和完善。

二是关注社区托育服务，支持规范发展。为支持和保障社区托育点的建设和管理，《条例》根据市人大常委会组成人员和其他各方面的意见，结合目前的实践，对相关工作也作了较为完整的规定：明确社区托育点的定位是提供临时照护服务；要求区人民政府应当统筹协调社区托育点的建设和管理；乡镇街道负责建设，在管理上可自行运营，也可委托运营；对社区托育点的场地、从业人员、安全管理、照护规范等也提出原则性要求。

三是坚守安全底线，呵护儿童健康成长。《条例》将安全保障作为学前教育与托育服务的重要内容，贯穿于设施规划和建设、管理规范、保育教育等内容之中。

在选址建设上，《条例》要求幼儿园、托育机构应当设置在空气流通、日照充足、交通方便、基础设施完善的安全区域内。社区托育点要有相对独立区隔的空间。在内部管理方面，要求幼儿园、托育机构、社区托育点应当建立健全安全管理制度和安全责任制度，完善物防、技防设施设备，保障儿童在园在托期间的人身安全。

《条例》要求幼儿园、托育机构、社区托育点聘用从业人员时应当进行背景调查和健康检查，不得聘用有犯罪记录、严重违反师德师风等六类情形的人员。还明确规定从业人员不得体罚或者变相体罚儿童，不得实施歧视、侮辱、虐待、性侵害以及其他违反职业道德规范或者损害儿童身心健康的行为，对发生这些行为的幼儿园、托育机构及其从业人员也设定了相应法律责任。

（编写人：宋果南　上海市立法研究所研究人员）

31. 《上海市住房租赁条例》立法工作的评述

一、立法背景

2022 年 11 月 23 日，上海市第十五届人民代表大会常务委员会第四十六次会议表决通过了《上海市住房租赁条例》（以下简称《条例》）。《条例》的出台进一步推动住房租赁市场的规范化，为构建"租购并举"住房体系按下"快进键"。

近年来，党中央、国务院围绕规范住房租赁市场、坚持"房住不炒"等出台了一系列重大决策部署。党的二十大报告指出，加快建立多主体供给、多渠道保障、租购并举的住房制度。"十三五"末，上海现有租赁住房总量约 230 多万套（间），约占住房总量的 30%，其中个人出租占主要部分。1999 年 12 月通过的《上海市房屋租赁条例》从地方性法规层面为规范房屋租赁行为、保障房屋租赁当事人合法权益、维护租赁市场秩序起到了积极作用。上海作为常住人口约 2500 万的国际化超大城市，住房租赁需求旺盛。随着上海住房租赁市场的快速发展，庞大的租赁规模和复杂的租赁关系也带来了一些新情况和新问题，现行法规已无法适应当前形势和发展需求，因此有必要在总结住房租赁管理有效经验和举措的基础上制定新的法规，切实推动上海住房租赁市场高质量发展，营造更加安全、稳定、宜居的居住环境。

二、主要内容

（一）健全住房租赁治理机制

《条例》明确建立健全住房租赁市区统筹、条块结合、街镇（乡）负责、居村协助、行业自律的治理机制，将住房租赁活动纳入基层治理范畴。一是明确政府统筹协调职责。规定市人民政府建立健全议事协调机制，区人民政府落实住房租赁属地管理责任，建立住房租赁协调推进机制。二是明晰住房建设、房屋管理、公安、市场监管等部门的职责，重点明确市、区房屋管理部门的具体职责。三是规定街镇负责本辖区住房租赁的日常监督管理，居（村）民委员会依法开展住房租赁相关自治活动。四是强化行业自律，要求相关行业组织制定服务标准、行为规范和自律准则，引导住房租赁市场经营主体不断提高服务质量和水平。

（二）平衡租赁双方权利义务

《条例》对有效规范租赁行为，平衡租赁双方权利义务，维护当事人合法权益起着重要作用。《条例》要求租赁当事人应当遵守规定，自觉履行法定和约定义务。《条例》对住房出租要求、租赁合同订立、登记备案以及租赁当事人行为规范等作了细化，鼓励租赁当事人建立稳定的租赁关系。审议中有意见提出，要加大对群租行为的整治力度。经研究，《条例》采纳这一意见，明确禁止"将住房用于群租"，并规定有关街镇应定期排查群租等安全隐患，及时督促整改、启动执法程序、开展联合整治。

（三）加强住房租赁经营管理

《条例》加强租赁市场主体管理，进一步规范住房租赁市场。一是加大"二房东"监管力度。《条例》规定个人以营利为目的转租房屋达到规定数量，从事住房租赁经营活动的，应当依法办理市场主体登记。二是加强对房地产经纪机构和住房租赁企业的管理，包括建立企业备案制度、从业人员实名从业、规范房源信息发布、实行合同网签、资金监管要求等。三是对发布房源信息的网络信息平台经营者提出了一系列要求。《条例》规定平台经营者要对信息发布者进行核实，知道或者应当知道信息发布者提供虚假材料、发布虚假信息的，应当及时采取删除、屏蔽相关信息等必要措施。

（四）发挥保障性租赁住房作用

《条例》设立保障性租赁住房专章，为发挥保障性租赁住房在租赁市场中的积极作用提供法治保障。一是加强源头规划，明确编制专项规划以及重点布局要求。审议中有意见提出，要多渠道增加保障性租赁住房的供给，对非居住存量房屋改建为保障性租赁住房作出规范。经研究，《条例》采纳这一意见，明确商业办公、旅馆、厂房、仓储、科研教育等非居住存量房屋改建为保障性租赁住房的，按照有关规定实施。二是明确建设和管理要求，针对不同层次居住需求，建设住宅型、宿舍型保障性租赁住房。加强保障性租赁住房管理，合理设置准入条件和退出机制、优化申请审核流程、完善配租使用规范，规范租金和租期。

（五）坚持服务与监管并重

《条例》推进服务与监管并重，实现住房租赁市场有效治理和平稳健康发展。一是明确建立健全住房租赁公共服务平台，提供房源核验、信息查询、网上签约、登记备案等"一站式"服务。审议中有意见提出，在加大信息化服务和管理力度的同时，对租赁当事人的信息安全也应予以充分重视。经研究，《条例》采纳这一意见，规定有关部门应当保护数据信息的安全，对个人信息、隐私和商业秘密严格保密。二是明确承租人依法享受基本公共服务和便利，住房租赁单位和个人依法享受税收优惠、金融支持等。三是加强基层自治。审议中有意见提出，应当积极发挥基层综合协调优势，做好住房租赁相关工作。经研究，《条例》采纳这一意见，明确居（村）委会、业委会与物业协调配合，建立各项工作机制，共同推进形成住房租赁共建共治共享格局。四是建立租赁价格监测机制，规定住房租金显著上涨或者有可能显著上涨时，政府可以依法采取价格干预措施，稳定租金水平。五是明确发生突发事件时，街镇应当将承租人纳入基本生活必需品的供应范围。

此外，审议中有意见提出，农村宅基地住房租赁管理具有特殊性，建议增加相关内容。经研究，《条例》采纳这一意见，对鼓励宅基地上的住房统一出租、统一管理作出原则性规定。

三、评述

一是强调住房民生属性，践行人民城市重要理念。《条例》立足于践行人民城市重要理念，突出住房的民生属性，围绕健全治理机制、规范租赁行为、加强市场主体管理、推进服务与管理并重等方面作出了相关规定，并设立保障性租赁住房专章，发挥保障性租赁住房在租赁市场中的积极作用。《条例》为更好满足人民群众对美好生活的向往，提升城市软实力和竞争力，提供了坚实的法治保障。

二是聚焦实践突出问题，有效治理住房租赁市场。随着住房租赁市场快速发展，围绕租房产生的各类矛盾纠纷也日益突出。比如"群租"现象、"二房东"跑路、虚假房源信息、租金肆意疯涨等，这些问题严重影响了人民群众的获得感。此次《条例》针对现实中的突出问题，从制度层面作出回应，以维护租赁当事人合法权益，规范发展住房租赁市场。

三是坚持发展规范并重，完善住房租赁制度体系。住房租赁立法是完善住房制度体系的重要内容。《条例》以加快建立多主体供给、多渠道保障、租购并举的住房制度为指导思想，一方面要大力发展住房租赁市场，满足居民多层次的居住需求，优化住房租赁服务，营造公平透明的租赁环境；另一方面要加强管理和干预，建立健全住房租赁治理机制，加强住房租赁日常管理，完善住房租赁制度体系，保持租赁市场的稳定。

（编写人：李秋悦　上海市立法研究所研究人员）

32. 《上海市浦东新区促进无驾驶人智能网联汽车创新应用规定》立法工作的评述

一、立法背景

2022 年 11 月 23 日，上海市第十五届人民代表大会常务委员会第四十六次会议表决通过了《上海市浦东新区促进无驾驶人智能网联汽车创新应用规定》(以下简称《规定》)。

智能网联汽车产业作为战略性新兴产业，正在推动汽车产业发生深刻变革。支持开展智能网联汽车无人化测试和运营，是抢占产业发展先机的必由之路。近期以来，深圳制定了专门的经济特区法规，重庆、北京等地也相继出台规定，支持企业开展智能网联汽车无人化、减人化测试活动。为进一步增强本市智能网联汽车技术创新能力和产业竞争力，打造智能网联汽车发展的制高点，有必要以制定浦东新区法规为契机，在遵循有关法律、行政法规基本原则、坚守安全底线的前提下，对上位法有关规定作适当创新，突破产业发展的制度瓶颈，支持开展无驾驶人智能网联汽车创新应用活动，为推动智能网联汽车产业高质量发展提供有力法治保障。

二、主要内容

(一) 明确适用范围和管理体制

《规定》主要规范无驾驶人智能网联汽车创新应用活动。基于本市智能网联汽车创新应用工作机制，结合浦东新区实际，明确相关管理体制：一是明确市政府完善促进智能网联汽车产业发展的政策措施，优化产业发展环境。二是明确市推进机制协调推进全市智能网联汽车相关工作，并对浦东新区创新应用工作进行指导。三是明确浦东新区政府、临港新片区管委会建立相应工作机制，按照各自职责具体负责辖区内的创新应用管理工作。四是明确市和浦东新区有关部门按照各自职责，做好相关管理工作。

（二）完善创新应用流程

《规定》根据分级分类原则，逐步推进无驾驶人智能网联汽车创新应用。一是划定创新应用路段、区域，对《道路交通安全法实施条例》有关在高速公路、城市快速路试车的限制性规定作了创新突破。二是明确开展创新应用的企业及车辆应当具备的条件，以及企业安全性自我声明的提交与确认要求。三是明确市和浦东新区相关部门、临港新片区管委会按照职责分工，对安全性自我声明进行确认。四是对同型号车辆的批量创新应用予以规范，并对商业化运营作出前瞻性规定，确保安全有序、风险可控。

（三）加强道路交通安全管理和风险防控

为了保障道路交通安全，保护公众生命和财产安全，《规定》一是明确企业应当配备远程监控系统和紧急接管人员，投保相应保险，提高风险保障水平。二是明确号牌标牌申领、上路通行、载人载货、收费等要求，加强道路交通安全监管。三是加强日常监管，明确创新应用数据接入指定数据平台，软件升级、硬件变更的报告义务，遇特殊情形及时调整运行计划，遵守公安机关现场临时管制等要求。

（四）强化网络安全与数据安全保护

开展智能网联汽车创新应用涉及网络安全和数据安全，《规定》一是要求落实网络安全保护规定，提高网络安全保护水平。二是加强数据安全和个人信息保护，严格规范数据跨境传输行为。三是加强车路协同基础设施及车路协同云控平台建设。四是根据国家有关主管部门授权，支持开展高精度地图应用试点，严格保护高精度地图数据安全。

（五）明确应急处置要求和相关法律责任

针对无驾驶人智能网联汽车的特点，《规定》明确了相关应急处置措施。同时，《规定》基于现行法律规范，明确无驾驶人智能网联汽车发生交通违法行为、交通事故的相关责任。

三、评述

一是标志着上海智能网联汽车产业发展进入法治保障新轨道。这部智能网联汽车浦东新区法规，对发挥浦东新区先行先试作用，增强智能网联汽车技术创新能力和产业竞争力，打造智能网联汽车发展的制高点，具有重要意义。

二是增强了智能网联汽车技术创新能力和产业竞争力。借由这部前瞻性立法，让"未来车"驶上"法治道"，吸引集聚智能网联汽车产业链上下游，并借由这一新终端带动人工智能、传感器等新兴产业迅速发展。

三是为"无人车"上路的扫除障碍。首先，自动驾驶共分为 11 至 15 级，无人车法规主要瞄准的是 14、15 级等阶段，达到 14 级别的智能网联汽车即可实现"无人上路"。今后"无人车"可以按照非机动车上路并管理，这对企业走向商业化运营是一大福音，可以和快餐店、快递公司等合作开展送餐、快递短驳等业务。其次，"无人车"一旦发生事故后的责任认定，也是制约其上路的瓶颈之一。《规定》明确，一旦智能网联汽车发生事故，汽车运营企业"兜底"先行赔付，之后再根据各方责任追责。在经过道路测试、示范运营后，无人车可以从半封闭、封闭场景走向开放道路，正式迈上商业化运营之路。

（编写人：谭天　上海市立法研究所助理研究员）

33.《上海市船舶污染防治条例》立法工作的评述

一、立法背景

2022年12月20日，上海市第十五届人民代表大会常务委员会第四十七次会议表决通过了《上海市船舶污染防治条例》(以下简称《条例》)。

上海地处国家"一带一路"与长江经济带交汇点，位于我国水运南北大通道和东西大动脉的中心。上海港作为世界级综合枢纽港，已连续12年位列世界集装箱第一大港。本市在积极发挥航运优势的同时，由于水网密布、船舶密集、通航条件复杂，环境污染风险依然较高，船舶污染防治工作仍然面临较大的压力和挑战。近年来，随着"长江大保护""海洋强国"等国家战略的深入实施和《长江保护法》的出台，整体上对船舶污染防治提出了更高要求，有必要通过专门立法，将相关制度规范予以集成和完善，补短板、扬优势，在更高水平上形成契合上海实际、体现上海特点的船舶污染防治长效机制。

为此，市交通委和上海海事局联合开展立法调研和起草工作，对有关制度设想进行了论证，市人大相关委员会提前介入，对体例结构、重点条款提出了完善意见。

二、主要内容

(一) 明晰适用范围，实行内河、海域统一规范

对于船舶污染防治，国家制度层面区分内河和海域，分别以《水污染防治法》和《海洋环境保护法》等为基本依据。2015年《上海港船舶污染防治办法》出台，将内河和海域的船舶污染防治统一在政府规章中加以规范。此

次《条例》在国家大法基础上，延续统一规范做法，明确在本市通航水域和国家授权管理的港口水域航行、停泊、作业的船舶，以及从事船舶修造、拆解、装卸、打捞等与水域环境有关作业活动的单位和个人，均应当遵守《条例》。

（二）明确管理职责，强化主体责任

关于管理职责，《条例》明确，市、区政府加强对船舶污染防治工作的领导。上海海事局和本市交通部门作为船舶污染防治主管部门，按照职责分工负责监督管理；其中，黄浦江从吴淞口灯塔至浦东界标的连线与闵行发电厂上游边界至巨潮港上口连线之间的水域、长江上海段以及洋山深水港区等水域的船舶污染防治由上海海事局负责，黄浦江其他水域以及其他内河通航水域的船舶污染防治由交通部门负责。本市发展改革、规划资源、生态环境、水务、绿化市容等有关部门在各自职责范围内做好相关工作。

（三）共性与特性相结合，提出污染防治基本要求

《条例》以专章形式，一方面对船舶及有关作业活动应当普遍遵守的共性规范进行提炼、固化，明确应当遵守污染防治、饮用水水源保护等有关法律、法规，符合国家和本市有关污染防治的标准、规范和要求。另一方面，为进一步加大长江上海段和黄浦江、苏州河等特定水域的船舶污染防治力度，提出三方面特定要求：一是禁止以船体外板为液货舱周界的载运散装液体危险货物船舶，在本市长江干流、黄浦江和其他内河通航水域停泊、作业。二是除安全因素外，禁止船舶在黄浦江杨浦大桥至徐浦大桥之间水域，以及外环线以内的内河通航水域鸣笛。三是本市可以划定绿色航运示范区，实施更加严格的船舶污染防治措施。

（四）加大防治力度，健全水污染物闭环监管机制

船舶水污染物从船上收集到岸上处置，过程较复杂，涉及监管部门较多。实行船舶水污染物联合防治，打造闭环监管链条，对于消除实践中容易产生的二次污染等风险隐患，具有积极作用。此次《条例》重点围绕闭环监管机

制进行顶层设计，细化水污染物送交、接收、转运、处置各环节的管理要求，实行联单管理、联合监管。同时，加大对本市"母亲河"的保护力度，明确禁止船舶向黄浦江、苏州河排放生活污水、含油污水，以及禁止向其他内河通航水域排放含油污水。此外，还将实践中已经实行的内河船舶水污染物免费接收服务政策作了固化和完善。

（五）强化岸电要求，提升船舶大气污染防治水平

岸电对于有效控制大气污染物排放、促进绿色航运发展，具有积极意义。此次《条例》针对岸电，形成具体规定：一是对岸电建设，以推进港口、码头全面配备岸电设施为目标，要求市交通部门组织制定和实施港口岸电设施、船舶受电设施的建设和改造计划。二是对岸电使用，要求具备受电设施的船舶靠泊岸电泊位，应当使用岸电。三是对岸电信息运用，要求港口经营人将岸电设施主要技术参数、分布位置等信息向交通部门备案并向社会公开，便于提升船港岸电对接效率。

审议中有意见指出，应当加强岸电设施标准化建设，建议进一步完善岸电服务规范。经研究审议，对《条例》草案作如下修改：一是在第二十六条中，增加按照相关标准规范推进岸电设施建设和改造，岸电设施应当能够与船舶安全、可靠、规范对接的内容。二是在第二十七条中，增加港口、码头等应当提供岸电服务的例外情形。

（六）以问题为导向，强化船舶作业活动污染防治

随着船舶有关作业活动的日益频繁，对水域环境的污染风险也相应增加。对此，《条例》针对船舶作业活动提出监管完善要求：一是作业单位应当在作业前向主管部门报告有关作业信息。二是对于燃料供受以及散装液体污染危害性货物装卸、过驳作业，作业双方应当在作业前确认防污染措施，并在作业中严格予以落实。三是对船舶修造、拆解、打捞等作业，以及运输、装卸、过驳散发有毒有害气体或者粉尘的货物，提出了具体防治措施。

审议中有意见指出，上海是我国的重要造船基地之一，船舶修造过程中

产生的污染物种类繁多、危害较大，建议补充完善船舶修造作业污染防治的有关要求。经审议，在《条例》第三十二条中增加一款作为第二款，对船坞内船舶修造作业作出规范。

（七）坚持整体思维，提升船舶污染应急处置能力

此次《条例》主要从三个方面作出规定：一是从政府部门和有关单位角度，明确了船舶污染防治应急能力建设的要求，包括应急预案的编制和定期组织演练，应急设施、设备和器材的统一调配使用等。二是明确了发生突发事件和船舶污染事故时的应对处置和响应要求。三是规定了污染事故应急处置的必要措施、费用承担等内容。

审议中有意见指出，建议加强本市船舶污染事故应急处置的区域联动和部门联动。经研究审议，在第三十四条增加一款作为第三款，明确本市船舶污染防治主管部门及其他相关部门、相关区人民政府应当加强信息共享、协作联动，提升污染事故应急处置能力。

（八）加强长三角联动，推进船舶污染防治区域合作

近年来，本市与长三角其他省加强工作业务交流、互通船舶污染防治信息、开展应急处置演练，持续推进跨区域合作。在此基础上，《条例》对长三角区域合作专章作出规定：一是机制上，明确本市与长三角相关省、市建立协调机制。二是信息上，明确船舶污染监测预警、污染物跨区域接收转运处置和船舶污染事故处置等信息应当共享。三是监管上，明确建立执法联勤联动、应急协作和信用联合惩戒等机制。

三、评述

本次立法是贯彻"海洋强国""长江大保护"国家战略、落实《长江保护法》等重要国家法律的必然要求，是服务本市国际航运中心建设、提高本市船舶污染防治水平的重要举措，也是推进长三角区域船舶污染联防联治、推动长三角地区更高质量一体化发展的有力抓手。主要有如下特点：

一是健全闭环监管，加强防治力度。船舶水污染物从船上收集到岸上处置，过程复杂，涉及监管部门较多。实行船舶水污染物联合防治，打造闭环监管链条，对于消除实践中容易产生的二次污染等风险隐患，具有积极作用。

此次《条例》重点围绕闭环监管机制进行顶层设计。一方面强化单证管理，明确相关接收单位接收船舶水污染物时，应当向船方出具接收单证；内河船舶靠港，应当出示接收单证；港口经营人应当查看接收单证，并记录相关情况；内河船舶拒不出示单证或作出说明的，港口经营人应当将有关情况报告船舶污染防治主管部门，并可以暂停装卸作业。另一方面是实行联单管理，要求船舶以及船舶水污染物接收、转运、处置单位应当使用规定的监督管理信息系统，并如实填报联单，实现污染物来源可溯、去向可寻、过程可控。还要实施联合监管，由船舶污染防治主管部门和生态环境、绿化市容、水务等部门加强联动，按照职责对各类水污染物及其送交、接收、转运、处置等各环节实行全覆盖、全过程监管。

二是强化岸电要求，提升防治水平。船舶的大气污染防治是大气污染防治工作的重要组成部分，《条例》专门将"船舶大气污染防治"作为单独章节，对大气污染物排放和船舶燃油使用提出了相关要求，如禁止船舶在管理水域使用焚烧炉；船舶使用废气清洗系统的，产生的洗涤水及残渣应当按照规定处理，并做好记录，不得违规排放入水。

岸电设施建设和使用，对于船舶大气污染防治具有重要作用。《条例》对加强岸电建设和使用作了具体规定：围绕岸电建设，明确以推进港口、码头全面配备岸电设施为目标，要求市交通部门组织制定和实施港口岸电设施、船舶受电设施的标准化建设和改造计划。围绕岸电使用，要求具备受电设施的船舶靠泊岸电泊位，应当使用岸电；除豁免情形外，港口、码头应当为船舶提供岸电并优先安排岸电泊位；并对拒绝提供岸电的违法行为设置罚则，确保实现码头"应供尽供"、船舶"应用尽用"。围绕岸电信息运用，要求港口经营人将岸电设施主要技术参数、分布位置等信息向交通部门备案并向社会公开，便于船舶及时掌握岸电信息，提升船港岸电对接效率。

三是坚持精准施策，管好作业活动。随着船舶有关作业活动的日益频繁，对水域环境的污染风险也相应增加。对此，《条例》明确从事船舶有关作业活动的，应当遵守相关操作规程，采取必要的污染防治措施，按照规定处理作业过程中产生的污染物。作业活动开始前，作业单位应当按照规定，向船舶污染防治主管部门报告作业时间、作业内容等信息。同时，针对船舶燃油供应作业、船舶修造作业、船舶运输散发有毒有害气体或者粉尘物质等不同类型的船舶有关作业活动，提出相应的具体管理要求。

（编写人：宋果南　上海市立法研究所研究人员）

34.《上海市浦东新区固体废物资源化再利用若干规定》立法工作的评述

一、立法背景

2022 年 12 月 21 日，上海市第十五届人民代表大会常务委员会第四十七次会议表决通过了《上海市浦东新区固体废物资源化再利用若干规定》(以下简称《规定》)，于 2023 年 2 月 1 日起施行。这是上海市人大常委会根据全国人大常委会授权制定的第十五部浦东新区法规，也是继《上海市浦东新区绿色金融发展若干规定》后，第二部围绕绿色生态制定的浦东新区法规。

党的二十大报告明确指出，推动绿色发展，促进人与自然和谐共生，强调加快发展方式绿色转型，实施全面节约战略，推进各类资源节约集约利用，加快构建废弃物循环利用体系。作为循环经济发展的重要组成部分，资源化再利用对于推动上海城市高质量发展，实现碳达峰、碳中和目标，促进生态文明建设具有重大意义。国家层面，2008 年 8 月，全国人大审议通过《循环经济促进法》，专章对资源化和再利用作了规定；2020 年 4 月，修改后的《固体废物污染环境防治法》也对固体废物资源化再利用提出了原则性要求。此外，中共中央、国务院以及有关部委也出台了加快推进生态文明建设、资源循环利用基地建设、促进绿色消费、高端智能再制造、建设"无废城市"、旧物资循环体系建设等一系列政策文件，对资源化再利用提出了具体要求。

本市按照党中央、国务院决策部署，以"双碳"目标为导向，坚持新发展理念，出台了资源节约和循环经济发展"十四五"规划以及资源循环利用稳定发展等文件，不断推进包含资源化再利用在内的循环经济发展，推动构建高效率、可持续的循环型经济发展体系。聚焦固体废物资源化再利用，本市大力加强老港生态环保基地等资源化再利用园区建设，推动资源化再利用发展，浦东新区也一直积极推进这项工作。2021 年 4 月，《中共中央 国务院关于支持浦东新区高水平改革开放打造社会主义现代化建设引领区的意见》，明确要求浦东新区构建和谐优美生态环境，严格落实资源化再利用制度。因此，浦东新区率先开展固体废物资源化再利用创新、探索，全面提升资源化再利用效率和水平，发挥其对全市资源化再利用方面的示范引领和辐射带动作用，以浦东新区法规形式，为固体废物资源化再利用、实现绿色低碳的高质量发展提供专项法治保障。

二、主要内容

（一）建体系、分类管，推动"无废城市"建设

为加强政府层面的统筹协调和部门间的协同合作，多措并举筑牢政府部门依法管理的"铁篱笆"，《规定》从四个方面作出了规定：明确市政府加强领导，深化与国家有关部门的协作，统筹协调有关重大事项；明确浦东新区政府建立分工明确、权责明晰、协同增效的综合管理机制，推进落实工作；明确市相关部门按照规定履行各自职责，完善政策措施，深化制度创新，支持和保障浦东新区固体废物资源化再利用工作；明确浦东新区相关部门按照各自职责做好相关工作。

（二）重绿色、推技术，全力打造"智慧园区"

为提高城市资源利用效率，打造智慧园区，《规定》针对资源化再利用园区建设作了特别规定：明确按照发展需求，在浦东新区建设老港、黎明等资源化再利用园区，同时明确了老港园区的功能定位；在老港园区规划、开发建设、运营调度、管理服务"四统一"机制实践基础上，进一步拓展范围，也可以适用于其他资源化再利用园区；要求浦东新区充分考虑园区地理位置、目标定位及发展需求，规划配套园区周边公用设施和道路交通设施，做好设

施保障工作；明确园区建立健全生态环保指标体系，运用先进的工艺和技术，减少污染物排放和碳排放总量，建立循环系统，实现资源能源利用效率的最大化。此外，明确加快固体废物资源化再利用体系建设，遵循环境友好的原则，按照规划和标准，设置可回收物交投服务点、中转站、集散场。

（三）创机制、强动力，助力变身"生态花园"

围绕支持保障，《规定》提出一系列改革创新制度举措：用地上，规定规划产业用地中划出一定比例，专门用于发展资源化再利用产业。生态环保上，相同类型的资源化再利用项目环评，可以实施一次性受理和集中审批的"打捆"方式，并探索项目环评和排污许可"两证合一"。园区建设上，明确探索园区配套建设可供多个市场主体共享的治污设施"绿岛"模式，并探索老港、黎明园区资源化再利用企业开展电力市场化交易模式创新。

三、评述

一是进一步健全生态环境保护源头预防制度。《若干规定》创新性提出了以下制度机制，包括：推动大气污染物源排放清单与温室气体排放清单协同编制；完善碳排放管理制度，将碳排放纳入环境影响评价范围；优化环境影响评价办理机制，创新环境影响评价和排污许可同步办理等，进一步健全生态环境保护源头预防制度。

二是健全了生态环境保护过程控制制度。《若干规定》创新性提出探索推行农田退水规范化管理，加强农业面源污染防治；推动建立持久性有机污染物等新污染物管控机制，加强针对新污染物全过程的管控和治理；进一步强化企业的环保主体责任，加强对企业环境信息披露的管理等，健全了生态环境保护过程控制制度。

三是进一步健全生态环境损害赔偿制度。此次立法进一步明确街镇与各主管部门在生态环境损害赔偿工作中的职责分工；明确依法登记的环保公益性组织可以应邀以磋商第三人等身份参与生态环境损害赔偿工作；探索生态环境损害鉴定电子化评估方式、探索建立生态环境公益基金制度、探索认购碳汇等替代性修复方式；就现场采样、非现场技术监测等作出探索性规定等。《若干规定》还强化了生态环境执法的相关保障措施，对生态环境领域广为关注的问题加大处罚力度；对环境数据造假提高处罚标准，进一步从严处罚，进一步健全生态环境损害赔偿制度。

（编写人：陈晓燕　上海市立法研究所研究人员）

三、法治综合篇

1. 基层立法联系点立法工作情况

建立基层立法联系点是党的十八届四中全会作出的重大决策，也是新时代各级人大加强民主立法的全新实践。2019 年 11 月，习近平总书记亲临全国人大常委会法工委上海虹桥街道基层立法联系点考察并发表重要讲话，首次提出"人民民主是一种全过程的民主"重要理念。2021 年本市基层立法联系点设立六周年之际，市委召开"学习贯彻习近平总书记全过程人民民主重要论述全力推进基层立法联系点工作座谈会"，市委主要领导明确提出将基层立法联系点打造成上海实践全过程人民民主最鲜活的载体、最响亮的品牌。市人大常委会按照市委部署要求，持续推进基层立法联系点功能拓展、提质增效，积极助力上海打造全过程人民民主最佳实践地。

一、完善顶层设计、加强服务保障，全力推进基层立法联系点建设

市人大常委会高度重视基层立法联系点工作，立足加强顶层设计，制定《市人大常委会深入学习贯彻习近平总书记在上海基层立法联系点考察时的重要讲话精神　充分发挥人大在推进全过程人民民主探索实践中的作用的意见》《深入学习贯彻习近平总书记全过程人民民主重要论述　推动新时代上海人大工作守正创新高质量发展的实施意见》，将基层立法联系点建设作为践行全过程人民民主的重要载体，持之以恒加以推进。

扩点提质，完善布局。在全面评估首批设立的 10 个基层立法联系点工作的基础上，2020 年，市人大常委会将联系点数量调整扩充至 25 个（其中新增 17 个），覆盖全市 16 个区和部分重要行业、领域，实现从中心城区向自贸试

验区新片区、长三角一体化示范区扩展，从市区街道向郊区乡镇延伸，从个别企业向园区、行业协会布设。

建章立制，加强指导。先后出台《上海市区人民代表大会常务委员会街道工作委员会工作条例》《上海市人大常委会基层立法联系点工作规则》《上海市人大常委会基层立法联系点工作指引》《关于征询基层立法联系点意见建议的若干意见》《联系点立法建议采纳确定办法》等法规和制度，明确联系点的法定地位和工作职责，进一步规范联系点参与立法等工作的流程和要求。同时注重加强能力建设，将联系点工作培训纳入市人大机关整体培训计划，组织开展法律法规草案宣贯解读，促进提高联系点整体工作水平。

构建网络，扩大参与。织密全市联系点工作网络，加强市、区人大同联系点及各联系点间的日常沟通交流。建立健全基层立法联系点列席法制委会议、旁听常委会会议法规审议等工作机制，更好发挥联系点立法民意"直通车"作用。指导有条件的区人大整合资源，探索设立立法信息采集点，将立法意见征集触角延伸至广大人民群众身边。

二、基层立法联系点工作内涵不断丰富、作用发挥更加有效

在各方共同努力下，本市基层立法联系点的载体作用有效发挥，品牌效应日益显现，联系点工作步入了全新的发展阶段。近年来，全国人大常委会委员长栗战书、副委员长王晨先后到本市基层立法联系点视察指导，予以充分肯定。国家和本市有关重要媒体对联系点工作高度关注，组织开展了大量报道，基层立法联系点成为生动展示全过程人民民主和人大制度优势的重要窗口。

立法意见征集实现新提升。基层立法联系点将做好立法意见征集工作作为重中之重，对 97 件法规提出 12340 条意见，其中 1148 条被不同程度采纳（截至 2022 年 9 月）。在建议提出数和采纳数逐年增加的同时，建议质量不断提高，如华政附中学生通过虹桥街道基层立法联系点提交的有关建议被《中

华人民共和国未成年人保护法》采纳，收到全国人大常委会法工委来函致谢。此外，《上海市红色资源传承弘扬和保护利用条例》《上海市人民建议征集若干规定》《上海市公共卫生应急管理条例》《上海市黄浦江苏州河滨水公共空间条例》等法规中均有基层立法联系点作出的重要贡献。

参与立法质量有了新提高。基层立法联系点深度参与立法工作，实现由"立法中"向立法前后两端延伸。部分联系点积极参与立法规划计划编制，提出法规立项建议。如在开展 2022 年度立法计划编制时，8 家基层立法联系点提出 16 项立法建议项目，崇明区农业农村委联系点提出的制定《上海市乡村振兴促进条例》建议被纳入正式项目。部分联系点发挥自身优势，开展立法平行研究，起草法规草案建议稿。如在《上海市优化营商环境条例》修法和《上海市城市更新条例》立法过程中，市律协联系点历时三个月形成《上海市优化营商环境条例》（修订草案）建议稿和《上海市城市更新条例》浦东专章草案稿等成果。

功能深化拓展取得新成效。基层立法联系点立足实际、发挥所长，积极推动自身功能从参与立法向监督执法、促进守法和宣传普法拓展。上海人大工作研究会联系点全过程参与《上海市养老服务条例》执法检查，自主形成调研专报，有关建议被常委会执法检查报告采纳。曹杨新村街道联系点在落实《上海市非机动车安全管理条例》过程中，针对电动自行车停放难题，广泛征求居民、业委会、物业意见，制定小区停车管理办法指引，有效遏制乱停车现象，促进群众提升守法意识。嘉定工业园区联系点近年针对园区企业开展多轮普法宣传活动，内容涉及企业用工法律风险、工伤纠纷解决等与企业和职工利益密切相关的法律知识，受到广泛欢迎。

传播民主故事呈现新亮点。基层立法联系点运用多种宣传方式和渠道，开展丰富多彩的宣传展示，用心讲好民主立法故事、人大制度故事。虹桥街道联系点近年来累计接待各类参观调研 735 批次 14839 人次（截至 2022 年 9月 25 日），特别是在 2021 年建党百年之际，该联系点还作为"中国共产党的故事——习近平新时代中国特色社会主义思想在上海的实践"特别对话会的接待点之一，迎来40多个国家驻华使节参访，向世界展现了我国全过程人民民主的生动实践。一些外国使节参观后表示：中国基层民众能直接参与立法进程，体现了立法的公开和民主，保护了公民权益，充分展示了中国民主的制度优势。

（本文根据上海市人大常委会法工委相关材料编写）

（编写人：谭天　上海市立法研究所助理研究员）

2. 备案审查工作情况

一、备案审查工作的基本情况

（一）做好日常备案审查工作

加强同"一府一委两院"和各区人大常委会的工作沟通联系，2022 年共收到各报备单位报送的属于备案范围的各类规范性文件 68 件。其中，市政府规章 13 件，市政府其他规范性文件 21 件，浦东新区管理措施 8 件，浦东新区综改配套文件 1 件，市高级人民法院规范性文件 6 件，市人民检察院规范性文件 1 件，区人大及其常委会决议决定 18 件。从报送备案的总体情况来看，各报备单位按照法律法规规定，及时、规范履行报备义务，主动接受监督，报备质量进一步提高。经会同市人大各专门委员会、常委会有关工作机构审查，各类规范性文件总体上与国家法律、行政法规、本市地方性法规保持一致，符合法治要求，为推进全市经济社会高质量发展提供了良好法治保障。

（二）做好相关审查建议的处理工作

2022 年 1 月，有市人大代表对《上海市农村村民住房建设管理办法》（以下简称《办法》）的有关规定提出合法性审查建议。市人大常委会法工委会同市人大农业与农村委、城建环保委等深入研究农民建房和宅基地管理相关的国家法律、行政法规等上位法规定，两次召开专题会议，就代表建议办理情况与代表进行沟通。经审查，《办法》规定本身未违反国家法律、行政法规的明确规定，执行和实施《办法》是为了结合上海经济社会发展实际，更好促进土地资源集约节约利用。审查中同时发现，本市在满足农民建房需求方面，政府相关部门还需进一步细化相关政策措施、加强管理。为此，市人大常委会法工委向市政府相关部门发出建议，希望认真执行《办法》有关规定，加强本市农村村民住房建设管理，加快推进解决农民住房问题的有益探索，密切关注国家有关立法动向，适时完善本市农民建房管理办法。

此外，还办理了有关公民对《上海市建筑垃圾处理管理规定》提出的审查建议。针对公民提出的审查建议，市人大常委会法工委会同市人大城建环保委等召开专题会议开展研究沟通。经审查认为，《上海市建筑垃圾处理管理规定》中关于建筑垃圾超载运输吊销其运输许可证的规定符合管理实际，但与《上海市市容环境卫生管理条例》有关行政处罚的设定在表述的衔接上不够严密。经与相关制定部门沟通协商，市政府已于 2022 年 9 月 22 日提请市第十五届人大常委会第四十四次会议通过修改的《上海市市容环境卫生管理条例》，将相关规定上升为法规规定。

（三）认真贯彻法制统一要求，及时开展法规清理

为贯彻党中央决策部署和保障重要法律实施，全国人大常委会法工委于 2022 年 9 月、10 月分别来函，要求各地方人大做好涉及人口和计划生育内容、涉及"水能资源开发利用权"有偿出让制度的地方性法规及其他规范性文件清理工作。根据全国人大常委会的工作部署和常委会领导要求，市人大常委会法工委会同各有关方面，分别召开了两项清理工作的专题部署会，认真研究落实清理工作要求，全面清理现行有效的本市地方性法规、规章及其他规范性文件。从清理情况看，本市已不存在关于生育保险待遇享受主体、生育假及生育津贴待遇享受等方面的限制性规定，不存在对"水能资源开发利用权"作出有关用益物权性质的规定或有偿出让制度的规定，不存在对水电企业同时征收水能资源开发利用权出让金和水资源费（税）的规定。经综合各方研究意见，分别形成两项清理工作情况报告，并按程序于 11 月报全国人大常委会法工委。

二、开展备案审查制度和能力建设的情况

（一）加强备案审查制度建设和理论研究，保障法规有效实施

为进一步推动落实地方性法规中相关政府部门的工作职责，做好法规配套规范性文件的制定及报备工作，根据市人大常委会领导要求，法工委起草了《关于地方性法规有关工作职责督促落实及配套规范性文件制定报备的试行意见》，并于 2022 年 9 月报主任会议讨论通过。《意见》通过后，及时梳理法规要求制定的配套规范性文件，做好跟踪督促工作。截至 2022 年 12 月，法工委共向 11 个部门发出关于落实有关法规配套规范性文件制定工作的函，内容共涉及 9 部法规、27 条法规条款，11 个部门均已全部反馈落实情况或制定计划。

为落实 2022 年初市人大常委会党组与市政府党组通气会关于加强改革创新法治保障的精神要求，法工委研究后形成了关于市人大常委会对市政府改革创新类文件开展备案审查工作的研究意见，明确文件范围及审查原则，完善沟通衔接机制，进一步深化备案审查工作。

指导上海政法学院备案审查研究中心继续开展理论和实务研究，对全年度报送备案的规范性文件同步进行审查研究并提供研究咨询意见；委托研究中心开展区人大及其常委会决议决定报备范围的课题研究等，为开展督促落实配套规范性文件制定工作提供理论基础。

（二）规范区人大决议决定报备范围，指导各区人大常委会听取和审议备案审查工作情况报告

2022 年 1 月，市十五届人大六次会议期间，青浦区代表团提出"关于规范上海市区级人大及其常委会决议、决定备案审查的建议"。为此，市人大常委会法工委及时开展建议办理，调研了各区人大决议决定制定和报备情况，进一步明确区人大决议决定报备范围，提升报备质量，并在青浦区现场召开16 个区人大常委会负责同志参加的线上会议，通报和落实相关工作措施。

2022 年修改的《中华人民共和国地方各级人民代表大会和地方各级人民政府组织法》将听取和审议备案审查工作情况报告作为县级以上地方各级人大常委会的法定职权。2022 年 9 月，全国人大常委会来函要求落实县级人大常委会上会听取和审议备案审查工作情况报告。为做好指导督促工作，法工委与各区人大常委会相关机构召开工作推进专题会，截至 2022 年 12 月底，16 个区人大常委会全部完成上会听取和审议年度备案审查工作情况报告。

（三）着力推进上海市法规规章规范性文件数据库建设

为建设全国统一的法律、法规、规章、行政规范性文件、司法解释信息平台，全国人大常委会于 2022 年 9 月召开工作推进会，要求各地方人大及时开展省级法规、规章和规范性文件数据库建设工作。常委会分管领导主持召开工作推进会，现已形成初步工作成果，明确了数据库名称和入库文件范围、初步完成了数据库的开发、已完成现有存量数据的归集。同时，还建立了增量数据归集的责任机制，即人大、政府、监察委、法院、检察院五大系统分别负责各自制定规范性文件的归集，法工委同时做好督促落实工作。

（本文根据上海市人大常委会法工委相关材料编写）

（编写人：宋果南　上海市立法研究所研究人员）

3. 制度建设工作情况

上海市人大常委会一贯重视立法制度的建设和完善。为深入推进科学立法、民主立法、依法立法，更好地发挥人大在地方立法中的主导作用，发挥社会力量在地方立法中的积极作用，2022 年，上海市人大常委会主任会议通过了《关于深入学习贯彻中央人大工作会议精神　推动健全和完善地方立法工作格局的意见》(以下简称《意见》)和《上海市人大常委会基层立法联系点立法建议采纳确定办法》(以下简称《办法》)。

一、《关于深入学习贯彻中央人大工作会议精神　推动健全和完善地方立法工作格局的意见》的主要内容

《意见》着重从在党的领导下，如何进一步发挥人大在立法工作各环节中的主导作用、切实形成立法工作整体合力出发，对本市推动健全和完善立法工作格局的重要意义、根本要求、实现路径和保障措施作了归纳和总结。

一是深刻认识健全完善地方立法工作格局的重要意义。《意见》重点阐述三方面内容：深刻认识健全完善地方立法工作格局是贯彻落实习近平法治思想的必然要求，深刻认识健全完善地方立法工作格局是加强党对立法工作全面领导的应有之义，深刻认识健全完善地方立法工作格局是推动地方立法工作形成合力的重要基础。

二是牢牢把握健全完善地方立法工作格局的根本要求。《意见》重点阐述三方面内容：必须将围绕中心、服务大局开展立法工作的要求贯穿始终，必须将运用法治思维法治方式保障全市各项改革在法治轨道上运行的要求贯穿

始终，必须将坚持以人民为中心的要求贯穿始终。

三是不断探索健全完善地方立法工作格局的实现路径。《意见》围绕立项、调研、起草、审议、实施的法规全生命周期管理，对如何健全完善相关立法工作机制推动形成立法工作格局作了规定，并对如何用足用好浦东新区法规制定权提出了要求。

四是抓实抓好健全完善地方立法工作格局的保障措施。《意见》重点阐述四方面内容：加强组织领导，践行全过程人民民主，发挥人大在法治人才培养中的基地作用，加强数字技术赋能地方立法。

二、《上海市人大常委会基层立法联系点立法建议采纳确定办法》的主要内容

《办法》共十一条，主要从适用范围、工作职责、确定部门、确定标准、确定程序和异议复核、确定结果运用等方面作了规范。

（一）关于适用范围

《办法》第二条明确联系点提出的立法建议被市人大及其常委会采纳情况，依据本办法确定。同时，对立法建议的内容和范围作了进一步明确。

（二）关于工作职责

《办法》第三条明确了联系点立法建议采纳确定的日常工作部门为法工委，同时规定法工委可以视情听取市人大有关专门委员会、常委会工作机构的意见。

（三）关于确定部门

《办法》第四条规定法工委设立联系点立法建议采纳确定工作小组，明确工作小组的人员构成，并规定法工委办公会议定期听取确定小组相关工作情况的报告，研究采纳确定工作中的重要问题。

（四）关于确定标准

《办法》第五条和第六条对立法建议的采纳确定分为全部采纳、部分采纳

和留作参考共三种类型。同时，考虑到立法规划计划建议的采纳确定与对法规建议的采纳确定存在差异性，为此，《办法》对以上两种情况的确定标准作了分条表述。此外，为了更大程度调动人民群众广泛参与立法的积极性，《办法》明确以文义的契合度作为确定采纳与否的标准。

（五）关于立法建议填报和确定程序

为了积极推进联系点工作信息化建设，《办法》第七条规定市人大常委会建立联系点线上建议平台，要求联系点通过线上建议平台提交立法建议。第九条规定了确定小组应当每个季度向联系点书面发放立法建议采纳确定证明等内容。

（六）关于确定结果运用

《办法》第十条规定，立法建议采纳确定结果作为联系点年度评优表彰和工作评价的重要参考依据。

（本文根据上海市人大常委会法工委相关材料编写）

（编写人：宋果南　上海市立法研究所研究人员）

4. 浦东新区法规立法情况

　　浦东开发开放是党中央、国务院在我国改革开放和现代化建设关键时期作出的一项重大战略决策。党的十八大以来，以习近平同志为核心的党中央赋予上海一系列新的重大使命和任务，要求浦东更好发挥排头兵和试验田的作用，为全市高质量发展作出更大贡献，勇当新时代全国改革开放和创新发展的标杆。市人大常委会深入贯彻落实中央、市委要求，立足人大职能积极为浦东改革开放再出发提供支持和保障，于 2019 年 7 月制定《关于促进和保障浦东新区改革开放再出发实现新时代高质量发展的决定》，以及时有效的法治供给助力浦东新区新时代高质量发展。

　　新时代改革开放进入了一个新的阶段。2020 年 11 月 12 日，习近平总书记在浦东新区开发开放 30 周年庆祝大会上发表重要讲话，在充分肯定浦东开发开放历史性成就的同时，也擘画了浦东未来发展的新方位、新定位、新路径。在全面建设社会主义现代化国家新征程上，为支持浦东新区高水平改革开放、打造社会主义现代化建设引领区，引领带动上海"五个中心"建设，更好服务全国大局和带动长三角一体化发展战略实施，2021 年 7 月，《中共中央　国务院关于支持浦东新区高水平改革开放打造社会主义现代化建设引领区的意见》（以下简称《引领区意见》），明确支持浦东勇于"挑最重的担子、啃最硬的骨头"，努力成为更高水平改革开放的开路先锋、全面建设社会主义现代化国家的排头兵，要求建立完善与支持浦东大胆试、大胆闯、自主改相适应的法治保障体系。

　　2021 年 6 月，根据重大改革于法有据的法治要求，第十三届全国人大常委会第二十九次会议表决通过了《全国人民代表大会常务委员会关于授权上海市人民代表大会及其常务委员会制定浦东新区法规的决定》（以下简称《授权决定》），以决定的形式对浦东引领区建设的法治保障工作加以明确。最高国家权力机关授权制定浦东新区法规，既有对浦东开发开放实践经验的总结，也有对经济特区立法模式的借鉴，既适应了新时代高水平对外开放的需要，也有利于坚持在法治轨道上推进改革。

为承接和实施全国人大常委会的《授权决定》，2021 年 6 月，上海市第十五届人大常委会第三十二次会议表决通过了《关于加强浦东新区高水平改革开放法治保障制定浦东新区法规的决定》。同年 7 月，上海市人大常委会主任会议表决通过了相关立法工作规程。截至 2022 年 12 月底，上海市已经制定浦东新区法规 15 件。从内容上看，涉及优化营商环境的有 5 件，约占 33.3%；促进产业升级的有 4 件，约占 26.7%；强化创新引擎的有 2 件，约占 13.3%；加快绿色转型的有 2 件，约占 13.3%；提升治理效能的有 2 件，约占 13.3%。

浦东新区法规作为新类型法规，一年半制定 15 件，又以优化营商环境和促进产业升级发展为主，占了近六成，同时对创新管理制度、转型发展方式、优化城市治理等亦有所布局，各占一成多。从立法内容上注重"小切口"，在立法形式上讲究"小快灵"，条文不多，不分章节，需要几条就立几条，体现了法规的实用性。

在改革开放新阶段，习近平总书记交给上海三项新的重大任务，赋予浦东打造社会主义现代化建设引领区的历史重任，要求上海在新时代改革开放中发挥"开路先锋、示范引领、突破攻坚"的作用。授权制定浦东新区法规开启了国家级新区立法的新篇章。国家级新区承担着国家重大发展和改革开放战略任务，浦东从新区到引领区再到立法授权，既有自上而下的顶层设计、统筹改革，又实现了地方改革的自主权和主动权。浦东新区法规集授权立法、变通立法、试验立法等性质于一身，是全国人大常委会为保障引领区建设创设的全新立法形式，是立法创制和立法变通的重要载体，是引领区立法创新的集大成者，为我国推动更深层次改革实行更高水平开放提供引领、推动、规范和保障作用。

制定实施浦东新区法规是对标对表《引领区意见》，推动高水平改革开放、建设引领区的积极作为。上海市人大常委会对标对表《引领区意见》，以服务保障浦东建设成为更高水平改革开放的开路先锋、自主创新发展的时代标杆、全球资源配置的功能高地、扩大国内需求的典范引领、现代城市治理的示范样板为战略定位，从优化营商环境、促进产业升级、强化创新引擎、加快绿色转型、提升治理效能五个方面引领推动社会主义现代化引领区建设，取得显著成效。

（本文根据上海市人大常委会法工委相关材料编写）

（编写人：王琨　上海市立法研究所助理研究员）

5. 长三角地区协同立法情况

2022 年克服疫情挑战，长三角地区协同立法工作在三省一市人大常委会领导下继续深入推进。

一、长三角区域协作机制

2022 年 9 月 7 日至 8 日，长三角地区三省一市人大常委会主任座谈会在杭州召开，会议总结长三角地区人大协同立法、联动监督、代表联合活动等方面取得的成绩和经验，交流本届以来特色亮点工作和下一步思路举措，审定 2022 年度协作重点工作计划，并签署会议纪要。

会议指出，一年来，长三角地区三省一市人大着眼长三角更高质量一体化发展大局，协同制定铁路安全管理地方性法规，跟踪监督长江保护及长江流域禁捕工作决定实施，组织全国人大代表和省市人大代表联合视察和专题调研，开展人大代表联合培训，推动长三角地区人大重点合作事项落地落实。

会议强调，长三角地区三省一市人大要继续深入学习贯彻习近平总书记关于长三角一体化发展的重要讲话和指示批示精神，认真落实 2022 年度长三角地区主要领导座谈会要求，持续推进长三角地区人大协同协作，认真组织实施年度重点协作任务。推进做好社会保障卡居民服务"一卡通"、大型科学仪器共享、大数据、长江船舶污染防治等协同立法，联合开展示范区饮用水水源保护、传染病防治立法调研，开展长三角地区固体废物污染环境防治跟踪检查，组织召开长三角地区三省一市人大代表工作经验交流座谈会，开展部分全国人大代表联合调研，多层次多渠道推动长三角地区人大工作协作向纵深发展。

二、长三角区域协同立法

（一）专门制定推进长三角区域社会保障卡居民服务一卡通规定

2020 年 8 月 20 日，习近平总书记在合肥主持召开扎实推进长三角一体化发展座谈会并发表重要讲话，强调要促进基本公共服务便利共享，要多谋民生之利、多解民生之忧，在一体化发展中补齐民生短板，并提出，要探索以社会保障卡为载体建立居民服务一卡通，在交通出行、旅游观光、文化体验等方面率先实现"同城待遇"。

为了贯彻落实习近平总书记的指示精神和市委决策部署，三省一市人大常委会将制定长三角区域社会保障卡居民服务一卡通规定作为 2022 年度正式立法项目，并在同年的长三角地区主要领导座谈会上予以确认。经过四地不懈努力，2022 年 9 月 22 日，上海市第十五届人大常委会第四十四次会议率先表决通过《上海市推进长三角区域社会保障卡居民服务一卡通规定》（以下简称《规定》）；9 月底苏浙皖人大常委会也同步通过立法，并共同于 10 月 1 日施行。《规定》是长三角区域民生领域首部协同立法，聚焦基本公共服务便利共享，推进交通出行、旅游观光、文化体验以及医疗卫生、社会保障、金融服务等领域的一卡多用、跨省通用；聚焦建立健全长三角一卡通的工作推进机制，依托全国一体化政务服务平台和全国社会保障卡服务平台以及长三角区域合作机制，利用长三角区域"一网通办"数据共享交换，实现社会保障卡居民服务一卡通跨省业务数据共享交换和数据标准统一互认；聚焦三省一市工作的主动对接、同步推进，形成了三省一市共同编制应用项目清单并动态调整的有效工作模式。

（二）相关法规设专章规定长三角区域协同发展

1.《上海市船舶污染防治条例》。近年来，随着"长江大保护""海洋强国"等国家战略的深入实施和《长江保护法》的出台，以及水、大气、噪声污染防治和海洋环境保护方面等多部法律、行政法规的制定与修改，国务院有关部委也制定、修改一系列部门规章、规范性文件，整体上对船舶污染防治提出了更高要求。为保护长江生态环境、服务上海国际航运中心建设、助力长三角一体化高质量发展，提供坚实的法治保障，2022 年 12 月 21 日，上海市第十五届人大常委会第四十七次会议审议通过《上海市船舶污染防治条例》（以下简称《条例》），《条例》自 2023 年 3 月 1 日起施行。《条例》设专章规定"长江三角洲区域合作"，一是机制上，明确本市与长三角相关省、市建立协调机制；二是信息上，明确船舶污染监测预警、污染物跨区域接收转运处置和船舶污染事故处置等信息应当共享；三是监督上，明确建立执法联勤联动、应急协作和信用联合惩戒等机制。《条例》为贯彻习近平生态文明思想，落实国家相关法律要求，深入打好污染防治攻坚战，共同推进长三角区域船舶污染联防联治，推进长三角地区更高质量一体化发展提供了重要法治保障。

2.《上海市促进虹桥国际中央商务区发展条例》。为更好地贯彻落实国家战略，彰显虹桥国际中央商务区在推动长三角一体化发展、提升上海城市能级和核心竞争力，突出大交通、大商务、大会展核心功能，与临港新片区形成协同发展、功能互补的发展格局，推动长三角成为国际国内双循环的战略链接，在更深层次、更宽领域、更大力度上推进开放合作，打造一流的国际化中央商务区持续提供更高质量的法治保障，2022 年 10 月 28 日，上海市第十五届人大常委会第四十五次会议审议通过了《上海市促进虹桥国际中央商务区发展条例》（以下简称《条例》），《条例》自 2022 年 11 月 1 日起施行。为更大力度促进长三角区域协同发展，发挥商务区引领发展的示范作用，《条例》设专章规定"服务长三角一体化发展"，在服务共享、"一核两带"规划编制会商、专项投资基金、区域城市展示中心等方面进行探索创新：一是推动公共服务共享、依托商务区推动长三角地区在知识产权保护、国际贸易法律服务、国际商事仲裁等事项领域的公共服务共享。二是建立"一核两带"规划编制的会商机制，促进"一核两带"的发展规划协同。三是设立服务长三角一体化发展的投资基金，主要用于虹桥国际开放枢纽的重大基础设施建设、科技创新产业平台发展、公共服务信息系统集成等投入。四是建设长三角区域城市展示中心，协调长三角各城市共同打造"虹桥国际会客厅"。

（三）相关法规设专门条款规定长三角区域协同发展

除了专门立法和设立专章，2022 年，在多部法规中涉及长三角协同发展条款，如《上海市人民代表大会常务委员会关于加强新时代检察机关法律监督工作的决定》第十七点规定，检察机关应当深化长三角区域检察协作，积极推进区域司法政策适用标准统一、区域检察数据和服务平台共享集成，促进区域人才交流和联合培养，提升区域法律监督保障水平。经修订的《上海市消费者权益保护条例》第九条规定，本市推动长江三角洲（以下简称"长三角"）区域消费者权益保护工作协作，开展满意消费长三角行动，探索异地异店换货，对重大消费事件开展联合调查，联合公布侵害消费者合法权益典型案例，促进长三角区域消费者权益保护重大政策协调和消费环境优化。《上海市促进人工智能产业发展条例》第十条规定，本市推动长江三角洲区域人工智能产业协同融合发展，探索共同推进跨区域人工智能产业发展规划衔接、技术标准互认、关键领域测试数据共享互认、基础设施建设成本分担和利益共享等工作。《上海市乡村振兴促进条例》第九条规定了长三角区域共同促进乡村振兴的工作机制。《上海市服务办好中国国际进口博览会条例》有多条涉及长三角协作、辐射服务条款。

（本文根据上海市人大常委会相关材料编写）

（编写人：张慧红　上海市立法研究所所长）

四、理论研究篇

1. 关于立法工作的讲话

在市人大常委会 2022 年度立法工作座谈会上的讲话（摘录）

（2022 年 6 月 9 日）

蒋卓庆

今天召开市人大常委会立法工作座谈会，主要是深入学习贯彻习近平总书记在中央人大工作会议上的重要讲话和中央文件中关于完善立法工作格局的"16 个字"要求，切实做好上海地方人大立法工作。

一、加强学习，深刻领会习近平总书记和党中央对立法工作的重要指示精神

在中央人大工作会议上，习近平总书记指出，要加快完善中国特色社会主义法律体系，以良法促进发展、保障善治。栗战书委员长在这次会议上也指出，要深刻认识和把握提升人大工作质量和水平这一新时代人大工作的重要任务。根据中央人大工作会议精神和要求，中共中央制定印发了《关于坚持和完善人民代表大会制度　加强和改进新时代人大工作的意见》，对全面提升人大工作质量和水平，提出了要紧跟党中央重大决策部署，紧贴人民美好生活需要，紧扣推进国家治理体系和治理能力现代化，全面建设社会主义现代化国家；要善于把党的主张方针政策转化为法律规定，增强立法的系统性、整体性、协同性；要因需因时统筹有序开展立法，体现法律的规范性、强制性、约束性，发挥人大在立法工作中的主导作用，完善党委领导、人大主导、

政府依托、各方参与的立法工作格局。

人大主导作用主要通过贯彻党的意图，制定并组织实施立法规划和计划，协调和正确处理各方利益，维护法治公平，确保法律法规符合宪法精神来体现。人大牵头起草综合性、全局性、基础性的重要法律法规草案，实现立法的政治效果、法治效果和社会效果最大化。

二、深入践行，在探索构建地方立法工作格局中不断体现市人大立法的主导作用

近年来，市人大根据中央和市委的要求，围绕中心、服务大局，努力做到中央和市委决策部署到哪里，人大立法工作就跟进到哪里，充分发挥法治保障作用。一是加强疫情防控法治保障；二是加强优化营商环境法治保障；三是加强坚持以人民为中心法治保障；四是加强长三角区域一体化发展法治保障；五是为浦东新区打造社会主义现代化建设引领区提供法治保障。

三、强化责任，健全和完善地方立法工作格局，有效提升人大立法质量和立法水平

为深入贯彻习近平总书记重要讲话和中央人大工作会议精神，市人大常委会经过深入研究，讨论通过《关于深入学习贯彻中央人大工作会议精神　推动健全和完善地方立法工作格局的意见》。《意见》的核心就是要进一步健全完善党委领导、人大主导、政府依托、各方参与的立法工作格局，推动新时代上海地方立法工作与时俱进，完善发展，以高水平的法治供给保障高质量的发展。为了切实提高市人大立法能力和水平，我们将在"6个力"方面下功夫：一是全力提升法规立项的质量和水平；二是聚力提升法规调研的质量和水平；三是协力提升法规草案起草的质量和水平；四是合力提升法规草案审议的质量和水平；五是着力提升法规实施的质量和水平；六是奋力提升浦东新区法规的质量和水平。

在长三角地区三省一市人大常委会主任座谈会上的发言（摘录）

（2022 年 9 月 7 日）

蒋卓庆

围绕深入学习贯彻习近平总书记关于长三角一体化发展的重要讲话和指示批示精神，认真落实 2022 年度长三角地区主要领导座谈会部署要求，长三角地区三省一市人大的同志就本届以来人大特色亮点工作和长三角地区人大工作协作的成效经验、思路建议等进行座谈交流，很有必要、很有意义。

一、本届上海人大工作的特点

本届以来，上海市人大常委会深入学习贯彻习近平法治思想、习近平总书记关于坚持和完善人民代表大会制度的重要论述和全过程人民民主重大理念，全面贯彻落实习近平总书记考察上海重要讲话和指示批示精神，在中共上海市委领导下，坚持围绕中心、服务大局、担当作为，努力为上海改革开放作出积极贡献。一是牢记殷殷嘱托，加强地方立法，确保习近平总书记考察上海重要讲话精神落地落实。二是强化首提地责任，积极探索实践，努力打造全过程人民民主最佳实践地。三是坚持围绕中心、服务大局，以强监督推动强落实。四是聚焦“四个机关”定位，创新工作机制，不断提高人大工作质量和水平。

二、对深化长三角地区人大工作协作的思考建议

（一）进一步加强协同立法，为国家战略实施提供更加有力的法治保障

建议三省一市新一届人大常委会继续坚持并不断完善立法工作协同机制，紧紧围绕长三角规划纲要确定的重点任务和年度长三角地区主要领导座谈会的部署要求，在长三角地区经济发展、城市治理、社会保障、公共服务等方

面加大立法协同探索，力争取得更多协同立法成果。

（二）进一步加强联系交流，促进三省一市人大工作水平共同提升

建议三省一市新一届人大常委会传承好的传统，进一步深化完善已有协作机制，加强各层面、各领域、经常性的沟通联系和研讨交流，常来常往，学习借鉴，共同提高，努力在推进国家战略落实上展现人大更大的担当和作为。

在地方立法积极践行全过程人民民主探索与实践工作汇报会上的讲话

（2022 年 9 月 28 日）

蒋卓庆

各位讲述人、同志们：

在喜迎党的二十大胜利召开之际，今天，我们举办"地方立法践行全过程人民民主探索与实践工作汇报会"，主要是深入贯彻落实习近平总书记关于全过程人民民主重要论述和讲好中国民主故事的重要指示要求，以立法为切入点，充分展示上海人大在地方立法中坚持全过程人民民主重大理念的探索与实践，进一步深化为人民立法，组织人民群众广泛参与，凝聚全社会智慧和共识，扎实推进科学立法、民主立法、依法立法，让上海地方立法更好造福人民、服务城市发展。

首先，我代表市人大常委会，向今天精彩讲述民主立法故事的来自上海各有关方面的立法参与者，向获得立法建议采纳证书的基层立法联系点及广大立法参与者，表示衷心的祝贺和诚挚的感谢。

刚才听了 12 位同志的讲述，给我们以很大的触动。在你们讲述的生动故事中，我们看到了人民群众对立法工作的巨大参与热情，看到了基层立法联系点的辛勤、用心和付出，更看到了全过程人民民主给人民群众带来的实实在在的福祉和给社会生活带来的切切实实的变化，从而进一步增强了做好地方立法的责任感和使命感，促使我们时刻关注和高度重视来自人民群众的声音，最大限度地吸纳民意、汇集民智，深入研究、积极采纳，把各方面社情民意统一于最广大人民群众的根本利益之中，使上海地方立法工作做得更好、更接地气、更符合实际。

12 位同志的讲述，也给予我们很多的启示。你们讲述的真实故事，再次印证了立法是民主制度化、法治化的前提条件。上海市人大常委会在市委领导下开展地方立法工作，坚持发展和完善全过程人民民主，在法规立项、调研、起草、审议、修改的每一个环节，都要坚持问计于民、问需于民、问效于民，都要积极回应人民关切，把党的主张和人民意愿更好地统一起来，使通过的法规体现民主的成果、得到人民的拥护。

12 位同志的讲述，还给予我们深层次的思考。上海要建设共治共享的人民城市，法治是最根本的治理方式。法律所具有的人民性、公平性和强制性，在治理超大城市这个巨系统时，特别在保障城市安全、创新城市治理、建设生态城市方面，具有更加管用的功效。我们在人民城市建设进程中，要深化法治社会建设，形成人人参与法治建设、获得平等保护、感受公平正义、共享共治成果的良好局面。

近年来，市人大常委会先后制定了《关于深入学习贯彻习近平总书记在上海基层立法联系点考察时的重要讲话精神充分发挥人大在推进全过程民主探索实践中的作用的意见》《关于深入学习贯彻习近平法治思想推动地方立法高质量发展的意见》《关于深入学习贯彻中央人大工作会议精神推动健全和完善地方立法工作格局的意见》，在立法价值取向上，强调以人民群众对美好生活的期盼作为制度设计的根本出发点，在立法中守住基本民生底线、公平正义底线、公共安全底线、生态环境底线。在立法项目选择上，建立从代表议案建议、人民建议征集、社情民意反映平台、公开征求意见等渠道选取立法项目的工作机制。在立法工作方式上，积极践行全过程人民民主，发挥代表工作小组、基层立法联系点和"家、站、点"察民情、聚民智、汇民意的作用。目前，常委会的年度立法计划，每一项法规草案，都向全社会公开征询意见，并通过全市 25 个基层立法联系点以及广大立法参与者征询意见。此外，还开展了市民群众"走进人大"活动，让市民群众在感受常委会议事文化的同时也实际地参与地方立法工作。

习近平总书记指出，全过程人民民主是最真实、最广泛、最管用的民主。市委明确提出上海要打造全过程人民民主最佳实践地。上海市人大常委会牢记"首提地"的责任和使命，牢固树立以人民为中心的发展思想，在立法的制度机制上切实体现发展为了人民，发展依靠人民，发展成果由人民共享。我们将把在立法实践中创造的贯彻全过程人民民主的鲜活案例和生动经验向人大各项工作推广拓展，让人大工作的民主参与平台更加宽广、让人民群众的民主实践活动更加生动，使人民的知情权、参与权、表达权、监督权落实到人大工作各方面全过程，更好体现人大工作对人民负责、受人民监督；我们将进一步站稳人民立场，厚植人民情怀，加大民生立法、民生监督的比重，确保人大工作反映人民意愿、维护人民权益，让全过程人民民主有力推动解决实际问题，实现良政善治，为建设有获得感、幸福感、安全感的人民城市提供法治保障；我们还将以今天的民主立法推介活动为起点，进一步加强对全过程人民民主重大理念的学习宣传贯彻，用心用情讲好民主立法故事，讲好人大故事，让全过程人民民主可触摸、可感受、可信服，使中国特色社会主义民主、人民代表大会制度深入人心，按照习近平总书记在虹桥基层立法联系点考察时提出的要求，"为探索一条有中国特色的社会主义民主政治道路继续做出贡献"。

2. 代表专家论地方立法

关于地方立法高质量发展的几点建议

一、建立地方立法质量保障制度。地方立法涉及城市发展各个领域，每个领域都是一门专业，各个领域之间专业跨度也很大，尤其是随着人工智能、大数据等数字经济的快速发展，理解和掌握这些新事物需要有非常专业、系统的理论支撑。术业有专攻，立法者往往具有较为单一的专业背景，而立法项目是多元的，这种专业跨度对立法者来说是一种挑战。因此，需要在理论层面建立一种保障机制，让一些十分专业的地方性法规的内容具有实质性，能够经得起检验和推敲，从而保证地方立法的质量。

二、注重地方立法科学思维培养。一是过程性思维。一部地方性法规从立项到出台，需要很长的时间。以往我们都是从立法成果去看待立法，但其实立法的过程更为重要。比如在制定法规过程中解决了哪些问题？提出了哪些意见建议？如何体现全过程人民民主？这些立法过程本身比结果更有意义，也更能体现出立法的生动性。二是体系性思维。上海目前现行有效法规有200多部，以浦东新区法规为例，目前上海已经出台了16部浦东新区法规，其实有一些法规是可以合并同类项的。所以说，立法是一项系统性工程，要注重法规之间的逻辑关系，要将体系性思维贯穿地方立法工作始终。三是比较性思维。总的来说，上海地方立法工作一直走在全国前列。与此同时，我们也要看到其他省市的地方立法也在不断创新和发展。对于这些好的做法，我们需要多学习、多思考，拓宽思路，打破以往经验对立法工作的局限性，跳出舒适圈，以服务上海发展和定位为基点，进一步突出上海地方特色，增强立法的针对性，提高地方立法质量。

三、强化地方性法规后评估机制。法规是否发挥作用以及实施等情况需要经过科学、客观的评估过程才能得出结论。立法后评估工作对于把握地方性法规的质量和实效具有重要意义，也是提升地方立法质量的重要路径。因此，要加强立法后评估机制，对地方性法规增加问题性评估，着重找到法规在实施层面、执行层面等出现的问题，为改进立法、执法等工作提出切实管用的意见建议。

（姚建龙　上海社会科学院法学研究所所长、研究员、博士生导师）

2022 年地方立法的成效、不足和展望

2022 年上海地方立法工作主动服从、服务于大局，围绕国家的战略部署和市委、市政府的中心工作，严格按照进度有序推进各项立法。

一、立法内容围绕中心紧扣重点

一是保障浦东新区改革开放。本市在全国人大授予浦东新区立法权之后、在《立法法》修订之前就开始浦东新区法规的立法探索工作，截至 2022 年年底已制定 16 件，对浦东新区作为高质量发展引领区的保障影响比较大。

二是围绕扩大服务业的开放，提升国际贸易中心的能级。2021 年围绕服务保障进博会、虹桥商务区的开发，如何在地方事权和中央事权当中作切分作规范，效果不错。

三是围绕城市数字化转型。从上海"十四五"规划重点发力的三大先导产业之一人工智能产业入手，起草制定《上海市促进人工智能产业发展条例》，引导人工智能赋能城市数字化转型深入推进，打造人工智能等世界级产业集群。

四是聚焦城市的管理、治理和疫情下的民生热点。比如制定住宅物业、河道管理等法规，都是聚焦民生的，又比如消费者权益保护、乡村振兴、动物防疫等在立法过程中，涉及很多社会热点，有的还引发了社会性讨论，最后充分采纳了各方意见。

二、立法机制不断成熟和完善

一是人大主导立法机制日趋明显。这两年市人大在整个立法当中主导的意识明显提升，无论在提前介入、全过程参与、综合协调以及组织相应调研论证上，都发挥了重要作用。

二是民主立法机制不断完善。从立法联系点的培训、意见的反馈、参与的程度，明显感受到了立法联系点工作日趋成熟。结合大调动大走访活动，人大领导深入基层一线开展调研，广泛听取各方意见。

三是立法当中的双组长制度发挥效用。该项制度已坚持多年，还在不断成熟和完善中，由市政府分管副市长和人大分管副主任担任组长，进行前期的沟通，通过这样的机制，确实可以将一些工作层面上难以协调的问题得以有效解决。

四是区域协同立法模式进一步成型。区域协同立法的三种模式都有尝试：其一是专门立法，做到"五同"，即同步起草、条文相同、同步审议、同步发布、同步宣传，《推进长三角区域社会保障卡居民服务一卡通规定》的立法就是采用了这种"五同"模式。其二是设一个长三角合作专章，《上海市促进虹桥国际中央商务区发展条例》《上海市数据条例》《上海市促进大型科学仪器设施共享规定》《上海市航道条例》等，均设置了长三角专章。其三是设专条，现在比较普遍，在总则部分最后设一条长三角合作或者区域合作条款，逐渐成为标配。

五是浦东新区的立法程序和机制也在逐步成熟和完善。2021 年上海刚刚得到这样的授权，到底怎么做也在探索和讨论过程中，现在已经有了很好的实践，分别形成了由市政府提出议案和市人大相关专门委员会提出议案的立法程序机制。

三、立法工作当前面临的困境

一是"难"在涉及领域新，知识储备不足，比如人工智能立法、绿色金融，都是新兴产业，专业性、技术性极强，很多问题还没有充分实践，理论上也未探讨明晰；二是"难"在部门职责交叉多，协调难度大，有些立法项目，行业主管部门和执法部门之间、市与区之间，因为职责界限不清，关键条款迟迟不能确定，政府管理既要划清边界，又要有落实责任，还要和现在的精简机构、改革方向一致，比较难；三是"难"在立法项目的社会关注度和敏感度高，牵一发而动全身，比如《上海市消费者权益保护条例》起草中的盲盒销售、网络直播、社区团购等，都是社会关注的热点，稍有不慎即可能引发舆论，我们始终绷紧一根弦，防止因为立法引发社会负面效应。

四、对立法工作的展望

面对世界百年未有之大变局和外部环境更趋复杂严峻，国内经济社会发展各项任务极为繁重，我们一定要以党的二十大和市十二次党代会精神为指引，按照党的二十大报告有关"增强立法系统性、整体性、协同性、时效性"的要求，立足当前，着眼长远，扎实推进立法各项工作质效提升，为本市经济高质量发展保驾护航。

一是做好项目和理论储备。当前，社会各界对立法需求和关注度持续提高。对此，我们应当秉持客观、理性的态度，落实好科学立法的要求，坚持问题导向、目标导向和需求导向，深刻把握对上海这座超大型城市的历史脉络、现实状态和发展愿景，强化符合上海经济社会发展的立法前瞻性需求和理论研究，防止立法盲动主义和浪漫主义。

二是加强系统和大局观念。在越来越精细化的社会管理推进过程中，我们应当站在全市发展大局，强化立法的系统性思维和整体性设计，不断完善立法体系性建设，以有效的制度供给助推整体利益提升，防止通过立法强化部门利益，造成局部看似正确，整体实施却是有害的合成谬误，使原本有价值的制度归于无效，产生资源制度性内卷。进一步处理好浦东新区先行先试引领发展与其他地区协调发展之间的关系。要紧紧围绕《中共中央　国务院关于支持浦东新区高水平改革开放打造社会主义现代化建设引领区的意见》，根据浦东新区先行先试、高质量发展的实际需要，科学研究论证立法需求，同时，平衡好与其他区之间在产业协调发展、优势互补共赢的关系，及时将实践证明有效的保障机制和措施复制推广。

三是强化精品意识。这两年，立法数量多和难度大，进度上也常常受制于审议时间。对此，我们必须杜绝立法中的审美疲劳，要以成为领域专家为目标，始终保持对立法工作的热情、激情和敬畏，像对待艺术品一样一丝不苟、精雕细琢、精益求精，树品牌，出精品。还要增强危机意识，做好风险的预测和防控，绝不能因立法或者处理法律问题中的考虑不周，引发负面舆论，对政府、对社会和经济发展产生不利影响，这是一条工作底线。

四是坚持独立思考。现在每一部立法都有来自不同方面的声音和需求，而总的感觉部门的声音、精英的声音是多的。我常常希望政府部门起草法规规章时，不要总在自己部门的位置上看问题、立规矩，而要让自己往后退，退到老百姓、退到市场主体的角度来看制度设计的合理性。作为立法人，我们既要能认真倾听、积极吸纳各方有益的意见建议，更要有独立思考的能力，坚持合法底线和法律人的操守，绝不能落入人云亦云的窠臼，成为部门利益或者少数"精英"的代言人，要敢为多数人，尤其是"不在场的多数人"发声、站位，这是一个立法工作者应当时时坚守的人民情怀，不能仅仅是偶尔的觉醒。

（李平　上海市司法局立法二处处长、二级巡视员）

进一步提升人大立法主导权　加强立法后评估的
思考与建议

一、上海地方立法体现了前瞻性，对有效推动先导产业高质量发展提供了法治保障

上海全力推进科创中心建设、布局先导产业的进程中，地方立法者同步敏锐关注科技前沿及创新实践的重点内容。如 2022 年制定了《上海市促进人工智能产业发展条例》《上海市浦东新区促进无驾驶人智能网联汽车创新应用规定》两部法规，为上海推动人工智能产业发展提供了有力的法治保障。近期随着大语言模型的发展，人工智能的热度持续高涨，再次学习上述两部法律，深刻感悟上海地方立法具有前瞻性和引领性作用。能把此类立法工作做好，彰显了立法团队的情怀、勇气、能力和坚韧，凝聚了社会各方的智慧。鉴于新技术发展快、应用场景多元化，在实践中会出现许多新情况、新问题，建议关注法律的实施情况，并适时修正。

二、上海地方立法体现了以人为本的城市温度

上海持续关注城市管理和社会治理立法，市第十六届人代会第一次会议通过了《上海市无障碍环境建设条例》。这部立法给我的深刻印象是，一是前期调研深入；二是广泛征求意见，代表带着问卷进社区倾听民意，召开各类座谈会与专题研讨会听取社会各方意见；三是对标国际，学习借鉴先进经验；四是人代会审议之前的法律草案解读会非常好，将不同利益的诉求讲得很清楚，人大立法"求最大公约数"的平衡过程讲得很清楚。

《上海市住房租赁条例》《上海市市容环境卫生管理条例》的出台也解决了许多问题，为人民追求美好生活创造了有利条件，如群租扰民的管理要求更加严格，在特定区域、规定时间容许摆地摊，增加了城市烟火气，受到市民点赞。建议持续关注社会反映的热点问题，如房屋短期租赁和公房租赁管理要求应更加明晰、地摊经济引起的市容环境卫生如何解决得更好等。

三、应进一步提升人大立法的主导权

近年来，在《上海市优化营商环境条例》《上海市城市更新条例》《上海市黄浦江苏州河滨水公共空间条例》等许多地方立法中，人大都提前介入，显著提升了人大对立法的主导权。但需要清醒地看到，目前有些重要的立法是否可以尽快启动？立法草案的质量如何？有时受到委办局对立法的重视程度、特别是力量配备的制约，部门权益的隐形条款仍会出现。期待人大立法持续探索新机制，进一步提升人大对地方立法的主导权。

四、应基于"问题导向"的冷思考，持续关注重点领域的立法

选好重点领域立法，需要基于"问题导向"的冷思考，并与各专业委员会、各委办局和代表形成紧密互动。如科技创新综合执法检查获悉，加大基础研究投入、完善产学研创新联合体的机制、优化科技生态、营造公平竞争环境、激发国有企业创新活力就是上海当前的关键问题；数字化转型中期评估获悉，打通数据共享的卡点、强化协同机制是关键问题。只有通过全面梳理、深度剖析，多问几个为什么，才能进一步理清"问题清单"和"责任清单"，才能明晰哪些需要通过立法或修法来强化法治保障，哪些已有相关法律或规章，需要在执行力层面下功夫。同时建议加快健全"科技创新、数字化、绿色发展"的法律框架体系。

五、宜加强立法后评估工作，健全评估制度

目前人大的执法检查工作多，立法后评估相对少一些，且代表、委员、

市民的参与度不高。作为代表，我很关注每年立法后评估的选项、参与评估的人员组成、评估的指标体系、不同评估指标的权重、评估结果的公示等，希望能健全评估制度，持续做好立法后评估工作。

六、强化科技赋能，提升立法效能

当前科学技术飞速发展，法律的检索、对比、文字编辑、草案征询意见、数据分析等都可借助新技术提升效能，上海应当在科技赋能、数字化赋能高效立法方面走在前列。

（许丽萍　上海市人大代表、上海勘察设计研究院（集团）有限公司总工程师）

地方立法工作之思考

一、上海地方立法取得的成绩

全国人大常委会法工委宪法室闫然发表在《地方立法研究》2023 年第 1 期的文章《地方立法统计分析报告 2022 年度》中有统计，2022 年，各省、自治区、直辖市人大及其常委会围绕中心、服务大局，制定地方性法规 386 件，修改 396 件，废止 72 件。上海制定地方性法规 25 件，修改 15 件，废止 1 件。除了台湾地区以及两个特别行政区外，在 31 个省、自治区、直辖市里的数量是绝对占优的。

第一，立足实际，用好了地方立法权限，发挥地方立法试验田作用，以创制性地方立法为高水平改革开放提供坚实法治保障。2022 年度制定了《上海市浦东新区市场主体登记确认制若干规定》等 9 件浦东新区法规。自 2021 年 6 月全国人大作出授权制定浦东新区法规的决定以来，一年半时间已制定浦东新区法规 15 件，形成了一系列务实管用的制度创新，涵盖营商环境、城市治理、产业发展、科技创新等方方面面，运用法治思维和法治方式"试制度、探新路"。

第二，区域协同立法保民生。2022 年 9 月，上海、浙江、江苏、安徽四地人大常委会分别作出《推进长三角区域社会保障卡居民服务一卡通规定》，聚焦政府民生服务中唯一既具有身份认证功能又具备金融功能的社会保障卡，明确三省一市将共同编制应用项目清单，协同推进数字长三角建设，实现一卡通跨省数据标准统一互认和共享交换，统一应用场景，保障长三角区域社会保障卡持卡人可以在社会保障、交通、文化旅游、就医、金融服务等基本公共服务各领域享受相应便利服务，为建立长三角区域以社会保障卡为载体的居民服务一卡通、促进基本公共服务便利共享提供了有力法治保障。

第三，在新兴领域发挥地方立法探索性功能。上海制定《上海市促进人工智能产业发展条例》，强化人工智能企业集聚，建立健全人工智能产业链，推动智能制造关键技术装备、核心支撑软件、工业互联网等系统集成应用，支持相关主体开展基于先进架构的高效能智能芯片设计创新，研制云端芯片和云端智能服务器，布局类脑芯片。《上海市浦东新区促进无驾驶人智能网联汽车创新应用规定》，明确适用于划定的路段、区域开展无驾驶人智能网联汽车道路测试、示范应用、示范运营、商业化运营等创新应用活动以及相关监督管理工作，对发挥浦东新区先行先试作用，增强智能网联汽车技术创新能力和产业竞争力，打造智能网联汽车发展的制高点，具有重要意义。

二、理论界对地方立法的关注点在哪里

通过相关网络检索，以"地方立法"为题名关键词的有 3535 篇；"地方性法规"有 848 篇。2023 年以来以"地方立法"为关键词发表的核心期刊论文 10 篇，其中法学 CSSCI 来源及扩展版 6 篇，分别刊载在《国家检察官学院学报》《行政法学研究》《法学》《中外法学》《法商研究》《河北法学》；2022 年以来以"地方性法规"为关键词发表的核心期刊论文 4 篇。这些理论研究主要涉及地方立法技术与能力、民主立法、习近平法治思想及核心价值观、党的领导与党的规范性文件、立法之间的平衡与冲突、地方立法的作用、地方性法规与行政处罚七个方面。

三、对地方立法工作的几点思考

第一，要进一步研究地方立法权限问题。开展好地方立法工作，需要深入研究《立法法》第八十条、第八十一条、第八十二条之间的关系，对地方立法的权限进行研究，更好地把握地方立法的权限。

第二，要进一步解决地方性法规内在的一致性问题。自 1985 年上海制定第一部地方性法规《上海市水产养殖保护规定》至 2023 年 1 月，共现行有效 258 件，这些地方性法规彼此之间、与上位法之间的关系，政府规章、规范性

文件与这些地方性法规之间的关系是必须思考的问题，需要通过法规清理，解决当中的不一致问题。

第三，要进一步关注地方性法规的体系性问题。地方性法规可以划分为 11 个种类，分别是城市建设、社会保障、医疗卫生、行业规范、人大规则、地区民族、法律细化、农业农村、军队征兵、教育教学、交通运输。以浦东新区法规为例，目前感觉缺乏体系性，建议做进一步关注和研究。

（练育强　华东政法大学教授）

3．立法研究所课题摘编

关于《上海市浦东新区促进智能网联汽车与无人驾驶装备创新应用管理条例（草案）》的建议

《上海市浦东新区促进智能网联汽车与无人驾驶装备创新应用管理条例（草案）》（以下简称《浦东条例（草案）》）在《上海市智能网联汽车测试与应用管理办法》的基础上，针对高级别自动驾驶以及无人驾驶装备在浦东新区的创新应用活动作出更为细致和全面的规定。调研组针对《浦东条例（草案）》，结合实际调研情况，拟提出以下修改建议：

一、智能网联汽车准入管理制度

（一）准入豁免制度

一是明确市经济信息化部门按照国家规定实施智能网联汽车产品准入管理工作，制定完善社会技术力量参与和监督机制，扩大信息公开。在有关国家规定出台之前，智能网联汽车因采用新技术、新工艺、新材料等原因，不能满足现行道路机动车辆产品准入条件的，企业可以向市经济信息化部门提出相关准入条件豁免申请。二是明确市经济信息化部门应当评估其必要性、充分性，根据技术审查和评估结果，作出是否准入的决定。决定准入的，市经济信息化部门可以设置准入有效期、应用场景等限制性措施。具体准入豁免相关条件由市经济信息化部门另行制定。依本条例已经取得相关准入条件豁免的企业，可以不再向国家工信部门申请准入豁免。

（二）地方目录制度

一是明确市经济信息化部门组织探索制定浦东新区智能网联汽车地方标准，由市市场监管部门依法批准、发布。生产者可以向市经济信息化部门申请将其智能网联汽车产品列入浦东新区智能网联汽车产品目录，市经济信息化部门将符合浦东新区地方标准的智能网联汽车产品列入浦东新区智能网联汽车产品目录，并向社会公布。二是明确生产者申请将产品列入浦东新区智能网联汽车产品目录的，应当将相关资料提交市经济信息化部门审核评估。通过审核评估后，将产品提交市经济信息化部门认可的检验检测机构进行检验检测。取得产品检验检测合格报告后，由市经济信息化部门将符合浦东新区地方标准的产品列入浦东新区智能网联汽车产品目录。列入国家汽车产品目录或者浦东新区智能网联汽车产品目录的智能网联汽车，经市公安机关交通管理部门登记后，方可上路行驶。

二、修改事故调查条款

并非所有案件都需要引入鉴定，且目前也没有专门许可的鉴定机构，同时应考虑行政成本。在保障安全的要求下兼顾对创新领域的保障。为此，建议明确，智能网联汽车在开展创新应用期间发生道路交通事故的，公安机关交通管理部门应当对事故原因进行调查，对于损失轻微、责任清晰且双方无争议的案件，按公安机关交通管理部门已有事故处理流程处理。对于存在损失重大且双方对责任认定有争议的，公安机关交通管理部门应委托具备检测能力的鉴定机构进行技术鉴定，并依据鉴定调查结果作出道路交通事故责任认定，并将责任认定书和相关技术鉴定报告发送联席小组。经认定智能网联汽车一方无责任的，由联席小组恢复相关创新应用活动；经认定智能网联汽车一方负有责任的，由联席小组依据本条例规定处理。道路交通事故造成人员伤亡或者严重物损的，公安机关交通管理部门应当会同应急管理、交通行政、市场监管等相关行政主管部门开展深度调查。

三、新增车路协同基础设施管理

一是明确本条例所称车路协同基础设施，是指通过车与路、车与车的无线信息交互共享，实现车辆与道路基础设施之间、车辆与车辆之间协同控制的相关基础设施。二是明确浦东新区人民政府将道路基础设施智能化建设纳入相关城市道路规划，配套建设通用的通信设施、感知设施、计算设施等车路协同基础设施，推进道路基础设施智能化改造升级，促进智慧城市基础设施与智能网联汽车协同发展。智能网联汽车与无人驾驶装备相关企业因创新应用活动的需要，可以向市交通部门、公安机关交通管理、城管执法等部门申请在其管理的公用基础设施上搭建车路协同基础设施，相关主管部门应当予以支持。三是明确市交通部门、市公安机关交通管理部门可以在浦东新区开放测试道路设置专门的交通信号，智能网联汽车及无人驾驶装备在相应路段行驶应当按照相关交通信号通行。四是明确车路协同基础设施中涉及人身、财产安全的设施设备应当符合有关国家标准或者取得可靠性认证报告，涉及通信技术的设施设备应当依法取得入网认证。

四、新增适用范围条款

建议明确浦东新区范围内智能网联汽车和无人驾驶创新装备的创新应用活动，以及相关监督管理工作，适用本条例。

五、修改"相关定义"条款

L4 级别以上的智能网联汽车最先进入公众生活的方式即可能通过运营主体提供的示范运营、商业化试运营服务，而示范运营的目的即在于探索稳定的商业服务模式。对于 L4 级别的车辆技术要求应如何设置尚无国家标准，因此不建议将过多技术性要求（如是否设置操纵装置等）纳入规范中。为此，建议明确，本条例所称的智能网联汽车与无人驾驶装备创新应用，是指在浦东新区开放测试道路范围内（含高速公路和城市快速路）根据智能网联汽车的具体级别及要求开展道路测试、示范应用和商业试运营。驾驶员是指负责智能网联汽车道路测试、示范应用、商业试运营安全运行，并在出现紧急情况时采取应急措施的人员。无驾驶员的智能网联汽车，是指不配备驾驶员的高度自动驾驶智能网联汽车和完全自动驾驶智能网联汽车。智能网联汽车应满足具体级别的技术要求及准入标准。智能网联汽车商业试运营，是指智能网联汽车开展有驾驶员和无驾驶员的道路货物运输经营（危险货物道路运输经营除外）以及公共汽（电）车、出租车客运服务等国家允许开展的自动驾驶相关客运服务。无人驾驶装备，是指在特定道路和区域内以较低速度行驶，无驾驶座（舱），通过智能及网联系统完成自动驾驶，执行预定任务的轮式装备。

六、修改"申请主体要求"条款

无人商业运营才是 L4 运营的目标，且目前国外已经实现，浦东不应限制无人的商业试运营。为此，建议明确，明确申请开展商业试运营的，应当满足以下条件：具备开展商业试运营的技术能力。申请无驾驶员智能网联汽车商业试运营的，应当具备对车内人员及货物远程监控和应急处置能力。

七、修改"商业试运营的车辆要求"条款

立法中不应该出现具体的国家标准文件，否则一旦标准文件修改，相关条文也要修改。为此，建议明确，申请开展商业试运营的车辆，应当满足以下条件：（1）车辆外廓尺寸、轴荷、质量和安全性能等符合有关国家标准的要求，且车辆技术性能应当符合行业标准的要求；（2）车辆应当符合相应申请行业的车辆营运技术要求；申请从事出租汽车商业试运营的车辆应当具备符合规定的计程计价设备和标识，具体规定由联席小组另行制定。

（《〈上海市浦东新区促进智能网联汽车与无人驾驶装备创新应用管理条例〉研究》课题组，摘录执笔人：谭天）

《上海市住房租赁条例》修改课题摘要

1999 年 12 月，上海市人大常委会审议通过《上海市房屋租赁条例》，从地方性法规层面为规范本市房屋租赁行为，保障房屋租赁当事人的合法权益提供了法治保障。2011 年 7 月，上海市政府出台《上海市居住房屋租赁管理办法》，进一步规范租赁行为和完善管理制度。

近年来，随着住房租赁市场的快速发展，庞大的租赁规模和复杂的租赁关系也带来了一些新情况和新问题，有必要在总结本市住房租赁管理有效经验和举措的基础上对原有条例进行修改。经研究，课题组提出以下建议：

一、关于法律适用

旅馆业客房、民宿存在的意义是提供临时居住场所，更多面向前来本地办事、旅游的人群，并非为了长久解决住房问题。其他例如企业建设员工宿舍供本企业员工居住、事业单位如学校提供学生宿舍、教师公寓等行为，针对的是与单位存在特定关系的人群，如求学教育关系、劳动关系等，该房屋租赁活动的前提需要特定关系存在，而且该部分房屋的建设资金来自财政拨款，建设、管理由特殊法律法规规定，市场性不强。为此，建议明确住房不包括旅馆业客房、民宿、企事业单位自建自用宿舍。同时，建议明确居住房屋存在属于违法建筑的、依法鉴定为危险房屋的、违反规定改变房屋用途的以及法律、法规规定不得出租用于居住的其他情形的禁止出租。

二、关于住房出租和转租

（一）规范住房租赁经纪行为

近年来，伴随着住房租赁市场的发展，在本市范围内从事住房租赁活动的住房租赁企业、房地产经纪机构、租赁信息网络平台（以下统称"住房租赁市场经营主体"）逐渐增多，除开展常规的房屋经纪中介功能业务之外，很多企业和机构逐步开展住房租赁经营业务。这些住房租赁市场经营主体可能会趋于追逐市场利益的目的，实施一些扰乱住房租赁市场秩序的行为，如发布虚假房源、以批量低价房源抢占市场、批量性收租后卷款潜逃等，此前也发生过多起长租公寓暴雷事件，如蛋壳公寓被强制执行、青客公寓被强制执行后发现已无财产、蘑菇租房成失信被执行人，这也是市场性住房租赁活动发展的同时所带来的问题。为此，建议明确：

1. 在本市行政区域范围内从事住房租赁活动的住房租赁企业、房地产经纪机构和网络信息平台，以及转租住房达到规定的，应当依法向本市市场监督管理部门申请办理市场主体登记。住房租赁企业和房地产经纪机构开展业务前，应当向登记注册所在地的区房屋管理部门办理备案手续，并通过线上、线下经营场所等渠道公示。

2. 住房租赁企业、房地产经纪机构、网络信息平台及从业人员应对已发布的房源信息真实性、有效性负责。

3. 本市行政区域内的住房租赁活动，均应按照规定进行合同网签备案。住房租赁企业、房地产经纪机构应当按照规定为租赁当事人提供合同网签备案服务。合同网签备案的具体办法由市房屋行政管理部门制定。

4. 住房租赁企业、房地产经纪机构应当如实告知当事人收费明细，并由当事人签字确认。房地产经纪机构提供经纪服务收取的佣金一般不得超过一个月租金。

5. 住房租赁企业应当在本市开立唯一的住房租赁资金监管专用账户，并通过市住房租赁公共服务平台、企业自身线上线下经营渠道向社会公示。

6. 住房租赁企业将非自有产权房屋出租收取的租金和押金，应由承租人直接存入监管账户，承租人为企业的，由双方协商确定支付方式；住房租赁企业向房源出租人支付租金和押金，应当通过监管账户支付。

7.住房租赁合同未经网签备案的，金融机构不得为承租人办理个人租金贷款业务。承租人申请住房租金贷款的，金融机构应当以网签备案的住房租赁合同为依据，直接放款至住房租赁企业的资金监管专用账户。

8.市住房租赁公共服务平台应当向社会公示以下信息：

（1）国家和本市有关住房租赁的法律、法规、政策规定、合同示范文本；

（2）已备案的住房租赁企业、房地产经纪机构及其从业人员的基本信息；

（3）租赁房源信息；

（4）住房租赁企业的住房租赁资金监管账户信息；

（5）与本市住房租赁活动有关的其他信息。

住房租赁企业、房地产经纪机构的信息系统应与市住房租赁公共服务平台对接，协助市住房租赁公共服务平台获取相关租赁信息。

（二）个人信息保护与数据安全

住房租赁市场中承租人多为自然人主体，目前，住房租赁市场已逐渐形成住房租赁企业经营住房租赁业务，房地产经纪机构作为中介在出租人与承租人之间牵线搭桥促成住房租赁交易达成，住房租赁市场经营主体在网络平台上发布住房信息的全链条一体化市场经营模式。同时，考虑到上海注重常住人口信息登记和房屋租赁合同网签备案的政务推广，在目前这种市场经营模式下，出租人和中介机构需要获取各承租人的信息，包括个人身份信息、联系方式、住址等，自然就涉及个人信息保护、数据处理合规等问题。为此，建议明确住房租赁企业、房地产经纪机构、租赁信息网络平台运营方及相关从业人员，在提供租赁服务中应当遵守商业道德，体现诚实守信，不得违规违约收集、存储公民个人信息；对在提供服务中知悉的个人信息、商业秘密、保密商务信息等应当加强保密，除依法向监管部门报送和依照法律、法规和规章规定履行管理职责需要之外，不得泄露或者非法向他人提供。

（三）关于租赁合同的订立

近年来，我国住房租赁市场快速发展，为解决新市民住房问题发挥了重要作用。但住房租赁市场秩序混乱，房地产经纪机构、住房租赁企业各自制定不统一规范的各类合同，合同中中介责任不明、住房租赁设施和管理责任不明，租金、押金随意约定，退租恶意克扣押金租金、强制驱逐承租人等违法违规问题突出。为此，建议明确住房租赁的出租人和承租人应当依法签订书面租赁合同，并明确住房租赁合同一般包括以下内容：出租人、承租人以及其他实际居住人员的身份信息和联系方式；住房的坐落、面积、附属设施和设备状况；租金和押金数额、支付方式和期限；租赁用途、房屋使用要求和维修责任；租赁期限、续租和返还标准；物业服务、水、电、燃气等相关费用的承担；解除合同的合理告知期限；争议解决方式和违约责任；租赁当事人约定的其他内容。市房屋管理部门会同市市场监督管理部门制定住房租赁合同示范文本，供租赁当事人参考使用。

（四）租金支付与违约解除

根据现行《上海市房屋租赁条例》规定，承租方逾期六个月，出租方方可行使合同解除权，根据实践，承租人逾期时间太长，对出租人利益影响较大，建议时间调整为三个月。

（五）最小出租单位

人口大量导入、房价不断攀升、住房租赁需求增加，群租房屡禁不止，现象背后是低收入群体、支付能力较弱，尤其是外来务工群体的现实需求。群租房屋经过改建、搭建、隔间，破坏原始设计空间，随意安置床位，由此带来了更多的消防、建筑与治安隐患，也产生许多邻里矛盾。为此，建议明确出租居住房屋，应当以一间原始设计为居住空间的房间为最小出租单位，不得分隔搭建后出租，不得按照床位出租。原始设计为厨房、卫生间、阳台和地下储藏室等其他空间的，不得单独出租供人员居住。同时，明确住房租赁的最小出租单元应当符合规划设计，每个房间的居住人数不得超过二人且居住使用人的人均居住面积不得低于五平方米，但有法定赡养、抚养、扶养义务关系的除外。前款所称居住面积，是指原始设计为居住空间的房间的使用面积。

（六）转租管理

2020年，相继爆出多处自如公寓擅自改变房屋内部结构，将委托人委托出租的房屋分割后进行出租，导致出现群租现象，其中北京市大兴区一处自如公寓群租房被北京市住建委处以罚款。为了减少承租人在承租房屋后出现非法分割群租房屋的行为，规范承租人的转租行为，建议明确出租人同意承租人转租房屋的，应当告知承租人转租活动不得违反法律、法规、规章的规定和政府部门的管理要求。承租人转租房屋违反法律、法规、规章的规定和政府有关部门的管理要求导致相关法律后果的，应当由承租人承担法律责任。

三、关于公共住房

现行《上海市房屋租赁条例》规定公有居住房屋承租人死亡的，其生前的共同居住人在该承租房屋处有本市常住户口的，可以继续履行租赁合同；其生前的共同居住人在该承租房屋处无本市常住户口或者其生前无共同居住人的，其生前有本市常住户口的配偶和直系亲属可以继续履行租赁合同。但该规定与实践情况有悖，实践中存在众多公有居住房屋承租人的配偶、子女等因下乡、支边、就学、工作、投靠亲属等原因，在租赁房屋处或者在上海市不具有常住户口，但长期与公有居住房屋承租人共同居住在承租房屋内的情况，为此，建议将具有本处常住户口从同住人变更为承租人的条件中删除。至于共同居住人的具体认定标准，可另行制定实施细则或者由上海市高级人民法院通过司法文件的形式予以明确。

对于公房承租人无共同居住人且无具有本市常住户口的配偶和直系亲属的情况，实践中按照收房处理，但较易引发矛盾，多表现为原承租人的兄弟姐妹或者长期在外地居住的子女在承租人死亡后占据房屋，拒绝腾退。为此，建议明确公有居住房屋承租人死亡的，与其生前共同居住的人可以继续支付租金、使用房屋；其生前无共同居住人的，其生前具有本市常住户口的配偶和直系亲属可以继续支付租金、使用房屋；其生前无共同居住人且无具有本市常住户口的配偶和直系亲属的，公有居住房屋出租人可以终止租赁合同，收回该承租房屋。

四、保障性租赁住房

（一）保障性租赁住房禁止转租

保障性租赁住房是为了缓解目前市场上居民住房紧张的局面，且保障性租赁住房有别于常规市场性租赁住房，一般会对承租人、租金、租赁方式等设置一定条件，为此，建议明确保障性租赁住房承租人、居住使用人不得转借、转租房屋或改变房屋用途，出租人应在签订合同时书面告知保障性住房禁止转租及相关处罚规定。承租人、居住使用人有上述行为的，出租单位应当立即解除租赁合同，并按照国家、本市相关规定和租赁合同约定追究其责任。

（二）保障性租赁住房支持优惠政策

建议增加对保障性租赁住房的优惠政策扶持，促进保障性租赁住房发展，全面稳定缓解居民住房紧张状况，明确对保障性租赁住房在规划和土地、财税、水电气价格、金融、国资、配套公共服务等方面给予一定支持政策，具体标准由有关部门出具细则后规定执行。

五、其他

虽然《最高人民法院〈关于审理城镇房屋租赁合同纠纷案件具体应用法律若干问题〉的解释》第二条规定："出租人就未取得建设工程规划许可证或者未按照建设工程规划许可证的规定建设的房屋，与承租人订立的租赁合同无效。但在一审法庭辩论终结前取得建设工程规划许可证或者经主管部门批准建设的，人民法院应当认定有效。"且第三条规定："出租人就未经批准或者未按照批准内容建设的临时建筑，与承租人订立的租赁合同无效。但在一审法庭辩论终结前经主管部门批准建设的，人民法院应当认定有效。"

但对于未取得房地产权证的房屋出租，现行《上海市房屋租赁条例》第八条第一款中已有"其他合法权属证明"的规定，且第九条也有房屋预租的规定，故并未直接将无房地产权证的房屋列入禁止出租的范畴，与前述最高人民法院解释的相关内容并不直接矛盾。至于"其他合法权属证明"的内涵和外延，建议通过制定实施细则的方式予以明确。

对于非居住房屋租赁用于居住用途，因涉及房屋结构、相邻关系、消防安全等众多问题，不建议直接放开。

建议明确出租人在订立租赁合同时对租赁房屋已取得建设工程规划许可证等合法建设手续但尚未取得所有权的，不影响合同效力。但该等情形或合同约定违反法律强制性规定或影响承租人对房屋实际使用的情况除外。

(《〈上海市住房租赁条例〉研究》课题组，摘录执笔人：李秋悦)

提高地方立法实效性操作性实现路径研究

地方立法实效性操作性的提高有赖于地方立法工作质量的提升。当前，上海地方人大立法工作面临一些新形势、新挑战，突出表现在以下两个方面：

第一，立法数量显著增多。2013 年至 2017 年五年时间里上海市人大常委会共制定地方性法规 30 件，修改 74 件次，废止 10 件，通过法律性问题的决定 11 件；2018 年市人大常委会审议 14 件法规和法律性问题的决定，通过其中的 12 件；2019 年审议 14 件法规和法律性问题的决定，通过其中的 9 件；2020 年审议 30 件法规和法律性问题的决定，通过其中的 27 件；2021 年审议 42 件法规和法律性问题的决定，通过其中的 35 件；2022 年预计审议 42 件法规和法律性问题的决定。可以看出，近三年来，审议的法规和法律性问题决定基本是往年的 2—3 倍。

第二，立法节奏明显加快。立法数量激增直接决定了立法节奏必须加快，立法周期必须缩短。以这两年为例，全年计划审议 42 件，通常每件草案需要经过两审，平均每次常委会会议在审草案可能达到 6—8 件。一项草案从立项开始，可能不到半年时间就通过，酝酿时间非常短。既要保证立法质量，又要提高立法效率，人大立法工作面临前所未有的挑战。

面对新形势新情况，地方立法工作往往准备不足，通常存在以下几点问题：

第一，想要通过立法解决的问题不明确。近年来，通过快速立法基本把政府部门多年发现积累沉淀总结的需要通过立法解决的问题消化完成，而不断出现的新问题凝练上升成只能通过立法解决的问题客观上需要一定的周期，一些问题可能本身并不需要通过立法就能解决，或者已有上位法的相关规定。一些立法项目可能存在为了立法而立法的情况，一些政府部门可能对于自身想要通过立法解决的问题都不甚了了，导致立法目的不清、实效不足、亮点不够、针对性不强。

第二，立法人员配备不足，资源配置有待提升。近年来立法数量激增，然而立法队伍并没有得到相应扩充，甚至人员可能因各种原因不增反减；立法队伍部分岗位人员流动频繁，较难保持专业稳定性；立法人员可能一人身兼数职，难以确保时间完全投入立法工作；立法人员整体能力有待提高。由于人员短缺，客观上很多立法部门只能疲于应付常规工作，无法对某些问题进行深入研究、对比和思考，容易导致相关工作质量不高。

第三，委员通常身兼多职，客观上不可能投入很多精力审议草案，也不可能清楚掌握所有问题，委员审议的专业性还须进一步强化。近年来，常委会召开会议的次数增多，待审议的草案数量激增，客观上委员的审议任务加重，强度加大，对委员的履职要求也有所提高。一些草案文本可能委员来不及审阅就必须快速发表意见，对其审议能力带来较大挑战。

有鉴于此，上海地方人大立法工作应努力适应新形势新发展的要求，在以下几方面进一步完善，提升立法工作质量，增强立法实效性、操作性。

第一，建立预备项目、调研项目预研究机制。现有情况要求立法部门必须高效立法、快速积累总结经验。如上所述，新的形势是任务重、数量多、压力大，一个法规从立项开始可能不到半年时间就得表决通过，因此，要求立法工作人员必须快速反应、高效工作，甚至应当提前预判、提前研究，针对近两年已经列入预备项目或调研项目的草案提前做好相关研究工作，而不是等正式立项后再作研究，一定要把工作往前做。对于这些预备项目或调研项目，鼓励立法工作人员以课题形式进行研究，给予一定经费支持，最终结项报告要求阐明今后该项领域立法应该注意的关键点或难点要点等内容，建立一定的课题研究激励机制，开展研究项目年度评选，形成课题研究成果和立法项目转化机制，优秀报告可考虑作为年度考评与加分事项。而对于临时确立的项目，要求立法工作人员快速反应、高效运转，掌握法律研究工具，迅速进入研究主题，必要时可邀请条线工作部门的实务领域专家或长期从事该主题研究的学者来传经送宝，总结相关领域立法的关键问题、要点、风险点。

第二，坚持问题导向，完善立法计划评估工作，严把立项关，把有限的精力尽可能用在刀刃上，在立法上多出精品，多出能够经得起时间考验的"耐用品"。对于未明确关键要解决的问题的立法建议项目，采用一票否决制。对于法律、行政法规、地方性法规和规章对关键问题已有相关明确规定的立法建议项目，通常不予立项考虑，避免重复浪费立法资源。对于能够通过其他手段解决该关键问题的立法建议项目，或者通过其他手段能更好解决该关键问题的立法建议项目，建议其采用其他途径解决该问题。对于穷尽现有法律规定也无法解决该关键问题并且只能通过立法解决的立法建议项目，给予重点考虑。对于创制性立法建议项目迫切需要通过立法明确相关权利义务关系的，给予优先考虑。

第三，设立立法专员制度，提升立法起草水平。目前，我国地方立法建议案最初的起草工作，一般由行政主管部门会同有关方面进行，具体操作有的是由部门相关处室起草完成，有的则是由部门委托外单位相关团队完成。这一做法存在以下几点问题：一是起草人员能力参差不齐，水平千差万别，所起草出来的底本质量较不可控；二是完全由各个部门自己负责，容易削弱人大及其常委会在立法中的主导地位，最终通过的立法易受到部门利益的左右，带有浓厚的部门利益色彩；三是部门立法较难做到与其他部门及时沟通，容易出现法条相互冲突的情况。我们可以借鉴英国立法中的起草专员制度，在市政府或司法局内部设立立法起草办公室，或扩充行政法治研究所或立法研究所职能，在其内部设立立法起草办公室，由立法起草办公室负责起草立法建议案。草案由政府部门委派的工作人员把握所要起草法案的实质内容，而起草专员则负责法案文本本身语言、措辞、结构、形式以及法律之间的协调统一。如此不仅能够顾及部门和条线上的需求，方便草案落地可操作，而且能够从一开始就准确运用立法技术规范，协调各部门之间的利益关系，避免法条之间的冲突，确保合宪性和合法性，使立法起草水平能够相对保持在一个比较稳定的位置，减轻立法后端程序的压力。而保持起草专业队伍稳定，能够使起草专员在实践中不断积累经验，从而长久提升整体立法起草水平。实际上，广东地区已经有人大机关组织探索实施了立法专员制度，招募立法专员协助立法起草工作。

第四，加强立法工作队伍建设。目前，政府以及人大都有专门的立法工作队伍，政府方面主要涉及司法局立法处室，人大方面主要涉及各专委会和法工委。面对繁重的立法任务，做好立法人才储备与建设刻不容缓。建议加强队伍能力建设，形成常态化的规培制度，定期邀请各个条线实务专家和相关领域权威的理论工作者就各领域各条线法律制度问题进行授课，讲解各条线领域立法可能存在的问题、实践过程中面临的法律障碍以及立法研究实用工具介绍等，打造一支学习型、研究型立法队伍，培养各个立法工作者成为各个领域条块的法律专家。

第五，充分发挥好委员审议的作用。由于待审草案多、门类广、任务紧，常委会委员们很难很好地消化阅读发现问题提出意见，导致审议走过场，因此，可以考虑建立常态化的委员提前介入机制，在草案起草论证阶段时就可以邀请委员提前参与论证、了解情况，充分发挥委员们的智慧作用，而不是仅充当审议表决的角色。另外，可以考虑设立一批委员工作室，以委员为中心打造相应的团队，充分听民意、汇民智，发扬全过程人民民主，建立委员工作团队与民众联系的稳定渠道，将民众意见建议快速凝练总结形成调研报告，使委员发挥从人民中来，代表人民的作用，汲取集体的智慧结晶，以应对委员个人能力的不足，提升委员的审议水平。

第六，注重制定一些彰显地方特色的"小快灵"法规。目前，草案大而全、抄上位法的情况较为严重，这种做法存在以下几个问题：一是追求大而全就免不了抄上位法，系统性工作较多，起草论证审议的成本也较高；二是但凡上位法修改，下位法就不得不随之修改，耗费大量人力物力。因此，就地方性法规而言，不妨多做一些体现地方特色、符合地方实际、切实解决地方问题的专门性规定，将法规"瘦身""浓缩"、保留"精华"，去掉和上位法一致的内容，切切实实留下"干货"、核心条款、管用条款，如此也方便执法人员、司法人员、人民群众快速掌握法条，有利于普及推广立法成果，发挥立法实效性，提升立法可操作性。

第七，重视立法解释工作。由于地方性立法越来越多，法条之间冲突的可能性也越来越大，在具体适用时难免出现矛盾，迫切需要有关部门对法条原意展开解释。但目前各地对这一方面的工作重视不够，各省市地方人大及其常委会基本没有开展对地方性立法进行解释的工作。建议常委会开通立法解释需求受理窗口，理顺立法解释工作机制。必要时可另外辅之以法规释义工作，起草编撰出版法规释义文本。

第八，建立各省市人大立法工作常态化交流学习机制。各省市人大立法工作可能面临同样的问题和困难，也可能有各自的特色和亮点，因此各省市人大应加强联系沟通、互相学习、取长补短、交流分享经验成果，定期举办线上线下跨省市立法论坛或学习沙龙，由各省市介绍分享自己最新的立法研究成果、特色亮点，有利于互相促进、共同提高，增强人大工作整体实效。

总之，通过严把立法建议草案进口关和出口关，加强立法队伍建设，提升立法起草质量，增强人大委员审议能力，做好立法解释工作，推进跨省市立法经验分享等路径，有助于提高地方立法实效性和操作性。

（提高地方立法实效性操作性实现路径研究课题组，摘录执笔人：沈静）

《上海市实施〈中华人民共和国土地管理法〉办法》修改研究课题研究摘要

《土地管理法》是一部关系亿万农民切身利益、关系国家经济社会安全的重要法律。《土地管理法》确立的以土地公有制为基础、耕地保护为目标、用途管制为核心的土地管理基本制度总体上是符合我国国情的，实施以来，为保护耕地、维护农民土地权益、保障工业化城镇化快速发展发挥了重要作用。

《上海市实施〈中华人民共和国土地管理法〉办法》（以下简称《办法》）是上海市关于土地管理方面的综合性地方性法规，自 1994 年颁布实施以来，经历了 1997 年、2010 年、2018 年三次修正和 2000 年一次修订，对于实施乡村振兴战略，培育农业农村发展新动能，发挥土地要素的价值起到了重要作用。然而，自《办法》最近一次修订至今，外部环境和现实需求都发生了较大变化。

一方面，《土地管理法》和《土地管理法实施条例》先后进行重大修订，上海亟需根据国家最新立法作出上海地方层面的立法修改；另一方面，上海市在开展土地改革的过程中形成了一系列有效做法，同时也遇到了一些问题，缺乏可操作性的政策措施。所以，本着固化上海优秀经验、推进土地改革的目的，《上海市实施〈中华人民共和国土地管理法〉办法》亟待作出相应修改。

有鉴于此，"《办法》修改研究"课题组拟以问题导向为原则，借鉴国家层面的最新修订，调研上海在土地改革过程中可复制、可推广的先进模式以及存在的现实问题，就《办法》的修改提出具体建议。主要包括：

一是《土地管理法》新增条文第十八条中规定的国土空间规划在上海地方立法中的体现，具体涉及土地利用总体规划和年度计划、耕地保护两章部分内容的修改。

二是《土地管理法》新增条文第六十三条对集体经营性建设用地入市的规定，这一重大的制度突破，结束了多年来集体建设用地不能与国有建设用地同权同价同等入市的二元体制。一方面，上海市松江区是经国家批准的农村集体经营性建设用地改革试点地，已在实践中积累形成一定经验；另一方面，自 2015 年启动试点以来，只有 9 幅地块完成入市，面积 317.4 亩，交易金额 11.3 亿元，还未形成面上推开的工作机制和实施方案。

三是《土地管理法》在宅基地制度上的修改，主要健全宅基地权益保障方式、完善宅基地管理制度、探索宅基地自愿有偿退出机制等方面；在土地征收制度上的修改，主要围绕缩小土地征收范围、规范土地征收程序、完善对被征地农民合理、规范、多元保障机制等方面；此外，还适当下放农用地转用审批权限，根据土地管理实践经验，结合机构改革、财政管理制度等方面的需要，对土地督察制度、部门名称、相关费用使用、部分法律责任条款等一并作了修改。因此，在充分总结本地土地制度改革试点成功经验的基础上，上海地方立法中应对此作出进一步修改跟进。

（《上海市实施〈中华人民共和国土地管理法〉办法》修改研究课题组，

摘录执笔人：李韵）

附　录

一、2022 年立法相关代表议案及审议结果

一、关于加快制定《上海市无障碍环境建设和管理条例》的议案（第 1 号）

静安区代表团提出：本市无障碍环境建设还存在一些短板，建议加快推进地方立法，为无障碍设施建设和管理等工作提供更好的法治保障。

相关委员会认为，本市行动不便的特殊人群数量较大，如持证残疾人达59.5 万人、80 岁以上高龄老年人达 82.5 万人，同时还有孕妇、婴幼儿、伤病患者等各类群体，都对无障碍环境有着迫切需求。建设更高水平的无障碍环境，既是深入践行人民城市重要理念的必然要求，也是体现超大城市硬实力、软实力的重大民生工程和民心工程；加强地方立法，是推动解决无障碍环境建设重点难点问题的迫切需要。目前，《上海市无障碍环境建设条例》已由上海市第十六届人民代表大会第一次会议于 2023 年 1 月 15 日通过。

二、关于《上海市河道管理条例》修订的议案（第 3 号）

许丽萍等 36 位代表提出：从新时代河道管理和长江大保护的需要出发，《上海市河道管理条例》有必要进行修订。建议密切关注《中华人民共和国河道管理条例》等上位法的修改进展，总结上海市近年来在河道管理方面取得的经验，适时启动《上海市河道管理条例》的修订工作。法规修订应体现时代新需求、人民新期盼、上位法的新要求，坚持问题导向，统筹考虑与相关法律法规的关系，进一步明确河道的定义、管理范围、治理规划、排口管理、行政管理、部门职责等。

相关委员会认为，《上海市河道管理条例》施行二十多年来，对加强本市河湖管理、提升水生态环境质量发挥了重要作用。近年来，为贯彻习近平生态文明思想，针对水环境治理面临的新形势新要求，全国人大常委会陆续制定或修订了《中华人民共和国长江保护法》《中华人民共和国水污染防治法》等相关法律，规定了"河长制"等一批新的法律制度，上海也应当结合本地实际，及时修改相关地方性法规。委员会建议，市政府有关部门要抓紧开展立法调研，全面梳理修法内容，认真研究、充分吸纳代表议案所提的意见建议，尽快形成法规修改方案。委员会将持续跟踪立法调研情况，推动相关法规草案早日成熟，为启动修法做好准备。

三、关于加快制定《上海市土壤和地下水污染防治条例》的议案（第4号）

许丽萍等32名代表提出：上海地区土壤污染情况不容乐观，污染土的修复治理是城市转型发展、高质量发展的迫切需求，任务十分艰巨。上海地质条件复杂，场地"水土同步污染"概率大，修复难度大。国家层面《土壤污染防治法》已颁布实施，上海市已构建相关制度，并启动重点区域的修复治理工作。鉴于上海地区地下水埋藏浅，水土同步污染的概率高，为此建议，制定《上海市土壤和地下水污染防治条例》，体现污染土和地下水修复治理并重原则。

相关委员会认为，土壤和地下水是构成生态系统的基本环境要素，是城市赖以生存和发展的物质基础，也是环境保护监督管理的重要组成部分。市人大常委会前期已对本市实施《中华人民共和国土壤污染防治法》情况进行了执法检查和专题询问，明确要求市政府有关部门结合上海实际抓紧立法调研。委员会建议，市政府有关部门要在全面总结上海土壤污染防治和"水土一体化"监管成功经验的基础上，加快推进立法调研和法规草案起草工作，并认真研究、积极吸纳代表议案所提的意见建议，争取尽快进入正式立法程序。委员会将积极参与、共同推进此项立法调研工作。

四、关于制定《上海市浦东新区离岸金融发展条例》的议案（第5号）

陈峰等28位代表提出：构建与上海国际金融中心相匹配的离岸金融体系，支持浦东在风险可控前提下，发展人民币离岸交易，是浦东新区开展金融创新、先行先试的必然方向。目前，在离岸金融体系建设方面缺乏从顶层法律、法规、规则制度设计，存在资本项目不可完全兑换、审批程序繁琐、缺乏要素市场等问题。党中央、国务院出台的关于支持浦东新区打造社会主义现代化建设引领区的意见和全国人大常委会授权制定浦东新区法规的决定，为制定浦东新区离岸金融法规提供了依据。为此建议，制定《上海市浦东新区离岸金融发展条例》。

五、关于提请上海市人大常委会制定《上海市浦东新区财富管理若干规定》的议案（第28号）

程合红等19位代表提出：国际金融中心是各种资金、金融产品等社会财富的重要集散地，应当具备非常高的金融资源配置、财富管理的能力和水平。目前上海在进一步提升上海国际金融中心能级过程中存在部分财富管理业务门槛有待适度放开、相关领域改革集成有待加强、大胆试大胆闯自主改法治保障有待完善、短期内修改相关法律行政法规不具有现实性等问题。为此建议，市人大常委会根据全国人大常委会授权制定《上海市浦东新区财富管理若干规定》。以金融服务实体经济为根本方向，在银行、证券、基金与资产管理、期货、保险与信托等领域变通法律、行政法规部分禁止性规定，推动金融主体、金融产品、金融活动进一步向浦东新区集聚。

相关委员会认为，以上两件议案均涉及上海国际金融中心建设，可以并案处理。争取更多金融开放创新举措落地上海，对于推进上海国际金融中心建设，提升配置全球金融资源功能具有重要意义。建议市政府起草部门进一步加强与国家金融管理部门沟通，积极吸纳代表议案提出的建议，争取离岸金融、财富管理业务在浦东新区先行先试，为本市国际金融中心建设提供更加完善的法治保障。

六、关于建议制定《上海市促进绿色金融发展条例》的议案（第6号）

陈峰等28位代表提出：为贯彻落实党中央关于做好碳达峰碳中和的决策部署，促进经济社会发展全面绿色转型，应当通过立法方式加强绿色金融体系建设、创新绿色金融产品业务、强化金融保障体系，来引导企业在绿色金融领域努力实现低碳目标，积极发挥绿色低碳企业的环境权益优势。为此建议，制定《上海市促进绿色金融发展条例》。

相关委员会认为，法规制定过程中，市政府起草部门要进一步加强与国家金融管理部门沟通，积极吸纳代表议案提出的建议，深入研究绿色金融在浦东新区的先行先试，完善法规草案，按时提请常委会审议。目前，《上海市浦东新区绿色金融发展若干规定》已由上海市第十五届人民代表大会常务委员会第四十一次会议于2022年6月22日通过。

七、关于加快上海智能网联汽车测试与应用立法的议案（第7号）

陈峰等28位代表提出：随着自动驾驶技术的快速演进和产业布局的发展，传统汽车中对产品管理、交通管理、保险管理等方面的法规标准已经不能完全适用于自动驾驶汽车的发展，存在一定的空白盲区。为打造汽车产业自主创新新高地，推动智能网联汽车产业高质量发展，建议依托浦东新区法规立法优势，聚焦道路测试、无人低速功能车、商业化运营试点等方面，通过立法，满足智能网联汽车产业的发展需求。

相关委员会认为，智能网联汽车发展是城市数字化转型的重要领域，也是实现产业升级、建设智慧交通的重要支撑。近年来，我市依托临港新片区等区域发展智能网联汽车产业，具有良好的实践基础，同时也面临一定的发展瓶颈。有关方面也提出了通过制定浦东新区法规进一步推动智能网联汽车产业发展的立法建议。目前，《上海市浦东新区促进无驾驶人智能网联汽车创新应用规定》已由上海市第十五届人民代表大会常务委员会第四十六次会议于 2022 年 11 月 23 日通过。

八、关于废止（或修订）《上海市企业名称登记管理规定》的议案（第 9 号）

钱翊梁等 10 位代表提出：2005 年，市人大常委会制定通过《上海市企业名称登记管理规定》，十多年来许多条款已经不适应新情况与新要求。特别是 2020 年国家新修订了《企业名称登记管理条例》，对企业名称核准制度、名称用语具体要求和名称争议解决机制等作了很大的修改，本市规定与上位法不符合。为此建议，废止《上海市企业名称登记管理规定》，或者切实落实中央"放管服改革"要求，对本市规定进行修订。

相关委员会认为，国家进行商事制度改革后，就企业名称登记管理出台了一系列详细规定，《上海市企业名称登记管理规定》已不适应新的情况和要求。市政府有关部门对此进行了研究论证，认为可以废止，且废止后不存在管理空白。建议市人大常委会适时启动法规废止程序。

九、关于建议制定《上海市电梯安全管理条例》的议案（第 11 号）

洪程栋等 53 位代表提出：电梯安全与人民群众生产生活息息相关。随着经济发展和生活水平提高，本市电梯保有量快速增长，已连续 10 年位居全球城市之首。同时，随着时间推移，老旧电梯占比不断提高，电梯安全监管的重要性和复杂性日益凸显，且电梯管理领域也出现了许多新情况、新问题，既有安全管理规范已不能有效应对，亟需与时俱进完善制定相关法规体系。为此建议，制定《上海市电梯安全管理条例》。

相关委员会认为，电梯安全事关人民群众生命财产安全和城市运行安全，加强立法制度供给十分必要。目前，新修订的《上海市电梯安全管理办法》已于2023年1月9日市政府第190次常务会议通过，自2023年5月1日起施行。

十、关于建议制定《上海市浦东新区碳排放管理若干规定》的议案（第15号）

浦东新区代表团提出：制定浦东新区的碳排放管理法规，是贯彻落实习近平生态文明思想的必然要求，是上海贯彻落实国家"双碳"战略的迫切需求，也是浦东贯彻落实"引领区"战略定位的现实需求。为此建议，市人大常委会制定《上海市浦东新区碳排放管理若干规定》。

十一、关于加快双碳地方立法的议案（第33号）

朱柯丁等18位代表提出，本市"十四五"规划提出了碳达峰、碳中和的相关工作目标。运用法治手段推进双碳工作是国际普遍做法，但目前这项工作缺乏完备的规范体系，基础数据不统一，核算方法不规范，监管主体、事权划分和综合监管执法机制不明确，全社会参与的具体措施尚待加强。为此建议，加快出台碳达峰、碳中和法规。

相关委员会认为，以上两件议案均提出从法制保障角度贯彻落实国家碳达峰、碳中和战略，可以并案处理。国家碳达峰、碳中和战略部署对本市经济社会发展全面绿色转型、深度调整产业结构提出了要求。制定《上海市浦东新区碳排放管理若干规定》（暂定名）为市人大常委会重点调研项目，建议市政府有关部门、浦东新区做好相关立法调研、重大事项报告工作，为推进碳达峰、碳中和提供制度保障。

十二、关于加快制定《上海市警务辅助人员管理条例》的议案（第17号）

潘书鸿等16名代表提出：国务院办公厅于2016年印发了《关于规范公

安机关警务辅助人员管理工作的意见》，兄弟省市也相继出台地方性法规，将警务辅助人员纳入规范化管理。为此，建议加快制定《上海市警务辅助人员管理条例》，充分发挥其参与社会治理工作的价值和作用。

相关委员会认为，规范管理警务辅助人员、充分发挥其警务辅助作用，对于创新社会治理、维护社会稳定、缓解警力不足具有重要意义。2017年，市政府办公厅印发了《上海公安机关警务辅助人员管理办法》（以下简称《管理办法》），对本市公安机关警务辅助人员的招聘、使用、管理、监督和保障作出具体规定。《管理办法》实施以来，在规范管理警务辅助人员、充分发挥其警务辅助作用等方面发挥了重要作用，相关部门也积累了不少可资借鉴的实践经验。因此，有必要将政府规章上升为地方性法规，为公安机关警务辅助人员的法律地位、职责权限、职业保障、管理使用提供更高效力的法治保障。目前，《上海市公安机关警务辅助人员管理条例》已由上海市第十五届人民代表大会常务委员会第四十一次会议于2022年6月22日通过。

十三、关于制定《上海市浦东新区住宅小区综合管理若干规定》的议案（第18号）

彭燕玲等21名代表提出：住宅小区管理有待加强，特别是违法搭建、"飞线"充电、占绿毁绿等违法行为不时发生，群众意见大、投诉多、执法取证难、执行难。为此建议，借全国人大授权上海人大制定浦东新区法规之契机，提请制定《上海市浦东新区住宅小区综合管理若干规定》，先行先试，提高住宅小区环境品质和管理效能。

相关委员会认为，住宅小区是城市管理的基本单元，其管理成效事关居民切身利益和社会稳定和谐，是体现上海城市治理现代化能力和水平的重要指标之一。针对当前住宅小区综合管理实践中面临的突出矛盾，当前确有必要通过浦东新区率先立法来探索、引领和破解相关瓶颈难题。目前，《上海市浦东新区推进住宅小区治理创新若干规定》已由上海市第十五届人民代表大会常务委员会第四十四次会议于 2022 年 9 月 22 日通过。

十四、关于修改《上海市绿化条例》的议案（第 19 号）

彭燕玲等 23 位代表提出：2007 年颁布实施的《上海市绿化条例》，立法理念、管理思路、部分条款内容已不能适应当前经济社会发展。建议将农村地区绿化建设、保护和管理纳入法规，将迁移砍伐私人自种树木排除适用本法规，区分擅自砍伐和过度修剪行为，差别化实施居住区绿化率，明确居住区物业服务企业管理责任等。

相关委员会认为，绿化工作是改善城市生态环境、提升市民生活品质的重要抓手，《上海市绿化条例》实施以来，为推动提升绿化覆盖率、优化环境品质提供了有力法治保障。代表议案中提出的农村地区绿化建设管理、居住区树木修剪、居住区物业服务企业管理责任等建议，相关内容分别在国家森林法、本市住宅物业管理规定、相关技术标准中已有规定，对于砍伐迁移市民自种树木等一些新情况新问题，还需进一步深入调研，加快形成共识。委员会建议，市政府相关部门要适应新形势新变化，抓紧开展立法前期研究，为适时启动本条例修改工作打好基础。

十五、关于加快修订《上海市房屋租赁条例》的议案（第 20 号）

彭燕玲等 23 名代表提出：住房租赁关乎民生福祉，但由于房屋租赁管理中的缺陷和不足，影响了房屋租赁市场的健康发展和城市精细化管理水平。存在房屋租赁管理未能全覆盖、房屋租赁管理手段单一、一些新情况新问题缺乏规范依据等问题。为此建议，通过修订《上海市房屋租赁条例》，重塑本市房屋租赁的顶层设计，进一步落实党中央"房住不炒"的指示精神，完善本市住房租赁管理制度体系。

相关委员会认为，住房租赁关乎民生福祉、社会稳定和城市发展。随着国家和本市住房制度的深刻变革，房屋租赁市场发生了巨大变化，房屋租赁管理也面临着不少急需解决的新需求新问题。《上海市房屋租赁条例》自 2000 年 7 月 1 日施行以来，未曾作过大的修改，很多内容已无法适应当前市场和监管的需要，修改已十分紧迫。目前，《上海市住房租赁条例》已由上海市第十五届人民代表大会常务委员会第四十六次会议于 2022 年 11 月 23 日通过。

十六、关于制定《上海市乡村振兴条例》保障农村村民住宅用地合法权益的议案（第 21 号）

洪程栋等 24 位代表提出：上海近年来贯彻落实党中央、国务院的政策部署，先后出台多项文件，如市政府 2019 年出台的《上海市农村村民住房建设管理办法》（以下简称 16 号令）。这些文件已明确保护集体经济组织和农民权益，保障农户宅基地申请权利和农民房屋财产权，同时规范农村村民建房管理，引导合理节约利用土地资源、推进乡村振兴。但是，由于当前国家户籍制度改革的方向、国家人口生育政策的调整与市政府 16 号令规定出现了不相衔接的问题，导致目前上海市农村村民住房建设出现了一些新的问题亟待解决。建议市人大常委会制定《上海市乡村振兴条例》，保障农村村民住宅用地合法权益，在条例中设立农民建房专门章节。

相关委员会认为，农民建房问题是农民群众最直接、最现实的切身利益问题。洪程栋等代表聚焦农民建房问题，维护农民权益，提出的问题和意见建议比较客观地反映了基层群众的呼声。本市各级政府加强农民住房建设管理，统筹推进农民相对集中居住，取得了一定的成效。委员会调研发现，本市农民建房还存在空间布局规划落地难、农民建房资格权认定难、政府职能部门的监管与服务不够精细等问题和不足，需要各级政府予以研究解决。近年来，市人大常委会高度重视，将农民建房问题作为监督的重点内容，多次开展专项监督和专题调研，提出意见建议。目前，《上海市乡村振兴促进条例》已由上海市第十五届人民代表大会常务委员会第四十三次会议于 2022 年

8月27日通过，在相关章节中以具体条款作出规定，保障农民住房权益。

十七、关于修订《上海市建设工程材料管理条例》的议案（第22号）

盛雷鸣等15位代表提出：2000年1月1日起施行的《上海市建设工程材料管理条例》（以下简称《建材条例》）已无法完全满足本市现阶段建材管理实践的需要。建议从建材管理的行政责任主体、建材的定义和种类、建材"备案制"、长三角协同监管机制等方面对该条例进行修订。

相关委员会认为，《建材条例》实施以来，对本市加强建设工程材料管理、保障建设工程质量安全、发展新型建设工程材料起到了积极推动作用。但该条例施行20多年来未作修改，已难以适应当前及今后的管理需要，抓紧予以修订确有必要。委员会建议，市政府有关部门要认真研究代表议案提出的意见建议，根据加强建设工程材料监管的新形势新要求，广泛深入地开展调研，研究完善顶层设计，争取早日启动条例修改工作。

十八、关于建议修订《上海市促进就业若干规定》的议案（第23号）

屠涵英等23名代表提出：《上海市促进就业若干规定》已实施15年，与新的就业形势相比，相关内容较为滞后，法规体例也有一定局限性。为此建议，制定《上海市促进就业条例》，进一步规范政府及相关部门促进就业的法定职责、保障公平就业，将本市在灵活就业、运用大数据建立就业监测机制等方面的做法经验上升为法规，并明确就业机构相关违法行为的法律责任。

相关委员会认为，就业是最大的民生，要始终坚持就业优先战略和积极就业政策，实现更高质量和更充分就业。《上海市促进就业若干规定》自2006年实施以来，对于稳就业保就业发挥了积极的法治保障作用，但随着经济社会不断发展，本市人口结构、产业结构、就业结构都发生了许多新的变化，尤其是各类新就业形态不断出现，人民群众对就业创业提出了许多新的要求。同时，新冠肺炎疫情也对本市就业工作带来严峻挑战。因此，及时对法规作出修改完善，十分必要。目前，《上海市就业促进条例》已由上海市第十六届人民代表大会常务委员会第一次会议于 2023 年 2 月 25 日通过。

十九、关于制定《上海市公共法律服务条例》的议案（第 24 号）

盛雷鸣等 15 位代表提出：党中央和国务院明确要求推进覆盖城乡居民的公共法律服务体系建设，加强民生领域法律服务。到 2022 年基本形成覆盖城乡、便捷高效、均等普惠的现代公共法律服务体系；2035 年基本形成与法治国家、法治政府、法治社会基本建成目标相适应的公共法律服务体系。为此建议，尽快制定《上海市公共法律服务条例》，为本市现代公共法律服务体系建设提供法治保障。

相关委员会认为，加快推进公共法律服务体系建设，提升公共法律服务能力和水平，对于满足人民群众日益增长的公共法律服务需求，促进城市治理体系和治理能力现代化具有重要意义。市政府高度重视公共法律服务立法工作。2022 年 1 月，《上海市公共法律服务办法》（以下简称《办法》）已由市政府常务会议通过，并于 3 月 1 日起施行。《办法》全面规定了公共法律服务的基本原则、适用范围、政府职责、平台建设、服务清单、多元化专业法律服务、国际化法律服务、保障与监督措施等方面内容，基本涵盖了代表议案提出的条款内容。委员会建议，待《办法》施行一段时间后，在总结实践经验的基础上，根据具体实施情况，适时启动地方性法规的制定工作。

二十、关于进一步加强上海轨道安检法律支撑的议案（第 25 号）

杨欣巍等 22 名代表提出：对实施轨道交通安检作出具体规定的《上海市轨道交通运营安全管理办法》属于政府规章，法律效力较低，故轨道安检工作强制力不足，不愿配合安检的乘客不在少数；目前安检标准设置、制度建设、日常管理等主要由辖区公安机关负责，法定负有主体管理责任的运营单位仅负责安检资金和人员保障，主体责任落实不到位。建议对《上海市轨道交通管理条例》进行修订，加强安检法律支撑，各部门依法依规各司其职，形成全民配合安检的氛围。

相关委员会认为，现行的《上海市轨道交通管理条例》对轨交安检管理已有明确规定，《中华人民共和国治安管理处罚法》对扰乱车站等公共场所秩序的违法行为也规定了相应处罚，新修改的《上海市轨道交通运营安全管理办法》进一步增强了管理措施的针对性和有效性。目前，本市轨交安检管理已形成较为完备的制度保障。委员会建议，政府有关部门和运营企业要用好用足已有法治资源，切实履行好法定职责，继续做好安检人员培训等工作，严格落实轨交安检标准和规范要求。同时，加大社会宣传力度，综合运用各类媒体，引导全体市民支持和配合做好安检工作。

二十一、关于制定《上海市学前教育条例》的议案（第 27 号）

施文龙等 13 位代表建议：加快制定《上海市学前教育条例》是惠民生、补短板的重要切入点，也是加快推进托幼服务向"幼有善育"提升的重要举措。为此建议，对硬件设施、托育一体化、师资队伍建设、扶持政策等作出明确规定。

相关委员会认为，学前教育是国民教育的重要组成部分，托育服务是人民群众急需的社会服务，关系到婴幼儿健康成长和人口发展规划的有效落实。目前，《上海市学前教育与托育服务条例》已由上海市第十五届人民代表大会常务委员会第四十六次会议于 2022 年 11 月 23 日通过。

二十二、关于制定《上海市加强科技型企业商业秘密保护若干规定》的议案（第 29 号）

吴坚等 37 位代表提出：商业秘密是企业最核心和最具竞争力的无形财富，当前本市正着力建设具有全球影响力的国际科创中心，对标国际高标准优化创新营商环境，加强对科技型企业商业秘密保护很有必要，而且十分紧迫。但当前对于商业秘密保护的规定缺少明确有力的抓手，保护模式和救济体系亟需完善，特别是数据时代运用新技术手段加强保护急需加强。为此建议，市人大常委会制定《上海市加强科技型企业商业秘密保护若干规定》。

相关委员会认为，加强商业秘密保护对于鼓励创新、维护企业合法权益、优化营商环境等具有重要意义。由于商业秘密的认定、举证、技术保护等内容需要制度创新，可以通过浦东新区法规进行先行先试。建议市政府相关部门、浦东新区结合代表议案所提的意见和建议，共同开展立法调研，待条件成熟后纳入浦东新区法规立法计划。

二十三、关于建议浦东新区制定关于商业地产租赁相关法律法规的议案（第 32 号）

朱柯丁等 19 名代表提出：商业房地产租赁市场的"潜规则"如"转租费""进场费"等乱象，干扰正常经济秩序，影响社会安全稳定，不利于上海打造良好的城市营商环境。建议：一要在浦东新区制定商业地产租赁实施办法，先行先试。二要增加法律法规，规范化"转租行为和费用"。三要对"进场费"问题重新划分所属法律法规的范围。四要加大对国有资产的开发、使用公开透明力度。对招商情况和扶持优惠对象进行公示。五要调整政府管理部门组织架构，明确部门责任，加大监管和执法力度。

相关委员会认为，应当关注部分国资经营用房不规范转租和商业地产"进场费"等问题。委员会建议，市政府有关部门要深入开展调查研究，厘清有关转租现象背后深层次问题，探索完善租赁市场监管工作，进一步强化执法，杜绝不规范租赁行为。

二十四、关于制定《上海市浦东新区促进新型研发机构创新发展若干规定》的议案（第 36 号）

徐枫等 15 位代表建议：《中共中央　国务院关于支持浦东新区高水平改

革开放打造社会主义现代化建设引领区的意见》明确提出要深化科技创新体制改革，支持新型研发机构实施以章程管理、综合预算管理和绩效评价为基础的管理模式。市委、市政府印发《上海市推进浦东新区高水平改革开放打造社会主义现代化建设引领区行动方案》，明确提出支持开展新型研发机构的地方立法。为此建议，制定《上海市浦东新区促进新型研发机构创新发展若干规定》，内容包括：新型研发机构的概念范畴、备案登记条件、普惠性支持举措、事业单位类新型研发机构建设与运行、新型研发机构履行公共研发职能的绩效评价与补助等。

相关委员会认为，通过制定相关浦东新区法规，推动新型研发机构健康发展，对于深化科技创新体制机制改革，提升科技创新体系整体效能，加快建设具有全球影响力的科技创新中心具有重要意义。委员会建议，浦东新区会同市科委等有关部门认真研究代表议案内容，按照国家和本市有关促进新型研发机构创新发展的要求，进一步梳理新型研发机构的概念界定、功能定位，以及目前运行管理中遇到的问题，学习借鉴国内外先进经验，抓紧开展调研和起草工作，适时提出法规草案。

二十五、关于修订《上海市终身教育促进条例》的议案（第 37 号）

《上海市终身教育促进条例》施行以来，在推动本市学习型社会建设和终身教育发展方面发挥了重要作用，但目前已无法涵盖终身教育发展的新思路和新任务。为此建议，对该条例予以修订，重点完善终身教育体系、学分互认机制、终身教育覆盖范围，规范培训市场，并建立相应的督导和评价制度。

相关委员会认为，《上海市终身教育促进条例》实施十多年来，推动本市终身教育事业取得了显著成效，但随着市民终身教育需求的不断增长，有必要根据新形势、新要求及时进行修改。目前，修改《上海市终身教育促进条例》为市人大常委会预备项目。委员会建议，市教委根据《上海市教育发展"十四五"规划》，系统谋划这部法规的修改工作，坚持问题导向，围绕终身教育体系与国民教育体系的关系、终身教育的体系构架、平台建设、机构发展等关键问题，进一步深入开展专题调研，邀请议案领衔代表参与，早日形成比较成熟的草案。委员会将积极主动参与，会同有关部门开展调研、论证、起草等工作，推动提高立法质量和效率。

二十六、关于加快制定《上海市数字经济促进条例》的议案（第39号）

杨浦代表团提出：市委、市政府提出了围绕"经济数字化、生活数字化、治理数字化"全面推进上海城市数字化转型的意见，解决工作推进过程中的瓶颈困难需要立法保障。为此建议，制定《上海市数字经济促进条例》。

相关委员会认为，2022年1月1日施行的《上海市数据条例》，为本市数字经济的发展提供了基础性制度保障。制定《上海市城市数字化转型促进条例》为市人大常委会重点调研项目。建议市政府有关部门在开展立法调研工作中，积极吸纳代表议案提出的建议，对促进数字经济发展的核心制度设计进行深入调研，待条件成熟后纳入立法计划。

二十七、关于建议制定《上海市个人破产管理条例》的议案（第40号）

厉明等37位代表提出：在上海登记设立的市场主体中，个体工商户、微商、电商、自由职业者占相当高的比例。为进一步优化本市营商环境，激励个人市场主体创业，救助非恶意债务人，有必要制定个人破产法规，切实解决个人市场主体退出及债权人公平保护问题。建议上海先行先试、探索制定《上海市个人破产管理条例》。

相关委员会认为，个人破产制度是国家破产法律制度不可或缺的重要组成部分，该制度的建立对于依法保护"诚实但不幸的债务人"、推进社会信用体系建设、有效激发社会创新创业活力、及时终止非理性债务向社会传导聚集、防范和减少市场风险具有积极意义。2020年5月，《中共中央　国务院关于新时代加快完善社会主义市场经济体制的意见》明确提出，健全破产制度，改革完善企业破产法律制度，推动个人破产立法，实现市场主体有序退出。2020 年 8 月，深圳出台我国首部个人破产法规。温州、台州、苏州等个体经济较发达地区也相继进行了探索尝试，使一批自然人通过个人债务清理程序得到债务豁免，这些都为地方探索开展个人破产制度立法提供了有益参考。考虑到个人破产制度属于国家立法权限，《企业破产法》正在修订中，个人破产制度为此次修法的重点内容之一。委员会将密切关注个人破产制度的立法情况，并根据本市工作需要，会同市高院和市司法局等单位，适时开展《上海市个人破产管理条例》地方立法研究工作。委员会将结合《上海市浦东新区完善市场化法治化企业破产制度若干规定》实施情况，立足本市破产审判机制改革创新实践，对在浦东新区试点个人破产制度的必要性和可行性作深入调研论证，并根据具体实施情况，适时启动浦东新区个人破产法规的制定工作。

二十八、关于修订《上海市消费者权益保护条例》的议案（第 44 号）

李菁等 16 位代表提出：为推动建设国际消费中心城市，保障新消费业态、新消费形式的健康发展，适应新时代消费者权益保护工作要求，有必要加强消费环境建设。为此建议，修订《上海市消费者权益保护条例》。

相关委员会认为，《上海市消费者权益保护条例》自 2014 年修正施行以来，本市消费者权益保护工作面临不少新情况和新要求，法规修改完善很有必要。目前，修订后的《上海市消费者权益保护条例》已由上海市第十五届人民代表大会常务委员会第四十二次会议于 2022 年 7 月 21 日通过。

二十九、关于对标新修改的《中华人民共和国工会法》推动修改《上海市工会条例》的议案（第 47 号）

朱雪芹等 43 名代表提出：全国人大常委会于 2021 年 12 月对《中华人民共和国工会法》作出修正。《上海市工会条例》制定于 1995 年，最近一次修改至今已超过 10 年，亟需根据上位法修改情况及时代要求、职工期盼，作出修改完善。为此建议，从坚持党的领导、完善指导思想、扩展基本职能、完善入会权利、深化产业工人队伍建设改革、丰富工会维权服务手段和内容等方面，修改完善条例相关条款。

相关委员会认为，党的十八大以来，习近平总书记对坚持党对工会的领导，以及工会工作的开展提出了一系列新要求。2021 年 12 月 24 日，全国人大常委会审议通过最新修改的《中华人民共和国工会法》，这是 20 年来该法的首次实质性修改，共涉及 7 个方面主要内容。为此，根据上位法修改情况，及时对《上海市工会条例》作出修改完善，紧密联系上海实际，积极贯彻落实新时代新要求，回应广大职工期盼，将行之有效的做法上升为法律规定，非常必要。目前，《上海市工会条例》已根据 2022 年 5 月 24 日上海市第十五届人民代表大会常务委员会第四十次会议《关于修改〈上海市工会条例〉的决定》进行第四次修正。

三十、关于修改《上海市家政服务条例》推动家政行业发展的议案（第 48 号）

王彦博等 12 位代表提出：2019 年，市人大常委会通过《上海市家政服务条例》，并上线运行"上海家政综合服务管理平台"。2021 年，国家发改委、商务部等 15 部委联合印发关于家政服务行业三年实施方案，对家政服务行业深化改革、提质扩容提出了明确要求。为此建议，修改《上海市家政服务条例》。

相关委员会认为，《上海市家政服务条例》自 2020 年施行以来，对促进本市家政服务业发展起到了积极作用，也为国家发改委、商务部所肯定，但在实践中也存在着规范化发展不够等情况。为更好地完善相关法律制度，建议政府有关部门对代表议案所提出的修法建议，广泛听取相关部门、有关协会、企业以及家政服务人员的意见，进行认真研究。同时，针对当前家政服务业发展的新形势、新需要开展相关的修法调研。待条件成熟时，视情启动法规的修改工作。

三十一、关于修订《上海市生活垃圾管理条例》的议案（第51号）

赵爱华等25名代表提出：《"十四五"时期"无废城市"建设工作方案》的发布，国家对固废源头减量和资源循环利用提出更高更细要求。对标国外在固废领域先进的管理理念和成功做法，本市有许多问题需要法规支撑来突破，如已有政策法规对可回收物的利用没有充分关注；难点痛点问题仍未解决，部门联动机制有待加强；分类方式引发资源化利用新困境，垃圾收费强约束机制尚未提上议事日程。为此建议，开展《上海市生活垃圾管理条例》实施后评估工作，围绕职能部门职责优化、垃圾精细化分类与差别化收费、收运和资源化企业清洁化、跨区域处理备案简化和信息化等方面开展研究修订工作。

相关委员会认为，《上海市生活垃圾管理条例》实施以来，着力倡导生活垃圾分类新时尚，在促进居民生活垃圾分类习惯养成、构建生活垃圾分类体系等方面，起到了积极作用，取得了显著成效。2021年委员会结合专项监督调研对法规实施情况开展了初步立法后评估，从把握上海超大城市发展的站位和使命、坚持新发展理念出发，在持续推动生活垃圾管理"三化"进程、发展循环经济和"无废"城市建设等方面，现行法规还有进一步提升的空间。委员会建议，市政府相关部门要认真研究吸纳代表议案所提的意见建议，加强对"源头减量""可回收物资源化"等方面的监督检查和相关机制建设，并同步开展生活垃圾管理法治保障2.0版研究，努力让生活垃圾管理"上海模式"继续在全国发挥带动示范引领作用。

三十二、关于提请市人大修订遗体捐献地方性法规的议案（第52号）

张娣芳等14位代表提出：《上海市遗体捐献条例》已施行20余年。近年来，本市遗体、人体器官、角膜等捐献工作出现很多新情况，需要对条例作相应修改。为此建议，组织执法检查和开展调研，对条例作如下修改：进一步保障亲属的知情权，细化明确捐献遗体的用途，明确政府相关部门和红十字会的职责，完善捐献遗体登记和接收制度等，并增加捐献相关的激励机制。

相关委员会认为，上海率先制定规范和鼓励遗体捐献的地方性法规，推动了精神文明建设和医学科学事业的发展。但由于当时历史条件的限制，条例未对遗体器官的捐献和临床应用作出规定，捐献者的遗体器官不能用于抢救器官衰竭患者，遗体的利用价值受到较大限制。2007年，国务院颁布《人体器官移植条例》，为公民身后捐献器官提供了法律依据。据悉，国务院正在修订《人体器官移植条例》，将适时颁布出台。委员会建议，市卫生健康委、市红十字会结合代表议案的内容，对条例实施情况开展自查，进一步做好遗体捐献相关工作；同时，密切关注《人体器官移植条例》的修改进程，在前期研究的基础上，聚焦遗体接受机构管理、遗体器官捐献和临床应用等内容，进一步深入调研，为修改《上海市遗体捐献条例》做好必要准备。委员会将参与、督促和推进相关工作。

三十三、关于制定《上海市人才促进发展条例》的议案（第54号）

翟惟清等29名代表提出：对接国家新时代人才强国战略，上海目前还缺乏聚焦人才发展的专项法规。为此建议，市人大常委会加快制定《上海市人才促进发展条例》，鼓励并规范各级政府及相关单位制定协调有序的人才吸引和流动政策，规范并授权各级政府或相关单位制定人才服务、保障以及监管的有效措施。

相关委员会认为，人才是第一资源，是实现民族振兴、赢得国际竞争主动的战略资源。2021年9月，市委常委会举行会议，传达学习贯彻习近平总书记在中央人才工作会议上的重要讲话精神，要求结合上海实际，凝聚强大合力，抓好贯彻落实，加快建设高水平人才高地。为此，要更好发挥人大法治职能作用，以更加有效的法治保障，推动我市人才工作高质量发展。委员会建议，市政府相关部门要抓紧开展立法调研，认真研究吸纳代表议案所提意见建议，结合《上海市浦东新区专业领域境外人才从业若干规定》等调研项目，认真开展立法前期调研工作。通过深入调研，进一步梳理立法必要性和可行性，完善顶层设计，研究确定立法途径和主要内容。委员会将会同各方共同努力，力争形成重点调研项目成果，不断夯实立法基础，使该项立法早日进入正式立法程序。

三十四、关于制定《上海市浦东新区商用飞机产业发展保障条例》的议案（第 55 号）

赵越让等 21 位代表提出：发展商用飞机产业是国家重要战略，本市有必要通过立法，先行出台若干支持商用飞机产业发展的措施，保障商用飞机产业链供应链稳定。为此建议，制定《上海市浦东新区商用飞机产业发展保障条例》。

相关委员会认为，制定《上海市浦东新区商用飞机产业发展保障条例》对推动本市商用飞机产业发展、提升核心技术自主可控水平具有重要意义。建议市政府有关部门、浦东新区落实国家商用飞机产业发展战略，积极开展立法前期调研，待条件成熟后纳入浦东新区法规立法计划。

三十五、关于制定《上海市人工智能条例》的议案（第 56 号）

毛祥东等 12 位代表提出：上海到 2030 年要初步建成具有全球影响力的人工智能发展高地，并已制定了全力推进人工智能产业发展的"上海方案"。当前，本市人工智能产业存在基础层企业和核心技术薄弱、产业链上下游协同机制不健全、重点领域关键技术有待突破、公共基础服务能力与安全保障亟待提升等问题。为此建议，制定《上海市人工智能条例》。

相关委员会认为，推进人工智能产业发展是本市推动科技和产业变革的战略机遇。目前，《上海市促进人工智能产业发展条例》已由上海市第十五届人民代表大会常务委员会第四十四次会议于 2022 年 9 月 22 日通过。

三十六、关于建议上海市人大制定本市快递安全管理条例的议案（第 57 号）

张娣芳等 13 名代表提出：电商行业迅猛发展的同时，快递投送造成的交通安全问题频发，快递包裹激增产生大量包装垃圾，物流仓库、代收点等场所给消防安全带来挑战，电商冷链、物流快递引起的病毒传播风险引起广泛关注。《快递暂行条例》《上海市人民政府关于促进本市快递业发展的实施意见》还未延伸到交通安全、环保安全、消防安全、公共卫生防疫安全等内容。建议上海市人大尽快制定新的快递安全管理条例，从"大安全"的治理架构出发，重点围绕交通安全、环保安全、消防安全、公共卫生防疫等作出规定，多措并举，制定长效机制。

相关委员会认为，快递物流业已是社会不可或缺的重要行业之一，安全保障至关重要。快递安全管理涉及面较广，目前本市相关管理依据散见于交通、环保、公共卫生等领域多部法规规章之中，如《上海市非机动车安全管理条例》《上海市生活垃圾管理条例》《大型物流建筑消防设计标准》和快递防疫相关规定等。委员会建议，市政府相关部门和快递行业主管部门要结合代表议案所提意见建议，认真梳理现有法律法规政策资源，严格落实各项规章制度，加强对快递安全的管理。同时，要深化开展对本市快递行业立法的研究，为今后适时制定相关地方立法奠定良好基础。

二、上海市人大常委会 2022 年度立法计划

一、继续审议的法规（6 件，其中浦东新区法规 1 件）

1.禁毒条例（修改）

2.科学技术普及条例（暂定名）

3.预防未成年人犯罪条例（暂定名）

4.未成年人保护条例（修改）

5.中国（上海）自由贸易试验区临港新片区条例

6.浦东新区市场主体登记确认制若干规定

二、正式项目（29 件批，其中浦东新区法规 8 件）

1.人工智能产业发展条例（暂定名）

2.推进国际金融中心建设条例（修改）

3.中国国际进口博览会服务保障条例（暂定名）

4.推进长三角区域居民服务"一卡通"若干规定（暂定名，长三角立法协同项目）

5.促进虹桥国际中央商务区发展条例（暂定名）

6.乡村振兴促进条例（暂定名）

7.学前教育与托育服务条例（暂定名）

8.无障碍环境建设条例（暂定名）

9.妇女权益保障条例（立新废旧）

10.促进就业若干规定（修改）

11. 消费者权益保护条例（修改）

12. 关于进一步促进和保障"一网统管"建设的决定（暂定名）

13. 住房租赁管理条例（立新废旧）

14. 公安机关警务辅助人员管理条例（暂定名）

15. 出租汽车管理条例（修改）

16. 环境保护条例（修改）

17. 市容环境卫生管理条例（修改）

18. 动物防疫条例（修改）

19. 红十字会条例（修改）

20. 关于加强新时代检察机关法律监督工作的决定（暂定名）

21. 为维护国家法制统一开展的立改废释或打包修改项目（修改工会条例等）（适时）

22. 浦东新区仲裁若干规定（暂定名）

23. 浦东新区绿色金融若干规定（暂定名）

24. 浦东新区促进智能网联汽车发展若干规定（暂定名）

25. 浦东新区专业领域境外人才从业若干规定（暂定名）

26. 浦东新区市场准营承诺即入制若干规定（暂定名）

27. 浦东新区住宅小区综合管理若干规定（暂定名）

28. 浦东新区促进文物艺术品产业发展若干规定（暂定名）

29. 浦东新区"五票统筹"建设机制若干规定（暂定名）

三、预备项目（10 件，其中浦东新区法规 3 件）

1. 长江船舶污染防治条例（暂定名，长三角立法协同项目）

2. 野生动物保护条例（暂定名）

3. 市人大常务委员会任免国家机关工作人员条例（修改）

4. 民用机场地区管理条例（修改）

5. 机关运行保障条例（暂定名）

6. 校外实践教育促进条例（暂定名）

7. 终身教育促进条例（修改）

8. 浦东新区支持新型研发机构发展若干规定（暂定名）

9. 浦东新区促进化妆品创新和贸易便利若干规定（暂定名）

10. 浦东新区建筑师负责制若干规定（暂定名）

以上项目由有关方面抓紧调研和协调，条件成熟的，视情适时进入预转正程序并启动审议。

四、重点调研项目（20件，其中浦东新区法规6件）

1. 实施《中华人民共和国土地管理法》办法（修改）

2. 长三角生态绿色一体化发展示范区饮用水水源地保护条例（暂定名，长三角立法协同项目）

3. 加强人大监督工作若干规定（暂定名）

4. 城市数字化转型促进条例（暂定名）

5. 退役军人保障条例（暂定名）

6. 移动源大气污染防治条例（暂定名）

7. 集成电路产业促进条例（暂定名）

8. 科学技术进步条例（修改）

9. 民办教育促进条例（暂定名）

10. 地方志工作条例（暂定名）

11. 商品交易市场管理条例（修改）

12. 城市民族工作条例（暂定名）

13. 国际交往与语言环境建设条例（暂定名）

14. 反走私综合治理条例（暂定名）

15. 浦东新区碳排放管理若干规定（暂定名）

16. 浦东新区推动大宗商品现货交易市场发展若干规定（暂定名）

17. 浦东新区促进保税维修若干规定（暂定名）

18. 浦东新区船舶登记制度若干规定（暂定名）

19. 浦东新区促进临港氢能源建设若干规定（暂定名）

20. 浦东新区吸引国际组织落户若干规定（暂定名）

以上项目立法条件尚不成熟，由有关方面抓紧调研和起草，加快立法进程，滚动推进立法。

三、2022 年制定、修改的上海市地方性法规

1. 上海市人民代表大会议事规则

（1990 年 4 月 30 日上海市第九届人民代表大会第三次会议通过，1990 年 4 月 30 日公布；根据 1993 年 1 月 9 日上海市第九届人民代表大会第六次会议《关于修改〈上海市人民代表大会议事规则〉若干条款的决定》第一次修正；根据 1998 年 1 月 14 日上海市第十届人民代表大会常务委员会第四十一次会议《关于修改〈上海市人民代表大会议事规则〉的决定》第二次修正；根据 2001 年 10 月 24 日上海市第十一届人民代表大会常务委员会第三十二次会议《关于修改〈上海市人民代表大会议事规则〉的决定》第三次修正；根据 2022 年 1 月 23 日上海市第十五届人民代表大会第六次会议《关于修改〈上海市人民代表大会议事规则〉的决定》第四次修正）

第一章　总则

第一条　为了保障上海市人民代表大会依法行使职权，提高议事效率，根据《中华人民共和国宪法》《中华人民共和国地方各级人民代表大会和地方各级人民政府组织法》《中华人民共和国全国人民代表大会和地方各级人民代表大会选举法》《中华人民共和国全国人民代表大会和地方各级人民代表大会代表法》，结合本市实际，制定本规则。

第二条　市人民代表大会坚持中国共产党的领导，坚持以马克思列宁主义、毛泽东思想、邓小平理论、"三个代表"重要思想、科学发展观、习近平新时代中国特色社会主义思想为指导，依照宪法和法律规定行使职权。

第三条　市人民代表大会坚持以人民为中心，坚持全过程人民民主，始终同人民保

持密切联系，倾听人民的意见和建议，为人民服务，对人民负责，受人民监督。

第四条　市人民代表大会实行民主集中制的原则。大会审议议案，讨论、决定事项，进行选举，应当充分发扬民主，严格依法办事，集体行使宪法、法律赋予的职权。

第五条　市人民代表大会代表应当勤勉尽责，积极参与大会的审议、表决和选举等活动，严格遵守会议纪律。

第二章　会议的举行

第六条　市人民代表大会会议每年至少举行一次。每年的例会一般于第一季度举行。会议召开的日期由市人民代表大会常务委员会决定并予以公布。

遇有特殊情况，市人民代表大会常务委员会可以决定适当提前或者推迟召开会议。提前或者推迟召开会议的日期未能在当次会议上决定的，市人民代表大会常务委员会可以另行决定或者授权常务委员会主任会议决定，并予以公布。

市人民代表大会常务委员会认为必要，或者有五分之一以上代表提议，可以临时召开市人民代表大会会议。

第七条　市人民代表大会会议由市人民代表大会常务委员会召集。每届市人民代表大会第一次会议，在本届市人民代表大会代表选举完成后的两个月内，由上届市人民代表大会常务委员会召集。

第八条　市人民代表大会会议必须有三分之二以上的代表出席，始得举行。

第九条　在市人民代表大会会议举行前，市人民代表大会常务委员会负责做好下列准备工作：

（一）提出会议议程草案；

（二）提出主席团和秘书长名单草案；

（三）提出主席团常务主席、执行主席名单草案；

（四）提出副秘书长名单草案；

（五）决定列席会议人员名单；

（六）会议的其他准备事项。

第十条　在市人民代表大会会议举行的一个月前，市人民代表大会常务委员会公布开会的日期和建议会议讨论的主要事项，并将准备提请会议审议的地方性法规草案发给代表。

市人民代表大会常务委员会在市人民代表大会会议举行前，可以组织代表研读讨论有关法规草案，征求代表的意见，并通报会议拟讨论的主要事项的有关情况。

临时召开的市人民代表大会会议不适用前两款规定。

第十一条　市人民代表大会会议举行前，代表按照选举单位组成代表团，由市人民代表大会常务委员会委托区人民代表大会常务委员会和上海警备区召集本选举单位的代表，举行代表团全体会议，推选团长一人、副团长若干人。同时，由各代表团组织代表对市人民代表大会常务委员会提出的主席团和秘书长名单草案、会议议程草案、拟提交大会审议的政府工作报告征求意见稿以及关于会议的其他准备事项，进行讨论，提出意见，交有关机关研究。

代表团根据便于审议的原则，可以分设若干代表小组。小组召集人由代表小组会议推选。

第十二条　代表团团长的主要职责是：

（一）召集并主持代表团全体会议；

（二）组织本代表团审议会议议案和有关报告；

（三）反映本代表团对议案和有关报告的审议意见；

（四）主持在本代表团会议上的询问；

（五）传达、贯彻主席团会议的决定和有关事项；

（六）处理本代表团的其他工作事项。

副团长协助团长工作。

第十三条　市人民代表大会每次会议举行预备会议。预备会议由市人民代表大会常务委员会主持。每届市人民代表大会第一次会议的预备会议，由上届市人民代表大会常务委员会主持。

预备会议的主要议程是：选举本次会议的主席团和秘书长，通过会议议程和关于会议的其他准备事项的决定。

预备会议期间，各代表团审议市人民代表大会常务委员会提出的主席团和秘书长名单草案、会议议程草案以及关于会议的其他准备事项，提出意见。

市人民代表大会常务委员会主任会议根据各代表团提出的意见，可以对主席团和秘书长名单草案、会议议程草案以及关于会议的其他准备事项提出调整意见，提请预备会议表决。

预备会议选举主席团和秘书长，实行等额选举，采用举手或者按电子表决器的方式一并表决。

每届市人民代表大会第一次会议设立议案审查委员会，国民经济和社会发展计划、预算审查委员会，根据需要设立法案委员会。委员会由主任委员一人、副主任委员若干人和委员若干人组成。委员会组成人员由市人民代表大会常务委员会在代表中提名，提请预备会议全体会议通过。

第十四条　市人民代表大会每次会议主席团人数为市人民代表大会代表总数的百分之八至百分之十。

市人民政府组成人员、市监察委员会、市高、中级人民法院、市人民检察院负责人一般不担任主席团成员的职务。

第十五条　主席团的主要职责是：

（一）主持市人民代表大会会议；

（二）领导市人民代表大会各委员会的工作；

（三）向会议提出议案和各项决议草案；

（四）组织审议列入会议议程的议案和有关报告；

（五）依法提出市级国家机关领导人员的人选；

（六）主持会议选举，提出选举的具体办法草案；

（七）决定议案、罢免案、质询案的审议程序和处理意见；

（八）发布公告；

（九）其他需要由主席团决定的事项。

主席团会议必须有三分之二以上的主席团成员出席，始得举行。主席团的决定，由主席团全体成员的过半数通过。

第十六条　主席团第一次会议从主席团成员中推选常务主席若干人和每次大会全体会议的执行主席若干人，并决定下列事项：

（一）副秘书长的人选；

（二）会议日程；

（三）会议期间代表提出议案的截止时间；

（四）其他需要决定的事项。

主席团第一次会议由市人民代表大会常务委员会主任召集并主持，会议推选主席团常务主席后，由主席团常务主席主持。

第十七条　常务主席的职责是：

（一）召集并主持主席团会议；

（二）对属于主席团职权范围内的事项向主席团提出建议；

（三）根据会议进展情况，对会议日程安排作必要的调整；

（四）召开代表团团长会议，就议案和有关报告的重大问题听取各代表团的审议意见，进行讨论，并将讨论的情况和意见向主席团报告；

（五）根据主席团的授权，处理主席团职责范围内的其他事项。

第十八条　市人民代表大会会议审议议案和有关报告，由代表团全体会议、代表小组会议审议。

主席团常务主席或者市人民代表大会专门委员会根据需要，可以就专门性问题召集有关代表进行专题审议和讨论。

各代表团审议以及专题审议的情况和意见应当向主席团报告。

第十九条　主席团认为必要的时候，或者经代表团提议、主席团同意，可以召开大会全体会议进行大会发言，就有关的议案和报告发表意见。

第二十条　市人民代表大会会议设立秘书处。秘书处由秘书长一人和副秘书长若干人组成。

秘书处在秘书长领导下，办理主席团交付的事项和处理会议日常事务工作。副秘书长协助秘书长工作。秘书处可以设立若干工作机构。

第二十一条　市人民代表大会举行会议的时候，市人民代表大会代表应当出席会议；因病或者其他特殊原因不能出席的，应当向大会秘书处书面请假。对无故不出席市人民代表大会会议的代表，大会和原选举单位应当进行监督。

大会秘书处应当向主席团报告代表出席会议的情况和缺席的原因。

第二十二条　市人民政府的组成人员，市监察委员会主任，市高、中级人民法院院长，专门人民法院院长，市人民检察院检察长、检察院分院检察长，列席市人民代表大会会议；本市选出的全国人民代表大会代表，可以列席市人民代表大会会议；其他有关机关、团体的负责人，经市人民代表大会常务委员会决定，可以列席市人民代表大会会议。

列席会议的人员因病或者其他特殊原因不能列席的应当请假。

列席会议的人员有发言权，没有表决权。

第二十三条　大会全体会议设旁听席，也可以通过视频直播等方式组织市民旁听会议。

旁听市民由各区人民代表大会常务委员会、本市各人民团体、驻沪部队和各基层立法联系点等推荐产生，市民旁听的具体事宜由市人民代表大会常务委员会办事机构负责。旁听市民应当遵守大会秩序，服从大会统一安排。

大会秘书处应当及时了解旁听市民对会议议题及会议组织工作的意见建议，汇总后交有关部门研究参考。

第二十四条　市人民代表大会会议公开举行。市人民代表大会会议议程、日程和会议情况予以公开。

市人民代表大会会议期间，代表在各种会议上的发言，由大会秘书处整理简报印发会议，并可以根据本人要求，将发言记录或者摘要印发会议。会议简报、发言记录或者摘要可以为纸质版，也可以为电子版。

市人民代表大会会议根据需要可以举行新闻发布会和记者招待会。

市人民代表大会全体会议通过报刊、广播、电视、网络等媒体进行公开报道。

第二十五条　市人民代表大会会议在必要的时候，可以举行秘密会议。举行秘密会议由主席团会议决定。

第二十六条　市人民代表大会举行会议，应当合理安排会议日程，提高议事质量和效率。各代表团应当按照会议日程进行审议。

第二十七条　市人民代表大会会议运用现代信息技术，推进会议文件资料电子化，采用网络视频等方式为代表履职提供便利和服务。

第三章　议案的提出和审议

第二十八条　主席团、市人民代表大会常务委员会、市人民代表大会各专门委员会、市人民政府可以向市人民代表大会提出属于市人民代表大会职权范围内的议案，由主席团决定列入会议议程。

第二十九条　市人民代表大会代表十人以上联名或者一个代表团全体代表过半数同意，可以向市人民代表大会提出属于市人民代表大会职权范围内的议案，由主席团决定是否列入会议议程，或者先交有关的专门委员会或议案审查委员会审查，提出审查意见，再由主席团审议决定是否列入大会议程。

代表联名或者经代表团全体代表过半数同意提出议案，应当在市人民代表大会常务委员会作出召开市人民代表大会会议的决定之日起至主席团决定的代表议案截止时间之前提出。

第三十条　向市人民代表大会提出的议案，应当写明要求解决的问题、理由和方案。

第三十一条　专门委员会或者议案审查委员会在审查代表提出的议案时，可以邀请提议案的领衔人列席会议，发表意见。

大会秘书处应当将主席团通过的关于代表提出的议案审查意见的报告印发代表。

提出议案的代表过半数且不少于十人对市人民代表大会主席团不作为代表议案的决定有异议的，可以在主席团最后一次会议召开的四小时前向主席团书面提出复议要求，由主席团按照《上海市人民代表大会关于代表议案的规定》处理。

第三十二条　列入会议议程的议案，提案人应当向会议提出关于议案的说明。提案人、有关的专门委员会、常务委员会有关的工作部门应当提供有关的资料。

第三十三条　列入会议议程的议案，由主席团提交各代表团进行审议，可以并交有关的专门委员会进行审议、提出报告，由主席团审议决定提请大会全体会议表决。

第三十四条　市人民代表大会各专门委员会审议议案，涉及专门性问题的，可以邀请有关方面的代表和专家列席会议，发表意见。

第三十五条　列入会议议程的议案，在交付大会表决前，提案人要求撤回的，经主席团同意，会议对该议案的审议即行终止。

第三十六条　代表十人以上联名，可以对列入会议议程的议案或者准备交付大会表决的决议草案提出书面修正案。修正案最迟必须在大会表决前举行的主席团会议前两小时提出，由主席团决定是否提交代表团审议和提请大会表决，或者先交有关的专门委员会审议，提出意见，再由主席团决定是否提交代表团审议和提请大会表决。

第三十七条　列入会议议程的议案，在审议中认为有重大问题需要进一步研究的，经主席团提出，由大会全体会议决定，可以授权市人民代表大会常务委员会在本次大会闭会后审议决定，并报市人民代表大会下次会议备案。常务委员会认为必要时，可以将该议案提请市人民代表大会下次会议再次审议。

第三十八条　代表十人以上联名或者一个代表团全体代表过半数同意提出的议案，经主席团审议决定不列入本次会议议程的，交有关的专门委员会或者常务委员会主任会议，在市人民代表大会闭会后审议。有关的专门委员会或者常务委员会主任会议应当在大会闭会后三个月内提出审议结果的报告，提请常务委员会审议。

第三十九条　代表向市人民代表大会提出的对于各方面工作的建议、批评和意见，按照《上海市人民代表大会关于代表建议、批评和意见的规定》处理。

第四十条　在市人民代表大会会议举行期间，常务委员会和各专门委员会的办事机构负责人，市人民政府办事机构和有关工作部门的负责人，市高级人民法院、市人民检察院的有关负责人，应当到会处理代表提出的对本部门的建议、批评和意见。

第四十一条　地方性法规议案的提出和审议，按照《上海市制定地方性法规条例》

的有关规定执行。

提请市人民代表大会会议审议的地方性法规议案，一般应当先经市人民代表大会常务委员会初步审议，初步审议的意见应当整理印发代表。

市人民代表大会会议举行前，常务委员会可以公布准备提请会议审议的重要的地方性法规草案，征求各方面意见，并将意见整理印发代表。

第四章　审议工作报告、审查计划和预算

第四十二条　市人民代表大会每年举行例会的时候，常务委员会、市人民政府、市高级人民法院、市人民检察院应当分别向会议提出工作报告，经各代表团审议后，由会议作出相应的决议。

必要时，常务委员会、市人民政府、市高级人民法院、市人民检察院应当向会议提出有关的专题报告。

第四十三条　市人民代表大会例会举行的一个月前，市人民政府有关主管部门应当就本市上一年度国民经济和社会发展计划、预算执行情况以及编制本年度国民经济和社会发展计划、预算的主要情况和内容，向市人民代表大会财政经济委员会和有关的专门委员会汇报，并提供详细材料。财政经济委员会和有关的专门委员会进行初步审查、提出意见后，交市人民政府有关主管部门研究处理。市人民政府有关部门应当将处理情况及时报告财政经济委员会和有关的专门委员会。

财政经济委员会和有关的专门委员会对国民经济和社会发展计划、预算进行初步审查的时候，可以邀请有关方面的代表和专家列席会议，发表意见。

第四十四条　市人民代表大会每年举行例会的时候，市人民政府应当向会议提出关于本市上一年度国民经济和社会发展计划执行情况与本年度国民经济和社会发展计划草案的报告、国民经济和社会发展计划草案，关于本市上一年度预算执行情况与本年度预算草案的报告、预算草案，由各代表团进行审查，并由财政经济委员会和有关的专门委员会进行审查。

各代表团和有关的专门委员会的审查意见应当及时印发代表。

财政经济委员会根据各代表团和有关的专门委员会的审查意见，对第一款规定的事项进行审查，向主席团提出审查结果报告，经主席团审议通过后，印发代表，并将关于本市上一年度国民经济和社会发展计划执行情况与本年度国民经济和社会发展计划的决议草案、关于本市上一年度预算执行情况与本年度预算的决议草案提请大会全体会议表决。

每届市人民代表大会第一次会议，由大会国民经济和社会发展计划、预算审查委员会根据各代表团的审查意见，对第一款规定的事项进行审查，向主席团提出审查结果报告，经主席团审议通过后，印发代表，并将关于本市上一年度国民经济和社会发展计划执行情况与本年度国民经济和社会发展计划的决议草案、关于本市上一年度预算执行情况与本年度预算的决议草案提请大会全体会议表决。

第四十五条　本市国民经济和社会发展计划、市本级预算经市人民代表大会批准后，在执行中需要作部分变更的，市人民政府必须及时将变更方案提请市人民代表大会常务委员会审查、批准。

第四十六条　本市国民经济和社会发展五年规划纲要和中长期规划纲要的审查、批准和调整，参照本章有关规定执行。

第五章　国家机关组成人员的选举、罢免和辞职

第四十七条　市人民代表大会常务委员会组成人员的人选，市长、副市长的人选，市监察委员会主任的人选，市高级人民法院院长和市人民检察院检察长的人选，由市人民代表大会主席团或者市人民代表大会代表三十人以上联合提名。不同选举单位选出的代表可以酝酿、联合提出候选人。

主席团提名的候选人人数，每一代表与其他代表联合提名的候选人人数，均不得超过应选名额。

全国人民代表大会代表候选人由中央和市级各政党、各人民团体联合或者单独推荐，或者由市人民代表大会代表十人以上联名推荐。

各专门委员会的主任委员、副主任委员和委员的人选，由主席团在市人民代表大会代表中提名。

第四十八条　提出市级国家机关领导人员候选人的提名人应当书面向会议介绍候选人的基本情况和提名理由，并对代表提出的问题作必要的口头或者书面说明。

　　推荐全国人民代表大会代表候选人的政党、人民团体和市人民代表大会代表应当书面向会议介绍候选人的基本情况和推荐理由，并对代表提出的问题作必要的口头或者书面说明。市人民代表大会在选举全国人民代表大会代表时，提名、酝酿候选人的时间不得少于两天。

　　主席团应当将候选人的基本情况和提名或者推荐理由印发代表。

　　第四十九条　市人民代表大会会议选举市级国家机关领导人员，依法进行差额选举，如果提名的候选人人数符合选举办法规定的差额数，由主席团提交各代表团酝酿、讨论后，进行选举。如果提名的候选人人数超过选举办法规定的差额数，由主席团将全部候选人名单提交各代表团酝酿、讨论后，进行预选，根据在预选中得票多少的顺序，按照选举办法规定的差额数，确定正式候选人名单，进行选举。如果提名的市人民代表大会常务委员会主任、秘书长，市长，市监察委员会主任，市高级人民法院院长，市人民检察院检察长的候选人只有一人，也可以等额选举。

　　市人民代表大会换届选举市级国家机关领导人员时，提名、酝酿候选人的时间不得少于两天。

　　第五十条　市人民代表大会选举市级国家机关领导人员，获得全体代表过半数选票的候选人人数超过应选名额时，以得票多的当选。如遇票数相等不能确定当选人时，应当就票数相等的人再次投票，以得票多的当选。

　　获得全体代表过半数选票的当选人数少于应选名额时，不足的名额另行选举。另行选举时，可以根据在第一次投票时得票多少的顺序确定候选人，也可以依照本规则规定的程序另行提名、确定候选人。经市人民代表大会决定，不足的名额的另行选举可以在本次人民代表大会会议上进行，也可以在下一次人民代表大会会议上进行。

　　另行选举市人民代表大会常务委员会副主任、委员，市人民政府副职领导人员时，依照法定差额数，进行差额选举。

　　第五十一条　市人民代表大会补选常务委员会组成人员，市长、副市长，市监察委员会主任，市高级人民法院院长，市人民检察院检察长以及出缺的全国人民代表大会代表时，候选人人数可以多于应选人数，也可以同应选人数相等。

第五十二条　在大会投票选举以前，根据代表的要求，主席团应当安排市人民代表大会常务委员会主任、副主任，市长、副市长，市监察委员会主任、市高级人民法院院长和市人民检察院检察长的正式候选人与代表见面、座谈等活动，为代表了解候选人提供条件。

第五十三条　市人民代表大会举行会议的时候，主席团、常务委员会或者十分之一以上代表联名，可以提出对市人民代表大会常务委员会组成人员、市人民政府组成人员、市监察委员会主任、市高级人民法院院长、市人民检察院检察长和由本市选举的全国人民代表大会代表的罢免案。

罢免案由主席团交各代表团审议后，提请大会全体会议表决；或者依照本规则第七章的规定，由主席团提议，经大会全体会议决定，组织调查委员会，由市人民代表大会下次会议根据调查委员会的报告审议决定。

对个别副市长和由常务委员会任命的市人民政府其他组成人员的罢免案，可以授权常务委员会在市人民代表大会闭会后六个月内，听取调查委员会的调查报告，并作出相应的决定，报市人民代表大会下次会议备案或者提请市人民代表大会下次会议审议。

罢免案应当写明罢免理由，并提供有关的材料。

罢免案提交大会全体会议表决前，被提出罢免的人员有权在主席团会议或者大会全体会议上提出申辩意见，或者书面提出申辩意见。在主席团会议上提出的申辩意见或者书面提出的申辩意见，由主席团印发会议。

第五十四条　市人民代表大会会议进行选举或者表决罢免案，采用无记名投票方式。得票数超过全体代表的半数的，始得当选或通过。

大会全体会议选举或者表决罢免案的时候，设秘密写票处。

选举或者表决结果，由会议主持人当场宣布。候选人的得票数，应当公布。

第五十五条　市人民代表大会会议选举的具体办法，由大会全体会议通过。

第五十六条　市人民代表大会选举的国家机关组成人员在依照法定程序产生后，公开进行宪法宣誓。

第五十七条　在市人民代表大会会议期间，常务委员会组成人员、专门委员会成员，市长、副市长，市监察委员会主任，市高级人民法院院长，市人民检察院检察长提出辞职的，由主席团将其辞职请求交各代表团审议后，提请大会全体会议决定；大会闭会期间提出辞职的，由常务委员会主任会议将其辞职请求提请常务委员会审议决定。常务委员会接受辞职的决定应当报市人民代表大会备案。

在市人民代表大会闭会期间，常务委员会依法免去由市人民代表大会选举的国家机关工作人员职务的决定，应当报市人民代表大会备案。

第五十八条　市人民代表大会常务委员会组成人员、专门委员会成员的市人民代表大会代表职务被原选举单位罢免的，其市人民代表大会常务委员会组成人员、专门委员会成员的职务相应撤销，由主席团或者市人民代表大会常务委员会予以公告。

第五十九条　市人民检察院检察长的选举、罢免和辞职，经市人民代表大会通过后，应当报经最高人民检察院检察长提请全国人民代表大会常务委员会批准。

市人民代表大会罢免由本市选举的全国人民代表大会代表的决议，必须报全国人民代表大会常务委员会备案。

第六章　询问和质询

第六十条　各代表团审议议案和有关报告的时候，有关机关应当由其负责人或者指派负责人员到会，听取意见，回答代表提出的询问。

各代表团全体会议审议政府工作报告，审查关于国民经济和社会发展计划及计划执行情况的报告、关于预算报告的时候，市人民政府及其所属各部门负责人应当分别参加会议，听取意见，回答询问。

主席团和专门委员会对议案和有关报告进行审议的时候，市人民政府或者有关国家机关负责人应当到会，听取意见，回答询问，并可以对议案和有关报告作补充说明。

代表在会议期间对市级国家机关提出的询问，有关机关应当在会议期间作出答复。如询问涉及的问题比较复杂的，由受询问机关提出要求，经主席团或者有关的代表团同意，可以在市人民代表大会会议闭会后作出答复。

第六十一条　市人民代表大会会议期间，代表十人以上联名，可以书面提出对市人民政府及其部门，市监察委员会，市高、中级人民法院，市人民检察院和分院的质询案。

第六十二条　代表提出质询案，必须使用专用纸，写明质询对象、质询的问题和内容。

第六十三条　质询案由主席团决定交由受质询的机关在主席团会议、大会全体会议或者有关的专门委员会会议上作出口头答复，或者由受质询机关书面答复。

在主席团会议或者专门委员会会议上答复的，提质询案的代表有权列席会议，发表意见。主席团认为必要的时候，可以将答复质询案的情况报告印发会议。

在专门委员会会议上答复的，有关的专门委员会应当将答复质询案的情况向主席团报告。

质询案以口头答复的，应当由受质询机关的负责人到会答复；质询案以书面答复的，应当由受质询机关的负责人签署，由主席团印发会议或者印发提质询案的代表，提质询案的代表可以对书面答复提出意见。

第六十四条　提出质询案的代表半数以上对受质询机关的答复不满意的，可以提出重新答复的要求，由主席团交受质询机关再作答复。

受质询机关认为质询案涉及的问题比较复杂，在会议期间答复有困难的，或者提出质询案的代表半数以上对再次答复仍不满意的，经主席团决定，可以在市人民代表大会闭会后两个月内，由受质询机关在常务委员会会议或者有关的专门委员会会议上作出答复，提质询案的代表有权列席会议，发表意见。常务委员会根据答复的情况和代表意见，必要时可以作出决定。

第六十五条　在主席团对质询案作出处理决定前，提案人要求撤回的，对该质询案的审议即行终止。

第七章　调查委员会

第六十六条　市人民代表大会认为必要的时候，可以组织关于特定问题的调查委员会。

第六十七条　主席团或者十分之一以上的代表联名，可以提议组织关于特定问题的调查委员会，由主席团提请大会全体会议决定。

调查委员会由主任委员一人、副主任委员若干人和委员若干人组成，由主席团在市人民代表大会代表中提名，提请大会全体会议通过。调查委员会可以聘请专家参加调查工作。

第六十八条　调查委员会进行调查的时候，有关的国家机关、社会团体、企业、事业单位和公民都有义务如实向它提供必要的材料。提供材料的公民要求对材料来源保密的，调查委员会应当予以保密。

调查委员会在调查过程中，可以不公布调查情况和材料。

第六十九条　调查委员会应当向市人民代表大会提出调查报告。市人民代表大会根据调查委员会的报告，可以作出相应的决议。

市人民代表大会可以授权市人民代表大会常务委员会在市人民代表大会闭会期间，听取调查委员会的调查报告，并可以作出相应的决议，报市人民代表大会下次会议备案。

第八章　发言和表决

第七十条　市人民代表大会代表在市人民代表大会各种会议上的发言和表决，不受法律追究。

第七十一条　代表在市人民代表大会各种会议上发言，应当围绕会议确定的议题进行。

第七十二条　代表要求在大会全体会议上发言的，应当在会前向大会秘书处报名，由大会执行主席安排发言顺序。在进行大会审议的全体会议上临时要求发言的，经大会执行主席许可，始得发言。

代表在大会每次全体会议上发言的，每人就同一议题可以发言两次，第一次不得超过八分钟，第二次不得超过五分钟。

第七十三条　主席团成员或者列席主席团会议的代表在主席团每次会议上发言的，每人可以就同一议题发言两次，第一次不得超过八分钟，第二次不得超过五分钟。

第七十四条　列入会议议程需要表决的议案和决议、决定草案，在进行大会表决的全体会议召开前，应当经过充分审议讨论。代表在审议中对议案和决议、决定草案有重要不同意见的，经主席团提出，由出席会议的代表过半数同意，可以暂不交付表决。

较多的代表对提请表决的议案、决议、决定草案中的部分条款有不同意见的，经主席团决定，可以将部分条款分别付诸大会全体会议表决。

在进行大会表决和选举的全体会议上，代表不进行大会发言。

第七十五条　大会全体会议表决议案和决议、决定时，有修正案的，先表决修正案。

表决结果由会议主持人当场宣布。

第七十六条　大会全体会议表决议案，由全体代表的过半数通过。表决结果由会议主持人当场宣布。会议表决时，代表可以表示赞成，可以表示反对，也可以表示弃权。

会议表决议案采用无记名按表决器方式。如表决器系统在使用中发生故障，采用举手方式。

预备会议、主席团会议表决的方式，适用本条规定。

第九章　公布

第七十七条　市人民代表大会选举产生的市人民代表大会常务委员会主任、副主任、秘书长、委员，市长、副市长，市监察委员会主任，市高级人民法院院长，市人民检察院检察长，通过的市人民代表大会专门委员会成员，选举的本市出席全国人民代表大会代表名单，以市人民代表大会公告予以公布。

前款规定的人员在市人民代表大会会议期间辞职或者被罢免的，以市人民代表大会公告予以公布。

第七十八条　市人民代表大会通过的地方性法规，由主席团发布公告予以公布。

第七十九条　市人民代表大会通过的地方性法规、决议、决定，发布的公告，以及法规草案的说明、审议结果报告等，应当及时在市人民代表大会常务委员会公报和上海人大网上刊载。

第十章　附则

第八十条　本规则在市人民代表大会会议期间，由主席团解释；在市人民代表大会闭会期间，由常务委员会解释。

第八十一条　本规则自公布之日起施行。

2. 上海市禁毒条例

（2015 年 12 月 30 日上海市第十四届人民代表大会常务委员会第二十六次会议通过，根据 2022 年 2 月 18 日上海市第十五届人民代表大会常务委员会第三十九次会议《关于修改〈上海市禁毒条例〉的决定》修正）

第一章　总则

第一条　为了预防和惩治毒品违法犯罪行为，保护公民身心健康，维护社会秩序，根据《中华人民共和国禁毒法》、《戒毒条例》等法律、行政法规，结合本市实际，制定本条例。

第二条　本市行政区域内的禁毒宣传教育、毒品管制、戒毒管理服务、禁毒保障等工作，适用本条例。

第三条　禁毒工作贯彻预防为主，综合治理，禁种、禁制、禁贩、禁吸并举的方针，实行政府统一领导，有关部门各负其责，社会广泛参与的工作机制。

第四条　本市实行禁毒工作责任制。各级人民政府应当将禁毒工作纳入国民经济和社会发展规划，纳入政府绩效考核及城市精神文明建设、平安建设内容，将禁毒经费列入本级财政预算。

第五条　市和区禁毒委员会负责组织、协调、指导本行政区域内的禁毒工作，具体履行下列职责：

（一）制定禁毒工作规划、计划和政策措施；

（二）督促落实禁毒工作责任并组织开展考核，建立责任追究制度；

（三）组织开展禁毒示范创建和禁毒重点整治；

（四）检查禁毒法律、法规、政策的贯彻实施情况；

（五）协调解决禁毒工作中的重大问题；

（六）组织开展禁毒工作调查研究，发布年度禁毒报告；

（七）上级禁毒委员会和本级人民政府授予的其他职责。

禁毒委员会下设办公室，承担禁毒委员会的日常工作。

第六条 禁毒委员会的成员单位由公安、司法行政、卫生健康、药品监督管理、应急管理等部门组成。各成员单位应当将禁毒工作列入本单位、本系统的工作规划和年度计划，确定责任部门，各负其责、密切配合，并向禁毒委员会报告禁毒工作情况。

公安机关负责毒品查缉，毒品原植物禁种，吸、贩毒重点问题整治，吸毒人员查处和动态管控，易制毒化学品的相关监督管理，本系统强制隔离戒毒、戒毒康复场所的管理，牵头组织口岸缉毒等工作。

司法行政部门负责本系统强制隔离戒毒、戒毒康复场所的管理、涉毒服刑人员的教育改造，组织推动禁毒法治宣传教育等工作。

卫生健康部门负责戒毒医疗机构的监督管理，会同公安、司法行政等部门制定戒毒医疗机构设置规划，指导、支持戒毒医疗服务，组织、指导吸毒所致精神障碍的防治等工作。

药品监督管理部门负责麻醉药品、精神药品及药品类易制毒化学品的相关监督管理，药物滥用监测等工作。

应急管理部门负责非药品类易制毒化学品的相关监督管理工作。

人民法院、人民检察院应当履行法定职责，依法惩处毒品犯罪。

工会、共产主义青年团、妇女联合会应当结合各自工作，组织禁毒宣传教育、社会帮扶、志愿活动等，协助开展相关禁毒工作。

教育、民政、财政、农业农村、商务、文化旅游、广播电视、市场监督管理、人力资源社会保障、科技、交通、新闻出版、邮政、海关、人民银行以及机场、铁路部门和禁毒委员会其他成员单位，按照各自职责协同做好相关禁毒工作。

第七条 乡镇人民政府、街道办事处负责社区戒毒、社区康复工作，依法开展禁毒宣传教育，增强基层毒品治理能力。

村民委员会、居民委员会应当协助人民政府及相关部门加强禁毒宣传教育，落实禁毒防范措施。

第八条 禁毒是全社会的共同责任。国家机关、社会团体、企业事业单位以及其他组织和公民，应当依法履行禁毒职责或者义务。

有关行业协会应当加强行业自律，建立健全本行业禁毒自律规范和相关管理制度，督促会员落实禁毒防范措施，开展禁毒宣传教育。对违反相关规定的会员，实施必要的自律措施。

动员社会力量参与禁毒工作。建立健全禁毒社会工作者队伍和志愿者队伍，鼓励社会工作者组织、志愿者组织以及其他单位和个人参与禁毒预防、宣传教育、科学研究和戒毒社会服务等工作。各级人民政府应当对禁毒社会工作者和志愿者进行指导、培训，并提供必要的工作条件。

鼓励对禁毒工作的社会捐赠，并依法给予税收优惠。

第九条　本市建立与有关省、自治区、直辖市的禁毒合作机制。在国家有关部门指导下，开展禁毒执法、禁毒科研、禁毒教育等国际和地区合作交流。

本市推动与江苏省、浙江省、安徽省建立长江三角洲区域禁毒情报信息互通、数据资源共享、应对处置联动等工作体系，增强区域禁毒工作实效。

第二章　禁毒宣传教育

第十条　本市建立健全由禁毒委员会牵头，社会各界广泛参与的全民禁毒宣传教育工作体系，将禁毒宣传教育与公民道德教育、普法教育、健康教育、科普教育、预防艾滋病教育等相结合，实现禁毒宣传教育全覆盖。

禁毒委员会应当完善禁毒宣传教育考核评估机制，提高禁毒宣传教育效果。

第十一条　国家机关和有关单位应当组织公务员及其他工作人员接受禁毒形势与任务等教育培训。干部培训机构应当将禁毒工作列为培训内容。

禁毒委员会及其成员单位应当在国际禁毒日等重要时间节点，发动社会各方面，采取多种形式，集中开展禁毒宣传教育活动。

禁毒委员会办公室会同教育、科技、公安、司法行政、卫生健康、文化旅游、广播电视、新闻出版、网信等部门和单位，建设禁毒教育基地，组织编制禁毒知识读本、音像制品、互联网文化产品等，运用新媒体、新技术为公众提供禁毒宣传教育服务。

第十二条　本市新闻出版、文化旅游、广播电视、电影、互联网站等有关单位，应当面向社会进行禁毒宣传教育。报刊、广播、电视、网络等大众传媒应当制定和实施禁毒公益宣传教育方案，安排宣传版面和时段，定期刊登、播放禁毒宣传广告和内容，并将相关情况报行业主管部门。

第十三条　未成年人的父母或者其他监护人应当对未成年人进行毒品危害和药物滥用危害教育，关注其社会交往，防止其吸毒或者进行其他毒品违法犯罪活动。

教育部门应当加强学校毒品预防专题教育，开展师资培训，指导和督促学校落实相关教学任务。各类中小学校应当将毒品预防专题教育纳入本校课程，落实教学计划、师资和课时；高等学校应当将禁毒知识纳入教学计划和课程内容。

工会、共产主义青年团、妇女联合会及社区组织、用人单位，应当结合各自特点，加强对社区青少年、来沪青少年、青年职工等群体的禁毒教育。

第十四条　娱乐场所和旅馆、酒吧、互联网上网服务营业场所、洗浴、会所等场所负责本场所的禁毒宣传教育，应当在场所显著位置设置禁毒警示标识，并对从业人员进行禁毒教育。

第十五条　本市广播电视、电影、新闻出版、互联网信息服务提供者、文艺团体及相关单位，制作广播电视节目、举办文艺演出、播出、发布电影、电视剧、广播电视节目以及商业广告的，应当遵守国家对有吸毒等违法犯罪行为人员的限制性规定。

第十六条　本市鼓励村民委员会、居民委员会开展公益性的禁毒宣传活动，在村规民约、居民公约中明确禁毒要求，教育和引导村民、居民自觉远离毒品，增强抵制和防范毒品的意识。

第三章　毒品管制

第十七条　禁止非法种植毒品原植物。

乡镇人民政府、街道办事处应当会同公安、农业农村等部门加强巡查，发现非法种植毒品原植物的，立即采取措施予以制止、铲除。村民委员会、居民委员会发现非法种植毒品原植物的，应当及时予以制止、铲除，并向当地公安机关报告。

第十八条　公安、药品监督管理、应急管理、商务、经济信息化、市场监督管理、卫生健康、海关等部门应当加强易制毒化学品的监督管理，建立易制毒化学品信息共享、流向追溯、责任倒查等制度。

生产、经营、购买、运输和进口、出口易制毒化学品的单位，应当严格执行国家有关许可、备案等规定，并建立和落实单位内部管理制度。申请生产国家规定的第一类中的药品类易制毒化学品的企业，应当在仓储场所等重点区域设置电视监控设施以及与公安机关联网的报警装置。

第十九条　本市根据国家规定，依法推进禁毒重点关注物品的信息采集管理工作。按照国家禁毒工作的具体部署，合理确定、动态调整、及时公布本市禁毒重点关注物品清单。

禁毒重点关注物品信息采集应当限于实现工作目的的最小范围，保障市场主体的合法权益，不得过度采集。能够通过部门共享的信息和数据，不得重复采集。

相关部门应当为市场主体提交信息提供指导和服务，根据市场主体的意见建议改进完善工作。

第二十条　教育、卫生健康、科技、农业农村等部门，以及教学科研、医疗卫生、生物制药、化工科技等企业事业单位，发现可能用于制造毒品、具有成瘾性且易被滥用的物质，应当及时向市禁毒委员会报告。市禁毒委员会应当为相关部门、单位提供指导和服务，及时组织开展评估，并向市人民政府报告有关情况。

第二十一条　药品零售企业对第二类精神药品、含麻黄碱类复方制剂等国家有相关规定的药品的购买人和购买数量等，应当严格执行实名登记等规定。

药品生产、经营企业发现销售的麻醉药品、精神药品、含麻黄碱类复方制剂等国家有相关规定的药品被用于非法目的的，应当立即停止销售，并向药品监督管理和公安等部门报告。

医疗机构应当建立健全制度规范，运用现代技术手段，加强对麻醉药品、精神药品、含麻黄碱类复方制剂等国家有相关规定的药品的管理。发现开具、调配的麻醉药品、精神药品、含麻黄碱类复方制剂等国家有相关规定的药品超过正常医疗需求的，应当立即停止开具、调配；发现被用于非法目的的，应当立即停止开具、调配，并向卫生健康和公安等部门报告。

药品监督管理、卫生健康等部门应当加强监督检查，及时发现和处置异常情形，依法查处违法行为。

第二十二条　公安机关应当建立健全毒品日常查缉机制，在交通要道、口岸和机场、车站、码头以及其他重点区域，对来往人员、物品、货物以及交通工具等进行毒品和易制毒化学品检查，海关、民航、铁路、交通等部门依法予以配合。

海关依法对进出口岸的人员、物品、货物以及运输工具进行检查，防止走私毒品和易制毒化学品。

相关部门在查缉毒品过程中造成单位和个人非涉毒物品损毁的，依法予以相应赔偿。

第二十三条　邮政、物流寄递企业应当建立健全禁毒管理制度，配备必要的硬件设施和技术装备，提高查验技术，加强对寄递物品的验视，防止寄递毒品和非法寄递麻醉药品、精神药品、易制毒化学品。

邮政、物流寄递企业应当按照国家有关规定实行寄递实名登记制度，相关信息的保存期限不得少于一年。国家另有规定的，从其规定。

邮政、物流寄递企业对用户寄递的物品应当实行收寄验视制度，发现寄递疑似毒品或者非法寄递麻醉药品、精神药品、易制毒化学品的，应当向相关主管部门和公安机关报告。

第二十四条　邮政、交通、海关等部门应当会同公安机关对邮政、物流寄递行业的有关人员进行禁毒知识、相关寄递规范等培训；建立健全对邮政、物流寄递行业的禁毒联合执法机制，加强对物流寄递物品的随机抽查，相关单位和个人应当予以配合。

第二十五条　网络交易平台经营者应当依法管理平台内的经营行为，发现有下列违法网络经营行为的，应当采取必要的措施，保存有关记录，并向药品监督管理、市场监督管理、公安等相应的主管部门报告：

（一）销售麻醉药品、精神药品等国家实行特殊管理的药品；

（二）销售非法添加麻醉药品、精神药品成分的食品、化妆品；

（三）销售国家禁止网上销售的其他相关物品。

网络交易平台经营者、平台内经营者，以及通过自建网站、网络社交、网络直播等其他网络服务开展交易活动的经营者，应当依法披露商品的注册或者备案、相关许可信息，以及安全标准规定应当标明的事项等信息。

第二十六条 任何单位和个人不得制作、发布、传播、转载、链接包括吸毒、制毒、贩毒的方法、技术、工艺、经验、工具等在内的任何涉毒违法有害信息。

网络运营者应当防止他人利用其提供的网络进行涉毒违法犯罪活动、传播涉毒违法有害信息；发现涉毒违法有害信息或者涉毒违法犯罪行为的，应当向公安机关报告，并采取停止传输、保存记录等措施。

通信管理、网络监督管理等部门应当会同公安机关加强对网络涉毒违法有害信息的监测，依法处理涉毒违法犯罪行为，网络运营者应当予以配合。

第二十七条 娱乐场所和旅馆、酒吧、互联网上网服务营业场所、洗浴、会所等场所应当建立和落实内部管理制度，加强日常巡查，防止场所内发生毒品违法犯罪行为。发现场所内有毒品违法行为的，应当向公安机关报告。

对前款所列场所，相关主管部门应当加强监督管理，公安机关应当加强禁毒检查，及时发现和查处毒品违法犯罪行为。

第二十八条 禁毒委员会应当根据实际情况，确定毒品问题重点整治地区和单位，明确整治要求。国家和本市确定的重点整治地区所在地人民政府和重点整治单位应当采取措施，加强综合治理，限期完成整治目标，巩固整治成果。

公安机关应当会同相关部门根据毒品违法犯罪的变化趋势，针对合成毒品贩卖、吸食等重点问题，研究完善治理对策，依法加大打击力度。

第二十九条 金融机构应当依法执行大额交易和可疑交易的报告管理制度，配合公安机关加强对毒品违法犯罪可疑资金的监测；发现涉嫌毒品违法犯罪的资金流动情况，应当向反洗钱行政主管部门和公安机关报告。

第三十条 住宅、厂房等房屋的出租人、管理人、物业服务企业发现出租房屋内有制造、贩卖、吸食毒品等违法活动的，应当向公安机关报告。

第三十一条 三年内有吸毒行为或者解除强制隔离戒毒未满三年，或者长期服用依赖性精神药品成瘾尚未戒除的人员，不得驾驶交通运输工具。

公安、民航、交通、铁路等部门应当按照国家有关规定，加强交通运输工具驾驶资格和从业资质申领的审核、管理，防止吸毒人员驾驶交通运输工具。

交通运输企业及相关单位应当建立健全驾驶人员涉毒筛查制度，将吸毒筛查纳入驾驶人员体检项目，并主动接受公安机关的监督检查；发现驾驶人员有吸毒行为的，应当责令其停止驾驶，并向交通管理部门和公安机关报告。

第四章　戒毒管理服务

第三十二条　本市建立自愿戒毒、社区戒毒、强制隔离戒毒、社区康复相互衔接的戒毒工作机制，对吸毒人员实行分类评估、分级管理、综合干预，帮助吸毒人员戒除毒瘾，教育和挽救吸毒人员。

吸毒成瘾人员应当进行戒毒治疗。对于初次查获的吸毒人员，公安机关应当委托戒毒医疗机构开展吸毒成瘾认定。

吸毒检测样本包括被检测人的唾液、尿液、血液或者毛发等。

第三十三条　公安机关应当依法对吸毒人员进行登记，实行动态管控。吸毒人员户籍所在地与现居住地不一致的，由现居住地公安机关负责动态管控，户籍所在地公安机关应当予以配合。

公安机关对符合下列情形之一的吸毒人员不再实行动态管控，并及时更新维护相关信息，但拒绝接受社区戒毒、社区康复或者严重违反社区戒毒、社区康复协议的除外：

（一）吸毒被查获后，未被认定为吸毒成瘾，自被查获之日起三年内没有吸毒行为的；

（二）被责令社区戒毒、社区康复，自执行之日起三年内没有吸毒行为的；

（三）被解除强制隔离戒毒，自解除之日起三年内没有吸毒行为的。

对于由强制隔离戒毒变更为社区戒毒的，适用前款第（三）项的规定。

第三十四条　鼓励吸毒人员自行到戒毒医疗机构、强制隔离戒毒等场所接受戒毒治疗。公安机关按照国家有关规定，对自愿接受戒毒治疗的吸毒人员的原吸毒行为不予处罚。

第三十五条　吸毒成瘾人员申请参加戒毒药物维持治疗，应当符合国家和本市规定的条件。

吸毒成瘾人员申请参加戒毒药物维持治疗的，应当向现居住地或者户籍所在地的戒毒药物维持治疗机构提出；现居住地或者户籍所在地未设立戒毒药物维持治疗机构的，可以向其他戒毒药物维持治疗机构提出。

戒毒药物维持治疗期间，戒毒人员应当遵守治疗制度，自觉接受吸毒检测和其他相关医学检测，不得干扰医疗机构正常的诊疗和管理秩序。

第三十六条　乡镇人民政府、街道办事处负责社区戒毒工作，配备社区戒毒专职工作人员，制定社区戒毒工作计划，落实社区戒毒措施。

乡镇人民政府、街道办事处成立由社区戒毒专职工作人员、参与社区戒毒工作的民警、社区医务人员、禁毒社会工作者、社区戒毒人员的家庭成员以及禁毒志愿者等组成的社区戒毒工作小组，具体实施社区戒毒工作。

公安、司法行政、卫生健康、民政、人力资源社会保障、教育等部门应当按照各自职责，指导、支持、协助、参与社区戒毒工作。

第三十七条　对符合强制隔离戒毒情形的吸毒成瘾人员，公安机关应当依法作出强制隔离戒毒的决定，强制隔离戒毒场所应当及时接收。

公安机关和司法行政部门所属的强制隔离戒毒场所应当完善工作衔接机制。对于公安机关强制隔离戒毒场所转送的强制隔离戒毒人员，司法行政部门的强制隔离戒毒场所应当接收；对于经由公安机关、司法行政部门共同委托的医疗机构诊断为患严重疾病不出所治疗可能危及生命的强制隔离戒毒人员，公安机关的强制隔离戒毒场所不应转送。

强制隔离戒毒场所应当根据戒毒人员的性别、年龄、患病等情况对戒毒人员实行分别管理；对吸食不同种类毒品的，有针对性地开展戒毒治疗、教育和康复训练；根据戒毒治疗的不同阶段和戒毒人员的表现，实行逐步适应社会的分级和分期管理。

强制隔离戒毒场所应当采取必要的安全保护措施，防止戒毒人员自伤、自残或者实施其他危害行为。

第三十八条　公安机关、司法行政部门应当在强制隔离戒毒场所内开辟专门区域，或者设立专门的强制隔离戒毒场所，收戒病残强制隔离戒毒人员。

本市设立专门医院，或者在有条件的医疗机构内开辟专门区域，收治强制隔离戒毒场所无法收戒的病残强制隔离戒毒人员。专门医院和专门区域由卫生健康部门负责医疗服务管理，协调医疗机构提供医疗技术支持，公安、司法行政等部门负责场所安全和戒毒人员管理。

病残强制隔离戒毒人员的具体收戒办法，由公安机关、司法行政部门会同卫生健康部门另行制定。

第三十九条　对于患严重疾病不出所治疗可能危及生命的强制隔离戒毒人员，可以按照国家有关规定实行所外就医。公安机关、司法行政部门应当严格遵循所外就医标准，发现不符合所外就医情形，或者所外就医情形消失且强制隔离戒毒期限未满的，应当继续执行强制隔离戒毒。

所外就医期间，强制隔离戒毒人员现居住地或者户籍所在地公安机关应当落实管理责任，督促强制隔离戒毒人员遵守相关规定，防止脱管、漏管；强制隔离戒毒场所应当予以配合。

市禁毒委员会办公室应当会同公安、司法行政、卫生健康等部门建立健全所外就医标准等制度。公安机关、司法行政部门应当定期向市禁毒委员会报告所外就医情况。

第四十条　强制隔离戒毒场所应当与强制隔离戒毒人员现居住地或者户籍所在地的有关部门和组织加强合作，开展信息对接、所内帮教、戒毒效果回访评估等活动。

强制隔离戒毒场所应当在强制隔离戒毒人员解除强制隔离戒毒的七个工作日前，告知强制隔离戒毒决定机关，并通知其家属、所在单位、现居住地或者户籍所在地公安派出所按期将其领回。

强制隔离戒毒场所应当自强制隔离戒毒人员出所之日起三个工作日内，向其现居住地或者户籍所在地的乡镇人民政府、街道办事处移交有关法律文书和诊断评估结果等材料。

第四十一条　强制隔离戒毒决定机关对解除强制隔离戒毒的人员，可以责令其接受不超过三年的社区康复。社区康复按照国家和本市有关规定实施。

乡镇人民政府、街道办事处应当完善戒毒康复措施，建立戒毒康复人员自我管理、自我教育、自我服务的机制，提高戒毒康复效果。

被责令接受社区康复的人员拒绝接受社区康复或者严重违反社区康复协议，吸毒成瘾但未达到强制隔离戒毒情形的，现居住地或者户籍所在地公安机关可以依法责令其接受社区戒毒。

第四十二条　戒毒人员在入学、就业、享受社会保障等方面不受歧视。

戒毒人员可以按照国家和本市有关规定参加社会保险，接受职业技能培训、就业指导、就业援助，获得社会救助。戒毒诊疗费用，按照国家和本市有关规定纳入基本医疗保险和医疗救助范围。有关部门、组织和人员应当在入学、就业、享受社会保障等方面对戒毒人员给予必要的指导和帮助。

戒毒人员戒毒的个人信息依法予以保密，除法律、法规另有规定外，不得公开或者向单位、个人提供。

第五章　禁毒工作保障

第四十三条　各级人民政府应当根据禁毒工作需要，保障禁毒宣传教育、禁毒执法、戒毒康复、禁毒科研、设施建设、队伍建设、表彰奖励等经费支出。

市和区人民政府应当配备与禁毒任务相适应的禁毒机构和队伍，加强禁毒委员会办公室及公安、司法行政等禁毒专业力量建设。乡镇人民政府、街道办事处应当完善禁毒工作领导小组等工作机制，配备专职工作人员。禁毒委员会各成员单位应当配备工作力量，落实专项经费。

第四十四条　鼓励开展禁毒科研及成果转化运用。

禁毒委员会办公室会同公安、司法行政、卫生健康、科技、教育等部门制定禁毒科研和人才培养计划，依托高等学校、科研院所等单位加强禁毒科研和人才培养，开发、引进先进的禁毒技术、装备和戒毒方法；高等学校、科研院所等单位应当予以支持与配合。

第四十五条　市禁毒委员会应当推进大数据、人工智能、云计算等信息技术在禁毒工作中的应用，提升禁毒工作信息化、智能化水平。依托本市"一网通办""一网统管"

平台，健全完善禁毒智能化管理服务预警平台，实现信息采集、监测评估、分析研判、预警发布、信息查询等功能。

禁毒委员会各成员单位应当向禁毒智能化管理服务预警平台及时、准确地传送本单位与禁毒工作相关的信息和数据。社会团体、企业事业单位以及其他组织和公民应当予以配合。

禁毒委员会应当对禁毒智能化管理服务预警平台采集、共享的信息和数据，加强安全管理，并严格保密。

第四十六条　各级人民政府通过委托或者购买服务等方式，引导、培育、扶持社会组织和社会工作者开展禁毒宣传教育、戒毒康复指导、吸毒人员心理干预等专业服务。

第四十七条　鼓励单位和个人通过"110"报警电话等途径，举报毒品违法犯罪行为。各级人民政府和公安等部门应当对举报人的个人信息予以保密，保护其人身安全。

对举报有功人员以及在禁毒工作中有突出贡献的单位和个人，按照国家和本市有关规定给予表彰和奖励。

第四十八条　市和区人民政府及公安、司法行政、卫生健康、人力资源社会保障、财政等部门应当采取措施，加强对禁毒工作人员的职业保护，防范和减少禁毒工作中的职业风险。

禁毒工作人员因禁毒工作致伤、致残、死亡的，按照国家和本市有关规定给予抚恤和工伤待遇。

禁毒社会工作者所在单位和组织应当为其办理相应的人身保险。

第六章　法律责任

第四十九条　违反本条例规定的行为，法律、行政法规有处罚规定的，从其规定；构成犯罪的，依法追究刑事责任。

第五十条　违反本条例第十五条规定，制作广播电视节目、举办文艺演出、播出电影、电视剧、广播电视节目时，不遵守国家对有吸毒等违法犯罪行为人员的限制性规定的，由文化综合执法机构责令改正，处十万元以上二十万元以下的罚款。

违反本条例第十五条规定，不遵守国家对有吸毒等违法犯罪行为人员的限制性规定，播出、发布有吸毒等违法犯罪行为的人员代言的商业广告的，由市场监督管理部门责令停止发布广告，并在相应范围内消除影响。知道或者应当知道代言人为有吸毒等违法犯罪行为的人员，仍然播出、发布由其代言的商业广告的，由市场监督管理部门处广告费用一倍以上三倍以下的罚款，广告费用无法计算或者明显偏低的，处十万元以上二十万元以下的罚款；情节严重的，处广告费用三倍以上五倍以下的罚款，广告费用无法计算或者明显偏低的，处二十万元以上一百万元以下的罚款。

第五十一条　违反本条例第十八条第二款规定，申请生产国家规定的第一类中的药品类易制毒化学品的企业，未在仓储场所等重点区域设置电视监控设施或者未与公安机关建立联网报警装置，导致未及时发现易制毒化学品丢失、被盗、被抢的，由公安机关责令改正，对企业法定代表人给予警告；拒不改正的，对企业处一万元以上五万元以下的罚款。

第五十二条　违反本条例第二十条规定，发现可能用于制造毒品、具有成瘾性且易被滥用的物品未及时报告，导致流入制毒渠道或者规模性滥用的部门、企业事业单位，由禁毒委员会或者有关部门予以告诫、约谈、限期整改，并依法追究相关法律责任。

第五十三条　违反本条例第二十一条第一款规定，药品零售企业对第二类精神药品、含麻黄碱类复方制剂等国家有相关规定的药品，未执行实名登记等规定的，由药品监督管理部门责令改正，并可以给予警告。

违反本条例第二十一条第二款规定，药品生产、经营企业发现麻醉药品、精神药品、含麻黄碱类复方制剂等国家有相关规定的药品被用于非法目的，未立即停止销售并向相关部门报告的，由药品监督管理部门予以警告，处一万元以上五万元以下的罚款。

违反本条例第二十一条第三款规定，医疗机构发现开具、调配的麻醉药品、精神药品、含麻黄碱类复方制剂等国家有相关规定的药品超过正常医疗需求，未立即停止开具、调配的，由卫生健康部门予以警告，并可以处一万元以上五万元以下的罚款；发现被用于非法目的，未立即停止开具、调配并向卫生健康和公安等部门报告的，由卫生健康部门予以警告，处一万元以上五万元以下的罚款。

第五十四条　违反本条例第二十三条第二款规定，邮政、物流寄递企业未实行寄递实名登记制度，发生涉毒案件的，由相关主管部门责令改正，予以警告，处一万元以上五万元以下的罚款。

违反本条例第二十三条第三款规定，邮政、物流寄递企业发现寄递疑似毒品或者非法寄递麻醉药品、精神药品、易制毒化学品未向相关部门报告，发生涉毒案件的，由相关主管部门予以警告，处一万元以上五万元以下的罚款。

第五十五条　违反本条例第十四条、第二十七条第一款规定，娱乐场所和旅馆、酒吧、互联网上网服务营业场所、洗浴、会所等场所未在显著位置设置禁毒警示标识，未对从业人员进行禁毒教育，未建立内部禁毒管理制度，或者未开展日常巡查的，由公安机关责令改正，予以警告。发现场所内有毒品违法行为未向公安机关报告的，由公安机关予以警告，处一万元以上二万元以下的罚款。国家另有规定的，从其规定。

违反本条例第二十七条第一款规定，致使娱乐场所和旅馆、酒吧、互联网上网服务营业场所、洗浴、会所等场所内发生毒品违法行为的，由公安机关没收违法所得和非法财物，责令停业整顿三个月至六个月；情节严重的，由原发证机关依法吊销经营许可证，对直接负责的主管人员和其他直接责任人员处一万元以上二万元以下的罚款。

第五十六条　违反本条例第二十八条第一款规定，毒品问题重点整治地区所在地人民政府和重点整治单位未采取有效措施，或者未限期完成整治目标的，由市禁毒委员会给予批评，并可以向相关责任人员的任免机关或者监察机关提出处分建议。

第五十七条　违反本条例第三十条规定，房屋出租人、管理人、物业服务企业发现出租房屋内有毒品违法活动，未向公安机关报告的，对个人按照《中华人民共和国治安管理处罚法》的相关规定予以处罚；对单位由公安机关予以警告，处一万元以上五万元以下的罚款。

第五十八条　违反本条例第三十一条第一款规定，三年内有吸毒行为或者解除强制隔离戒毒未满三年，或者长期服用依赖性精神药品成瘾尚未戒除的人员驾驶机动车的，由公安机关进行调查核实，发现有应当注销驾驶证情形的，依法注销驾驶证；驾驶其他交通运输工具的，由相关主管部门按照有关规定处理。

违反本条例第三十一条第三款规定，交通运输企业未建立驾驶人员涉毒筛查制度的，由交通管理部门责令改正，予以警告，处五千元以上二万元以下的罚款；交通运输企业发现驾驶人员有吸毒行为，未责令其停止驾驶并向相关部门报告的，由交通管理部门责令改正，予以警告，处一万元以上五万元以下的罚款；情节严重的，处五万元以上十万元以下的罚款，并可以吊销相关许可证。

第五十九条　国家机关和有关单位不依法履行禁毒工作职责的，由同级禁毒委员会或者上级机关、主管部门责令限期改正；逾期不改正的，予以批评；情节严重的，由上级机关、主管部门或者监察机关对直接负责的主管人员和其他直接责任人员依法给予处理。

公安、司法行政、卫生健康、药品监督管理、应急管理及其他相关部门的工作人员不依法履行禁毒工作职责，尚不构成犯罪的，依法给予处分。

第七章　附则

第六十条　本条例自 2016 年 4 月 1 日起施行。

3. 中国（上海）自由贸易试验区临港新片区条例

（2022年2月18日上海市第十五届人民代表大会常务委员会第三十九次会议通过）

第一章　总则

第一条　为了深入推进中国（上海）自由贸易试验区临港新片区（以下简称临港新片区）建设，保障深层次、全方位、高水平改革开放，打造更具国际市场影响力和竞争力的特殊经济功能区，根据国务院批准的《中国（上海）自由贸易试验区临港新片区总体方案》和有关法律、行政法规，制定本条例。

第二条　本市推进临港新片区高标准、高质量建设，对标国际上竞争力最强的自由贸易园区、自由贸易港，加大开放型经济的风险压力测试，建设以前沿产业集群、新型国际贸易、高端国际航运、跨境金融服务为代表的开放型产业体系，实现临港新片区与境外投资自由、贸易自由、资金自由、运输自由、人员从业自由和信息快捷联通。

临港新片区应当建设成为集聚海内外人才开展国际创新协同的重要基地、统筹发展在岸业务和离岸业务的重要枢纽、企业走出去发展壮大的重要跳板、更好利用两个市场两种资源的重要通道、参与国际经济治理的重要试验田。

第三条　中国（上海）自由贸易试验区临港新片区管理委员会（以下简称管委会）作为市人民政府的派出机构，负责具体落实临港新片区各项改革试点任务，依法履行相关管理职责。

市人民政府在临港新片区建立综合审批、相对集中行政处罚的体制和机制，由管委会集中行使本市有关行政审批权和行政处罚权。管委会实施行政审批和行政处罚的具体事项，由市人民政府确定并公布。

市有关部门按照各自职责，支持管委会的各项工作。浦东新区、奉贤区、闵行区等区人民政府应当与管委会加强协作，并按照各自职责承担相关行政事务。

海关、海事、税务、金融监管、通信管理等部门在各自职责范围内依法支持临港新片区建设和改革开放，并可以根据发展需要在临港新片区设立分支机构。

第四条　根据国家规定，临港新片区参照经济特区管理，支持临港新片区自主发展、自主改革和自主创新。

本市地方性法规和政府规章中有关规定不适应临港新片区发展的，管委会应当会同市人民政府有关部门按照程序提出调整或者停止该规定在临港新片区适用的建议。

本市需要先行试点的重大改革举措，临港新片区具备条件的，在临港新片区优先试点。

第五条　本市建立健全有利于临港新片区建设发展的财政保障体制，为临港新片区的建设、管理等提供财政保障。

第六条　本市促进临港新片区和长三角其他地区的协同发展，逐步放大临港新片区辐射带动效应。

第二章　投资自由便利

第七条　本市应当配合国家有关部门制定放宽市场准入特别清单（特别措施），在临港新片区实施。

临港新片区实行以过程监管为重点的投资便利措施，深化行政审批制度改革，推动政府职能转变。

临港新片区根据国家进一步扩大开放的总体部署，有序推进电信、科研和技术服务、教育、卫生等重点领域扩大开放；对于国家在其他领域的扩大开放政策措施，临港新片区争取先行先试。

第八条　根据国家规定，在临港新片区建设以下金融要素平台：

（一）国际金融资产交易平台，便利境内外投资者参与配置全球资源；

（二）场内全国性大宗商品仓单注册登记中心，为企业进行仓单交易和仓单质押融资等提供便利；

（三）国际油气交易中心，支持推出更多交易品种。

第九条　临港新片区实行市场主体登记确认制。登记机关对市场主体提交的登记材料实行形式审查，材料齐全且符合法律规定的，予以确认。除依法须经批准的项目外，市场主体凭营业执照依法自主开展经营活动。

临港新片区优化市场主体退出机制，建立市场主体强制退出制度。

第十条　外国投资者在中国境内的出资、利润、资本收益、资产处置所得、知识产权许可使用费、依法获得的补偿或者赔偿、清算所得等投资及收益，可以依法以人民币或者外汇自由汇入、汇出。

临港新片区内的金融机构可以凭外国投资者无争议的合法收益证明和税务凭证，无延迟办理汇入、汇出手续。

第十一条　对外国投资者的投资不实行征收。在特殊情况下，临港新片区为了公共利益的需要依照法律规定对外国投资者的投资实行征收的，应当依照法定程序、以非歧视性的方式进行，按照被征收投资的市场价值，及时给予公平、合理的补偿，并承担从征收之日起至支付之日止按合理利率计算的利息。

第十二条　管委会对注册在临港新片区的地方企业开展本市权限内的境外投资项目，实施备案管理。管委会应当引导和规范企业境外投资方向，为临港新片区的企业提供信息服务，推动境外投资高质量发展。

第三章　贸易和运输自由便利

第十三条　国务院批准设立的洋山特殊综合保税区探索对境外抵离物理围网区域的货物，依据风险情况，实施以安全监管为主、体现更高水平贸易自由化便利化的监管模式；创新跨境电子商务服务模式，建立跨境电子商务国际配送平台，在洋山特殊综合保税区指定区域探索设立为区内生产经营活动提供配套服务且不涉及免税、保税、退税货物和物品的消费服务设施，设立保税展示交易平台。

经相关部门批准，洋山特殊综合保税区外、临港新片区内的企业可以享受洋山特殊综合保税区内部分政策。

第十四条　临港新片区内企业经批准，可以开展高附加值、高技术含量、符合环保要求的保税维修、检测业务。维修、检测后的产品，应当根据其来源复运至境外。

第十五条　临港新片区内企业进口特定类别境外再制造产品的，可以根据国家规定按照新品实施进口管理。

临港新片区内试点企业可以按照国家规定，进口汽车发动机关键零部件、高端医疗设备等旧机电产品用于再制造业务。

第十六条　根据国家统一部署，在临港新片区实行跨境服务贸易负面清单管理。对清单之外的跨境服务贸易，按照内外一致的原则管理。

第十七条　符合条件的国际航行船舶可以开展以洋山港为国际中转港的外贸集装箱沿海捎带业务。

推进"中国洋山港"国际船舶登记，试点实施与国际惯例接轨的船舶登记管理制度。根据国家部署，经授权的船舶检验机构可以对登记为"中国洋山港"籍的国际航行船舶开展法定检验、入级检验。

注册在临港新片区的航运公司或者海员外派机构，可以异地缴纳其船员社保。

临港新片区内企业经批准，可以试点开展国际航行船舶液化天然气等新型燃料加注业务。

第十八条　注册在洋山特殊综合保税区内的企业，在洋山特殊综合保税区内提供交通运输服务、装卸搬运服务和仓储服务等取得的收入，按照国家规定免征增值税。

第十九条　登记为"中国洋山港"籍的境内制造船舶，从事国际运输或者港澳台运输业务的，按照国家规定视同出口，给予增值税退税。

符合条件的出口企业对其自洋山港离境的集装箱货物，按照国家规定在启运港口岸出发时即可申请出口退税。

第四章　资金自由便利

第二十条　在临港新片区内取消外商直接投资人民币资本金专用账户，在资金使用符合中国人民银行相关规定的前提下，结算银行可直接为企业办理资本金入账业务。临港新片区内的金融机构可以通过自由贸易账户，在风险可控的前提下，按照法律法规规定，借鉴国际通行的金融监管规则提供便利的离岸金融服务。

根据国家金融监管部门授权，开展临港新片区内非金融企业外债便利化试点，支持私募股权投资基金跨境投资，稳步放宽跨境资产转让业务限制，便利外商投资企业境内再投资。

临港新片区内符合条件的商业银行按照国家部署，试点开展离岸人民币业务。

第二十一条　根据国家规定，实施跨境货物贸易、服务贸易和新型国际贸易结算便利化措施，临港新片区内商业银行在充分了解客户和业务并开展尽职审查的基础上，对区内符合条件的企业实行凭收付款指令直接办理贸易外汇收支业务。

第二十二条　根据国家金融监管部门授权，探索放开临港新片区内境内个人开展境外投资、临港新片区内就业的境外个人开展境内投资。支持金融机构为引进的境外人才提供便利的跨境金融服务。

第二十三条　鼓励跨国公司在临港新片区内设立全球或者区域资产管理中心。临港新片区内符合条件的跨国企业集团可以建立本外币一体化资金池，在境内外成员之间集中开展本外币资金余缺调剂和归集业务，资金按实际需要兑换，对跨境资金流动实行双向宏观审慎管理。

第二十四条　临港新片区内符合条件的金融机构可以进入金融期货市场，探索依托上海相关交易所投资黄金、石油等大宗商品。

第二十五条　市地方金融监管部门应当会同管委会、国家金融监管部门驻沪（临港新片区）机构建立健全临港新片区金融工作协调机制。

临港新片区建立金融监管部门之间以及金融监管部门与有关管理部门之间的信息共享机制，实现监管和服务信息互联互通、共享共用。

临港新片区依托跨境资金流动监测中心等，支持金融监管部门运用科技手段提升金融监管和服务水平。

根据国家主管部门授权，在临港新片区简化区内企业发行外债备案管理。

第五章　人员从业自由便利和人才保障

第二十六条　临港新片区内经备案的企业或者机构邀请的外籍人员入境从事交流、访问、商贸、就业等相关活动的，可以享受更加便利的签证服务。

在临港新片区工作的外籍人员，可以申请有效期五年以内的工作类居留许可。管委会可以推荐在临港新片区内工作的外籍高层次人才、紧缺人才以及符合条件的外国投资者申请永久居留，上述人员的外籍配偶、未成年子女可以随同申请。

本市推动外国人永久居留证件在临港新片区的便利化应用，便于持证人在临港新片区居留、学习、工作。

按照国家部署，管委会会同市出入境管理部门，推动移民政策实践基地建设，开展移民融入服务。

第二十七条　管委会对临港新片区内用人单位聘请或者拟聘请的外籍高科技领域人才、技能型人才，以及其他经认定的外籍紧缺急需人才，可以放宽年龄、学历和工作经历等限制，符合条件的可以给予两年以上的外国人来华工作许可。

取得境外高水平大学本科及以上学历的优秀外籍毕业生，与临港新片区内用人单位签订劳动合同的，可以给予外国人来华工作许可。在临港新片区工作的符合条件的入外籍留学人员，可以直接办理长期海外人才居住证。对在临港新片区内留学人员创业园创办企业的外籍高校毕业生，直接给予工作许可，其创业经历视同工作经历。临港新片区内企业按照有关规定，可以招收外籍实习生。

第二十八条　本市按照国家要求，逐步放开临港新片区内专业领域境外人才从业限制，允许具有境外职业资格的金融、建筑、规划、设计等领域符合条件的专业人才经备案后，在临港新片区内提供服务，其在境外的从业经历可视同国内从业经历。符合条件的境外人员可以担任临港新片区内法定机构、事业单位、国有企业的法定代表人。具体管理办法由管委会会同本市相关部门制定。

第二十九条　对临港新片区用人单位录用的非上海生源普通高校应届毕业生，在申办常住户口时给予政策倾斜。临港新片区内符合条件的用人单位引进的紧缺急需人才可以在临港新片区申办常住户口。符合条件的留学回国人员可以在临港新片区申办常住户口。

对持有本市居住证的在临港新片区工作的国内人才，缩短居住证转办常住户口年限。对持有本市居住证在临港新片区工作并居住的人员，实行居住证专项加分制度。

第三十条　本市根据临港新片区发展需要，可以针对在临港新片区稳定就业且稳定居住的人才实施差异化住房政策。

第三十一条　临港新片区符合条件的境外人才可以享受人才个人所得税优惠政策。

用人单位可以为在临港新片区就业的符合条件的外籍人员办理本市职工基本医疗保险（含生育保险）。

第六章　数据流动

第三十二条　本市根据国家部署，以临港新片区为先导，推进国际数据港建设，构建国际互联网数据专用通道、新型互联网交换中心等新型基础设施，打造全球数据汇聚流转枢纽平台。

第三十三条　按照国家相关法律、法规的规定，在临港新片区内探索制定低风险跨境流动数据目录，促进数据跨境安全有序流动。

在临港新片区依法开展跨境数据活动的自然人、法人和非法人组织，应当按照要求报送相关信息。

第三十四条　本市支持临港新片区推进国际数据产业发展，培育发展数据经纪、数据运营、数据质量评估等新业态，建立数据跨境流动、数据合规咨询服务、政企数据融合开发等公共服务平台。

本市推动互联网数据中心、信息服务等增值电信业务在临港新片区试点开放。

第三十五条　本市支持在临港新片区建立与数字贸易相关的知识产权综合服务平台、数字贸易跨境支付结算平台等公共服务平台，建设数据服务出口基地、文化产品出口基地等数字贸易领域国家级基地、数字贸易人才培养实践基地，探索推进数字贸易规则制度建设，培育国际化的数字贸易品牌。

第七章　前沿产业发展

第三十六条　临港新片区应当强化科技创新策源功能，建设世界顶尖科学家社区，布局国际联合实验室、科技创新研发转化平台和重大科学技术设施，推进集成电路、人工智能、生物医药、民用航空、智能新能源汽车、高端装备制造、绿色再制造、氢能等前沿产业发展，形成全产业链融合的前沿产业集群。

第三十七条　临港新片区探索建立人工智能产品技术示范应用风险补偿机制，鼓励市场主体率先应用人工智能技术提升全要素生产率和服务水平。管委会可以在全市能效指标框架下自主布局建设人工智能算力平台。鼓励区内企业开放应用场景，将人工智能创新产品和技术的应用列入研发费用的，按照国家规定实行加计扣除。

第三十八条　市人民政府在国家授权范围内，可以批准临港新片区内符合条件的医疗机构进口少量临床急需的境外已经上市的抗肿瘤药等药品和第二类、第三类医疗器械。进口的药品和医疗器械应当在指定医疗机构内用于特定医疗目的。

临港新片区内有条件的医疗机构可以按照国家规定，自行研制国内尚无同品种产品上市的体外诊断试剂，在执业医师指导下在本单位内使用，并按成本收费。

第三十九条 经本市行业主管部门同意后，相关企业和机构可以在临港新片区全域开展智能网联汽车道路测试、示范应用和商业试运营。

经国家行业主管部门批准，通过车端和路端的实时感知检测、云端实时处理，探索在临港新片区特定区域开展高精地图绘制试点。

第四十条 与氢燃料电池应用相关的制氢项目可以在临港新片区符合条件的特定区域布局建设，鼓励企业利用可再生能源离网发电制氢，推进可再生能源制氢加氢一体化。在临港新片区率先探索氢燃料电池汽车商业化应用及配套氢燃料电池汽车加氢站的建设和管理。

第四十一条 除可能影响国家安全、国家利益和重大社会公共利益的情形外，临港新片区内符合条件的高等院校、科研机构可以将本单位利用财政性资金形成的或者接受企业、其他社会组织委托形成的归单位所有的职务科技成果所有权赋予成果完成人（团队），或者赋予科研人员不低于十年的职务科技成果长期使用权。

第四十二条 本市对临港新片区新增建设用地指标实行市级单列，与减量化指标脱钩。鼓励临港新片区内存量产业用地提容增效，按照规划和产业导向，存量工业和仓储用地经批准提高容积率和增加地下空间的，不再增收土地价款。临港新片区鼓励工业、仓储、研发等产业用地多用途混合利用。

临港新片区探索城市地下空间竖向开发、分层赋权等土地管理改革创新，在建设用地的地上、地表、地下分别设立使用权。

第四十三条 对临港新片区内符合条件的从事集成电路、人工智能、生物医药、民用航空等关键领域核心环节生产研发的企业，按照国家规定实行企业所得税减免。

第八章 风险防范

第四十四条 本市建立针对临港新片区的全面风险防范工作机制，聚焦投资、贸易、金融、安全生产、生态环境、生物安全等领域，实行分类监管、协同监管、智能监管，形成行业自律、业界自治、社会监督、政府监管的综合监管体系。

临港新片区建立涉及检疫、原产地、国际公约、跨境资金等方面的风险监测机制，实现全流程风险实时监测和动态预警管理。

第四十五条　管委会会同行业主管部门、区内企业和相关运营主体建设经济运行分析、制度创新、风险防范、事中事后监管、政务服务等功能集成的一体化信息管理服务平台，在投资、贸易、金融等领域构建特色应用场景。一体化信息管理服务平台数据归集和使用的具体办法，由管委会会同本市相关部门制定。

本市支持临港新片区推动将产生于区内的市场监管、公安、海关、海事、税务、商务、教育、金融、应急管理等领域的公共数据接入一体化信息管理服务平台，推动电子证照等各类数据资源的共享和应用。

享受洋山特殊综合保税区政策的企业应当接入平台，以满足海关、外汇管理等特殊监管和服务需求，企业应当保证接入平台数据的真实性、准确性、及时性和有效性。

第四十六条　管委会根据市场主体的信用等级实施差异化监管，可以对守信主体在贸易监管、外汇管理、税收征管、政府采购、招标等方面提供便利；对失信主体依法实施惩戒，相关失信信息依法纳入本市公共信用信息服务平台。对在规定期限内纠正失信行为、消除不良影响的失信主体，按照相关规定及时进行信用修复。

第四十七条　临港新片区应当持续优化能源结构，建设清洁低碳安全高效的综合能源体系，强化光伏和海陆风电开发。

鼓励临港新片区内企业申请国际通行的环境和能源管理体系标准认证，自愿与管委会签订高于法定要求的环境保护协议，采用先进技术和生产工艺节约能源，减少污染物和温室气体排放。

第九章　权益保障

第四十八条　管委会应当会同相关部门和单位建立企业合规监督评估机制，开展企业合规指导，引导企业建立健全合规管理体系。开展合规指导时可以引入企业合规师、律师、注册会计师、税务师等第三方进行合规评估。

第四十九条　临港新片区探索设立知识产权交易平台，建立知识产权市场价格评估机制，开展知识产权证券化、知识产权质押融资、专利商标保险等知识产权金融服务，建立知识产权信用担保机制。

探索注册在临港新片区的企业可以采用风险可控的金融方式提供海关知识产权事务担保。

第五十条　临港新片区应当强化竞争政策基础地位，创新公平竞争审查工作机制，开展竞争政策实施成效评估和竞争评估，保护和促进市场公平竞争。

第五十一条　临港新片区依法保障新就业形态劳动者的基本权利和劳动权益，完善平台型企业劳动用工制度，推进平台就业人员职业伤害保障试点。

第五十二条　临港新片区建设一站式争议解决中心。加强临港新片区国际商事纠纷审判组织建设，完善涉外商事纠纷调解、仲裁、诉讼一站式争议解决机制。

在临港新片区设立调解组织的，可以向市司法行政部门申请登记。

境外知名仲裁机构及争议解决机构经市司法行政部门登记并报国务院司法行政部门备案后，可以在临港新片区内设立业务机构，并接受市司法行政部门的监督管理。

第五十三条　取得相关资质或者当事人指定的外籍人员，可以采用线上或者线下方式出席涉临港新片区相关商事仲裁、调解程序。

执业年限满一年的外国律师，可以受聘担任注册在临港新片区内的律师事务所的法律顾问。鼓励注册在临港新片区内的律师事务所引进获得特许律师执业许可的中国籍涉外法律服务人才。

第十章　附则

第五十四条　本市制定的浦东新区法规和管理措施，在临港新片区的浦东新区范围内可以适用。

第五十五条　本条例自 2022 年 3 月 1 日起施行。

4. 上海市科学技术普及条例

（2022 年 2 月 18 日上海市第十五届人民代表大会常务委员会第三十九次会议通过）

第一章　总则

第一条　为了加强和规范本市科学技术普及工作，提高公众科学素质，培育科学文化，推动经济发展和社会进步，加快建设具有全球影响力的科技创新中心，根据《中华人民共和国科学技术普及法》等有关法律、行政法规，结合本市实际，制定本条例。

第二条　本市行政区域内的科学技术普及工作及相关活动，适用本条例。

本条例所称科学技术普及（以下简称科普），是指以公众易于理解、接受和参与的方式，普及科学技术知识、倡导科学方法、传播科学思想、弘扬科学精神的活动。

第三条　科普工作应当坚持政府推动、全民参与、社会协同、开放合作的原则，坚持科学精神，尊重科学原理，因地制宜建立有效的科普供给体系，营造尊重科学、崇尚创新的社会氛围。

第四条　市、区人民政府应当加强对科普工作的领导，将科普工作纳入国民经济和社会发展规划，制定促进科普事业发展的政策措施，为科普工作提供必要的支持与保障。

市、区人民政府建立健全科普工作联席会议制度，负责统筹协调本行政区域内科普工作的重大问题，研究决定科普工作的重要事项。联席会议办事机构设在同级科技部门。

第五条　科技部门是科普工作的主管部门，负责对本区域内科普工作的统筹、协调、指导和监督，拟订、组织实施科普工作规划及相关政策，组织科普活动，推动科普工作创新发展。

宣传、新闻出版、广播电视、电影等主管部门按照各自职责，负责对科普公益宣传的指导，推动科普内容创作与出版发行，督促各类媒体开展科普工作，将科普工作纳入精神文明建设工作要求。

教育部门负责推动在校师生的科普工作，将科学素质教育和科普工作实绩纳入对各类教育机构工作考核的内容。

卫生健康部门负责将健康科普工作纳入区域卫生健康规划，制定实施促进健康科普工作的政策，开展健康知识普及活动。

文化旅游部门负责文化旅游行业科普资源的规划及建设，组织协调和指导文化旅游相关科普工作。

农业农村部门负责组织协调和指导农业科普工作，推动农村人口科学素质提高，促进先进实用技术的推广应用和普及。

生态环境、绿化市容、应急、民政、经济信息化、住房城乡建设、交通、体育、气象等其他行政管理部门应当按照各自职责开展科普工作。

第六条 科普是全社会的共同任务。各级国家机关、社会团体、企业事业单位以及其他组织等应当依法开展科普工作。社会各界应当依法参加科普活动。

鼓励社会力量兴办科普事业。支持和引导企业事业单位、社会组织和个人开展公益性科普活动。支持、培育和推动科普产业发展。

第七条 本市保障单位和个人在开展科普活动中的合法权益，保护公民参与科普活动的权利。

参与科普活动的单位和个人应当遵守科普活动的有关规定和要求，自觉维护科普场所公共秩序，爱护科普设施和展品。

第八条 本市根据长江三角洲区域一体化发展国家战略的要求，加强与长三角地区在科普资源开发、信息共享、人才交流、活动和展陈等方面的协作联动，并加强与国内其他地区在科普领域的合作。

鼓励和推动开展科普国际合作，促进国内外科技传播工作的交流，加大具有国际水平的优质科普产品和服务供给，提升科普工作的国际化水平。

第二章 科普活动的组织与开展

第九条 科学技术协会是科普工作的主要社会力量，应当依法组织开展群众性、社会性、经常性的科普活动，支持有关社会组织、企业事业单位和基层组织开展科普活动，协助政府制定、落实科普发展规划，为政府科普工作决策提供建议。

上海科技馆是本市重要的综合性科普场馆，应当开展常态化科普活动，搭建合作交流平台，发挥科普示范功能。

第十条　新闻出版、广播影视、文化等机构和团体应当发挥各自优势做好科普宣传工作。

综合类报纸、期刊应当开设科普专栏、专版；广播电台、电视台应当开设科普栏目或者转播科普节目；新闻出版单位应当加强科普类作品的出版、发行；影视生产、发行和放映机构应当加强科普影视作品的制作、发行和放映。新闻媒体应当定期发布一定数量和时段的科普公益广告，并及时报道重大科技成果、重要科技创新项目、杰出科技人物、重大科普活动和社会关注的科学热点等内容。

鼓励户外广告设施的设置人、使用人通过户外广告设施发布科普宣传内容。鼓励城市公共交通工具、出租汽车以及商务、住宅楼宇内的广告设施在适当时段展示科普内容。

鼓励其他媒体通过多种形式加强科普宣传。

第十一条　综合性互联网平台应当开设科普专区，制作或者推送科普内容，提供相关科普服务，履行科普责任。

鼓励建立专业性科普网络平台。鼓励科普内容创作主体通过网络开展多种形式的科普活动。

市科技等部门应当支持引导综合性互联网平台、专业性科普网络平台共建共享科普资源，为开展科普工作创造良好环境。

第十二条　本市将科学素质纳入中小学生综合素质评价，建立健全课内教育和课外教育衔接机制。

中小学校应当配备科技总辅导员和必要的科技教师团队，开设科普课程，并组织开展形式多样的科普活动，每年组织学生参观科技馆、博物馆、对外开放的实验室等场所，鼓励学生参加科普兴趣小组、科技竞赛、科普夏（冬）令营等科学实践和科技研学活动，激发学生对科学的兴趣，为学生发明创造提供条件。

鼓励中小学校与高等学校、科研院所、科普场馆、科学技术社团建立合作机制，邀请科学家、工程师等科技工作者走进校园，开展科普活动。

本市发挥"科技教育特色示范学校"辐射、示范和引领作用，促进青少年科技教育和科普发展，服务青少年科技创新人才培养。

学前教育机构应当把科学启蒙教育纳入学前教育内容，根据幼儿生理和心理特点，开展科学启蒙教育，启迪幼儿科学意识。

第十三条　高等学校、科研院所和职业学校应当建立健全科普工作组织和激励机制，鼓励和动员科技工作者、教师、在校学生创作科普作品，开展面向社会的科普活动。

高等学校、职业学校应当优化科普教育，建设创新实践基地，鼓励在校学生成立科普社团，开展各类科技创新实践活动。

第十四条　医疗卫生机构应当根据本单位工作特点以及业务特长，通过健康讲座、宣传栏、网络媒体等方式，开展疾病防治和健康生活等方面的知识普及，推动面向公众的卫生健康科普。

第十五条　企业应当结合本单位技术创新和职工技能培训组织开展科普活动，重点普及与其生产经营、生态环保、职业健康、安全防护等有关的科技知识。

第十六条　工会、共产主义青年团、妇女联合会等人民团体应当结合各自工作对象的特点，组织开展形式多样的科普活动。

各类学术机构、研究团体、行业组织等应当根据行业、专业特点，组织开展前沿科学知识和技术的普及推广。

第十七条　乡镇人民政府、街道办事处应当根据本区域实际，利用科技、教育、文化旅游、卫生健康、体育等资源，结合居民生活、学习、健康娱乐等需求开展科普活动。

居民委员会、村民委员会应当通过举办科普讲座、设立科普画廊、科普宣传栏或者科普活动室、社区书院等方式，推动科普示范创建工作，为社区居民提供智能技术运用、卫生健康等方面的知识和技能。所在地的乡镇人民政府、街道办事处以及相关行政管理部门应当给予必要的指导和帮助。

第十八条 各类公园、绿地、自然保护区、湿地和野生动物栖息地等生态空间的经营管理单位，应当根据所辖范围内生态空间的自然条件和实际情况，因地制宜建设科普设施，组织开展科普活动。

第十九条 影剧院、体育馆、机场、火车站、公交站点、客运码头、公路长途客运站、城市轨道交通站点等公共场所的经营管理单位，应当根据场所范围内相关人群特点，因地制宜开展科普活动，并重点针对台风、暴雨等自然灾害防御、消防安全、传染病防控、急救等方面开展科普活动。

第二十条 应急管理、民防、卫生健康以及其他相关行政管理部门应当结合本部门职责，开展自然灾害、事故灾难、公共卫生事件和社会安全事件等突发事件应对方面的科普活动。

突发事件发生后，相关行政管理部门应当按照应急预案，向公众提供有效的应急科普，依法及时向公众发布灾情信息，澄清不实传闻和伪科学谣言。

第二十一条 科普活动应当坚持科学精神，尊重科学原理，反对和抵制伪科学。任何单位和个人不得假借科普名义误导公众、损害社会公共利益及他人合法权益。

开展科普活动的单位应当加强对科普内容的科学性审查，有条件的应当建立科学顾问制度，聘请专职或者兼职科学顾问。

科普作品涉及尚未形成学术共识或者没有明确定论的科学类结论、概念、观点和观念的，创作主体应当声明所创作内容的最新研究状态。

在政府主办的公益性科普活动中，相关参与方可以依法标注单位名称和商标标识，但不得发布商业广告。

第三章 科普资源的建设、开发与利用

第二十二条 市科技部门应当开展科普资源调查，建设本区域科普资源库，将科普资源种类、数量、内容、分布等情况进行汇总，并实行动态管理。

市科技部门应当建设科普资源公共服务平台，促进优质科普资源共享共用，提升科普公共服务的质量和效率，推进科普资源数字化转型。

第二十三条　市、区人民政府应当对本区域科普资源建设、开发和利用进行整体规划，根据区域特色和题材特征，优化布局，推进科普资源与产业、科技创新、文化教育、自然生态等特色资源融合发展。

第二十四条　市、区人民政府应当加强科普场馆和设施建设，将科普场馆和设施建设纳入国土空间规划和土地利用年度计划，合理配置科普场馆和设施资源；对现有科普场馆和设施应当加强利用、维修和改造。

鼓励科普场馆加强信息化、智能化建设，开发智慧服务平台，加快数字化转型，提升科普场馆的公共服务能力和品牌价值。

支持有条件的工业遗产和闲置淘汰生产设施改建为科技博物馆、工业博物馆、安全体验场馆和科普创意园等科普场馆。

鼓励和扶持社会力量建设专业类、行业类科普场馆、设施。

第二十五条　利用财政性资金建设的重大科学工程、大科学装置、重点实验室、工程（技术）中心等科技创新基地，应当结合自身特色开发相应的科普功能，面向社会开展多种形式的科普活动，但涉及国家秘密、商业秘密或者国家有特殊规定限制的除外。新建科技创新基地，应当实行科普功能与其科研功能同步规划、同步设计、同步建设。

第二十六条　利用财政性资金设立的科技计划项目，适合科普的，项目承担单位应当根据项目特点，通过组织科普活动、开展科普内容创作等方式，及时普及项目的研究成果；重大科研成果适合展示的，应当通过科技馆、博物馆、图书馆等场所面向公众进行展陈。项目管理机构应当在项目合同中明确科普工作任务，并将完成情况纳入综合绩效评价。

第二十七条　鼓励文化馆、博物馆、图书馆、工人文化宫、青少年活动中心、社区文化活动中心以及居（村）综合文化活动室等公共文化服务场所设立向公众开放的科普设施，并将科普作为公共文化服务的重要内容。

鼓励文化创意产业园区和文化创意工作者加强具有科普特色的产品创意设计。

第二十八条　本市推进科普旅游产业发展。

文化旅游部门根据旅游发展规划，会同科技部门组织编制文化旅游与科普融合发展的工作计划，体现行业特色和区域功能特征，加强科普旅游产品创新，实现旅游与科普融合发展。

鼓励旅游经营者利用科普资源，开发体验式科普创新项目，开辟优质科普旅游线路。

第二十九条　鼓励高等学校、科研院所、医疗卫生机构、企业、社会组织等利用自身设施设备和实验环境等科技资源，结合本单位工作内容，通过设立公众开放日、开发科普旅游项目等方式开展科普活动。

有条件的高等学校、科研院所应当通过线上线下方式向公众开放图书馆、实验室、陈列室等相关科普场地或者设施。

鼓励企业利用自身技术、设施和服务优势制作相关科普产品和内容，创办科普场馆或者线上科普平台，向公众展示科技成果，传播科技知识。

第三十条　本市支持科普基地建设。经认定的上海市科普基地应当及时向社会公布开放时间、活动内容、优惠措施、接待制度等信息，依法向公众开放，并可以按照规定享受相关支持政策。具体认定和支持办法，由市科技部门会同有关部门另行制定。

第三十一条　市人民政府举办的上海科技节，应当动员社会各方力量，集中开展科普活动，展示科学技术创新发展成就，引领崇尚科学的社会风尚。市科技部门应当制定上海科技节活动方案，确定科普主题和主要科普活动计划，组织协调和指导相关单位开展主题科普活动。

各区人民政府应当结合区域特色资源组织开展科技节活动。

第三十二条　本市支持单位和个人开展图书、音视频、影视作品、舞台剧等多种形式的科普内容创作。

市科技部门会同相关部门开展优秀科普作品评选，建立优秀科普作品项目库，加大对原创优秀科普作品的宣传和推广。

支持对国内外优秀科普作品的引进、翻译与推广。

第四章　科普队伍建设

第三十三条　市、区人民政府应当加强科普队伍建设，扩大队伍规模，优化队伍结构。

鼓励国家机关、社会团体、企业事业单位以及其他组织等根据实际，确定科普工作相关负责人以及工作人员，建立科普队伍。

第三十四条　本市支持开展科普理论与实践研究，将科普人才纳入科技创新人才培育计划，加强高端科普人才建设。

市科技部门应当会同相关部门完善科普培训体系，为科普人员提供专业培训；建立科普人才库，推进科普理论人才和智库建设，加强对科普专业人才的培养和使用。

市教育部门应当会同市科技等部门加强科普类学科建设，支持有条件的高等学校设立科普类专业、开设科普类课程。

第三十五条　科技人员应当积极参与和支持科普活动。鼓励高层次科技人员领衔实施科普项目，开展科普作品创作，普及和宣传科技知识。

科技人员以及其他具有专业背景的人员参与科普活动，其所在单位应当予以支持。

第三十六条　本市建立健全科普志愿者组织管理制度，加强科普志愿服务组织和队伍建设，开展科普志愿服务培训和经验推广等工作。

第三十七条　本市鼓励和引导符合条件的科普人员申报相关专业技术职称，畅通职业发展通道。

开展其他专业技术职称评聘时，相关人员取得的科普成果和科普工作业绩应当作为参考。

鼓励高等学校、科研院所、职业学校、中小学校、医疗卫生机构等单位将科普工作业绩纳入员工日常业务考核和评奖评优指标。相关人员开展单位安排或者认可的科普活动所取得的业绩可以视为其职务业绩。

第五章　保障措施

第三十八条　市、区人民政府应当将科普经费列入同级财政预算，逐步提高科普投入水平，保障科普工作顺利开展。

第三十九条　本市依法保障科普场馆和设施的建设用地需求，对符合国土空间规划的新建、扩建科普场馆用地应当优先予以安排。

第四十条　市、区人民政府应当对科普工作中做出重要贡献的组织和个人，按照有关规定给予表彰和奖励。

本市在上海市科学技术奖中设立科学技术普及奖，对取得重大科普成果，为科普工作做出重要贡献的组织和个人予以奖励。

第四十一条　本市鼓励国内外的组织或者个人以设立科普基金、捐赠财物等方式资助科普活动，推动科普服务和产品开发。

对捐赠财产用于科普事业或者投资建设科普场馆、设施的，依法给予税收优惠。

第四十二条　市科技部门应当会同相关部门建立科普评估制度，完善科普评估指标体系，构建科普监测工作网络，定期对市民的科学素质进行测评，对科普场馆运行情况、科普项目和重大科普活动的开展情况进行考核、评估。科普评估结果应当作为编制和调整科普规划、制定科普政策的重要依据。

第六章　附则

第四十三条　本条例自 2022 年 3 月 1 日起施行。

5. 上海市预防未成年人犯罪条例

（2022 年 2 月 18 日上海市第十五届人民代表大会常务委员会第三十九次会议通过）

第一章　总则

第一条　为了保障未成年人身心健康，培养未成年人良好品行，有效预防未成年人违法犯罪，根据《中华人民共和国预防未成年人犯罪法》以及其他相关法律、行政法规，结合本市实际，制定本条例。

第二条　本市行政区域内未成年人犯罪的预防，适用本条例。

第三条　预防未成年人犯罪，立足于教育和保护未成年人相结合，采用符合未成年人生理、心理特点和行为特征的方式，进行分级预防、早期干预、科学矫治、综合治理。

第四条　市、区人民政府在预防未成年人犯罪方面履行下列职责：

（一）制定预防未成年人犯罪工作规划，将预防未成年人犯罪工作纳入同级国民经济和社会发展规划，相关经费列入同级财政预算；

（二）推进实施预防未成年人犯罪相关法律、法规、规划、计划，制定完善相关政策，组织开展检查、监测评估和考核；

（三）建立健全预防未成年人犯罪工作支持体系；

（四）组织开展预防未成年人犯罪宣传教育；

（五）其他预防未成年人犯罪工作职责。

乡镇人民政府和街道办事处按照本条例规定，建立健全预防未成年人犯罪工作协调制度，定期召开专题会议，掌握基础数据，建立重点个案研究和快速处置机制，保障专门工作和项目经费，整合各方资源，做好本辖区内的预防未成年人犯罪工作。

第五条　公安机关依法办理涉及未成年人违法犯罪案件，对实施不良行为、严重不良行为以及犯罪的未成年人进行教育、干预和矫治。

司法行政部门负责违法犯罪未成年人的教育管理、矫治和安置帮教工作。

教育部门负责在校未成年人的预防犯罪工作。

民政部门负责统筹、协调未成年人保护工作，会同有关部门支持、培育和引导社会力量参与预防未成年人犯罪工作。

文化旅游、市场监督管理、网信、卫生健康、新闻出版、电影、广播电视等有关部门按照各自职责，共同做好预防未成年人犯罪工作。

第六条　人民检察院履行检察职能，依法办理涉及未成年人的犯罪案件，并对涉及未成年人案件的立案、侦查和审判等诉讼活动以及未成年人重新犯罪预防工作等进行监督。

人民法院履行审判职能，依法审理涉及未成年人的犯罪案件。

第七条　本市完善市、区两级预防未成年人犯罪工作协调机制。依托平安上海工作协调机制，市、区两级共产主义青年团协助同级人民政府及其有关部门、人民检察院、人民法院做好预防未成年人犯罪工作，研究预防未成年人犯罪的重大事项，开展预防未成年人犯罪工作评估，提出工作建议。日常工作由同级青少年服务和权益保护办公室具体承担。

第八条　本市与江苏省、浙江省、安徽省共同建立健全长江三角洲区域预防未成年人犯罪工作联动机制，推动开展预防未成年人犯罪工作交流和合作，加强相关工作经验和信息共享。

第九条　本市对预防未成年人犯罪工作有显著成绩的组织和个人，按照国家和本市有关规定给予表彰和奖励。

第二章　预防支持体系

第十条　本市建立健全标准引领、专业保障、基层联动、社会协同、公众参与的预防未成年人犯罪工作支持体系，提高预防未成年人犯罪工作的专业化、社会化、智能化水平。

第十一条　市青少年服务和权益保护办公室应当建立与城市运行"一网统管"平台相衔接的预防未成年人犯罪信息服务管理系统，对未成年人犯罪相关信息进行识别、分析、预警，提高科学研判、分级分类干预处置的能力和水平，并依托市大数据资源平台实现数据共享和应用。

民政、教育、人力资源社会保障、公安、司法行政等部门，以及人民检察院、人民法院、禁毒委员会办事机构、妇女联合会等应当收集和分析预防未成年人犯罪的相关信息，并及时上传至预防未成年人犯罪信息服务管理系统。

相关部门及其工作人员对本条第一款、第二款工作中知悉的未成年人隐私、个人信息等，应当依法予以保密，不得泄露、篡改、毁损，不得出售或者非法向他人提供。

第十二条　本市鼓励开展预防未成年人犯罪问题的研究，促进研究成果的运用和转化，建立健全相关服务规范和标准。

市青少年服务和权益保护办公室应当每年发布本市预防未成年人犯罪相关情况的报告。

第十三条　本市培育从事预防未成年人犯罪工作的社会工作服务机构、专门评估机构等专业服务机构。有关部门和单位根据工作需要，可以委托相关专业服务机构参与预防未成年人犯罪工作。

本市根据预防未成年人犯罪和未成年人保护工作需要配备青少年事务社会工作者，完善专业服务网络，实施全覆盖服务；完善青少年事务社会工作者薪酬制度，健全招聘、培训、轮岗、考核、表彰、晋升的人才培养体系。

第十四条　社会工作服务机构向未成年人及其父母或者其他监护人提供社会工作专业服务，开展预防犯罪的宣传教育、家庭教育指导、心理辅导和未成年人司法社会服务等工作。专门评估机构对预防未成年人犯罪的工作成效进行第三方评估。

社会工作服务机构、专门评估机构等专业服务机构应当加强专业能力建设，指派青少年事务社会工作者、专业评估人员等开展专业服务，不断提高服务质量。专业服务机构及其工作人员对服务过程中获取的未成年人相关信息，应当予以保密。

第十五条　专业服务机构可以为实施严重不良行为的未成年人、未成年犯罪嫌疑人、未成年被告人、未成年罪犯、未成年被害人提供下列司法社会服务：

（一）附条件不起诉考察帮教、社会调查、合适成年人到场、心理辅导、法庭教育、社会观护、行为矫治、被害人救助等；

（二）拘留所、看守所、未成年犯管教所、戒毒所等场所的教育矫治；

（三）其他必要的未成年人司法社会服务。

第十六条　各级行政机关以及人民检察院、人民法院根据工作需要，使用财政性资金委托专业服务机构参与预防未成年人犯罪工作、提供司法社会服务的，应当符合国家和本市的规定。

专业服务机构应当建立信用承诺制度，接受审计监督、社会监督和舆论监督。

第十七条　乡镇人民政府、街道办事处应当统筹辖区内的社区服务中心、党群服务中心、青少年活动中心、法治教育实践基地、商贸市场、企业事业单位等资源，设置至少一处预防未成年人犯罪服务站点，为专业服务机构等开展预防未成年人犯罪工作提供条件。

第十八条　工会、妇女联合会、关心下一代工作委员会、青年联合会、学生联合会、少年先锋队以及有关社会组织，应当协助各级人民政府及其有关部门、人民检察院、人民法院、共产主义青年团做好预防未成年人犯罪工作，为预防未成年人犯罪培育社会力量，提供支持服务。

鼓励和支持企业事业单位、社会组织、个人等参与预防未成年人犯罪工作。

第十九条　本市发挥12355青少年公共服务热线及其网络平台功能，提供针对心理危机、家庭关系危机、人际交往危机、学生欺凌等容易引发未成年人犯罪问题的专业咨询服务。

12355青少年公共服务热线及其网络平台应当建立分类处置制度、完善工作流程，发现未成年人实施不良行为或者严重不良行为的，可以转介社会工作服务机构进行干预；可能存在犯罪行为或者未成年人遭受不法侵害的，应当立即向公安机关报告。

第三章　预防犯罪的教育

第二十条　未成年人的父母或者其他监护人是预防未成年人犯罪的直接责任人，应当依法履行监护职责，树立优良家风，培养未成年人良好品行，采取下列措施有效预防未成年人犯罪：

（一）加强对未成年人道德品质、心理健康、生活学习习惯、生命安全、防毒禁毒、自我保护、法律常识等方面的教育，提高未成年人识别、防范和应对性侵害、学生欺凌、网络不良信息和不法侵害等的意识和能力；

（二）发现未成年人心理、行为异常的，应当及时了解情况并进行教育、引导和劝诚，并及时与学校沟通，不得拒绝或者怠于履行监护职责；

（三）配合司法机关、教育部门、学校及相关社会组织开展预防未成年人犯罪工作，主动接受家庭教育指导，学习科学的家庭教育理念和方法，提升监护能力。

第二十一条　学校应当依法履行教育、管理职责，做好下列预防未成年人犯罪工作：

（一）将预防未成年人犯罪纳入学校日常教育管理工作，制定工作计划，开展道德法治、心理健康、网络安全、青春期健康、防毒禁毒、自我保护等教育教学活动，并明确一名学校负责人分管预防未成年人犯罪工作；

（二）完善学生关爱机制，加强与父母或者其他监护人的沟通，建立心理辅导室，配备专职心理健康教育教师，为学生提供心理咨询和辅导，及时预防、发现和解决学生心理、行为异常问题。

第二十二条　中小学校法治副校长协助所在学校做好未成年人保护相关工作，督促所在学校依法开展预防未成年人犯罪工作，发现所在学校隐瞒本校心理、行为异常学生的信息，或者未采取有效的帮助和管理教育措施的，应当及时向学校提出整改意见并督促其改正。法治副校长对实施不良行为、严重不良行为的学生，可以予以训导。鼓励有条件的中小学校聘任校外法治辅导员。

第二十三条　中小学校应当充分发挥法律顾问的职能作用，提高保护未成年人和预防未成年人犯罪工作的专业能力。

教育部门应当安排专门学校教师，协助中小学校开展预防未成年人犯罪工作。

第二十四条　各级人民政府及其有关部门、人民检察院、人民法院、共产主义青年团、少年先锋队、妇女联合会、残疾人联合会、关心下一代工作委员会等应当采用多种形式，运用融媒体手段和平台，开展预防未成年人犯罪宣传教育活动。

本市加强未成年人法治教育实践基地建设，依托青少年活动中心、少年宫、禁毒科普教育场馆等场所开展预防未成年人犯罪宣传教育活动。

广播电台、电视台、报刊、互联网网站及相关移动互联网应用程序等应当刊播公益广告，积极宣传预防未成年人犯罪的法律法规。

第二十五条　禁止在互联网网站、移动互联网应用程序上制作、复制、出版、发布、提供或者传播含有淫秽、色情、暴力、邪教、迷信、赌博、毒品、教唆犯罪、歪曲历史、引诱自杀、恐怖主义、分裂主义、极端主义等影响未成年人健康成长的网络服务和违法信息。

本市健全未成年人网络保护专项协同机制。网信、公安、新闻出版等有关部门应当依据各自职责开展预防未成年人网络犯罪工作，及时发现和查处相关违法犯罪行为。

教育、新闻出版、精神文明建设委员会、共产主义青年团等部门和单位，应当定期开展未成年人文明用网及防止网络沉迷的宣传教育。

第二十六条　居民委员会、村民委员会应当积极开展预防未成年人犯罪宣传教育活动，协助公安机关维护学校周围治安，及时掌握本辖区内未成年人的监护、就学、就业情况，组织、引导社会组织参与预防未成年人犯罪工作。

第二十七条　本市支持未成年人依托学校共青团、少年先锋队、学生联合会、社团等学生组织开展同伴教育，平等交流、互帮互助，学习法律知识，了解未成年人犯罪风险因素，增强预防犯罪的意识和能力，加强自我教育、自我管理、自我服务，实现健康成长。

学校应当为学生开展预防犯罪的同伴教育提供支持、创造条件。

第二十八条　本市将预防未成年人犯罪工作纳入平安上海建设，营造全社会共同预防未成年人犯罪的社会环境，抵制吸毒贩毒、网络赌博、传播淫秽物品等容易引发未成年人犯罪的行为。

鼓励单位和个人关心关爱遭受家庭暴力、监护缺失、重大家庭变故等因素影响的未成年人，以及义务教育结束后未能继续就学或者就业的未成年人。

第二十九条　人民检察院对在工作中发现或者其他部门移送的涉及未成年人不良行为、严重不良行为和违法犯罪行为的线索，应当依法办理，并督促未成年人的父母或者其他监护人、学校、居民委员会、村民委员会、相关部门对未成年人进行帮助和教育；必要时，应当对未成年人的父母或者其他监护人进行教育，督促其依法履行监护职责。

第四章　对不良行为的干预

第三十条　未成年人不良行为，是指未成年人实施的不利于其健康成长的下列行为：

（一）吸烟、饮酒；

（二）多次旷课、逃学；

（三）无故夜不归宿、离家出走；

（四）沉迷网络；

（五）与社会上具有不良习性的人交往，组织或者参加实施不良行为的团伙；

（六）进入法律法规规定未成年人不宜进入的场所；

（七）参与赌博、变相赌博，或者参加封建迷信、邪教等活动；

（八）阅览、观看或者收听宣扬淫秽、色情、暴力、恐怖、极端等内容的读物、音像制品或者网络信息等；

（九）其他不利于未成年人身心健康成长的不良行为。

第三十一条　未成年人的父母或者其他监护人发现未成年人实施不良行为的，应当及时制止并加强管教。

未成年人的父母或者其他监护人应当预防和制止未成年人组织或者参加实施不良行为的团伙；发现该团伙有违法犯罪嫌疑的，应当立即向公安机关报告。

未成年人的父母或者其他监护人应当预防和制止未成年人进入营业性歌舞娱乐场所、互联网上网服务营业场所、酒吧、棋牌室等不适宜未成年人进入的场所。

未成年人的父母或者其他监护人在干预未成年人不良行为时遇到困难的，可以向学校、居民委员会、村民委员会或者有关社会组织等寻求帮助；相关机构或者组织应当及时提供帮助。

第三十二条　学校对实施不良行为的未成年学生，应当加强管理教育，不得歧视；对拒不改正或者情节严重的，可以根据情况予以处分或者采取以下管理教育措施：

（一）予以训导；

（二）要求遵守特定的行为规范；

（三）要求参加特定的专题教育；

（四）要求参加校内服务活动；

（五）要求接受青少年事务社会工作者或者其他专业人员的心理辅导和行为干预；

（六）其他适当的管理教育措施。

第三十三条　学校决定对未成年学生采取管理教育措施的，应当及时告知其父母或者其他监护人；未成年学生的父母或者其他监护人应当予以支持、配合。

未成年学生旷课、逃学的，学校应当及时告知其父母或者其他监护人，必要时进行家访，对其父母或者其他监护人提供指导和帮助。

第三十四条　本市探索青少年事务社会工作者驻校或者联系学校工作机制，依托青少年事务社会工作站点及青少年事务社会工作者协助中小学校开展道德法治教育、生命教育、心理健康教育、毒品预防教育、行为矫治等活动。

第三十五条　公安机关对实施不良行为的未成年人，应当及时制止、对其进行法治教育，并督促其父母或者其他监护人依法履行监护职责。

第三十六条　未成年人无故夜不归宿、离家出走的，父母或者其他监护人、所在的寄宿制学校应当及时查找，必要时向公安机关报告。

任何单位或者个人发现未成年人无故夜不归宿、离家出走、流落街头、出入未成年人不适宜进入的场所，以及旷课、逃学在校外闲逛等情形，应当及时联系其父母或者其他监护人、所在学校；无法取得联系的或者必要时，应当及时向公安机关报告。

对未成年人夜不归宿、离家出走、流落街头、出入未成年人不适宜进入的场所等情形，公安机关、公共场所管理机构等部门和单位发现或者接到报告后，应当及时采取有效保护措施，并通知其父母或者其他监护人、所在学校，必要时应当护送其返回住所或者寄宿的学校；无法与其父母或者其他监护人、学校取得联系的，应当护送未成年人到救助保护机构接受救助。乡镇人民政府、街道办事处、所在学校、住所地社会工作服务机构等应当进行针对性的教育帮扶。

第三十七条　居民委员会、村民委员会发现本辖区内未成年人存在监护缺失、监护不当，或者可能实施不良行为、严重不良行为等情形的，应当及时采取上门家访等方式督促未成年人的父母或者其他监护人依法履行监护职责，并组织社会工作服务机构、社区社会组织、社区志愿者等社会力量开展干预，提供风险评估、心理咨询等服务。

第五章 对严重不良行为的矫治

第三十八条 未成年人严重不良行为,是指未成年人实施的有刑法规定、因不满法定刑事责任年龄不予刑事处罚的行为,以及严重危害社会的下列行为:

(一)结伙斗殴,追逐、拦截他人,强拿硬要或者任意损毁、占用公私财物等寻衅滋事行为;

(二)非法携带枪支、弹药或者弩、匕首等国家规定的管制器具;

(三)殴打、辱骂、恐吓,或者故意伤害他人身体;

(四)盗窃、哄抢、抢夺或者故意损毁公私财物;

(五)传播淫秽的读物、音像制品或者信息等;

(六)卖淫、嫖娼,或者进行淫秽表演;

(七)吸食、注射毒品,或者向他人提供毒品;

(八)参与赌博赌资较大;

(九)其他严重危害社会的行为。

第三十九条 任何组织或者个人不得教唆、胁迫、引诱未成年人实施严重不良行为,以及为未成年人实施严重不良行为提供条件。

未成年人的父母或者其他监护人、学校、居民委员会、村民委员会等发现有人教唆、胁迫、引诱未成年人实施严重不良行为的,应当及时向公安机关报告。公安机关接到报告或者发现上述情形的,应当及时依法查处;对人身安全受到威胁的未成年人,应当立即采取有效保护措施。

第四十条 未成年学生实施严重不良行为,学校可以依照本条例第三十二条的规定采取相应的管理教育措施,并可以由学校或者未成年学生住所地的青少年事务社会工作站点提供专业服务。

第四十一条 学校应当成立学生欺凌治理委员会,完善学生欺凌发现和处置的工作流程,严格排查并及时消除可能导致学生欺凌行为的各种隐患,接受学生欺凌事件的举报与申诉,及时开展调查与认定。

学校对实施欺凌行为的学生,应当根据不同情形采取相应的管理教育措施;可能构成犯罪的，应当及时向公安机关报告。

学校应当及时将学生欺凌事件的处理进展和处置措施通知学生本人及其父母或者其他监护人；涉及学生隐私的，应当对相关信息予以保密。

第四十二条　公安机关发现未成年人实施严重不良行为的，应当及时制止，依法调查处理，并根据具体情况采取以下矫治教育措施：

（一）予以训诫；

（二）责令赔礼道歉、赔偿损失；

（三）责令具结悔过；

（四）责令定期报告活动情况；

（五）责令遵守特定的行为规范，不得实施特定行为、接触特定人员或者进入特定场所；

（六）责令接受心理辅导、行为矫治；

（七）责令参加社会服务活动；

（八）责令接受社会观护，由社会组织、有关机构在适当场所对未成年人进行教育、监督和管束；

（九）其他适当的矫治教育措施。

市公安机关应当加强对各区公安机关实施上述矫治教育措施的监督指导。

未成年人的父母或者其他监护人应当积极配合矫治教育工作，采取措施消除或者减轻违法后果，对未成年人严加管教。

第四十三条　市、区公安机关应当确定专门机构，指导、监督和管理未成年人保护及预防未成年人犯罪工作。

公安派出所应当安排熟悉未成年人身心特点的专门人员负责预防未成年人犯罪及相关案件的办理工作。

第四十四条　市、区人民政府应当根据国家和本市有关规定设置专门学校，完善专门学校的经费、人员、教育场所和设施等方面的保障制度。

市、区教育部门应当加强专门学校师资队伍建设，在教职工职称评定和工资待遇等方面给予政策倾斜，并为专门学校配备驻校或者联系学校的青少年事务社会工作者。

专门学校由教育部门负责管理，公安机关、司法行政部门予以协助。

第四十五条　市、区人民政府成立专门教育指导委员会，负责专门教育发展规划，开展专门学校入校和离校评估，研究确定专门学校教育管理等相关工作。专门教育指导委员会办公室设在同级教育部门。

第四十六条　对有严重不良行为的未成年人，未成年人的父母或者其他监护人、所在学校无力管教或者管教无效的，可以向教育部门提出申请，经专门教育指导委员会评估同意后，由教育部门决定送入专门学校接受专门教育。

未成年人有下列情形之一的，经专门教育指导委员会评估同意，教育部门会同公安机关可以决定将其送入专门学校接受专门教育：

（一）实施严重危害社会的行为，情节恶劣或者造成严重后果；

（二）多次实施严重危害社会的行为；

（三）拒不接受或者配合本条例第四十二条规定的矫治教育措施；

（四）法律、行政法规规定的其他情形。

第四十七条　专门学校应当加强专门教育的课程建设，完善教研制度，保证教育教学质量，并根据未成年学生的情况开展相应的职业教育，培养学生的职业技能。专门学校的职业教育纳入本市职业教育规划。

第四十八条　市人民政府应当确定至少一所专门学校接收实施刑法规定的行为、因不满法定刑事责任年龄不予刑事处罚的未成年人，按照分校区、分班级等方式设置专门场所，实行闭环管理，进行专门矫治教育。

前款规定的专门学校由公安机关、司法行政部门负责未成年人的矫治工作，教育部门负责未成年人的教育工作。

第四十九条　专门学校应当依法保障未成年学生及其父母或者其他监护人的合法权利。

专门学校未成年学生学籍保留在原所在学校，根据未成年学生及其父母或者其他监护人的意愿，也可以转入专门学校或者矫治教育后就读的其他学校；符合毕业条件的，学籍所在学校应当颁发毕业证书。

专门学校应当在每个学期适时提请专门教育指导委员会对接受专门教育的未成年学生的情况进行评估。对经评估适合转回普通学校就读的，专门教育指导委员会应当向原决定机关提出书面建议，由原决定机关决定是否将未成年学生转回普通学校就读。原决定机关决定将未成年学生转回普通学校的，其原所在学校不得拒绝接收；因特殊情况不适宜转回原所在学校的，由教育部门安排转学。

第六章　对重新犯罪的预防

第五十条　公安机关、人民检察院、人民法院、司法行政部门应当采用适合未成年人身心特点的特殊办案制度和措施，严格执行合适成年人参与刑事诉讼、社会调查、违法犯罪记录依法封存等制度。

人民检察院、人民法院应当确定专门机构或者指定专门人员，负责办理涉及未成年人的案件。

第五十一条　公安机关、人民检察院、人民法院依法开展未成年人社会观护工作，并可以依托符合观护条件的企业事业单位、社会组织等建立社会观护基地。

第五十二条　公安机关、人民检察院、人民法院对无固定住所、无法提供保证人的未成年人适用取保候审，并依法指定青少年事务社会工作者、观护基地帮教人员、教师或者其他合适成年人担任保证人的，保证人应当履行保证人义务，并配合开展相关矫治教育工作。

第五十三条　人民法院应当加强少年法庭建设，贯彻宽严相济的刑事政策，采用圆桌审判、法庭教育等符合未成年人身心特点的方式审理案件，切实保护未成年人的诉讼权利和合法权益。

鼓励和支持人民法院开展社会调查、心理辅导、判后回访等司法延伸服务，有效预防未成年人重新犯罪。

第五十四条　对被拘留、逮捕以及在未成年犯管教所执行刑罚的未成年人，应当和成年人分别关押、管理和教育，对未成年人的社区矫正和戒毒，应当和成年人分别进行。

对被拘留、逮捕以及在未成年犯管教所执行刑罚或者接受社区矫正和戒毒，且没有完成义务教育的未成年人，公安机关、人民检察院、人民法院、司法行政部门应当和教育部门相互配合，保证其继续接受义务教育。

未成年犯管教所、社区矫正机构应当针对未成年犯、未成年社区矫正对象的案情、刑期、心理特点和改造表现，制定个别化矫治方案，对其加强法治教育、心理健康教育、文化教育和相应的职业教育。

第五十五条　司法行政部门应当依法履行对未成年人的安置帮教工作职责。未成年人的父母或者其他监护人和学校、居民委员会、村民委员会对接受社区矫正、刑释解矫的未成年人，应当采取有效的帮教措施，协助司法行政部门做好安置帮教工作。

刑释解矫和接受社区矫正的未成年人在复学、升学、就业等方面依法享有和其他未成年人同等的权利，任何单位和个人不得歧视。司法行政及教育、民政、卫生健康、人力资源社会保障等部门应当协同配合，落实或者解决刑释解矫和接受社区矫正的未成年人的就学、就业问题。

第七章　法律责任

第五十六条　违反本条例规定，法律、行政法规有处理规定的，从其规定。

第五十七条　实施严重不良行为的未成年人的父母或者其他监护人不依法履行监护职责的，公安机关、人民检察院、人民法院应当予以训诫，并可以通过告诫书、督促监护令、家庭教育指导令等形式责令其接受家庭教育指导，督促其履行监护职责。

第五十八条　专业服务机构及其工作人员违反本条例规定，由相关部门依法处理。业务主管部门协助相关部门查处违法行为，并配合做好督促整改工作。

第五十九条　国家机关及其工作人员在预防未成年人犯罪工作中不依法履行职责，由其所在单位或者上级主管部门责令改正；玩忽职守、滥用职权、徇私舞弊的，对直接负责的主管人员和其他直接责任人员，依法给予处分。构成犯罪的，依法追究刑事责任。

第八章　附则

第六十条　本条例自 2022 年 3 月 1 日起施行。

6.上海市浦东新区市场主体登记确认制若干规定

（2022 年 2 月 18 日上海市第十五届人民代表大会常务委员会第三十九次会议通过）

第一条　为了推进市场主体登记确认制，深化"放管服"改革，维护良好市场秩序和市场主体合法权益，优化营商环境，根据有关法律、行政法规的基本原则，结合浦东新区实际，制定本规定。

第二条　本规定适用于浦东新区的市场监督管理部门（以下称"登记机关"）推进市场主体登记确认制改革及其相关的管理、服务活动。

本规定所称市场主体登记确认制，是指登记机关依据法定的权限和程序，对有限责任公司、非公司企业法人及其分支机构，个人独资企业、合伙企业及其分支机构（以下统称"市场主体"）的主体资格和登记事项予以认定并公示其法律效力的登记制度。

第三条　实施市场主体登记确认制，应当遵循尊重意思自治、贯彻形式审查、全程公开透明、智慧便捷高效的要求，赋予市场主体更大的经营自主权，降低制度性交易成本。

申请人应当实名申请登记，并对其提交材料的真实性、合法性和有效性负责。登记机关对申请材料进行形式审查，对申请材料齐全、符合法定形式的予以确认并登记。

第四条　市场主体的设立登记实行行政确认。符合法律法规规定的设立条件的，由登记机关确认其主体资格，并分别登记为相应类型的市场主体，签发营业执照。取得营业执照的市场主体即可从事一般经营项目。

第五条　市场主体名称登记实行申报承诺制。申请人可以通过"一网通办"平台以自主申报、事先承诺的方式办理名称登记。

登记机关应当运用现代信息技术，对申请人申报的名称是否与他人相同或者近似等情形进行自动比对，实时导出比对结果，及时提示申请人可能存在的法律风险。

第六条　市场主体自主确定经营范围，并记载于章程（合伙协议）。

市场主体仅需将主营项目、许可项目以及涉及外商投资准入特别管理措施的项目申请登记。登记机关按照经营项目分类标准予以确认并登记。

市场主体超越登记的经营范围开展非许可类经营活动的，登记机关不予处罚；未经许可开展许可类经营活动的，由有关许可部门依法处理。

第七条　推进市场主体住所和经营场所分离改革。市场主体需要在住所以外开展经营活动的，可以备案多个符合条件的经营场所，也可以办理分支机构设立登记。

第八条　市场主体之间有控制关系、有共同投资方或者隶属于同一集团的，可以将同一地址作为住所登记。

符合住所托管要求的市场主体，可以将指定的场所登记为住所。

第九条　市场主体应当置备股东（合伙人、投资人）名册。股权（财产份额、出资额）转让的，应当书面通知市场主体。

市场主体应当及时变更名册并申请变更登记，免于向登记机关提交转让协议等材料。

第十条　推进市场主体备案事项改为自主公示。市场主体应当在设立时或者下列事项变动之日起二十个工作日内通过国家企业信用信息公示系统、"一网通办"平台向社会公示：

（一）董事、监事、高级管理人员；

（二）市场主体登记联络员；

（三）外商投资企业法律文件送达接受人。

市场主体公示前款规定的材料和事项应当合法、准确、完整。公示虚假信息的，应当将其违法失信行为记入市场主体信用档案，依法实施失信惩戒；损害他人合法权益的，依法承担法律责任。

第十一条　按照分级分类监管原则，结合市场主体信用和风险状况，开展针对市场主体自主公示事项和留存文件的"双随机、一公开"抽查，并实施差异化监管措施。

对市场主体的登记事项和自主公示信息，利害关系人提出异议或者经抽查发现异常的，登记机关应当及时进行核查。核查期间，登记机关可以对市场主体的相关信息作出标注。

第十二条　发挥律师事务所、会计师事务所、税务师事务所等专业服务机构和有关行业协会等的共治功能，推进市场主体托管机制创新。

托管服务机构应当按照登记机关要求建立托管服务工作台账，配合协助有关部门开展对市场主体的监督管理，督促市场主体履行相关义务。

市场主体可以根据约定以托管服务机构的住所申请住所登记。市场主体在住所以外活动的，应当向托管服务机构提供相关信息。

第十三条 登记机关应当建立覆盖市场主体全生命周期的登记服务体系，实现登记工作的标准公开、服务公开和结果公开。

登记机关应当优化登记流程，推行材料清单标准化、办理流程电子化、登记服务智能化，便利市场主体通过"一网通办"平台全程线上办理登记。除登记法定代表人（执行事务合伙人）外，登记机关不再收取股东会决议、董事会决议、任免职文件等材料。

第十四条 推进以电子营业执照为载体，归集各类电子许可证信息，实现电子证照"一照通用"和市场主体营业执照记载项目精简化。营业执照记载项目包括市场主体的名称、法定代表人（执行事务合伙人、负责人或经营者）姓名、住所（主要经营场所）、注册资本（出资额）、登记机关等。

第十五条 市场主体违反本规定，未及时公示有关材料和事项或者公示的信息违法、虚假、遗漏的，责令限期改正；拒不改正的，可以处一万元以上十万元以下的罚款，列入经营异常名录；情节严重的，列入严重违法企业名单，实施信用惩戒。

托管服务机构违反本规定的，责令限期改正；拒不改正的，处一万元以上十万元以下的罚款。

提交虚假材料或者采取其他欺诈手段取得市场主体登记的，依法撤销登记。

第十六条 本市有关司法机关和行政机关应当支持市场主体登记确认制改革，建立与其相适应的评价、考核制度。

登记机关及其工作人员在实施确认登记中依据本规定和相关制度尽责履职、未牟取私利，但因现有科学技术、监管手段限制未能及时发现问题的，不予追究执法过错责任。

第十七条 本规定自 2022 年 3 月 15 日起施行。

7. 上海市未成年人保护条例

（2004 年 11 月 25 日上海市第十二届人民代表大会常务委员会第十六次会议通过；根据 2013 年 12 月 27 日上海市第十四届人民代表大会常务委员会第十次会议《关于修改〈上海市未成年人保护条例〉的决定》修正；2022 年 2 月 18 日上海市第十五届人民代表大会常务委员会第三十九次会议修订）

第一章　总则

第一条　为了保护未成年人身心健康，保障未成年人合法权益，促进未成年人德智体美劳全面发展，培养有理想、有道德、有文化、有纪律的社会主义建设者和接班人，培养担当民族复兴大任的时代新人，根据《中华人民共和国未成年人保护法》以及其他有关法律、行政法规，结合本市实际，制定本条例。

第二条　本市坚持最有利于未成年人的原则，依法保障未成年人的生存权、发展权、受保护权、参与权等权利。

未成年人依法平等地享有各项权利，不因本人及其父母或者其他监护人的民族、种族、性别、户籍、职业、宗教信仰、教育程度、家庭状况、身心健康状况等受到歧视。

第三条　政府、社会、学校和家庭应当对未成年人进行理想信念、思想道德、科学、文化、体育、美育、劳动、国家安全、法治、健康等教育，加强中国共产党历史、爱国主义、集体主义和中国特色社会主义的教育，培养爱祖国、爱人民、爱劳动、爱科学、爱社会主义的公德，抵制资本主义、封建主义和其他腐朽思想的侵蚀，引导未成年人树立和践行社会主义核心价值观。

政府、社会、学校和家庭应当教育和帮助未成年人维护自身合法权益，增强自我保护的意识和能力。

第四条　政府、社会、学校和家庭应当树立正确的成才观，优化完善评价理念，培养未成年人健康体格、人格、性格，营造人人皆可成才、人人尽展其才的良好环境。

第五条　未成年人的父母或者其他监护人依法对未成年人承担监护职责。

各级人民政府及相关部门应当采取措施，指导、支持、帮助和监督未成年人的父母或者其他监护人履行监护职责。

第六条　市、区人民政府应当将未成年人保护工作纳入本级国民经济和社会发展规划与年度工作计划，相关经费纳入同级财政预算。

第七条　市、区人民政府设立未成年人保护委员会，依法履行下列职责：

（一）统筹、协调、督促和指导有关部门、下级未成年人保护委员会以及有关单位和组织，在各自职责范围内做好未成年人保护工作，共同实施未成年人保护的法律、法规；

（二）建立并完善未成年人保护的工作机制，加强未成年人保护工作队伍建设；

（三）研究未成年人保护工作，向有关国家机关提出意见和建议；

（四）接受涉及未成年人保护的求助、投诉、举报及相关意见建议，转交并督促有关部门处理；

（五）本级人民政府确定的其他职责。

市、区未成年人保护委员会办公室设在同级民政部门，承担未成年人保护委员会日常工作。

乡镇人民政府、街道办事处设立未成年人保护委员会，落实本辖区内的未成年人保护工作。

第八条　共产主义青年团、妇女联合会、工会、残疾人联合会、关心下一代工作委员会、青年联合会、学生联合会、少年先锋队、红十字会以及其他人民团体、有关社会组织，按照各自职责，协助各级人民政府及其有关部门、人民检察院、人民法院做好未成年人保护工作，维护未成年人合法权益。

第九条　任何组织或者个人发现不利于未成年人身心健康或者侵犯未成年人合法权益的情形，都有权劝阻、制止或者向公安、民政、教育等有关部门检举、控告。

国家机关、居民委员会、村民委员会、密切接触未成年人的单位及其工作人员，在工作中发现未成年人身心健康受到侵害、疑似受到侵害或者面临其他危险情形的，应当立即向公安、民政、教育等有关部门报告。

有关部门接到涉及未成年人的检举、控告或者报告，应当依法及时受理、处置，并以适当方式将处理结果告知相关单位和人员。

第十条　本市建立健全未成年人统计调查制度。市未成年人保护委员会办公室应当定期组织开展未成年人健康、受教育等状况的统计、调查和分析，发布未成年人保护的有关信息。

第十一条　对保护未成年人有显著成绩的组织和个人，按照国家和本市有关规定给予表彰和奖励。

第二章　家庭保护和自我保护

第十二条　未成年人的父母或者其他监护人应当树立正确的家庭教育理念，自觉学习家庭教育知识，掌握科学的家庭教育方法，提高家庭教育能力，营造良好的家庭环境，以健康的思想、良好的言行和适宜的方法，教育、影响和保护未成年人。

未成年人的父母或者其他监护人应当积极参加学校、幼儿园、婴幼儿照护服务机构、社区提供的公益性家庭教育指导和实践活动，与其密切配合，共同促进未成年人健康成长。

第十三条　未成年人的父母或者其他监护人应当依法履行监护职责，不得实施侵犯未成年人身心健康、财产权益或者不依法履行未成年人保护义务的行为。

未成年人的父母或者其他监护人应当教育和指导未成年人养成良好的生活和学习习惯，学会自主管理时间，增强自理和自律能力。

未成年人的父母或者其他监护人应当预防和制止未成年人实施不良行为和违法犯罪行为，发现未成年人逃学、无故夜不归宿、离家出走的，应当立即寻找；发现涉嫌引诱、胁迫、教唆未成年人违法犯罪的，应当立即向公安机关报告。

第十四条　未成年人的父母或者其他监护人应当关注未成年人的生理和心理健康状况，必要时及时就医；关注未成年人情感需求和思想状况，及时沟通并给予正确指导；鼓励和支持未成年人参加家庭劳动以及各类积极健康的文体活动、社会交往活动，共同参与社会公益活动。

第十五条　未成年人的父母或者其他监护人应当为未成年人提供安全的家庭生活环

境，及时排除引发火灾、触电、烧烫伤、中毒、锐器、跌落等伤害的安全隐患。

未成年人的父母或者其他监护人应当提高对未成年人的户外安全保护意识，不得让未成年人前往河道、水库等危险水域游泳、戏水或者实施其他危险行为，避免未成年人发生溺水、动物伤害、走失等事故。

第十六条　未成年人的父母或者其他监护人应当采取下列措施，防止未成年人受到交通事故的伤害：

（一）教育未成年人遵守交通法规，增强交通安全意识；

（二）携带未满四周岁的未成年人乘坐家庭乘用车，应当配备并正确使用儿童安全座椅；携带未满十二周岁的未成年人乘坐家庭乘用车的，不得安排其乘坐在副驾驶座位；不得安排未满十二周岁的未成年人乘坐摩托车后座、轻便摩托车；

（三）不得让未满十二周岁的未成年人在道路上驾驶自行车；不得让未满十六周岁的未成年人在道路上驾驶电动自行车；

（四）为乘坐电动自行车、摩托车的未成年人正确佩戴安全头盔。

第十七条　未成年人的父母或者其他监护人不得使未满八周岁或者由于生理、心理原因需要特别照顾的未成年人处于无人看护状态，或者将其交由无民事行为能力、限制民事行为能力、患有严重传染性疾病或者其他不适宜的人员临时照护；不得使未满十六周岁的未成年人脱离监护单独生活。

未成年人的父母或者其他监护人因外出务工等原因在一定期限内不能完全履行监护职责的，应当委托具有照护能力的完全民事行为能力人代为照护；无正当理由的，不得委托他人代为照护。

第十八条　未成年人应当遵守法律、法规和社会公德，自尊、自爱、自律、自强，主动参与社会活动，勇于应对困难挑战，增强抵御灾害、伤害侵袭，应对挫折、压力，辨别是非、自我保护的意识和能力，自觉抵制各种不良行为及违法犯罪行为的引诱或者侵害。

第十九条　未成年人发现他人侵犯其人身权、财产权和其他合法权益的，可以通过父母或者其他监护人、所在学校、居民委员会、村民委员会向公安、民政、教育等有关主管部门报告，也可以自己向上述部门报告。

未成年人遭受父母或者其他监护人遗弃、虐待的，可以向公安、民政、教育等有关主管部门以及所在学校、居民委员会、村民委员会、共产主义青年团、妇女联合会请求保护。被请求的上述部门和组织不得拒绝、推诿，并根据实际情况采取必要的救助措施。

第三章　学校保护

第二十条　学校应当全面贯彻国家教育方针，落实立德树人根本任务，遵循教育规律和未成年学生的身心发展规律，提高未成年学生的思想道德、科学文化和健康素质，培养未成年学生认知能力、合作能力、创新能力和实践能力，促进未成年学生全面发展。

学校应当建立以校长为第一责任人的未成年学生保护工作制度，并明确一名学校负责人分管未成年学生保护工作。

第二十一条　教师应当恪守职业道德，以自身良好的品德、言行影响和教育未成年人，把传授知识与陶冶情操、养成良好的行为习惯结合起来，引导未成年人德智体美劳全面发展。

教职员工应当尊重未成年人人格尊严，维护未成年人的合法权益，不得实施辱骂、体罚和变相体罚或者其他侮辱人格尊严的行为。

第二十二条　学校应当关心、爱护未成年学生，平等保护未成年学生的合法权益，对家庭困难、身心有障碍的未成年学生，应当提供关爱；对行为异常、学习有困难的未成年学生，应当耐心教育、帮助，不得歧视，不得擅自停止其上课，不得违反国家规定对其开除或者变相开除。

学校处分未成年学生前，应当与学生及其父母或者其他监护人沟通，给予申辩的机会，并对申辩的内容予以书面答复。

学校应当配合民政、教育等有关部门建立留守未成年学生、困境未成年学生的信息档案，开展关爱帮扶工作。

第二十三条　学校应当建立家长委员会、家长学校，加强家庭教育指导，健全家访制度，密切与未成年学生父母或者其他监护人的联系。未成年学生的父母或者其他监护人应当配合学校维护教学秩序、做好教学管理。

发现学生行为异常或者无故缺课的，学校应当及时与其父母或者其他监护人取得联系，查明原因。寄宿制学校学生擅自外出、无故夜不归宿的，学校应当及时查找并告知其父母或者其他监护人，必要时向公安机关报告。

第二十四条　学校应当根据未成年学生身心发展特点，进行社会生活指导、心理健康辅导、青春期教育、生命教育、性别教育。

学校应当开设心理健康课程，配备至少一名心理健康教育教师，并可以设立心理辅导室，加强对未成年学生的心理健康辅导。发现未成年学生心理或者行为异常的，应当及时干预并通知其父母或者其他监护人；对存在严重心理健康问题的，及时向教育、卫生健康等部门报告。

学校应当做好心理或者行为异常学生的信息保密工作，不得将学生心理健康状况作为学生综合评价和升学等的参考依据。

第二十五条　学校应当与未成年学生的父母或者其他监护人互相配合，合理安排未成年学生的学习时间，保障其休息、娱乐、体育锻炼、课外活动和社会实践的时间。

学校应当按照课程方案和课程标准开展教学活动，探索和改进教育方法，落实国家和本市有关减轻未成年学生过重学习负担的规定。

义务教育阶段学校不得举行或者变相举行与入学挂钩的选拔考试或者测试；不得张榜公布学生的考试成绩名次；不得推销或者变相推销练习册、习题集等教辅材料。

第二十六条　学校应当保障未成年学生的活动设施、场地正常使用。国家法定节假日、休息日及寒暑假期，学校按照本市有关规定将文化体育设施和场地向未成年人开放。

第二十七条　学校、幼儿园应当指定专人负责日常卫生管理工作，建立健全传染病预防控制管理和疫情报告制度，制定传染病应急预案，组织开展健康巡查、清洁消毒、健康宣传等工作。

发现传染病病人或者疑似传染病病人的，学校、幼儿园应当及时向所在地疾病预防控制机构或者社区卫生服务机构报告，按照规定落实相关预防和控制措施，并配合做好流行病学调查等工作。

第二十八条　学校、幼儿园应当建立健全安全保卫、消防、设施设备、食品药品等安全管理和安全教育制度，定期开展安全检查，消除安全隐患，保障未成年人在校、在园期间的人身和财产安全；对未成年人进行珍惜生命和安全防范教育，按要求开展安全实训，提高未成年人自我保护、自我救助的能力。

未成年人在校、在园期间，学校、幼儿园应当对校园实行封闭管理，禁止无关人员进入校园。学校、幼儿园的食堂、宿舍、门卫室等场所应当配备符合国家和本市有关规定的人员，完善物防和技防设施设备，提升智能化管理水平。

学校、幼儿园应当为未成年人提供安全的学习和生活设施，提供的食品、药品、学生服、教具、餐具、体育运动器材等学习、生活和活动用品应当符合国家和本市有关标准，并向家长、未成年人和教职员工公开采购情况。

第二十九条　学校、幼儿园使用校车的，应当按照国家规定，取得校车使用许可，建立健全校车安全管理制度。校车应当符合国家标准，并由符合条件的驾驶人驾驶。

校车运载未成年人时，应当按照规定的路线行驶，并配备随车照管人员。随车照管人员应当依法履行职责，保障未成年人乘坐校车安全。

学校、幼儿园应当定期对校车进行安全检查，对校车驾驶人及随车照管人员进行安全教育，并向未成年人讲解校车安全乘坐知识，培养未成年人校车安全事故应急处理技能。

第三十条　学校、幼儿园应当制定完善应对自然灾害、事故灾难、公共卫生事件等突发事件和意外伤害的预案，配备必要的应急救援设施设备，进行应急知识教育，定期开展应急演练。

未成年人在校内、园内或者本校、本园组织的校外、园外活动中发生人身伤害事故的，学校、幼儿园应当立即救护，妥善处理，及时通知未成年人的父母或者其他监护人，并向教育部门报告。

学校、幼儿园举办者应当按照规定投保相应的责任保险。提倡未成年人的父母或者其他监护人为未成年人投保人身意外伤害保险。

第三十一条 学校、幼儿园应当组织未成年人参加与其年龄、身心健康相适应的公益活动，不得组织或者变相组织其参加商业性活动，不得向未成年人及其父母或者其他监护人推销或者要求其购买指定的商品和服务。

学校、幼儿园不得与校外培训机构联合招生，或者将校外培训机构培训结果与招生入学挂钩，不得与校外培训机构合作向未成年人提供有偿课程辅导。

第三十二条 学校应当建立学生欺凌防控工作制度，对教职员工、学生等开展防治学生欺凌的教育和培训，并公布举报、求助渠道。

学校对学生欺凌行为应当立即制止，通知实施欺凌和被欺凌未成年学生的父母或者其他监护人参与欺凌行为的认定和处理；对相关未成年学生及时给予心理辅导、教育和引导；对相关未成年学生的父母或者其他监护人给予必要的家庭教育指导。

对实施欺凌的未成年学生，学校应当根据欺凌行为的性质和程度，依法加强管教。对严重的欺凌行为，学校不得隐瞒，应当及时向公安、教育部门报告，并配合相关部门依法处理。

第三十三条 学校、幼儿园应当建立预防性侵害、性骚扰未成年人工作制度，不得聘用有性侵害、性骚扰违法犯罪记录的人员，并对教职员工加强相关教育和管理。

对性侵害、性骚扰未成年人等违法犯罪行为，学校、幼儿园不得隐瞒，应当及时向公安、教育部门报告，并配合相关部门依法处理。

学校、幼儿园应当对未成年人开展适合其年龄的性教育，提高未成年人防范性侵害、性骚扰的自我保护意识和能力。对遭受性侵害、性骚扰的未成年人，学校、幼儿园应当及时采取相关的保护措施。

第三十四条 鼓励学校设置社会工作专门技术岗位或者引入专业社会工作者，参与家庭教育指导、学生心理或者行为干预和教育转化等工作，为未成年学生提供专业化、个性化指导和服务。

第三十五条 婴幼儿照护服务机构、早期教育服务机构、校外培训机构、校外托管机构等应当依法依规开展与未成年人相关的服务和培训业务，并参照本章有关规定，根据不同年龄阶段未成年人的成长特点和规律，做好未成年人保护工作，维护未成年人合法权益。

第四章　社会保护

第三十六条　全社会应当树立关心、爱护未成年人的良好风尚，保护未成年人合法权益，优化未成年人成长环境。

本市鼓励、支持和引导人民团体、企业事业单位、社会组织以及其他组织和个人，开展有利于未成年人健康成长的社会活动和服务。

第三十七条　居民委员会、村民委员会应当设置专人专岗负责未成年人保护工作，协助政府有关部门宣传未成年人保护方面的法律法规，指导、帮助和监督未成年人的父母或者其他监护人依法履行监护职责；建立留守未成年人、困境未成年人的信息档案并给予关爱帮扶，依法协助政府有关部门监督未成年人委托照护情况。

居民委员会、村民委员会应当协助政府有关部门组织、指导未成年人在课余和闲暇时间，开展有益于身心健康的文体活动和社会实践。

第三十八条　公共场所、公共交通站点、旅游景区景点等应当积极推进便利服务设施配置，按照有关标准和规范设置母婴室、婴儿护理台、第三卫生间以及方便幼儿使用的坐便器、洗手台等卫生设施，为未成年人及其家庭提供便利。

第三十九条　公共文化体育设施及相关服务项目，按照国家和本市有关规定，对未成年人实行免费或者其他优惠。

鼓励公共文化体育设施根据自身功能、特点，开设未成年人专场，为未成年人主题教育、社会实践、体育锻炼等提供有针对性的服务。

第四十条　本市鼓励创作、出版、发行、展出、演出、播放适合未成年人特点，有利于未成年人身心健康的图书、报刊、影视节目、文艺节目、音像制品、电子出版物和其他精神文化产品。

向未成年人提供精神文化产品的单位和个人，应当对产品的内容负责，不得向未成年人提供或者展示可能影响其身心健康的内容。

第四十一条　任何组织或者个人不得披露未成年人的个人隐私。发布、转载、传播涉及未成年人的新闻报道等信息，应当客观、审慎和适度，不得虚构、夸大、歪曲有关内容，不得违法披露未成年人的姓名、住所、单位、照片、图像以及其他可能识别未成年人身份的信息。

任何组织或者个人处理不满十四周岁未成年人个人信息的，应当依法取得未成年人的父母或者其他监护人的同意。未成年人的父母或者其他监护人应当按照最有利于未成年人的原则，充分考虑信息处理的目的、方式、范围以及未成年人的真实意愿，审慎作出决定。

第四十二条　发生自然灾害、事故灾难、公共卫生事件等突发事件时，应当优先救护未成年人，不得组织或者安排未成年人参与突发事件应急救援工作。

第四十三条　旅馆、宾馆、酒店以及其他提供住宿服务的经营者接待未成年人入住，或者接待未成年人和成年人共同入住时，应当询问未成年人的父母或者其他监护人的联系方式、入住人员的身份关系等有关情况，并按照规定做好信息登记；发现有违法犯罪嫌疑的，应当立即向公安机关报告，并及时联系未成年人的父母或者其他监护人。

其他场所或者个人留宿未成年人的，应当征得其父母或者其他监护人的同意，或者及时通知其父母或者其他监护人、所在学校，必要时向公安机关报告。

第四十四条　学校周边二百米、幼儿园周边一定范围内不得设置营业性娱乐场所、酒吧、互联网上网服务营业场所等不适宜未成年人活动的场所。幼儿园周边范围的具体界定，由市文化旅游部门会同市民政、教育、市场监管等部门确定。

营业性歌舞娱乐场所、酒吧、互联网上网服务营业场所等不适宜未成年人活动场所的经营者，不得允许未成年人进入；游艺娱乐场所设置的电子游戏设备，除国家法定节假日外，不得向未成年人提供。经营者应当在门口醒目位置设置全市统一的未成年人禁入、限入标志。

第四十五条　学校、幼儿园周边一定范围内不得设置烟（含电子烟）、酒、彩票销售网点，具体范围由烟草专卖、市场监管、民政和体育等主管部门确定。

禁止向未成年人销售烟、酒、彩票或者兑付彩票奖金。烟、酒和彩票经营者应当在显著位置设置不向未成年人销售烟、酒或者彩票的标志。

任何人不得在学校、幼儿园及校门附近区域和其他未成年人集中活动的公共场所吸烟、饮酒。

第四十六条　任何组织或者个人不得违法与未成年人进行与未成年人年龄、智力不相适应的交易行为，不得向未成年人提供文身服务；未经未成年人父母或者其他监护人同意，不得向未成年人提供医疗美容服务。

不适宜未成年人活动场所的经营者，烟、酒和彩票经营者以及其他相关组织或者个人，履行本条例第四十四条第二款、第四十五条第二款和本条第一款规定义务时，对难以判明是否是未成年人的，应当要求其出示身份证件。

第四十七条　密切接触未成年人的单位招聘工作人员时，应当向公安机关、人民检察院查询应聘者是否具有性侵害、虐待、拐卖、暴力伤害等违法犯罪记录；发现其具有前述行为记录的，不得录用。

密切接触未成年人的单位应当每年定期对工作人员是否具有上述违法犯罪记录进行查询。通过查询或者其他方式发现其工作人员具有上述行为的，应当及时解聘。

第五章　网络保护

第四十八条　政府、社会、学校和家庭应当加强未成年人网络素养宣传教育，培养和提高未成年人的网络素养，增强未成年人科学、文明、安全、合理使用网络的意识和能力，保障未成年人在网络空间的合法权益。

第四十九条　网信部门负责统筹协调本市未成年人网络保护和相关监督管理工作。公安、教育、文化旅游、广播电视、新闻出版、电影、卫生健康等部门按照各自职责，做好未成年人网络保护工作。

有关部门应当依法监督网络产品和服务提供者的产品和服务的内容和提供方式，指导网络产品和服务提供者落实网络欺凌防治、信息处理、投诉举报受理、预防未成年人沉迷网络、防止未成年人合法权益受到侵犯等义务，并及时查处相关违法行为。

卫生健康部门应当指导有关专业机构提供未成年人沉迷网络的预防和干预服务。

第五十条　学校应当将安全合理使用网络等内容纳入教育教学活动，指导学生科学规范使用智能终端产品，养成良好网络使用习惯，增强网络安全意识，提高对网络信息的分析判断能力。

第五十一条　教育部门应当组织开发网络教育教学资源，创新教育教学方式，通过网络教育教学资源平台以及学校网络平台，免费向学生提供专题教育、学科教育等学习资源，组织教师开展免费在线交流、辅导。

学校应当加大宣传推广使用力度，引导学生合理使用优质网络教育教学资源。

第五十二条　未成年人的父母或者其他监护人应当提高网络素养，规范自身使用网络的行为，加强对未成年人使用网络行为的引导和监督。

未成年人的父母或者其他监护人应当增强网络安全意识，在未成年人使用网络游戏时督促其以真实身份验证，防止其使用成年人的网络支付账户、网络游戏注册账号进行网络消费或者接触不适合未成年人的网络游戏。

第五十三条　网络产品和服务提供者应当针对未成年人使用其产品和服务设置相应的时间管理、权限管理、消费管理等功能。

网络产品和服务提供者应当建立涉及未成年人的信息审查、自查评估和投诉受理机制，对产品和服务内容定期检查，或者根据投诉情形适时启动对相关内容的评估；发现产品和服务存在诱导未成年人沉迷网络、危害未成年人身心健康、侵害未成年人合法权益等情况的，应当采取必要措施对相关内容、功能或者规则，进行删除、屏蔽或者修改，防止侵害未成年人信息的扩散，同时应当保存有关记录，并向网信、公安等部门报告。

网络产品和服务提供者应当完善网络社区规则和用户公约，规范引导未成年人的网络行为，不得以打赏排名、虚假宣传等方式诱导未成年人盲目追星、盲目消费；严禁未成年人参与网络低俗表演、网络不良社交等活动。

鼓励网络产品和服务提供者针对不同年龄段未成年人的身心特点开发相应的保护性使用模式，引导未成年人在该模式下使用网络产品和服务。

第五十四条　网络游戏服务提供者应当按照国家有关规定，对未成年人参与网络游戏的时段和时长进行限制，在规定时段和时长以外，不得以任何形式向未成年人提供网络游戏服务。

网络游戏服务提供者应当规范向未成年人提供付费服务，限制未成年人使用与其民事行为能力不符的付费服务。任何组织或者个人不得以任何形式向未成年人提供网络游戏账号租售交易服务。

网络游戏服务提供者应当利用电子身份认证等技术，识别参与网络游戏的未成年人身份，不得以任何形式向未实名注册和登录的未成年人提供网络游戏服务。

第六章　政府保护和司法保护

第五十五条　市、区民政部门应当明确相关内设机构和专门人员，负责未成年人保护工作。

乡镇人民政府和街道办事处应当设立未成年人保护工作站或者指定专门人员，及时办理未成年人相关事务，开展法治宣传、政策咨询、个案处置、服务转介等工作；支持、指导居民委员会、村民委员会设立专人专岗，做好未成年人保护工作。

第五十六条　本市将家庭教育指导服务纳入基本公共服务体系。

教育部门、妇女联合会应当会同卫生健康、民政等部门和其他有关社会组织开展家庭教育指导，组建和培训家庭教育指导队伍，制定家庭教育指导服务规范。

第五十七条　对尚未完成义务教育的辍学未成年学生，教育部门或者乡镇人民政府应当责令其父母或者其他监护人将其送入学校接受义务教育。

对学校拒绝接收符合条件的学生或者违反国家规定开除、变相开除学生的，教育部门应当及时予以处理。

第五十八条　教育部门应当落实教育制度改革要求，促进义务教育优质均衡发展，提升课堂教学质量，强化学校教育的主阵地作用。

教育部门应当建立科学的教育评价制度，采取措施督促学校减轻未成年学生过重的学习负担，不得把升学率作为考核学校工作的指标。

第五十九条　本市发展普惠托育服务体系，支持社会力量依法兴办婴幼儿照护服务机构。

本市建立和完善覆盖城乡、布局合理的学前教育公共服务体系。

教育部门应当培养和培训婴幼儿照护服务机构、幼儿园的保教人员，提高其职业道德素质和业务能力，为婴幼儿提供安全、优质的照顾和保育教育。

第六十条　教育部门应当指导学校把职业体验、职业启蒙、职业生涯教育融入教育教学活动，推动职业院校面向学校开放共享实训场所、课程、师资等教育教学资源。

人力资源社会保障、教育部门以及乡镇人民政府、街道办事处公共就业服务机构应当为已经完成义务教育、但未能继续就学的未成年人，提供职业培训的信息，并为其参加培训提供帮助。

第六十一条　教育部门应当保障具有接受普通教育能力、能适应校园生活的残疾未成年人就近就便在普通学校、幼儿园接受教育，同等条件下优先安排残疾未成年人入学；保障不具有接受普通教育能力的残疾未成年人在特殊教育学校（班）、幼儿园接受教育。

教育部门和其他有关部门应当保障特殊教育学校（班）、幼儿园的办学、办园条件，指导学校、幼儿园加强无障碍环境建设，鼓励和支持社会力量举办特殊教育学校（班）、幼儿园。

残疾人联合会应当健全完善残疾未成年人康复服务保障机制。卫生健康、民政等部门和残疾人联合会应当按照各自职责，加强对康复服务机构的监督管理，为残疾未成年人提供康复服务保障。

第六十二条　教育部门应当加强校园安全风险防控体系建设，会同公安、应急管理等部门指导和监督学校、幼儿园落实校园安全管理责任。

教育部门应当加强与公安、应急管理、卫生健康、气象等相关部门的应急联动，建立健全突发事件的报告、处置和协调机制，在发生可能影响校园安全的突发事件风险时，及时采取相应的防范和处置措施。

教育部门应当将安全、应急等知识和技能纳入校长、教师培训和中小学公共安全教育的内容，提升校园安全防范意识和能力。

第六十三条　乡镇人民政府、街道办事处应当开展校园周边环境综合整治，协调相关部门加强对有关经营服务场所和经营活动的管理和监督。

公安机关应当加强校园周边的治安管理，发现对未成年人实施拦截、强索财物、侮辱殴打等行为的，应当及时制止并依法处理。

公安交通管理部门在未成年人上学和放学时，应当加强对校园周边交通秩序的维护，保障未成年人的人身安全。

第六十四条　卫生健康部门应当指导疾病预防控制机构、医疗机构等为未成年人提供疫苗接种以及传染病、常见病、多发病、心理疾病防治等卫生保健服务，提升未成年人身心健康水平。

教育部门应当指导学校加强未成年学生心理健康教育，规范开展学生心理健康状况评估与监测工作，加强早期发现和及时干预。

教育、卫生健康部门接到学校报告的未成年学生严重心理健康问题，应当及时指导相关机构做好干预、诊断、治疗等工作。

第六十五条　民政部门应当会同教育、卫生健康、人力资源社会保障等部门以及残疾人联合会等人民团体、社会组织建立完善孤独症未成年人关爱服务体系，培育发展为孤独症未成年人提供服务的社会组织和从业人员队伍。

第六十六条　本市推动儿童友好社区建设，相关部门应当制定完善有关建设、评价、验收的标准和规范。

乡镇人民政府、街道办事处应当加强并优化未成年人活动场所和设施的配置，整合社区资源，开展适合未成年人身心特点、兼顾不同年龄段未成年人成长需求的活动和服务项目，建设儿童友好社区。

第六十七条　本市依托12345市民服务热线建立未成年人保护热线，相关部门应当及时受理、转介侵犯未成年人合法权益的投诉、举报，收集意见建议，提供未成年人保护方面的咨询、帮助；依托12355青少年服务热线及其网络平台，为未成年人提供心理健康、法律维权、安全保护等咨询服务。

第六十八条　公安机关、人民检察院、人民法院和司法行政部门应当依法履行职责，保障未成年人合法权益。

本市建立未成年人司法保护联动机制，人民检察院、人民法院、公安、司法行政、民政、教育等部门以及有关人民团体应当定期会商，研究解决未成年人司法保护中的重大疑难问题，加强信息资源共享和工作衔接。

第六十九条　法律援助机构和公安机关、人民检察院、人民法院、司法行政部门应当依法为有需要的未成年人，提供法律援助或者司法救助。

法律援助机构应当建立专门办理未成年人案件的法律援助律师库，指派熟悉未成年人身心特点的律师为未成年人提供法律援助。

法律援助机构和市律师协会应当对办理未成年人法律援助案件的律师进行指导和培训。

第七十条　人民检察院通过诉讼监督、检察建议等方式，对未成年人保护工作进行法律监督。

未成年人合法权益受到侵犯，相关组织和个人未代为提起诉讼的，人民检察院可以督促其提起诉讼，或者通过帮助申请法律援助、提供咨询服务、提交书面意见、协助调查取证等方式支持其提起诉讼。涉及公共利益的，人民检察院有权提起公益诉讼。

第七十一条　公安机关、人民检察院、人民法院办理未成年人遭受性侵害或者暴力伤害案件，应当依法在专门设置的取证保护场所或者其他适当场所内询问未成年被害人、证人，并采取同步录音录像等措施，尽量一次完成；未成年被害人、证人是女性的，应当由女性工作人员进行。

公安机关、人民检察院、人民法院可以根据需要，通知社会工作者、心理咨询师等相关专业人员到场，通过面谈或者隐蔽观察等方式，了解和评估未成年被害人的心理状况，辅助开展办案保护工作。

第七十二条　对违法犯罪的未成年人，坚持教育为主、惩罚为辅。

对违法犯罪的未成年人依法处罚后，在升学、就业等方面不得歧视；对符合条件的未成年人的相关违法犯罪记录，依法予以封存。

第七十三条　公安机关、人民检察院、人民法院、司法行政部门根据国家和本市有关规定，指派公职人员担任学校法治副校长、校外法治辅导员，协助学校开展未成年人法治教育、犯罪预防、权益维护以及校园安全防范等工作。法治副校长应当每学年面向师生开展不少于四课时的法治教育。

第七十四条　国家机关可以通过购买服务、专家咨询等方式，引入社会组织、社会工作者、专家等社会专业力量，提高未成年人保护工作专业化水平。

鼓励和支持有关社会组织、社会工作者、志愿者参与国家机关的未成年人保护工作，为未成年人心理干预、法律服务、法律援助、个案帮扶、社会调查、社会观护、教育矫治、社区矫正、家庭教育指导、家庭监护能力评估及收养评估等提供专业服务。

第七章　特别保护

第七十五条　因父母双方或者其他监护人同时存在监护缺失情形，或者一方存在监护不当情形，导致未成年人处于无人照料或者人身安全受到威胁等危险状态的，依法给予特别保护。

本条例所称的监护缺失，包括下列情形：

（一）因死亡、失踪、失联、重残、重病、被执行限制人身自由的刑罚和措施、被撤销监护资格、被遣送（驱逐）出境等原因，无法履行监护职责的；

（二）因突发事件等紧急情况正在接受治疗、被隔离观察或者参与相关应对工作，无法履行监护职责的；

（三）法律规定的其他情形。

本条例所称的监护不当，包括下列情形：

（一）性侵害、出卖、遗弃、虐待、暴力伤害未成年人的；

（二）放任、教唆、利用未成年人实施违法犯罪行为的；

（三）胁迫、诱骗、利用未成年人乞讨的；

（四）监护人拒绝或者怠于履行监护职责，导致未成年人处于无人照料的状态；

（五）法律规定的其他情形。

第七十六条　居民委员会、村民委员会或者民政部门发现监护缺失情形或者接到有关报告的，应当帮助符合条件的未成年人申请相应的社会救助或者保障，采取必要的照料或者监护措施。

公安机关发现监护不当情形或者接到有关报告的，应当立即出警处置，制止正在发生的侵害行为并开展调查，对实施加害行为的未成年人父母或者其他监护人依法采取批评教育、出具告诫书、治安管理处罚等措施，并通报当地居民委员会、村民委员会或者民政部门；构成犯罪的，依法追究其刑事责任。在处置过程中，发现未成年人身体受到伤害，或者需要送至未成年人救助保护机构、儿童福利机构进行临时监护的，应当先送至卫生健康部门指定的医疗机构救治或者体检。

第七十七条　依法履行临时监护职责的居民委员会、村民委员会或者民政部门，对临时监护的未成年人，可以采取委托亲属抚养、家庭寄养等临时生活照料方式，或者交由未成年人救助保护机构、儿童福利机构收留、抚养。

承担临时监护职责的机构和个人应当按照有关规定，做好未成年人生活照料、医疗救治和预防接种、教育、心理辅导、情感抚慰等工作，保护未成年人人身安全；必要时，可以依法向人民法院申请人身安全保护令。

需要公安机关查找未成年人父母或者其他监护人的，公安机关应当立即查找；六个月内查找不到的，应当向居民委员会、村民委员会或者民政部门提供最终查找结论，并协同开展后续处置工作。

临时监护的期限一般不超过一年。

第七十八条　对存在监护缺失或者监护不当情形的家庭，民政部门、公安机关、人民法院、人民检察院等应当根据需要，按照有关标准和规范对未成年人的父母或者其他监护人开展家庭监护能力评估。评估结果作为监护能力认定、监护干预帮扶或者恢复监护人监护资格的参考依据。

家庭监护能力评估的具体规定，由市民政部门会同市公安机关、市高级人民法院、市人民检察院另行制定。

第七十九条　临时监护期间，经家庭监护能力评估，监护人重新具备履行监护职责条件的，民政部门或者居民委员会、村民委员会可以将未成年人送回监护人抚养。

监护人领回未成年人后，民政部门应当将相关情况向未成年人所在学校以及当地公安机关、居民委员会、村民委员会通报，相关部门和单位应当对通报内容予以保密。

居民委员会、村民委员会应当对监护人的监护情况，未成年人的学习、生活等情况进行随访。

第八十条　对具有监护意愿但缺乏监护能力的家庭，民政部门可以会同乡镇人民政府、街道办事处和社会工作服务机构，参考家庭监护能力评估结果，为未成年人及其家庭提供监护指导、医疗救治、心理辅导、行为矫治等支持性服务。

对存在监护不当情形的家庭，公安机关、人民检察院、人民法院以及妇女联合会和民政、教育部门可以参考家庭监护能力评估结果，为未成年人及其家庭提供家庭教育指导服务，开展家庭监护干预。

第八十一条　有关组织和个人可以根据人民检察院的书面建议、家庭监护能力评估结果，对具有法定情形的未成年人的父母或者其他监护人，依法向人民法院申请撤销其监护资格。

对具有法定情形，需要为未成年人指定监护人的，居民委员会、村民委员会、民政部门或者人民法院应当依法尊重未成年人的意愿，按照最有利于未成年人的原则，在依法具有监护资格的人中指定监护人。没有依法具有监护资格的人的，其监护人由民政部门或者具备履行监护职责条件的未成年人住所地的居民委员会、村民委员会担任，履行长期监护职责。

第八十二条　对需要长期监护的未成年人，民政部门或者具备履行监护职责条件的居民委员会、村民委员会应当依法履行监护职责，保障受监护未成年人的合法权益。

民政部门应当会同相关部门加强对丧失父母的孤儿的保障，妥善安置孤儿，落实其基本生活保障、医疗和康复保障、教育保障以及成年后就业创业扶持和住房保障等制度，维护孤儿合法权益。

第八十三条　民政部门承担临时监护或者长期监护职责的，财政、教育、卫生健康、公安等部门应当根据各自职责予以配合。

市、区人民政府及其民政部门应当设立未成年人救助保护机构、儿童福利机构，配备专门人员，负责收留、抚养由民政部门监护的未成年人，并提供关爱保护。

鼓励有条件的未成年人救助保护机构、儿童福利机构拓展社会服务功能，开展农村留守儿童、困境儿童、散居孤儿、残疾儿童、孤独症儿童等的临时照料、康复训练、特殊教育等服务。

第八章　法律责任

第八十四条　违反本条例规定的行为，法律、行政法规有处理规定的，从其规定；侵犯未成年人合法权益，造成人身、财产或者其他损害的，依法承担民事责任；构成犯罪的，依法追究刑事责任。

第八十五条　未成年人的父母或者其他监护人不依法履行监护职责或者侵犯未成年人合法权益的，由其住所地的居民委员会、村民委员会予以劝诫、制止；情节严重的，居民委员会、村民委员会应当及时向公安机关报告。

公安机关接到报告或者公安机关、人民检察院、人民法院在办理案件过程中发现未成年人的父母或者其他监护人存在上述情形的，应当予以训诫，并可以通过告诫书、督促监护令、家庭教育指导令等形式责令其接受家庭教育指导，督促其履行监护职责。

第八十六条　国家机关及其工作人员在未成年人保护工作中不依法履行职责的，由其所在单位或者上级主管部门责令改正；玩忽职守、滥用职权、徇私舞弊的，依法给予处分；构成犯罪的，依法追究刑事责任。

第九章　附则

第八十七条　本条例自 2022 年 3 月 1 日起施行。

8. 上海市人民代表大会常务委员会关于进一步促进和保障城市运行"一网统管"建设的决定

（2022 年 5 月 24 日上海市第十五届人民代表大会常务委员会第四十次会议通过）

为了践行"人民城市"重要理念，推动城市治理数字化转型，促进和保障城市运行"一网统管"（以下简称"一网统管"）建设，提高城市管理科学化、精细化、智能化水平，推进超大城市治理体系和治理能力现代化，根据有关法律、行政法规的规定，结合本市实际，作出如下决定：

一、本市推进"一网统管"建设，以"一屏观天下、一网管全城"为目标，坚持科技之智与规则之治、人民之力相结合，构建系统完善的城市运行管理服务体系，实现数字化呈现、智能化管理、智慧化预防，聚焦高效处置一件事，做到早发现、早预警、早研判、早处置，不断提升城市治理效能。

二、市人民政府应当加强对"一网统管"建设工作的组织领导，将其纳入国民经济和社会发展规划，协调解决"一网统管"建设重大问题，构建数字化、智能化政府运行新模式，提升城市治理效能。

区人民政府应当按照本市"一网统管"建设总体要求和部署，拟定本行政区域实施方案，完善"一网统管"建设工作体制，健全协同联动工作机制，深化线上线下业务协同，拓展应用场景建设，推动数字化、智能化治理模式创新，提升区域治理效能。

市、区有关部门、政府派出机构和有关单位应当统筹推进本系统、本区域、本单位的"一网统管"建设工作，并按照各自职责做好"一网统管"建设相关综合性工作。

乡镇人民政府、街道办事处应当在基层治理中，落实"一网统管"建设要求，推进实战应用，提升基层治理效能。

三、本市设立市、区和乡镇、街道三级城市运行管理机构，具体负责本级"一网统管"建设工作的统筹规划、协调推进和监督指导。上级城市运行管理机构应当加强对下级城市运行管理机构的业务指导和督促检查。

市城市运行管理机构负责拟订全市城市运行智能化管理战略和发展规划，研究制定标准规范，加强城市运行状态监测、分析和预警，健全分层分类指挥处置体系，统筹协调重大突发事件应急联动处置。

区城市运行管理机构应当加强上下联通和资源整合，融合值班值守、应急联动、市民热线、网格管理等功能，提升区域城市运行日常管理和应急联动协调能力，提高城市运行综合管理事项的处置效率。

乡镇、街道城市运行管理机构应当加强一线协调处置能力，依托基层综合执法、联勤联动机制，协调处置基层治理中的具体问题。有条件的乡镇、街道城市运行管理机构可以下设城市运行工作站。

四、本市运用大数据、云计算、物联网、区块链、人工智能等现代信息技术，建设"一网统管"平台，由城市运行管理机构负责规划建设和运行维护，整合部门业务系统，实现数据规范采集、标准统一、实时更新、互联互通，为及时精准发现问题、对接需求、研判形势、预防风险和有效处置问题提供支撑。

五、本市依托"一网统管"平台，建立市、区、乡镇和街道、网格化区域、社区和楼宇五级应用体系，加强指挥协调和现场处置，实现线上线下协同高效处置一件事。

对依托"一网统管"平台发现的城市运行中的问题，城市运行管理机构按照管理权限，派单调度相关部门和单位及时进行处置；相关部门和单位应当接受派单调度，及时进行处置，反馈处置情况，并接受督办核查。

六、市级相关部门和区人民政府应当按照各自职责，加强重大任务、重点区域、重要领域的"一网统管"应用场景建设。

市、区城市运行管理机构应当加强对"一网统管"应用场景建设的统筹指导，定期向社会公布应用场景建设情况，接受社会监督。

七、各级人民政府应当充分发挥治理数字化优势，积极依托"一网统管"平台，切实履行属地责任，依法有效应对自然灾害、事故灾难、公共卫生和社会安全等突发事件以及其他影响城市运行安全的事件。

八、本市运用治理数字化功能，在疫情防控期间，实行个人疫情防控信息核验措施

（即"场所码"或"数字哨兵"等核验措施），核验个人健康信息。

市、区人民政府指定的部门负责个人疫情防控信息核验措施的统筹协调、组织实施。市、区相关行业管理部门负责本行业、本系统落实个人疫情防控信息核验措施的日常监督检查和指导。乡镇人民政府、街道办事处应当切实做好辖区内实施个人疫情防控信息核验措施的督促和保障工作。

出入公共场所、居民小区等场所的人员应当按照规定主动接受个人疫情防控信息核验。相关场所管理者、经营者应当按照要求开展个人疫情防控信息核验工作，发现不符合疫情防控要求的，及时向政府有关部门报告，并配合政府有关部门进行联动处置。信息核验中采集、处理个人疫情防控信息应当遵守个人信息保护相关法律、法规的规定，采集的个人信息仅用于疫情防控需要，任何单位和个人不得泄露。

实行个人疫情防控信息核验措施的具体办法，由市人民政府另行制定。

九、本市推动建设城市运行数字体征系统，科学设定城市运行体征指标体系，依托"一网统管"平台和智能感知系统，加强对城市运行状态的实时动态、智能精准监测。

十、有关部门和单位应当按照"一网统管"建设要求和相关技术标准，依托大数据资源平台，加强公共数据的归集和共享，及时动态更新，保证数据准确性，提高数据质量。

鼓励企业、电子商务平台等市场主体参与"一网统管"应用场景开发建设，加强数据共享，为"一网统管"建设提供技术、数据等支持。

在突发事件应急状态下，有关企业、电子商务平台等市场主体应当配合政府依法采取的应急处置措施，提供必需的数据支持，共同维护城市运行安全。

十一、本市推进"一网通办""一网统管"融合发展，依托大数据资源平台，围绕数据、场景、系统，推动"两张网"双向融合、相互协同，促进政府职能转变和流程再造，提升数字化治理能力和水平，建设数字政府。

十二、市、区人民政府及其相关部门应当将"一网统管"和数字治理的理念融入城市规划、建设和管理。

市、区规划资源、住房城乡建设管理、交通等部门在有关规划制定、重大项目立项时，应当征求同级城市运行管理机构的意见。

十三、市、区有关部门应当依托"一网统管"平台，整合、归并业务系统，加强数据共享，减少重复派单和报送信息，支持乡镇人民政府和街道办事处依法履行服务与管理职能，为基层减负增能。

公安、市场监管、住房城乡建设管理、规划资源、民政、经济信息化、卫生健康、人力资源社会保障等部门应当依法向乡镇人民政府和街道办事处提供人口、法人、房屋等基础数据，赋能基层治理。

十四、鼓励和支持个人、企业、社会组织等积极参与"一网统管"建设，发挥"12345"市民服务热线总客服作用和人民建议征集、"随申拍"等信息收集功能，拓展参与渠道和方式，反映社情民意，回应市民诉求，推动形成共建、共治、共享的城市治理格局。

十五、各级人民政府应当将"一网统管"建设经费纳入本级财政预算，实施项目库管理，建立与"一网统管"建设相适应的科学高效的项目审批机制，落实项目资金保障。

十六、各级人民政府应当根据"一网统管"建设需要，创新人才保障机制，通过聘任制公务员、引进专业技术人才等方式，加强人员配备，提升能力素质，并将"一网统管"和数字治理等专业知识纳入基层工作人员、公务员和领导干部培训内容。

本市建立"一网统管"专家咨询机制，对"一网统管"建设涉及的技术、安全、法律等问题，提供专家咨询意见。

十七、"一网统管"建设相关部门和单位应当按照有关法律法规和安全技术标准，建立健全风险评估、安全审查、日常监控、应急处置等机制，严格落实网络安全等级保护制度，加强数据分类分级保护，依法履行个人信息保护义务。

十八、市、区人民政府应当加强对下级人民政府和有关部门"一网统管"建设工作成效的考核，并将考核结果作为年度绩效考核和领导干部综合考核评价的重要依据。

十九、支持浦东新区在"一网统管"建设工作机制和治理理念、治理模式、治理手段等方面进行创新探索，率先构建经济治理、社会治理、城市治理统筹推进和有机衔接的治理体系；条件成熟的，可以在全市推广。

二十、本市充分发挥"一网统管"在推进长江三角洲区域协同治理中的作用，加强"一网统管"建设的合作与交流。

二十一、市人民代表大会常务委员会围绕"一网统管"建设的实际需求，制定、修改相关地方性法规或者在有关地方性法规中作出规定，促进和保障"一网统管"建设。

市、区人民代表大会常务委员会应当通过听取专项工作报告等方式，加强对本决定执行情况的监督。

市、区人民代表大会常务委员会应当充分发挥各级人大代表作用，汇集、反映人民群众的意见和建议，督促有关方面落实"一网统管"建设各项工作。

二十二、有关部门及其工作人员有不接受城市运行管理机构统筹协调、派单调度、督办核查，不按照要求归集或者共享公共数据，不履行法定职责或者不正确履行法定职责等情形的，由其所在单位或者上级部门予以纠正，并依法给予处分。

二十三、在疫情防控期间，场所管理者、经营者未按照规定履行个人疫情防控信息核验责任的，由相关行政管理部门责令改正，并依法予以处理。对不符合市人民政府有关规定要求，拒不接受个人疫情防控信息核验的人员，场所管理者或者经营者有权拒绝其出入。

信息核验中有关采集、处理个人疫情防控信息，如有违反法律、法规关于个人信息保护相关规定情形的，由相关行政管理部门责令改正，并依法予以处罚。

个人或者单位有扰乱公共秩序、妨碍公共安全等行为，构成违反治安管理规定的，由公安机关依法给予处罚；给他人人身、财产造成损害的，依法承担民事责任；构成犯罪的，依法追究刑事责任。有关部门还应当按照国家和本市规定，将其失信信息向本市公共信用信息平台归集，并依法采取惩戒措施。

本决定自 2022 年 5 月 24 日起施行。

9. 上海市人民代表大会常务委员会关于
加强新时代检察机关法律监督工作的决定

（2022 年 5 月 24 日上海市第十五届人民代表大会常务委员会第四十次会议通过）

为了进一步加强新时代检察机关法律监督工作，保障和支持检察机关依法履行法律监督职责，增强法律监督工作质量和效果。根据宪法和法律规定，结合本市实际，作出如下决定：

一、本市检察机关应当坚持以习近平新时代中国特色社会主义思想为指导，深入贯彻习近平法治思想，始终坚持党对检察工作的绝对领导，坚持国家法律监督机关的宪法定位，自觉接受人民代表大会及其常务委员会的监督，依法履行刑事、民事、行政、公益诉讼等检察职能，实现各项检察工作全面协调充分发展，推动法律监督与其他各类监督有机贯通、相互协调，着力提高法律监督能力水平，为上海建设具有世界影响力的社会主义现代化国际大都市提供法治保障。

二、检察机关应当坚持总体国家安全观，积极投入更高水平平安上海建设，维护城市安全和社会大局稳定；坚持以落实国家战略为牵引，积极服务保障经济社会高质量发展；坚持以人民为中心的发展思想，加强民生司法保障；坚持将社会主义核心价值观融入法律监督，引领社会法治意识，提升城市治理体系和治理能力现代化水平。

三、检察机关应当秉持客观公正立场，贯彻宽严相济刑事政策和少捕慎诉慎押刑事司法政策，及时有效履行侦查、审查逮捕、审查起诉、提起公诉等职能，依法惩治各类犯罪活动。

检察机关应当依法纠正有案不立、违法立案等违法行为；健全对公安机关立而不侦、退而不查、久侦不结等问题的监督机制，落实重大案件侦查终结前讯问合法性核查制度；规范非羁押性强制措施适用，完善对刑事拘留、监视居住等强制措施的监督，严格依法适用逮捕羁押措施，加强逮捕后羁押必要性审查。

检察机关应当综合运用抗诉、纠正意见、检察建议等监督手段，及时纠正定罪错误、量刑明显不当、审判程序严重违法等问题。

检察机关应当健全监管场所派驻检察与巡回检察相结合的工作机制，加强对刑罚交付执行、财产刑执行、强制医疗执行的监督，完善对刑罚变更执行的同步监督机制；强化对超期羁押、在押人员非正常死亡案件的监督；深化探索社区矫正巡回检察，完善对管制、宣告缓刑、假释和暂予监外执行等刑事执行活动的监督。

四、检察机关应当加强对民事诉讼领域损害国家利益或者社会公共利益、程序违法、裁判显失公平等突出问题的监督，增强类案监督质量和效果；对损害国家、集体或者个人民事权益的行为，可以依法支持起诉；依法纠正消极执行、选择性执行、超标的执行等行为；加强虚假诉讼监督，与审判机关、公安机关、司法行政机关健全防范、发现和追究虚假诉讼联动机制。

五、检察机关应当依法履行对行政诉讼活动的法律监督职能，促进审判机关依法审判，推进行政机关依法履职，维护行政相对人合法权益；在履行法律监督职责中发现行政机关违法行使职权或者不行使职权行为的，应当依法督促纠正；在履行法律监督职责中，会同有关单位深化开展行政争议实质性化解工作；建立健全行政检察监督工作协调机制，推动实现重点领域检察机关法律监督与政府内部层级监督有效衔接。

六、检察机关遵循积极、稳妥、审慎的原则，依法探索拓展公益诉讼案件范围，会同有关单位建立检察机关介入重大公益事件调查机制，完善公益诉讼诉前磋商程序，依法探索实施民事公益诉讼惩罚性赔偿制度。各级检察机关设立公益诉讼资金专门账户，用于存放公益损害修复费用、赔偿金，依法统筹用于公益保护。

七、检察机关应当与金融监管部门、审判机关、公安机关建立健全金融安全数据研判、风险预警、办案会商等工作机制，将严惩金融违法犯罪与推动完善金融监管有机结合，有效防范化解金融风险。

检察机关应当推动知识产权刑事、民事、行政和公益诉讼检察集中统一履职，推进优势产业集聚区检察机关知识产权保护中心建设，强化知识产权一体化保护，保障创新驱动发展。

八、检察机关实行涉未成年人刑事、民事、行政和公益诉讼案件统一集中办理，依法严惩侵害未成年人犯罪，完善未成年被害人"一站式"保护救助机制，依法惩戒、精准帮教罪错未成年人；依法监督相关部门落实对有严重不良行为未成年人的专门教育等干预、矫治措施和对被羁押、执行刑罚未成年人的分押分管分教等制度，强化监护监督、督促履职和综合治理，促进家庭、学校、社会、网络、政府、司法"六大保护"体系紧密协同。

九、检察机关应当平等保护各类市场主体的合法权益，依法审慎办理涉企案件，深化涉案企业合规改革，规范涉案企业合规第三方监督评估机制，刑事司法阶段涉案企业合规考察结果可以交由行政执法机关作为行政处罚是否从宽的参考，促进企业合法经营，优化法治化营商环境。

十、检察机关应当结合实际，充分运用现行法律制度及国家政策，加强改革系统集成，建立完善与支持国家战略实施相适应的法律监督保障体系。

本市支持浦东新区检察机关在优化法治化营商环境、保障金融创新、加强知识产权保护、拓展公益诉讼案件范围等方面率先探索。

中国（上海）自由贸易试验区和临港新片区、虹桥国际开放枢纽等区域内的检察机关应当加强与相关部门协作联动，提升法律监督效能。

十一、检察机关应当加强对自然灾害、事故灾难、公共卫生事件、社会安全事件等突发事件应对的法治保障，依法惩治妨害突发事件应急处置和哄抬物价、造谣滋事、制假售假、失职渎职、贪污挪用等犯罪，监督行政机关依法、合理实施行政强制、征收征用和行政处罚等相关应急处置措施，强化食品药品安全等领域公益保护，促进完善应急状态公共安全治理。

十二、检察机关履行法律监督职责需要依法调阅卷宗材料或者其他文件，查询调取信息数据，询问当事人、案外人或者其他有关人员，收集证据材料的，有关单位和个人应当配合。

检察机关提出纠正意见、检察建议的，有关单位应当及时整改、落实并回复；有不同意见的，可以在规定时间内书面说明情况或者提出复议。检察机关向有关主管机关提出检察意见的，有关主管机关应当及时将结果或办理情况回复检察机关。

对无正当理由拒绝协助调查和接受监督的,检察机关可以建议监察机关或者上级主管单位依法依规处理。

十三、监察机关应当与检察机关共同完善提前介入、退回补充调查和自行补充侦查机制,加强与检察机关立案侦查司法工作人员相关职务犯罪案件的衔接协调、线索移送和办案协作。

审判机关应当与检察机关共同完善民事、行政诉讼卷宗调阅制度;办理认罪认罚案件不采纳检察机关量刑建议的,应当说明理由和依据;审判委员会讨论可能判处被告人无罪或死刑的公诉案件、检察机关提出抗诉的案件以及其他与法律监督有关的有重大社会影响、重大分歧案件或者重要议题,应当通知同级检察机关检察长列席。

公安机关应当与检察机关共同保障侦查监督与协作配合机制规范运行,推进实现办案数据和信息网上流转与查询,健全完善重大疑难案件听取检察机关意见等机制。

司法行政机关应当与检察机关共同加强诉讼权利保障;积极协调律师、公证、司法鉴定、人民调解等公共法律服务资源,为检察机关开展法律监督提供支持。

本市将法律监督意见落实情况纳入法治建设考评体系。市、区人民政府及其相关部门应当加强对检察机关履行职责的经费保障和办案业务装备建设。

十四、本市建立行政执法和刑事司法衔接联席会议制度,完善执法司法信息共享、案情通报、案件移送等机制,健全案件咨询制度,实现行政处罚与刑事处罚依法对接。审判机关和行政执法机关向公安机关移送涉嫌犯罪案件的,应当通知同级检察机关。检察机关应当对行政执法机关移送涉嫌犯罪案件工作以及公安机关处理情况,依法加强监督。

十五、本市优化整合法治领域各类信息、数据、网络平台,充分依托市大数据资源平台,强化数据共享责任,细化数据使用权限,推进法治信息数据互联互通和共享应用;加强智能辅助办案系统研发应用,构建检察机关、审判机关、公安机关、司法行政机关网上业务办理闭环,深化执法司法办案协同,为检察机关加强法律监督提供科技支撑。

十六、检察机关应当建立法律监督年度报告、专题报告制度,定期分析公布法律监督工作有关情况；建立健全参考性案例、典型案例工作机制，强化以案释法，加强法治宣传，积极引领社会法治意识；对履行法律监督职责中发现的问题，及时提出健全制度、加强监管、堵塞漏洞、防范风险、履职尽责等检察建议，推动形成社会治理长效机制。

十七、检察机关应当深化长三角区域检察协作，积极推进区域司法政策适用标准统一、区域检察数据和服务平台共享集成，促进区域人才交流和联合培养，提升区域法律监督保障水平。

十八、本市深化与行政区划适当分离的司法管辖制度改革，依法健全检察机关组织体系，完善对专门审判机构审判活动的监督机制。

检察机关应当强化检察人才培训基地建设，完善与法学院校的协同育人机制，提升检察队伍科学管理水平，推进检察队伍革命化、正规化、专业化、职业化建设。

本市完善检察官权益保障制度，对检察官因依法履职受到侵害的应当救济保障，受到不实举报的应当及时澄清，并依法追究相关单位和个人的责任。

十九、检察机关应当建立健全内部监督制约机制，加强上级检察机关对下级检察机关的领导和监督管理，强化案件管理、检务督察；深化检务公开，落实公开听证、公开宣告等制度，发挥人民监督员作用，拓宽公众参与和监督司法的渠道，主动接受社会监督。

二十、市、区人民代表大会及其常务委员会应当通过听取和审议检察机关工作报告、专项工作报告以及开展法律实施情况检查等方式，监督和支持检察机关依法履行职责；加强对有关机关接受、配合检察机关法律监督工作情况的监督；完善人民代表大会常务委员会依法监督与检察机关法律监督在涉法涉诉信访领域内的联动机制，推动检察机关更好发挥法律监督职能。

二十一、本决定自 2022 年 6 月 1 日起施行。2009 年 10 月 22 日上海市第十三届人民代表大会常务委员会第十四次会议通过的《上海市人民代表大会常务委员会关于加强检察机关法律监督工作的决议》同时废止。

10. 上海市工会条例

（1995年2月8日上海市第十届人民代表大会常务委员会第十六次会议通过；根据1997年5月27日上海市第十届人民代表大会常务委员会第三十六次会议《关于修改〈上海市工会条例〉的决定》第一次修正；根据2002年9月24日上海市第十一届人民代表大会常务委员会第四十三次会议《关于修改〈上海市工会条例〉的决定》第二次修正；根据2010年9月17日上海市第十三届人民代表大会常务委员会第二十一次会议《关于修改本市部分地方性法规的决定》第三次修正；根据2022年5月24日上海市第十五届人民代表大会常务委员会第四十次会议《关于修改〈上海市工会条例〉的决定》第四次修正）

第一章 总则

第一条 为了保障工会在国家政治、经济和社会生活中的地位，确定工会的权利和义务，发挥工会在社会主义现代化建设事业中的作用，根据《中华人民共和国宪法》、《中华人民共和国工会法》以及其他有关法律、法规，结合本市的实际情况，制定本条例。

第二条 在本市行政区域内的企业、事业单位、机关、社会组织（以下统称用人单位）和工会均应当遵守本条例。

本市设置在外省市的企业、事业单位、社会组织在处理与本单位工会的关系以及与上级工会的关系时，也应当遵守本条例。

第三条 工会是在中国共产党领导下职工自愿结合的工人阶级的群众组织，是党联系职工群众的桥梁和纽带，是国家政权的重要社会支柱，是职工合法权益的代表者和维护者。

第四条 工会必须遵守宪法和法律，坚持中国共产党的领导，坚持马克思列宁主义、毛泽东思想、邓小平理论、"三个代表"重要思想、科学发展观、习近平新时代中国特色社会主义思想，弘扬伟大建党精神，彰显党的诞生地和初心始发地、工人阶级发祥地的历史地位，传承红色工运基因，保持和增强政治性、先进性、群众性，支持改革开放和社会主义现代化建设，依照《中国工会章程》独立自主地开展工作，具有下列职责：

（一）维护职工合法权益、竭诚服务职工群众是工会的基本职责。工会在维护国家整体利益的同时，代表和维护职工的合法权益。

（二）组织和教育职工依法行使民主权利，参与对国家事务、经济和文化事业、社会事务的管理，协助党和政府开展工作，维护社会主义国家政权。

（三）弘扬劳模精神、劳动精神、工匠精神，发挥先进示范引领作用。动员职工积极参加社会主义精神文明建设，教育职工提高思想道德、技术业务和科学文化素质，建设有理想、有道德、有文化、有纪律的职工队伍。

（四）动员和组织职工积极参加社会主义经济建设，立足本职岗位建功立业，助力经济高质量发展；发挥工人阶级在参与社会治理、维护城市运行安全，应对突发事件等工作中的主力军作用。

第五条　工会通过平等协商和集体合同制度等，推动健全劳动关系协调机制，维护职工劳动权益，构建和谐劳动关系。

工会践行全过程人民民主重要理念，依照法律规定通过职工代表大会（职工大会）或者其他形式，组织职工参与本单位的民主选举、民主协商、民主决策、民主管理和民主监督。

第六条　工会建立联系广泛、服务职工的工会工作体系，密切联系职工，听取和反映职工的意见和要求，关心职工的生活，帮助职工解决困难，全心全意为职工服务。

第七条　工会推动产业工人队伍建设改革，提高产业工人队伍整体素质，发挥产业工人骨干作用，维护产业工人合法权益，保障产业工人主人翁地位，主动适应城市数字化转型、创新型产业和战略性新兴产业发展等需要，造就一支有理想守信念、懂技术会创新、敢担当讲奉献的宏大产业工人队伍。

第八条　工会的合法权益受法律保护，任何单位和个人不得侵害。

第二章　工会组织

第九条　用人单位中以工资收入为主要生活来源的劳动者，均有依法参加和组织工会的权利，并有退出工会的自由。

工会适应企业组织形式、职工队伍结构、劳动关系、就业形态等方面的发展变化，依法维护劳动者参加和组织工会的权利。

第十条　本市构建和完善工会组织体系。上级工会组织加强对下级工会组织的指导和服务。

市、区、街道、乡镇建立地方总工会，设立管委会且规模较大的开发区（工业园区）可以建立总工会。

同一行业或者性质相近的行业，可以建立市、区产业工会，在区级及以下可以建立行业性工会联合会。

经济开发区、工业（科技）园区、楼宇、商圈等企业、社会组织较为集中的区域可以建立区域性工会联合会。

用人单位有会员二十五人以上的，应当建立基层工会委员会；不足二十五人的，可以单独建立基层工会委员会，也可以由两个以上单位的会员联合建立基层工会委员会，也可以选举组织员一人，组织会员开展活动。

建立工会组织必须报上一级工会批准。

不依照《中国工会章程》组建的任何组织，不得以工会的名义开展活动，也不得替代工会行使职权。

第十一条　企业、事业单位、社会组织在筹建的同时应当支持职工筹建工会。

已经开业尚未建立工会组织的企业、事业单位、社会组织，应当从开业之日起六个月内支持、帮助职工建立工会组织。

上级工会应当帮助、指导未建立工会组织的企业、事业单位、社会组织的职工组建工会，企业、事业单位、社会组织应当予以支持，并提供必要的条件。

第十二条　任何单位和个人不得阻挠职工依法组建工会，不得随意撤销、合并工会组织，不得将工会的办事机构归属于其他工作部门。

对没有建立工会组织的企业、事业单位、社会组织，有关部门要积极支持、配合上级工会组织，指导职工建立工会组织，对于阻挠组建工会的违法行为，应当依法予以纠正。

第十三条　基层工会所在的用人单位终止或者被撤销，该工会组织相应撤销，并报上一级工会备案。

第十四条　工会委员会和经费审查委员会由会员大会或者会员代表大会选举产生。工会委员会成员人选应当依法确定。

各级工会建立女职工委员会，女会员不足十人的设女职工委员。

市、区总工会，市产业工会以及街道、乡镇等工会，可以建立为职工服务的法律服务机构，依法为所属工会和职工提供法律援助等法律服务。

各级工会可以建立工会劳动法律监督组织。

第十五条　工会主席、副主席由会员大会或者会员代表大会选举产生，也可以由工会委员会选举产生，实行任期制。

第十六条　市、区总工会，市产业工会，具有社会团体法人资格。

依法建立的街道、乡镇总工会，区产业工会和基层工会组织具备下列条件，并报区总工会或者市产业工会批准后，取得社会团体法人资格：

（一）已经建立工会委员会；

（二）有必要的财产或者经费；

（三）有自己的名称和办公场所；

（四）能够独立承担民事责任。

依法具有或者取得社会团体法人资格的工会，其主席是法定代表人。

第三章　工会的权利和义务

第十七条　各级人民政府可以召开会议或者采取其他适当方式，向同级工会通报政府的重要工作部署和与工会工作有关的行政措施，研究解决工会反映的职工群众的意见和要求。

各级人民政府人力资源社会保障部门应当会同同级工会和企业方面代表，建立劳动关系三方协商机制，共同研究解决劳动关系方面的重大问题。

街道办事处以及经济开发区、工业（科技）园区所在地负责劳动管理的部门，可以会同街道、经济开发区、工业（科技）园区的工会组织和企业方面的代表建立劳动关系三方协商机制，共同研究解决地区内劳动关系方面的重大问题。

第十八条　市、区人民政府制定国民经济和社会发展计划，市人民政府研究起草涉及职工切身利益的重大问题的法规、规章时，应当听取同级工会的意见。

市、区人民政府及有关部门在研究制定就业、工资、物价、安全生产、生活福利、社会保险等重大政策、措施时，或者成立涉及上述事项的社会监督机构时，应当吸收同级工会参加，听取工会的意见。

市、区总工会可以对就业、劳动报酬、物价、安全生产、生活福利、社会保险、职工队伍状况等问题进行调查分析，向人民政府提出意见或者建议。

第十九条　企业、事业单位、社会组织应当依法建立职工代表大会制度。

职工代表大会（职工大会）是企业、事业单位、社会组织实行民主管理的基本形式，是职工行使民主管理权力的机构，依照法律、法规以及国家和本市的其他有关规定审议、通过、决定企业、事业单位、社会组织的重大决策事项和涉及职工切身利益的事项。

国有企业、国有控股企业、事业单位的工会委员会是职工代表大会（职工大会）的工作机构，负责职工代表大会（职工大会）的日常工作，检查、督促职工代表大会（职工大会）决议的执行。集体企业的工会委员会，应当支持和组织职工参加民主管理和民主监督。其他企业、事业单位的工会委员会，依照法律规定组织职工采取与本单位相适应的形式参与民主管理。

企业、事业单位、社会组织违反职工代表大会制度和其他民主管理制度的，工会有权要求纠正。

第二十条　企业、事业单位、社会组织研究经营管理和发展的重大问题应当听取工会的意见；召开讨论有关劳动报酬、生活福利、安全生产和劳动保护、工作时间、休息休假、女职工保护和社会保险等涉及职工切身利益事项的会议，必须有工会代表参加；讨论涉及女职工保护事项时，一般应当有女职工代表参加。

第二十一条　企业设立监事会的，工会的代表应当作为监事会成员候选人。

企业董事会中没有工会代表的，董事会研究决定有关劳动报酬、生活福利、安全生产和劳动保护、工作时间、休息休假、女职工保护和社会保险等涉及职工切身利益的问题时，应当事先听取工会的意见，并邀请工会的代表列席会议。

董事会研究决定生产经营的重大问题、制定重要的规章制度时，应当听取工会的意见，取得工会的合作。

工会的代表列席董事会会议的费用，按照董事会成员的经费渠道列支。

第二十二条　工会代表职工与企业、实行企业化管理的事业单位、社会组织通过平等协商，就劳动报酬、生活福利、安全生产和劳动保护、工作时间、休息休假、女职工保护、社会保险、技能提升、职业发展以及其他事项，依法签订集体合同；也可以专门就工资事项，依法签订工资协议。集体合同草案、工资协议草案应当提交职工代表大会或者全体职工讨论通过，并按照有关规定报送人力资源社会保障部门和上一级工会。

产业工会以及经济开发区、工业（科技）园区、楼宇、商圈等企业、社会组织较为集中区域的工会联合会可以代表职工与相应企业、社会组织方面的代表进行平等协商，依法签订集体合同。

工会提出签订、变更集体合同的，企业、实行企业化管理的事业单位、社会组织在接到书面通知后应当按照有关规定与工会平等协商。企业、实行企业化管理的事业单位、社会组织无正当理由拒绝平等协商，或者因签订集体合同发生争议，双方协商解决不成的，工会可以要求当地人民政府人力资源社会保障部门依法协调处理。

因履行集体合同发生争议，经协商解决不成的，工会可以向劳动人事争议仲裁委员会申请仲裁，仲裁机构不予受理或者对仲裁裁决不服的，可以依法向人民法院提起诉讼。

第二十三条　企业、事业单位、社会组织起草劳动合同文本时，应当征求本单位工会的意见。

工会应当指导职工签订劳动合同，并依法监督劳动合同的履行。

工会发现企业、事业单位、社会组织与职工未依法签订劳动合同的，有权要求纠正，或者建议政府有关部门依法处理。

第二十四条　企业、事业单位、社会组织处分职工，工会认为有法律依据不足、事实理由不充分、处分不当或者超过法定处理权限等情形的，有权提出意见。

用人单位单方面解除职工劳动合同时，应当事先将理由通知工会。工会认为用人单位违反法律、法规和有关合同，要求重新研究处理时，用人单位应当研究工会的意见，将处理结果书面通知工会并附有相关材料。

第二十五条　企业依法建立劳动争议调解委员会。劳动争议调解委员会主任由工会代表担任，办事机构设在工会。

区总工会，市产业工会和街道、乡镇总工会可以会同有关方面的代表，建立劳动争议调解组织。

劳动争议当事人可以向本企业劳动争议调解委员会申请调解，也可以向前款所述的劳动争议调解组织申请调解。

政府建立劳动人事争议仲裁委员会应当有同级工会的代表参加。

第二十六条　企业、事业单位、社会组织违反劳动法律、法规规定，有下列侵犯职工劳动权益情形，工会应当代表职工与企业、事业单位、社会组织交涉，要求企业、事业单位、社会组织采取措施予以改正；企业、事业单位、社会组织应当予以研究处理，并向工会作出答复；企业、事业单位、社会组织拒不改正的，工会可以提请当地人民政府依法作出处理：

（一）克扣、拖欠职工工资的；

（二）不提供劳动安全卫生条件，或者劳动安全卫生设施和条件不符合国家规定的；

（三）随意延长劳动时间或者不按照规定支付延长劳动时间报酬的；

（四）侵犯女职工和未成年工特殊权益的；

（五）其他严重侵犯职工劳动权益的。

第二十七条　工会依照国家规定对新建、扩建企业和技术改造工程中的劳动条件和安全卫生设施与主体工程同时设计、同时施工、同时投产使用进行监督。对工会提出的意见，企业或者主管部门应当认真处理，并将处理结果书面通知工会。

第二十八条　工会发现企业、事业单位的经营、管理者违章指挥，强令职工冒险作业，或者在生产过程中有明显重大事故隐患和职业危害的，有权提出建议，企业、事业单位应当及时予以答复和解决；发现危及职工生命安全的情况时，工会有权向企业、事业单位建议组织职工撤离危险现场，企业、事业单位必须及时作出处理决定。

职工因工伤亡事故等生产安全事故和其他严重危害职工健康问题的调查处理，必须有工会参加。工会应当向有关部门提出处理意见，并有权要求追究直接负责的主管人员和有关责任人员的责任。对工会提出的意见，有关部门应当及时研究，给予答复。

第二十九条　工会有权到企业、事业单位、社会组织的生产、工作、营业等场所调查和监督劳动法律、法规的执行情况，有关方面应当予以支持。

工会对企业、事业单位、社会组织侵犯职工合法权益的问题进行调查时，有关单位应当予以协助，如实说明情况，提供有关资料，不得阻挠或者拒绝调查。

工会在调查中应当依法保守企业、事业单位、社会组织的商业秘密。

第三十条　工会参与监督社会保险基金的管理、使用和职工最低工资、最低生活保障线的实施。

工会有权督促用人单位按照有关规定，为职工缴纳养老、医疗、工伤、失业、生育等社会保险费。

第三十一条　企业、事业单位、社会组织有关人员有非法扣留职工居民身份证等合法证件和对职工非法搜身、拘禁以及侮辱人格、体罚、殴打等侵害职工合法权益行为的，工会有权制止并应当提出处理建议。负责处理的部门应当在三十日内将处理意见告知工会。

第三十二条　企业、事业单位、社会组织发生停工、怠工事件，本单位工会应当立即向上级工会报告，并应当代表职工同企业、事业单位、社会组织或者有关方面协商，反映职工的意见和要求，提出解决意见；协商不成的，上级工会应当及时与人力资源社会保障部门、有关单位的主管部门等到事发单位了解情况，共同协商，妥善处理。

对于职工的合理要求，企业、事业单位、社会组织应当予以解决。工会协助企业、事业单位、社会组织做好工作，尽快恢复生产、工作秩序。

第三十三条　职工合法权益受到侵害的，工会应当支持职工依法提出申诉、申请仲裁、提起诉讼，并提供法律服务。

第三十四条　工会应当支持用人单位的经营、管理者依法进行生产、经营活动和科学管理，会同用人单位加强对职工的思想政治引领，教育职工以国家主人翁态度对待劳动，爱护国家和用人单位的财产，组织职工开展群众性的合理化建议、技术革新、劳动和技能竞赛活动，进行业余文化技术学习和职工培训，参加职业教育和文化体育活动，推进职业安全健康教育和劳动保护工作。

第三十五条　工会协助用人单位组织职工参加疗养、休养活动，办好职工集体福利事业，做好社会保险等工作。

第三十六条　根据政府委托，工会与有关部门共同做好劳动模范和先进生产（工作）者的评选、表彰、培养和管理工作，宣传其事迹，关心其工作和生活。

第三十七条　工会协助人民政府和有关单位做好离休、退休人员的工作，关心其生活，维护其合法权益。

第四章　工会的人员和财产

第三十八条　市、区总工会和街道、乡镇等工会组织，根据工会工作需要，明确人员编制，合理配备工作力量。

企业、事业单位、社会组织有职工二百人以上的，应当配备必要的专职工会工作人员。专职工会工作人员的人数，由上一级工会与企业、事业单位、社会组织协商确定。职工不足二百人的，可以配备专职或者非专职工会工作人员。

第三十九条　工会主席、副主席、委员任期未满的，不得随意调动其工会工作岗位或者劳动合同约定的岗位，因工作需要调动的，应当事先征得本级工会委员会的同意；工会主席、副主席的调动以及经费审查委员会主任的任免，还应当征得上一级工会的同意。

调动工会筹建负责人的工作，应当事先征求上一级工会的意见。

征求上一级工会的意见应当采取书面形式。上一级工会应当在接到书面意见之日起十五日内予以答复，逾期未答复的，视为同意。

基层工会专职主席、副主席或者委员自任职之日起，其劳动合同期限自动延长，延长期限相当于其任职期间；非专职主席、副主席或者委员自任职之日起，其尚未履行的劳动合同期限短于任期的，劳动合同期限自动延长至任期期满。但是，任职期间个人严重过失或者达到法定退休年龄的除外。

基层工会专职主席、副主席或者委员任期期满不再担任专职工会职务的，所在单位应当妥善安排其工作。

第四十条　基层工会工作人员的劳动报酬和其他福利待遇由其所在单位承担。

基层工会专职主席、副主席和委员的劳动报酬和其他福利待遇，国家和本市有规定的，依照规定执行；没有规定的，可以由本单位工会或者上级工会与用人单位协商约定。

街道、乡镇以上各级工会以及所属的企业、事业单位工作人员和离休、退休人员的待遇，依照国家和本市的有关规定执行。

第四十一条　基层工会委员会需要占用生产（工作）时间召开会议或者开展活动的，应当事先与所在单位的主管人员商定。

工会非专职委员每月可以有三个工作日从事工会工作，其工资照发，待遇不受影响；超过三个工作日的，应当事先征得所在单位的主管人员同意。

第四十二条　建立工会组织的用人单位应当于每月十五日前按照上月全部职工工资总额的百分之二向工会拨缴当月的工会经费。工资总额依照国家统计局的规定计算。成立工会筹备组织的用人单位，应当自成立工会筹备组织之日起按照本款规定向工会拨缴工会经费。

各级工会应当按照规定的比例向上一级工会上缴经费。

第四十三条　工会应当根据经费独立原则，建立预算、决算和经费审查监督制度。

各级工会经费收支情况应当由同级工会经费审查委员会审查，接受上一级工会经费审查委员会审计，并定期向会员大会或者会员代表大会报告，接受监督。工会的经费、财产和国家及用人单位拨给工会使用的不动产，任何单位和个人不得侵占、挪用和任意调拨。

工会所属的为职工服务的企业、事业单位，其合法权益受法律保护，任何单位和个人不得随意改变其隶属关系。

工会组织合并，其经费、财产归合并后的工会所有；工会组织撤销，其经费和财产由上级工会处置。

第四十四条　各级人民政府和用人单位，应当为同级工会提供必要的办公场所和设施。

第五章　法律责任

第四十五条　工会对违反本条例规定侵犯其合法权益的，有权提请人民政府或者有关部门予以处理，或者向人民法院提起诉讼。

市、区总工会对违反本条例规定的行为，可以通过工会劳动法律监督整改意见书等形式予以督促整改。

第四十六条　违反本条例规定，阻挠职工依法参加和组织工会或者阻挠上级工会帮助、指导职工筹建工会的，由人力资源社会保障部门责令其改正；拒不改正的，由人力资源社会保障部门提请市或者区人民政府处理；以暴力、威胁等手段阻挠造成严重后果，构成犯罪的，依法追究刑事责任。

第四十七条　违反本条例规定，随意调动工会主席、副主席、委员的工会工作岗位或者劳动合同约定的岗位以及工会筹建负责人工作的，本单位工会或者上级工会可以向人力资源社会保障部门提出，由人力资源社会保障部门责令改正、恢复原工作；造成损失的，给予赔偿。

工会主席、副主席、委员或者工会筹建负责人对用人单位擅自变更劳动合同的，可以依法申请劳动仲裁，对仲裁裁决不服的，可以向人民法院提起诉讼。

对依法履行职责的工会工作人员进行侮辱、诽谤或者进行人身伤害，构成犯罪的，依法追究刑事责任；尚未构成犯罪的，由公安机关依照《中华人民共和国治安管理处罚法》的规定处罚。

第四十八条　违反本条例规定，有下列情形之一的，由人力资源社会保障部门责令恢复其工作，并补发被解除劳动合同期间应得的报酬；职工、工会工作人员不愿恢复工作的，由人力资源社会保障部门责令给予本人年收入二倍的赔偿，并按照解除劳动合同的规定给予经济补偿：

（一）职工因参加工会活动而被解除劳动合同的；

（二）工会工作人员因履行本条例规定的职责而被解除劳动合同的。

第四十九条　违反本条例规定，有下列情形之一的，由市或者区人民政府责令改正，依法处理：

（一）妨碍工会组织职工通过职工代表大会（职工大会）和其他形式依法行使民主权利的；

（二）非法撤销、合并工会组织的；

（三）妨碍工会参加职工因工伤亡事故等生产安全事故以及其他侵犯职工合法权益问题的调查处理的；

（四）无正当理由拒绝进行平等协商的。

第五十条　侵占、挪用或者任意调拨工会财产、经费拒不返还的，工会可以向人民法院提起诉讼，要求返还，并赔偿损失。

第五十一条　违反本条例规定，不依照《中国工会章程》组建，以工会名义开展活动，或者替代工会行使职权的组织，由社会团体登记管理部门依法取缔。

第五十二条　用人单位逾期未缴或者少缴工会经费的，工会应当向其发出催缴通知书，限期缴纳；逾期仍未缴纳的，基层工会或者上级工会可以依法向人民法院申请支付令；拒不执行支付令的，工会可以依法申请人民法院强制执行。

第五十三条　有关单位和个人有违反本条例规定行为的，除依法追究相应法律责任外，相关部门还应当按照规定，将相关信息向本市公共信用信息服务平台归集，并依法采取惩戒措施。

第五十四条　工会工作人员违反本条例规定，损害职工或者工会权益的，由同级工会或者上级工会责令改正，或者予以处分；情节严重的，依照《中国工会章程》予以罢免；造成损失的，应当承担赔偿责任；构成犯罪的，依法追究刑事责任。

第六章　附则

第五十五条　本条例自 1995 年 5 月 1 日起施行。

11. 上海市公安机关警务辅助人员管理条例

（2022 年 6 月 22 日上海市第十五届人民代表大会常务委员会第四十一次会议通过）

第一章　总则

第一条　为了规范本市公安机关警务辅助人员履行职责行为，强化监督管理，保障警务辅助人员合法权益，根据有关法律、行政法规的规定，结合本市实际，制定本条例。

第二条　本市公安机关警务辅助人员的招聘、工作职责与规范、监督管理、职业保障等，适用本条例。

第三条　本条例所称公安机关警务辅助人员（以下简称辅警），是指根据本市社会治安形势和公安工作实际需要，面向社会招聘，为公安机关日常运作和警务活动提供辅助支持的非人民警察身份人员。

第四条　辅警管理工作应当遵循依法规范、分类管理、权责明晰、合理使用、保障有力的原则。

第五条　市、区人民政府应当加强对辅警管理工作的组织领导，将所需经费纳入财政预算，强化监督检查，督促有关部门落实相关管理和保障措施。

第六条　公安机关负责辅警的招聘、管理和使用。

机构编制、公务员主管、财政、人力资源社会保障、退役军人事务等部门按照各自职责，做好辅警员额审核、招聘指导、经费保障、薪酬确定、抚恤优待等相关工作。

第七条　辅警应当在公安机关及其人民警察的管理、指挥和监督下，依法开展警务辅助工作。辅警履行职责行为的后果，由所在公安机关承担。

辅警依法履行职责的行为受法律保护。公民、法人和其他组织应当支持和配合辅警依法履行职责。

第八条　对工作中表现突出、有显著成绩或者作出突出贡献的辅警，按照国家和本市有关规定给予表彰奖励。

第二章　招聘

第九条　本市根据经济社会发展和社会治安形势，按照总量控制、倾斜基层、动态调整、分类使用的原则，科学配置辅警人员额度。

辅警人员额度确定的标准和程序，按照本市有关规定执行。

第十条　市公安机关在市公务员主管部门的指导下，遵循公开平等、竞争择优的原则，按照统一的标准和程序，招聘辅警。

第十一条　辅警招聘按照发布公告、报名、资格审查、笔试（含岗位技能测试）、面试（含体能测试）、体检、综合考察、公示、签订劳动合同等程序实施。

对专业性较强的岗位和紧缺人才，经市公务员主管部门同意，可以采取优化招聘程序或者使用其他测评办法等方式招聘。

第十二条　应聘辅警应当具备下列条件：

（一）具有中华人民共和国国籍；

（二）拥护中华人民共和国宪法，遵守法律法规；

（三）具有良好的政治素质和道德品行；

（四）符合相应的年龄和学历要求；

（五）具有履行岗位职责所需的工作能力、专业资质或者专门技能；

（六）具有正常履行职责的身体条件和心理素质；

（七）国家和本市规定的其他条件。

在同等条件下，优先招聘公安烈士和因公牺牲公安机关人民警察的配偶及子女、退役士兵、见义勇为先进分子、警察类或者政法类专业毕业生。

第十三条　具有下列情形之一的，不予聘用为辅警：

（一）受过刑事处罚或者涉嫌犯罪尚未查清的；

（二）受过治安管理处罚或者因其他违法行为受过行政拘留处罚的；

（三）因违纪违规被开除公职、辞退或者解聘的；

（四）被依法列为失信联合惩戒对象的；

（五）国家和本市规定不适合从事警务辅助工作的其他情形。

第三章　工作职责与规范

第十四条　辅警按照岗位职责分为文职辅警和勤务辅警。

文职辅警依法协助公安机关人民警察开展行政管理、技术支持、警务保障等工作。

勤务辅警依法协助公安机关人民警察开展执法执勤和其他勤务活动。

第十五条　文职辅警根据公安机关的安排，可以开展下列警务辅助工作：

（一）文书档案管理、接线查询、窗口服务、证件办理、信息采集与录入等行政管理工作；

（二）心理咨询、医疗、翻译、计算机网络维护、数据分析、软件研发、安全监测、通讯保障、资金分析、非涉密财务管理、实验室分析、现场勘查、检验鉴定等技术支持工作；

（三）除武器、警械外的警用装备保管和维护保养，后勤服务等警务保障工作；

（四）国家规定可以开展的其他警务辅助工作。

第十六条　勤务辅警根据公安机关的安排，可以开展下列警务辅助工作：

（一）治安巡逻、值守；

（二）疏导交通；

（三）指导当事人自行协商处理轻微交通事故；

（四）预防违法犯罪活动，发现违法犯罪行为及时制止或者向公安机关报告；

（五）维护案（事）件现场秩序，保护案（事）件现场，救助受伤受困人员；

（六）社会治安防范、交通安全、禁毒等宣传教育；

（七）国家规定可以开展的其他警务辅助工作。

第十七条　勤务辅警根据公安机关的安排，在人民警察的带领下，可以协助开展下列工作：

（一）治安检查，以及对人员聚集场所进行安全检查；

（二）日常消防监督检查；

（三）劝阻、纠正交通安全违法行为，采集交通违法信息；

（四）对易制毒化学品企业进行检查，公开查缉毒品，以及对戒毒人员进行日常管理；

（五）公安监管场所的管理勤务；

（六）盘查、堵控、监控、看管违法犯罪嫌疑人；

（七）对严重危害社会治安秩序或者危害公共安全、他人人身安全的行为，或者重大突发案件现场，采取相应的临时性措施；

（八）参加自然灾害、事故灾难、公共卫生事件和社会安全事件等突发事件应对处置工作；

（九）接报案、受案登记、接受证据、信息采集、文书送达、调解等行政案件办理工作；

（十）国家规定可以协助开展的其他工作。

公安机关安排人民警察带领辅警从事前款工作的，应当符合法律、法规和规章关于人民警察人数的要求。

第十八条　辅警不得从事下列工作：

（一）从事涉及国家秘密的工作，办理涉及国家秘密的事项；

（二）出具鉴定报告，认定交通事故责任；

（三）作出行政许可、行政强制、行政处罚等行政处理决定；

（四）执行刑事、行政强制措施；

（五）开展案件调查取证、审核工作；

（六）保管武器、警械；

（七）国家规定不得从事的其他工作。

公安机关及其人民警察不得安排辅警从事只能由公安机关人民警察从事的工作，或者其他超越辅警职责范围的工作。

第十九条　辅警应当遵守下列纪律要求：

（一）遵守宪法、法律、法规和规章；

（二）服从公安机关管理，听从人民警察指挥；

（三）忠于职守，文明履职；

（四）保守国家秘密和工作秘密，对在履行职责中知悉的商业秘密、个人隐私和个人信息予以保密；

（五）国家和本市规定的其他纪律要求。

第二十条　辅警履行职责时，应当按照规定着统一制式服装，佩带辅警标识，携带工作证件。

辅警的服装式样、标识和证件应当符合国家规定，并应当与人民警察的制式服装、标志和证件有显著区别。

任何单位和个人不得非法制造、销售、购买、使用辅警制式服装、标识和工作证件。

第二十一条　公安机关可以根据工作需要，为辅警配备必要的执勤以及安全防护装备，但不得为其配备或者由其使用武器、警械。

辅警在履行职责期间，可以在人民警察的带领下驾驶警用交通工具。

第二十二条　辅警协助人民警察开展执法执勤工作时，应当按照国家和本市有关规定进行记录，并归档保存。

第二十三条　辅警履行职责，遇有下列情形之一的，应当回避；当事人或者其法定代理人也有权要求其回避：

（一）是案件的当事人或者当事人的近亲属的；

（二）本人或者其近亲属与案件有利害关系的；

（三）本人与案件当事人有其他关系，可能影响公正履职的。

前款规定的回避，由辅警所在公安机关决定。

第四章　监督管理

第二十四条　公安机关应当按照谁使用、谁管理、谁负责的原则，建立健全辅警监督管理制度，严格落实辅警监督管理责任。

市、区公安机关应当明确专门机构负责辅警的监督管理工作。辅警所在公安机关具体负责辅警的日常管理工作。

第二十五条　公安机关应当建立健全辅警教育培训工作体系，加强对辅警思想政治、法律法规、业务知识、保密要求、体能技能等的教育培训，提升辅警的综合素质和履职能力。

第二十六条　辅警实行层级化管理，由高至低设置为一至七级。

公安机关应当综合辅警思想政治素质、工作业绩、业务能力、履职年限、考核奖励等情况，按照规定标准和程序，对辅警层级进行评定或者升降。

第二十七条　公安机关应当从思想政治素质、工作业绩、业务能力、遵纪守法等方面，对辅警进行考核。

辅警的考核结果与其薪酬挂钩，并作为层级升降、奖惩、依法续签或者解除劳动合同的重要依据。

第二十八条　公安机关应当建立健全辅警违纪违规惩戒机制，对辅警违反纪律要求或者相关规章制度、妨碍公安机关正常工作秩序、损害公安机关声誉等行为，视情节轻重，给予相应惩戒。

第二十九条　辅警履行职责应当接受社会监督。对辅警的违纪违规行为，任何单位和个人有权向公安机关举报、投诉。

公安机关应当建立健全举报投诉受理和反馈机制，依法依规处理有关辅警的举报、投诉，并将处理结果告知举报人、投诉人。

第五章　职业保障

第三十条　市人力资源社会保障、财政部门应当参照本市上年度在岗职工平均工资、城镇居民人均可支配收入、基本养老保险缴费基数等，合理确定辅警的薪酬标准，并建立动态调整机制。

第三十一条　辅警依法享有基本养老保险、基本医疗保险、工伤保险、失业保险、生育保险等社会保险和住房公积金等社会保障待遇，以及体检、慰问、补助等福利待遇。

第三十二条　辅警依法享有休息休假的权利。

对辅警因工作需要延长工作时间的，按照国家和本市有关规定，给予相应报酬或者安排补休。

第三十三条　辅警依法参加工会组织，享有相关权利，承担相应义务。

第三十四条　辅警因工作受伤、致残、死亡或者患职业病的，依照工伤保险的有关规定执行。

第三十五条　辅警牺牲符合烈士评定条件的，按照法定程序申报办理；被评定为烈士的，其遗属依法享受有关抚恤优待。

第三十六条　经市公务员主管部门批准，公安机关可以从特别优秀的辅警中定向招录人民警察。

第六章　法律责任

第三十七条　违反本条例规定的行为，法律、行政法规已有处罚规定的，从其规定。

第三十八条　辅警违反本条例规定的，由公安机关按照辅警管理相关规定处理；构成违反治安管理行为的，由公安机关依法给予治安管理处罚；构成犯罪的，依法追究刑事责任。

第三十九条　辅警在履行职责时，侵犯公民、法人和其他组织合法权益造成损害的，由所在公安机关依法承担赔偿责任；公安机关依法承担赔偿责任后，有权向故意或者有重大过失的辅警进行追偿。

第四十条　公民、法人或者其他组织阻碍辅警依法履行职责，或者对辅警及其近亲属实施滋扰、恐吓、威胁、侮辱、殴打、诬告、陷害等不法侵害，构成违反治安管理行为的，由公安机关依法给予治安管理处罚；构成犯罪的，依法追究刑事责任。

第四十一条　违反本条例规定，非法制造、销售辅警制式服装、标识的，由公安机关予以没收，并处一千元以上五千元以下罚款；非法购买、使用辅警制式服装、标识的，由公安机关予以没收，处警告或者二百元以上一千元以下罚款；构成犯罪的，依法追究刑事责任。

第四十二条　有关国家机关及其工作人员在辅警招聘、管理、使用和监督等工作中，滥用职权、玩忽职守、徇私舞弊的，对直接负责的主管人员和其他直接责任人员依法给予处分；构成犯罪的，依法追究刑事责任。

第七章　附则

第四十三条　本市人民法院、人民检察院和司法行政机关经批准配备辅警的，参照本条例有关规定执行。

第四十四条　本条例自 2022 年 8 月 1 日起施行。

12. 上海市红十字会条例

（1995 年 6 月 16 日上海市第十届人民代表大会常务委员会第十九次会议通过；根据 2010 年 9 月 17 日上海市第十三届人民代表大会常务委员会第二十一次会议《关于修改本市部分地方性法规的决定》修正；2022 年 6 月 22 日上海市第十五届人民代表大会常务委员会第四十一次会议修订）

第一章　总则

第一条　为了促进本市红十字事业发展，保护人的生命和健康，维护人的尊严，弘扬人道、博爱、奉献的红十字精神，保障和规范红十字会依法履行职责，根据《中华人民共和国红十字会法》等有关法律、行政法规，结合本市实际，制定本条例。

第二条　本市行政区域内开展红十字工作及相关活动，适用本条例。

第三条　市、区、乡镇、街道红十字会是中国红十字会的地方组织，是从事人道主义工作的社会救助团体，是党和政府在人道领域的助手和联系群众的桥梁纽带，必须坚持中国共产党的领导，依照法律、法规和中国红十字会章程，遵循国际红十字和红新月运动基本原则，独立自主开展工作。

第四条　本市各级人民政府应当将红十字事业纳入国民经济和社会发展规划。

市、区、乡镇人民政府、街道办事处应当对红十字会开展工作给予支持和资助，保障红十字会依法履行职责，并对其活动进行监督。

市、区人民政府相关部门应当根据各自职责支持红十字会开展工作。

第五条　每年 5 月 8 日"世界红十字日"所在的周为本市"红十字博爱周"，集中开展红十字活动和文化宣传。

第六条　市、区人民政府应当根据有关规定，对为红十字事业作出突出贡献、社会影响较大的单位和个人给予表彰、奖励。

第七条　市红十字会在中国红十字会总会指导下，开展与其他省、自治区、直辖市红十字会的交流与合作，加强同香港特别行政区、澳门特别行政区红十字会和台湾地区红十字组织的交流，发展同其他国家的地方红十字会和红新月会的友好合作，参与国际红十字和红新月运动事务。

市红十字会积极推进长江三角洲区域应急救援队伍联动和红十字理论文化研究，实现人道资源共享，建立多层次协作机制，促进区域红十字事业协同发展。

第二章　组织

第八条　市、区、乡镇、街道按照行政区域建立地方红十字会。上级红十字会指导下级红十字会工作。

学校、医疗机构等企事业单位，居民委员会、村民委员会及其他组织，根据需要可以建立红十字会，作为地方红十字会的基层组织。市、区、乡镇、街道红十字会加强对红十字会基层组织建设和工作的指导，为其开展活动提供支持。

第九条　本市行政区域内，承认中国红十字会章程并缴纳会费的中华人民共和国公民，可以自愿参加红十字会。公民以个人身份加入红十字会的为个人会员，在校学生加入红十字会的为红十字青少年会员。

机关、企事业单位及有关团体加入红十字会的为团体会员。

第十条　市、区、乡镇、街道红十字会依照中国红十字会章程，每五年召开一次会员代表大会，选举产生理事会、监事会。理事会、监事会向会员代表大会负责并报告工作，接受其监督。

第十一条　理事会民主选举产生会长、常务副会长、副会长。理事会执行会员代表大会的决议。

常务理事会由理事会民主选举产生的常务理事组成，对理事会负责并接受其监督。

执行委员会是理事会的常设执行机构，人员组成由理事会决定，主持红十字会日常工作，向理事会负责并报告工作。

第十二条　监事会民主推选产生监事长、副监事长，对理事会、常务理事会、执行委员会执行有关法律法规、规章制度和开展工作情况进行监督，并向理事会、执行委员会通报监督情况。

市、区红十字会根据工作需要明确承担监事会日常工作的人员。

第十三条　市、区、乡镇、街道红十字会可以设名誉会长和名誉副会长，由同级红十字会理事会依照章程聘请。

第十四条　乡镇、街道红十字会具备条件的，可以依法取得社会团体法人资格。

第三章　职责与保障

第十五条　市、区、乡镇、街道红十字会履行下列职责：

（一）建立红十字应急救援体系和应急救援队伍，在自然灾害、事故灾难、公共卫生事件等突发事件中，开展抢险救灾、现场救护、防疫消杀等应急救援相关工作，参与灾后重建；

（二）建立红十字人道救助机制，广泛动员社会力量，开展社会救助及相关人道服务工作；在自然灾害、事故灾难、公共卫生事件等突发事件中，募集、调拨救灾款物，开展紧急人道救助；

（三）建立红十字应急救护培训体系，加强应急救护阵地建设，普及应急救护和防灾避险知识，开展应急救护技能培训和演练；

（四）参与、推动无偿献血、遗体和人体器官捐献工作，参与开展造血干细胞捐献相关工作；

（五）培育、发展红十字志愿服务组织和志愿者，组织开展志愿者培训和红十字志愿服务，为志愿者参与志愿服务活动提供必要条件；

（六）组织开展国际人道主义精神传播、应急救护基本技能培训、生命教育等红十字青少年活动；

（七）开展形式多样的群众性宣传活动，宣传国际红十字和红新月运动基本知识和有关法律、法规，传播红十字文化，弘扬红十字精神；

（八）根据中国红十字会总会部署，参加国际人道主义救援工作和国内应急救援工作；

（九）完成人民政府委托事项，协助人民政府开展与其职责相关的其他人道主义服务活动。

第十六条　市红十字会会同市教育、卫生健康部门研究制定本市中小学生、婴幼儿住院医疗互助基金有关政策，市、区红十字会负责基金的日常运行管理。

第十七条　市、区、乡镇人民政府、街道办事处应当将红十字应急救援纳入政府突发事件应急处置体系，建立信息共享机制，统筹协调支持红十字会履行应急救援工作职责；将红十字备灾救灾物资储备仓库建设纳入当地综合防灾减灾规划；鼓励、支持红十字会建立各类应急救援队伍，配备必要的应急救援装备，提高救援专业化水平。

第十八条　本市推动应急救护培训进学校、进机关、进楼宇、进企业、进社区、进乡村。

卫生健康、教育、交通、文化旅游、应急管理、公安等部门，应当支持和配合红十字会开展应急救护培训。

第十九条　卫生健康部门应当加强对无偿献血、造血干细胞捐献、遗体和人体器官捐献工作的统筹协调，支持红十字会依法推进捐献的相关工作。

市、区人民政府及其有关部门应当制定并落实无偿献血、造血干细胞捐献、遗体和人体器官捐献工作的激励政策。

民政、规划资源等部门应当支持红十字会通过建立遗体和人体器官捐献者纪念园等纪念场所，开展缅怀活动。

第二十条　乡镇、街道红十字会应当建立红十字服务总站和红十字服务站等基层服务平台，参与基层治理，联系和服务基层群众。

乡镇人民政府、街道办事处应当为红十字服务总站、红十字服务站提供固定工作场所，根据实际工作需要，配备专业工作力量，开展社区红十字工作。

第二十一条　市、区人民政府及其有关部门、乡镇人民政府、街道办事处应当将红十字志愿服务纳入志愿服务工作，建立激励机制，鼓励自然人、法人和非法人组织参与红十字志愿服务，为红十字志愿服务活动提供必要保障，维护志愿者的合法权益。

第二十二条　教育部门应当将红十字青少年工作纳入未成年人思想道德建设体系和大学生思想政治教育整体规划，推动各级各类学校建立学校红十字会，开展红十字青少年工作。

第二十三条　在自然灾害、事故灾难、公共卫生事件等突发事件中，执行救援、救助任务并标有红十字标志的人员、物资和交通工具有优先通行的权利，并按照规定减免车辆通行费。

公安、交通、民航、铁路、税务、海关等部门对红十字会接受境内外援助或者捐赠用于救助和公益事业的款物，应当按照国家规定优先办理有关手续，符合条件的可以减免相关税费。

第二十四条　市、区人民政府及其有关部门、乡镇人民政府、街道办事处应当依托公共文化等设施，开展红十字文化宣传。

广播、电视、报刊、互联网等媒体以及广告经营者应当安排一定的版面或者时段，用于红十字公益宣传。

车站、机场、公园、广场等公共场所的经营管理者应当为红十字会开展募捐和宣传等公益活动提供便利，减免相关费用。

第二十五条　政府有关部门可以在福利彩票公益金中安排必要资金，用于支持红十字会开展人道救助工作。

第二十六条　市、区、乡镇人民政府、街道办事处应当将红十字会的信息化建设纳入当地信息化建设规划和数字化转型工作，提升红十字会科学管理和信息公开水平，实现备灾救灾、人道救助等信息的互联互通和共建共享。

第二十七条　本市将红十字工作纳入群众性精神文明创建活动，引导市民积极参与红十字应急救护培训、志愿服务等工作，弘扬社会文明新风尚。

第二十八条　红十字标志和名称受法律保护。任何组织和个人不得利用红十字标志和名称牟利，不得以任何形式冒用、滥用、篡改红十字标志和名称。

第二十九条　任何组织和个人不得阻碍红十字会工作人员依法履行职责，不得编造、发布、传播涉及红十字会的虚假信息，损害红十字会名誉。

第四章　管理与监督

第三十条　红十字会财产主要来源：

（一）红十字会会员缴纳的会费；

（二）境内外组织和个人捐赠的款物；

（三）动产和不动产的收入；

（四）人民政府的拨款；

（五）其他合法收入。

第三十一条　红十字会可以依法开展募捐活动。开展公开募捐，应当按照规定向民政部门申领公开募捐资格证书。具体开展公开募捐活动时，应当制定募捐方案，并依法向民政部门备案。

第三十二条　红十字会应当向捐赠人开具由财政部门统一监（印）制的公益事业捐赠票据。捐赠人匿名或者放弃接受捐赠票据的，红十字会应当做好相关记录。

第三十三条　红十字会应当根据募捐方案、捐赠人意愿或捐赠协议处分捐赠财产。因特殊原因确需变更募捐方案规定的捐赠财产用途的，应当报民政部门备案；确需变更捐赠人意愿或捐赠协议约定的捐赠财产用途的，应当征得捐赠人的书面同意。

捐赠人有权查询、复制其捐赠财产管理使用的有关资料，红十字会应当按照国家和本市有关规定及时主动向捐赠人反馈有关情况。

红十字会开展定向募捐的，应当及时向捐赠人告知募捐情况、募得款物的管理使用情况。

第三十四条　红十字会使用捐赠财产开展的公益项目，应当由红十字会组织实施。专业性强、技术要求高的项目，可以委托具备相应能力的相关部门或社会机构负责具体执行。

第三十五条　市、区、乡镇、街道红十字会应当将捐赠财产和其他财产分账管理，建立财务管理、内部控制、审计公开和监督检查等制度，健全内部监督制约机制，保障捐赠财产的安全和合理使用。上级红十字会应当加强对下级红十字会的工作督查，以及捐赠财产使用情况的监督。

红十字会监事会应当依法依规履行监督职责，加强对捐赠财产的接受、管理、使用等情况的监督。

第三十六条　红十字会财产的收入和使用情况依法接受人民政府财政、审计、税务等部门的监督。

红十字会接受社会捐赠及其使用情况，依法接受人民政府民政部门的监督。

红十字会应当及时聘请依法设立的独立第三方机构，对捐赠财产的收入和使用情况进行审计。审计结果向红十字会理事会和监事会报告，并向社会公布。

第三十七条　红十字会应当建立健全信息公开制度，通过统一的信息平台及时向社会公布资金募集、分配使用、项目实施等情况，接受社会监督。

第三十八条　市、区、乡镇人民政府、街道办事处应当建立投诉举报受理和反馈机制，受理社会对红十字会在接受、管理、使用捐赠财产过程中的投诉、举报。受理投诉、举报的部门应当及时调查处理，并将调查处理结果反馈投诉人、举报人。

第五章　法律责任

第三十九条　违反本条例规定的行为，法律、行政法规已有处理规定的，从其规定。

第四十条　单位和个人违反本条例相关规定，除依法追究相应法律责任外，相关部门还应当按规定将其失信信息向市公共信用信息服务平台归集，并依照有关规定进行惩戒。

第四十一条　政府有关部门、红十字会及其工作人员滥用职权、玩忽职守、徇私舞弊的，对直接负责的主管人员和其他直接责任人员依法给予处分；构成犯罪的，依法追究刑事责任。

第六章　附则

第四十二条　本条例自 2022 年 7 月 1 日起施行。

13. 上海市浦东新区绿色金融发展若干规定

（2022年6月22日上海市第十五届人民代表大会常务委员会第四十一次会议通过）

第一条　为了提升浦东新区绿色金融服务水平，促进绿色金融和普惠金融、科创金融的融合发展，推进上海国际金融中心核心区建设，打造上海国际绿色金融枢纽，加快经济社会发展全面绿色转型，促进生态文明建设，根据有关法律、行政法规的基本原则，结合浦东新区实际，制定本规定。

第二条　本规定适用于浦东新区行政区域内开展绿色金融活动及相关促进保障工作。

本规定所称绿色金融，是指为支持改善生态环境、应对气候变化、资源节约高效利用等经济社会活动所提供的金融服务。

第三条　市人民政府应当加强对浦东新区绿色金融工作的领导，深化与国家金融管理、发展改革、生态环境、财政等部门协作，推动绿色金融改革创新，加强绿色转型风险管理，协调解决绿色金融发展中的重大问题。

浦东新区人民政府应当建立绿色金融发展工作协调机制，健全与国家金融管理部门在沪机构联系机制，将绿色低碳转型纳入国民经济和社会发展规划，推动气候投融资等绿色金融改革创新试点，统筹各项支持政策，提升重点产业绿色能级，促进经济社会绿色发展。

第四条　市地方金融监管部门应当加强与国家金融管理部门在沪机构的沟通协调，指导浦东新区绿色金融改革创新和依法开展绿色金融监督管理相关工作。

市发展改革、生态环境、财政、经济信息化、科技、住房城乡建设管理、交通、市场监管、知识产权等部门应当按照各自职责，完善配套政策，支持浦东新区开展绿色金融改革创新。

市国有资产监督管理部门应当强化市属国有金融机构绿色金融业绩考核管理，推动市属国有金融机构落实国家金融管理部门绿色金融活动监督管理要求。

浦东新区金融工作部门应当做好本行政区域的绿色金融发展促进和服务保障等工作。浦东新区发展改革、生态环境、财政、科技经济信息化、建设交通、国有资产监督管理、市场监管、知识产权等部门应当按照各自职责支持开展绿色金融改革创新。

第五条　市人民政府应当统筹建立绿色企业评价要求、评价标准和绿色项目认定条件、认定标准工作机制。市发展改革、经济信息化、科技、生态环境、住房城乡建设管理、交通、市场监管等部门根据国家规定，研究制定行业绿色企业评价要求、评价标准和绿色项目认定条件、认定标准。

市生态环境部门会同市发展改革等部门，根据绿色企业评价要求、评价标准和绿色项目认定条件、认定标准，统筹市级各行业主管部门建立绿色项目库，引入第三方机构评估论证或者组织专家开展科学论证，将绿色企业、绿色项目、绿色技术等入库，并实行动态调整。

浦东新区人民政府应当会同国家金融管理部门在沪机构、市地方金融监管部门等，实施绿色金融国家标准和行业标准，组织制定国家绿色金融标准浦东新区配套制度或者补充性绿色金融地方标准，统一浦东新区绿色金融产品和项目评估、认定和分类标准。

第六条　市人民政府应当支持国家金融管理部门在沪机构在浦东新区建立改革试验机制，促进绿色金融等领域创新监管互动，支持金融机构等市场主体在有效控制风险的基础上开展产品业务创新。

市人民政府应当鼓励国家金融管理部门在沪机构开展金融科技创新监管工具实施工作，支持在浦东新区开展绿色金融活动的金融机构（以下统称浦东新区金融机构）利用金融科技手段，实现对绿色项目的识别、环境效益的测算。

第七条　市人民政府应当支持国家金融管理部门在沪机构通过完善绿色金融评价机制，引导浦东新区金融机构制定绿色金融发展规划，完善组织机制，建立绩效考核、激励约束和内部风险管理制度。

浦东新区人民政府及各部门在选择金融机构开展相关合作时，应当将其实施环境信息披露情况和绿色金融评价结果作为重要依据。

第八条　本市支持金融机构、金融基础设施机构、相关交易场所等为碳密集型、高环境风险的项目或者市场主体向低碳、零碳排放转型提供金融服务。

市人民政府应当支持国家金融管理部门在沪机构结合浦东新区产业实际和区域特征，制定补充性转型金融标准、分类和管理规则。

第九条　本市支持符合条件的境内外机构发起设立为改善生态环境、应对气候变化、资源节约高效利用等经济社会活动提供金融服务的银行、证券、保险、基金、信托等金融机构。

本市支持世界银行、亚洲开发银行、亚洲基础设施投资银行等为绿色项目提供投融资和技术服务，发挥新开发银行总部效应，推动绿色金融国际合作项目在浦东新区落地。

本市发挥中国（上海）自由贸易试验区、中国（上海）自由贸易试验区临港新片区跨境资金流动先行先试优势，为绿色企业提供更便利的跨境投融资服务。

第十条　本市鼓励金融机构响应国际国内生物多样性金融相关倡议，利用国际绿色金融合作框架，参与生物多样性金融示范项目。

浦东新区人民政府鼓励金融机构创新业务模式，加强区域协作，参与生物多样性金融示范项目。

第十一条　浦东新区人民政府应当按照国家部署，开展气候投融资试点，探索差异化的投融资模式，以市场手段强化各类资金有序投入，创新激励约束机制，完善资金安排联动机制，抑制高碳投资。

支持浦东新区金融机构创新气候投融资产品和业务。

第十二条　国家金融管理部门在沪机构鼓励银行业金融机构改革内部资金转移定价机制，探索通过有关结构性货币政策工具、监管评价、提高绿色信贷不良率容忍度等方式，支持开展绿色信贷业务。

浦东新区银行业金融机构应当优化、创新绿色信贷产品和服务，扩大信贷规模，提供信贷便利，降低信贷成本，将环境、社会和治理要求纳入管理流程和全面风险管理体系。

第十三条　本市支持上海票据交易所为绿色票据发展提供技术支持，参与制定绿色票据标准，探索形成包括票据融资、应收账款融资、保理融资等供应链融资的绿色标准。

鼓励浦东新区金融机构依托上海票据交易所发展绿色票据业务，发挥绿色票据再贴现业务的定向支持作用，向绿色产业链上下游企业提供优质的支付融资方案。

第十四条　浦东新区人民政府探索将符合条件的重大清洁低碳能源项目等纳入地方政府专项债券支持范围，支持区域绿色项目建设。

浦东新区人民政府应当建立绿色债券项目储备，支持金融机构、地方金融组织、企业发行碳中和债券、可持续发展挂钩债券等各类债券，降低发债成本。

纳入绿色债券项目储备范围内的企业发行债券的，浦东新区人民政府鼓励区内融资担保机构提供担保支持，市中小微企业政策性融资担保基金按照规定提供再担保支持。

鼓励符合条件的第三方机构开展绿色债券信用评级，揭示绿色债券信用风险。

第十五条　中国外汇交易中心、上海证券交易所、上海清算所、跨境银行间支付清算公司、中国证券登记结算公司上海分公司、中央国债登记结算公司上海总部等金融基础设施机构应当为绿色债券的发行、登记、托管、交易、清算、结算等提供便利服务。鼓励金融机构承销绿色公司债券、绿色企业债券、绿色债务融资工具、绿色资产支持证券等。

国家金融管理部门在沪机构支持中国外汇交易中心、上海证券交易所等金融基础设施机构组织绿色债券做市，为金融机构开展绿色债券做市业务提供系统便利和支持。

第十六条　本市支持上海保险交易所在浦东新区试点建立绿色保险产品登记、清算、结算服务平台。

登记注册在中国（上海）自由贸易试验区的保险公司分支机构，可以办理绿色再保险分入业务。

第十七条　浦东新区从事涉及重金属、危险废物、有毒有害物质等环境高风险企业，应当投保环境污染责任保险。浦东新区生态环境部门应当每年制定并公布应投保企业名录。

国家金融管理部门在沪机构建立环境污染责任保险产品和服务监管机制。上海保险交易所试点建立浦东新区环境污染责任保险信息管理平台。

第十八条　本市支持银行业金融机构加大对绿色融资租赁项目的资金支持。

支持登记注册在浦东新区的融资租赁公司探索开展绿色低碳相关技术专利等无形资产的融资租赁业务。

登记注册在浦东新区的融资租赁公司开展节能环保、清洁生产、清洁能源、生态环境、基础设施绿色升级以及绿色服务等领域融资租赁业务的，经国家金融管理部门授权，可以适当放宽租赁资产余额集中度与关联度的监管限制。

第十九条　本市支持浦东新区信托机构通过信托贷款、股权投资、债券投资、资产证券化、公益（慈善）信托等方式开展绿色信托业务。

以不动产设立信托的，可以向不动产登记机构申请记载为信托财产。中国信托登记公司可以在浦东新区试点信托财产登记，办理绿色信托产品登记、统计、流转等事项。

第二十条　本市鼓励浦东新区金融机构遵循负责任投资原则，将环境、社会和治理因素纳入投资决策，督促被投资方改善环境绩效，减少环境风险，开展环境信息披露。

有关部门应当在绿色投资主题基金的市场主体登记、基金跨境投资审批等方面提供便利。

第二十一条　本市支持私募股权基金、创业投资基金等加大对绿色企业、绿色项目、绿色技术等的投资。

本市区域性股权市场运营机构组织建立私募股权与创业投资份额转让平台，开展私募股权和创业投资份额的托管、转让、质押登记等业务。国家对公司股权出质登记另有规定的，从其规定。

第二十二条　本市推动清洁低碳能源、生态环保等领域符合条件的项目纳入全国基础设施领域不动产投资信托基金试点项目库，并开展试点。

本市支持国家绿色发展基金等在沪各类绿色股权投资基金，聚焦浦东新区环境保护、污染防治、能源资源节约利用、绿色建筑、绿色交通、绿色制造等领域开展绿色投资。

浦东新区人民政府应当依托政府引导基金或者产业投资基金，通过政府和社会共同出资的方式，支持绿色产业发展。政府出资产生的投资超额收益部分可以按照一定比例，让利给社会出资人。

第二十三条　市、浦东新区相关部门应当按照规定对绿色低碳技术的创新开发给予支持。鼓励浦东新区金融机构对绿色低碳技术成果转化和应用开展投贷联动业务。

第二十四条　市中小微企业政策性融资担保基金应当为开展绿色项目融资的中小微企业加大担保支持力度，提高绿色融资担保业务比重和担保额度，给予费率优惠。市人民政府相关部门应当完善资本金补充、风险补偿和绩效考核机制。

对于获得市中小微企业政策性融资担保基金担保的浦东新区中小微企业，浦东新区相关部门应当按照规定给予经费补助等支持。

第二十五条　本市支持金融机构开展环境权益担保融资、回购、拆借等业务，推动金融机构成为上海环境能源交易所的直接交易主体。

本市支持浦东新区金融基础设施机构和金融机构等依法合规开展天然气、电力、氢能等绿色相关衍生产品和业务，推动浦东新区金融基础设施机构和金融机构依法参与创设、交易碳衍生品等相关业务。

第二十六条　市场主体可以办理有关环境权益担保登记，并对登记内容的真实性、完整性和合法性负责。中国人民银行征信中心动产融资统一登记公示系统、上海环境能源交易所等机构不对担保登记内容进行实质审查。

设定担保的碳排放权价值发生较大幅度减少等情形的，担保权人可以按照法律规定或者合同约定，请求补足担保价值，压降借贷资金额度或者提前收回借贷资金并处置担保标的。

债务人未能按期履行债务或者发生约定实现担保权的情形，担保权人可以与担保人协议以碳排放权折价或者拍卖、变卖该碳排放权。通过上海环境能源交易所进行转让的，可以采取协议交易、单向竞价或者其他符合规定的方式。

第二十七条　浦东新区内生产经营活动涉及温室气体重点排放、曾发生过环境事故的企业，从浦东新区金融机构或者地方金融组织获得绿色金融服务的，应当向资金融出方提供相关环境信息。

第二十八条　从浦东新区金融机构或者地方金融组织获得绿色金融服务的区内企业，发生下列情形之一的，应当在五个工作日内将相关信息告知资金融出方：

（一）与环境保护相关的行政许可事项发生变更的；

（二）发生突发生态环境事件的；

（三）发生对社会公众及投资者有重大影响的生态环境损害赔偿等事件的；

（四）因生态环境违法行为受到行政处罚或者被追究刑事责任的；

（五）资金融出方要求提供的其他环境信息。

第二十九条　浦东新区银行业金融机构法人应当按照中国人民银行发布的《金融机构环境信息披露指南》等标准要求，发布年度环境信息报告。鼓励浦东新区银行业金融机构法人开展环境信息临时披露，并增加披露频次和范围。

鼓励浦东新区内除银行业金融机构法人之外的金融机构发布年度环境信息报告，开展环境压力测试等环境风险量化分析，并将分析结果纳入信息披露范围。

第三十条　浦东新区人民政府应当依托市大数据资源平台建立绿色金融数据服务专题库，探索金融数据与公共数据的交互融合，与智慧能源双碳云平台、产业绿贷综合性融资服务平台等建立数据对接机制，依法推进信息的归集、整合、查询、共享。

浦东新区人民政府支持各类市场主体使用绿色金融数据服务专题库，推动金融资源精准服务绿色项目库中的企业或者项目等。

第三十一条　浦东新区人民政府应当依托绿色金融数据服务专题库，与各类第三方机构开展数字化协作，探索建立企业碳账户和自然人（常住人口）碳账户，将企业碳排放表现信息和个人绿色低碳活动信息等纳入碳账户、形成碳积分。

鼓励浦东新区金融机构为碳积分高的企业和自然人提供优惠的金融产品或者服务。

加强浦东新区企业碳账户和自然人碳账户与全市碳普惠相关平台的衔接。

第三十二条　市人民政府应当将绿色金融发展纳入上海金融创新奖评选范围，按照规定评选和奖励。

浦东新区人民政府应当将绿色金融发展纳入财政政策体系予以专项支持，通过相关领域财政专项资金对下列机构加大支持力度：

（一）符合财政支持条件的金融机构、金融基础设施机构、地方金融组织、企业、第三方机构等；

（二）金融机构在区内新设符合财政支持条件的绿色金融事业部（业务中心）或者绿色金融分支机构。

第三十三条 浦东新区人民政府应当为吸引绿色金融高层次、紧缺急需和优秀青年人才提供便利支持。对绿色金融创新项目获得上海金融创新奖具有突出贡献的个人，浦东新区人民政府可以按照规定引进落户。

浦东新区人民政府应当为外籍绿色金融人才在居留、出入境、办理工作许可等方面提供便利支持。

浦东新区人民政府支持金融机构、高校、第三方机构等组织开展绿色金融相关专业技能培训。

第三十四条 本市各级人民法院、人民检察院应当充分发挥司法职能，为绿色金融创新发展提供司法保障。

支持人民法院、仲裁机构在审判、仲裁活动中尊重金融行业交易规则和习惯，发布绿色金融典型案例。支持上海金融法院探索金融市场案例测试机制，向金融市场提供规则指引，服务绿色金融创新。

第三十五条 本市支持提供绿色认证、环境咨询、资产评估、资信评级、数据服务、碳排放核算、环境信息披露报告核查等服务的第三方机构，依法开展专业化业务活动。

第三方机构应当勤勉尽责、恪尽职守，严格遵守数据安全和权益保护要求，对文件资料的真实性、准确性、完整性进行核查和验证。第三方机构制作、出具的文件有虚假记载、误导性陈述或者重大遗漏，给他人造成损失的，应当依法承担法律责任。

第三十六条 本规定所称环境权益，是指政府为解决外部性问题，对行为主体在自然资源和环境容量消耗数量方面设定许可、进行总量控制而产生的权益。

本规定所称碳排放权，是指分配给重点排放单位的规定时期内的碳排放额度。

第三十七条 本规定自 2022 年 7 月 1 日起施行。

14. 上海市浦东新区推进市场准营承诺即入制改革若干规定

（2022年6月22日上海市第十五届人民代表大会常务委员会第四十一次会议通过）

第一条　为了创新政府服务管理方式，推进市场准营承诺即入制改革，优化营商环境，根据有关法律、行政法规的基本原则，结合浦东新区实际，制定本规定。

第二条　本规定适用于浦东新区推进市场准营承诺即入制改革的相关管理服务活动。

本规定所称的市场准营承诺即入制，是指通过一次性告知市场主体从事特定行业许可经营项目须具备的全部条件和标准，由市场主体书面承诺其已经符合要求并提交必要材料，即可取得行政许可的改革举措。

第三条　浦东新区推进市场准营承诺即入制改革，应当以市场主体需求为导向，统筹行政审批制度和商事制度改革，注重政府职能转变和改革系统集成，不断激发市场主体活力。

第四条　浦东新区人民政府应当加强组织协调，建立健全深化市场准营承诺即入制改革的统筹推进工作机制。

浦东新区审批制度改革部门负责牵头推进市场准营承诺即入制改革工作。

浦东新区行政审批局负责市场准营承诺即入手续的具体办理工作。

第五条　除涉及国家安全、社会稳定、生态环境安全、金融业审慎监管、重大公共利益的领域，浦东新区人民政府应当根据国家和本市改革部署，按照稳妥审慎、循序渐进、风险可控的要求，确定实行市场准营承诺即入制的行业及相应的事项，并向社会公布。

第六条　市场主体设立登记后，浦东新区行政审批局应当通过企业专属网页等途径推送通过承诺即入方式办理行业许可的线上链接和线下渠道。

市场主体选择承诺即入方式办理许可的，可以通过"一网通办"平台等在线办理，也可以线下办理。

在自然灾害、事故灾难、公共卫生和社会安全等突发事件应对处置期间，浦东新区行政审批局应当充分发挥"一网通办"平台作用，推进实现无接触服务、不见面办理。

第七条　浦东新区有关行政机关负责具体行业市场准营承诺即入制的推进以及相应市场主体的事中事后监管等工作。

对实行市场准营承诺即入制的行业，浦东新区有关行政机关应当按照场所、设备、人员、资金、管理制度等要素，对从事该行业经营活动涉及的法定许可条件进行标准化集成，对要求市场主体提交的材料整合精简，编制许可条件清单和材料清单，并向社会公开。

第八条　浦东新区行政审批局应当通过告知承诺书一次性告知市场主体从事特定行业经营活动涉及的行政许可事项、许可条件、法律法规依据以及所需材料目录、提交方式、提交期限等。

告知承诺书的告知内容应当全面、准确、易懂，可量化、可操作，不得模糊表述，不得含有兜底条款，不得在告知承诺书外另附许可审批条件。

第九条　市场主体按照承诺即入方式办理市场准营手续的，应当书面承诺其已经满足告知的条件、标准和技术等要求，并能够在约定的期限内提交相关材料。

第十条　浦东新区有关行政机关应当建立全流程指导和服务机制，通过线上线下多种渠道，为市场主体理解和履行承诺内容提供专业化、智能化的导航指引和咨询服务。

浦东新区行业牵头部门应当会同行政许可部门编制市场准营承诺即入制告知承诺书示范文本，并向社会公布。

对因承诺可以减省的材料，不再要求提供。对可以在行政许可后一定期限补交的材料，实行容缺办理、限期补交。

市场主体因突发事件影响超出提交材料期限的，按规定予以期限中止、顺延。

第十一条　市场主体从事许可经营项目应当符合许可条件和标准。市场主体向浦东新区行政审批局提交市场准营告知承诺书以及符合要求的有关材料后，即可取得行政许可。

第十二条　签署市场准营告知承诺书的市场主体及其承诺的内容由浦东新区行政机

关向社会公开。

鼓励市场主体自行公开告知承诺书。

第十三条　市场主体告知承诺书的内容，构成行政机关实施事中事后监管的依据。

市场主体在告知承诺书约定的期限内未提交材料、提交的材料不符合要求的，浦东新区有关行政机关应当依法注销相关行政许可。

浦东新区有关行政机关应当按照分级分类监管原则，结合市场主体信用和风险状况，根据"双随机、一公开"的要求，在作出行政许可后二个月内对市场主体的承诺内容开展检查。

第十四条　浦东新区有关行业管理部门应当结合市场主体及其主要投资人等信用信息及行业管理实际，确定可以适用市场准营承诺即入方式的市场主体范围。依法列入严重违法失信企业名单的市场主体，不得适用市场准营承诺即入方式。

浦东新区社会信用管理部门应当加强市场主体公共信用信息的归集、共享等工作，有关行业管理部门应当建立健全市场主体信用记录，依法归集至公共信用信息服务平台。

第十五条　市大数据管理部门应当加强推进市场准营承诺即入制改革的信息化保障，开发有关功能模块和数据接口，推动与浦东新区市场准营承诺即入制申办系统对接。市级有关部门应当优化完善相关业务系统，建立数据交换机制，确保市场准营承诺即入制全程线上办理。

浦东新区大数据管理部门应当为市场准营承诺即入制平台日常运行提供技术支撑。

第十六条　市人民政府及其行政审批制度改革等有关部门应当积极争取国家有关部门对浦东新区市场准营承诺即入制改革的支持，加大赋权力度，加强对浦东新区推进市场准营承诺即入制改革的指导、协调，帮助解决改革中的问题，及时总结推广改革经验。

第十七条　市场主体以不正当手段取得许可的，浦东新区相关行政机关应当依法给予行政处罚；开展相应经营活动的，适用未经许可从事经营活动的法律、法规处理。

第十八条　本规定自 2022 年 8 月 1 日起施行。

15. 上海市人民代表大会常务委员会任免国家机关工作人员条例

（1990 年 4 月 8 日上海市第九届人民代表大会常务委员会第十七次会议通过；根据 2000 年 5 月 24 日上海市第十一届人民代表大会常务委员会第十八次会议《关于修改〈上海市人民代表大会常务委员会任免国家机关工作人员条例〉的决定》第一次修正；根据 2007 年 4 月 26 日上海市第十二届人民代表大会常务委员会第三十五次会议《关于修改〈上海市人民代表大会常务委员会任免国家机关工作人员条例〉的决定》第二次修正；根据 2008 年 11 月 26 日上海市第十三届人民代表大会常务委员会第七次会议《关于修改〈上海市人民代表大会常务委员会任免国家机关工作人员条例〉的决定》第三次修正；根据 2012 年 9 月 26 日上海市第十三届人民代表大会常务委员会第三十六次会议《关于修改〈上海市人民代表大会常务委员会任免国家机关工作人员条例〉的决定》第四次修正；根据 2016 年 4 月 21 日上海市第十四届人民代表大会常务委员会第二十八次会议《关于修改〈上海市区县和乡镇人民代表大会代表直接选举实施细则〉等 5 件地方性法规的决定》第五次修正；根据 2022 年 6 月 22 日上海市第十五届人民代表大会常务委员会第四十一次会议《关于修改〈上海市人民代表大会常务委员会任免国家机关工作人员条例〉的决定》第六次修正）

第一章　总则

第一条　为了做好任免国家机关工作人员的工作，根据《中华人民共和国宪法》《中华人民共和国地方各级人民代表大会和地方各级人民政府组织法》《中华人民共和国监察法》《中华人民共和国人民法院组织法》《中华人民共和国人民检察院组织法》以及全国人民代表大会常务委员会的有关规定，结合本市的实际情况，制定本条例。

第二条　任免国家机关工作人员，必须坚持"革命化、年轻化、知识化、专业化"的方针和德才兼备的标准，充分发扬民主，严格依照法律程序办事。

第三条　市人民代表大会常务委员会（以下简称市人大常委会）人事任免工作委员会在市人大常委会领导下负责有关任免事项的审查工作。

第二章　任免范围

第四条　本市国家权力机关中的下列人员由市人大常委会任免：

（一）在市人大常委会主任因为健康情况不能工作或者缺位的时候，根据市人大常委会主任会议的提名，由市人大常委会在副主任中推选一人代理主任的职务，直到主任恢复健康或者市人民代表大会选出新的主任为止。

（二）在市人民代表大会闭会期间，根据市人大常委会主任会议的提名，通过市人民代表大会各专门委员会的个别副主任委员和部分委员的任免。市人民代表大会各专门委员会组成人员的人选，必须在市人民代表大会代表中提名。

（三）根据市人大常委会主任会议的提名，通过市人大常委会代表资格审查委员会的主任委员、副主任委员、委员的任免。代表资格审查委员会组成人员的人选，必须在市人大常委会组成人员中提名。

（四）根据市人大常委会主任会议的提名，通过市人大常委会各工作委员会的主任、副主任、委员和市人大常委会副秘书长、办公厅主任、研究室主任的任免。

第五条　本市国家行政机关中的下列人员由市人大常委会任免：

（一）在市长因故不能担任职务的时候，根据市人大常委会主任会议的提名，从副市长中决定代理市长。

（二）根据市长的提名，决定任免个别副市长，由市人民政府报国务院备案。

（三）根据市长的提名，决定任免属于市人民政府组成人员的秘书长、委员会（办公室）主任、局长，由市人民政府报国务院备案。

市人民政府组成部门依据国务院的批复文件确定。市人民政府应当及时将市人民政府组成部门变化情况报市人大常委会备案，并提供国务院有关批复文件。

第六条　本市国家监察机关中的下列人员由市人大常委会任免：

（一）在市监察委员会主任因故不能担任职务的时候，根据市人大常委会主任会议的提名，从副主任中决定代理主任。

（二）根据市监察委员会主任的提名，任免市监察委员会副主任、委员。

第七条　本市国家审判机关中的下列人员由市人大常委会任免：

（一）在市高级人民法院院长因故不能担任职务的时候，根据市人大常委会主任会议的提名，从市高级人民法院副院长中决定代理院长。

（二）根据市人大常委会主任会议的提名，决定任免市各中级人民法院、上海知识产权法院、上海金融法院、上海铁路运输中级法院院长。

（三）根据市高级人民法院院长的提名，决定任免上海铁路运输法院院长；任免市高级人民法院和市各中级人民法院、上海铁路运输中级法院、上海铁路运输法院的副院长、庭长、副庭长、审判委员会委员、审判员。

（四）根据市人大常委会主任的提名，任免上海海事法院院长；根据上海海事法院院长的提名，任免上海海事法院副院长、庭长、副庭长、审判委员会委员、审判员。

（五）根据上海知识产权法院院长的提名，任免上海知识产权法院副院长、庭长、审判委员会委员、审判员。

（六）根据上海金融法院院长的提名，任免上海金融法院副院长、庭长、副庭长、审判委员会委员、审判员。

第八条　本市国家检察机关中的下列人员由市人大常委会任免：

（一）在市人民检察院检察长因故不能担任职务的时候，根据市人大常委会主任会议的提名，从市人民检察院副检察长中决定代理检察长，并由市人民检察院报经最高人民检察院报全国人民代表大会常务委员会备案。

（二）根据市人民检察院检察长的提名，决定任免市人民检察院各分院、上海铁路运输检察院检察长；任免市人民检察院及各分院、上海铁路运输检察院的副检察长、检察委员会委员、检察员；任免由市人大常委会批准设立的各农场区人民检察院检察长、副检察长、检察委员会委员、检察员。

（三）根据本市各区人民代表大会选举结果及市人民检察院检察长的提请，批准任免本市各区人民检察院检察长。

第九条　根据本条例第五条第一款第一项、第六条第一项、第七条第一项、第八条第一项的规定，如代理人选不是副市长、市监察委员会副主任、市高级人民法院副院长、市人民检察院副检察长的，先由市人大常委会根据主任会议的提名，决定任命或者任命为副市长、市监察委员会副主任、市高级人民法院副院长、市人民检察院副检察长。

第十条　除本条例第四条、第五条、第六条、第七条、第八条、第九条规定的本市国家机关工作人员由市人大常委会任免外，市人大常委会还可以根据国家的有关规定任免本市国家机关的其他工作人员。

第三章　任免程序

第十一条　由市人大常委会任免的本市国家机关工作人员，提名人应当在市人大常委会举行会议的十五日以前向市人大常委会提出书面任免案；有特殊情况的，至迟应当在十日以前向市人大常委会提出书面任免案，并向市人大常委会主任会议说明情况。由市人大常委会任命的市人民政府组成人员，市监察委员会副主任、委员，初任及提任的市高级人民法院和市各中级人民法院、上海海事法院、上海知识产权法院、上海金融法院、上海铁路运输中级法院、上海铁路运输法院的审判人员和市人民检察院及各分院、上海铁路运输检察院、各农场区人民检察院的检察人员，提名人应当同时报送被提名人的简况、提名理由等书面材料，提出免职案时，提名人应当说明免职理由。

第十二条　市人大常委会人事任免工作委员会应当对市长、市监察委员会主任、市高级人民法院院长、市人民检察院检察长、上海海事法院院长、上海知识产权法院院长、上海金融法院院长等提名人提出的任免案进行审查，并向市人大常委会报告。

人事任免工作委员会在审查过程中，应当听取市人民代表大会有关专门委员会及其他有关方面的意见，可以要求提名人或者有关部门对被提名人员的情况作补充介绍。

第十三条　市人大常委会主任会议根据人事任免工作委员会审查的意见，决定将任免案提请市人大常委会会议审议。

第十四条　市人大常委会会议审议任免案的时候，提名人或者其委托的人员应当到会说明情况，答复询问。

市人大常委会会议审议市人民代表大会各专门委员会副主任委员、委员，市人大常委会各工作委员会主任、副主任、委员，市人大常委会副秘书长、办公厅主任、研究室主任，市人民政府组成人员，市监察委员会副主任、委员，市高级人民法院副院长，市各中级人民法院和上海海事法院、上海知识产权法院、上海金融法院、上海铁路运输中级法院、上海铁路运输法院的院长、副院长，市人民检察院副检察长及市人民检察院各分院、上海铁路运输检察院、各农场区人民检察院的检察长、副检察长的任命案时，被提名人员应当到会，同市人大常委会组成人员见面。

第十五条　市人大常委会会议审议任免案时，根据需要可以分组进行审议。

分组审议后，必要时人事任免工作委员会应当向市人大常委会全体会议报告分组审议的情况。

第十六条　市人大常委会会议表决任免案前，市人大常委会组成人员认为有重大问题需要进一步研究的，经市人大常委会主任或者主任会议提议，出席会议的市人大常委会组成人员过半数同意，可以暂不付表决。

列入市人大常委会会议议程需要表决的任免案，在交付表决前，提名人要求撤回的，应当说明理由，经主任会议同意，对该任免案的审议即行终止。

第十七条　市人大常委会会议对任免案的表决，采取无记名投票、按表决器或者其他方式。

市人大常委会组成人员对任免案可以表示赞成，可以表示反对，也可以弃权，但不得另外提名任免他人。

任免案以市人大常委会组成人员的过半数通过。

表决结果由会议主持人当场宣布。

第十八条　市人大常委会任免的国家机关工作人员，由市人大常委会行文通知有关机关，有关机关接到任免通知后，应当及时通知被任免人员到职或者离职。

第十九条　市人大常委会任命的本条例第五条第一款第三项，第六条第二项，第七条第二项、第三项、第四项、第五项、第六项，第八条第二项的人员，由市人大常委会颁发任命书。任命书由市人大常委会主任署名。

第二十条　市人大常委会决定任命或者任命的本条例第四条第二项、第三项、第四项，第五条第一款第二项、第三项，第六条第二项，第七条第二项、第三项、第四项、第五项、第六项，第八条第二项、第三项，第九条，第十条的人员，根据《上海市实施宪法宣誓制度办法》，在就职时应当公开进行宪法宣誓。

第二十一条　新的一届市人民政府领导人员依法产生后，市长应当在两个月内按程序提请市人大常委会决定任命属于市人民政府组成人员的秘书长、委员会（办公室）主任、局长。个别部门一时难以确定人选的，可以适当推迟提请任命，但市长应当向市人大常委会说明情况。

市人民代表大会换届后，市人大常委会主任会议、市高级人民法院院长和市人民检察院检察长，应当在两个月内分别按程序提请市人大常委会决定任命市各中级人民法院、上海铁路运输中级法院、上海铁路运输法院院长和市人民检察院各分院、上海铁路运输检察院检察长。一时难以确定人选的，可以适当推迟提请任命，但提名人应当向市人大常委会说明情况。

第二十二条　在市人民代表大会闭会期间，市人大常委会组成人员、各专门委员会组成人员、市长、副市长、市监察委员会主任、市高级人民法院院长、市人民检察院检察长可以向市人大常委会提出辞职，由市人大常委会决定是否接受其辞职。市人大常委会接受辞职后，报市人民代表大会备案；市人民检察院检察长的辞职，须报最高人民检察院检察长提请全国人民代表大会常务委员会批准。

第二十三条　由市人大常委会任命的国家机关工作人员，因工作机构名称改变的，应当提请市人大常委会任命；工作机构名称没有改变，工作职责范围有变动，市人大常委会原任命的国家机关工作人员没有变动的，不再重新任命，但应当由原提名人就工作职责范围变动的情况报市人大常委会备案。

第二十四条　由市人大常委会任命的国家机关工作人员，因工作机构撤销、合并、名称改变或者退（离）休需免职以及在任职期间去世的，原任职务自行免除，不再办理免职手续，但应当由原提名人报市人大常委会备案。

第四章　监督、撤职

第二十五条　凡由市人大常委会任命的国家机关工作人员，应当接受市人大常委会、市人民代表大会代表和人民群众的监督，严格遵守宪法、法律，执行市人民代表大会及其常务委员会作出的决议，全心全意为人民服务。

由市人大常委会任命的国家机关工作人员受到政务处分的，作出处分决定的机关应当将处分决定及时报送市人大常委会。

第二十六条　市人大常委会可以通过听取和审议专项工作报告、执法检查、提出询问和质询案、组织特定问题调查、审议和决定撤职案等方式，了解被任命的国家机关工作人员的工作情况，进行法律监督和工作监督。

第二十七条　在市人民代表大会闭会期间，市人大常委会可以决定撤销个别副市长的职务；可以决定撤销由市人大常委会决定任命或者任命的市人民政府其他组成人员，市监察委员会副主任、委员，市各中级人民法院、上海海事法院、上海知识产权法院、上海金融法院、上海铁路运输中级法院、上海铁路运输法院院长，市高级人民法院、市各中级人民法院、上海海事法院、上海知识产权法院、上海金融法院、上海铁路运输中级法院、上海铁路运输法院副院长、庭长、副庭长、审判委员会委员、审判员，市人民检察院各分院、上海铁路运输检察院、各农场区人民检察院检察长，市人民检察院及各分院、上海铁路运输检察院、各农场区人民检察院副检察长、检察委员会委员、检察员的职务；可以决定撤销由市人大常委会任命的其他国家机关工作人员的职务。

在市人民代表大会闭会期间，市人大常委会认为市高级人民法院院长需要撤换，须报请最高人民法院报经全国人民代表大会常务委员会批准。

在本市各区人民代表大会闭会期间，根据各区人大常委会的决定和市高级人民法院的提请，市人大常委会可以批准撤换本市各区人民法院院长。

市人大常委会根据市人民检察院检察长的建议，可以撤换本市各区人民检察院检察长、副检察长、检察委员会委员。

第二十八条　市人民政府、市监察委员会、市高级人民法院、市人民检察院和上海海事法院、上海知识产权法院、上海金融法院，可以向市人大常委会提出对本条例第二十七条所列国家机关工作人员的撤职案。

市人大常委会主任会议，可以向市人大常委会提出本条例第二十七条所列国家机关工作人员的撤职案。

市人大常委会五分之一以上的组成人员书面联名，可以向市人大常委会提出对本条例第二十七条所列国家机关工作人员的撤职案，由主任会议决定是否提请市人大常委会会议审议；或者由主任会议提议，经全体会议决定，组织调查委员会，由以后的市人大常委会会议根据调查委员会的报告审议决定。

撤职案应当写明撤职的对象和理由，并提供有关的材料。

第二十九条　市人大常委会主任会议提出撤销职务的议案，直接提请市人大常委会会议审议。其他撤销职务的议案，先由人事任免工作委员会进行审查，提出审查的意见，再由市人大常委会主任会议决定将撤销职务的议案提请市人大常委会会议审议。

对所有撤销职务的议案，市人大常委会主任会议或者人事任免工作委员会应当听取被提出撤销职务人员的陈述。

第三十条　撤职案在提请表决前，被提出撤销职务的人员有权在市人大常委会会议上提出申辩意见，或者书面提出申辩意见，由主任会议决定印发市人大常委会会议。

撤职案的表决采用无记名投票的方式，由市人大常委会全体组成人员的过半数通过，并由市人大常委会行文通知有关国家机关。

第五章　附则

第三十一条　本条例的具体应用问题，由市人大常委会人事任免工作委员会负责解释。

第三十二条　本条例自市人大常委会公布之日起施行，市人大常委会以前作出有关人事任免方面的规定，即行废止。

16. 上海市消费者权益保护条例

（2002 年 10 月 28 日上海市第十一届人民代表大会常务委员会第四十四次会议通过；根据 2014 年 11 月 20 日上海市第十四届人民代表大会常务委员会第十六次会议《关于修改〈上海市消费者权益保护条例〉的决定》修正；2022 年 7 月 21 日上海市第十五届人民代表大会常务委员会第四十二次会议修订通过）

第一章　总则

第一条　为了保护消费者合法权益，维护社会经济秩序，促进社会主义市场经济健康发展，服务全国统一大市场，推进国际消费中心城市建设，根据《中华人民共和国消费者权益保护法》和有关法律、行政法规，结合本市实际，制定本条例。

第二条　本市行政区域内，消费者为生活消费需要购买、使用商品或者接受服务，其权益受本条例保护；经营者为消费者提供其生产、销售的商品或者提供服务，应当遵守本条例。法律、行政法规另有规定的，从其规定。

第三条　消费者合法权益的保护应当实行经营者合法经营、消费者依法维权、国家保护、行业自律和社会监督相结合的原则。

经营者与消费者进行交易，应当遵循自愿、平等、公平、诚实信用的原则。

对消费者合法权益的保护应当方便消费者行使权利，并与社会经济发展的水平相适应。

第四条　本市倡导节约适度、绿色低碳、文明健康的消费模式，反对浪费，推进可持续消费。

第五条　本市各级人民政府应当加强对消费者权益保护工作的领导，组织、协调、督促有关行政管理部门做好贯彻实施本条例的工作，落实保护消费者合法权益的职责。

市、区人民政府建立消费者权益保护工作议事协调机制，负责统筹研究消费者权益保护重大政策，协调处理消费领域重大问题。市场监督管理部门负责消费者权益保护工作议事协调机制日常工作。

消费者权益保护工作议事协调机制成员单位可以依托专家咨询委员会，开展消费者权益保护研究，针对重大、疑难、复杂的消费维权活动开展咨询、论证等。

第六条　本市国家机关应当根据各自职责，采取措施，依法保障消费者合法权益不受侵害。

各级市场监督管理部门以及其他有关行政管理部门应当加强对经营者的监督，依法查处侵害消费者合法权益的行为。

第七条　市、区人民代表大会常务委员会通过听取和审议专项工作报告、组织执法检查、开展询问和质询等方式，加强对本条例执行情况的监督。

市、区人民代表大会常务委员会应当充分发挥各级人大代表作用，组织人大代表开展专题调研和视察等活动，督促有关方面落实消费者权益保护的各项工作。

第八条　市、区消费者权益保护委员会（以下统称消保委）是法定的对商品和服务进行社会监督、保护消费者合法权益的公益性组织，行使《中华人民共和国消费者权益保护法》赋予消费者协会的职能。

依法成立的其他消费者组织，依照法律、法规及其章程的规定，开展保护消费者合法权益的活动。

第九条　本市推动长江三角洲（以下简称长三角）区域消费者权益保护工作协作，开展满意消费长三角行动，探索异地异店退换货，对重大消费事件开展联合调查，联合公布侵害消费者合法权益典型案例，促进长三角区域消费者权益保护重大政策协调和消费环境优化。

第二章　消费者的权利

第十条　消费者在购买、使用商品和接受服务时，享有人身、财产安全不受损害的权利。

消费者有权要求经营者提供的商品和服务符合保障人身、财产安全的要求。消费者有权要求经营者公开其执行的商品和服务标准；相关商品和服务有强制性国家标准的，应当符合强制性国家标准，没有相关标准的，不得违背社会普遍公认的安全、卫生要求。

消费者有权要求经营者提供安全的消费设施、场所和环境。

第十一条　消费者在购买、使用商品或者接受服务时，有权询问和了解该商品或者服务的真实情况及交易条件，有权要求经营者提供必要的信息资料。

第十二条　消费者有权自主选择提供商品或者服务的经营者，自主选择商品品种或者服务方式，自主决定购买或者不购买任何一种商品、接受或者不接受任何一项服务。

消费者在自主选择商品或者服务时，有权进行比较、鉴别和挑选。

第十三条　消费者享有公平交易的权利。

消费者在购买商品或者接受服务时，有权获得质量保障、价格合理、计量准确等公平交易条件，有权拒绝经营者的强制交易行为。

第十四条　消费者在购买、使用商品或者接受服务时，享有人格尊严、民族风俗习惯得到尊重的权利，享有个人信息依法得到保护的权利。

第十五条　消费者享有获得有关消费者的权利、经营者的义务以及消费争议处理方式等消费者合法权益保护方面知识的权利。

第十六条　消费者享有依法成立维护自身合法权益的社会组织的权利。

第十七条　消费者因购买、使用商品或者接受服务，生命权、身体权、健康权、姓名权、肖像权、名誉权、荣誉权和隐私权等人身权益受到侵害的，有权要求经营者依法予以赔偿。

消费者因购买、使用商品或者接受服务，财产权益受到损害的，有权要求经营者依法予以赔偿。

第十八条　消费者有权对经营者提供的商品和服务的质量、价格、计量及其服务态度等作出评价，提出意见和建议，有权对经营者的违法行为向有关行政管理部门举报，有权将有关情况如实向大众传播媒介反映。

消费者有权对行业组织制定的行业规则、相关标准、示范合同文本或者经营者共同约定的事项中有关消费者权益的内容提出意见和建议。

消费者有权对消保委和其他消费者组织保护消费者权益的工作提出意见和建议。

消费者有权对国家机关保护消费者权益的工作提出批评和建议，有权对国家机关及其工作人员在保护消费者权益工作中的违法、失职行为进行检举、控告。

第三章　经营者的义务

第十九条　经营者向消费者提供商品或者服务，应当依照有关法律、法规的规定履行义务。

经营者与消费者有约定的，应当按照约定履行义务，但双方的约定不得违反法律、法规的规定。

经营者以商业广告、产品说明、实物样品或者通知、声明、店堂告示等公示方式，对商品或者服务的数量、质量、价格、售后责任等向消费者作出许诺的，其提供的商品或者服务的数量、质量、价格、售后责任等应当与许诺相一致。消费者受上述许诺引导而购买商品或者接受服务的，可以要求经营者将该许诺作为约定的内容。

经营者向消费者提供商品或者服务使用格式条款、通知、声明、店堂告示等的，应当以显著方式提请消费者注意与消费者有重大利害关系的内容，并按照消费者的要求予以说明；不得作出排除或者限制消费者权利、减轻或者免除经营者责任、加重消费者责任等对消费者不公平、不合理的规定，不得利用格式条款并借助技术手段等进行强制交易。

格式条款、通知、声明、店堂告示等含有前款所列内容的，其内容无效。

第二十条　经营者应当保证其提供的商品、服务、设施和场所符合保障消费者人身、财产安全的要求。

经营者对可能危及人身、财产安全的商品、服务、设施和场所，应当向消费者作出准确的说明和明确的警示，并说明、标明正确使用商品、设施、场所或者接受服务的方法以及防止危害发生的方法。

从事具有一定风险的文体、娱乐等项目的经营者，应当具备保障消费者人身安全的技术条件、服务设备和必要的救护设施等，并制定应急预案。

第二十一条　经营者处理消费者个人信息的，应当遵循合法、正当、必要和诚信的原则，明示处理信息的目的、方式和范围，并依法征得消费者同意；不得从事违反法律法规、超出消费者同意范围或者与服务场景无关的消费者个人信息处理活动。经营者履行明示义务和征得消费者同意的证明资料至少留存三年。

经营者应当建立健全信息保密和信息安全管理制度，制定信息安全应急预案，确保信息安全，防止消费者个人信息泄露、丢失。在发生或者可能发生信息泄露、丢失的情况时，经营者应当立即采取补救措施，启动应急预案，依法及时通知履行个人信息保护职责的部门和消费者。

第二十二条　经营者提供商品或者服务，应当用清晰明白的语言或者文字向消费者作出真实的介绍和说明，并就消费者的询问作出真实、明确的答复。

经营者提供商品或者服务时，应当根据法律、法规的规定或者约定以及交易习惯等，主动向消费者告知或者出示商品的价格、产地、生产者、用途、性能、规格、等级、主要成份、净含量、生产日期、有效期限、检验合格证明、使用方法说明、使用技能、售后服务，或者服务的内容、规格、费用、标准，以及相关检验检测报告或者维修服务记录等。涉及商品房的，还应当告知或者出示权属证明、建筑结构、面积构成等。

经营者通过互联网媒介，以竞价排名等互联网广告形式推销商品、服务的，应当依法显著标明"广告"。

第二十三条　采用网络、电视、电话、邮购等方式提供商品或者服务的经营者，以及提供培训服务和证券、保险、银行等金融服务的经营者，应当向消费者提供经营地址、联系方式、商品或者服务的数量和质量、价款或者费用、履行期限和方式、安全注意事项和风险警示、售后服务、民事责任等信息。其中，涉及由其他经营者实际提供商品或者服务的，还应当向消费者提供该经营者的名称、经营地址、联系方式等信息。

金融服务经营者对于利率、费用、收益以及风险等重大信息，应当使用足以引起消费者注意的方式进行标识、予以说明，并以适当方式确认消费者已接收完整信息。

法律、法规、部门规章对证券、保险、银行等金融服务的消费者权益保护另有规定的，按照有关规定执行。

第二十四条　经营者提供商品标识或者服务信息，应当符合法律、法规的规定。

经营者提供的商品达不到规定的标准等级，但仍有使用价值且根据规定可以销售的，应当在醒目位置标明，并在给消费者的购货凭证上予以注明。代理经销进口商品的，应当依法在商品上标明代理商、进口商或者经销商的名称和地址。

提供服务的经营者，应当在经营场所的醒目位置明示服务信息。服务信息包括以下内容：

（一）服务的内容、质量标准以及收费标准；

（二）服务中的有关注意事项、限制条件和必要提示；

（三）其他应当明示的与服务有关的内容。

第二十五条　经营者提供商品或者服务的，应当按照规定明码标价。明码标价应当做到价目齐全，标价内容真实明确，字迹清晰，标识醒目，并明确所标示的价格对应的商品或者服务。商品或者服务的价格变动时，应当及时调整相应标价。

经营者进行明码标价时，应当在醒目位置采用标价签（含电子标价签）、标价牌、价目表（册）、展示板、电子屏幕、商品实物或者模型展示、图片展示以及其他有效形式予以显著标明。

经营者不得在标价之外加价出售商品或者提供服务，不得收取任何未标明的费用。

第二十六条　经营者应当在其住所或者主要经营场所的醒目位置公示营业执照。电子商务经营者应当在其首页显著位置，持续公示营业执照信息以及相关行政许可等信息，或者上述信息的链接标识。

经营者应当标明其真实名称和标记。标明经营者名称的位置、字体、颜色等，应当便于识别、查询。

租用他人柜台、场地从事经营活动的经营者，应当标明其真实名称和标记。

通过加盟等形式从事商业特许经营的经营者，应当标明特许人和被特许人的真实名称和标记。

第二十七条　商品交易市场的经营管理者和柜台、场地的出租者，应当核验场内经营者、承租者的营业执照、许可证件等资料，保存复印件，并向查询场内经营者、承租者情况的消费者提供上述真实信息。商品交易市场的经营管理者和柜台、场地的出租者，应当在交易场所的醒目位置设立公示牌，公示场内经营者、承租者的名称（姓名）、经营（租赁）期限、经营项目等与维护消费者合法权益有关的事项。

第二十八条　经营者经营商品或者提供服务以量值作为结算依据的，应当标明法定计量单位，并配备和使用与其经营的商品或者提供的服务相适应的计量器具。

经营者提供的商品不得短缺数量，不得将包装物的重量作为商品的计价依据，不得拒绝消费者对计量的复核要求。

第二十九条　经营者应当保存进货时的各种原始发票、单证等能够证明进货来源的文件资料，并依法建立台帐。

经营者提供商品或者服务的，应当依照国家规定或者交易习惯，向消费者出具发票等购货凭证、服务单据；消费者索要发票等购货凭证或者服务单据的，经营者应当出具。

消费者索要购货凭证、服务单据以外的收费清单的，经营者应当出具。

第三十条　经营者对其售出的商品应当承担修理的义务，承担修理义务的期限不得少于六个月，但低值易耗商品除外。商品房、汽车等商品，国家和本市另有规定的，从其规定。

商品或者服务不符合质量要求的，消费者可以依照国家规定、当事人约定退货，或者要求经营者履行更换、重作、修理、减少价款等义务。没有国家规定和当事人约定的，消费者可以自收到商品之日起七日内退货；七日后符合法定解除合同条件的，消费者可以及时退货，不符合法定解除合同条件的，可以要求经营者履行更换、重作、修理、减少价款等义务。

经营者应当在承诺或者国家规定的期限内，及时履行前款规定的义务。依照前款规定进行退货、更换、重作、修理的，经营者应当承担运输等必要费用。

第三十一条　经营者发现其提供的商品或者服务存在缺陷，危及人身、财产安全的，应当立即向有关行政管理部门报告和告知消费者，并采取停止销售、警示、召回、无害化处理、销毁、停止生产或者服务等措施。采取召回措施的，经营者应当承担消费者因商品被召回支出的必要费用。

有关行政管理部门发现并认定符合前款所规定情形的，应当立即责令经营者按照要求采取相应措施，经营者应当立即予以实施。

第三十二条　经营者以消费者购买商品或者接受服务为条件，以奖励、赠与等促销形式向消费者提供商品或者服务的，不免除经营者对该奖品、赠品或者奖励、赠与的服务所承担的退货、更换、重作、修理以及其他责任。

第三十三条　因经营者自身的原因停止提供法定或者约定的商品或者服务的，经营者应当事先告知消费者，并依照法律、法规的规定或者约定以及交易习惯，作出妥善安排。

从事公用事业的经营者因消费者未支付费用等原因停止提供商品或者服务的，应当事先告知消费者，并给予消费者必要的准备时间。

第三十四条　经营者在提供商品或者服务时，不得有下列行为：

（一）侮辱、诽谤消费者；

（二）搜查消费者的身体或者其携带的物品；

（三）侵犯消费者人身自由；

（四）其他侵害消费者人身权益的行为。

对于消费者具有人身意义的特定财产，提供商品或者服务的经营者应当尽到审慎义务，致使特定财产永久性灭失或者毁损的，应当依法承担责任。

第三十五条　经营者未经消费者同意或者请求，或者消费者明确表示拒绝的，不得向其发送商业性信息。

消费者同意经营者向其发送商业性信息的，除双方另有约定外，不得增加消费者的费用。

经营者向消费者以弹出等形式发送广告的，应当显著标明关闭标志，确保可以一键关闭。

第三十六条　经营者提供商品或者服务，不得用以假充真、以次充好、销售掺杂掺假商品、虚假标价、虚构服务内容等方式欺诈消费者，损害消费者合法权益。

第三十七条　经营者不得强迫消费者购买商品或者接受服务，不得违背消费者的意愿搭售商品、服务或者附加其他不合理的条件；经营者提供可以选择的商品或者服务项目的，应当事先征求消费者的意见，并征得消费者同意。

第三十八条　经营者利用消费者个人信息进行自动化决策的，应当保证决策的透明度和结果公平、公正，不得对消费者在交易价格等交易条件上实行不合理的差别待遇。

第三十九条　经营者采用网络、电视、电话、邮购、上门推销等方式销售商品，消费者有权自收到商品之日起七日内退货，且无需说明理由，但下列商品除外：

（一）消费者定作的；

（二）鲜活易腐的；

（三）在线下载或者消费者拆封的音像制品、计算机软件等数字化商品；

（四）交付的报纸、期刊。

除前款所列以外其他根据商品性质不宜退货的商品，经营者应当通过设置提示程序、采取技术手段等措施，以显著方式告知消费者，供消费者在购买结算前进行确认。

消费者退货的，应当保持商品完好，有奖品、赠品的，消费者应当同时返还获得的奖品、赠品或者等值价款。经营者应当自收到退回商品之日起七日内返还消费者支付的商品价款。退回商品的运费由消费者承担；经营者和消费者另有约定的，按照约定。

消费者为检查、试用商品而拆封且商品本身不污不损的，属于前款规定的商品完好。国家另有规定的，从其规定。

鼓励实体店经营者根据经营商品性质，作出线下购物无理由退货服务承诺。

第四十条　经营者采取随机抽取的方式向消费者销售特定范围内商品或者提供服务的，应当按照规定以显著方式公示抽取规则、商品或者服务分布、提供数量、抽取概率等关键信息。

经营者实际的市场投放应当与前款公示内容相一致，不得篡改抽取概率，改变抽取结果。

开展随机销售活动不得违反法律、法规的规定，不得违背公序良俗。鼓励随机销售经营者通过建立保底机制等方式，维护消费者合法权益。

第四十一条　经营者采用网络、电视、电话、邮购等方式提供商品或者服务的，应当保证商品或者服务的质量、性能等与广告宣传等相一致，并按照承诺的期限提供商品或者服务。

经营者以上门方式推销商品的，应当征得被访问消费者的同意。推销人员应当出示授权文件和身份证件，并以书面等有效方式向消费者告知所推销商品的功能、特性、型号、价格、售后服务和经营地址等内容。

经营者不得利用会议、讲座、咨询等方式，对所销售的保健食品等商品或者所提供的服务，作虚假或者引人误解的宣传，欺骗、误导消费者。他人提供场所或者其他便利条件，足以引发误解的，应当向消费者履行合理的告知义务。

金融服务经营者开展营销活动，应当符合国家规定的资质许可、营销渠道和行为规范等要求。

第四十二条　网络游戏经营者应当履行未成年人保护义务，向未成年人提供游戏服务的，应当符合法律、法规和国家有关规定对时间、时长、消费限制、内容等的要求。

网络游戏经营者应当按照规定，通过电子身份认证等技术，要求未成年人以真实身份信息注册并登录网络游戏。

第四十三条　网络直播营销平台应当对直播间运营者、直播营销人员进行身份信息认证。

网络直播营销平台应当加强直播间内链接、二维码等跳转服务的信息安全管理，防范信息安全风险。消费者通过直播间内链接、二维码等跳转到其他平台购买商品或者接受服务发生争议时，网络直播营销平台应当协助消费者维护合法权益，提供有关记录以及其他必要的信息、数据等。直播间运营者应当标明直播间内链接、二维码等跳转所对应的商品或者服务的实际经营者。消费者因通过直播间内链接、二维码等跳转到其他平台购买商品或者接受服务，合法权益受到损害，直播间运营者未标明实际经营者的，应当承担相应的责任。法律、行政法规对网络直播营销平台、直播间运营者的责任另有规定的，从其规定。

直播间运营者、直播营销人员发布的直播内容构成商业广告的，应当依法履行广告发布者、广告经营者或者广告代言人的义务并承担相应的责任。

第四十四条　跨境电商零售进口经营者承担商品质量安全的相应责任，履行消费者权益保护和商品信息披露、告知等义务。

跨境电商零售进口经营者应当委托符合条件的相应境内服务者承担如实申报责任，依法接受相关行政管理部门的监管。鼓励相应境内服务者作出与跨境电商零售进口经营者承担民事连带责任的承诺。

第四十五条　跨境电商第三方平台经营者应当建立平台内交易规则、交易安全保障、消费者权益保护等管理制度，对申请入驻平台的跨境电商零售进口经营者应当审核其主体身份，并在平台对跨境电商零售进口商品作明示。

第四十六条　经营者以预收款方式提供商品或者服务的，应当明确预收资金用途和管理方式、余额查询渠道、退款方式等，以及国家、本市规定应当明示的有关事项。法律、法规对预收款管理另有规定的，经营者还应当遵守相关规定。

消费者要求订立书面合同的，经营者应当与消费者订立书面合同。经营者应当保存合同以及履行的相关资料，方便消费者查询、复制；相关资料应当至少保存至合同履行完毕后三年。

以预收款方式提供商品或者服务，涉及发行预付卡的，应当遵守国家和本市的有关规定。

第四十七条　商业特许经营的特许人应当在与被特许人订立的合同中，明确商品或者服务的质量要求和保证措施、消费者权益保护和赔偿责任的承担等内容，并对被特许人的经营活动加强指导、监督。

被特许人应当向消费者明示商业特许经营合同中明确的消费者权益保护等内容。

第四章　国家保护

第四十八条　本市国家机关制定关于消费者权益的地方性法规、政府规章、政策和地方标准时，应当听取消费者、消保委以及相关消费者组织等的意见。

第四十九条　市场监督管理、商务、教育、民政、人力资源社会保障、住房城乡建设管理、交通、文化旅游、体育、知识产权、新闻出版、房屋管理、通信、邮政和地方金融监管等部门应当在各自的职责范围内，组织开展消费教育和引导，依法接受消费者咨询，受理消费者投诉，查处违法行为，保护消费者的合法权益。

市场监督管理部门可以根据需要会同有关行政管理部门在商场、市场、旅游景区、社区、学校等生活消费集中区域，以及在相关行业组织内建立消费维权联络点（站），指导开展消费法律、法规、规章和消费知识的宣传，接受消费者咨询、投诉，推动经营者诚信经营。

第五十条　有关行政管理部门应当在各自的职责范围内，定期或者不定期对经营者提供的商品和服务进行抽查检验，并通过本部门政务信息网站等途径及时向社会公布抽查检验结果。

对涉及人身健康、影响国计民生和消费者投诉集中的商品和服务，有关行政管理部门应当优先列入年度抽查检验计划或者根据需要及时组织抽查检验。

大众传播媒介使用抽查检验结果应当全面、客观，并注明出处。

第五十一条　市场监督管理部门可以行使下列职权：

（一）对涉嫌侵害消费者合法权益的违法生产、销售活动场所实施现场检查；

（二）向相关经营者的法定代表人、主要负责人和其他有关人员调查、了解与涉嫌侵害消费者合法权益的违法生产、销售活动有关的情况；

（三）查阅、复制有关的合同、发票、账簿以及其他相关资料；

（四）对有根据认为危害消费者人身、财产安全的有严重缺陷的商品予以查封或者扣押。

其他行政管理部门依照法律规定的职权，对涉嫌侵害消费者合法权益的违法行为进行查处。

第五十二条　本市各级人民法院应当依法受理消费争议案件，并通过典型案例的审理示范，推动全社会加强消费者合法权益保护，引导消费者依法维权，督促经营者合法经营。

第五章　消费者组织

第五十三条　消保委由消费者代表和社会各界代表组成，履行下列公益性职责：

（一）宣传消费者权益保护相关的法律、法规、规章和政策，开展消费知识教育，发布消费提示警示，向消费者提供消费信息和咨询服务，引导文明、健康、节约资源和保护环境的消费方式；

（二）参与制定有关消费者权益的地方性法规、政府规章、政策和地方标准；

（三）对商品和服务的质量、价格、售后服务以及消费者的意见进行调查，对商品和服务进行比较试验，并公布结果，指导消费者合理选择商品和服务，参与有关行政管理部门对商品和服务的监督、检查；

（四）就有关消费者权益的问题，向各级人民政府、有关行政管理部门、经营者、行业组织反映、查询，提出建议；

（五）受理消费者的投诉，对投诉事项进行调查、调解，或者提出意见书并转送有关部门和单位处理，投诉事项涉及商品和服务质量问题的，可以委托具备资格的机构鉴定；

（六）就损害消费者合法权益的行为，支持受损害的消费者提起诉讼、申请仲裁；

（七）就损害消费者合法权益的行为，对经营者和行业组织进行提醒、约谈，通过大众传播媒介予以揭露、批评、劝谕；

（八）组织由消费者、经营者、行业组织、专业机构、相关部门等多方参加的协调会，研究解决涉及消费者合法权益的突发情况；

（九）参与关系消费者切身利益的公用事业、公益性服务、自然垄断经营的商品价格听证会，并发表独立意见；

（十）加强消费维权交流与合作，推动跨境消费争议解决；

（十一）法律、法规规定的其他事项。

各级人民政府应当对消保委依法履行职责予以指导、支持和帮助，并给予必要的经费保障。

第五十四条　消保委应当发挥桥梁纽带作用，建立完善联动工作机制，开展社会共同参与的消费维权志愿服务活动，推动社会共治，促进消费者权益保护事业发展。

鼓励依法成立的其他消费者组织开展或者资助消费者权益保护公益项目和研究交流活动，资助或者救助权益受到侵害的消费者等。

第五十五条　市消保委应当建立与消费者、经营者、行业组织的沟通机制，促进消费者与经营者的良性互动和行业的健康发展。

市消保委应当围绕建设国际消费中心城市，发挥消费者权益保护平台作用，创新消费者权益保护的机制和举措，通过探索发布消费需求报告以及开展消费新模式、新业态评估等活动，推动形成具有国际领先水平的商品、服务标准和行业规范，引导优质商品和服务供给。

第五十六条　市消保委应当根据消费者的投诉情况和保护消费者合法权益工作的需要，每年对若干个行业开展调查，并将调查结果向市人民政府及其工作部门报告。

有关行政管理部门、行业组织和经营者等应当积极支持和配合消保委的工作，对消保委就消费者合法权益保护事项的查询，应当及时予以答复。有关行政管理部门、行业组织应当及时将涉及消费者合法权益的信息告知消保委。

第五十七条　对侵害众多消费者合法权益的行为，市消保委可以依法向人民法院提起公益诉讼。所获得的赔偿金，应当用于消费者权益保护。

市消保委为前款规定的公益诉讼收集证据确有困难的，可以提请人民检察院、有关行政管理部门协助。

人民检察院在履行职责中发现食品药品安全领域侵害众多消费者合法权益行为的，可以通报市消保委，并可以依法提起相应的公益诉讼。市消保委起诉的，人民检察院可以支持起诉。

第五十八条　消费者组织不得从事商品经营和营利性服务，不得以收取费用或者其他牟取利益的方式向消费者推荐商品和服务。

消费者组织发布消费信息、提出调查报告、披露消费者投诉情况，应当合法、客观、公正。

第六章　争议解决方式

第五十九条　本市健全行政管理部门、人民调解组织、专业组织与人民法院、仲裁机构相衔接的消费争议多元化解机制，完善和优化消费纠纷解决流程与反馈机制。

消费者和经营者发生消费争议的，可以通过下列途径解决：

（一）与经营者协商和解；

（二）请求消保委或者依法成立的其他调解组织调解；

（三）向有关行政管理部门投诉；

（四）根据与经营者达成的仲裁协议提请仲裁机构仲裁；

（五）向人民法院提起诉讼。

市和区人民政府，乡、镇人民政府以及街道办事处应当为消费争议多元化解工作提供必要的保障。

对于符合规定的消费争议，人民法院、仲裁机构等可以依法采取便捷的方式予以处理。

第六十条　本市完善消费环节经营者首问制度，督促经营者履行消费维权第一责任人的责任。

鼓励经营者依法建立先行赔付、在线纠纷解决等方便快捷的消费争议处理机制。鼓励经营者与消费者采用协商和解的方式解决消费争议，和解协议的内容不得违反法律、法规的规定，不得损害社会公共利益和他人合法权益。

鼓励行业组织依法建立消费者投诉和维权第三方平台，促进经营者与消费者化解争议。

第六十一条　消保委应当及时受理消费者的投诉。消保委受理投诉后，应当及时开展调解，经营者应当予以配合。调解应当在受理消费者投诉之日起六十日内完成，但双方同意继续调解的，可以延长调解期限。不属于受理范围的，应当及时向消费者作出说明。

经消保委调解达成协议的，根据消费争议双方的要求，消保委可以制作调解协议书；调解不成的，消保委应当告知当事人其他解决途径。

消保委在处理消费投诉过程中，发现该消费争议已由其他组织受理或者调解的，可以终止处理。

消保委在处理消费投诉过程中，发现经营者存在损害消费者合法权益的违法行为的，可以书面告知有关行政管理部门。有关行政管理部门应当及时处理，并将处理结果书面告知消保委。

第六十二条　消费者可以就消费争议向有关行政管理部门提出投诉。

有关行政管理部门收到消费者投诉后，应当在七个工作日内予以处理并告知消费者，对于不属于本部门管辖的，应当及时告知消费者并作出说明。消费争议双方同意调解的，有关行政管理部门应当组织调解，并在受理消费者投诉之日起六十日内终结调解。未能达成调解协议的，终止调解。国家另有规定的，从其规定。

有关行政管理部门可以通过书面、电话、短信或者其他信息化手段，告知消费者受理情况、调解结果等信息。

有关行政管理部门在处理投诉过程中发现经营者有违法行为的，应当依法作出处理。

第六十三条　消费者向消保委或者有关行政管理部门投诉的，应当提供真实的姓名和联系方式、被投诉人的名称和地址等信息，并提出明确的投诉要求、理由和相关事实依据。

消保委或者有关行政管理部门进行调解的，消费者应当提供身份证明以及商品实物、购货凭证、服务单据等能够证明消费关系存在的证据。

第六十四条　因商品或者服务质量争议需要进行检测、鉴定的，消费者与经营者可以约定检测、鉴定的机构或者单位；未达成一致的，可以由受理该消费投诉的消保委或者有关行政管理部门委托或者指定具备相应条件的技术机构进行检测、鉴定。检测和鉴定的时间不计入消费投诉处理期限。

检测、鉴定的费用由经营者先行垫付，消费者提供等额担保，最终由责任方承担；不能明确责任的，由双方分担。法律、法规另有规定的，从其规定。

消保委或者有关行政管理部门在处理消费者投诉时，需要进行检测、鉴定的，有关技术机构应当受理，并如实出具检测、鉴定报告；无法检测、鉴定的，有关技术机构应当说明理由。

第六十五条　有关行政管理部门依法经当事人同意，可以将消费纠纷委托或者移交人民调解组织、行业组织以及其他第三方机构开展调解。

第六十六条　任何组织和个人不得捏造事实诬陷他人、实施敲诈勒索，损害经营者合法权益，扰乱正常经营秩序；不得滥用投诉、举报、信访、申请信息公开等权利，扰乱行政管理部门正常工作秩序。

市、区相关部门制定投诉举报异常名录，建立信息共享机制，依法规范牟利性职业索赔、职业举报行为，查处以打击假冒伪劣等为名的敲诈勒索违法行为。

第七章　消费环境建设

第六十七条　本市坚持政府引导、市场主导、社会参与，营造安全放心的消费环境，全面提升消费繁荣度、活跃度和便利度，增强消费对经济发展的基础性作用，建设具有全球影响力、竞争力、美誉度的国际消费中心城市。

第六十八条　本市着力创造高品质商品和服务供给，对新型消费业态实行包容审慎监管，吸引更多国际国内知名商业主体和消费品牌集聚，引导和鼓励经营者创新消费模式和业态，引领带动消费升级，不断满足消费者新的需求。

第六十九条　本市加强市场秩序、商品和服务质量、知识产权保护等领域的综合监管和治理。建立政府主导制定标准与市场主体自主制定标准协同发展、协调配套的商品和服务标准体系，加强新型消费业态标准和规范的研究制定。

本市推进消费环境评价、商务诚信指数测评，开展消费者满意度调查，加强消费品牌建设、培育品牌文化，发挥品牌引领作用。

第七十条　本市优化城市商业设施布局，统筹大型商业设施和社区商业设施建设，以城市更新促进功能更新，提升消费便利度。

本市支持加快无障碍环境和母婴设施建设，鼓励数字智能化应用的适应性改造，为老年人、残疾人、儿童、母婴群体等提供安全、便利、舒适的消费环境。

本市加强国际交往语言环境建设，有序推动消费场所的多语种标识和服务，提升消费服务的国际化水平。

第七十一条　行业组织应当加强自律，引导、督促本行业的经营者合法经营，推进行业诚信建设。

行业组织在制定行业规则、相关标准、示范合同文本时，应当体现对消费者合法权益的保护，相关内容应当征求政府主管部门、消保委以及消费者等的意见。

本市鼓励行业组织会同市消保委制定消费者权益保护合规指引，探索建立避免形成消费欺诈的行为指引、保障消费者获得法律救济的行为指引。

第七十二条　本市开展消费领域企业和个人信用体系建设，有关行政管理部门应当依法公示行政许可、行政处罚、抽查检验结果等信息，督促经营者诚信经营。

本市建立健全消费投诉信息公示制度，推动食品、文化旅游等消费领域实施信用分级分类监管，采取差异化监管措施，完善社会监督评价机制。

第七十三条　本市鼓励、支持组织和个人对损害消费者合法权益的行为进行社会监督。

大众传播媒介应当做好维护消费者合法权益的宣传，对损害消费者合法权益的行为进行舆论监督。

第八章　法律责任

第七十四条　违反本条例规定的行为，其他有关法律、法规已有处理规定的，从其规定。

第七十五条　经营者提供商品或者服务存在欺诈行为的，应当按照消费者的要求增加赔偿，增加赔偿的金额为消费者购买商品的价款或者接受服务的费用的三倍；增加赔偿的金额不足五百元的，为五百元。法律另有规定的，从其规定。

经营者明知商品或者服务存在缺陷，仍然向消费者提供，造成消费者或者其他受害人死亡或者健康严重损害的，受害人有权要求经营者依照法律规定赔偿损失，并有权要求所受损失二倍以下的惩罚性赔偿。

第七十六条　经营者有下列情形之一的，由市场监督管理部门责令改正，并可以根据情节单处或者并处警告、五万元以下的罚款；情节严重的，责令停业整顿。法律、法规另有规定的，从其规定。

（一）违反本条例第二十四条第三款规定，未按要求明示服务信息的；

（二）违反本条例第二十六条第二款、第三款、第四款规定，未标明真实名称、标记的；

（三）违反本条例第二十九条第二款规定，未出具购货凭证或者服务单据的；

（四）违反本条例第三十五条第二款规定，未经消费者同意增加消费者费用的；

（五）违反本条例第四十一条第二款、第三款规定，未征得消费者同意或者未出示相关材料的，或者未向消费者履行合理告知义务的；

（六）违反本条例第四十五条规定，未对平台内的跨境电商零售进口商品作明示的。

第七十七条　商品交易市场的经营管理者和柜台、场地的出租者违反本条例第二十七条规定，未核验场内经营者、承租者的营业执照、许可证件等资料或者未保存复印件，不能向查询场内经营者、承租者情况的消费者提供真实信息的，或者未依法公示场内经营者、承租者的名称（姓名）、经营（租赁）期限、经营项目等事项的，由市场监督管理部门责令改正，可以单处或者并处警告、没收违法所得、处违法所得一倍以上五倍以下的罚款，没有违法所得或者违法所得无法计算的，处十万元以下的罚款。法律、法规另有规定的，从其规定。

第七十八条　经营者违反本条例第四十条第一款规定，未以显著方式公示抽取规则、商品或者服务分布、提供数量、抽取概率等关键信息的，由有关行政管理部门处三万元以下的罚款；情节严重的，处三万元以上十万元以下的罚款。

经营者违反本条例第四十条第二款规定，实施篡改抽取概率、改变抽取结果等行为的，由有关行政管理部门依照《中华人民共和国消费者权益保护法》第五十六条的规定进行处罚。

第七十九条　经营者有下列情形之一的，由市场监督管理部门责令改正，并可以根据情节单处或者并处警告、没收违法所得、处违法所得三倍以上五倍以下的罚款，没有违法所得或者违法所得无法计算的，处十万元以下的罚款；情节严重的，责令停业整顿。法律、法规另有规定的，从其规定。

（一）违反本条例第二十八条第二款规定，短缺商品数量或者将包装物的重量作为商品计价依据的；

（二）违反本条例第二十九条第一款规定，不能提供证明进货来源的文件资料的；

（三）违反本条例第三十七条规定，强迫消费者购买商品或者接受服务的。

第八十条　网络直播营销平台违反本条例第四十三条第二款规定，未提供有关记录以及其他必要的信息、数据等的，由有关行政管理部门责令限期改正；逾期不改正的，处二万元以上十万元以下的罚款；情节严重的，责令停业整顿，并处十万元以上五十万元以下的罚款。

第八十一条　有关单位和个人有违反本条例规定行为的，除依法追究相应法律责任外，相关部门还应当按照规定，将相关信息向本市公共信用信息服务平台归集，并依法采取惩戒措施。

第八十二条　市场监督管理部门以及有关部门、单位及其工作人员在消费者权益保护工作中玩忽职守、滥用职权、徇私舞弊的，由其所在单位或者上级主管部门依法给予处分；构成犯罪的，依法追究刑事责任。

第九章　附则

第八十三条　农民购买、使用直接用于农业生产的生产资料，参照本条例执行。

非为生活消费需要而购买、使用商品或者接受服务的，不适用本条例。

第八十四条　本条例自 2022 年 8 月 1 日起施行。

17. 上海市环境保护条例

（1994 年 12 月 8 日上海市第十届人民代表大会常务委员会第十四次会议通过；根据 1997 年 5 月 27 日上海市第十届人民代表大会常务委员会第三十六次会议《关于修改〈上海市环境保护条例〉的决定》第一次修正；2005 年 10 月 28 日上海市第十二届人民代表大会常务委员会第二十三次会议第一次修订；根据 2011 年 12 月 22 日上海市第十三届人民代表大会常务委员会第三十一次会议《关于修改本市部分地方性法规的决定》第二次修正；根据 2015 年 6 月 18 日上海市第十四届人民代表大会常务委员会第二十一次会议《关于修改〈上海市环境保护条例〉等 8 件地方性法规的决定》第三次修正；2016 年 7 月 29 日上海市第十四届人民代表大会常务委员会第三十一次会议第二次修订；根据 2017 年 12 月 28 日上海市第十四届人民代表大会常务委员会第四十二次会议《关于修改本市部分地方性法规的决定》第四次修正；根据 2018 年 12 月 20 日上海市第十五届人民代表大会常务委员会第八次会议《关于修改本市部分地方性法规的决定》第五次修正；根据 2021 年 11 月 25 日上海市第十五届人民代表大会常务委员会第三十七次会议《关于修改〈上海市献血条例〉等 4 件地方性法规的决定》第六次修正；根据 2022 年 7 月 21 日上海市第十五届人民代表大会常务委员会第四十二次会议《关于修改〈上海市环境保护条例〉的决定》第七次修正）

第一章　总则

第一条　为保护和改善环境，防治污染，保障公众健康，推进生态文明建设，促进绿色发展和绿色生活，根据《中华人民共和国环境保护法》和其他有关法律、行政法规，结合本市实际情况，制定本条例。

第二条　本条例适用于本市行政区域内的环境保护及其相关的管理活动。

海洋环境的保护按照海洋环境保护相关的法律、法规执行。

第三条　本市建立健全生态文明建设领导机制，实行生态环境保护党政同责、一岗双责。

本市设立市、区生态文明建设领导小组，负责统筹协调生态文明建设和环境保护工作，加强环境治理体系和治理能力现代化建设；领导小组办公室设在同级生态环境行政主管部门，具体负责日常工作。

第四条　本市各级人民政府应当对本行政区域的环境质量负责，推进本行政区域内的生态文明建设和环境保护工作，使经济社会发展与环境保护相协调。市和区人民政府应当制定环境保护目标和年度实施计划，组织推进环境基础设施建设，推进环境信息公开，持续改善本行政区域的环境质量。

市和区人民政府应当对本级人民政府有关行政管理部门和下一级人民政府的环境保护职责履行和目标完成情况进行督察。环境保护目标和任务的完成情况作为对本级人民政府有关行政管理部门及其负责人和下一级人民政府及其负责人考核的内容。督察和考核结果应当向社会公布。

本市按照国家规定实行领导干部自然资源资产离任审计制度。

各级人民政府应当每年向同级人民代表大会或者其常务委员会报告环境保护工作以及任期内的环境保护目标实现情况，对发生的重大环境事件应当及时向同级人民代表大会常务委员会报告，依法接受监督。

第五条　企业事业单位和其他生产经营者应当遵守环境保护相关法律、法规，防止、减少环境污染和生态破坏，依法主动公开环境信息，履行污染监测、报告等义务，对所造成的损害依法承担责任。

企业事业单位和其他生产经营者应当通过清洁生产、绿色供应、资源循环利用等措施，转变生产经营方式，保护环境。

第六条　公民依法享有获取环境信息、参与和监督环境保护的权利，有权举报和监督环境违法行为，通过环境侵权诉讼等方式维护自身环境权益。

公民应当增强环境保护意识，践行绿色生活方式，主动保护环境。

第七条　市生态环境行政主管部门（以下简称市生态环境部门）对本市环境保护实施统一监督管理，加强环境规划、标准制定和执法工作。区生态环境行政主管部门（以下简称区生态环境部门）按照职责分工对本辖区的环境保护实施监督管理。

本市发展改革、经济信息化、交通、公安、住房城乡建设、规划资源、水务、农业农村、市场监管、绿化市容、城管执法、应急等相关行政管理部门，按照职责分工负责本领域、本行业的生态环境保护、污染防治和监督管理工作，并在相关规划、政策、计划制定和实施中落实绿色发展和环境保护要求。

第八条　乡镇人民政府和街道办事处应当在区生态环境等相关行政管理部门的指导下，对辖区内社区商业、生活活动中产生的大气、水、噪声、光等污染防治工作进行综合协调。

乡镇人民政府和街道办事处发现辖区内存在环境污染问题的，应当按照市人民政府确定的执法事项履行执法职责；不属于自身执法职责范围的，应当及时向区生态环境等有关行政管理部门报告。

对因前款规定的环境污染引发的纠纷，当事人可以向乡、镇人民政府或者街道办事处申请调解。

第九条　本市加强环境治理数字化建设，依托"一网通办""一网统管"平台，运用大数据、物联网、人工智能等现代信息技术，加强环境监管等信息的归集、共享和应用，提升环境治理智能化水平。

第十条　本市通过经济、金融、技术等措施，支持和推进环境保护科学技术研究、开发和应用，鼓励环境保护产业发展，加强环境保护信息化建设，促进环保技术应用信息的交互和共享，提高环境保护科学技术水平。

第十一条　各级人民政府及其有关部门应当加强环境保护宣传和普及工作，组织开展环境保护法律法规和环境保护知识宣传，提高市民的环境保护意识和知识水平，营造环境保护的良好氛围。

教育行政部门、学校应当将环境保护知识纳入学校教育内容，培养学生的环境保护意识。

报刊、电视、广播、网络等媒体应当开展环境保护法律法规和环境保护知识的宣传，对环境违法行为进行舆论监督。

第十二条　对保护和改善环境有显著成绩的单位和个人，按照国家和本市评比表彰有关规定，给予表彰、奖励。

第十三条　市人民政府应当根据国家有关规定，与相关省建立长三角重点区域、流域生态环境协同保护机制，定期协商区域内污染防治及生态保护的重大事项。

本市生态环境、发展改革、经济信息化、规划资源、住房城乡建设、交通、农业农村、公安、水务、气象等相关行政管理部门应当与周边省、市、县（区）相关行政管理部门建立沟通协调机制，采取措施，优化长三角区域产业结构和规划布局，协同推进机动车、船污染防治，完善水污染防治联动协作机制，强化环境资源信息共享及污染预警应急联动，协调跨界污染纠纷，实现区域经济、社会和环境协调发展。

第二章　规划、区划和标准

第十四条　市生态环境部门应当会同本市有关行政管理部门组织编制市环境保护规划和相关环境保护专项规划，报市人民政府批准。

区生态环境部门应当根据市环境保护规划和相关环境保护专项规划，结合本区实际，会同有关行政管理部门编制区环境保护规划，报区人民政府批准；区人民政府在批准前应当征求市生态环境部门的意见。

环境保护规划应当纳入市和区国民经济和社会发展规划、国土空间规划。

经批准后的环境保护规划和相关环境保护专项规划，由生态环境部门会同有关行政管理部门组织实施。

第十五条　市人民政府应当根据本行政区域的生态环境和资源利用状况，制定生态环境分区管控方案和生态环境准入清单，依法报国务院生态环境主管部门备案后实施。生态环境分区管控方案和生态环境准入清单应当与国土空间规划相衔接。

第十六条　市生态环境部门应当会同有关行政管理部门，根据国土空间规划和国家环境质量标准，编制本市地表水环境功能区划、大气环境质量功能区划、声环境功能区划，报市人民政府批准后公布实施。

第十七条　本市发展改革、规划资源和其他有关行政管理部门编制土地利用、区域开发建设等规划以及进行城市布局、产业结构调整时，应当符合环境功能区划的要求。

各级人民政府及其有关行政管理部门在组织区域开发建设时，应当符合环境功能区划的要求。凡不符合环境功能区划的建设项目，不得批准建设。

对环境质量达不到环境功能区划要求的地区以及环境污染严重、环境违法情况突出的地区，区人民政府应当采取产业结构调整、区域生态整治等方式实施综合治理，市住房城乡建设、生态环境、规划资源等行政管理部门应当予以指导。

第十八条　市和区人民政府在组织编制全市和各区国土空间规划时，应当根据本行政区域生态环境状况，在饮用水水源保护区、自然保护区、野生动物重要栖息地和重要的湿地等重点生态功能区、生态环境敏感区和脆弱区等区域划定生态保护红线，建立生态保护红线制度，实施分类分级管控和严格保护。

本市相关控制性详细规划的编制，应当符合生态保护红线的控制要求。

第十九条　市住房城乡建设、绿化市容等行政管理部门在组织编制道路照明、景观照明等城市照明相关规划时，应当根据本市经济社会发展水平以及生态环境保护、交通安全和提升城市品质等需要，明确分区域亮度管理措施，对不同区域的照明效果和光辐射控制提出要求。

第二十条　市人民政府可以根据本市实际，对国家环境质量标准和国家污染物排放标准中未作规定的项目，制定地方标准；对国家已作规定的项目，可以制定严于国家的地方标准。

第三章　绿色发展

第二十一条　本市将碳达峰、碳中和工作纳入经济社会发展全局，推动经济社会发展全面绿色转型，加快形成节约资源和保护环境的产业结构、生产方式、生活方式、空间格局，实现生态优先、绿色低碳的高质量发展。

第二十二条　本市提倡绿色发展和绿色生活。

市发展改革、生态环境等有关行政管理部门应当制定绿色发展和绿色生活行动指南，指导单位和个人在生产和生活中节约资源、减少污染，推动建立有利于环境保护的生产和生活方式。

第二十三条　本市根据国家规定建立、健全生态保护补偿制度。

对本市生态保护地区，市或者区人民政府应当通过财政转移支付等方式给予经济补偿。市发展改革部门应当会同有关行政管理部门建立和完善生态补偿机制，确保补偿资金用于生态保护补偿。

受益地区和生态保护地区人民政府可以通过协商或者按照市场规则进行生态保护补偿。

第二十四条　本市相关行政管理部门在制定产业政策时，应当充分考虑环境保护的需要，对环境影响情况进行分析和评价，并听取生态环境部门和相关专家的意见。

本市发展改革、经济信息化和规划资源行政管理部门应当推进产业结构调整和布局优化，推动清洁生产。

市经济信息化、发展改革、规划资源和生态环境等有关行政管理部门应当优化产业布局，逐步将排放污染物的产业项目安排在国土空间规划确定的产业园区内。

第二十五条　市经济信息化部门会同市发展改革等有关行政管理部门制定本市产业结构调整指导目录时，应当根据本市环境质量状况和重点污染物排放总量控制计划，将高污染、高能耗产业纳入淘汰类、限制类产业目录。

对列入淘汰类、限制类产业目录的排污单位，可以采取差别电价、限制生产经营或者停止生产经营等措施。其中，列入限制类产业目录的排污单位，应当按照生态环境部门和经济信息化部门的要求，实施清洁化改造。

第二十六条　本市鼓励企业对产品设计、原料采购、制造、销售、物流、回收和再利用等各个环节实施绿色改造，提升全产业链的污染预防和控制水平。

第二十七条　本市发展改革、住房城乡建设、规划资源等行政管理部门在城市建设过程中应当采取措施，推动绿色建设技术应用，推进绿色建筑发展和海绵城市建设。

本市住房城乡建设、绿化市容等行政管理部门应当依据城市照明相关规划和节能计划，完善城市照明智能控制网络，推广使用节能、环保的照明新技术、新产品，提高城市照明的绿色低碳水平。

第二十八条　市和区人民政府应当采取措施优先发展公共交通，建设公交专用道、非机动车道等交通设施，鼓励公众购买和使用清洁能源机动车。

本市倡导和鼓励公众选择公共交通、自行车等方式出行。

市交通、绿化市容、邮政等行政管理部门应当分别制定公共交通、环卫、邮政、物流等行业机动车、船清洁能源替代推进方案。国家机关、事业单位和国有企业应当率先使用清洁能源机动车、船。

第二十九条　国家机关、企业事业单位应当厉行节约，使用节约资源、节约能源的产品、设备和设施，推行电子化办公。市机关事务管理部门应当加强对国家机关和事业单位推进绿色办公的指导。

国家机关、事业单位采购办公用品时，在技术、服务等指标满足采购需求的前提下，应当优先采购保护环境的产品和再生产品。

第三十条　本市通过财政资金支持、政府优先采购等措施，鼓励企业提高资源、能源利用效率，开展资源循环利用，推动循环经济发展。

基层群众性自治组织、社会组织可以通过组织居民开展捐赠、义卖、置换等活动，推动居民闲置物品的再利用。

第三十一条　宾馆、商场、餐饮、沐浴等服务性企业应当采用有利于资源循环利用和环境保护的产品，采取环保提示、费用优惠、物品奖励以及不主动提供一次性用品等措施，引导消费者减少使用一次性用品，市文化旅游、商务行政管理部门应当加强监管。

第三十二条　禁止或者限制生产、销售和使用国家和本市明令禁止或者限制的一次性塑料制品。

本市鼓励和引导塑料制品绿色设计，推广应用可循环、易回收、可再生利用的替代产品，减少使用一次性塑料制品。

第四章　环境监督管理

第三十三条　本市实行重点污染物排放总量控制制度。

市生态环境部门应当根据国家核定的本市重点污染物排放总量目标，结合本市环境容量以及经济、社会发展水平，拟定本市重点污染物排放总量控制计划，报市人民政府批准后组织实施。市生态环境部门可以根据本市环境保护的需要，制定国家未作规定的其他污染物的排放总量控制计划，报市人民政府批准后组织实施。

区生态环境部门应当根据本市重点污染物排放总量控制计划，结合本辖区实际情况，拟订本辖区重点污染物排放总量控制实施方案，经区人民政府批准后组织实施，并在批准后十五日内报市生态环境部门备案。

第三十四条　现有排污单位的重点污染物排放总量指标，由市或者区生态环境部门根据区域环境容量，按照公平合理、鼓励先进和兼顾历史排放情况等原则，综合考虑行业平均排放水平以及排污单位的减少污染物排放措施等因素确定。对未达到行业平均排放水平的排污单位，严格核定其排放总量指标。

新建、改建、扩建排放重点污染物的建设项目，排污单位应当在环境影响评价阶段向市或者区生态环境部门申请或者通过排污权交易，取得重点污染物排放总量指标。

排污单位应当遵守总量管理相关规定，污染物排放达到规定的总量指标限值的，应当停产。

本市推进企业减少污染物排放，对在污染物排放符合法定要求的基础上进一步减少污染物排放的排污单位，市和区人民政府应当依法采取财政、税收、价格、政府采购等方面的政策和措施予以鼓励和支持。

第三十五条　编制有关开发利用规划，应当依法进行环境影响评价。未依法进行环境影响评价的开发利用规划，审批部门不予审批。

市和区生态环境部门在审查规划环境影响评价时，应当综合考虑区域生态承载能力、行业排污总量等因素。

第三十六条　市生态环境部门可以根据国家建设项目环境影响评价名录，结合本市实际情况，制定本市建设项目环境影响评价补充名录，并向社会公开。列入国家和本市环境影响评价名录的建设项目，应当进行环境影响评价，并按照分类管理的规定报生态环境部门审批或者备案。

生态环境部门受理建设项目环境影响评价申请后，需要对环境影响评价文件进行技术评估的，可以委托相关机构进行技术评估。技术评估的时间最长不超过三十天，不计入审批期限。

已经完成环境影响评价的规划中包含的建设项目，其环境影响评价工作应当依照有关规定予以简化。

第三十七条　新建、改建、扩建建设项目，建设单位应当根据环境影响评价文件以及生态环境部门审批决定的要求建设环境保护设施、落实环境保护措施。环境保护设施应当与主体工程同时设计、同时施工、同时投入使用。

第三十八条　乡、镇或者产业园区有下列情形之一的，生态环境部门可以暂停审批该区域内产生重点污染物的建设项目的环境影响评价文件：

（一）重点污染物排放量超过总量控制指标的；

（二）未按时完成淘汰高污染行业、工艺和设备任务的；

（三）未按时完成污染治理任务的；

（四）配套的环境基础设施不完备的；

（五）市人民政府规定的其他情形。

企业集团有前款第一项、第二项、第三项情形之一的，生态环境部门可以暂停审批该企业集团产生重点污染物的建设项目的环境影响评价文件。

第三十九条　本市依法实施排污许可制度。固定污染源单位应当按照国家和本市的规定，向市或者区生态环境部门申请排污许可证。

排污许可证应当载明允许排放的污染物种类、浓度或者限值、总量、排放方式、排放去向以及相关环境管理要求等内容。排污单位应当按照排污许可证载明的要求排放污染物。

本市对排污许可证载明事项实施动态管理。因污染物排放标准、总量控制要求等发生变化，需要对相应的许可内容进行调整的，生态环境部门可以依法对排污许可证载明事项进行调整。

第四十条　本市鼓励开展重点污染物排放总量指标交易。市生态环境部门应当会同相关行政管理部门逐步建立本市重点污染物排放总量指标交易制度，完善交易规则。

第四十一条　生态环境部门应当会同有关行政管理部门建立健全环境监测网络，组织开展环境质量监测、污染源监督性监测和突发环境事件的应急监测。

重点排污单位、产业园区以及建筑工地、堆场、码头、混凝土搅拌站等相关单位，应当按照国家和本市有关规定安装自动监测设备，与生态环境部门联网，保证监测设备正常运行，并对数据的真实性和准确性负责。

对污染物排放未实行自动监测或者自动监测未包含的污染物，排污单位应当按照国家和本市的规定，定期进行排污监测，保存原始监测记录，并对数据的真实性和准确性负责。

在本市从事环境监测的机构应当按照规定向市生态环境部门备案；向社会出具有证明作用数据、结果的，还应当依法取得检验检测机构的资质认定。环境监测机构应当按照国家和本市环境监测规范开展环境监测，保证监测数据的真实性和准确性，并对监测数据和监测结论负责。

自动监测数据以及生态环境部门委托的具有相应资质的环境监测机构的监测数据，可以作为环境执法和管理的依据。

第四十二条　市和区人民政府应当根据实际情况，组织编制本辖区的突发环境事件的应急预案。

根据国家有关规定应当制定突发环境事件应急预案的企业事业单位，应当根据市和区应急预案，在开展突发环境事件风险评估和应急资源调查的基础上，制定本单位突发环境事件应急预案。应急预案应当向市或者区生态环境部门备案。

第四十三条　突发公共卫生事件发生时，市、区人民政府应当统筹协调医疗废物收运、贮存、处置，以及医疗污水处理等工作，保障所需的车辆、场地、处置设施和防护物资；必要时，为作业人员提供集中住宿等条件，实施闭环管理。卫生健康、生态环境、绿化市容、交通运输、水务等主管部门应当协同配合，依法履行应急处置职责。

第四十四条　本市推行环境污染防治协议制度。

有下列情形之一的，生态环境部门可以与相关排污单位签订污染防治协议，明确污染物排放要求以及相应的权利和义务：

（一）根据本市环境治理要求，对排污单位提出严于法律、法规、国家和本市有关标准，以及排污许可证规定的排放要求的；

（二）排污单位根据自身技术改进可能和污染防治水平，主动提出削减排放要求的；

（三）排污单位申请排放国家和本市尚未制定排放标准的污染物的。

排污单位与生态环境部门签订污染防治协议，并实现约定的污染物减排目标的，生态环境部门应当给予奖励和支持。

违反协议约定的，应当按照协议承担责任。

第四十五条　生态环境部门及其环境执法机构和其他负有环境保护监督管理职责的部门，有权通过现场检查、自动监测、遥感监测、无人机巡查、远红外摄像等方式对排放污染物的企业事业单位和其他生产经营者进行监督检查。现场检查时，执法人员可以采取现场监测、采集样品、查阅和复制有关资料等措施。

被检查的单位应当如实反映情况，提供必要的资料，不得隐瞒情况，拒绝和阻挠检查。

第四十六条　有以下情形之一的，市或者区生态环境部门和其他负有环境保护监督管理职责的行政管理部门，可以对有关设施、设备、物品采取查封、扣押等行政强制措施：

（一）违法转移、处置放射源、危险废物的；

（二）有关证据可能灭失或者被隐匿的；

（三）其他违反法律、法规规定排放污染物造成或者可能造成严重污染的。

第四十七条　有下列情形之一的，市生态环境部门应当会同相关行政管理部门约谈区人民政府主要负责人，约谈情况向社会公开：

（一）未完成环境质量改善目标的；

（二）贯彻实施国家和本市重大环境保护、绿色发展政策措施不力的；

（三）未完成重大污染治理任务的；

（四）发生严重环境污染事故或者对生态破坏事件处置不力的；

（五）其他依法应当约谈的情形。

第五章　环境污染防治

第四十八条　产业园区管理机构应当建立园区环境保护责任制度，履行下列环境保护管理职责：

（一）明确园区环境保护工作机构以及管理人员；

（二）落实生态环境分区管控和生态环境准入有关规定；

（三）做好园区环境基础设施规划，配套建设大气环境监测、污水收集处理、固体废物收集贮存转运、噪声防治等环境基础设施；

（四）建立环境基础设施的运行、维护制度，并保障其正常运行；

（五）对园区内排污单位开展环境保护巡查，发现环境违法行为的，及时向生态环境等有关行政管理部门报告；

（六）国家和本市规定的其他环境保护管理职责。

第四十九条　排污单位应当按照环境保护设施的设计要求和排污许可证规定的排放要求，制定操作规程，并保持环境保护设施正常运行。

环境保护设施需要维护、修理或者出现故障而暂停使用的，应当立即向市或者区生态环境部门报告，并停止相关的生产经营活动。

第五十条　排污单位应当按照国家和本市的有关规定建立环境管理台账，并对台账的真实性和完整性负责，台账的保存期限不得少于五年，但法律、法规另有规定的除外。

排污单位关闭、搬迁的，应当按照规定事先向市或者区生态环境部门报告，并制定残留污染物清理和安全处置方案，对未处置的污水、有毒有害气体、工业固体废物、放射源和放射性废物及其贮存、处置的设施、场所进行安全处理。

第五十一条　排污单位可以委托具有相应能力的第三方机构运营其污染治理设施或者实施污染治理。排污单位委托第三方机构运营其污染治理设施或者实施污染治理的，应当签订委托治理合同，并按照规定向市或者区生态环境部门报告。

接受委托的第三方机构应当遵守环境保护法律、法规和相关技术规范的要求，履行委托治理合同约定的义务。排污单位委托第三方机构运营其污染治理设施或者实施污染治理的，不免除排污单位的法律责任。

第五十二条　本市探索建立环境污染责任保险制度，鼓励石油、化工、钢铁、电力、冶金等相关企业投保环境污染责任险。

第五十三条　出现污染天气或者预报出现重污染天气以及根据国家要求保障重大活动的，有关行政管理部门应当根据应急预案的规定，采取暂停或者限制排污单位生产，停止易产生扬尘的作业活动或者采取降尘措施，限制高污染机动车行驶等应急措施，并向社会公告。

第五十四条　本市逐步淘汰高污染机动车。本市对高污染机动车实施区域限行措施。高污染机动车的范围、限行区域和限行时间，由市交通行政管理部门会同市生态环境、公安交通行政管理部门提出方案，报市人民政府批准后公布。

运输单位或者个人不得使用高污染机动车从事经营性运输活动。相关托运单位应当在托运合同中明确要求承运单位或者个人不得使用高污染机动车从事运输活动。

船舶在上海港口水域航行、作业、靠泊时，应当符合本市船舶排放相关要求。进入国家确定的船舶大气污染物排放控制区时，应当使用符合要求的燃油；需要转换燃油的，应当记录燃油转换信息。船舶进港靠泊，具备岸电使用条件的，靠泊期间应当使用岸电。

第五十五条　建筑工地、堆场、码头、混凝土搅拌站等单位应当遵守本市扬尘控制标准。具体标准由市生态环境部门会同市住房城乡建设、交通行政管理部门制定。

道路扬尘污染及其他扬尘污染防治按照本市有关规定执行。

第五十六条　市和区人民政府应当统筹城乡污水集中处理设施及配套管网建设，并保障其正常运行，提高城乡污水收集处理能力。

市和区人民政府应当组织对本行政区域的江河、湖泊排污口开展排查整治，明确责任主体，实施分类管理。

在江河、湖泊新设、改设或者扩大排污口的，应当按照规定报经有管辖权的生态环境部门或者流域生态环境监督管理机构同意。对未达到水质目标的水功能区，除污水集中处理设施排污口外，应当严格控制新设、改设或者扩大排污口。

排污单位排放的污水应当从污水排放口排出，禁止通过暗管、渗井、渗坑、裂隙、溶洞或者雨水排放口等方式排放污水，禁止生产性污水外运处理。

禁止在长江流域水上运输剧毒化学品和国家规定禁止通过内河运输的其他危险化学

品。禁止运输危险化学品的船舶进入太浦河饮用水水源保护区水域。

第五十七条　市生态环境部门应当会同市规划资源、经济信息化、农业农村、水务等有关行政管理部门定期开展土壤和地下水环境质量调查、污染源排查。发现存在环境风险的，应当责令土地使用者制定相应的风险防控方案，并采取防范措施。对土壤和地下水造成污染的，排污单位或者个人应当承担修复责任。责任主体灭失或者不明确的，由区人民政府依法承担相关修复责任。

储油库及加油站、生活垃圾处置、危险废物处置等经营企业和其他重点污染物排放单位应当按照国家和本市的规定，定期对土壤和地下水进行监测，并将监测结果向市或者区生态环境部门报告。发现存在环境风险的，土地使用者应当采取风险防范措施；发现污染扩散的，土地使用者应当采取污染物隔离、阻断等治理措施。

生产、销售、贮存液体化学品或者油类的企业以及生活垃圾处置企业应当按照国家和本市的要求进行防渗处理，防止污染土壤和地下水。

经营性用地和工业用地出让、转让、租赁、收回前，应当按照国家和本市有关规定进行土壤和地下水的环境质量评估，并根据评估结果采取风险防控措施或者开展土壤修复。工业用地以及生活垃圾处置等市政用地转为居住、教育、卫生等用地，且有土壤和地下水污染的，应当予以修复。具体规定由市生态环境部门会同市规划资源、经济信息化等行政管理部门另行制定。

第五十八条　市农业农村、绿化市容行政管理部门应当会同生态环境、规划资源等有关行政管理部门，划定农用地土壤环境质量类别，并分别采取相应的管理措施，保障农产品质量安全。

本市农业农村等有关行政管理部门应当采取有效措施，加强对畜禽、水产养殖污染的防治以及对使用化肥、农药、农用薄膜、养殖环节投入品的监督管理和指导，防止污染土壤、水体。

农业生产者应当科学地使用化肥、农药、农用薄膜和养殖环节投入品。畜禽养殖场应当保证其畜禽粪便和污水的综合利用或者无害化处理设施正常运转，保证污水达标排放，防止污染水环境。

禁止将含重金属、难降解有机污染物的污水以及未经检验或者检验不合格的城市垃圾、污水处理厂污泥、河道底泥用于农业生产。

未利用地、复垦土地等拟开垦为耕地的，区农业农村行政管理部门应当会同生态环境、规划资源行政管理部门进行土壤污染状况调查，符合农用地环境质量标准的，方可用于农业生产。

第五十九条　本市加强对用于环境污染治理和生态环境保护的微生物菌剂的环境安全管理。

微生物菌剂提供单位应当对所提供的微生物菌剂进行环境安全评价。开展环境安全评价的单位，应当具备微生物分类鉴定、特性检测和环境保护研究或者评价的能力，并根据有关技术导则进行评价。微生物菌剂应用单位应当使用通过环境安全评价的微生物菌剂。

第六十条　本市与长三角区域相关省市建立固体废物污染环境的联防联控机制，加强固体废物利用处置能力协作共享和环境风险协管共防。

本市采取措施推进工业固体废物、生活垃圾、建筑垃圾、农业固体废物、危险废物等固体废物的减量化；鼓励采用先进技术、工艺、设备和管理措施对固体废物进行资源化再利用，不能资源化再利用的固体废物应当进行无害化处置。对危险废物实行资源化再利用的，资源化再利用活动以及形成的产品应当符合国家和本市有关规定、标准规范。危险废物产生单位应当在资源化再利用前组织技术论证，并将技术论证报告、再利用方案、去向等内容向市或者区生态环境部门备案。危险废物再利用单位应当按照备案的再利用方案进行综合利用。不能再利用的，应当按照国家和本市有关规定进行安全处置。

产业园区管理机构收集贮存危险废物的，应当按照有关规定向市生态环境部门办理相关手续，并落实环境保护、安全生产等要求。

危险废物运输应当符合国家和本市危险废物运输的有关规定。禁止将境外固体废物，或者外省市的危险废物以及不作为生产原料的其他固体废物转移到本市。禁止将危险废物提供或者委托给无危险废物经营许可证的单位或者个人收集、贮存、利用、处置。禁止擅自倾倒、堆放、丢弃、遗撒危险废物。

拟退役或者关闭危险废物集中处置设施、场所的，经营单位应当在退役或者关闭前三个月报市或者区生态环境部门核准，并按照生态环境部门的要求做好后续工作。

第六十一条　排放噪声的单位和个人应当采取有效措施，使其排放的噪声符合国家和本市规定的噪声排放标准。

除抢修、抢险外，在噪声敏感建筑物集中区域禁止夜间从事产生噪声的建筑施工作业。但因混凝土连续浇筑等原因，确需在夜间从事建筑施工作业的，施工单位应当在施工作业前，向所在地区生态环境部门提出申请。区生态环境部门应当在三个工作日内出具证明，并书面通知申请人；不予出具的，应当说明理由。取得证明的施工单位应当在施工作业现场的显著位置公示或者以其他方式公告附近居民。

市人民政府或者其授权的部门可以在中高考、全市性重大活动等期间，规定一定区域禁止从事产生噪声污染的施工作业。

社会生活噪声和交通噪声的污染防治按照国家和本市有关规定执行。

第六十二条　禁止在中心城区或者其他居民集中区域设立商用辐照装置、γ 探伤源库。禁止在居民住宅楼、商住综合楼内生产、使用、贮存放射性同位素或者Ⅰ类、Ⅱ类射线装置。禁止将含放射源探伤装置存放在居民住宅楼、商住综合楼以及其他公共场所。

核技术利用单位应当严格按照有关法律、法规、规章和技术标准的要求，从事生产、销售、使用、转让、进口、贮存放射性同位素和射线装置的活动。

在本市从事移动探伤的单位应当在开始作业十日前，向所在地区生态环境部门报告，并按照规定对移动探伤源建立实时定位跟踪系统。

发现无主放射源及放射性废物的，市或者区生态环境部门应当立即委托有相应资质的单位收贮或者处置，所需费用由市或者区财政负担。

第六十三条　设置产生电磁辐射污染的设施或者设备，设置单位应当采取有效的屏蔽防护措施，确保环境中电场、磁场符合国家有关规定和防护要求。

第六十四条　户外设置照明光源、建筑物外墙采用反光材料的，应当符合国家和本市有关规定、标准规范。

第六十五条　本市严格控制建筑物外墙采用反光材料。建筑物外墙采用反光材料的，生态环境部门应当按照规定组织光反射环境影响论证，住房城乡建设行政管理部门应当加强对建筑物外墙采用反光材料建设的监督管理。

道路照明、景观照明以及户外广告、户外招牌等设置的照明光源不符合照明限值等要求的，设置者应当及时调整，防止影响周围居民的正常生活和车辆、船舶安全行驶。本市住房城乡建设、绿化市容行政管理部门应当按照职责加强监督管理。

本市公安、交通等行政管理部门在监控设施建设过程中，应当推广应用微光、无光技术，防止监控补光对车辆驾驶员和行人造成眩光干扰。

第六十六条　在居民住宅区及其周边设置照明光源的，应当采取合理措施控制光照射向住宅居室窗户外表面的亮度、照度等。

禁止设置直接射向住宅居室窗户的投光、激光等景观照明。在外滩、北外滩和小陆家嘴地区因营造光影效果确需投射的，市绿化市容行政管理部门应当合理控制光照投射时长、启闭时间，并向社会公布。

施工单位进行电焊作业或者夜间施工使用灯光照明的，应当采取有效的遮蔽光照措施，避免光照直射居民住宅。

第六章　信息公开和公众参与

第六十七条　市生态环境部门应当定期发布环境状况公报。

市和区生态环境部门以及其他负有环境保护监督管理职责的部门，应当依法公开环境质量、环境监测、环境保护规划、环境保护行动计划、环境行政许可、环境行政处罚、重点排污单位名单和地址等信息。

发生突发环境事件，市和区人民政府及其生态环境部门应当依法、及时发布有关信息。

市生态环境部门应当建立环境保护信息平台，负有环境保护监督管理职责的部门应当将本领域的环境保护信息按照规定向环境保护信息平台归集，并共享相关信息。

第六十八条　有下列情形之一的，排污单位应当按照要求公布排放污染物的名称、排放方式、排放总量、排放浓度、超标排放情况以及防治污染设施的建设和运行情况等信息：

（一）实行排污许可管理的；

（二）重点污染物排放量超过总量控制指标的；

（三）污染物超标排放的；

（四）国家和本市规定的其他情形。

排污单位应当在市生态环境部门建立的企业事业单位环境信息公开平台上发布前款规定的环境信息。

第六十九条　本市规划编制部门在有关开发利用规划报送审批前，应当向社会公开规划的环境影响评价文件，征求公众意见。

对依法应当编制环境影响评价文件的建设项目，建设单位应当按照规定在报批前向社会公开环境影响评价文件，征求公众意见。负责审批的生态环境部门受理环境影响评价文件后，应当通过网站等方式向社会公开环境影响评价文件，征求公众意见。环境影响评价文件中涉及国家秘密、商业秘密或者个人隐私的内容，依法不予公开。

建设单位在建设过程中应当向社会公示施工期间采取环保措施的情况。

第七十条　本市推进企业环境信用管理制度建设。市和区生态环境部门应当按照规定采集、记录排污单位、第三方机构等企业及相关负责人环境信用信息，并定期进行信用评价。环境信用信息应当通过政府网站等方式向社会公开，同时纳入本市公共信用信息服务平台。

市生态环境部门和相关行政管理部门应当建立环境信用奖惩机制，将环境信用信息作为行政监管的依据。

第七十一条　本市推动石油、化工、钢铁、涉重金属排放、垃圾处置等重点排污单位定期向公众介绍企业的排污情况和污染防治情况，主动接受公众的监督。

第七十二条　公民、法人和其他组织发现任何单位和个人有污染环境和破坏生态行为的，可以通过市民服务热线、政府网站等途径向生态环境等有关部门举报。

接受举报的部门应当对举报人的相关信息予以保密，保护举报人的合法权益。

第七十三条　本市推动发展环保志愿者组织，鼓励环保志愿者及环保社会组织积极开展环境保护宣传，推动绿色生活方式，监督环境违法行为。

本市鼓励和支持符合法律规定的环保社会组织依法提起环境公益诉讼。

第七章　法律责任

第七十四条　违反本条例规定的行为，法律、行政法规已有处罚规定的，从其规定。

第七十五条　企业事业单位和其他生产经营者有下列行为之一，受到罚款处罚，被责令改正，拒不改正的，依法作出处罚决定的行政机关可以自责令改正之日的次日起，按照原处罚数额按日连续处罚：

（一）未按要求取得排污许可证，违法排放污染物的；

（二）超过污染物排放标准或者超过重点污染物排放总量控制指标排放污染物的；

（三）违反法律、法规规定，无组织排放大气污染物的；

（四）不正常运行环境保护设施，违法排放污染物的；

（五）通过暗管、渗井、渗坑、裂隙、溶洞、雨水排放口等逃避监管的方式排放污染物的；

（六）违反建设项目管理制度，主体工程投入生产或者使用且排放污染物的；

（七）擅自倾倒危险废物，或者对危险废物未采取相应防范措施，造成危险废物渗漏或者造成其他环境污染的；

（八）违反放射性污染防治规定，生产、销售、使用、转让、进口、贮存放射性同位素或者射线装置的；

（九）法律、法规规定的其他实施按日连续处罚的行为。

第七十六条　违反本条例第三十四条第三款规定，排污单位超过规定的总量指标限值排放污染物的，由市或者区生态环境部门责令改正或者责令限制生产、停产整治，处十万元以上一百万元以下的罚款；情节严重的，报经有批准权的人民政府批准，责令停业、关闭。

第七十七条　违反本条例第三十六条第一款规定，建设单位未依法备案的，由区生态环境部门责令备案，处五千元以上五万元以下的罚款。

第七十八条　违反本条例第三十九条规定，未依法取得排污许可证排放污染物或者未按照排污许可证要求排放污染物的，由市或者区生态环境部门责令改正，依法处以罚款，责令限制生产、停产整治，责令停业、关闭，吊销排污许可证等处罚。

第七十九条　违反本条例第四十一条第二款、第三款规定，有下列行为之一的，由生态环境、住房城乡建设、交通等行政管理部门按照职责分工责令改正，处二万元以上二十万元以下的罚款；拒不改正的，责令停产整治：

（一）未按照规定安装、使用污染物排放自动监测设备，或者未按照规定与生态环境部门联网，并保证监测设备正常运行的；

（二）未按照规定进行排污监测并保存原始监测记录的。

第八十条　违反本条例第四十二条第二款规定，突发环境事件应急预案未向生态环境部门备案的，由市或者区生态环境部门责令限期改正，可以处一万元以上三万元以下的罚款。

第八十一条　违反本条例第四十九条第一款、第二款规定，未制定操作规程或者未按照规定及时报告的，由市或者区生态环境部门责令限期改正，处五千元以上五万元以下的罚款；未停止生产经营活动的，处二万元以上二十万元以下的罚款。

第八十二条　违反本条例第五十条第一款规定，未按照规定建立、保存环境管理台账或者台账记载内容不完整、弄虚作假的，由市或者区生态环境部门责令改正，处二万元以上二十万元以下的罚款；拒不改正的，责令停产整治。

违反本条例第五十条第二款规定，未按照规定向生态环境部门报告，或者未对相关污染物以及设施、场所进行安全处理的，由市或者区生态环境部门责令改正，处二万元以上二十万元以下的罚款。

第八十三条　违反本条例第五十三条规定，拒不执行暂停或者限制生产措施的，由生态环境部门处二万元以上二十万元以下的罚款；拒不执行扬尘管控措施的，由住房城乡建设、交通等有关行政管理部门或者城管执法部门依据各自职责处一万元以上十万元以下的罚款；拒不执行机动车管控措施的，由公安机关依照有关规定予以处罚。

第八十四条　违反本条例第五十四条第二款规定，未在委托合同中明确承运单位或者个人不得使用高污染机动车运输的，由交通行政管理部门责令改正，处二百元以上二千元以下的罚款。

违反本条例第五十四条第三款规定，船舶进入上海港口国家确定的船舶大气污染排放控制区，使用不符合要求的燃油的，或者不按照要求使用岸电的，由海事部门责令改正，处一万元以上十万元以下的罚款。

第八十五条　违反本条例第五十五条第一款规定，扬尘排放不符合本市扬尘控制标准的，由区生态环境部门责令改正，处一万元以上十万元以下的罚款；拒不改正的，责令停产整治。

第八十六条　违反本条例第五十六条第四款规定，通过雨水排放口排放污水或者生产性污水外运处理的，由市或者区生态环境部门责令改正，处二万元以上二十万元以下的罚款。

违反本条例第五十六条第五款规定，在长江流域水上运输剧毒化学品和国家规定禁止通过内河运输的其他危险化学品的，由海事部门责令改正，没收违法所得，并处二十万元以上二百万元以下的罚款，对直接负责的主管人员和其他直接责任人员处五万元以上十万元以下的罚款；情节严重的，责令停业整顿，或者吊销相关许可证。

违反本条例第五十六条第五款规定，运输前款规定以外的危险化学品进入太浦河饮用水水源保护区水域的，由海事部门责令改正，处十万元以上二十万元以下的罚款。

第八十七条　违反本条例第五十七条第一款规定，未承担修复责任的，由市或者区生态环境部门责令修复，处二十万元以上一百万元以下的罚款；拒不修复的，可以代为履行修复义务，相关修复费用由责任人承担。

违反本条例第五十七条第二款规定，未按照规定定期对土壤和地下水进行监测，并报告监测结果，未采取风险防范措施或者未采取污染物隔离、阻断等治理措施的，由市或者区生态环境部门责令改正，处二万元以上二十万元以下的罚款。

违反本条例第五十七条第三款规定，未按照要求进行防渗处理的，由市或者区生态环境部门责令改正，处二万元以上二十万元以下的罚款。

第八十八条 违反本条例第五十九条规定，有下列情形之一的，由市生态环境部门责令限期改正，处一万元以上十万元以下的罚款；造成环境危害的，责令消除影响，处十万元以上五十万元以下的罚款：

（一）微生物菌剂提供单位未进行环境安全评价提供微生物菌剂的；

（二）微生物菌剂应用单位擅自使用未通过环境安全评价的微生物菌剂的。

第八十九条 违反本条例第六十条第二款规定，产生单位在资源化再利用前未组织技术论证或者未向生态环境部门备案的，由市或者区生态环境部门责令停止违法行为，限期改正，处一万元以上十万元以下的罚款。再利用单位接收未经备案的危险废物或者未按照备案的再利用方案进行综合利用的，由市或者区生态环境部门责令停止违法行为，限期改正，处二万元以上二十万元以下的罚款。

违反本条例第六十条第四款规定，将危险废物提供或者委托给无危险废物经营许可证的单位或者个人收集、贮存、利用、处置，或者擅自倾倒、堆放或者在运输过程中沿途丢弃、遗撒危险废物的，由市或者区生态环境部门责令改正，没收违法所得，处所需处置费用三倍以上五倍以下的罚款，所需处置费用不足二十万元的，按二十万元计算；情节严重的，报经有批准权的人民政府批准，可以责令停业或者关闭。

第九十条 违反本条例第六十一条第一款规定，工业企业噪声超过国家和本市规定的噪声排放标准的，由市或者区生态环境部门责令改正或者限制生产、停产整治，并处二万元以上二十万元以下的罚款；情节严重的，报经有批准权的人民政府批准，责令停业、关闭。

违反本条例第六十一条第二款、第三款规定，未按照规定取得证明从事施工作业，或者在禁止施工的特定期间从事施工作业的，由所在地区生态环境部门责令改正，处一万元以上十万元以下的罚款；拒不改正的，可以责令暂停施工。

第九十一条 违反本条例第六十二条第一款规定，有下列行为之一的，由市或者区生态环境部门责令改正，处一万元以上十万元以下的罚款：

（一）在中心城区或者其他人口集中区域设立商用辐照装置、γ 探伤源库的；

（二）在居民住宅楼、商住综合楼内生产、使用、贮存放射性同位素或者Ⅰ类、Ⅱ

类射线装置的;

（三）将含放射源探伤装置存放在居民住宅楼、商住综合楼以及其他公共场所的。

违反本条例第六十二条第二款规定，从事生产、销售、使用、转让、进口、贮存放射性同位素或者射线装置的活动的，由市或者区生态环境部门按照法律、法规和规章的规定处理；对于可能严重危害社会安全的，责令立即停止相关作业活动。

第九十二条　违反本条例第六十三条规定，致使环境中的电场、磁场不符合国家的规定和防护要求的，由市或者区生态环境部门责令限期改正，处一万元以上十万元以下的罚款。

第九十三条　违反本条例第六十六条第二款规定，设置直接射向住宅居室窗户的投光、激光等景观照明，或者在外滩、北外滩和小陆家嘴地区投射不符合控制要求的，由城管执法部门责令限期改正或者拆除；逾期不改正或者拆除的，处五千元以上五万元以下的罚款。

违反本条例第六十六条第三款规定，施工单位未采取有效的遮蔽光照措施的，由城管执法部门责令改正，可以处一万元以上五万元以下的罚款；拒不改正的，可以责令暂停施工。

第九十四条　违反本条例第六十八条规定，排污单位未按照要求公开环境信息的，由生态环境部门或者其他负有环境保护监督管理职责的部门责令改正，处二万元以上二十万元以下的罚款。

第九十五条　因严重违法排放污染物受到行政处罚且尚未改正的排污单位，在其改正违法行为之前，供电企业应当根据市电力运行主管部门的通知向其征收高于普通电价的电费。

市或者区人民政府对排污单位作出责令停业、关闭决定的，以及市或者区生态环境部门对排污单位作出责令停产整治决定的，供电企业应当依法采取措施，中止对排污单位供电。

第九十六条　为排污单位或者个人提供生产经营场所的出租人，应当配合负有环境保护监督管理职责的部门对出租场所内违反本条例规定的行为开展执法检查，提供承租人的有关信息。出租人拒不配合的，由负有环境保护监督管理职责的部门处二千元以上二万元以下的罚款。

第九十七条 违反本条例规定，排污单位有下列违法排污行为之一的，除依照有关法律法规规定予以处罚外，生态环境等有关行政管理部门还可以对单位主要负责人和直接责任人员处一万元以上十万元以下的罚款：

（一）超过污染物排放标准或者超过重点污染物排放总量控制指标的；

（二）未取得排污许可证排放污染物的；

（三）被生态环境部门责令限产、停产整治，拒不执行的；

（四）擅自倾倒危险废物或者通过暗管、渗井、渗坑、裂隙、溶洞等方式排放污染物的；

（五）发生环境污染事故的。

第九十八条 环境影响评价机构、环境监测机构、环境安全评价机构以及从事环境监测设备和防治污染设施维护、运营等第三方机构，未按照法律、法规和相关技术规范的要求提供有关环境服务活动，或者在有关环境服务活动中弄虚作假的，由生态环境部门和其他负有环境保护监督管理职责的部门责令停业整顿，处十万元以上五十万元以下的罚款，并对其主要负责人处一万元以上十万元以下的罚款。对造成的环境污染和生态破坏负有责任的，除依照有关法律、法规规定予以处罚外，还应当与造成环境污染和生态破坏的其他责任者承担连带责任。

第九十九条 本市生态环境部门和其他负有环境保护监督管理职责的部门有下列行为之一的，对直接负责的主管人员和其他直接责任人员给予记过、记大过或者降级处分；造成严重后果的，给予撤职或者开除处分，其主要负责人应当引咎辞职：

（一）不符合行政许可条件准予行政许可的；

（二）对环境违法行为进行包庇的；

（三）依法应当作出责令停产、限产的决定而未作出的；

（四）对超标排放污染物、采用逃避监管的方式排放污染物、造成环境事故以及不落实生态保护措施造成生态破坏等行为，发现或者接到举报未及时查处的；

（五）未按照规定实施查封、扣押，情节严重的；

（六）篡改、伪造或者指使篡改、伪造监测数据的；

（七）应当依法公开环境信息而未公开的；

（八）将征收的排污费截留、挤占或者挪作他用的；

（九）法律、法规规定的其他违法行为。

第一百条　排污单位或者个人违反环境法律、法规规定，除依法承担相应的行政责任外，造成环境损害或者生态破坏的，还应当承担相应的生态环境损害赔偿责任。

第八章　附则

第一百零一条　本条例自 2016 年 10 月 1 日起施行。

18. 上海市浦东新区化妆品产业创新发展若干规定

（2022 年 7 月 21 日上海市第十五届人民代表大会常务委员会第四十二次会议通过）

第一条　为了促进浦东新区化妆品产业创新发展，培育化妆品领域新模式新业态，助力上海国际消费中心城市建设，根据有关法律、行政法规的基本原则，结合浦东新区实际，制定本规定。

第二条　市人民政府应当加强对化妆品产业发展工作的领导，深化与国家有关部门的协作，承接国家创新试点，统筹协调浦东新区与其他区域化妆品产业发展中的重大事项。

浦东新区人民政府应当加强对区域化妆品产业创新发展工作的领导，整合优化资源，综合协调化妆品产业创新发展中的重大问题。

第三条　市药品监督管理部门应当支持和指导浦东新区化妆品产业创新发展，开展化妆品监督管理工作。

市经济信息化部门负责推进化妆品产业规划布局和产业发展。

市和浦东新区发展改革、科技、商务、市场监督管理、知识产权、人力资源社会保障等部门以及上海海关，根据各自职责和本规定，负责化妆品产业发展、消费促进、贸易便利等相关工作。

第四条　本市建立浦东新区化妆品产业创新发展工作市、区两级会商机制。

市和浦东新区相关部门应当加强沟通协调，对浦东新区化妆品产业创新发展工作中跨部门、跨领域的事项共同协商研究。

第五条　市科技部门和浦东新区人民政府应当支持化妆品企业与高校、科研院所、医疗机构合作，促进产学研医深度融合，提升行业创新能力和新产品研发能力，推动化妆品领域科技成果转化。

市科技部门和浦东新区人民政府应当引导和支持化妆品企业加大研发投入，开展技术创新和专业人才培养，培育、发展高新技术企业，支持有条件的化妆品企业创建科技创新基地。

第六条　市和浦东新区鼓励化妆品生产企业数字化转型，推进化妆品领域工业互联网和消费互联网融合，构建生产全过程关键数据的实时采集与分析系统，提升质量安全风险管控能力。

第七条　市经济信息化、商务、药品监督管理等部门应当根据各自职责，推动化妆品企业加强品牌引领示范培育和建设。

浦东新区应当采取措施，推动建设化妆品品牌孵化基地，为品牌研发设计、宣传推广等提供服务。

第八条　市商务、经济信息化、药品监督管理等部门应当根据各自职责支持、培育化妆品消费领域新模式新业态。

市商务部门应当支持化妆品领域数字消费模式，建设化妆品智慧购物示范场景，培育化妆品经营电子商务标杆企业。

浦东新区应当采取措施，支持推进全球化妆品品牌集聚，鼓励和引导在综合商圈开展展示、推广、体验等活动，支持在免税店设立国产化妆品销售专区，助推国际消费中心城市建设。

第九条　本市鼓励化妆品企业提升匹配消费需求的能力，开展皮肤科学基础研究，探索小批量、多品种、高灵活度的生产模式，精准研发适合消费者个性化需求的化妆品。

精准研发的普通化妆品上市前，本市化妆品备案人应当根据产品特点进行安全评估和功效评价，按照国家规定提交备案资料。

第十条　本市化妆品备案人、境内责任人可以在浦东新区设立的经营场所，根据消费者的个性化需求，对其备案的普通化妆品（不含儿童化妆品、眼部护肤类化妆品、使用新原料的化妆品等）现场提供包装、分装服务，或者自行、委托本市化妆品生产企业生产。

现场提供包装、分装服务且涉及直接接触化妆品内容物的化妆品备案人、境内责任人应当对化妆品质量安全进行风险评估，并向浦东新区市场监督管理部门申请生产许可。符合条件的，核发化妆品生产许可证。化妆品备案人、境内责任人应当建立相应的化妆品生产质量管理体系，定期向浦东新区市场监督管理部门提交生产质量管理体系自查报告。

具体生产许可条件和管理要求由市药品监督管理部门制定。

第十一条　本市支持产业园区管理机构、第三方机构建立化妆品原料供应服务平台，为浦东新区化妆品注册人、备案人、受托生产企业提供原料供应和质量管理等服务。

提供化妆品原料供应服务的平台运营机构应当建立原料进货查验记录制度，加强原料的检验检测、贮存和运输管理，并做好原料采购、供应记录。

第十二条　本市支持相关企业依法开展进口化妆品的包装和贴标服务，促进贸易便利化。

在进口化妆品直接接触内容物的包装已完成标注标签并可追溯的情况下，境外化妆品注册人、备案人或者其境内责任人可以在浦东新区符合相关监管要求的区域内自行或者委托其他企业，在直接接触内容物的包装上标注中文名称和使用期限，并按照国家化妆品标签的相关规定进行包装和加贴中文标签，但不得接触或者暴露化妆品内容物。

第十三条　对于通过浦东新区进口用于注册或者备案检验的化妆品样品，以及用于企业研发、非试用或者非销售的展览展示化妆品，符合相关要求的，可以免予提供进口特殊化妆品注册证或者进口普通化妆品备案信息，并免予进口检验。

第十四条　中国国际进口博览会和本市其他化妆品专业会展的参展商，经过海关等部门批准，可以在会展结束后将原进口化妆品转为浦东新区行政区域内的海关特殊监管区域的保税货物，举办消费促进等推广活动，符合条件的可以按照跨境电商方式销售。

第十五条　本市鼓励化妆品相关行业协会、企业、科研院所等参与化妆品新原料、新技术和新业态等创新领域相关标准的制定。

浦东新区知识产权部门应当运用专利快速审查服务机制，根据国家相关规定，为企业申请涉及化妆品的相关技术专利提供预审服务。

第十六条　本市鼓励专业院校为化妆品产业培养专业人才，加大引进海内外化妆品安全评估等专业领域高端人才。

市和浦东新区有关部门应当支持第三方检验检测机构、专业研发生产服务平台等建设，支持化妆品相关行业协会加强产业链信息沟通与合作，建立中国特色植物资源化妆品研究开发体系。

市药品监督管理部门、浦东新区市场监督管理部门可以委托第三方专业机构开展化妆品质量安全风险评估。

第十七条　本市建立健全与化妆品产业创新发展相适应的包容审慎监管机制。

市药品监督管理部门应当与浦东新区相关部门、上海海关等建立化妆品风险信息交换机制，实现化妆品风险信息的共享、预警和及时处置。

浦东新区市场监督管理部门应当加强对浦东新区化妆品注册人、备案人、受托生产企业、境内责任人的日常监管，可以结合浦东新区实际和产业创新发展要求依法制定监管规范。

第十八条　违反本规定第十条从事现场包装、分装服务且涉及直接接触化妆品内容物活动的，由负责药品监督管理的部门没收违法所得、违法生产经营的化妆品和专门用于违法生产经营的原料、包装材料、工具、设备等物品；违法生产经营的化妆品货值金额不足一万元的，并处一万元以上五万元以下的罚款；货值金额一万元以上的，并处货值金额五倍以上二十倍以下罚款；情节严重的，责令停产停业，依法取消备案或者吊销化妆品许可证件，并对违法单位的法定代表人或者主要负责人、直接负责的主管人员和其他直接责任人员依法处理。

违反本规定的其他行为，有关法律、行政法规已有处罚规定的，从其规定。

第十九条　本规定自 2022 年 8 月 1 日起施行。

19. 上海市人民代表大会常务委员会关于加强经济工作监督的决定

（2022 年 7 月 21 日上海市第十五届人民代表大会常务委员会第四十二次会议通过）

为进一步加强经济工作监督，切实增强监督实效，推动高质量发展，创造高品质生活，实现高效能治理，更好履行宪法和法律赋予市人民代表大会及其常务委员会的职责，参照《全国人民代表大会常务委员会关于加强经济工作监督的决定》，结合本市实际，作如下决定：

一、市人民代表大会常务委员会依法对市人民政府经济工作行使监督职权。市人民代表大会财政经济委员会和有关专门委员会在市人民代表大会及其常务委员会领导下，承担有关具体工作。市人民政府及其有关部门应当做好协助和配合。

本市健全完善经济工作监督有关工作机制，通过以下形式加强监督：

（一）对国民经济和社会发展年度计划的审查、批准和执行监督；

（二）对本市经济运行形势进行分析并提出意见；

（三）对国民经济和社会发展五年规划和中长期规划的审查、批准和执行监督；

（四）听取和审议市人民政府有关经济工作的专项工作报告；

（五）听取和讨论市人民政府有关经济工作的重大事项报告；

（六）审议和决定重大建设项目；

（七）法律、法规规定的其他经济工作监督。

二、市人民代表大会常务委员会开展经济工作监督，应当坚持中国共产党的领导，坚持以马克思列宁主义、毛泽东思想、邓小平理论、"三个代表"重要思想、科学发展观、习近平新时代中国特色社会主义思想为指导，坚持以人民为中心，坚持和完善社会主义基本经济制度，保障和促进市场在资源配置中起决定性作用和更好发挥政府作用，立足新发展阶段，贯彻新发展理念，构建新发展格局，推动高质量发展。

三、根据市人民代表大会议事规则的有关规定，市人民代表大会财政经济委员会应当在市人民代表大会会议举行的一个月前，会同有关专门委员会，对国民经济和社会发展年度计划进行初步审查，形成初步审查意见，送市人民政府有关主管部门。市人民政府有关主管部门应当将处理情况及时反馈财政经济委员会。

市人民代表大会财政经济委员会开展初步审查阶段，有关专门委员会可以开展专项审查，提出专项审查意见，送财政经济委员会研究处理。

四、对国民经济和社会发展年度计划初步审查时，市人民政府有关主管部门应当提交以下材料：

（一）关于上一年度国民经济和社会发展计划执行情况与本年度国民经济和社会发展计划草案的报告，其中应当报告上一年度国民经济和社会发展计划主要目标和任务完成情况、市人民代表大会决议贯彻落实情况，对本年度国民经济和社会发展计划主要目标、工作任务及相应的主要政策、措施的编制依据和考虑作出说明和解释；

（二）本年度国民经济和社会发展计划草案的初步方案；

（三）关于上一年度市级预算内投资计划执行情况的说明和本年度市级预算内投资计划的安排；

（四）初步审查所需要的其他材料。

五、对国民经济和社会发展年度计划初步审查的重点是：上一年度国民经济和社会发展计划完成情况，特别是主要目标和任务的完成情况；本年度国民经济和社会发展计划编制的指导思想应当符合党中央、国务院和市委决策部署，符合国民经济和社会发展五年规划纲要和中长期规划纲要；主要目标、重点任务和重大工程项目应当符合经济社会发展条件特别是资源、财力、环境实际支撑能力，符合五年规划纲要实施的基本要求，有利于经济社会长期健康发展；主要政策取向和措施安排应当符合完善体制机制和依法行政的要求，坚持目标导向和问题导向，针对性强且切实可行，调控政策应当与主要目标相匹配。

六、市人民代表大会财政经济委员会向市人民代表大会主席团提出关于上一年度国民经济和社会发展计划执行情况和本年度国民经济和社会发展计划草案的审查结果报告。审查结果报告应当包括下列内容：

（一）关于上一年度国民经济和社会发展计划执行情况的总体评价，需要关注的主要问题；

（二）对本年度国民经济和社会发展计划报告和计划草案的可行性作出评价，对本年度国民经济和社会发展计划执行工作提出意见和建议；

（三）对市人民代表大会会议批准国民经济和社会发展年度计划报告和计划草案提出建议。

七、市人民代表大会常务委员会应当加强对市人民代表大会批准的国民经济和社会发展年度计划执行的监督。

市人民代表大会常务委员会一般在每年七月听取和审议市人民政府关于本年度上半年国民经济和社会发展计划执行情况的报告。常务委员会组成人员的审议意见交由市人民政府研究处理，市人民政府应当将研究处理情况向常务委员会提出书面报告。国民经济和社会发展年度计划执行情况的报告、常务委员会组成人员的审议意见和市人民政府对审议意见的研究处理情况，向市人民代表大会代表通报并向社会公布。

市人民代表大会财政经济委员会结合上半年经济形势分析做好相关准备工作，向常务委员会提出分析报告。

八、对国民经济和社会发展年度计划执行监督的重点是：国民经济和社会发展年度计划执行应当贯彻党中央、国务院和市委决策部署，落实市人民代表大会决议要求，符合政府工作报告中提出的各项目标和任务要求；主要目标特别是约束性指标完成情况、重点任务和重大工程项目进展情况应当符合国民经济和社会发展年度计划进度安排；国民经济和社会发展计划执行情况的报告应当深入分析存在的主要困难和问题及其原因，对未达到预期进度的指标和任务应当作出说明和解释，提出具有针对性且切实可行的政策措施，推动国民经济和社会发展年度计划顺利完成。

九、市人民代表大会财政经济委员会一般在每年年中的常务委员会会议之前和十二月分别召开上半年和全年经济形势分析会议，听取市人民政府有关部门关于上半年和全年国民经济运行情况的汇报，进行分析研究，将会议对国民经济运行情况的分析和提出的意见建议向主任会议报告。

因本市经济形势发生重大变化，可以增加专题季度经济形势分析会议。由市人民代表大会财政经济委员会提出建议，经主任会议批准，组织会议听取市人民政府有关部门关于季度国民经济运行情况的汇报，进行分析研究，并将会议对国民经济运行情况的分析和提出的意见建议向主任会议报告。

主任会议可以将关于国民经济运行情况的分析和提出的意见建议转送市人民政府办理。

十、国民经济和社会发展五年规划纲要和中长期规划纲要草案的初步审查和审查，参照本决定第三条、第六条的规定执行。

五年规划纲要和中长期规划纲要草案提请市人民代表大会审查批准的前一年，市人民代表大会常务委员会应当围绕五年规划纲要和中长期规划纲要编制工作开展专题调研，听取调研工作情况的报告，并将调研报告送有关方面研究参考，为市人民代表大会审查批准做好准备工作。

市人民代表大会常务委员会办公厅和财政经济委员会承担具体组织工作，拟定调研工作方案，协调有关专门委员会和常务委员会工作机构开展专题调研，汇总集成调研成果。

十一、对五年规划纲要和中长期规划纲要草案初步审查时，市人民政府有关主管部门应当提交以下材料：

（一）五年规划纲要和中长期规划纲要草案；

（二）关于五年规划纲要和中长期规划纲要草案及其编制情况的说明，其中应当对上一个五年规划纲要主要目标和任务完成情况、市人民代表大会决议贯彻落实情况、本五年规划纲要主要目标和重点任务的编制依据和考虑等作出说明和解释；

（三）关于重大工程项目的安排；

（四）初步审查所需要的其他材料。

十二、对五年规划纲要和中长期规划纲要草案初步审查的重点是：上一个五年规划纲要实施情况；本五年规划纲要编制的指导思想应当符合市委关于五年规划的建议精神，能够发挥未来五年发展蓝图和行动纲领的作用；主要目标、重点任务和重大工程项目应当符合本市实际和发展阶段，符合经济社会发展的客观规律，符合本市中长期发展战略目标，兼顾必要性与可行性；主要政策取向应当符合党的基本理论、基本路线、基本方略，针对性强且切实可行。

十三、市人民政府应当加强对五年规划纲要实施情况的动态监测、中期评估和总结评估。市人民代表大会常务委员会应当加强对五年规划纲要实施的监督。

市人民代表大会财政经济委员会和有关专门委员会在市人民代表大会及其常务委员会领导下，有针对性地做好五年规划纲要实施的监督工作，推动五年规划纲要顺利实施。

市人民政府有关主管部门应当将五年规划纲要实施情况的动态监测材料送市人民代表大会财政经济委员会。

十四、五年规划纲要实施的中期阶段，市人民政府应当将五年规划纲要实施情况的中期评估报告提请市人民代表大会常务委员会审议。常务委员会组成人员的审议意见交由市人民政府研究处理，市人民政府应当将研究处理情况向常务委员会提出书面报告。五年规划纲要实施情况的中期评估报告、常务委员会组成人员的审议意见和市人民政府对审议意见的研究处理情况，向市人民代表大会代表通报并向社会公布。财政经济委员会会同有关专门委员会开展专题调研，向常务委员会提出调研报告。

对五年规划纲要实施情况中期评估的监督重点是：五年规划纲要实施应当符合市委的建议精神，贯彻落实市人民代表大会决议要求；主要目标特别是约束性指标完成情况、重点任务和重大工程项目进展情况应当符合五年规划纲要进度安排；五年规划纲要实施情况的中期评估报告应当深入分析存在的主要困难和问题及其原因，对未达到预期进度的指标和任务应当作出解释和说明，提出有针对性且切实可行的政策措施，推动五年规划纲要顺利完成。

十五、市人民政府应当对上一个五年规划纲要实施情况进行总结评估，形成总结评估报告，与提请市人民代表大会审查批准的五年规划纲要草案一并印发市人民代表大会会议。五年规划纲要的总结评估报告应当包括下列内容：

（一）主要指标完成情况；

（二）重点任务落实情况；

（三）重大工程项目实施情况；

（四）存在的主要困难和问题；

（五）相关意见建议。

十六、经市人民代表大会批准的国民经济和社会发展年度计划、五年规划纲要在执行过程中，出现下列情况之一的，可以进行调整：

（一）因经济形势发生重大变化导致本市调控政策取向和主要目标、重点任务等必须作出重大调整的；

（二）本市发生特别重大自然灾害、全局性的重大公共安全事件或者进入紧急状态等导致国民经济和社会发展年度计划、五年规划纲要无法正常执行或者完成的；

（三）其他特殊情况导致国民经济和社会发展年度计划、五年规划纲要无法正常执行或者完成的。

十七、国民经济和社会发展年度计划、五年规划纲要经市人民代表大会批准后，在执行过程中需要作部分调整的，市人民政府应当将调整方案提请市人民代表大会常务委员会审查和批准。国民经济和社会发展年度计划调整方案的提出一般不迟于当年第三季度末；五年规划纲要调整方案的提出一般不迟于其实施的第四年第二季度末。

除特殊情况外，市人民政府有关主管部门应当在市人民代表大会常务委员会会议举行的一个月前，将市人民政府的调整方案送交市人民代表大会财政经济委员会，由财政经济委员会进行初步审查，并向常务委员会提出审查结果报告。

经市人民代表大会常务委员会批准的国民经济和社会发展年度计划、五年规划纲要调整方案，应当向市人民代表大会下次会议报告。

十八、市人民代表大会常务委员会围绕国家和本市经济工作中心和全局依法加强监督，重点关注贯彻落实国家重大战略任务的情况、提升城市能级和核心竞争力、加强科技创新、实施高水平对外开放、坚持绿色低碳发展、保障和改善民生、优化营商环境等方面工作落实情况，必要时可以听取和审议市人民政府专项工作报告、开展专题询问或者作出决议。

市人民代表大会财政经济委员会、有关专门委员会和常务委员会有关工作机构在常务委员会领导下做好相关工作；市人民代表大会财政经济委员会可以会同市人民政府有关部门建立经济工作监督的部门联络员机制，加强沟通协调，督促市人民政府有关部门更好地推进落实工作。

十九、市人民政府对事关国民经济和社会发展全局、涉及人民群众切身利益的重大决策，依法在出台前向市人民代表大会常务委员会报告。

出现下列情况之一的，市人民政府或者市人民政府有关部门应当向市人民代表大会常务委员会或者财政经济委员会和有关专门委员会报告，作出说明：

（一）因国际经济形势或者国内经济运行以及本市经济发生重大变化需要对有关调控政策取向作出重大调整；

（二）涉及国家经济安全、本市发展大局和人民群众切身利益的有关重大改革或者政策方案出台前；

（三）重大自然灾害或者给国家财产、集体财产、人民群众生命财产造成严重损失的重大事件发生后；

（四）其他有必要向市人民代表大会常务委员会或者财政经济委员会和有关专门委员会报告的重大经济事项。

市人民代表大会常务委员会认为必要时，可以依法作出决定决议，也可以将讨论中的意见建议转送市人民政府及其有关部门研究处理。

二十、对涉及面广、影响深远、投资巨大的本市特别重大建设项目，市人民政府可以向市人民代表大会或者常务委员会提出议案，由市人民代表大会或者常务委员会审议并作出决定。

根据市人民代表大会或者常务委员会安排，财政经济委员会会同有关专门委员会对前款所述议案进行初步审查，并向市人民代表大会或者常务委员会提出审查报告。

二十一、市人民代表大会常务委员会对国民经济和社会发展年度计划、五年规划纲要确定的重大工程项目和本决定第二十条所述的本市特别重大建设项目等，根据需要听取市人民政府的工作汇报，进行审议，认为必要时可以作出决议。

根据市人民代表大会常务委员会安排，财政经济委员会会同有关专门委员会和常务委员会有关工作机构，可以对前款所述项目的实施情况开展专题调研，向常务委员会提出专题调研报告。

市人民政府有关主管部门应当每半年向市人民代表大会财政经济委员会提供市级预算内投资计划实施情况的有关材料。

二十二、市人民代表大会常务委员会通过听取和审议专项工作报告、执法检查、询问和质询、特定问题调查、专题调研等方式，加强对市人民政府及其有关部门经济工作的监督。

根据市人民代表大会常务委员会安排，财政经济委员会和有关专门委员会可以召开会议，听取市人民政府有关部门的专题汇报。

市人民代表大会常务委员会，财政经济委员会和有关专门委员会可以运用审计监督、财会监督和统计监督成果，聘请研究机构和专家学者，委托第三方评估，利用大数据技术等，提高经济工作监督效能。

市人民代表大会常务委员会加强经济工作监督的智库建设，完善筛选、动态调整以及激励机制，为开展各项经济工作监督提供支撑。相关机构应当根据常务委员会经济工作监督的有关工作要求，加强对国际国内以及本市经济形势等方面的研究。市人民政府有关部门应当为相关机构开展分析研究提供必要的数据、资金等方面的支持。

二十三、对市人民代表大会及其常务委员会在经济工作监督中作出的决议、决定和审议意见等，常务委员会应当加强跟踪监督，督促市人民政府及其有关部门贯彻执行决议和决定，认真研究处理意见和建议并及时反馈。常务委员会认为必要时，可以就有关情况听取和审议市人民政府的专项工作报告。市人民政府应当在规定期限内，将决定决议的执行情况或者审议意见的研究处理情况向市人民代表大会常务委员会报告。财政经济委员会承担跟踪监督的具体工作。

对不执行决定决议或者执行决定决议不力造成严重后果的，市人民代表大会及其常务委员会可以通过专题询问、质询、特定问题调查等方式加强监督。

二十四、市人民代表大会常务委员会行使经济工作监督职权的情况，应当向市人民代表大会报告，接受监督。财政经济委员会和有关专门委员会提出的意见和建议，应当报告主任会议，由主任会议决定是否批转市人民政府及其有关部门研究处理，并将结果报告市人民代表大会常务委员会。

二十五、市人民代表大会常务委员会开展经济工作监督，应当充分发挥市人民代表大会代表的作用，认真听取代表意见建议，主动回应代表关切，支持代表依法履职。

市人民代表大会财政经济委员会和有关专门委员会应当建立健全经济工作监督联系代表工作机制，为市人民代表大会代表参与经济工作监督提供便利。确定监督项目、开展监督工作，应当认真听取市人民代表大会代表的意见建议。财政经济委员会和有关专门委员会应当围绕代表议案建议提出的、代表普遍关注的经济社会发展工作中的突出问题，组织开展专题调研。

市人民代表大会财政经济委员会对国民经济和社会发展年度计划、五年规划纲要草案进行初步审查时，应当充分听取市人民代表大会代表意见，并通过市人民代表大会代表广泛听取社会各方面的意见。

本决定所列其他事项的监督工作，可以根据需要邀请有关方面的市人民代表大会代表参加。

开展经济工作监督的有关情况应当通过代表工作机构及时向市人民代表大会代表通报，有关材料应当及时发送市人民代表大会代表。

二十六、市人民代表大会常务委员会听取和审议、讨论本决定所列事项时，市人民政府及其有关部门应当根据要求，及时提供相关的信息资料和情况说明，并派市人民政府负责人或者有关部门负责人到会汇报情况，听取意见，回答询问。

市人民代表大会财政经济委员会和有关专门委员会听取和审议、讨论本决定所列事项时，市人民政府有关部门应当根据要求，及时提供相关的信息资料和情况说明，并派本部门有关负责人到会汇报情况，听取意见，回答询问。

市人民政府有关部门应当根据市人民代表大会财政经济委员会和有关专门委员会的要求，定期提供国民经济和社会发展数据和相关材料。

二十七、各区人民代表大会常务委员会开展经济工作监督，可以参照本决定执行；也可以结合本区域实际情况，制定加强经济工作监督的具体办法。

市人民代表大会常务委员会、财政经济委员会应当加强对各区人民代表大会常务委员会经济工作监督的指导，开展市区联动，共同做好经济工作监督。

二十八、市人民代表大会常务委员会开展经济工作监督的情况，除法律、法规另有规定外，向社会公开。

本决定自 2022 年 8 月 1 日起施行。

20. 上海市人民代表大会常务委员会关于
进一步做好当前促进就业工作的决定

（2022 年 7 月 21 日上海市第十五届人民代表大会常务委员会第四十二次会议通过）

为了积极应对新冠肺炎疫情影响，进一步贯彻实施国家和本市稳经济、稳市场主体、促进就业的决策部署，举全市之力共同做好当前稳就业工作，根据《中华人民共和国就业促进法》等相关法律、法规，结合本市实际，作如下决定：

一、就业是最大的民生。本市深化实施就业优先战略，把稳定和扩大就业放在更加突出位置，进一步增强全社会促进就业的共识和合力，高效统筹疫情防控和稳经济、促就业、惠民生各项工作。

二、市人民政府应当加强对当前稳定和扩大就业工作的组织领导，统筹协调、推进解决稳市场主体稳就业等方面存在的重大问题，完善本市各项援企稳岗纾困政策，建立就业工作目标责任制，做好就业工作资金保障，指导督促各区、各部门落实稳定和扩大就业的各项工作。

区人民政府承担所辖行政区域内稳定和扩大就业工作的第一责任，应当切实加强援企稳岗、精准帮扶、就业服务等工作力度，统筹落实各项产业拉动就业、创业带动就业、培训促进就业的举措。

乡镇人民政府、街道办事处应当全面掌握辖区内重点群体就业状况，落实各项服务企业和促进就业的政策措施，做好便利化的基层公共就业服务，完善就业援助工作机制，及时收集、反映影响就业稳定的矛盾和问题；指导居民委员会、村民委员会做好就业相关工作。

市、区人力资源和社会保障部门负责做好当前稳定和扩大就业工作目标任务的分解落实，加强就业形势调查监测和分析研判，指导、组织和协调促进就业日常工作。市、区发展改革、经济信息化、商务、教育、公安、住房城乡建设、交通、农业农村、国有资产监管、医保、财政、税务、市场监管、地方金融监管、规划资源等相关部门应当按照各自职责分工，加大政策供给力度，共同做好当前稳定和扩大就业工作。

市、区人民政府对在促进就业工作中作出显著成绩的单位和个人，按照规定给予表彰和奖励。

三、各级工会组织应当代表职工与用人单位开展多种形式的协商，引导职工和用人单位共克时艰，稳定工作岗位。共产主义青年团、妇女联合会、残疾人联合会、工商业联合会等社会团体应当协助政府有关部门开展所联系群体的就业促进工作，积极提供相应的就业创业服务。

行业协会、商会应当及时反映本行业本领域市场主体在降低用工成本、稳定工作岗位方面的诉求，为市场主体提供服务。

四、市、区人民政府及有关部门应当聚焦当前市场主体用工面临的突出问题，更加有力、更加高效地落实国家和本市有关缓缴社会保险费、住房公积金，以及减费让利、就业补贴、贷款担保贴费、各类房屋租金减免等援企稳岗纾困政策。援企稳岗纾困政策期限届满后，根据国家政策要求和本市实际，市、区人民政府及有关部门应当采取相应的扶持措施，支持各类市场主体稳岗促就业。

国有企业应当发挥在吸纳就业方面的引领示范作用，充分挖掘和新增就业岗位，吸纳带动更多就业。市、区人民政府有关部门应当完善国有企业考核评价机制，将稳就业工作纳入对国有企业及其领导人员的考核评价内容。

市、区人民政府及有关部门应当充分发挥中小微企业吸纳就业的主渠道作用，扶持和鼓励中小微企业拓展经营、增加就业岗位。银行业金融机构、融资担保机构应当加大对中小微企业融资扶持力度，支持中小微企业稳岗保就业。发挥政府性融资担保体系功能作用，积极为中小微企业融资提供增信服务。

五、教育、人力资源和社会保障、国有资产监管等部门应当加大对高校毕业生等青年就业的扶持力度，扩大就业见习岗位规模，加强就业创业指导，挖掘企事业单位岗位资源，举办行业性、区域性、专业性专场招聘，确保直接面向应届高校毕业生招录的岗位不低于规定的比例。

市、区人民政府及有关部门应当全力帮扶失业人员、就业困难人员、农民工、残疾人等重点群体就业，落实各类就业补贴政策，整合各类就业服务资源，综合使用岗位推荐、职业指导、技能培训、职业见习等举措，落实以工代赈要求，增加和稳定重点群体就业。

六、市、区人民政府及有关部门应当在精准做好疫情防控的基础上，加强对企业复工复产复市的支持和服务，推动扩大有效投资和产业发展，积极增加就业岗位。

市、区人民政府及有关部门应当支持自主创业和灵活就业，加大力度推动非全日制就业以及平台就业等新业态就业，试点实施与灵活就业相适应的劳动和社会保险等政策措施。鼓励建立企业间共享用工信息平台，解决短期用工矛盾。

区人民政府应当根据本区域实际，扩大开发社区公共管理、公共卫生、应急服务、社会救助、绿化市容、环卫保洁、助老助残、就业援助等公益性岗位，优先向重点群体倾斜。

市、区人民政府及有关部门应当结合重点区域、重点产业、重点项目、重大工程的规划建设，分行业定期发布"紧缺人才"目录，支持企业面向本市应届高校毕业生等重点群体，加大人才储备力度。

市人民政府有关部门应当持续优化居住证、户籍政策及安居政策，吸引和留住各类人才在本市就业创业。

七、市、区人力资源和社会保障部门应当建立当前企业用工服务保障机制，强化信息精准推送，推进供需有效对接，提供更有针对性、更具专业化和便利化的公共就业服务。

市、区人力资源和社会保障部门应当加强公共就业服务平台建设，帮助企业做好员工招聘，加强社会各类人员就业帮扶；大力开展职业技能和创业能力培训，完善职业技能提升补贴扩围政策；通过行业协同、政策扶持等方式，支持经营性人力资源服务企业、社会组织等承接公共就业服务，充分发挥其在服务市场主体促进就业等方面的积极作用。

八、各级人民政府及有关部门应当充分运用国家和本市法律法规及政策措施资源，创新与当前稳定和扩大就业相适应的政府管理和服务方式，通过行政审批绿色通道、容缺后补、"一网通办"、限时完成等方式，支持吸纳就业容量大的企业高效办理各项政务服务事项。探索建立因疫情不可抗力因素造成失信的豁免制度。

本市充分发挥浦东新区先行先试作用，支持浦东新区在稳定和扩大就业方面创新探索，将浦东新区在优化营商环境、便利市场主体准入等方面的改革经验及时向全市复制推广；发挥企业预重整或者破产重整、和解等制度的作用，促进稳企业、保就业。

市人民代表大会常务委员会围绕当前稳定和扩大就业的实际需求，制定、修改相关地方性法规或者在有关地方性法规中作出规定，保障促进就业相关工作。

九、全社会应当共同维护公平就业环境。任何用人单位不得因劳动者患传染性疾病而解除其劳动合同，在招用人员时不得以曾患传染性疾病为由拒绝录用，法律、行政法规另有规定的除外。

本市加强劳动争议纠纷多元化解。人民法院、劳动人事争议仲裁机构、工会组织、调解组织等，应当依法、及时、妥善处理涉疫情的劳动争议纠纷，保护劳动者合法权益，促进企业稳定有序发展。

十、市、区人民政府应当压实稳就业工作责任，强化对下一级人民政府及有关部门促进就业工作成效的考核，并将考核结果作为年度绩效考核和领导干部综合考核评价的重要依据。

市、区人力资源和社会保障部门应当会同有关部门，加强对落实主要就业指标和政策措施情况的专项监督和检查，重点督导法规政策落地、重点群体就业、资金保障落实等。

十一、各级人民政府及有关部门应当大力开展稳定和扩大就业法律法规和政策措施的宣传解读，做好就业观、择业观的舆论引导，稳定社会各方对就业形势的预期。

广播、电视、报刊、网站等媒体应当刊登或者播放公益广告，宣传援企稳岗稳就业的有效做法和成功经验，营造关心支持稳定和扩大就业的良好舆论环境和社会氛围。

十二、市、区人民代表大会常务委员会应当通过听取和审议专项工作报告、组织执法检查、开展询问和质询等方式，加强对本决定执行情况和促进就业工作情况的监督。

市、区人民代表大会常务委员会应当充分发挥各级人大代表作用，组织人大代表围绕促进就业工作情况开展专题调研和视察等活动，督促有关方面落实促进就业各项工作。

本决定自 2022 年 7 月 21 日起施行，终止日期由市人民代表大会常务委员会另行公布。

21. 上海市乡村振兴促进条例

（2022年8月27日上海市第十五届人民代表大会常务委员会第四十三次会议通过）

第一章 总则

第一条 为了全面实施乡村振兴战略，促进农业全面升级、农村全面进步、农民全面发展，加快农业农村现代化，根据《中华人民共和国乡村振兴促进法》等法律、行政法规，结合本市实际，制定本条例。

第二条 实施乡村振兴战略应当坚持中国共产党的领导，按照产业兴旺、生态宜居、乡风文明、治理有效、生活富裕的总要求，贯彻新发展理念，坚持农业农村优先发展，坚持农民主体地位，坚持人与自然和谐共生，坚持改革创新，坚持因地制宜、规划先行、循序渐进，推进美丽家园、绿色田园、幸福乐园建设，构建超大城市空间新格局，促进城乡融合发展。

第三条 本市建立健全党委统一领导、政府负责、党委农村工作部门统筹协调的乡村振兴促进工作领导责任制，完善市负总责，区和乡镇抓落实的乡村振兴联动工作机制。

各级人民政府应当将乡村振兴促进工作纳入国民经济和社会发展规划及年度计划，研究、协调乡村振兴促进工作中的重大事项，建立乡村振兴考核评价、工作年度报告和监督检查制度。区人民政府承担本行政区域内乡村振兴促进工作第一责任。乡镇人民政府负责本行政区域内乡村振兴促进工作的落实。

农业农村部门负责本行政区域内乡村振兴促进工作的统筹协调、政策指导、推动落实和监督检查。发展改革、财政、住房城乡建设、规划资源、经济信息化、教育、科技、民政、人力资源社会保障、生态环境、水务、文化旅游、卫生健康、金融等有关部门在各自职责范围内负责有关的乡村振兴促进工作。

第四条 村民委员会、农村集体经济组织应当在乡镇党委、村党组织的领导下，依法办理本村公共事务，发展壮大集体所有制经济和本村公益事业，维护村民合法权益，接受村民监督。

本市支持和引导企事业单位、人民团体、社会组织等社会各方面参与乡村振兴促进相关活动。

鼓励各类企业参与乡村振兴重大项目建设，加快乡村产业发展。国有企业应当增强示范引领作用，发挥自身优势，参与乡村振兴促进工作。

第五条　市、相关区人民政府应当根据国民经济和社会发展规划，组织编制乡村振兴规划，与国土空间规划相衔接，形成城乡融合、区域一体、多规合一的规划体系。

乡村振兴规划应当统筹城乡产业发展、基础设施建设、基本公共服务保障、资源能源利用、生态环境保护等内容。

第六条　本市落实最严格的耕地保护制度，建立市、区、乡镇三级耕地保护责任机制，完善耕地保护责任目标考核，实施耕地用途管制，严守耕地和永久基本农田保护红线，严格实行占用耕地补偿，健全耕地数量和质量监测监管机制。建立耕地保护联合巡查执法制度，严格落实巡查、执法责任。

第七条　各级人民政府应当落实国家粮食安全战略，严格粮食安全责任制考核，坚持藏粮于地、藏粮于技，制定粮食生产扶持政策，推进优质粮食工程建设，完善粮食加工、流通、储备、应急保障体系，提高粮食供给和保障能力。坚持节约优先，强化粮食安全教育，反对食物浪费。

第八条　本市建立健全有利于农民收入稳定增长的机制，通过完善金融、用地、就业、补贴等扶持政策，推动农业发展提质增效，促进生态保护与农民增收协调发展；深化农村集体产权制度改革，实现农村集体资产增值保值和集体经济组织年度收益分配；拓宽农村劳动力就业渠道，提升农民社会保障水平，提高农民收入，缩小城乡差距、推动共同富裕。

第九条　本市推动建立长江三角洲区域共同促进乡村振兴的工作机制，加强政府间合作，在长江流域生物多样性保护、乡村休闲旅游、乡村振兴人才培养、乡村科技服务、美丽乡村建设等领域促进区域协调，推进乡村振兴一体化发展。

本市支持相关区与江苏省、浙江省的毗邻地区深化合作，打造区域品牌，形成绿色田园、古朴乡村、现代城镇、产业园区和谐共生的空间格局，实现生态优先、绿色发展、乡村振兴的有机结合。

本市与江苏省、安徽省建立促进上海域外农场高质量发展协同推进机制，更好推动产业发展、基础设施建设，发挥优势特色，提高安全优质主副食品的供应能力和质量水平，打造与超大城市相匹配的现代化农场。

第二章　城乡融合

第十条　各级人民政府应当协同推进乡村振兴战略和新型城镇化战略的实施，优化城乡空间体系，促进主城区、新城、新市镇、乡村在空间布局、产业经济、公共服务、生态保护、基础设施建设等方面协调发展。发挥新城集聚功能和赋能作用，体现乡村的经济价值、生态价值、美学价值，构建城乡融合发展新格局。

第十一条　各级人民政府应当统筹城乡公共基础设施规划和建设，推进道路、燃气、通讯、物流、客运等市政基础设施向农村延伸，加快新一代通信基站、新能源汽车充电桩等新型基础设施和特高压、城际高速铁路、城市轨道交通等建设，推动城乡基础设施互联互通，保障乡村发展需求。

各级人民政府应当加强乡村数字基础设施建设，支持完善村级综合服务设施和综合信息平台。

各级人民政府应当根据各自权限承担乡村公共基础设施管护责任，保障管护经费，编制管护责任清单，明确管护对象、主体和标准等，并予以公示。

鼓励社会资本参与乡村公共基础设施的建设、运营和管护。

第十二条　本市在义务教育、医疗卫生领域建立完善城乡一体、均衡推进的发展机制。

市、相关区人民政府应当统筹城乡教育资源，完善城乡学校携手共进机制，持续改善乡村学校办学条件，提升乡村教育质量。教育经费使用进一步向薄弱地区和关键环节倾斜，教育经费年度增量部分优先用于远郊农村地区发展基础教育。

市、相关区人民政府应当加大对乡村基层医疗卫生机构的投入，提高乡村医疗卫生服务、医疗急救保障和应对突发公共卫生事件能力。卫生健康部门应当保障乡村基层医疗卫生机构基本药物供给，加强医疗联合体建设，促进城乡优质医疗卫生资源均衡分布。

第十三条　市、相关区人民政府应当健全城乡一体的公共就业创业服务体系，完善城乡统一的就业统计和失业救助政策，推动形成平等竞争、规范有序、城乡一体的人力资源市场，统筹推进农村劳动力就业。

人力资源社会保障部门应当完善促进农民就业创业的扶持政策，加强培训指导，合理布局基层就业服务站点，定期开展就业创业服务进乡村活动，跟踪调查和分析本市农民就业状况，宣传农村就业创业形势和政策，引导农民树立适应市场要求的就业观念。

第十四条　本市根据经济社会发展状况，完善城乡居民基本养老保险、基本医疗保险、大病保险以及城乡低保、医疗救助等制度，持续提高农村社会保障水平。

各级人民政府应当推动农村养老事业发展，均衡布局养老服务设施，创新适合农村特点的养老服务模式，发展农村普惠性养老和互助性养老服务，支持利用农民房屋和农村集体所有的土地、房屋等资源，因地制宜建设养老服务设施。

第十五条　本市依托城市数字化转型，运用大数据、云计算等技术加强农村数字化建设，增强农业农村领域数据汇集和应用，推动农业数据资源库、网络平台信息系统、农业空间地理信息系统深度融合。依托政务服务"一网通办"和城市运行"一网统管"，推进乡村公共服务和管理数字化应用场景建设，实现信息发布、民情收集、议事协商、公共服务等村级事务网上运行，提升乡村公共服务数字化、智能化水平。

第十六条　相关区人民政府应当统筹考虑乡村聚落格局以及基础设施和公共服务设施用地布局，按照慢行可达的空间范围，面向不同乡村地区功能定位和服务人群，结合村庄特定需求进行差异性配置，加强空间复合利用，建立全域覆盖、普惠共享、城乡一体的基础设施和公共服务设施网络，逐步构建乡村社区生活圈，提升乡村生活品质。

第三章　产业发展

第十七条　市、相关区人民政府应当根据国土空间规划、乡村振兴规划，组织编制乡村产业发展、农业专项等规划。

乡村产业发展、农业专项等规划应当作为乡村产业发展项目审批的重要依据。

第十八条　本市推进乡村一二三产业高质量融合发展，支持发展现代种植业、现代养殖业、农产品加工业、农资农机产业、乡村商贸流通业、乡村休闲旅游业等产业。

区和乡镇人民政府应当结合资源优势和产业特色，促进农业与旅游、文化、健康养老、体育、新能源等产业相结合的乡村现代产业发展。

第十九条　各级人民政府应当采取措施，提高农业综合生产能力，大力推进都市现代农业建设，支持高标准建设永久基本农田，划定、保护并建设粮食生产功能区、蔬菜生产保护区、特色农产品优势区，增强粮食、蔬菜、畜禽、水产、主要经济作物等重要农产品生产和供给能力。

农业农村部门应当会同相关部门加强高标准农田、农田水利、渔港、农产品仓储保鲜和物流、农机库房等现代农业基础设施建设，建设智慧农业示范基地，鼓励农业智能设施装备生产研发和推广，促进信息技术在农业生产、经营、管理和服务中的运用。

农业农村部门应当开展农业信息监测预警和综合服务。

第二十条　各级人民政府应当开展农业绿色发展行动，采取措施推进化学投入品减量化，发展种养循环农业，实施有机肥替代化肥、病虫害绿色防控、农作物秸秆等农业废弃物的资源化利用或者无害化处理。

本市支持开展土壤生态保育技术研发，实施土壤生态修复示范工程，加快重点地区土壤生态保育。

第二十一条　本市健全农业科研投入保障机制，支持农业科技创新，强化高等院校、科研机构和企业创新能力，在种源农业、智慧农业、生态农业、设施农业等领域加大研发投入，建立完善创新平台，促进农业科技成果转化，加强浦东、崇明、金山国家农业科技园区建设。

本市加强农业技术推广体系建设，支持农业技术推广机构联合高等院校、科研机构等单位，通过试验、示范、培训、指导以及咨询服务等方式，加快农业技术的普及应用。

鼓励企业、农民专业合作社或者其他社会组织通过技术承包、技术参股等方式，开展农业技术推广服务。

第二十二条　市、相关区人民政府应当组织制定并实施种业发展规划，加强种质资源库和良种繁育基地建设，强化种质资源保护和利用，提升种业科技创新能力，完善种业发展激励机制，加强育种领域的知识产权保护，打造具有自主知识产权和国际竞争力的种业企业，促进种业高质量发展。

农业农村部门应当会同规划资源等部门制定和完善扶持种业发展政策措施，推动设施农业用地向种源设施建设倾斜，建设用地指标优先支持研发型种业企业和种业科研机构；建立完善良种选育、繁育、推广体系，推进商业化育种，重点发展优势特色品种，强化种业市场监管，规范种业发展。

本市支持高等院校、科研机构和企业推进种业关键核心技术攻关和生物育种产业化应用，为种业创新发展提供基础性、前沿性和应用技术型研究和保障。

第二十三条　本市加强农产品区域公用品牌培育、保护和推广，加大对农产品地理标志的登记保护。鼓励以集体商标、证明商标形式注册区域品牌和地理标志。

相关区人民政府应当根据区域资源优势，制定政策措施，培育发展特色明显、竞争力强的优势农产品产区和知名品牌。

支持农产品生产者按照规定申请使用绿色食品标志、农产品地理标志，开展有机农产品认证。

第二十四条　本市引导农业企业、农民专业合作社、家庭农场、农业社会化服务组织等农业经营主体和服务主体提高发展质量，支持其以订单农业、股份合作、分红奖励、服务协作等多种方式与农民建立紧密利益联结机制，让农民共享全产业链增值收益。

本市支持各类农业经营主体拓展农产品产地市场功能，就近发展中央厨房、净菜加工、主食加工，实现生产加工与物流配送高效对接。

第二十五条　市、相关区人民政府应当发展乡村休闲旅游，发掘农业多种功能和乡村多元价值，因地制宜开展具有乡村特色的休闲旅游活动，统筹发展乡村民宿、休闲园区、生态园、乡村休闲旅游聚集村等业态。

市、相关区人民政府应当建立完善乡村民宿发展工作推进机制，将促进乡村民宿发展作为乡村振兴工作的重要内容，支持乡村民宿产业发展和配套基础设施建设。相关区人民政府应当编制乡村民宿发展规划，培育区域特色品牌，促进乡村民宿产业与相关产业融合发展。

市有关部门应当制定乡村民宿建筑、消防、食品、卫生、环保（水源保护地）等标准，明确责任部门和工作流程，优化审批程序，建立乡村民宿管理信息交流和共享机制，加强事中事后监管。

鼓励农户、农村集体经济组织和其他具有专业化经营能力的个人、组织等，采用自营、租赁、联营、入股等方式，参与乡村休闲旅游项目建设、经营和管理。

第二十六条　市、相关区人民政府应当根据农业资源禀赋和产业基础，打造特色果蔬、农旅融合、现代畜禽养殖、高端设施农业、无人农场等现代绿色农业产业片区，以及乡村康养、都市田园等乡村产业特色区域。

第二十七条　市、相关区人民政府应当强化科技、人才、用地等要素保障，加强横沙东滩等现代农业产业园规划和建设，推动科技研发、农业生产、加工物流、营销服务等向产业园集中，提升产业链、供应链现代化水平。

第四章　生态宜居

第二十八条　相关区人民政府应当根据国土空间总体规划，组织编制镇级国土空间总体规划，统筹城镇和乡村发展，明确总体发展目标、核心指标和空间布局。

乡镇人民政府应当根据国土空间总体规划，结合乡村振兴规划，科学编制、调整郊野单元村庄规划，优化村庄布局，并报区人民政府审批。郊野单元村庄规划应当作为核发乡村建设项目规划许可和实施各类乡村建设项目的法定依据，指导村庄设计。

编制郊野单元村庄规划应当综合考虑村庄人口、产业、功能、规模、空间等特点，以及土地利用、产业发展、基础设施布局、生态保护和历史文化传承等要求，分类有序推进村庄建设。

严格规范村庄撤并，严禁违背农民意愿、违反法定程序撤并村庄。

第二十九条　本市按照策划、规划、设计、实施的步骤，遵循国土空间用途管制要求和相关建设标准，对乡村建设项目实施全过程规划建设管理，有序推进乡村建设，提升乡村整体景观，凸显乡村特色风貌。

相关区和乡镇人民政府应当开展村庄设计，加强村庄风貌引导，突出乡土特色和地域特点，保存乡村自然肌理，挖掘传统元素，促进村庄形态与自然环境、传统文化相协调，推进美丽乡村建设。

探索建立乡村责任规划师制度，提升乡村建设品质。

第三十条　本市倡导节约适度、绿色低碳、文明健康的生产生活和消费方式，开展乡村生产生活环境整治，推进乡村人居环境优化提升。禁止违法将污染环境、破坏生态的产业、企业向农村转移。

各级人民政府应当加大投入，统筹乡村生活垃圾处理回收和生活污水处理设施的建设、运行维护和管理工作，推进生活垃圾分类减量和建筑垃圾规范处置、生活污水集中处理，持续推进农村卫生厕所改造提升。

村民委员会应当加强村容环境整治，开展河道和道路两旁、房前屋后和庭院的绿化、美化，保持村庄公共空间整洁、有序、美观。

第三十一条　本市在尊重农民意愿前提下，采取进城镇集中为主，平移集中和货币化退出等并存的方式，推进农民相对集中居住，鼓励以街镇为单位成片整建制推进。

相关区和乡镇人民政府应当优先保障农民相对集中居住用地；其中，向城镇集中居住的，优先布局在大型居住社区和周边现状为建设用地的地块。调整优化农村平移集中居住点布局和用地规模，涉及占用耕地的按照有关规定落实用地占补平衡等措施。

本市农民相对集中居住腾出的空间优先用于乡村产业发展、公共基础设施建设和美丽乡村建设，促进农村集体经济发展和农村人居环境改善。

第三十二条　相关区人民政府应当加强政策、资金保障，采取多种方式满足农村村民居住需求。坚持规划引领、分类施策，保障农村村民依法新建、改建、扩建和翻建住房的权利。

相关区人民政府负责统筹辖区内农村村民建房工作，制定和完善农村村民建房的具体方案，鼓励通过统建、联建等方式因地制宜改善村民居住条件和环境，引导农村村民节约利用土地资源。乡镇人民政府应当落实郊野单元村庄规划，实施建房具体方案。

本市建立农村住房设计、施工、验收等全过程建设管理制度。相关区、乡镇人民政府应当加强农村房屋风貌和质量安全管理，落实乡村建筑师制度，完善农房验收制度，健全房屋安全使用常态化巡查、网格化动态管理制度，探索建立房屋定期体检和房屋保险制度。鼓励农村建房采用新型建造技术和绿色建材。

乡镇人民政府应当为农村村民办理建房审批事项提供便利服务。

第三十三条　本市持续推进低效建设用地减量化。按照"宜耕则耕、宜林则林"的原则，持续推进规划开发边界外现状低效建设用地减量复垦工作，有效增加耕地面积，并进行后期管护。制定并执行年度低效建设用地减量化计划，开展土壤检测，安全利用减量化形成的土地资源。

本市统筹推进山水林田草沙一体化保护和修复。坚持节约优先、保护优先、自然恢复为主，编制并实施国土空间生态修复专项规划，促进绿地、林地、湿地、海域融合发展，提升生物多样性维持能力与固碳潜力，保障乡村地区生态系统安全。

第五章　文化繁荣

第三十四条　各级人民政府应当根据乡村文化传统和农民文化需求，鼓励创作反映乡村生活题材和乡村振兴实践的各种优秀作品，推动具有本市特点的乡村文化纳入"上海文化"品牌建设，传承和发扬红色文化、海派文化、江南文化等特色文化。

第三十五条　各级人民政府应当健全乡村公共文化体育设施网络和服务运行机制，加大农村文化体育设施建设和资源配送力度，优化乡村综合服务设施布局，丰富乡村文化体育生活。

本市鼓励开展形式多样的群众性文化体育、节日民俗等活动，利用广播电视和网络等媒体，拓展乡村文化服务渠道。

第三十六条　各级人民政府应当采取措施保护、传承农耕文化遗产和非物质文化遗产，挖掘优秀农业文化深厚内涵，弘扬优秀传统文化。

市、区人民政府应当加强对中国历史文化名镇名村、传统村落和乡村风貌、不可移动文物、农业遗迹、农耕文化展示区的保护，推进乡村文化生态整体性保护。

本市鼓励和支持有条件的乡村依托特色文化、特色产业建设村史馆，编撰村志。

第三十七条　各级人民政府应当加强乡村特色文化产业建设，推动乡村特色文化产业、乡村体育产业和乡村旅游有序融合，支持乡村传统工艺、地方特色美食等传承和发展。

本市推进农耕文化教育进校园，统筹利用现有资源建设劳动教育和学生社会实践基地，引导中小学生参与农业科普、农事体验和农村社会实践。

第六章　乡村治理

第三十八条　本市建立健全党委领导、政府负责、民主协商、社会协同、公众参与、法治保障、科技支撑的现代乡村社会治理体制，健全自治、法治、德治相结合的乡村社会治理体系，推进乡村振兴示范村、乡村振兴示范镇等建设，构建共建、共治、共享的乡村社会治理格局。

本市健全常态化管理和应急管理动态衔接的基层治理机制，构建网格化管理、精细化服务、信息化支撑、开放共享的基层管理服务平台，建立统一指挥、快速反应、上下联动的应急体系。

第三十九条　本市健全村党组织领导下的村民自治制度，发挥村民委员会的作用，完善村规民约，加强民主管理和协商。村民自治章程和村规民约应当以社会主义核心价值观为引领，不得侵犯村民合法权益。

本市健全完善村级党务、村务、财务公开制度，加大监督力度，保护农村村民、农村集体经济组织成员的知情权、参与权、监督权。

第四十条　市、相关区人民政府应当加强基层群团组织建设，支持、规范和引导乡村社会组织发展。

本市孵化、培育和扶持扎根农村社区的志愿服务组织，建立组织化和社会化相结合的动员机制，强化应急状态下快速响应能力，提升志愿服务的制度化、专业化和科学化水平。

第四十一条　各级人民政府应当深入开展法治宣传教育，培育法治文化，推进法治乡村建设，提高乡村干部和农民的法治素养。

司法行政部门应当会同相关部门健全农村公共法律服务体系，根据需要设立法律顾问和公职律师，加强对农民的法律援助和司法救助，健全乡村矛盾纠纷调处化解机制。

本市推进行政执法权限和力量向基层延伸、下沉，强化乡镇执法队伍，合理配置执法力量资源，规范基层行政执法，保障农业农村发展和农民合法权益。

第四十二条　本市坚持以社会主义核心价值观为引领，持续推进乡村精神文明建设，加强社会公德、职业道德、家庭美德、个人品德教育，推动传统农耕文明与现代都市文明相融合，提高乡村社会文明程度。

各级人民政府应当拓展新时代文明实践中心建设，丰富农民精神文化生活，支持开展文明村镇、文明家庭等群众性精神文明创建活动，推动移风易俗，提倡孝老爱亲、勤俭节约、诚实守信等，建设文明乡村。

第四十三条　各级人民政府应当加强乡村社会治安防控体系、乡村公共安全体系和自然灾害防治体系建设，强化农村公共卫生、安全生产、应急救援、食品药品、交通、消防、灾害防御等安全管理责任，完善乡村公共安全联防联控机制，加强网格化管理，推动平安乡村建设。

第四十四条　相关区和乡镇人民政府应当结合区域功能提升、撤制镇改造等工作，按照政府主导、规划引领、尊重民意、市场运作的原则，统筹建设规划指标、土地供应等资源，加强政策供给集成，依法依规实施城中村改造，保障农村集体经济组织及其成员的合法权益，实现居住环境、社会管理、产业发展等综合效应的提升。

相关区和乡镇人民政府应当加大对城中村公共安全、公共卫生、人居环境、违法建筑等的整治力度，加强房屋出租和实有人口管理，提升安全隐患排查、风险管控和应急处置能力。

第四十五条　乡镇人民政府应当完善清廉乡村建设监督检查机制，落实整改和责任追究。

乡镇人民政府应当指导和督促村民委员会等村级组织编制村级事务小微权力清单、负面清单和村务监督事项清单，建立权力规范运行机制和村务监督事项公开评议制度。

第七章　人才支撑

第四十六条　市、相关区人民政府应当实施乡村人才振兴项目，完善人才培养、引进、使用、激励措施，加强农业生产和经营、社会公共服务等各类农业农村人才队伍建设。

第四十七条　农业农村、教育、人力资源社会保障等部门应当加强农业技能培训，培育新型职业农民，加快培养农村创新创业带头人、农村电商人才、乡村手工业者和传统技艺人才、乡村建设工匠等。支持农民专业合作社、专业技术协会、龙头企业等主体积极参与或者承担培训工作。

教育部门应当指导、支持高等院校、职业学校设置涉农相关专业，加大农村专业人才培养力度。

第四十八条　本市加大国内外现代农业科技领域顶尖人才、农业领军人才的引进力度，鼓励涉农科研机构和涉农企业引进育种、生物制品及疫苗等方面专业人才。

相关区和乡镇人民政府应当建立激励机制，鼓励高等院校和职业学校毕业生、外出务工人员、经商人员等各类人员返乡创业；鼓励高等院校、科研机构等单位的专业技术人才到乡村和企业挂职、兼职和离岗创业。

本市支持各类返乡下乡人才在符合国家和本市相关规定和规划的前提下，与当地农民合作改建自住房，拓展创业空间，满足必要的生产生活需要。

第四十九条　本市健全完善城乡、区域、校地之间人才培养合作交流机制，推进城市教育、医疗、科技、文化、体育等工作人员服务乡村。

教育部门应当加强乡村教师队伍建设，统筹配置城乡师资，促进优秀师资向乡村流动，提高教师专业化水平。

卫生健康部门应当加强乡村医疗卫生队伍建设，合理配置医疗卫生人员，提高乡村医疗卫生人员待遇，鼓励优质医疗卫生人才和技术人员服务乡村。

本市支持科技特派员服务乡村振兴，提高农民科技素质。

第五十条　本市建立健全涉农工作队伍的选拔、培养、配备、管理、使用机制，选拔优秀人才进入村党组织、村民委员会班子，多渠道选派优秀干部支持乡村发展，提高村干部能力素质。

本市健全从优秀村党组织书记中选拔乡镇领导干部、定向招录公务员、招聘乡镇事业编制人员的常态化机制，注重选配熟悉农业农村工作的干部进入区、乡镇领导班子。

第五十一条　本市健全完善技术技能人才评价制度。人力资源社会保障、农业农村部门应当支持农业农村从业人员参加职业资格鉴定、职业技能等级认定、专项职业能力考核和专业技术职称评审，分类推进农业农村实用人才评价机制改革。

本市在建设交通、旅游文化、教育卫生等领域专业技术人才评价中，应当将参与乡村振兴战略的业绩成果作为职称评审的重要内容。

市、相关区人民政府应当建立鼓励各类人才参与乡村建设的激励机制，为乡村振兴人才落户、生活居住、社会保障等方面提供便利，支持和引导各类人才通过多种方式服务乡村振兴。

第八章　农村集体经济

第五十二条　市、相关区人民政府应当完善财政引导、多元化投入共同扶持农村集体经济发展的机制，支持农村集体经济组织建设，保障农村集体经济组织运营和发展壮大。

本市建立健全城乡建设用地增减挂钩、节余指标调剂和收益分配机制。减量化后的农村集体建设用地指标产生的收益主要归集体经济组织所有。

第五十三条　本市根据国家有关规定，促进和规范农村产权流转交易，建立统一公开、规范有序的流转交易服务平台，实行一网交易，加强服务和监督管理，推动城乡要素平等交换、双向流动。

第五十四条　市、相关区人民政府应当加强农村集体经济发展平台建设，提升农村集体资金、土地、项目等资源要素的统筹能级。

本市鼓励农村集体经济组织盘活利用集体资源资产，引导村集体经营项目向各类产业园区集中；支持农村集体经济组织购置有增值潜力的商务楼宇、参与开发建设产业园区等，推动农村集体经济转型升级。

农村集体经济组织可以整合利用集体积累资金、政府扶持资金等，通过入股或者参股农业产业化龙头企业、村与村合作、村企联手共建等多种形式发展集体经济。

农村集体经济组织可以利用农村依法建造的宅基地农民房屋、村集体用房、闲置农房、闲置集体用地等，发展乡村产业。

第五十五条　市、相关区人民政府应当创新财政扶持方式，灵活用好财政直接补助、先建后补、以奖代补等措施，支持和保障农村集体经济高质量发展。

本市支持金融机构创新促进农村集体经济发展的金融产品和服务，拓宽有效担保物范围，探索开发以生产经营设备设施、集体经营性建设用地使用权、集体物业资产、资产资源收益权、应收账款等作为抵押或者质押财产的贷款产品。

第五十六条　本市鼓励农村集体经济组织参与农村中小型项目。在同等条件下，可以优先安排具备条件的农村集体经济组织实施农村生产生活基础设施建设项目和乡村公益性服务项目，国家和本市另有规定的除外。

第九章　保障措施

第五十七条　市、相关区人民政府应当建立健全乡村振兴战略财政投入优先保障和持续增长机制，确保投入力度不断增强、总量持续增加，与乡村振兴目标任务相适应。

本市设立乡村振兴专项资金，引导市、区两级相关资金共同加强对乡村振兴领域的支持，重点加大对农业绿色生产、生态资源保护、农产品质量安全、农村人居环境、农民集中居住等重点领域和薄弱环节支持力度。

本市完善市对相关区转移支付分配机制，加大生态补偿等转移支付力度，重点向远郊纯农地区、生态保护区域、经济相对薄弱地区倾斜。

市、相关区人民政府应当按照国家规定，调整完善土地出让收入使用范围，优先支持乡村振兴，提高农业农村投入比例，重点用于高标准农田建设、现代种业提升、农村人居环境整治、村庄公共设施建设和管护等方面。土地出让收益用于农业农村的具体规定，由市人民政府制定。

市、相关区人民政府应当建立健全涉农资金统筹整合长效机制，优化资金配置，强化财政资金监督管理，全面实施预算绩效管理，提高财政资金使用效益。

第五十八条　本市支持以政府引导、市场参与等多种形式设立乡村振兴基金，重点支持乡村产业发展和公共基础设施建设。

本市完善政策性农业信贷担保体系，持续扩大担保业务覆盖面。财政出资设立的政策性农业信贷担保机构，应当主要为从事农业生产和与农业生产直接相关的农业经营主体、社会化服务组织以及产业融合的乡村新业态服务。

本市鼓励和支持金融机构创新金融产品和服务，推出更多免担保、低利率、可持续的惠农金融产品，创新农民专业合作社、家庭农场、种养大户、小微农业企业等农业经营主体和农业社会化服务组织流动资金贷款服务模式，探索拓展专项债券、票据、公司债券、证券、期货等金融资源服务乡村振兴。

本市建立多层次农业保险体系，全面提升保险服务质量和保障能力。完善政策性农业保险，推进农业保险模式创新，支持发展地方特色险种；鼓励商业性保险公司开展农业保险业务，拓宽保险服务领域，为农民、农村集体经济组织等提供保险服务。支持农民和农业经营主体开展互助合作保险。

第五十九条　本市鼓励社会资本参与乡村振兴，农业农村部门应当制定农业农村项目投资指南，引导社会资本通过多元化投融资渠道，投资乡村振兴重点项目。

第六十条　市、相关区人民政府应当推进节约集约用地，支持乡村地区开展全域土地综合整治，整体推进农用地和建设用地整理、生态保护修复和各类国土空间开发活动，提高土地使用效率。依法采取措施盘活农村存量建设用地，激活农村土地资源，完善农村新增建设用地保障机制，满足乡村产业、公共服务设施和农民住宅用地合理需求。

本市应当重点保障乡村产业用地，编制相关区、乡镇国土空间规划时，应当安排不少于百分之十的建设用地指标；制定土地利用年度计划时，应当安排至少百分之五新增建设用地指标。

本市加大设施农业用地保障力度，合理确定各类设施农业用地规模，优化备案程序，建立长效机制，促进现代农业健康发展。

村民住宅建设用地计划指标实行单列管理。

第六十一条　农村村民建房、公共服务设施建设以及集体经济组织自办或者以土地使用权入股、联营等方式与其他单位共办乡村产业项目的，可以依法使用集体建设用地。

经规划确定为工业、商业等经营性用途，符合产业准入和生态保护要求并依法登记的集体经营性建设用地（除商品住宅外），可以通过出让、出租等方式交由单位或者个人在一定年限内有偿使用。

本市按照国家统一部署，依法有序推进集体经营性建设用地入市。市、相关区人民政府应当在土地利用年度计划中对集体经营性建设用地入市作出合理安排。集体经营性建设用地入市收益分配应当符合国家有关规定。

第六十二条　本市依法推进农村宅基地制度改革，落实宅基地集体所有权，保障宅基地农户资格权和农民房屋财产权，按照国家规定适度放活宅基地和农民房屋使用权。

本市开展宅基地资格权认定、不动产登记颁证和宅基地统计管理工作。禁止违法违规买卖、利用宅基地。

农村村民住宅建设依法落实"一户一宅"要求，严格执行规定的宅基地标准，不得随意改变，注意分户的合理性，做好与户籍管理的衔接，不得设立互为前置的申请条件。

农村集体经济组织及其成员利用闲置宅基地和闲置农房发展乡村产业的，符合规定的宅基地上房屋可以登记作为市场主体的经营场所。

第六十三条　本市建立推进乡村振兴激励机制，对在乡村振兴促进工作中作出显著贡献的单位和个人，按照国家和本市有关规定给予褒扬和奖励。

第十章　崇明世界级生态岛建设

第六十四条　本市围绕建设崇明世界级生态岛的战略目标，在空间管控、用地管理、产业融合、社会发展、人才支撑等方面加强政策支持，进行制度创新，推进崇明岛乡村振兴工作。

本市支持崇明岛深化国家全域旅游示范区建设，打造世界级休闲旅游度假岛。

第六十五条　本市科学规划崇明岛生态保护空间和经济社会发展空间，统筹优化设定滩水林田湖等生态保护指标。

本市支持在崇明岛大力发展绿色能源，构建现代能源体系和绿色低碳循环发展的经济体系。

本市支持崇明区建立生态系统碳汇监测评估体系，推动生态资源向生态价值实现转化。支持崇明区开展碳达峰碳中和示范试点。

本市支持崇明区建立一体化生态环境监测网络，构建温室气体排放和生物多样性保护监测体系，提升生态环境监测预警能力，实现滩水林田湖精准管控。

第六十六条　本市支持支柱型、功能型、聚集型的乡村振兴重大生态产业项目优先布局崇明。强化生态赋能，大力发展"康""养""体""游"等特色产业，拓展康复医疗、养老养生、文体旅游、总部经济等业态，提升乡村振兴产业发展能级，打造长江三角洲区域生态产业新高地。

本市推进崇明农业科技园区建设，支持在崇明岛发展特色种源产业，建立长江流域特色种质资源库，加大特色种质资源保护力度，推进绿色高效种养业，提升农产品精深加工业，引导农产品全链条开发利用。

第六十七条　本市支持崇明岛乡村振兴发展相关空间规划和土地管理工作。

本市建立并完善与崇明世界级生态岛乡村振兴建设任务相匹配的多元化投入机制。

第十一章　监督管理

第六十八条　本市依法加强农业、乡村的年度统计工作，健全科学统计指标体系，改进统计调查方法，提高统计科学性，准确、及时反映乡村振兴战略实施情况，为制定乡村振兴政策提供支撑。

第六十九条　本市设立乡村振兴指数，建立完善乡村振兴促进工作评价机制，加强评价成果应用。评价工作可以委托第三方专业机构开展。

第七十条　市、相关区人民政府应当对本级相关部门和下级人民政府的乡村振兴年度实施情况进行考核，将考核结果作为相关单位及其负责人综合考核评价的重要内容。

第七十一条　各级人民政府应当每年向上一级人民政府报告乡村振兴促进工作情况。市、相关区人民政府定期对下一级人民政府乡村振兴促进工作情况开展监督检查。

市、相关区发展改革、财政、农业农村、审计等部门应当按照各自职责对农业农村优先投入、专项资金使用和绩效等情况实施监督，发现存在问题的，依法予以处理。

第七十二条　市、相关区人民政府应当向本级人民代表大会或者其常务委员会报告乡村振兴促进工作情况。乡镇人民政府应当向本级人民代表大会报告乡村振兴促进工作情况。

市、相关区人民代表大会常务委员会应当通过听取和审议专项工作报告、开展执法检查等方式，加强对本条例执行情况的监督。

市、相关区人民代表大会常务委员会应当充分发挥各级人大代表作用，组织人大代表围绕乡村振兴促进工作开展专项调研和视察等活动，汇集、反映人民群众的意见和建议，督促有关方面落实乡村振兴促进工作。

第七十三条　各级人民政府及其有关部门在乡村振兴促进工作中不履行或者不正确履行职责的，依法追究责任，对直接负责的主管人员和其他责任人员依法给予处分，构成犯罪的，依法追究刑事责任。

第十二章　附则

第七十四条　街道办事处履行乡村振兴促进工作相关职责的，适用本条例关于乡镇人民政府的规定。

第七十五条　本条例自 2022 年 9 月 1 日起施行。

22. 上海市浦东新区文物艺术品交易若干规定

（2022 年 8 月 27 日上海市第十五届人民代表大会常务委员会第四十三次会议通过）

第一条　为了规范与促进浦东新区文物艺术品交易，推动上海国际文物艺术品交易中心建设，提升城市软实力，根据有关法律、行政法规的基本原则，结合浦东新区实际，制定本规定。

第二条　本规定适用于在浦东新区开展的文物艺术品交易活动。

第三条　本市坚持守正创新、扩大开放、交流互鉴、科学监管的原则，推动文物艺术品市场高水平开放、高质量发展。

从事文物艺术品交易活动，应当遵守文物保护和艺术品经营有关法律、法规、规章的规定，不得交易国家禁止买卖的文物艺术品，不得将国家禁止出境的文物转让、出租、质押给外国人或外国组织。

第四条　市人民政府应当加强与国家有关部门的协作，建立健全本市促进文物艺术品市场发展的综合协调机制，统筹协调文物艺术品市场发展中的重大事项。

浦东新区人民政府应当建立促进文物艺术品市场发展的工作机制，制定配套政策，落实支持措施，依托区域制度基础、开放优势和资源条件，推动文物艺术品交易集聚化、规模化发展。

第五条　市文物行政管理部门负责统筹推进本市文物艺术品市场发展，依法实施相关监督管理工作。

浦东新区文物行政管理部门负责制定并实施本行政区域有关促进文物艺术品市场发展的制度、规划和标准，依法实施具体监督管理工作。

市和浦东新区文化旅游、商务、市场监管、经济信息化、公安、人力资源社会保障等部门以及海关、外汇管理部门按照各自职责，做好促进文物艺术品市场发展的相关服务保障与监督管理工作。

第六条　本市在浦东新区设立上海国际文物艺术品交易服务中心（以下简称服务中

心），为文物拍卖经营活动和艺术品交易提供场所、设施、鉴定等服务。

服务中心依法取得文物拍卖许可证，接受市文物行政管理部门的监督管理，并依法承担相应的法律责任。

服务中心的管理办法由市文物行政管理部门另行制定。

第七条　具备相应的资金、人员、技术等条件的拍卖企业可以通过服务中心开展文物拍卖经营活动。

服务中心对拍卖企业实行名单制管理，配合相关行政管理部门对其进行监督管理。拟列入、移出的拍卖企业名单应当由服务中心报市文物行政管理部门审核同意。列入名单的拍卖企业通过服务中心以自己的名义开展文物拍卖经营活动。

通过服务中心开展文物拍卖经营活动的拍卖企业不得从事文物购销经营活动。服务中心不得允许文物商店通过其开展文物拍卖经营活动。

服务中心应当履行下列管理责任：

（一）制定相关交易规则及管理规范，明确开展文物拍卖经营活动和艺术品交易的条件、范围与要求，以及各方的权利义务、违反相关规定的处理措施等；

（二）配合相关行政管理部门做好监督管理工作，建立内控内审机制，发现交易国家禁止买卖的文物艺术品以及其他违法经营行为的，应当立即制止并向相关行政管理部门报告；

（三）对在提供服务中获悉的个人信息、商业秘密等，应当依照法律法规和协议约定予以保密；

（四）其他应当履行的管理责任。

第八条　通过服务中心开展文物拍卖经营活动的拍卖企业应当在拍卖文物前，将拟拍卖标的报经服务中心内部审核通过后，由服务中心将拟拍卖标的整场报市文物行政管理部门审核，不得瞒报、漏报、替换标的，或者以其他方式逃避文物拍卖标的审核。未经市文物行政管理部门审核同意的，不得对文物拍卖标的进行宣传、预展和拍卖。

服务中心的报审材料应当包含服务中心文物拍卖专业人员签署的标的征集鉴定意见。服务中心和拍卖企业应当对报审材料的真实性、准确性和完整性负责。

第九条　市文物行政管理部门受理文物拍卖标的审核申请后，应当按照国家有关文物拍卖标的审核规定，严格组织开展实物审核，于二十个工作日内办理审核批复文件，并同时报国务院文物行政管理部门备案。

下列物品不得作为文物拍卖标的：

（一）依照法律应当上交国家的出土（水）文物，以出土（水）文物名义进行宣传的标的；

（二）被盗窃、盗掘、走私的文物或者明确属于历史上被非法掠夺的中国文物；

（三）公安、海关、市场监管等执法部门和人民法院、人民检察院依法没收、追缴的文物，以及银行、冶炼厂、造纸厂、废旧物资回收单位拣选的文物；

（四）国有文物收藏单位及其他国家机关、部队和国有企业、事业单位等收藏、保管的文物，以及非国有博物馆馆藏文物；

（五）国有文物商店收存的珍贵文物；

（六）国有不可移动文物及其构件；

（七）涉嫌损害国家利益或者有可能产生不良社会影响的标的；

（八）其他法律法规规定不得流通的文物。

第十条　通过服务中心报审的文物拍卖活动结束后三十日内，服务中心应当将拍卖记录报市文物行政管理部门备案。市文物行政管理部门应当按照有关规定，将文物拍卖记录报国务院文物行政管理部门。

服务中心和拍卖企业应当对备案材料的真实性、准确性和完整性负责。

第十一条　文物临时进境，应当向海关申报，并报文物进出境审核机构审核、登记。除经海关和文物进出境审核机构批准外，临时进境文物在境内滞留时间不得超过六个月。

经国务院文物行政管理部门授权，中国（上海）自由贸易试验区保税区内的临时进境文物滞留时间满六个月，需要延长期限的，携运人应当在期限届满十个工作日前向国家文物进出境审核上海管理处书面申请延期复出境，每次延期不得超过六个月。滞留时间每累计满二年再次申请延期复出境的，携运人应当在期限届满十个工作日前向国家文物进出境审核上海管理处办理实物审核手续。

未按照规定申请延期复出境的临时进境文物，再次出境时，依照文物出境审核标准和程序进行审核。

第十二条　海关特殊监管区域内的企业可以按照国家和本市有关规定，在海关特殊监管区域外开展文物艺术品保税展示交易活动。

鼓励有条件的文物艺术品经营单位通过电子商务新业态、新模式，开展文物艺术品在线展示、交易、定制服务等活动。对依法开展的在线文物拍卖活动，市文物行政管理部门应当通过"一网通办"、告知承诺等方式简化拍卖标的审核流程，提高审核效率。

第十三条　本市加强文物鉴定等各类专业人才培养，支持文物经营单位的专业人员参加文物博物专业技术人员职称评定。本市社会文物行业协会应当定期举办文物鉴定专业技术培训，对考核合格的人员颁发合格证书。

申请文物商店设立许可或者文物拍卖许可证的，取得合格证书并达到相应专业技术能力的人员视同符合条件的文物博物专业技术人员。

文物鉴定专业技术人员培训、考核、惩戒的管理办法由市文物行政管理部门另行制定。

第十四条　浦东新区人民政府应当在文化领域专项资金中作出专门安排，用于促进文物艺术品市场发展。

浦东新区人民政府应当为符合相关条件的文物艺术品专业技术人员，落实有关支持和保障政策，提供便利服务。

浦东新区应当采取措施，鼓励各类金融机构为文物艺术品交易提供专项金融服务方案。

第十五条　市文物行政管理部门应当建立文物市场信用监管平台，并与本市公共信用信息服务平台对接。市和浦东新区文物行政管理部门应当根据文物经营单位的许可、备案、日常监督检查结果、违法行为查处以及企业公共信用综合评价等情况，确定其信用等级，并作为实施差别化分类监管的依据。对信用等级较高的，建立相应的激励机制；对信用等级较低的，加强监督检查力度，依法实施警示、惩戒。

市和浦东新区文化旅游、文物行政管理部门应当开展日常巡查、随机抽查和专项检查，并会同商务、市场监管、经济信息化、公安、海关、外汇管理等部门建立联合监管机制，强化工作协同和信息共享，加强文物艺术品市场事中事后监管，确保文物安全和文物艺术品市场健康规范有序发展。

第十六条　有下列情形之一的，由相关主管部门依法处理；构成犯罪的，依法追究刑事责任：

（一）交易国家禁止买卖的文物艺术品，或者将禁止出境的文物转让、出租、质押给外国人或外国组织的；

（二）文物商店从事文物拍卖经营活动，或者经营文物拍卖的拍卖企业从事文物购销经营活动的；

（三）未按照国家有关规定进行文物拍卖标的审核或者文物交易记录备案的；

（四）其他违反有关法律、法规规定的行为。

第十七条　服务中心未履行本规定第七条规定的相关管理责任，或者允许文物商店通过其开展文物拍卖经营活动的，由市文物行政管理部门责令改正，可以处一万元以上十万元以下的罚款；情节严重的，处十万元以上五十万元以下的罚款，责令停业整顿或者吊销文物拍卖许可证。

第十八条　本规定自 2022 年 10 月 1 日起施行。

23. 上海市市容环境卫生管理条例

（2001 年 11 月 14 日上海市第十一届人民代表大会常务委员会第三十三次会议通过；根据 2003 年 4 月 24 日上海市第十二届人民代表大会常务委员会第三次会议《关于修改〈上海市市容环境卫生管理条例〉的决定》第一次修正；根据 2009 年 2 月 24 日上海市第十三届人民代表大会常务委员会第九次会议《关于修改〈上海市市容环境卫生管理条例〉的决定》第二次修正；根据 2018 年 12 月 20 日上海市第十五届人民代表大会常务委员会第八次会议《关于修改〈上海市供水管理条例〉等 9 件地方性法规的决定》第三次修正；

2022 年 9 月 22 日上海市第十五届人民代表大会常务委员会第四十四次会议修订）

第一章　总则

第一条　为了践行"人民城市人民建，人民城市为人民"重要理念，加强市容和环境卫生管理，保障城市整洁、有序、温馨、安全、美观，实现高效能治理，创造高品质生活，根据《中华人民共和国固体废物污染环境防治法》《城市市容和环境卫生管理条例》等有关法律、行政法规规定，结合本市实际，制定本条例。

第二条　本市行政区域内市容环境卫生管理及其相关活动，适用本条例。

第三条　本市市容环境卫生工作应当体现全覆盖、全过程、全天候和法治化、标准化、智能化、社会化的要求，遵循以人为本、城乡统筹、分级管理、绿色低碳、共治共享的原则，实行精细化管理。

第四条　市人民政府应当加强市容环境卫生工作的领导，建立市容环境卫生管理工作综合协调机制，统筹本市市容环境卫生工作，研究、决定市容环境卫生相关重大事项，协调处置跨部门、跨区域市容环境卫生问题。

区人民政府应当加强本行政区域内市容环境卫生工作的领导，建立相应的综合协调机制，统筹、协调本行政区域市容环境卫生工作。

街道办事处、乡镇人民政府按照职责开展本辖区的市容环境卫生相关管理工作，对本区域范围内的市容环境卫生工作进行协调、监督。

第五条　市绿化市容部门是本市市容环境卫生工作的主管部门，负责组织制定市容环境卫生有关规划、标准、技术规范和管理规范，并承担市容环境卫生相关服务和管理活动的组织、协调、指导、监督职责。

区绿化市容部门负责组织实施本行政区域内的市容环境卫生管理工作。

发展改革、规划资源、住房城乡建设管理、公安、财政、民政、农业农村、商务、市场监管、交通、生态环境、水务、文化旅游、房屋管理、应急管理、卫生健康以及海事等有关部门按照各自职责，协同实施本条例。

第六条　本条例规定的市容环境卫生违法行为，由城管执法部门以及街道办事处、乡镇人民政府（以下统称城市管理综合执法部门）实施行政处罚及相关的行政检查、行政强制。城市管理综合执法部门实施行政执法的具体事项，由市人民政府确定。

城市管理综合执法部门实施行政处罚，纠正违法行为，应当坚持处罚与教育相结合，教育公民、法人或者其他组织自觉守法。

第七条　市和区人民政府应当将市容环境卫生事业纳入国民经济和社会发展规划，完善市容环境卫生设施布局建设，推进市容环境卫生综合治理，依法保障市容环境卫生工作所需经费，提升市容环境卫生公共服务水平和能力。

第八条　本市加强市容环境卫生标准化体系建设，按照科学规范、系统完备、结构优化、层次合理、协调配套的要求，编制覆盖市容环境卫生全领域的标准、技术规范、导则、定额等，形成适应精细化管理要求、满足高品质生活需求、彰显上海城乡特色的高水平市容环境卫生标准化体系。

第九条　本市推动市容环境卫生管理数字化转型，依托"一网通办""一网统管"平台，与公安、住房城乡建设管理、交通、水务、房屋管理、城管执法等部门共享市容环境卫生领域相关行政许可、行政处罚等信息，利用智能技术和网格化管理等方式，实现集感知、分析、处置、执法、服务为一体的智慧管理。

第十条　本市举办重大活动以及重大节日期间，市绿化市容部门应当会同有关部门以及相关区人民政府制定市容环境卫生服务保障专项方案并组织实施。

第十一条　市、区绿化市容部门应当加强与城市管理综合执法部门的执法协作。绿化市容部门在日常管理中发现违反市容环境卫生管理规定的行为时，应当及时将线索移送城市管理综合执法部门；城市管理综合执法部门应当将处理结果通报绿化市容部门。

城市管理综合执法部门查处违反市容环境卫生管理规定的违法行为时，需要绿化市容部门提供协助的，绿化市容部门应当予以配合。

第十二条　市、区绿化市容部门应当编制市容环境卫生行业应对突发事件应急预案，建立健全突发事件应急处置机制，并组织演练。

市容环境卫生行业应对突发事件应急预案应当结合市容环境卫生专业领域的特点，明确突发事件种类与级别、组织指挥体系与职责、预防预警机制、处置程序、保障措施、人员防护、物资装备与调用等内容。

第十三条　本市鼓励、支持市容环境卫生科学技术研究，推广、运用绿色、环保、节能、低碳、高效的市容环境卫生新技术、新工艺、新装备、新材料、新能源。

第十四条　市、区人民政府应当完善市容环境卫生管理责任考核制度。

市绿化市容部门采用专业考核和社会测评、定量考核和定性评判、日常考核和集中评价相结合等方式对区绿化市容部门的工作进行考核。

市绿化市容部门应当会同有关部门健全市容环境卫生监督检查制度，通过抽查、专项监督检查、联合监督检查等方式加强对市容环境卫生的监督管理。

第十五条　单位和个人应当自觉维护市容环境卫生；对违反市容环境卫生管理规定的行为，有权予以劝阻和向有关部门投诉、举报。

第二章　市容管理

第十六条　本市通过提高城乡容貌标准，规范影响城乡容貌的行为，完善建（构）筑物外立面、景观照明、户外设施管理，塑造城乡特色风貌，优化公共空间品质，打造美好人居环境。

第十七条　市绿化市容部门应当会同有关部门，按照高标准引领的要求，并结合本市城乡一体化发展需要和人文特色，制定本市城乡容貌标准，报市人民政府批准后组织实施。

本市城乡容貌标准应当包括建（构）筑物、居住街区、村宅院落、道路与水域、公共场所、公共设施、城市绿化、广告招牌设施、照明设施、历史风貌区与保护建筑等方面的景观风貌要求。

第十八条　市绿化市容部门应当会同有关部门，根据城乡容貌标准，制定城乡容貌提升行动计划。

城乡容貌提升行动计划应当聚焦美丽街区建设、城市表情塑造、村庄公共环境改善、乡村景观美化，着力加强城中村、老旧小区等市容环境卫生综合整治，彰显城乡容貌特色。

区人民政府应当根据行动计划编制行动方案，并组织相关部门以及街道办事处、乡镇人民政府实施。

第十九条　建（构）筑物和其他设施应当保持整洁、完好、美观，并与周围环境相协调。本市主要道路两侧和景观区域内的建（构）筑物的外立面，以及其他区域内的公共建筑物、居住区房屋的外立面，由建（构）筑物的所有权人或者管理使用人按照有关规定进行清洗或者粉刷；外立面破损的，应当及时修复。

本市道路两侧新建的建筑物临街一侧，按照规划要求有序推进选用透景、半透景的围墙、栅栏或者绿篱、花坛（池）、草坪等作为分界。现有围墙不符合要求的，按照有关规定逐步予以改建；文物保护单位、优秀历史建筑等有特定保护要求的除外。

本市鼓励单位通过围墙拆除、打开以及形态调整等方式，将其附属绿地及相关空间开放共享。

主要道路和景观区域的范围，由市绿化市容部门会同有关部门确定后报市人民政府批准，并向社会公布。

第二十条　单位和个人不得在树木和建（构）筑物或者其他设施上张贴、悬挂宣传品。因特殊情况需要在建（构）筑物或者其他设施上临时张贴、悬挂宣传品的，应当经区绿化市容部门批准，按照批准的时间和范围张贴或者悬挂，并在期满后及时清除。街道办事处和乡镇人民政府应当选择适当地点设置公共招贴栏，并负责日常管理。

禁止单位和个人在树木和建（构）筑物或者其他设施上刻画、涂写。

禁止单位和个人在主要道路、景观区域、商业集中区域、交通集散点、轨道交通站点以及市绿化市容部门确定的其他公共场所散发商业性宣传品。

区绿化市容部门以及街道办事处、乡镇人民政府发现本辖区内有乱张贴、乱悬挂、乱刻画、乱涂写、乱散发行为，行为人未能及时清除或者难以发现行为人的，应当组织清除。

违反第一款、第二款、第三款规定的，由城市管理综合执法部门责令改正或者责令清除，可以处警告、一百元以上一千元以下罚款。其中，对以张贴、悬挂、刻画、涂写、散发等形式组织发布宣传品的单位和个人，可以处一万元以上十万元以下罚款。

对违反规定随意张贴、悬挂、刻画、涂写或者散发宣传品，在其中公布通信工具号码的，由城市管理综合执法部门通知通信工具号码使用人限期接受处理；逾期不接受处理的，书面通知通信管理部门暂停其通信工具号码使用。通信管理部门应当在接到书面通知后，及时通知相关电信业务经营企业暂停其通信工具号码使用。

第二十一条　单位和个人不得擅自占用道路、桥梁、人行天桥、地下通道及其他公共场所设摊经营、兜售物品以及堆放物品，影响市容环境卫生。

本市道路两侧和广场周围建（构）筑物内的经营者不得擅自超出门窗和外墙经营。

违反第一款、第二款规定的，由城市管理综合执法部门责令改正，可以处一百元以上一千元以下罚款。对设摊经营、兜售物品的，可以暂扣设摊经营、兜售的物品和与违法行为有关的工具。

区人民政府会同市有关部门根据需要，综合考虑市容环境卫生、交通安全、公共安全、消费需求等因素，可以划定一定的公共区域用于从事经营活动。区人民政府应当组织制定具体方案，明确允许设摊经营、超出门窗和外墙经营等经营活动的区域范围、时段、业态以及市容环境卫生责任主体及管理要求等，并向社会公布。

乡镇人民政府结合本辖区农业资源条件、农产品品种特点等实际情况，可以在农村地区划定一定的公共区域，供农村村民以及家庭农场、农民合作社等经营主体销售自产的农副产品。农村村民以及各经营主体应当遵守公共区域内的市容环境卫生要求。

第二十二条　禁止在道路及其他公共场所吊挂、晾晒物品，或者利用道路及其他公共场所的树木和护栏、路牌、电线杆等设施吊挂、晾晒物品。违反规定的，由城市管理综合执法部门责令改正，可以处警告，并可以对个人处五十元以上二百元以下罚款，对单位处一百元以上一千元以下罚款。

主要道路两侧和景观区域临街、临河建筑物的阳台、门窗、屋顶应当保持整洁、美观，不得在阳台外、门窗外、屋顶吊挂、晾晒和堆放影响市容的物品。

第二十三条　在本市行驶的机动车辆、船舶应当保持容貌整洁。道路、水路运输企业应当建立机动车辆、船舶清洗保洁责任制度。未保持车辆、船舶容貌整洁的，由城市管理综合执法部门责令改正，可以处一百元以上一千元以下罚款。

第二十四条　设置景观照明以及户外广告设施、户外招牌等户外设施，应当与区域功能相适应，与街区历史风貌和人文特色相融合，与周边景观和市容环境相协调。

第二十五条　市绿化市容部门应当会同有关部门编制景观照明规划，报市人民政府批准。景观照明规划应当划定景观照明设置的核心区域、重要区域、重要单体建（构）筑物以及禁设区域。

市、区绿化市容部门应当按照职责分工，会同有关部门编制核心区域、重要区域、重要单体建（构）筑物的规划实施方案，报同级人民政府批准。

禁止在景观照明规划划定的禁设区域设置景观照明。在核心区域、重要区域以及重要单体建（构）筑物上设置景观照明的，应当按照规划实施方案和技术规范设置。其他区域内设置景观照明的，应当符合技术规范要求。违反规定的，由城市管理综合执法部门责令改正或者责令拆除；拒不改正或者拆除的，处五千元以上五万元以下罚款。

第二十六条　在景观照明规划划定的核心区域、重要区域、重要单体建（构）筑物上设置的景观照明应当分别纳入市级、区级景观照明集中控制系统，对启闭时间、照明模式、整体效果等实行统一控制。景观照明未纳入集中控制系统的，由城市管理综合执法部门责令改正；拒不改正的，处一万元以上五万元以下罚款。

本市举办重大活动以及重大节日期间，区级景观照明集中控制应当遵守市级统一的景观照明集中控制要求。

第二十七条　景观照明的设置者应当保持景观照明的整洁、完好和正常运行。对存在安全隐患或者失去使用价值的景观照明，设置者应当及时整修或者拆除。违反规定的，由城市管理综合执法部门责令改正或者责令拆除；拒不改正或者拆除的，处五百元以上五千元以下罚款。

第二十八条　市绿化市容部门应当会同有关部门编制户外广告设施设置规划，报市人民政府批准。户外广告设施设置规划应当划定户外广告设施设置的禁设区、展示区和控制区。

区绿化市容部门应当编制本辖区户外广告设施设置实施方案，并经市绿化市容部门会同市规划资源、市场监管等部门批准。

第二十九条　户外广告设施设置应当符合户外广告设施设置规划、实施方案和技术规范的要求。违反规定的，由城市管理综合执法部门责令改正或者责令拆除，对违反设置规划和实施方案的，处五千元以上五万元以下罚款，对不符合技术规范的，处一千元以上一万元以下罚款。

按照国家和本市有关规定确定的大型户外广告设施以及其他因结构、体量、位置等因素可能影响公共安全的户外广告设施，应当经市或者区绿化市容部门批准后设置。因举办重大活动需要设置临时性户外广告设施的，设置者应当根据技术规范制定设置方案，并报市或者区绿化市容部门批准，设置期限不得超过三十日。未经批准设置的，由城市管理综合执法部门责令拆除，并处一万元以上十万元以下罚款。

设置前款以外的户外广告设施的，设置者应当在设置前向区绿化市容部门办理备案手续。未办理备案手续的，由城市管理综合执法部门责令改正；拒不改正的，处一千元以上三千元以下罚款。

设置新型户外广告设施的，还应当由市绿化市容部门会同有关部门组织进行技术论证，技术论证通过后依法办理相关手续。

单位和个人不得为违反户外广告设施设置规划、实施方案要求的户外广告设施提供设置载体。违反规定的，由城市管理综合执法部门责令改正，拒不改正的，处三千元以上三万元以下罚款。

第三十条　利用车辆、船舶、飞艇、无人驾驶自由气球、无人机等可移动的载体设置流动户外广告的，应当符合国家和本市流动户外广告设置有关规定和技术规范，并遵守道路、水上和航空交通管理规定。设置新型流动户外广告的，应当经市绿化市容部门会同有关部门组织进行技术论证，并根据论证结果予以设置。违反流动户外广告设置有关规定的，由城市管理综合执法部门、交通部门按照各自职责责令改正，处五千元以上五万元以下罚款；不符合流动户外广告设置技术规范的，由城市管理综合执法部门、交通部门按照各自职责责令改正，处一千元以上一万元以下罚款。

第三十一条　户外招牌设置应当符合户外招牌技术规范和设置导则的要求。违反规定的，由城市管理综合执法部门责令改正或者责令拆除；拒不改正或者拆除的，处一千元以上一万元以下罚款。

区绿化市容部门应当会同有关部门编制本辖区主要道路沿线和景观区域、历史风貌区等重点区域内以及文物保护单位、优秀历史建筑等重要建（构）筑物上的户外招牌设置导则。户外招牌设置导则应当体现区域环境、建筑风格以及业态特点，为设置者展现个性和创意提供空间，避免样式、色彩、字体等同质化。

在历史文化风貌区或者风貌保护街坊内、风貌保护道路或者风貌保护河道沿线、文物保护单位或者优秀历史建筑上设置户外招牌的，或者因结构、体量、位置等因素设置户外招牌可能影响公共安全的，应当经区绿化市容部门批准后设置。未经批准设置的，由城市管理综合执法部门责令改正；拒不改正的，由城市管理综合执法部门责令拆除，处一千元以上一万元以下罚款。

设置前款以外的户外招牌的，设置者应当在设置前向街道办事处或者乡镇人民政府办理备案手续。市、区绿化市容部门应当建立相应工作机制，完善相关智能化管理信息系统，为街道办事处、乡镇人民政府依法履行户外招牌设置的管理和服务职能创造条件、提供指导和支持。设置户外招牌未办理备案手续的，由城市管理综合执法部门责令改正；拒不改正的，处三百元以上一千元以下罚款。

第三十二条　户外广告设施、户外招牌等户外设施的设置者，应当加强日常管理，对户外设施进行维护保养；图案、文字、灯光显示不全或者破损、缺失、污浊、腐蚀、陈旧的，应当及时修复或者更换。未及时修复或者更换的，由城市管理综合执法部门责令改正；拒不改正的，处五百元以上五千元以下罚款。

对于存在安全隐患或者失去使用价值的户外设施，设置者应当及时整修或者拆除。违反规定的，由城市管理综合执法部门责令改正或者责令拆除；拒不改正或者拆除的，处一千元以上一万元以下罚款。

台风、暴雨、暴雪、雷电等灾害性天气警报和气象灾害预警信号发布后，设置者应当加强对户外设施的安全检查，采取相应的安全防范措施，消除安全隐患。

经批准设置的户外广告设施和户外招牌，设置者应当按照规定进行安全检测。违反规定的，由城市管理综合执法部门责令改正；拒不改正的，处一千元以上一万元以下罚款。

市、区绿化市容部门以及街道办事处、乡镇人民政府应当加强户外设施安全监管工作，可以通过政府采购方式，委托专业检测单位对户外设施进行安全抽检；必要时，可以组织实施户外设施的集中安全检查和整治。

第三十三条　户外广告设施、户外招牌等户外设施所在建（构）筑物等载体的所有权人与设置者不一致的，所有权人应当督促设置者依法设置、维护管理户外设施。

户外广告设施设置期满或者因搬迁、退租等原因不再需要户外招牌的，设置者应当拆除。设置者未及时拆除的，户外设施载体所有权人应当予以拆除。

第三十四条　市、区绿化市容部门以及街道办事处、乡镇人民政府可以通过政府采购等方式，组织开展相关市容保障服务工作。市容保障服务规范由市绿化市容部门会同有关部门制定。

第三章　环境卫生管理

第三十五条　本市通过制定环境卫生设施专项规划、建设配套环境卫生设施、优化环卫作业服务规范、完善垃圾综合治理，提升环境卫生品质，营造整洁有序的城乡环境。

第三十六条　市绿化市容部门应当编制环境卫生设施专项规划，明确生活垃圾处理设施、建筑垃圾处理设施、公共厕所、环境卫生作业服务人员作息场所、闭环管理场所、环境卫生作业车辆停车场、水域保洁码头等环境卫生设施的相关内容，并依法纳入相应的国土空间规划。

市、区绿化市容部门应当根据环境卫生设施专项规划，制定年度建设计划并组织实施。

第三十七条　配套环境卫生设施应当按照国家和本市环境卫生设施设置有关规定和标准建设，并与主体工程同时设计、同时施工、同时投入使用。规划资源部门在审核设计方案时，应当征询绿化市容部门的意见。

第三十八条　公共厕所应当按照环境卫生设施设置标准，结合区域特点、人流聚集等情况合理布局。农贸市场、轨道交通站点、旅游景点等场所应当按照规定配置公共厕所。

新建、改建公共厕所的，应当按照规定设置无障碍厕间，优化男女厕位配置比例，加强适老化适幼化设施、设备配备。大型商场、文化体育场馆、旅游景点、公园等人流密集场所新建、改建公共厕所的，应当设置第三卫生间。鼓励农村地区建设生态型公共厕所。

公共厕所应当免费对外开放，具备条件的政府投资建设的公共厕所实行二十四小时开放。鼓励沿街单位厕所向公众开放，开放情况可以作为单位履行社会责任的内容，纳入相应的评价体系。

公共厕所应当保持整洁。农贸市场、轨道交通站点、旅游景点等场所的经营、管理单位应当根据场所实际情况，增加公共厕所保洁频次，落实管理责任。

第三十九条　环境卫生设施的管理和使用单位应当做好环境卫生设施的维护、保养工作，保持其正常运行。

单位和个人不得占用、损毁环境卫生设施。违反规定的，由城市管理综合执法部门责令改正，处一千元以上一万元以下罚款。

禁止擅自关闭、闲置、拆除环境卫生设施。确有必要关闭、闲置或者拆除生活垃圾处理设施的，应当经绿化市容部门商生态环境部门同意后核准，并采取防止污染环境的措施；确有必要关闭、闲置或者拆除其他环境卫生设施的，应当经绿化市容部门批准。关闭、闲置、拆除环境卫生设施的，应当听取所在地街道办事处、乡镇人民政府的意见。擅自关闭、闲置、拆除环境卫生设施的，由城市管理综合执法部门责令改正，对擅自关闭、闲置、拆除生活垃圾处理设施的，处十万元以上一百万元以下罚款，对擅自关闭、闲置、拆除其他环境卫生设施的，处一万元以上十万元以下罚款。

第四十条 本市道路、水域和公共场所，根据所在地功能区特性以及交通流量等因素，实行分等级清扫保洁；清扫保洁的等级和具体范围由市绿化市容部门会同有关部门确定。

本市根据城市发展需要，逐步提高道路、水域和公共场所的清扫保洁质量要求。道路、公共场所的清扫保洁，应当实现无各类废弃物、宠物粪便和污水。

绿化市容、水务部门以及街道办事处、乡镇人民政府应当加强支路、街巷里弄内通道、村内通道清扫保洁质量以及乡镇管理水域保洁质量的监督。

第四十一条 财政性资金支付的道路、水域和公共场所的清扫、保洁，以及生活垃圾和粪便的收集、运输等环境卫生作业服务，由市、区绿化市容部门以及街道办事处、乡镇人民政府通过政府采购方式确定的环境卫生作业服务单位承担。

环境卫生作业服务单位不得将作业服务项目交由第三方承接。

第四十二条 环境卫生作业服务单位应当按照环境卫生作业服务规范进行清扫、保洁。道路、水域和公共场所的清扫、保洁，应当按照规定的质量、作业方式、频率、时间进行，减少对交通、生活等秩序的影响。未按照环境卫生作业服务规范进行清扫、保洁的，由城市管理综合执法部门责令改正，处一千元以上一万元以下罚款。

市、区绿化市容部门以及街道办事处、乡镇人民政府应当通过定期组织作业服务质量评议等方式，加强对作业服务质量的监督、检查。

第四十三条 市、区绿化市容部门应当加强环境卫生作业设施设备保障，推广使用新能源作业车辆，推动环境卫生作业服务单位提升作业服务的机械化、智能化水平。

第四十四条 船舶应当按照标准，设置与生活垃圾、生活污水、含油污水产生量相适应的收集容器，并保持正常使用。

船舶进行装卸作业或者水上航行的，应当采取措施，防止生活垃圾、生活污水、含油污水污染水域。

第四十五条 运输水泥、砂石、垃圾等的车辆、船舶应当采取密闭、包扎、覆盖等措施，防止泄漏、遗撒。违反规定的，由城市管理综合执法部门责令改正，可以处警告，并可以处二千元以上二万元以下罚款。

第四十六条　从事机动车清洗服务的单位应当在取得营业执照后的十日内，向区绿化市容部门办理备案手续。机动车清洗服务单位应当按照技术规范，配备与经营规模相适应的场所、设施设备。未办理备案手续的，由城市管理综合执法部门责令改正；拒不改正的，处一千元以上三千元以下罚款。

清洗机动车所产生的油污、淤泥、污水及其他污物，应当按照环境保护、排水、环境卫生的有关规定处理，不得任意排放、堆放和倾倒。

禁止占用道路、广场从事机动车清洗服务。违反规定的，由城市管理综合执法部门责令改正，处一千元以上一万元以下罚款。

市绿化市容部门应当会同有关部门组织制定技术规范，明确从事机动车清洗服务所需的环境卫生设施设备、场所以及节水等要求。

第四十七条　本市农村以外地区，不得饲养家禽家畜。因教学、科研以及其他特殊需要饲养的除外。违反规定的，由城市管理综合执法部门责令限期处理或者予以没收，可以处五十元以上五百元以下罚款。

饲养宠物不得影响环境卫生。对宠物在道路和其他公共场所产生的粪便，饲养人或者管理人应当即时清除。未及时清除宠物粪便的，由城市管理综合执法部门责令改正；拒不改正的，处二十元以上二百元以下罚款。

饲养信鸽应当符合体育管理部门的有关规定，具备相应的条件，并采取措施防止影响周围环境卫生。饲养信鸽影响环境卫生的，由城市管理综合执法部门责令改正；拒不改正的，处一百元以上一千元以下罚款。

第四十八条　本市生活垃圾的源头减量、投放、收集、运输、处置、资源化利用等活动应当遵守国家和本市生活垃圾管理法律、法规的规定。

生活垃圾分类投放管理责任人应当保持生活垃圾分类收集容器、投放点、交付点周边环境整洁。违反规定的，由城市管理综合执法部门责令改正；拒不改正的，处一百元以上一千元以下罚款。

第四十九条　本市按照减量化、资源化、无害化的原则，对建筑垃圾进行分类收集、运输、中转、分拣、处置，促进建筑垃圾源头减量、回收利用，扩大建筑垃圾资源化利用产品渠道。建筑垃圾分为建设工程垃圾和装修垃圾。

第五十条　工程施工单位施工中产生的建设工程垃圾应当堆放在固定地点，并及时清运。

工程施工单位应当编制建设工程垃圾处理方案，采取污染防治措施，并报工程所在地的区绿化市容部门备案，取得建筑垃圾处置证，委托取得建设工程垃圾运输许可证的单位运输。未取得建筑垃圾处置证或者委托未取得建设工程垃圾运输许可证的单位运输建设工程垃圾的，由城市管理综合执法部门责令改正，并处一万元以上十万元以下罚款。

承运建设工程垃圾的单位，应当取得市绿化市容部门核发的建设工程垃圾运输许可证；运输单位不得承运未取得建筑垃圾处置证的工程施工单位产生的建设工程垃圾。违反规定的，由城市管理综合执法部门责令改正，处五千元以上五万元以下罚款，并可以依法暂扣违法当事人的运输工具。

运输建设工程垃圾的车辆、船舶应当统一标识，统一安装、使用电子信息装置，随车辆、船舶携带建筑垃圾处置证。违反规定的，由城市管理综合执法部门责令改正，处五百元以上五千元以下罚款。

运输建设工程垃圾的车辆、船舶应当按照交通、公安以及海事部门规定的区域、时间行驶，不得超载运输建设工程垃圾。

禁止擅自倾倒、抛撒、堆放、处置建设工程垃圾。违反规定的，由城市管理综合执法部门责令改正，对单位处十万元以上一百万元以下罚款，对个人处五千元以上五万元以下罚款。

违反本条或者第四十五条规定的，对情节严重的运输单位，由市城管执法部门吊销其建设工程垃圾运输许可证。

建设工程垃圾中的建筑废弃混凝土，按照本市有关规定进行回收和资源化利用。具体办法由市住房城乡建设管理部门会同市绿化市容部门另行制定。

第五十一条　装修垃圾的产生单位和个人应当按照规定将装修垃圾投放至装修垃圾堆放场所或者收集容器。违反规定的，由城市管理综合执法部门责令改正，对个人处一百元以上一千元以下罚款，对单位处五百元以上五千元以下罚款。

物业服务企业等装修垃圾投放管理责任人应当对装修垃圾堆放场所进行覆盖、遮挡或者密闭，保持环境整洁，违反规定的，由城市管理综合执法部门责令改正；拒不改正的，处一百元以上一千元以下罚款。

装修垃圾应当由符合规定的市容环境卫生作业服务单位负责收运，物业服务企业等装修垃圾投放管理责任人应当将装修垃圾交由其收运。禁止擅自倾倒、抛撒装修垃圾。违反规定的，由城市管理综合执法部门责令改正，处一千元以上一万元以下罚款。

装修垃圾清运费由装修垃圾产生者承担。装修垃圾处置实行收费制度，收费标准依据国家有关规定执行。

第五十二条　禁止下列影响环境卫生的行为：

（一）随地吐痰、便溺；

（二）乱扔果皮、纸屑、烟蒂、饮料罐、口香糖、口罩等废弃物；

（三）乱倒污水、粪便，乱扔家禽家畜、宠物等动物尸体；

（四）法律、法规规定的有损环境卫生的其他禁止行为。

违反前款规定的，由城市管理综合执法部门责令改正，可以处警告、罚款。其中，违反前款第一项、第二项规定的，可以处五十元以上二百元以下罚款；违反前款第三项规定的，对个人可以处五十元以上二百元以下罚款，对单位可以处五千元以上五万元以下罚款。

第五十三条　传染病等重大公共卫生事件发生后，公园绿地、公共厕所、垃圾收集设施、垃圾堆放场所的经营、管理单位应当按照有关规定开展消毒等工作。

第五十四条　因突发事件造成生活垃圾、装修垃圾无法及时运输、处置的，市绿化市容部门可以对区域内生活垃圾、装修垃圾投放、驳运、收集、运输、处置方式及时间、场所等作出临时调整。

生活垃圾分类投放管理责任人应当按照调整的要求，及时收集、驳运生活垃圾；区绿化市容、房屋管理等部门应当按照职责加强指导、督促和协调。因特殊原因，生活垃圾分类投放管理责任人无法履责的，街道办事处、乡镇人民政府应当组织做好生活垃圾收集、驳运工作。

对于生活垃圾、装修垃圾以外的其他废弃物，需要协同处置的，有关部门应当会同绿化市容部门制定协同处置方案，确保环境卫生设施正常运转和其他废弃物的及时处理。

第五十五条　突发事件发生后，区人民政府应当根据突发事件相关应急预案，落实解决环境卫生作业服务人员临时居住和作业条件保障以及其他有关问题，避免对环境卫生正常维护造成重大影响。

第四章　社会共治

第五十六条　本市建立健全市容环境卫生公众全过程参与机制，依法保障公众在市容环境卫生工作中的知情权、参与权、表达权和监督权。

市、区绿化市容部门以及街道办事处、乡镇人民政府在制定规划、标准、技术规范、导则以及有关管理方案等工作中，应当听取相关单位、个人以及其他社会公众的意见。

第五十七条　绿化市容部门和教育、卫生健康、商务、交通、文化旅游等部门，以及机场、车站、码头、旅游景点、公园绿地等公共场所的经营、管理单位，应当加强市容环境卫生的宣传教育，增强公众维护市容环境卫生的意识。

本市广播、电视、报刊、网络以及公共场所的宣传媒介应当有市容环境卫生方面的公益性宣传内容。

第五十八条　绿化市容部门应当主动公开市容环境卫生公共服务信息，向公众提供景观照明启闭时间、景观区域范围、公共厕所位置等信息，为公众生活提供便利。

第五十九条　本市实行市容环境卫生责任区制度。责任区范围一般指有关单位和个人所有、使用或者管理的建（构）筑物或者其他设施、场所外侧一定区域。具体范围由市或者区绿化市容部门，按照市绿化市容部门公布的标准划分确定。市容环境卫生责任区的责任人按照下列规定确定：

（一）实行物业管理的居住区，由业主委托的物业服务企业或者其他管理人负责；未实行物业管理的居住区，由居民委员会、村民委员会负责。

（二）河道的沿岸水域，由岸线使用或者管理单位负责；水闸以及栈桥、亲水平台等设施占用的水域，由相关设施的使用或者管理单位负责；码头及其附属设施、停靠船舶占用的水域，由码头的经营、管理单位负责。

（三）轨道交通、隧道、高架道路、公路、铁路，由经营、管理单位负责。

（四）文化、体育、娱乐、游览、公园绿地、机场、车站等公共场所，由经营、管理单位负责。

（五）农贸市场、会展场馆、商场、超市、餐饮、宾馆、沿街商户等场所，由经营、管理单位、个人负责。

（六）机关、团体、学校、部队、企事业等单位周边区域，由相关单位负责。

（七）施工工地由工程施工单位负责，待建地块由建设单位负责。

（八）保税区、经济开发区、工业园区、高新技术产业园区内的公共区域，由管理单位负责。

按照前款规定责任不清的地区，由所在地的区绿化市容部门会同街道办事处、乡镇人民政府确定责任人。

区际接壤地区管理责任不清的，以及对责任人的确定存在争议的，由市绿化市容部门予以确定。

第六十条　市容环境卫生责任区的责任要求是：

（一）保持市容整洁，无乱设摊、乱搭建、乱张贴、乱涂写、乱刻画、乱吊挂、乱堆放、乱停非机动车，无影响通行的积雪残冰；

（二）保持环境卫生整洁，陆域无暴露垃圾、粪便、污水、污迹，水域无漂浮垃圾。

市容环境卫生责任人对责任区内违反市容环境卫生管理规定的行为，应当予以劝阻、制止；劝阻、制止无效的，向绿化市容部门或者城市管理综合执法部门报告。

责任人未履行责任要求的，由城市管理综合执法部门责令改正，可以处警告、一百元以上一千元以下罚款。

区绿化市容部门应当制作责任告知书，明确市容环境卫生责任区的具体范围和责任要求，由街道办事处、乡镇人民政府向本辖区内的责任人发放。

第六十一条　邮政、供水、供电、电信、交通等公共设施的市容环境卫生，由其产权单位负责。

第六十二条　本市鼓励通过各种方式实行市容环境卫生自我管理。

本市市容环境卫生有关行业协会应当制定行业自律规范，开展行业培训和评价，共同推进市容环境卫生管理工作。

本市提倡和鼓励居民委员会、村民委员会组织居民、村民制定维护市容环境卫生的公约，动员居民、村民积极参加市容环境卫生治理活动，创建整洁、优美、文明的环境。

第六十三条　市、区绿化市容部门应当建立市容环境质量评价体系，对本市市容环境质量进行评价。市容环境质量评价体系应当合理设定评价内容和标准，将市民满意度作为重要评价指标。评价结果应当向社会公布。

市、区绿化市容部门应当建立市民巡访制度，邀请市民代表对市容环境卫生进行巡查、评议。

第六十四条　绿化市容部门应当会同有关部门建立市容环境卫生信用管理制度，按照国家和本市规定，将单位和个人的相关信用信息归集到本市公共信用信息服务平台，并依法采取守信激励和失信惩戒措施。

第六十五条　本市文明城区、文明社区、文明小区、文明村镇、文明单位、文明校园等群众性精神文明创建活动和卫生单位、健康社区（村）等卫生健康创建活动，应当将市容环境卫生管理相关情况纳入创建标准。

第六十六条　本市鼓励、支持单位和个人参与爱国卫生月等群众性活动，支持志愿服务组织和志愿者依法参与市容环境卫生管理相关的宣传动员、示范引导、评估评议、市容维护以及环境清洁等工作，共同改善环境卫生。

本市鼓励社会单位采用爱心接力站等多种方式，为环境卫生作业服务人员提供休息、饮水等服务。

第五章　附则

第六十七条　违反本条例规定的行为，法律、法规已有处理规定的，从其规定。

违反本条例有关景观照明、户外广告设施、户外招牌管理等规定，符合代履行等强制执行情形的，由城市管理综合执法部门按照《中华人民共和国行政强制法》《中华人民共和国城乡规划法》等法律、行政法规处理。

违反本条例规定，当事人有违法所得，除依法应当退赔的外，应当按照《中华人民共和国行政处罚法》规定予以没收。

对违反本条例规定的轻微违法等行为，符合《中华人民共和国行政处罚法》规定情形的，依法不予行政处罚。依法不予行政处罚的，应当对当事人进行教育。市城管执法部门应当会同市绿化市容部门根据管理现状、执法实际，制定轻微违法行为依法不予行政处罚清单。

第六十八条　本条例自 2022 年 12 月 1 日起施行。

24.上海市促进人工智能产业发展条例

（2022 年 9 月 22 日上海市第十五届人民代表大会常务委员会第四十四次会议通过）

第一章　总则

第一条　为了促进人工智能产业高质量发展，强化新一代人工智能科技创新策源功能，推动人工智能与经济、生活、城市治理等领域深度融合，打造人工智能世界级产业集群，根据有关法律、行政法规，结合本市实际，制定本条例。

第二条　本条例所称人工智能，是指利用计算机或者计算机控制的机器模拟、延伸和扩展人的智能，感知环境、获取知识并使用知识获得最佳结果的理论、方法、技术及应用系统。

本条例所称人工智能产业，是指人工智能技术研发和应用所涉及的软硬件产品开发和生产、系统应用、集成服务等，包括关键基础元器件产业、智能软件产业、智能终端产业；以及人工智能技术在经济、生活、城市治理等领域融合应用带动的相关行业。

第三条　本市行政区域内从事人工智能科技创新、产业发展、应用赋能与产业治理等活动，适用本条例。

第四条　本市人工智能产业发展应当坚持以人为本、科技向善、创新驱动、市场主导的原则，建设开放生态融通、创新集群活跃、超级场景泛在、敏捷治理安全的人工智能产业体系，建成具有国际影响力的人工智能"上海高地"。

第五条　市人民政府应当加强对本市人工智能产业发展工作的领导，组织编制人工智能产业发展规划，并纳入国民经济和社会发展规划，指导、协调解决人工智能科技创新、产业培育、应用场景建设和产业生态建设中的重大问题。

区人民政府应当按照全市总体要求和部署，做好本行政区域内人工智能产业发展相关工作，加强人工智能场景应用推广、产业生态建设。

乡镇人民政府、街道办事处应当加强人工智能技术应用，提升基层服务和治理的智慧化水平。

第六条　市经济信息化部门是本市人工智能产业主管部门，负责规划、实施、协调和推动人工智能产业发展工作。

市发展改革部门统筹协调人工智能产业重大项目和基础设施建设。

市科技部门支持人工智能前沿基础理论及关键技术研发和创新，推动重大科技创新基地建设，推进人工智能技术治理等。

市网信部门统筹协调人工智能产业发展中的网络安全与信息化工作，负责相关网络信息内容治理和监督管理等工作。

市市场监管部门负责人工智能产业计量、标准、检验检测、认证认可、相关产品质量监督等工作。

市国资监管、人力资源社会保障、教育、卫生健康、财政、统计、国家安全等部门在各自职责范围内，制定相关政策措施，推动人工智能产业发展相关工作。

第七条　市人民政府设立由高等学校、科研机构、企业和其他组织等专家组成的市人工智能战略咨询专家委员会，为本市人工智能产业发展重大战略、重大决策提供咨询意见。

第八条　人工智能行业协会及其他人工智能相关行业组织（以下统称行业组织），应当依法维护会员合法权益，推动人工智能技术研发、推广，促进产业协同，加强行业自律，开展行业统计监测，制定标准规范等，促进行业有序发展。

第九条　本市鼓励公民、法人和其他组织在人工智能领域开展各项创新活动，法律、法规以及国家和本市相关规定明确禁止事项除外。市经济信息化部门会同有关部门探索建立人工智能科研、应用等领域的负面清单。

第十条　本市推动长江三角洲区域（以下简称"长三角"）人工智能产业协同融合发展，探索共同推进跨区域人工智能产业发展规划衔接、技术标准互认、关键领域测试数据共享互认、基础设施建设成本分担和利益共享等工作。

本市拓展与国内其他区域的人工智能产业合作。

第十一条　本市深化国际合作，依托中国国际进口博览会、世界人工智能大会等会展活动，组织和引进人工智能相关国际高水平学术会议、联合创新机构等，为相关主体参与人工智能产业发展与治理提供国际合作平台。

本市支持企业、高等学校、科研机构和其他组织在人工智能基础研究、技术开发、产业发展、标准制定、人才培养等方面加强国际合作。

第十二条　本市推动人工智能领域科学技术普及工作，通过广播、电视、报刊和互联网等媒体宣传人工智能产业新进展、新成效，加强人工智能领域伦理安全和社会价值观引导。

第二章　基本要素与科技创新

第一节　基本要素

第十三条　市经济信息化、发展改革等部门应当加强算力基础设施规划，推动公共算力基础设施建设，促进算力基础设施绿色低碳发展，支持相关主体开展基于自主研发人工智能专用计算架构的算力基础设施建设与开放应用。

市经济信息化部门应当会同市发展改革、科技等部门制定公共算力资源供给办法，推动公共算力资源平台建设与利用，加强算力科学调度，通过算力奖励等方式，为人工智能技术与产业发展提供公共算力支持，保障中小企业获得普惠的公共算力。

本市鼓励相关主体参与算力基础设施建设，开展算力资源市场化交易，引导各行业合理有序使用算力资源，提升算力基础设施利用效能。

第十四条　本市按照国家部署实施"东数西算"工程，协同长三角其他省市打造全国一体化大数据中心体系长三角国家枢纽节点，优化数据中心基础设施建设布局，提升数据中心跨网络、跨地域数据交互能力，引导数据中心集约化、规模化、绿色化发展，保障人工智能产业发展算力需求。

第十五条　本市支持算法创新，通过政策支持、平台构建等方式，推动相关主体开展算法研发，实现算法可信化、硬件化、模块化、系统化和平台化，促进算法模型创新开发、应用推广。

市经济信息化部门应当支持相关主体建设、运营针对自主技术的开源平台、开源社区和开源项目等，推进开源软件项目合规应用，加速商业化培育，形成健康的开源开放生态。

第十六条　本市推动算法模型交易流通。市经济信息化部门会同相关部门指导行业组织制定人工智能算法模型推荐目录，降低算法模型交易风险，提高算法模型交易效率。

本市鼓励企业或者第三方机构开展算法模型检测与评估。对涉及公共利益的算法模型，鼓励相关主体主动向市经济信息化等有关主管部门提交评估报告，并采取公众可理解的方式对算法的基本原理、目的意图等进行说明。

本市加强对算法模型的保护，促进算法模型合法应用与推广。市经济信息化部门会同相关部门围绕与人工智能有关的数据集、算法设计、模型训练等，对经检测评估的算法模型开展备案制度探索。

本市鼓励行业组织制定算法协同创新合作指引，完善算法模型交易流通中的利益分享机制。

第十七条　本市推动人工智能领域高质量数据集建设。支持相关主体将数据与行业知识深度融合，开发数据产品，服务算法设计、模型训练、产品验证、场景应用等需求。

本市鼓励相关主体开展大数据与人工智能技术协同研发，研制数据标注的专业工具和系列标准，建设面向人工智能训练的大数据实验室，构建大规模人工智能数据资源库。

市经济信息化部门应当会同相关部门开展人工智能产业数据资源调查，加强对重点领域、重点企业可用数据资源梳理，汇总行业重点数据资源，促进人工智能产业发展。

第十八条　本市依托公共数据开放机制，在经济发展、民生服务、城市治理等领域建立公共数据动态开放清单，在生命健康、自动驾驶等领域推动公共数据分类分级有序开放，扩大面向人工智能产业的公共数据供给范围。支持相关主体单独或者联合申请公共数据开放，保障中小企业、个人开发者等公平使用开放数据。

本市支持人工智能企业对人工智能应用中生成的数据进行开发使用，鼓励企业通过上海数据交易所开展相关数据产品的交易，合法合规创造数据价值、分配数据增值收益，推动人工智能产业数据流通交易。

第二节　科技创新

第十九条　市人民政府及其有关部门应当制定政策，鼓励高等学校、科研机构和企业等开展面向人工智能领域重大科学前沿问题的基础理论研究和关键共性技术研发。

本市支持高等学校、科研机构和企业等开展人工智能相关跨学科交叉领域的研究，承担重大科技和产业创新专项。

第二十条　市人民政府及其有关部门应当加强对人工智能重大科技基础设施、重大科研平台的支持力度，服务和推动相关国家实验室创新发展、全国重点实验室能力提升，支持高等学校、科研机构和企业等所属人工智能研究机构的建设。

第二十一条　高等学校、科研机构和企业等可以采取多种方式设立新型研发机构，探索与人工智能快速迭代特点相适应的研发、试验、应用一体化模式，运用市场机制集成人工智能先进技术和优质资源，开展研究开发、创新人才培育、成果应用与推广等活动。

第二十二条　本市鼓励高等学校、科研机构和企业等开展人工智能全领域创新和自主研发，支持开发研制核心系统和关键软硬件，实现前沿技术及其应用在底层接口、共性算法和数据处理协议等领域的自主可控。

第二十三条　本市鼓励高等学校、科研机构、企业等面向社会开放人工智能领域大型科学仪器设施。

市经济信息化、科技部门应当会同相关部门完善人工智能领域大型科学仪器设施开放共享激励机制。

第二十四条　本市加大在战略性新兴产业项目中对人工智能产业技术创新的布局，加大在产业高质量专项中对人工智能产业技术创新、产业基础再造和产业示范应用的支持。

市科技部门应当在本市重大科技创新项目中设立人工智能专项，支持开展人工智能技术的基础理论以及核心技术研究。

第二十五条　本市推动科研项目立项和组织管理方式改革，赋予人工智能创新团队和领军人才更大技术路线决定权和经费使用权，支持对承担人工智能重大科技攻关任务的科研人员采取灵活的薪酬制度和奖励措施。

本市探索赋予科研人员人工智能领域职务科技成果所有权或者长期使用权。

第二十六条　本市建立有利于促进人工智能领域科技成果转化的激励机制，推动相关主体开展科技成果转化合作，支持高等学校、科研机构科研人员离岗创业、在岗创业或者到企业兼职从事科技成果转化，鼓励设立各类人工智能领域科技成果转化专业服务机构。

第三章　产业发展

第一节　一般规定

第二十七条　本市应当为人工智能企业提供良好发展环境，采取措施完善人工智能软硬一体化生态建设，强化人工智能企业集聚，建立健全人工智能产业链。

第二十八条　市人民政府及有关部门应当制定措施，引进国内外人工智能龙头企业在本市建立总部机构、拓展新兴业务；对于拥有较强创新能力的龙头企业，强化投融资、研发、人才、市场等政策支持，提升企业核心技术水平和业务能力，培育世界级科技领军企业。

本市引进国内外一流研究机构和人才团队，孵化培育人工智能创业企业。

第二十九条　本市支持人工智能龙头企业开放人工智能操作系统、算法框架、共性技术和数据资源，带动产业链上下游协同发展，构建人工智能产业生态。

第三十条　本市打造人工智能特色产业园区，加强项目引进力度，促进产业集聚发展。

本市鼓励人工智能特色产业园区在人才引进、知识产权保护、上市辅导、投融资对接、租金减免等方面提供服务。

市经济信息化等部门可以按照有关规定，对特色产业园区的智能化程度开展评估。

第三十一条　本市统筹各类专项资金，对人工智能基础研究、技术创新、成果转化、示范应用、人才引进和重要国际合作交流予以支持。对于获得市级资金支持的企业、机构或者项目，各区可以给予相应配套支持。

市、区财政部门聚焦人工智能智能芯片首轮流片、人工智能首台（套）重大技术装备、人工智能首版次软件应用、人工智能首版次软件产品等新技术、新产品，对符合条件的创新项目加强专项支持，探索开展贷款贴息等支持方式。

本市鼓励人工智能研发投入，企业可以将人工智能产品和技术的创新成本列入研发费用，按照国家规定实行加计扣除。

第三十二条　市、区有关部门对符合产业发展导向的人工智能重点项目，可以按照有关规定对用地性质、容积率、建筑高度等予以支持，在算力能耗指标、终端通讯频谱资源、项目电力容量接引等方面予以优先保障。

第三十三条　本市通过风险投资、创业投资基金及资本市场融资等多种渠道，引导社会资本支持人工智能产业发展。

本市鼓励国有资本参与人工智能产业投资，市国资监管部门根据国家和本市有关规定，建立健全适应人工智能产业发展的国资监管制度。本市通过设立人工智能产业基金等政府性基金，发挥产业投资引导资金作用，调动各类社会资源，重点支持人工智能领域早期项目和初创型高成长性企业。

市地方金融监管、经济信息化部门应当支持符合条件的人工智能企业在科创板等资本市场上市融资。

本市鼓励银行等金融机构为人工智能企业提供专项贷款支持。

第三十四条　本市鼓励高等学校设立人工智能相关学科和交叉学科，支持企业、高等学校和科研机构共建产教融合育人基地，加强复合型人才培养。

本市应当完善人工智能领域人才评价标准，推动人工智能工程技术人员中、高级职称评审以及人工智能训练师考评等工作；探索引入、融合国际化人工智能领域职业培训项目，实施数字技术工程师培训和评价。

市经济信息化部门应当会同市人力资源社会保障等部门将人工智能领域的高层次、高技能以及紧缺人才纳入人才政策支持范围，在户籍和居住证办理、住房、医疗保障、子女就学等方面提供便利。

第三十五条　本市加强人工智能领域的知识产权保护，健全人工智能领域技术创新、知识产权保护和标准化互动支撑机制，推动人工智能创新成果的知识产权化，促进人工智能新技术应用推广；根据国家和本市有关规定，支持将人工智能领域相关专利申请列入专利快速审查与确权服务范围，完善人工智能领域知识产权的协作保护、快速维权和海外维权制度。

第三十六条　本市鼓励相关保险机构按照国家规定开发适应人工智能产业特点的保险产品，覆盖产品研发、生产、销售、应用等全周期经营活动。

本市支持相关主体在应用人工智能产品和服务时购买相关保险产品。

第三十七条　市人民政府及有关部门应当支持本市人工智能企业与相关行业组织在人工智能国家标准、行业标准、地方标准制定中发挥引领作用，参与算法性能、数据安全、隐私保护、产品兼容性、性能测试等方面技术标准的制定。

市市场监管部门应当根据本市人工智能产业发展实际，制定人工智能地方标准，指导市人工智能标准化技术委员会加强相关地方标准技术归口工作。市市场监管、经济信息化等部门应当引导人工智能企业与相关行业组织先行研究制定与人工智能相关的企业标准、团体标准。经自愿申请和第三方机构评价，符合国内领先、国际先进要求的，可以在标准文本上使用人工智能"上海标准"的专门标识。

第三十八条　本市建立人工智能产业统计分类体系。市统计部门应当会同市经济信息化部门制定人工智能产业统计分类标准，开展人工智能产业统计调查和监测分析，为评估行业发展态势、制定政策措施等提供支撑。

第二节　重点促进

第三十九条　本市应当根据全球人工智能技术和产业发展趋势，结合本市产业优势和发展基础，通过加大政策支持、建设创新体系、推动集群发展等方式，促进基础硬件、关键软件、智能产品等方面高质量发展。

第四十条　本市支持相关主体开展基于先进架构的高效能智能芯片设计创新，研制云端芯片和云端智能服务器，布局类脑芯片，强化软硬件协同适配，支持联合建设研发测试和应用平台，加强技术协同和芯片架构互联互通，提升智能芯片产品和技术竞争力，培育智能芯片应用生态体系。

市发展改革、经济信息化部门应当推动自主技术智能芯片在算力基础设施等重大项目中的应用。

第四十一条　本市支持相关主体加强人工智能框架软件的研发和应用，研制引擎框架工具体系，深化人工智能框架与平台应用，强化人工智能框架软件和芯片等硬件相互适配、性能优化和应用推广。

本市支持相关主体开发人工智能系统软件，开发推广机器自我学习系统，鼓励相关主体开发面向智能产品的操作系统，促进各类应用功能开发。

第四十二条　本市推动智能机器人软硬件系统标准化和模块化建设，支持培育智能机器人系统集成商，鼓励相关企业、产品使用方与金融机构采用产品租赁、服务采购等方式，拓展智能机器人应用场景。

市经济信息化、市场监管部门应当推动行业组织制定机器人智能化水平分级、应用安全测试等标准，引导智能机器人技术迭代，保障智能机器人的信息安全和使用安全。

第四十三条　本市支持开展智能网联汽车关键技术、操作系统、专属芯片和核心零部件的自主研发和产业应用。

本市支持相关主体根据有关规定，在本市公路（含高速公路）、城市道路（含城市快速路）以及特定区域范围内开展智能网联汽车测试、示范应用和示范运营。具体规定由市经济信息化、交通、公安等部门制定。

第四十四条　本市鼓励无人机产业发展，支持建设民用无人驾驶航空试验基地（试验区）、无人机起降点及通用机场、无人机运行管理服务平台，加强多部门协同监管，通过运行管理服务平台提供航路航线规划、电子围栏设置等服务，支持拓展无人机应用场景。

本市鼓励无人船产业发展，完善无人船电子航道测绘、智能航运通信等保障体系，在特定区域开展无人船航道测试。

第四十五条　本市支持相关主体开展人工智能医疗器械关键技术研发，在智能辅助诊断算法、手术定位导航、融合脑机接口等方面加强攻关突破；加强人工智能医疗器械注册审批相关指导服务，支持相关创新产品进入国家创新医疗器械特别审批程序；支持探索符合条件的人工智能医疗器械在临床应用中的收费模式。

第四章 应用赋能

第一节 一般规定

第四十六条 本市推动人工智能在经济、生活、城市治理等领域的规模化应用，加快数字化转型，鼓励各相关组织采用产品租赁、服务采购、系统集成、融资租赁等方式，利用人工智能技术和产品开展研发、制造、服务、管理等业务。

市经济信息化部门应当会同相关部门制定并定期更新人工智能示范应用清单，指导有关方面加强人工智能在经济、生活、城市治理等领域的应用。

本市国家机关、事业单位、国有企业和其他法律、法规授权的具有管理公共事务职能的组织应当率先落实人工智能示范应用清单，根据需要优化采购制度，健全交易机制，采购和使用安全、可靠的人工智能相关产品和服务。

第四十七条 本市推广人工智能领域创新产品和服务应用。对于符合条件的新产品和首发应用，按照相关政策给予支持。政府采购的采购人经依法批准，可以通过非公开招标方式，采购达到公开招标数额标准的创新产品。

市经济信息化部门会同市科技等部门将符合条件的人工智能产品和服务纳入本市创新产品推荐目录。

第四十八条 本市建立人工智能应用场景开放制度。市经济信息化部门应当建立完善相关激励机制，定期征集和发布应用场景需求和示范解决方案清单，搭建真实场景测试环境，促进场景培育、发现、实施和示范性场景推广。

参与人工智能应用的相关主体应当推动应用场景优化升级与持续运营。鼓励第三方服务机构、金融机构等多元主体参与人工智能场景建设和运营。

第四十九条 市有关部门应当组织行业组织等制定人工智能的应用成效评估方法，建立人工智能产品和应用的智能化水平评价机制，探索评估人工智能产品和应用的社会综合影响，推动人工智能深度应用与持续创新。

第五十条 浦东新区应当发挥人工智能创新应用先导区的作用，开展人工智能领域制度创新试点，加快人工智能、集成电路、生物医药等先导产业互促发展。

浦东新区应当探索建立算力、算法模型、高质量数据集等人工智能资产评估体系，推动相关行业组织等制定人工智能资产评估导则，构建人工智能资产评估指标，支持相关机构在浦东新区开展人工智能资产评估。

市有关部门和浦东新区人民政府根据国家和本市有关规定，在智能网联汽车商业化运营、人工智能医疗器械和人工智能辅助药物研发的技术攻关、无人机和无人船的测试与运营等领域加大创新试点力度。

第二节　经济应用

第五十一条　本市推动人工智能、信息技术与制造业深度融合创新，推动智能制造关键技术装备、核心支撑软件、工业互联网等系统集成应用。支持企业通过促进产业高质量发展专项政策开展技术改造升级，促进制造业数字化、智能化转型。

第五十二条　本市推动人工智能、大数据与金融业深度融合，推动金融业提升金融多媒体数据处理和理解能力，促进金融业智能化转型，开展智能金融产品和服务创新。

本市支持金融机构等市场主体应用智能投资顾问、智能客户服务、智能风险控制等人工智能技术和装备，提升金融风险智能预警和防控能力。

第五十三条　市有关部门支持企业应用基于人工智能的新型商务服务和决策系统，鼓励企业在商务领域开发应用跨媒体分析与推理、知识计算引擎等新技术，促进商务智能化转型。

第五十四条　市有关部门应当采取措施，促进货物管理、运输服务、场站设施等数字智能化升级，支持企业研发和推广应用智能化装卸搬运、分拣包装、加工配送等新兴智能物流装备，提升物流环节自动化、智能化水平。

第三节　生活应用

第五十五条　本市鼓励人工智能技术在互联网中的应用，推动人工智能提升信息搜索的匹配与可预测，拓展社交中的内容生产与人际交互方式，促进电子商务线上线下融合发展。

第五十六条　本市推动人工智能常态化融入教学、管理、资源建设等全流程应用，建立与智能时代相匹配的新型现代教育体系和创新人才培养体系；构建数字孪生学校，探索数字化实验、实训、场馆等应用建设；探索应用人工智能技术丰富教育资源供给，建设智能化开放教育资源平台。

本市鼓励教育机构、企业等在多种学习场景中提供智能化、精准化、个性化服务，助力智能教育生态环境建设。

第五十七条　本市推动人工智能在医疗领域应用创新，构建智能医疗基础设施，建立人工智能赋能医疗服务新模式，提升医疗技术创新能力，促进医疗领域智能化转型；支持医疗机构、企业等应用、开发人机协同的智能医疗系统，鼓励开发柔性可穿戴、生物兼容的智能生理监测系统。

第五十八条　本市推动人工智能应用提高城市养老品质，加大对城市养老基础设施智能化改造升级；鼓励相关主体采用人工智能技术、智能终端、数字化平台等，提供养老便民服务；鼓励相关主体开发智能化、适老化养老产品和服务。

第四节　城市治理应用

第五十九条　本市推动人工智能应用提升城市治理能力现代化水平，在政府信息化系统建设等方面加大人工智能技术的应用和投入。

本市加强政务服务"一网通办"和城市运行"一网统管"的融合建设，开发适用于政务服务和决策的人工智能平台，创新应用人工智能技术，对城市运行状态加强动态、智能、精准监测。

第六十条　本市加强智能化城市基础设施建设，推动视频图像、监测传感、控制执行等智能终端的科学部署，加强人工智能技术与物联网的应用融合，支持实现物理城市与数字城市的精准交互。

第六十一条　本市建设城市运行智能中枢，建立分布式、多中心城市数据中枢体系，推动实现跨部门、跨行业、跨地域的数据协同、技术协同、业务协同，鼓励开发面向数字城市不同应用场景的人工智能解决方案，建设城市数字孪生平台。

第六十二条　本市在城市治理中全面推进人工智能场景应用，围绕社区治理、公共安全、交通管理、应急管理、市场监管、生态环境保护、规划建设以及建筑玻璃幕墙管理等领域，深化人工智能全面应用，提升城市整体运行和决策效率，提高公共卫生等突发事件预防和应急处置能力。

第六十三条　本市支持建设智慧司法系统，整合数据应用、司法公开和动态跟踪等功能，促进人工智能在案件分流、证据收集、案例分析、法律文件阅读与分析等方面的应用，提升司法系统智能化水平。

第五章　产业治理与安全

第六十四条　本市坚持总体国家安全观，统筹人工智能产业发展与安全，保障产业链供应链安全。相关部门应当依法对人工智能应用开展安全检查和监管。

第六十五条　市人民政府及有关部门应当针对人工智能新技术、新产业、新业态、新模式，顺应人工智能快速迭代的特点，制定、修改或者废止相应的监管规则和标准，探索分级治理和沙盒监管，激发各类主体创新活力，拓展人工智能发展空间。

对高风险的人工智能产品和服务实行清单式管理，遵循必要、正当、可控等原则进行合规审查。对中低风险的人工智能产品和服务采用事前披露和事后控制的治理模式，促进先行先试。具体办法由市人民政府另行制定。

市有关部门可以就人工智能产业发展过程中的轻微违法行为等制定依法不予行政处罚清单，通过批评教育、指导约谈等措施促进公民、法人和其他组织依法合规开展生产经营活动。

第六十六条　本市设立人工智能伦理专家委员会，履行下列职责：

（一）组织制定人工智能领域伦理规范指南；

（二）指导高等学校、科研机构、企业和相关行业组织等开展人工智能领域伦理理论研究和探索，推动参与国内外人工智能领域伦理重大问题研讨和规范制定；

（三）推动人工智能企业探索建立伦理安全治理制度；

（四）对涉及生命健康、公共安全等重点领域人工智能应用的潜在风险开展评估；

（五）开展人工智能领域伦理咨询活动，为相关部门提供决策咨询服务；

（六）开展人工智能领域伦理安全教育和宣传。

第六十七条　相关主体开展人工智能研发和应用，应当遵守法律、法规规定，增强伦理意识，并不得从事下列行为：

（一）提供危害国家安全或者社会公共安全的产品和服务；

（二）提供危害用户人身或者财产安全、侵害个人隐私或者个人信息权益的产品和服务；

（三）提供因民族、种族、性别、年龄、职业和宗教信仰等歧视用户的产品和服务；

（四）利用算法技术实施价格歧视或者消费欺诈等侵害消费者权益的行为，实施垄断或者不正当竞争等行为；

（五）利用深度合成技术实施国家禁止的行为；

（六）其他违反有关法律、法规和公序良俗的行为。

第六十八条　利用生物识别技术提供服务的主体以及提供技术支持的主体（以下简称生物识别服务提供者），应当采取安全可控的技术保障措施，建立健全算法管理制度。市网信等部门应当对生物识别信息加强监管，监督指导生物识别服务提供者提供相关服务。

第六十九条　用人单位在使用人工智能技术辅助劳动纪律管理、劳动者工作调度、招聘和晋升决策等应用中，应当符合法律、法规和伦理规范，不得设置歧视性条件，保护劳动者合法权益。

第七十条　本市加强人工智能在教育、医疗、养老、抚幼、助残等领域的应用，提升老年人、残疾人、妇女、未成年人等特殊群体的生活品质。提供智能化公共服务的，应当充分考虑老年人、残疾人、妇女、未成年人等特殊群体需求，设置必要的替代方案。

第六章　附则

第七十一条　本条例所指的人工智能技术是国务院《新一代人工智能发展规划》列明的人工智能技术，包括机器学习、知识图谱、自然语言处理、计算机视觉、人机交互、生物特征识别、虚拟现实（增强现实）等关键技术。

第七十二条　本条例自 2022 年 10 月 1 日起施行。

25. 上海市推进长三角区域社会保障卡居民服务一卡通规定

（2022年9月22日上海市第十五届人民代表大会常务委员会第四十四次会议通过）

第一条 为了创新社会管理，提升公共服务能力，保障和改善民生，推动建立长三角区域社会保障卡居民服务一卡通，推进长三角区域高质量一体化发展，根据《长江三角洲区域一体化发展规划纲要》、相关法律和行政法规的规定，以及国家有关工作部署，经江苏省、浙江省、安徽省、上海市人民代表大会常务委员会共同研究，结合本市实际，制定本规定。

第二条 本规定所称长三角区域社会保障卡居民服务一卡通（以下简称长三角一卡通），是指在长三角区域内，以中华人民共和国社会保障卡（以下简称社会保障卡）作为载体，在交通出行、旅游观光、文化体验、社会保障、医疗卫生、金融服务等领域，实现一卡多用、跨省通用。

本规定所称社会保障卡，包括实体社会保障卡和电子社会保障卡。

第三条 本市按照国家有关要求，与江苏省、浙江省、安徽省汇集各类居民服务事项，拓展社会保障卡应用领域、范围，推进长三角区域社会保障卡线上线下场景融合发展，推动"多卡集成、多码融合、一码通用"，促进跨区域居民服务便利共享。

第四条 长三角一卡通服务管理遵循协商协作、互认互通、便民利民、安全高效的基本原则。

第五条 本市与江苏省、浙江省、安徽省共同研究长三角一卡通相关重大事项。依托全国一体化政务服务平台以及全国社会保障卡服务平台，通过长三角区域"一网通办"数据共享交换，实现长三角一卡通跨省业务数据共享交换和数据标准统一互认；依托长三角区域合作机制，完善各领域配套措施、统一应用场景，推进跨区域业务协同，实现应用互通、证照互认。

第六条 市人民政府应当加强对本市社会保障卡居民服务一卡通工作的领导，建立健全社会保障卡居民服务一卡通工作推进机制，与江苏省、浙江省、安徽省人民政府主动对接、同步推进。

市人民政府应当明确负责统筹协调、业务应用、技术支撑等工作的具体部门及其职责，将社会保障卡居民服务一卡通纳入"一网通办"、跨省通办等工作体系，督促相关部门、下级人民政府落实社会保障卡居民服务一卡通相关工作任务。

第七条 人力资源社会保障等相关部门应当主动公开社会保障卡的申领条件、服务流程、办理时限等信息，为个人申领社会保障卡提供便利。

社会保障卡管理机构应当提供社会保障卡异地申领服务，采取线上线下申请、收受分离的模式，为跨地区申领社会保障卡提供便利。

社会保障卡的功能开通、挂失、补领和换领、注销等工作，由发卡地社会保障卡管理机构负责。

第八条 本市与江苏省、浙江省、安徽省共同编制长三角一卡通应用项目清单、实行动态调整，并向社会公布。鼓励相关部门通过社会保障卡加载更多业务应用功能，逐步扩大应用领域。

第九条 社会保障卡可以作为办理公共服务、政务服务以及住宿登记等事项的有效身份凭证，法律、行政法规另有规定的除外。

第十条 长三角区域社会保障卡持卡人可以按照规定凭社会保障卡办理就业创业、劳动关系、人才人事等人力资源业务和养老保险、医疗保险、工伤保险、失业保险、生育保险等社会保障业务。

第十一条 长三角区域社会保障卡持卡人可以持加载交通联合一卡通功能的社会保障卡，乘坐公共汽车、电车、轨道交通、轮渡等公共交通工具。

第十二条 长三角区域社会保障卡持卡人可以凭社会保障卡享受公共图书馆入馆阅览、公共博物馆入馆参观、旅游景区入园游览等便利服务。

第十三条 参加基本医疗保险的长三角区域社会保障卡持卡人，按照国家有关规定办理异地就医备案手续后，可以持社会保障卡在本省市以外的定点医疗机构就医，发生的医疗费用可以直接结算。

第十四条 本市与江苏省、浙江省、安徽省共同推进以社会保障卡为载体发放各类惠民惠农补贴、社会保险待遇等，相关部门新开设的居民服务类发放账户原则上采用社会保障卡，逐步实现以社会保障卡为载体发放各类居民服务类补贴项目。

鼓励社会保障卡合作金融机构依托社会保障卡的金融功能，为长三角区域社会保障卡持卡人提供优惠及便利服务。

第十五条　本市与江苏省、浙江省、安徽省共同推进数字长三角建设，落实数字政府建设各项任务，促进长三角一卡通和长三角"一网通办"融合发展，扩大电子社会保障卡等电子证照应用领域，推动与全国其他地区的互通互认，不断提高长三角区域公共服务普惠化、便捷化水平。

第十六条　鼓励长三角区域各地根据本地实际，积极开展社会保障卡居民服务一卡通服务管理探索创新。

鼓励长三角生态绿色一体化发展示范区开展社会保障卡居民服务一卡通先行先试，拓展应用场景，率先实现同城服务和待遇。

第十七条　本市与江苏省、浙江省、安徽省共同推进省级政务服务平台对接，完善社会保障卡持卡人信息及业务应用数据库，支撑长三角一卡通相关数据共享共用、业务协同和应用场景建设。

本市与江苏省、浙江省、安徽省加强合作，共同制定长三角一卡通业务和技术标准，促进异地相关业务互认和数据互通。

相关部门、企业事业单位、人民团体、社会组织应当依法为长三角一卡通应用管理提供信息系统对接和业务数据支持。

第十八条　本市与江苏省、浙江省、安徽省共同构建社会保障卡居民服务一卡通应用平台支撑和安全防护体系。相关部门应当加强线上线下业务安全管理，采取相应的技术措施和其他必要措施，加强风险监测，建立突发事件应急处置机制，做好社会保障卡居民服务一卡通相关数据安全和网络安全工作；对在服务管理中获取的个人隐私、个人信息、商业秘密等数据，应当依法采取保护措施，不得违法使用或者泄露。

第十九条　相关部门以及广播、电视、报刊、网站等媒体应当对社会保障卡居民服务一卡通的政策措施、应用场景和使用方式等进行宣传，引导持卡人和相关单位积极、规范使用社会保障卡，营造良好的用卡环境。

第二十条　相关部门应当通过社会保障卡居民服务一卡通线下应用场所、线上服务平台和 12345 等电话热线，为持卡人提供用卡咨询、服务引导和投诉受理等服务。

相关部门接到有关跨省市社会保障卡居民服务一卡通事项的投诉举报后，应当及时转相关省市依法办理。

第二十一条　非法出借、转让本人社会保障卡，冒领、冒用、盗用他人社会保障卡，伪造、变造、买卖社会保障卡，买卖或者使用伪造、变造的社会保障卡的，由相关部门依法追究法律责任；并按照规定将有关失信信息归集至公共信用信息服务平台，依法实施信用惩戒措施。

第二十二条　履行公共服务职能的企业事业单位、社会组织及其工作人员，违反本规定，推诿、拒绝接受使用社会保障卡的，由相关部门责令改正；情节严重的，依法追究相关法律责任。

国家机关工作人员在社会保障卡居民服务一卡通服务管理工作中，玩忽职守、滥用职权、徇私舞弊的，对负有责任的主管人员和直接责任人员依法给予处理。

第二十三条　市人民代表大会常务委员会通过听取和审议专项工作报告、开展执法检查等方式，加强对本市推进长三角一卡通相关情况的监督。

第二十四条　本规定自 2022 年 10 月 1 日起施行。

26. 上海市机关运行保障条例

（2022 年 9 月 22 日上海市第十五届人民代表大会常务委员会第四十四次会议通过）

第一章　总则

第一条　为了加强和规范本市机关运行保障工作，节约机关运行成本，促进机关高效有序运行，根据有关法律、行政法规，结合本市实际，制定本条例。

第二条　本市中国共产党机关、人大机关、行政机关、政协机关、监察机关、审判机关、检察机关、民主党派机关、人民团体机关和参照公务员法管理的事业单位（以下统称机关）运行所需经费、资产、服务和能源等资源要素的统筹配置、保障支撑及其监督管理活动，适用本条例。法律、法规和国家另有规定的，从其规定。

第三条　本市机关运行保障工作坚持中国共产党的领导，遵循依法保障、规范供给、厉行节约、安全有序、务实高效、公开透明的原则，实行统一项目、统一标准、归口管理、资源共享，构建集中统一、权责明晰、协同高效的机关运行保障体制。

第四条　市和区人民政府推进本级机关运行保障工作集中统一管理，依法依规设置机关事务管理部门，集中调配保障资源，明确保障范围，统一制度标准，促进机关运行保障规范均衡。

第五条　市机关事务管理部门负责制定本市机关运行保障有关政策、制度和标准，主管本级机关运行保障工作，统筹指导和监督管理全市机关运行保障工作。

区机关事务管理部门主管本级机关运行保障工作，指导下级机关运行保障工作。

发展改革、财政、规划资源、绿化市容、生态环境等部门按照职责分工，依法履行机关运行保障相关职责。

各级机关应当执行机关运行保障制度和标准，承担本机关运行保障职能。

第六条　本市加强与长江三角洲区域其他省市在机关运行保障领域的合作交流，构建机关事务政策共研、标准共建、信息共享等合作机制，探索公务出行、能源节约等领域的合作，为区域协同发展提供高质量服务保障。

第二章　保障事项

第一节　经费保障

第七条　市机关事务管理部门应当制定本市机关运行实物定额和服务标准，并根据实际适时动态调整。

财政部门应当根据机关运行实物定额和服务标准，参考有关货物和服务的市场价格，制定本级机关运行经费支出定额标准和开支标准。

第八条　各级机关应当根据预算支出定额标准，结合本部门的工作职责、性质和特点，按照总额控制、从严从紧的原则，编制本部门机关运行经费预算。

机关事务管理部门根据职责对机关集中办公场所统一组织实施办公用房维修、后勤服务、节能管理等机关运行保障工作的，相关经费纳入机关事务管理部门的部门预算。

第九条　各级机关应当组织制定本机关运行保障年度计划，明确机关新增资产配置、办公用房大中修、节能改造、后勤服务购买等机关运行保障需求。运行保障年度计划经同级机关事务管理部门审核同意后，各级机关向同级财政部门申报相关经费预算。

第十条　机关事务管理部门应当会同财政、统计等部门建立健全本级机关运行成本统计调查制度，定期组织开展运行成本统计、分析和评价。

第二节　资产保障

第十一条　机关事务管理、财政部门按照职责分工，负责本级机关资产管理工作，制定和组织实施具体管理制度。

各级机关应当建立健全资产管理内控制度，负责本机关资产的使用管理和日常维护，接受同级机关事务管理、财政部门的指导和监督。

第十二条　财政、机关事务管理部门应当根据有关规定，分类制定机关资产配置标准，确定资产数量、价值、等级、最低使用年限等，并结合市场价格和财力状况等因素适时调整。

各级机关新增资产配置应当与资产存量情况挂钩，优先通过调剂方式配置资产。确实无法调剂使用的，由财政部门安排预算资金，通过购置、建设、租用等方式配置。

第十三条　机关事务管理部门根据国家和本市有关规定推行机关资产集中统一管理

制度。市、区两级机关的房屋、土地使用权、公务用车等权属按照规定统一登记在同级机关事务管理部门名下。乡镇机关的房屋、土地使用权、公务用车等权属登记由区机关事务管理部门结合本区实际参照执行。

各级机关应当加强资产日常使用管理，健全资产账卡，做到账账相符、账实相符，定期清查盘点，保证资产安全完整。

各级机关不得违规对外出租、出借资产。除法律另有规定外，不得以任何形式将机关资产用于对外投资或者设立营利性组织。

各级机关处置资产应当按照相关规定履行内部决策程序，并经同级机关事务管理、财政部门审核或者备案。

机关资产出租、处置等收入，应当按照政府非税收入和国库集中收缴制度的有关规定管理。

第十四条　本市逐步推行与节约型机关建设和资产节约集约使用相适应的资产公物仓（以下简称公物仓）管理制度，推动资产循环利用和共享共用，节约公共财政资金，提高资产使用效益。

市财政、机关事务管理部门应当建立本级公物仓统一管理制度，明确公物仓资产的入仓标准、流程规范、财务核算和绩效评价机制，健全共享共用资产目录，加强对公物仓使用管理的指导监督。市财政、机关事务管理部门应当建立本级公物仓统一管理信息化平台，以资产卡片记载的信息为依据，实现公物仓资产入仓、在仓和出仓的动态管理，发挥公物仓优先配置资产的作用。

鼓励有条件的区根据实际情况，推行区级资产公物仓管理制度。

第十五条　建立公物仓管理制度的各级机关应当按照应纳尽纳的原则，将下列资产纳入本级公物仓管理：

（一）闲置资产；

（二）低效运行或者超标准配置的资产；

（三）待处置资产中仍有使用价值的资产；

（四）因机关撤销、合并、改制等原因腾出的资产；

（五）举办重大会议、大型活动或者组建临时机构购置的资产；

（六）其他可以共享共用的设备设施等资产。

第十六条　机关事务管理部门应当建立健全公物仓的配套服务机制，确保公物仓资产高效流转。

在满足机关办公用房统筹调配的基础上，机关事务管理部门应当对公物仓内的房屋资产进行有效整合和盘活利用，发挥资产效益。

第十七条　本市编制国土空间规划应当统筹考虑机关用地布局和空间安排需要。机关用地应当按照规划实施土地供应，符合国家有关划拨用地规定的，通过划拨方式供地，依法办理用地手续。

第十八条　本市建立健全机关办公用房集中统一管理制度。机关事务管理部门对本级机关办公用房实施统一规划、统一建设、统一权属、统一配置、统一处置。

第十九条　机关事务管理、发展改革、财政部门应当会同有关部门编制本级机关办公用房配置保障规划，优化办公用房布局，推进集中或者相对集中办公，共用配套附属设施，共享后勤服务保障资源。

机关事务管理部门应当统筹制定本级机关办公用房建设计划。建设项目经依法审批立项后，由机关事务管理部门统一组织实施。项目建成后，按照"建新交旧"的原则，腾退移交原有办公用房。

第二十条　机关事务管理部门应当根据有关规定和各单位实际，核定办公用房面积，配置办公用房，实现办公用房集约节约使用。

本市探索推行机关办公用房成本租金制。机关事务管理部门应当会同财政等部门研究制定机关办公用房成本租金标准，作为办公用房使用成本的效能评估依据。超过成本租金合理标准的，通过适当调整办公用房等措施推进办公用房资源合理配置，降低办公用房使用成本。

第二十一条　机关事务管理部门应当与办公用房使用单位签订使用协议，核发机关办公用房使用凭证。使用凭证可以用于办理使用单位法人登记、集体户籍、大中修项目施工许可申请等，并可以作为安排物业服务等经费的依据。各级机关应当严格按照国家有关机关办公用房标准，在核定面积范围内统筹安排、合理使用办公用房，不得擅自改变使用功能。

办公用房使用单位是房屋使用安全责任人，机关事务管理部门应当加强对使用单位房屋使用安全的监督和指导。各级机关维修办公用房，应当以消除安全隐患、恢复和完善使用功能为重点，严格执行维修标准和安全标准。

第二十二条　市机关事务管理部门负责核定本市除执法执勤用车以外的公务用车编制。机关事务管理部门按照国家和本市公务用车配备更新审批权限规定，根据编制数量和配备标准，统筹安排公务用车的配备和更新。执法执勤用车编制核定、配备管理的具体办法，由市财政部门会同有关部门制定。

第二十三条　各级机关应当建立健全公务用车使用管理制度，落实安装卫星定位系统、标识管理、使用登记、指定地点停放、节假日封存等措施，实行单车核算和公示。

市机关事务管理部门应当建立和完善本市公务用车管理信息系统，加强与市财政、公安等部门的数据共享，规范对公务用车使用的监管。

第三节　服务保障

第二十四条　市机关事务管理部门应当制定本市统一的机关服务管理制度，确定机关后勤服务项目和标准，加强机关后勤服务指导和监督，合理配置和节约使用后勤服务资源。

各级机关负责本机关后勤服务的管理工作，建立后勤服务管理制度，按照规定的项目和标准组织提供后勤服务，并将管理制度报同级机关事务管理部门备案。

第二十五条　各级机关购买后勤服务，应当签订后勤服务合同，并在合同签订之日起六十日内报同级机关事务管理部门备案。机关事务管理部门应当会同财政部门就合同相关数据进行分析、评估，作为动态调整后勤服务项目和标准、规范购买后勤服务行为、统筹后勤服务资源、推进后勤服务资源共建共享的依据。

第二十六条　机关事务管理部门应当健全机关后勤服务质量考核评价制度，指导本级机关对后勤服务质量进行全面考核、综合评价。

第二十七条　机关事务管理部门应当根据职责加强机关集中办公场所的内部治安保

卫管理工作，建立健全机关内部治安保卫议事协调机制，按照岗位需要配备治安保卫人员。

各级机关内部治安保卫工作实行安全责任制，建立健全安全责任体系，合理配备治安保卫人员，履行机关内部安全的主体责任。

第四节　资源节约

第二十八条　各级机关应当践行绿色发展理念，发挥机关的示范引领作用，倡导简约适度、绿色低碳的工作方式，厉行节约、反对浪费，加强节约型机关建设。

第二十九条　各级机关应当加强用能管理，降低能源消耗，减少污染物排放，有效、合理地利用能源，提高能源利用效率。

各级机关应当带头利用新能源和可再生能源，实现办公建筑建设、运行、改造的绿色化，健康、适用、高效地使用建筑空间。新建机关办公建筑和既有办公建筑能耗水平应当符合国家和本市相关标准。

第三十条　各级机关应当按照减量化、再利用和资源化的原则，促进资源循环利用。

各级机关应当加强用水管理，按照相关制度标准建设节水型机关；推进固体废物减量化，生活垃圾分类实效应当高于全市生活垃圾分类达标单位水平；加大绿色采购力度，优先采购和使用有利于保护环境的节能、节水、节材产品及再生产品，带头参与再生资源回收体系建设；不得使用一次性办公用品、一次性不可降解塑料制品。

第三十一条　各级机关应当加强机关食堂餐饮节约和会议、培训、接待等公务活动用餐管理，反对并制止食品浪费，推动开展"光盘行动"。机关事务管理部门应当建立和实施机关食堂反食品浪费工作成效评估和通报制度。

第三十二条　机关事务管理部门应当会同发展改革等部门组织编制并实施本级机关资源节约和循环经济发展规划、年度工作计划、能源消耗定额标准等。区机关事务管理部门应当每年向市机关事务管理部门报告绿色发展目标责任的履行情况。

各级机关应当根据前款规定的规划、计划，将绿色发展要求列入本单位年度工作计划，确定年度目标、指标和任务，向本级机关事务管理部门报送上年度情况报告，按照要求完成能源审计。机关绿色发展工作完成情况应当纳入本级年度目标责任考核、单位年度绩效考评和文明单位创建。

机关事务管理部门应当将机关能源资源消费情况和机关绿色发展工作完成情况定期向社会公示。

第三十三条　本市建立机关绿色发展议事协调机制，统筹协调机关绿色发展工作相关重大事项。

本市扩大机关能源资源消费市场开放，鼓励社会资金和力量投入机关绿色低碳循环发展，倡导机关率先应用节能节水等新技术新产品，采用合同能源管理、绿色运行专业托管及其他创新模式。主动公布能源资源消费情况、充分运用市场化机制的情形，纳入考核评价和争先创优活动的评价依据。

第三十四条　本市按照"因地制宜、循序渐进"的原则探索向社会有序开放机关附属空间和公共设施，实现资源共享。

机关闲置的办公用房可以根据相关规定，改造为便民服务、社区活动等公益场所。

第三章　保障机制

第三十五条　机关事务管理部门与相关部门建立健全机关运行保障协同配合机制和信息共享机制，统一政策标准，统筹资源调配。

第三十六条　本市建立健全社会化保障制度，合理确定项目和标准，推进机关运行保障供给社会化。

机关运行所需货物、工程和服务，适合通过市场化方式提供的，应当依法面向市场主体公开择优购买；属于政府采购范围的，应当按照政府采购相关法律法规执行。

采用框架协议采购方式进行采购的，其最高限价不得高于同期市场价格。供应商应当根据市场行情，及时调整协议供给价格，但调整后的价格不得高于最高限价。

第三十七条　机关事务管理部门应当会同同级标准化主管部门推进机关运行保障标准化工作，建立健全标准体系，制定完善机关运行保障地方标准、标准化指导性技术文件，加强对相关标准实施的评估、复审和监督检查。

第三十八条　机关事务管理部门应当会同经济信息化、财政等部门加强机关运行保障数字化建设，建立和完善经费、资产、服务和能源等管理信息平台，推动数据融合共享，推进机关运行保障方式、业务流程和服务模式数字化、智能化，提升机关运行保障效能。

第三十九条　机关事务管理部门应当会同有关部门建立健全突发事件机关运行应急保障机制，指导有关机关根据实际情况制定机关运行应急预案。

发生突发事件时，有关机关应当及时启动应急预案，采取统筹物资调配、加强人员管控、实施应急采购、利用人民防空设施等措施，确保机关正常运行。

第四十条　机关事务管理部门应当加强机关运行保障工作考评和对本级机关运行保障工作的绩效管理。

市人力资源社会保障、机关事务管理部门对在机关运行保障工作中做出显著成绩的部门、单位、个人，按照有关规定进行表彰奖励。

第四章　监督与法律责任

第四十一条　机关事务管理部门应当会同有关部门通过资产管理考核、办公用房巡检、公务用车督查、绿色发展评价等方式，组织实施对机关运行保障工作的监督检查。

机关事务管理部门等在监督检查中发现违法违规风险或者管理疏漏的，应当及时向被监督检查机关发出风险预警或者整改通知，建立监督检查记录并跟踪检查。

第四十二条　监察机关和发展改革、财政、审计、规划资源、绿化市容、生态环境等部门根据各自职责范围依法对机关运行保障工作进行监督。

第四十三条　本市建立健全机关运行保障信息公开制度，依照法律法规公开相关信息，自觉接受社会监督。

任何组织和个人对违反本条例规定的行为，有权向相关部门举报。接到举报的相关部门应当依法依规及时调查处理。

第四十四条　违反本条例规定，有下列情形之一的，由同级机关事务管理部门或者上级机关责令改正；依法应当追究责任的，由有关机关对主管人员及其他责任人员给予处分；构成犯罪的，依法追究刑事责任：

（一）违规使用机关运行经费的；

（二）违规建设、配置、使用、维修和处置办公用房或者擅自改变办公用房的使用功能的；

（三）违规配备、使用、处置公务用车的；

（四）其他违反本条例以及机关运行保障相关法律、法规的。

第五章　附则

第四十五条　本条例自 2022 年 11 月 1 日起施行。

27. 上海市浦东新区推进住宅小区治理创新若干规定

（2022年9月22日上海市第十五届人民代表大会常务委员会第四十四次会议通过）

第一条　为了推进浦东新区住宅小区治理创新，提高治理能力和水平，营造安全有序、美丽和谐的高品质生活环境，根据有关法律、行政法规的基本原则，结合浦东新区实际，制定本规定。

第二条　浦东新区推进住宅小区治理创新应当贯彻"人民城市人民建，人民城市为人民"的重要理念，完善党组织统一领导、政府依法履职、各类组织积极协同、群众广泛参与，自治、法治、德治、共治相结合的治理体系。

浦东新区建立健全基层党组织领导，居民委员会、业主委员会、物业服务企业和业主等共同参与的住宅小区治理模式。

第三条　浦东新区人民政府应当加强对住宅小区治理工作的领导，建立依据常住人口配置公共服务资源的制度，建立健全协调机制，推动执法力量、专业力量、服务力量下沉基层，统筹赋权、减负、增能相关政策，及时研究决定住宅小区治理的重大事项。

浦东新区房屋管理、城管执法、规划资源、建设交通、民政、公安、应急管理、卫生健康、财政、人力资源社会保障等部门应当按照各自职责履行职能，对住宅小区治理进行分类指导、协同管理。

第四条　浦东新区街道办事处、镇人民政府负责本辖区内住宅小区治理和综合执法工作，强化区域资源统筹，协调区人民政府相关部门及其派出机构等共同做好相关服务管理工作。

街道办事处、镇人民政府应当建立健全常态化联系基层工作机制，定期走访社区群众，倾听群众意见建议，协调解决突出矛盾问题。

第五条　浦东新区应当根据居民人口规模、居住状况、公共服务资源配置等因素，合理设置居民委员会。居民委员会应当以服务居民为宗旨，组织开展居民自治，指导和监督业主委员会工作，依法协助相关部门做好公共服务、公共管理、公共安全等工作。

浦东新区人民政府和街道办事处、镇人民政府应当按照管辖居民户数为居民委员会配备社区工作者。对于老龄社区、老旧小区等存在特殊情况的居民委员会，应当适当增加社区工作者。政府开发的社区公共管理、公共卫生、应急服务等公益性岗位，应当优先为居民委员会配备。

居民委员会应当以居民小组或者楼组为基本单元加强住宅小区管理。社区工作者负责日常巡查走访、社情民意收集、安全隐患排查等工作。

第六条　住宅小区业主（物业使用人）应当遵守国家和本市住宅物业管理、房屋使用安全、房屋租赁、环境绿化、消防安全、卫生防疫等规定，履行自治公约和管理规约，依法配合社区治理和综合执法工作。

物业服务企业应当按照法律法规规定和物业服务合同约定履行职责。街道办事处、镇人民政府结合物业服务情况对辖区内住宅小区物业服务企业提出评价意见，纳入本市物业服务企业综合评价体系。

浦东新区人民政府相关部门、街道办事处、镇人民政府和居民委员会、物业服务企业等相关单位依法执行应急处置措施和其他管理措施时，业主（物业使用人）应当依法配合。

第七条　浦东新区应当加强居民自治能力建设，推进住宅小区建立基层党组织牵头，居民代表、业主委员会、物业服务企业以及相关企业事业单位共同参与的议事协商机制，对住宅小区的物业管理、房屋使用安全、房屋租赁、环境绿化、消防安全、卫生防疫等公共事务进行民主协商，形成自治公约、管理规约。

街道办事处、镇人民政府应当支持居民委员会以居民小组或者楼（组）为基本单元，引导居民通过建立互联网群组等线上或者线下方式有序开展邻里互助和协商自治。居民委员会应当加强与楼（组）长、互联网群组管理人的沟通联系，为楼组居民开展自我服务和协商自治提供指导、服务。

第八条　浦东新区街道办事处、镇人民政府应当指导居民委员会加强居民志愿服务队伍建设，将具备志愿服务条件、热心公益的各类人员吸纳进入社区居民志愿队伍，纳入社区统一调度和管理。有条件的居民委员会，可以建立公共卫生或者其他专业志愿服务队伍。

街道办事处、镇人民政府和居民委员会应当支持志愿服务队伍以楼组、片区或者住宅小区为单元开展互助性、服务性、公益性志愿服务活动，并根据所开展志愿服务活动的需要对志愿者进行相关培训，为志愿服务活动的开展提供必要场所和相应条件。

第九条　因业主委员会无法选举产生或者无法正常运作，可能引发公共安全事件、损害业主共同利益的，根据居民委员会的报告，住宅小区所在地街道办事处或者镇人民政府可以指定住宅小区所属居民委员会在一定期限内暂时代行业主委员会的相关职责，并在住宅小区内公告。

街道办事处或者镇人民政府应当就居民委员会暂时代行业主委员会相关职责的方案征询业主意愿，并由三分之二以上的业主参与征询，经参与征询的业主过半数同意。住宅小区管理规约另有约定的，从其约定。

居民委员会暂时代行业主委员会的，应当遵守业主委员会的工作规范，代行时限一般不超过一年。暂时代行业主委员会职责期间，街道办事处、镇人民政府应当尽快推动业主委员会组建或者改选。

第十条　浦东新区应当建立居民需求诉求响应机制。居民委员会应当及时了解居民实际需求和困难，并在区人民政府相关部门和街道办事处、镇人民政府的指导下，及时回应解决居民实际问题。

街道办事处、镇人民政府应当指导居民委员会及时排查独居高龄老人、困境儿童、孕产妇、重大疾病患者、残障人士以及困难群众等人员情况，动态编制人员和需求清单，开展精准关爱帮扶工作。

对于居民委员会反映的需要区人民政府相关部门协调解决的群众诉求，街道办事处、镇人民政府应当及时向该部门发起约请，被约请的部门应当明确专人负责沟通协调工作；对于涉及多个部门的综合性事项，区人民政府应当建立健全组团式服务协调机制，切实推动问题解决。

第十一条　浦东新区街道办事处、镇人民政府应当在住宅小区统筹设立联勤联动站（点），完善联勤联动机制，持续优化住宅小区内各类突发事件和违法行为的发现、应对、处置、反馈等工作流程，实现事件闭环高效处理。

浦东新区街道办事处、镇人民政府和承担住宅小区管理事务的区人民政府相关部门及其派出机构，应当充分利用住宅小区联勤联动站（点），实现多方联动、共建共治。

第十二条　浦东新区应急管理、房屋管理、卫生健康等部门应当指导街道办事处、镇人民政府建立住宅小区应急管理制度，完善平急转换机制，储备应急救援队伍，每年定期组织开展专业培训和应急演练，合理安排应急救援场地和基本生活保障物资，提高住宅小区突发事件处置和应急动员能力。

浦东新区街道办事处、镇人民政府应当将物业服务企业纳入应急处置工作体系，提供物资、资金等保障和支持，会同房屋管理、建设交通、应急管理、消防救援、卫生健康、绿化市容等部门指导物业服务企业建立平时和应急状态下的物业服务工作职责清单，定期组织物业服务工作人员开展专业培训和应急演练。

居民委员会在突发事件应急处置中难以及时召集居民会议并形成决议的，应当以多种方式听取居民意见，共同协商并实施临时性管理措施。紧急情况消除后，应当立即召开居民会议或者停止实施临时性管理措施。

第十三条　浦东新区人民政府应当建立老旧小区更新改造投入机制，制定更新改造分步推进计划，改善老旧小区居住条件和生活环境。

浦东新区应当建立老旧小区物业服务的财政扶持机制，明确资金补助条件和标准，加强老旧小区保安、保洁等物业服务。支持有条件的街镇探索区域化、连片化的物业服务模式，推动物业服务区域合并，整体提升老旧小区物业服务水平。

第十四条　浦东新区应当结合城市更新、区域功能提升等工作，按照政府主导、规划引领、尊重民意、市场运作的原则，统筹规划指标、土地供应等，制定计划加快实施城中村改造；加大对城中村公共安全、公共卫生、人居环境、违法建筑等的规范和整治力度。支持在城中村引入专业物业服务管理。

浦东新区应当加强对商业办公项目、厂房擅自改变房屋结构和规划用途等违法行为的整治。对在整治期间尚有居民实际居住的商业办公用房（以下称类住宅），应当纳入社区治理和居民委员会自治。

对类住宅、城中村的相关管理及执法，适用本规定关于住宅小区的相关规定。

第十五条　浦东新区街道办事处、镇人民政府、居民委员会应当建立住宅小区安全隐患排查机制，定期排查老旧房屋、楼道堆物、高空坠物、非机动车违规充电、违规群租等安全隐患。

浦东新区街道办事处、镇人民政府应当会同区人民政府相关部门建立住宅小区安全隐患联动整治机制，发现安全隐患的，应当及时督促整改，拒不整改或者整改不符合规定的，及时启动执法程序，必要时通过联合执法等方式开展整治。

第十六条　浦东新区人民政府应当按照"一支队伍管执法"的原则，决定将与住宅小区密切相关且基层能够有效承接的行政执法事项，交由街道办事处、镇人民政府行使，并定期组织评估。决定应当向社会公布。

街道办事处、镇人民政府所属综合行政执法机构以街道办事处、镇人民政府名义，具体承担本辖区内住宅小区的综合执法工作。

第十七条　住宅小区内有关单位和个人违法搭建建筑、损坏承重结构、破坏房屋建筑立面、违法改变房屋原始设计等危害房屋安全的，物业服务企业应当予以劝阻、制止，留存相关资料；劝阻、制止无效的，应当在二十四小时内通过城市网格化管理平台报告。

涉及违法搭建建（构）筑物或者违反房屋装饰装修相关规定行为的，物业服务企业应当按照管理规约限制相关施工人员、建筑材料进入住宅小区。

第十八条　浦东新区城管执法部门、街道办事处、镇人民政府（以下统称综合执法部门）接到物业服务企业报告或者投诉举报的，应当在二十四小时内到现场进行调查核实，法律、法规另有特定时限要求的除外。

查处住宅小区内的违法行为时，综合执法部门的执法人员可以依法进入违法现场调查取证；业主（物业使用人）、装饰装修施工人员应当配合。必要时，公安机关应当依法予以协助。

对居民委员会、物业服务企业等单位和个人提供的照片、视（音）频等相关资料，经查证属实的，可以作为行政执法案件证据材料。

第十九条　对正在实施的违法搭建建（构）筑物、损坏房屋承重结构、破坏房屋建筑立面、擅自改变房屋原始设计等侵害业主共同利益的行为，综合执法部门应当责令当事人暂停施工，并可以暂扣施工工具和材料。

当事人拒不停止施工的，综合执法部门可以书面通知市政公用服务单位在施工作业期间按照合同规定暂时停止施工现场的水电供应；暂时停止相关市政公用服务的，不得影响居民生活。违法行为得到有效制止后，应当及时书面通知市政公用服务单位恢复施工现场的水电供应。

第二十条　对不适用简易程序，但违法事实清楚，当事人自愿认错认罚、对法律适用没有异议且主动配合整改的行政执法案件，经当事人书面提出，综合执法部门可以简化流程快速办理。

综合执法部门应当依照法律规定采用直接送达、留置送达、邮寄送达和公告送达等方式送达法律文书。对于有关违法建（构）筑物的法律文书，采用直接送达方式无法送达的，综合执法部门可以邀请见证人到场，将相关法律文书在住宅小区公告栏和涉案建（构）筑物出入口等显著位置张贴公示，同时以电话、短信等方式将法律文书的主要内容通知当事人，张贴公示之日起十日视为送达。

第二十一条　综合执法部门依法作出要求当事人履行排除妨碍、恢复原状等义务的行政决定，当事人逾期不履行，经催告仍不履行，其后果已经或者将危害交通安全、公共安全、造成环境污染或者破坏自然资源的，综合执法部门可以代履行，或者委托没有利害关系的第三人代履行。

综合执法部门依法作出责令改正等行政决定后，符合申请强制执行条件的，可以向人民法院申请强制执行。人民法院依法裁定准予强制执行的，可以交由综合执法部门组织实施，并派员现场指导监督。

对于违法搭建建（构）筑物、损坏房屋承重结构、破坏房屋建筑立面、擅自改变房屋原始设计、违规群租等行为，综合执法部门可以持生效法律文件向不动产登记机构申请将有关事项记载于不动产登记簿。当事人完成整改的，综合执法部门应当及时向其出具证明文件；当事人申请抵押、转移登记的，应当提交证明文件。

第二十二条　浦东新区人民政府及其相关部门、街道办事处、镇人民政府应当依托城市运行"一网统管"平台，及时采集并动态更新实有人口、实有房屋等信息，并在"社区云"平台实现信息共享。

街道办事处、镇人民政府应当加快推动住宅小区数字治理应用场景建设，加强相关信息数据的分析研判和运用，提高服务水平和管理效率。

综合执法部门因执法活动所需，可以通过大数据平台直接共享使用其他部门已纳入共享需求清单的数据信息；未纳入共享需求清单的，可以通过大数据平台发出协助通知书，有关部门应当在收到协助通知书的五个工作日内告知。

第二十三条　浦东新区人民政府和街道办事处、镇人民政府应当加强住宅小区治理和综合执法相关工作所需人员、经费、技术、装备、场所等保障。

支持街道办事处、镇人民政府和居（村）民委员会开展无违建创建活动，并将创建结果纳入街镇年度绩效考核。

市城管执法部门应当会同浦东新区城管执法部门，加强对街道办事处、镇人民政府开展住宅小区综合执法工作的指导、监督，提升正规化、专业化、职业化水平。

第二十四条　浦东新区有住宅小区的村民委员会参照本规定关于居民委员会的要求执行。

第二十五条　本规定自 2022 年 11 月 1 日起施行。

28. 上海市人民代表大会常务委员会议事规则

（1988年11月10日上海市第九届人民代表大会常务委员会第四次会议通过；根据2001年10月24日上海市第十一届人民代表大会常务委员会第三十二次会议《关于修改〈上海市人民代表大会常务委员会议事规则〉的决定》第一次修正；根据2008年8月21日上海市第十三届人民代表大会常务委员会第五次会议《关于修改〈上海市人民代表大会常务委员会议事规则〉的决定》第二次修正；根据2022年9月22日上海市第十五届人民代表大会常务委员会第四十四次会议《关于修改〈上海市人民代表大会常务委员会议事规则〉的决定》第三次修正）

第一章 总则

第一条 为了健全上海市人民代表大会常务委员会（以下简称常务委员会）的议事程序，保障和规范其行使职权，根据《中华人民共和国宪法》《中华人民共和国地方各级人民代表大会和地方各级人民政府组织法》《中华人民共和国各级人民代表大会常务委员会监督法》的有关规定，结合常务委员会的工作实际，制定本规则。

第二条 常务委员会坚持中国共产党的领导，依照法定职权和法定程序举行会议、开展工作。

第三条 常务委员会坚持和发展全过程人民民主，始终同人民保持密切联系，倾听人民的意见和建议，体现人民意志，保障人民权益。

第四条 常务委员会审议议案、决定问题，应当充分发扬民主，实行民主集中制的原则，集体行使宪法和法律赋予的职权。

第五条 常务委员会举行会议，应当合理安排会议日程，提高议事质量和效率。

第二章 会议的召开

第六条 常务委员会会议每两个月至少举行一次。遇有特殊情况，可以临时召集或推迟会议。

常务委员会举行会议的日期和日程由常务委员会主任会议（以下简称主任会议）

决定。

常务委员会会议由主任召集并主持。主任可以委托副主任主持会议。

第七条　常务委员会会议有常务委员会全体组成人员的过半数出席，始得举行。

遇有特殊情况，经主任会议决定，常务委员会组成人员可以通过网络视频方式出席会议。

第八条　主任会议拟订常务委员会会议议程草案，提请常务委员会全体会议决定。

常务委员会会议期间，如果需要临时调整议程，由主任或者主任会议提请常务委员会全体会议决定。

第九条　常务委员会举行会议，应当在会议举行的七日前，将开会日期、建议会议讨论的主要事项，通知常务委员会组成人员，并将会议的主要文件同时送达。

临时召集的会议不适用前款的规定。

第十条　常务委员会举行会议的时候，常务委员会组成人员应当出席会议。因病或者其他特殊原因不能出席的，应当通过常务委员会办事机构向主任书面请假。

常务委员会办事机构应当向主任报告常务委员会组成人员出席会议的情况和缺席的原因。

常务委员会组成人员应当勤勉尽责，认真审议各项议案和报告，积极发表审议意见，严格遵守会议纪律。

第十一条　常务委员会会议公开举行，常务委员会会议的会期、议程、日程和会议情况予以公开。

必要时，经主任会议决定，可以暂不公开有关议程。

第十二条　常务委员会举行会议的时候，下列人员列席会议：

（一）市人民政府、市监察委员会、市高级人民法院、市人民检察院的负责人；（二）不是常务委员会组成人员的市人民代表大会专门委员会组成人员，常务委员会副秘书长、各工作机构和办事机构负责人；（三）各区人民代表大会常务委员会主任或者副主任一人。

市人民政府有关委、办、局的负责人，市中级人民法院院长、各专门人民法院院长、市人民检察院分院检察长，由本市选举产生的全国人民代表大会代表，市人民代表大会代表和其他有关人员，根据会议审议议题的需要，经主任会议同意，可以列席会议。

列席会议可以采用在会议现场或者通过网络视频等方式。

第十三条　列席常务委员会会议的人员有发言权，没有表决权。

第十四条　常务委员会举行会议的时候，经主任会议同意，可以邀请基层立法联系点的代表等社会有关方面人士旁听会议。

旁听常务委员会会议可以采用在会议现场或者通过网络视频等方式。

旁听人员没有发言权和表决权。旁听人员可以对会议议题及会议组织工作等提出书面意见建议，由常务委员会办事机构汇总后交有关部门研究参考。

第十五条　常务委员会举行会议的时候，以全体会议的形式听取、审议议案和工作报告。根据需要，可以召开分组会议，也可以召开联组会议。

第十六条　常务委员会会议运用现代信息技术，推进会议文件资料电子化，采用网络视频等方式为常务委员会组成人员和列席人员提供安全便利的服务保障。

第三章　议案的提出和审议

第十七条　市人民代表大会主席团交付常务委员会审议的议案，由主任会议提请常务委员会会议审议。

第十八条　主任会议可以向常务委员会提出属于常务委员会职权范围内的议案，由常务委员会会议审议。

市人民政府、市人民代表大会各专门委员会，可以向常务委员会提出属于常务委员会职权范围内的议案，由主任会议决定提请常务委员会会议审议，或者先交有关专门委员会审议、提出报告，再提请常务委员会会议审议。

常务委员会组成人员五人以上联名，可以向常务委员会提出属于常务委员会职权范围内的议案，由主任会议决定提请常务委员会会议审议，或者先交有关的专门委员会审议、提出报告，再由主任会议决定是否提请常务委员会会议审议；不提请常务委员会会议审议的，应当向提议案人说明，并向常务委员会会议报告。

第十九条　常务委员会的工作机构受主任会议委托，可以代拟议案草案，并向常务委员会全体会议作说明。

第二十条　向常务委员会提出议案，必须采用书面形式，写明议题、理由和具体方案。

市人民政府提出议案，一般应当在常务委员会会议举行的十五日前送交常务委员会的办事机构。

常务委员会组成人员联名提出议案，一般应当在常务委员会会议举行以前提出。

第二十一条　对列入常务委员会会议议程的议案，提议案机关的负责人或者提议案人应当向常务委员会全体会议作说明。

提议案的机关、有关的专门委员会和常务委员会有关工作机构，应当提供有关的书面资料。

常务委员会组成人员在审议议案时提出的重要意见、批评和建议，常务委员会办事机构应当交由有关机关或者部门研究处理。有关机关或者部门的研究处理情况一般应当在三个月内书面报告常务委员会或者有关专门委员会。

第二十二条　提议案机关的负责人或者提议案人可以在常务委员会会议上对议案作补充说明。

第二十三条　常务委员会会议审议议案时，提议案的机关、专门委员会或者常务委员会组成人员五人以上联名，可以提出对议案的修正案。

常务委员会的有关工作机构受主任会议委托，可以代拟对议案的修正案。

修正案必须采用书面形式，在议案交付全体会议表决的前一日提出。

修正案由主任会议决定提请常务委员会会议审议，或者先交有关专门委员会审议、提出意见，再提请常务委员会会议审议。

第二十四条　列入常务委员会会议议程需要表决的议案，在审议中如认为有重大问题需要进一步研究的，经主任或者主任会议提出，出席会议的常务委员会组成人员过半数同意，可以暂不付表决，交有关专门委员会进一步研究，提出意见。

第二十五条　列入常务委员会会议议程的议案，在交付表决前，提议案人要求撤回的，经主任会议同意，对该议案的审议即行终止。

第二十六条　在常务委员会举行会议的时候，市人民政府、市人民代表大会各专门委员会，或者常务委员会组成人员五人以上联名，对急需提请常务委员会会议审议的重大事项，可以向常务委员会提出临时动议，经主任会议研究，出席会议的常务委员会组成人员过半数同意，即可列入常务委员会会议议程。

第二十七条　地方性法规议案的提出和审议，按照《上海市制定地方性法规条例》的有关规定执行。

人事任免议案的提出和审议，按照《上海市人民代表大会常务委员会任免国家机关工作人员条例》的有关规定执行。

第四章　听取和审议报告

第二十八条　常务委员会会议听取和审议市人民政府、市监察委员会、市高级人民法院、市人民检察院专项工作报告时，报告机关的负责人应当到会作报告，市人民政府也可以委托有关部门负责人向常务委员会报告。

市人民政府、市监察委员会、市高级人民法院、市人民检察院应当在常务委员会举行会议的二十日前，由其办事机构将专项工作报告送交市人民代表大会有关专门委员会或者常务委员会有关工作机构征求意见；市人民政府、市监察委员会、市高级人民法院、市人民检察院对报告修改后，在常务委员会举行会议的十日前送交常务委员会。

在常务委员会会议审议专项工作报告之前，有关专门委员会可以先对报告进行初步审议，提出意见。

第二十九条　常务委员会一般在每年的七月或者八月采取扩大会议的方式，组织全体常务委员会组成人员、市人民代表大会代表听取市人民政府关于本年度上一阶段工作情况的报告，并开展评议。会议可以邀请在沪全国人大代表、在沪全国政协委员、市政协委员以及社会有关方面人士等参加。

第三十条　常务委员会一般在每年的七月或者八月审查和批准市人民政府提出的上一年度的本级决算草案，听取和审议市人民政府关于本年度上一阶段国民经济和社会发展计划、预算的执行情况的报告。

常务委员会在审查和批准决算的同时，听取和审议市人民政府审计机关关于上一年度预算执行和其他财政收支的审计工作报告。

常务委员会在听取国民经济和社会发展五年规划实施情况的中期评估报告前，市人民政府应当将中期评估报告先送市人民代表大会有关专门委员会进行初步审查，或者送交常务委员会有关工作机构征求意见。

经市人民代表大会批准的国民经济和社会发展计划、预算，在执行过程中需要作部分调整的，以及经中期评估对国民经济和社会发展五年规划需要调整的，市人民政府应当将调整初步方案先送交市人民代表大会有关专门委员会进行初步审查，或者送交常务委员会有关工作机构征求意见。

第三十一条 常务委员会执法检查组根据年度执法检查计划组织进行的执法检查，应当在检查结束后两个月内向常务委员会提出执法检查报告。

执法检查组的执法检查报告由主任会议决定提请常务委员会审议；主任会议并可以决定市人民政府、市监察委员会、市高级人民法院、市人民检察院的有关情况报告同时提请常务委员会审议。

第三十二条 常务委员会组成人员对专项工作报告、国民经济和社会发展计划执行情况报告、预算执行情况报告、审计工作报告的审议意见和执法检查报告及其审议意见，由常务委员会办事机构交由市人民政府、市监察委员会、市高级人民法院、市人民检察院研究处理。市人民政府、市监察委员会、市高级人民法院、市人民检察院的研究处理情况一般应当在三个月内书面报告常务委员会；在正式报告常务委员会之前，应当先由其办事机构送交市人民代表大会有关专门委员会或者常务委员会有关工作机构征求意见。常务委员会认为必要的时候，可以对专项工作报告、审计工作报告作出决议。市人民政府、市监察委员会、市高级人民法院、市人民检察院应当在决议规定的期限内，将执行决议的情况书面向常务委员会报告。

第三十三条 常务委员会听取的专项工作报告、国民经济和社会发展计划执行情况报告、预算执行情况报告、审计工作报告、执法检查报告及审议意见，市人民政府、市监察委员会、市高级人民法院、市人民检察院对审议意见研究处理情况或者执行决议情况的报告，向市人民代表大会代表通报并向社会公布。

第五章　询问、质询和特定问题的调查

第三十四条　常务委员会会议审议议案或者报告的时候，常务委员会组成人员可以向有关地方国家机关提出询问，有关机关的负责人应当到会听取意见，回答询问；分组会议审议时，有关机关应当派人到会，听取意见，回答询问。

第三十五条　常务委员会围绕关系改革发展稳定大局和人民切身利益、社会普遍关注的重大问题，可以在常务委员会会议上，进行专题询问。

根据专题询问的议题，市人民政府及其所属有关工作部门、市监察委员会、市高级人民法院、市人民检察院的负责人应当到会，听取意见，回答询问。

专题询问中提出的意见交由有关机关研究处理，有关机关应当及时向常务委员会提交研究处理情况报告。必要时，可以由主任会议将研究处理情况报告提请常务委员会审议，由常务委员会作出决议。

第三十六条　根据常务委员会工作安排或者受主任会议委托，市人民代表大会各专门委员会可以就有关问题开展调研询问并提出调研询问情况的报告。

第三十七条　在常务委员会会议期间，常务委员会组成人员五人以上联名，可以向常务委员会书面提出对市人民政府及其所属各工作部门、市监察委员会、市高级人民法院和市中级人民法院、市人民检察院和市人民检察院分院的质询案。

第三十八条　质询案应当写明质询对象、质询的问题和内容。

第三十九条　质询案由主任会议决定交受质询机关的负责人在常务委员会会议上或者有关的专门委员会会议上口头答复，或者交受质询机关书面答复。

受质询机关一般应当在本次常务委员会会议期间作出口头答复或者书面答复，最迟应在下一次常务委员会会议闭会前作出答复。

第四十条　质询案以口头答复的，由受质询机关的负责人到会答复。在专门委员会会议上口头答复的，提质询案的常务委员会组成人员，有权列席会议，发表意见；有关的专门委员会应当向常务委员会或者主任会议提交答复质询案情况的报告。

质询案以书面答复的，应当由受质询机关的负责人签署。

主任会议认为必要时，可以将答复质询案的情况报告印发常务委员会会议。

第四十一条　提质询案的常务委员会组成人员的过半数对受质询机关的答复不满意的，可以提出要求，经主任会议决定，由受质询机关再作答复。

第四十二条　常务委员会认为必要的时候，可以组织关于特定问题的调查委员会，并根据调查委员会的报告，作出相应的决议。

第六章　发言和表决

第四十三条　常务委员会组成人员在常务委员会会议上发言，应当围绕会议确定的议题进行。

列席会议的人员的发言，适用本章有关规定。

第四十四条　常务委员会组成人员和列席会议的人员在全体会议上对会议议题的审议发言，第一次不超过八分钟，经主持人同意的，可以延长五分钟；第二次对同一议题的发言不超过五分钟。

对于超过时间或者与议题无关的发言，会议主持人可以加以制止。

在常务委员会会议上的发言，由常务委员会办事机构工作人员记录、存档。在分组会议上的发言，经发言人核对签字后，编印会议简报。会议简报可以为纸质版或者电子版。

第四十五条　在常务委员会表决议案的全体会议上，除地方性法规议案外，常务委员会组成人员如果对议案还有意见，经会议主持人同意可以发表，意见发表后，再将议案交付表决；如果同意该议案，但需要在文字上作个别修改，经出席会议的常务委员会组成人员过半数同意，可以将该议案交付表决，文字的修改部分，授权主任会议审定。

第四十六条　常务委员会会议表决议案由常务委员会全体组成人员的过半数通过。

表决结果由会议主持人当场宣布。

出席会议的常务委员会组成人员应当参加表决。表决时，常务委员会组成人员可以表示赞成，可以表示反对，也可以表示弃权。

第四十七条　交付表决的议案，有修正案的，先表决修正案。

第四十八条　任免案、撤职案逐人表决，根据情况也可以合并表决。

第四十九条　常务委员会会议表决议案，采用无记名按表决器方式。如表决器系统在使用中发生故障，采用举手方式或者其他方式。

常务委员会组成人员通过网络视频方式出席会议的，采用举手方式或者其他方式表决。

第五十条　常务委员会组成人员在常务委员会会议上的发言和表决，全国人民代表大会代表和市人民代表大会代表在常务委员会会议上的发言，不受法律追究。

第七章　公布

第五十一条　常务委员会会议通过的地方性法规以及关于市人大代表选举、补选、辞职、罢免等事项，由常务委员会发布公告，并通过本市主要报纸、电台、电视台及网络媒体予以刊载、公布。

第五十二条　常务委员会发布的公告，常务委员会会议通过的地方性法规、决议、决定及其说明、修改情况的报告、审议结果的报告、审议意见的报告，以及任免国家机关工作人员等事项，应当及时在常务委员会公报和上海人大网上刊载。

第八章　附则

第五十三条　本规则的解释权和修改权属于常务委员会，执行中的问题，由主任会议进行解释。

第五十四条　本规则自通过之日起施行。

29. 上海市服务办好中国国际进口博览会条例

（2022年9月22日上海市第十五届人民代表大会常务委员会第四十四次会议通过）

第一章　总则

第一条　为了服务办好中国国际进口博览会（以下简称进口博览会），推进高水平开放与高质量发展，促进国际国内要素有序自由流动、资源高效配置、市场深度融合，推动共建创新包容的开放型世界经济，根据有关法律、行政法规，结合本市实际，制定本条例。

第二条　本市协同国家有关部门坚持高起点筹展、高标准组展、高质量办展，加强进口博览会服务保障能力，提升进口博览会全球影响力，推进进口博览会办出水平，办出成效，越办越好。

本市发挥进口博览会国际采购、投资促进、人文交流、开放合作的四大平台作用，赋能产业链、供应链建设，放大综合效应，推动实现国内国际双循环相互促进的新发展格局。

第三条　市人民政府应当完善与商务部、海关总署、市场监管总局等国家有关部门的部市合作机制，加强协作联动，促进进口博览会招商招展，推动政策创新推广，支持虹桥国际开放枢纽建设，深化共建与"一带一路"沿线国家和地区的经贸合作等。

第四条　市人民政府应当加强对本市服务办好进口博览会工作的领导，建立健全本市服务办好进口博览会议事协调机制，统筹协调重大事项和重点工作。各区人民政府应当按照市人民政府统一部署，做好进口博览会相关工作。

青浦、闵行、嘉定、长宁等区人民政府应当落实属地责任，健全本区服务保障进口博览会工作机制，做好本区相关服务保障工作。

第五条　市商务部门承担本市服务办好进口博览会议事协调机制办公室职能，负责日常工作，统筹协调有关部门落实进口博览会的各项阶段性工作和措施。

公安、交通、卫生健康、应急管理、绿化市容等部门和单位应当按照各自分工，做好服务办好进口博览会的相关工作。

第六条　市、区两级财政根据服务办好进口博览会的需要，按照事权与支出责任，安排相关经费予以保障。

各区人民政府可以根据本行政区域经济社会发展实际，安排相关经费用于支持放大进口博览会综合效应。

第七条　本市按照国家部署，加强与长江三角洲（以下简称长三角）有关省、市合作联动，完善进口博览会跨区域协同服务保障机制，做好安保、口岸通关、环保、交通等服务保障工作。

本市加强与全国各省、市在经济、贸易、人文等领域的合作交流，增强进口博览会开放联动效应。

第八条　本市对于在服务办好进口博览会工作中作出重大贡献的单位和个人，按照有关规定予以表彰、奖励。

第二章　支持办展办会

第九条　市、区人民政府及其有关部门应当配合国家明确的进口博览会承办单位（以下简称承办单位），聚焦重点领域，做好先进技术和产业的招展；支持本市企业、机构与承办单位开展合作招商办展，优化展商、展品结构。

市、区人民政府及其有关部门可以采取对接会、推介会等多种形式推广进口博览会；加强与境内外商会、行业协会和贸易投资促进机构的沟通协作，吸引境外企业、机构等参加进口博览会。

第十条　市商务部门牵头做好本市采购商的组织协调工作。市有关部门和各区人民政府应当根据各自任务分工，做好相关行业、区域的采购商组织、采购对接等工作，提升专业采购商比例。

第十一条　市商务部门应当支持承办单位做好展位布展规划工作。参展单位应当根据布展规划布置展位，展位布置应当符合安全、消防、环保等规定。

为进口博览会提供展位搭建、设计等服务的主体应当具备相应的资质或者条件，按照相关安全管理规定和技术规范标准提供服务。

第十二条　市人民政府应当协同做好虹桥国际经济论坛组织工作，发挥智库、行业协会、企业等社会各界力量，围绕全球开放前沿热点，开展虹桥国际经济论坛主题、议题设计，推动全球政、商、学界对话，将虹桥国际经济论坛打造成为国际一流高层次经济论坛。

本市根据虹桥国际经济论坛总体工作安排，配合国家有关部门做好论坛的服务保障工作，结合本市实际需要，组织筹办相关分论坛。

第十三条　本市支持有关部门、行业协会和企业等发挥各自优势，在进口博览会举办期间开展政策解读、对接签约、投资促进等各类配套活动。

本市支持举办国别（地区）城市推介会、商品周、文化周、文化集市和各类场外延展、品牌推介活动等，鼓励老字号、非物质文化遗产品牌等在进口博览会展示推介。

本市鼓励国际友好城市在进口博览会举办期间开展商品、文化、品牌等推介活动。

第十四条　本市践行绿色低碳理念，遵循减量化、再利用和再循环的原则，支持承办单位绿色办展，探索碳减排路径，推动进口博览会实现碳中和。

鼓励进口博览会参展单位、服务单位使用节能降耗器材设备、绿色原材料和低碳环保技术等，促进会展设备、设施循环利用。

第十五条　本市推进数字化赋能进口博览会，支持承办单位推动线上线下融合，拓展数字化应用场景，提升参展、参会的便利性和体验度。

本市有关部门应当支持做好场馆信息化基础设施建设，完善进口博览会网络平台建设，提高信息化运营的质量和效率。

第十六条　本市围绕进口博览会主题，利用新闻发布会、宣传片等形式宣传进口博览会，为进口博览会营造良好的舆论氛围。

新闻出版、广播电视、文化旅游等部门和单位应当发挥各自优势，加强对进口博览会的宣传推广。

第三章　服务与保障

第十七条　本市根据国家规定，对受邀参加进口博览会的境外展客商等人员，在来华邀请、出入境边防检查和停居留等方面，提供相应的便利化服务；对载运进口博览会展览品的船舶等交通工具，在进出口岸、交通组织、信息服务等方面，提供相应的便利化服务。

第十八条　本市动员社会各方力量，组织志愿者为进口博览会提供现场咨询、参观指引、翻译等志愿服务。

本市有关部门应当做好进口博览会志愿者招募、培训、管理、嘉许等工作，依法保障志愿者权益。

第十九条　本市应当优化进口博览会举办期间的交通布局，鼓励集约出行和公交优先，为进口博览会参展、参会人员提供安全、有序、方便、快捷的交通出行服务。

市公安、交通等部门应当制定进口博览会场馆周边道路交通组织方案，及时发布进口博览会交通信息和指引，做好大客流、大车流等应对预案。

市交通部门应当加强进口博览会举办期间进口博览会场馆和周边停车场（库）及相关设施统筹利用。进口博览会场馆周边停车场（库）在进口博览会举办期间，应当按照交通部门要求向公众开放。

第二十条　市通信管理部门应当牵头制定进口博览会通信保障工作方案，建立工作协调机制，组织电信运营企业提升进口博览会场馆、重要活动举办地等的宽带接入能力、网络服务质量和应用水平，保障进口博览会举办期间相关通信网络稳定畅通。

第二十一条　市经济信息化、水务、住房城乡建设管理等部门应当指导电力、水务、燃气等运营单位会同承办单位，制定进口博览会供电、供水、供气方案，保障电力、水、燃气有效供应和设施安全可靠。

第二十二条　本市建立进口博览会公共卫生资源有效配置工作机制和应急指挥体系。

市卫生健康部门应当组织相关区卫生健康部门在进口博览会举办期间安排定点医院，并在进口博览会场馆内设置临时医疗点，做好进口博览会医疗服务保障工作。

第二十三条　市卫生健康部门应当根据突发公共卫生事件应对相关要求，会同有关部门、承办单位落实公共卫生应急管理措施，做好进口博览会公共卫生事件预防与处置工作。

第二十四条　市绿化市容管理部门应当会同市城管执法等部门和单位，制定进口博览会市容环境服务保障方案，开展市容环境巡查督办，实施精细化治理，打造进口博览会标志性城市景观。

进口博览会场馆周边重点区域应当参照绿化市容环卫作业养护定额标准，实施一体化、常态化作业模式。

第二十五条　市公安部门应当会同有关部门制定安保方案，落实安保措施，加强安全管理，精准研判、快速处置各类安全隐患和突发紧急事件，确保进口博览会各项活动安全、有序、顺利进行。

市经济信息化部门应当建立无线电安全保障协调工作机制，保障进口博览会举办期间相关无线电频率使用需求和重要活动无线电安全，防范重大无线电有害干扰。

市网信、公安、通信管理部门应当与承办单位加强配合，保障进口博览会举办期间进口博览会场馆、重要活动举办场地相关重要信息系统的网络和数据安全。

第二十六条　应急管理、公安、住房城乡建设管理、交通、市场监管、通信管理、消防救援、海事等部门和机构应当加强相关行业、领域的安全生产监督管理，做好进口博览会举办期间本市突发安全事故应急联动处置工作。

商务、应急管理、住房城乡建设管理、市场监管、消防救援等部门和机构应当按照职责分工，加强进口博览会布展、撤展的安全指导和监督，做好进口博览会场馆及周边区域安全生产执法等工作。

消防救援机构应当会同电力等部门建立消防安全协调联动工作机制，加强对进口博览会场馆、重要活动举办场地等消防安全的指导和应急保障。

第二十七条　本市加强进口博览会的知识产权保护，推动全球新产品、新服务、新技术在进口博览会首发、首展。

市知识产权相关管理部门会同承办单位在进口博览会举办期间设立知识产权保护和服务机构，组织专业人员进驻，开展知识产权法律咨询、知识产权侵权纠纷投诉受理、案件处置、有关展出证明办理等工作。

第二十八条　本市建立进口博览会商事法律服务保障机制。市高级法院、司法行政等部门，以及有关仲裁机构在进口博览会举办期间应当组织专业人员进驻，提供现场法律咨询、纠纷处理等服务。

第二十九条　市人民政府在进口博览会期间，可以依法采取临时价格干预措施，并向社会公开实施时间、内容和范围等。

市价格主管部门应当会同文化旅游、交通、公安、市场监管等部门加强对住宿、交通、餐饮等领域的价格指导和监管，依法查处价格违法行为。

第三十条　市公安、交通、卫生健康、市场监管、绿化市容等部门和相关区应当依托城市运行"一网统管"等平台，加强数据互联互通，推动进口博览会相关区域数字化、智能化治理模式创新，提升进口博览会服务保障工作数字化、智能化水平。

第四章　综合效应

第三十一条　本市发挥进口博览会贸易促进作用，加强进口商品展示交易平台建设，推动更多进口博览会展品进入国内市场；培育相关专业贸易平台、国别（地区）商品中心，开展常态化贸易投资促进活动，发挥其促进进口、提升消费、服务产业的示范引领作用。

本市鼓励具有国内国际资源配置能力的贸易主体和贸易型总部集聚，支持进口博览会参展单位在本市设立贸易机构。

第三十二条　市、区人民政府及有关部门应当发挥进口博览会投资促进平台作用，开展城市推介、投资对接等活动，推动投资促进活动与进口博览会协调联动。

市商务部门应当会同市发展改革、经济信息化等部门和各区人民政府组织对接进口博览会参展单位、境外经贸团组，实施产业招商、精准招商，引进符合本市产业发展导向的外资项目。

第三十三条　本市依托进口博览会国际采购平台，聚焦重点领域、新兴产业等，推进关键装备、零部件和高价值专利技术进口，加强生产制造、技术创新等合作交流，推动与国内产业深度融合，促进产业升级发展。

第三十四条　本市支持参加进口博览会的具有国际影响力的品牌和在进口博览会进行全球首发、首展的新品进入国内市场，发展智慧零售、跨界零售、绿色零售等新业态，助力上海国际消费中心城市建设。

第三十五条　以展览品贸易方式进口的进口博览会展品在展后可以转入海关特殊监管区域或者保税物流中心（B 型）予以核销并转为保税货物，符合条件的商品可以开展跨境电商网购保税业务。

第三十六条　市人民政府及有关部门应当制定政策措施，加强展会资源共享，推动进口博览会与商贸、旅游、文化、体育等产业发展的联动。

第三十七条　市人民政府及有关部门应当依托进口博览会，提升本市会展业国际化、专业化水平。

市商务部门应当会同有关部门制定会展业专项政策措施，吸引国际知名会展企业总部、境内外专业组展机构、国际品牌重要展会、高层次、紧缺会展人才等在本市集聚，培育具有国际竞争力的大型会展业市场主体，积极发展绿色会展、智慧会展，完善会展业标准化体系，推进上海国际会展之都建设。

第三十八条　虹桥国际中央商务区及相关区应当发挥进口博览会承载功能，加快进口贸易促进创新示范区、进出口商品集散地等贸易载体建设，加强常年展示交易服务平台、保税物流中心（B 型）等平台建设，提升虹桥国际会展产业园能级，提高在国际贸易、要素配置、产业发展等方面的核心竞争力。

承接和放大进口博览会综合效应，推进虹桥国际开放枢纽建设，增强服务长三角、联通国际的枢纽功能。

第三十九条　本市发挥进口博览会开放窗口、门户联通功能，为长三角地区对接国际市场提供渠道和服务。

本市加强区域合作，共同策划开展贸易投资配套活动，按照国家部署，复制、推广进口博览会相关政策措施，推动区域产业转型升级，贸易结构优化，推动经济高质量发展。

本市按照国家对外开放总体部署，对标国际贸易投资通行规则，推动更高水平国际合作，助力构建更深层次对外开放格局。

第五章　附则

第四十条　本条例自 2022 年 10 月 1 日起施行。

30. 上海市促进虹桥国际中央商务区发展条例

（2022 年 10 月 28 日上海市第十五届人民代表大会常务委员会第四十五次会议通过）

第一章　总则

第一条　为了促进上海虹桥国际中央商务区（以下简称商务区）发展，推进虹桥国际开放枢纽建设，服务长江三角洲区域（以下简称长三角）一体化发展国家战略，保障更高起点的深化改革和更高层次的对外开放，根据《长江三角洲区域一体化发展规划纲要》《虹桥国际开放枢纽建设总体方案》（以下简称《总体方案》）以及有关法律、行政法规的相关规定，结合本市实际，制定本条例。

第二条　本市促进商务区发展的规划、建设、管理、服务和保障等活动，适用本条例。

第三条　商务区立足于构建国内国际双循环相互促进的新发展格局，推进国际化中央商务区、国际贸易中心新平台和综合交通枢纽等功能建设，充分发挥全球资源配置、科技创新策源、高端产业引领、开放枢纽门户等功能，成为上海提升城市能级和核心竞争力的重要增长极、引领长三角一体化的重要动力源、落实国家战略的重要承载区，打造新时代改革开放的标志性区域。

第四条　市人民政府应当加强对商务区工作的领导，统筹协调商务区的建设与发展。

市发展改革部门负责推进商务区重大体制机制改革、综合政策制定、重大项目投资等工作，以及商务区作为虹桥国际开放枢纽"一核"与"两带"的联动发展。

市商务部门负责对商务区的会展经济和国际贸易中心新平台的协调指导，推动区域开放型经济能级提升。

市规划资源部门负责商务区的有关规划和土地管理等工作，统筹空间布局和设施共享利用。

市交通部门负责对虹桥综合交通枢纽管理的统筹指导，协调推进商务区重大交通项目建设。

市其他有关部门按照各自职责共同推进商务区的相关管理和服务。

闵行区、长宁区、青浦区、嘉定区（以下统称四区）人民政府应当按照《总体方案》、市人民政府的部署和各自职责，结合本辖区产业特色，推进商务区的相关工作。

第五条　上海虹桥国际中央商务区管理委员会（以下简称商务区管委会）作为市人民政府派出机构，统筹协调市人民政府相关部门和管理单位以及四区人民政府，履行下列职责：

（一）编制商务区发展规划，统筹推进商务区开发建设和功能提升；

（二）参与编制商务区内的国土空间规划，统筹国土空间规划的落地实施，组织编制商务区内的专项规划；

（三）编制商务区产业发展规划和产业目录，统筹指导商务区内产业布局和功能培育；

（四）统筹推进投资促进、营商环境优化、公共服务完善、人才高地建设等工作；

（五）统筹商务区开发建设计划，拟定商务区区域内土地年度储备计划，协调推进重大投资项目建设；

（六）建立管理标准和服务规范，推进城市管理精细化；

（七）建立并完善统计工作合作机制；

（八）推进政策制度创新与实施；

（九）服务保障中国国际进口博览会（以下简称进口博览会）；

（十）统筹协调虹桥综合交通枢纽内交通设施管理以及不同交通方式的衔接、集散和转换；

（十一）统筹安排商务区专项发展资金；

（十二）指导协调四区人民政府履行商务区的相关行政管理职责，监督、检查工作落实情况；

（十三）市人民政府确定的其他事项。

第六条　商务区管委会应当牵头组织与市人民政府相关部门和管理单位以及四区人

民政府沟通重要情况，协调重大问题，明确相关措施与各方责任。

商务区管委会应当加强对四区人民政府负责商务区工作的机构的指导。相关工作机构应当定期向商务区管委会报送工作推进情况。

商务区管委会可以根据市人民政府的要求建立评估机制，定期对四区人民政府依法履行相关职能和改革创新等情况进行评估。

第七条　本市根据国家授权和商务区发展需要，开展重点领域开放的先行先试，建立与国际通行规则相衔接的制度体系，吸引商务流、资金流、信息流等要素集聚，在数字贸易、金融服务、信息服务、会展服务等领域探索扩大开放措施，打造全方位开放的前沿窗口。

本市需要先行试点的重大改革举措，商务区具备条件的，在商务区优先试点。

第八条　本市建立促进商务区发展的财政保障机制，对商务区重要基础设施建设、产业发展等方面加强财政资金支持。

四区人民政府应当为商务区的建设与发展提供相应的财政资金保障。

第九条　商务区管委会建立决策咨询机制，加强与国际、国家和本市相关智库、科研机构、高校的合作，为促进商务区创新发展提供智力支撑。

第十条　根据国家发展战略，虹桥国际开放枢纽以商务区为核心，将江苏省和浙江省省际毗邻区连点成线，形成北向拓展带和南向拓展带，实现"一核""两带"的发展格局。

本市与江苏省、浙江省建立"一核""两带"规划编制会商机制，促进"一核""两带"的发展规划协同。相关规划的编制应当听取苏州市、嘉兴市人民政府及其相关部门的意见。

本市推动实现"一核""两带"在基础设施互联互通、产业协同发展、市场准入统一等方面的协同推进，形成跨区域协作新格局。

第十一条　本市加大商务区与长三角其他区域的协同联动力度，推动长三角产业联动、企业互动、资源流动，努力成为长三角畅通国内循环、促进国内国际双循环的枢纽节点。

第二章　区域规划与布局

第十二条　编制商务区相关规划，应当对标国际最高标准，实现高端商务、会展与交通功能深度融合，打造主导产业集聚辐射、全球资源要素集散、新型商业模式汇聚、基础设施联通高效、公共服务品质卓越、人文生态丰富多样的国际化中央商务区，力争成为国际开放枢纽标志性区域。

第十三条　商务区管委会应当会同四区人民政府统筹编制商务区五年发展规划。

第十四条　市规划资源部门、商务区管委会应当会同四区人民政府，依据本市国土空间规划，统筹编制商务区内的国土空间规划，加强区与区交界处的衔接。

商务区各片区控制性详细规划，依据单元规划，由市规划资源部门会同商务区管委会、相关区人民政府组织编制，并按照法定程序报请市人民政府批准。

商务区管委会应当会同市规划资源部门、相关行业主管部门和四区人民政府，组织推进生态空间、综合交通、城市风貌、地下空间等专项规划编制。

商务区内的民用机场、铁路、轨道交通等专项规划，根据相关法律、法规编制。

第十五条　商务区管委会会同市人民政府相关部门和管理单位以及四区人民政府围绕创新型产业，打造高能级总部经济、高端化服务经济、高流量贸易经济、高溢出会展经济，结合国家和本市有关产业结构调整的指导目录和相关政策，制定并公布商务区产业发展规划。

商务区管委会统一协调制定商务区产业政策和招商政策，推动商务区内各区域间的差异化协调发展。

第十六条　商务区管委会会同四区人民政府编制商务区区域内土地年度储备、土地出让、政府重点投资项目以及重大项目实施等计划，经规定程序批准后，作为市和四区相关部门推进项目实施的依据。

第十七条　商务区管委会应当对标国际先进水平，按照智慧虹桥、绿色低碳、产城融合、风貌品质等要求，制定与之相适应的建设和管理规范。

第十八条　本市围绕大交通、大商务、大会展功能，聚焦重点产业领域和核心发展指标，建立符合国际化中央商务区定位的统计指标体系。商务区管委会在市统计部门的指导下，根据实际需要，与四区加强统计工作合作。

第十九条　本市支持商务区内的保税仓库、保税物流中心发挥保税物流仓储功能，探索设立与高端商务、会展、交通功能相适应的综合保税区等海关特殊监管区域。

第三章　国际化商务服务

第二十条　本市发挥商务区在集聚总部经济、会展经济、创新经济和现代服务业等方面的作用，推动会展、商旅、金融、信息咨询等领域商务服务的国际化、专业化、品牌化发展。

第二十一条　本市支持商务区吸引、培育跨国公司地区总部、贸易型总部、中央企业和民营企业总部，实施更有吸引力的开放政策，完善国际化的专业服务，提升总部经济能级，打造高水平的总部经济集聚区。

商务区管委会应当对认定的跨国公司地区总部、贸易型总部、民营企业总部，按照相关标准给予政策支持。

第二十二条　本市鼓励各类投资者在商务区设立跨国公司地区总部和功能性机构，支持其集聚业务、拓展功能。跨国公司地区总部依法享受资金管理、贸易物流、物品通关、数据流动、人才引进、人员出入境等便利化措施。

支持商务区内符合条件的跨国公司开展跨境资金集中运营管理，建立本外币一体化资金池。鼓励跨国公司在商务区设立全球或者区域资金管理中心。

第二十三条　本市支持高能级贸易主体在商务区设立贸易型总部，面向国内国际两个市场，提高资金运作能力，提升贸易规模，创新贸易模式。

第二十四条　本市支持中央企业在商务区设立总部或者功能性总部、研发类平台和创新联合体。

本市支持开展跨国投资、融资的国内民营企业在商务区申请设立跨国公司地区总部，拓展研发、销售、物流、结算中心等功能性机构。

商务区管委会建立民营企业总部培育名录，支持企业在商务区集聚业务、拓展功能，提升成为民营企业总部。

第二十五条　商务区管委会应当根据国家和本市部署，配合做好进口博览会招展、招商以及虹桥国际经济论坛筹办等工作，充分发挥进口博览会的国际采购、投资促进、人文交流、开放合作平台作用。

第二十六条　本市支持商务区发展会展经济，集聚具有全球影响力的会展和活动，引进国际知名会展企业总部、境内外专业组展机构、国际品牌展会及其上下游配套企业，做大会展经济规模，打造国际会展之都重要承载区。

商务区应当创新会展服务模式，提升在会展技术、专业人才、服务能力、管理体制等方面的国际竞争力。

本市支持商务区建立会展业发展协调机制，建立国际会展活动引进、申办联动机制。

第二十七条　本市推动会展和产业联动，聚焦支柱产业和主导产业，促进贸易对接、项目对接、产业对接。

商务区应当促进会展流量转化为区域消费增量、贸易增量和产业增量。

商务区可以制定促进会展经济发展的专项政策，对符合条件的会展举办单位、会展服务单位、会展项目以及会展人才给予定向扶持。

第二十八条　鼓励具有国际服务功能的会计、法律、设计、咨询等专业服务机构入驻商务区，强化专业服务业对会展、商贸、航空、金融、医疗健康等产业的支撑功能，打造现代服务业集聚区。

鼓励、吸引在中国（上海）自由贸易试验区临港新片区设立的境外知名仲裁及争议解决机构在商务区设立分支机构，就国际商事、投资等领域发生的民商事争议开展仲裁业务。

第二十九条　鼓励外国投资者在商务区设立投资性机构，对符合条件的外资投资性公司给予金融、人才、通关等方面便利。

支持优质投资性机构进驻商务区。商务区管委会应当为商务区内的投资性机构提供服务，并配合相关部门做好风险管控。

第三十条　本市推动商务区集聚研发中心。

本市支持跨国公司、国内企业、科研院所、高校等在商务区设立符合产业发展导向的研发中心。

本市引导研发中心成果转化应用，服务"两带"以及长三角其他区域建设。

第四章　国际贸易中心新平台

第三十一条　本市支持商务区拓展贸易功能，创新发展新型国际贸易，集聚高能级贸易平台和主体，促进金融与贸易深度融合，强化国际贸易产业支撑，构建国际贸易中心新平台。

第三十二条　本市支持商务区打造全球数字贸易港，积极对接电子商务新模式、新规则、新标准，推动云服务、数字内容、数字服务的行业应用，跨境电子商务等特色数字贸易。着力创建国家数字服务出口基地。

加快建设以商务区为主体的数字贸易跨境服务集聚区，促进贸易监管数字化转型、便利化发展。根据相关法律、法规的规定，探索制定低风险跨境流动数据目录，促进数据跨境安全有序流动。

第三十三条　推动进口博览会期间的展品税收支持、通关监管、资金结算、投资便利、人员出入境等政策依法转化为常态化制度安排，提升贸易自由化、便利化水平，畅通完善进口博览会商品的集散链路，形成辐射亚太的进出口商品集散地，持续发挥进口博览会综合效应。

第三十四条　本市推动在商务区建设国家级进口贸易促进创新示范区，推进贸易政策创新、服务创新、模式创新，优化功能布局，健全完善多层次保障体系，实现进口贸易要素交互融通。

第三十五条　商务区加强"一带一路"建设公共服务供给，为企业提供包括信息资讯、融资平台、专业服务、项目投资、人才服务和风险防范等方面的多方位、综合性服务。

商务区应当推动建设面向"一带一路"国家和地区的专业贸易平台和国别商品交易中心。

第三十六条　本市支持各类功能性贸易投资促进平台落户商务区，形成多层次、多功能、开放型的功能性平台体系，为促进商务区创新发展提供支撑。

本市优化提升虹桥海外贸易中心的服务功能，集聚与国际贸易促进相关的社会组织，提供高水平国际贸易服务。

本市在商务区打造进出口商品展示交易平台，发挥其保税货物展示、价格形成、信息发布、保税物流等功能。

第三十七条　本市加强新虹桥国际医学中心建设，发展医疗服务贸易，建设国家健康旅游示范基地。支持公立医院与新虹桥国际医学中心开展医疗合作，探索科学合理的收益分配使用机制。

本市支持商务区引进境内外先进医疗机构、医学科研机构和专业技术人员，探索入境监管、检验检测等方面的制度创新，加快推进创新药品和医疗器械注册上市；支持创建先进技术临床研究和转化研究中心，建设生命大健康产业集聚区。

本市加强商务区内的医疗机构建设，给予医疗服务准入、医保定点等支持，推进商业健康保险模式创新。对商务区内社会力量举办的医疗机构配置乙类大型医用设备实行告知承诺制，按照国家规定对配置甲类大型医用设备给予支持。对商务区内符合条件的医疗机构，按照国家规定自行研制、使用国内尚无同种产品上市的体外诊断试剂给予支持。鼓励商务区内的医疗机构探索跨境跨区域医疗合作，依法引进医疗技术和药品、器械。

第三十八条　商务区内符合条件的企业可以依法合规开立自由贸易帐户，开展新型国际贸易，有关单位应当为其提供国际结算、贸易融资等跨境金融服务便利。

鼓励金融机构在依法合规、风险可控、商业可持续的前提下，为商务区内企业和非居民提供跨境发债、跨境投资并购等服务。支持企业开展人民币跨境贸易融资和再融资业务。

本市在商务区内对符合条件的企业开展资本项目收入支付便利化服务。符合条件的企业在办理资本项目外汇收入及其结汇所得人民币资金的境内支付时，可以凭专门凭证直接在本市辖区内符合条件的银行办理。

根据国家规定，实施货物贸易和服务贸易外汇收支便利化措施，符合条件的银行在充分了解客户和业务并开展尽职调查的基础上，对符合条件的企业实行优化单证审核等便利化措施。

第三十九条　商务区管委会应当定期编制、发布反映金融与贸易便利化程度、区域贸易活跃度、会展活动影响力等的"虹桥开放指数"报告。

商务区管委会应当建立健全"虹桥开放指数"收集、统计、分析等相关制度，发挥"虹桥开放指数"在促进商务区发展、推动虹桥国际开放枢纽建设、提升国家对外开放水平、增强国际竞争合作新优势中的作用。

第五章　综合交通枢纽

第四十条　本市全面强化虹桥综合交通枢纽核心功能，提升上海国际航空枢纽核心地位。建立虹桥国际开放枢纽连通浦东国际机场和长三角全域的轨道交通体系，完善国际航空运输协作机制，打造服务长三角、联通国际的畅通便捷综合交通门户。

第四十一条　本市深化商务区综合交通规划研究，支持商务区内区与区对接道路建设，完善商务区内道路交通体系，打造衔接轨交、扩大覆盖、联系周边的骨干公交，优化商务区与周边区域的公共交通布局。

第四十二条　优化拓展虹桥国际机场国际航运服务功能，促进优化联通国际主要航空枢纽的精品航线。

加强与周边机场协作，加大信息共享、运营管理、航班备降、应急救援等方面合作力度，推进多式联运服务发展，强化对虹桥国际开放枢纽的国际服务功能支撑。

第四十三条　本市推动虹桥国际机场获得空运整车进口口岸资质，并加强相关保障。根据国家主管部门授权，支持符合条件的企业开展保税维修和飞机融资租赁业务。

本市支持商务区发展航空服务业及其配套产业，推进航空服务业重点企业特殊监管方式创新，建设全球航空企业总部基地和高端临空服务业集聚区。

第四十四条　本市交通部门应当加强与国家相关部门以及长三角其他地区交通部门的协调沟通，强化铁路虹桥站的对外辐射和集散能力。健全与长三角主要城市之间的轨道交通网络，推进跨区域轨道交通规划协同，完善建设模式和运营机制，促进长三角跨区域轨道交通一体化。

第四十五条　本市积极推进虹桥综合交通枢纽的智能交通建设，实现全出行方式、全应用场景、全管理过程的数字化转型升级，构筑数智交通生态体系。

第四十六条　商务区管委会应当会同市交通部门组织协调虹桥综合交通枢纽内交通设施管理。

虹桥综合交通枢纽内的交通设施运营管理单位应当根据国家和本市技术规范、规程等，对交通设施进行运行维护。

商务区内的交通基础设施由市、区两级管养，市交通部门会同商务区管委会做好协调监督工作。

第六章　产城融合

第四十七条　商务区构建布局合理、功能完备、优质高效的商务配套和生活服务体系，巩固区域绿色低碳发展基础，实现生产空间集约高效、生活空间便利完善、生态空间舒适宜人，打造产城融合示范区。

第四十八条　本市支持商务区建设高品质公共服务配套设施，依托高品质社区、高水平文化设施和城市公园，营造宜居、宜业、宜游、宜学的生活环境。

本市支持商务区通过新建、配建、改建等方式增加保障性租赁住房供应。

第四十九条　以虹桥国际开放枢纽和虹桥副中心为依托，打造国际级消费集聚区，建设一批高品质消费新地标。

鼓励企业在商务区设立中高端消费品发布展示中心，发展智慧零售、跨界零售、绿色零售等新业态，服务上海国际消费中心城市建设，打造联系亚太、面向世界、辐射国内的重要商贸流通中心。

第五十条　商务区应当提供高效、便民、优质的社会公共服务。商务区内的教育、公共卫生、社会治安、社会保障、公共法律服务等社会公共事务实行属地管理，商务区管委会负责指导、协调与监督。

本市在商务区内加快布局重大文化体育项目，引进一批有影响力的文化和体育活动，提升公共服务国际化水平。

第五十一条　商务区管委会会同市人民政府相关部门指导协调四区人民政府加强城市管理精细化工作。

　　商务区管委会会同市人民政府相关部门和管理单位以及四区人民政府制定商务区内道路、绿化、市容环卫、河道水系、工程设施、户外广告、招牌、景观照明等方面的建设与管理标准，建立落实相关工作机制。

　　商务区管委会应当加快提升城市管理智能化水平，实施综合养护一体化管理，提升城市环境品质。

　　第五十二条　商务区应当推动高端商务、会展、交通功能深度融合，深化"放管服"改革，健全以"双随机、一公开"监管为基本手段、以重点监管为补充、以信用监管为基础的新型监管机制，完善与创新创造相适应的包容审慎监管方式，全面推行轻微违法行为等依法不予处罚清单，加快打造市场化、法治化、国际化营商环境。

　　第五十三条　商务区依托政务服务"一网通办"和城市运行"一网统管"平台、国际互联网数据专用通道，加强一流数字基础设施建设，鼓励新一代通信技术推广应用，开发商务贸易、交通组织、城市运行、产业发展等方面的场景应用，以数字底座、赋能平台、数字经济等为抓手，探索具有虹桥特色的城市数字化转型建设模式，推动形成智慧交通、智慧会展、智慧商务和智慧生活功能体系，打造智慧虹桥。

　　第五十四条　本市按照绿色低碳的发展理念，推进商务区功能建设。

　　商务区管委会应当统筹指导海绵城市和绿色生态城区建设，按照绿色低碳要求指导能源系统建设和应用，建立低碳能效运行管理平台，并拓展其覆盖面。支持商务区内建筑所有权人取得绿色建筑运行标识。

　　第七章　服务长三角一体化发展

　　第五十五条　本市在商务区建设服务长三角企业和项目的平台。商务区管委会协调商务区内长三角合作事项，依托贸易展示等功能性平台，推进长三角优质品牌在商务区集聚。

　　第五十六条　本市支持商务区推动长三角公共服务共享，在知识产权保护、国际贸易法律服务、国际商事仲裁等领域，为长三角的各类市场主体联通国际提供便捷、可靠的服务。

　　市知识产权部门在商务区设立长三角企业商标受理窗口，向长三角企业提供商标注册、续展、变更、转让等服务。

注册在长三角并在商务区功能性平台备案的企业，其依法聘请或者雇佣的外籍人员，可以在本市办理外国人工作许可。

第五十七条 本市加强与长三角政务服务的合作交流，完善"跨省通办"工作机制，推进长三角电子证照互认和数据资源共享，打造在商务区的高频优质场景应用。

第五十八条 本市按照市场化方式设立服务长三角一体化发展的投资基金，主要用于虹桥国际开放枢纽的重大基础设施建设、科技创新产业平台发展、公共服务信息系统集成等投入。

第五十九条 本市在商务区建设长三角区域城市展示中心，协调长三角各城市共同打造"虹桥国际会客厅"。

第八章 服务与保障

第六十条 本市建立与商务区发展相适应的用地保障机制。

本市在市级层面对商务区内重大项目土地指标予以优先保障。按照中心城区建设标准，依据人口总量定位和产业功能定位，合理确定核心区域开发强度和容量。本市鼓励商务区内工业、仓储、研发等产业用地的多用途混合利用。

实施商住用地动态调整机制，允许按照程序将商务区内已建低效商办楼宇改造为租赁住房。

商务区探索城市地下空间竖向开发、分层赋权等土地管理改革创新，在建设用地的地上、地表、地下分别设立使用权。

第六十一条 本市设立商务区专项发展资金，由市和四区两级财政予以保障，主要用于优化规划布局和区域功能，集聚高端产业和高端人才，完善公共设施和公共服务，提升生态环境和区域品质。

第六十二条 四区取得的商务区范围内国有土地使用权出让收入，可以部分用于区域内的基础设施建设。

地方政府专项债券可以优先用于商务区内符合条件的重大项目。

支持市级新设立的政府出资产业投资基金落户商务区。

商务区内符合条件的项目可以开展不动产投资信托基金试点。商务区应当搭建项目资源对接平台，支持法律、会计、税务、资产评估等中介机构为不动产投资信托基金项目提供专业服务。鼓励四区对发行不动产投资信托基金的中介费用予以适当补贴。

在商务区内推广应收账款票据化，试行"贴现通"业务。

第六十三条　本市支持商务区在创新会展活动知识产权保护机制方面先行先试。本市为进口博览会等大型国际会展活动知识产权保护提供全过程服务保障，在区域内探索更加精准、高效、便利的会展活动知识产权快速维权处置工作模式。

商务区鼓励商业银行、担保机构、保险机构等为区域内企业创新开展知识产权证券化、知识产权质押融资、知识产权保险等知识产权金融服务；支持相关社会组织、知识产权服务机构等为区域内企业提供知识产权侵权监测、风险预警、证据收集、评估定价、纠纷调解以及维权援助等专业服务。

第六十四条　本市打造高水平的国际人才高地，建设虹桥国际商务人才港，通过中国上海人力资源服务产业园虹桥园等功能平台，吸引专业性、国际化、创新型人才集聚商务区。

在商务区加强移民政策实践基地建设，开展国际人才管理创新，相关部门应当为境外高层次人才来华执业以及交流合作提供签证、工作、居留、永久居留等便利，为外籍人才提供信息咨询、法律服务、语言文化等各类移民融入服务。

商务区管委会可以推荐在商务区内工作的外籍高层次人才、紧缺人才以及符合条件的外国投资者申请永久居留，上述人员的外籍配偶、未成年子女可以随同申请。推广外国人永久居留证件便利化应用，便于持证人在商务区居留、学习、工作。

第六十五条　符合条件的外籍高校毕业生可以凭商务区出具的工作证明，申请办理外国人来华工作许可。

本市根据国家要求，逐步放开金融、建筑、规划、设计等领域的外籍人员在商务区的从业限制，并为外籍人员在区域内居留、执业提供便利。

第六十六条　本市支持商务区引进符合国家和本市相关政策以及商务区功能定位的高等国际教育资源，开展机构、培训、师资等方面合作，培养高素质的国际化人才。

在商务区建设高质量的外籍人员子女学校，提供优质国际教育。鼓励符合条件的外籍人员子女学校面向全国招生。

第六十七条　本市创造条件，吸引各类符合商务区功能定位的高层次人才。商务区内用人单位引进的符合条件的海内外优秀人才，可以按照规定享受办理本市常住户口等人才政策。

第九章　附则

第六十八条　"一核"是商务区内涉及闵行区、长宁区、青浦区、嘉定区的相关区域，共 151.4 平方公里。

"两带"是以商务区为起点延伸的北向拓展带和南向拓展带。北向拓展带包括虹桥—长宁—嘉定—昆山—太仓—相城—苏州工业园区；南向拓展带包括虹桥—闵行—松江—金山—平湖—南湖—海盐—海宁。

第六十九条　本条例自 2022 年 11 月 1 日起施行。

31. 上海市动物防疫条例

（2005 年 12 月 29 日上海市第十二届人民代表大会常务委员会第二十五次会议通过；根据 2010 年 5 月 27 日上海市第十三届人民代表大会常务委员会第十九次会议《关于修改〈上海市动物防疫条例〉的决定》修正；2022 年 10 月 28 日上海市第十五届人民代表大会常务委员会第四十五次会议修订）

第一条　为了加强对动物防疫活动的管理，预防、控制、净化、消灭动物疫病，促进养殖业健康发展，防控人畜共患传染病，保障公共卫生安全和人体健康，根据《中华人民共和国动物防疫法》等法律、行政法规的规定，结合本市实际，制定本条例。

第二条　本条例适用于本市行政区域内动物防疫及其监督管理活动。

进出境动物、动物产品的检疫，适用《中华人民共和国进出境动植物检疫法》等相关法律、行政法规的规定。国家对实验动物防疫有特殊要求的，按照实验动物管理的有关规定执行。

第三条　动物防疫实行预防为主，预防与控制、净化、消灭相结合的工作方针，坚持综合防治、依法检疫、重点控制、全程监管的工作原则。

第四条　市、区人民政府对动物防疫工作实行统一领导，将动物防疫工作纳入国民经济和社会发展规划及年度计划，采取有效措施，稳定基层机构队伍，加强动物防疫队伍建设，建立健全动物防疫体系，制定并组织实施动物疫病防治规划。

乡镇人民政府、街道办事处应当组织群众做好本辖区的动物疫病预防与控制工作，并配备相应的动物防疫管理人员。村民委员会、居民委员会协助做好动物防疫工作，引导村民、居民依法履行动物防疫义务。

第五条　市、区农业农村部门是本行政区域内动物防疫工作的行政主管部门。未设置农业农村部门的相关区的动物防疫工作由区市场监督管理部门负责。市、区农业农村部门和相关区市场监督管理部门统称为动物防疫主管部门。市动物防疫主管部门应当加强对区动物防疫主管部门的业务指导、技术支持和工作监督。

发展改革、市场监管、卫生健康、绿化市容、商务、公安、交通、城管执法、财政、规划资源、生态环境、海关等有关部门在各自职责范围内，做好动物防疫工作。

第六条　市、区人民政府应当明确承担动物卫生监督和动物疫病预防控制工作职责的机构。

动物卫生监督机构负责动物、动物产品的检疫工作。

动物疫病预防控制机构承担动物疫病的监测、检测、诊断、流行病学调查、疫情报告以及其他预防、控制等技术工作；承担动物疫病净化、消灭的技术工作。

动物防疫主管部门应当加强对动物卫生监督机构、动物疫病预防控制机构的指导和监督。

第七条　市、区人民政府应当将动物疫病的监测、预防、控制、净化、消灭，动物、动物产品的检疫和无害化处理，流浪犬、猫的管控和处置，以及监督管理等所需经费纳入本级财政预算。

第八条　从事动物饲养、屠宰、经营、隔离、运输以及动物产品生产、经营、加工、贮藏等与动物和动物产品相关活动的单位和个人，应当依照国家和本市的规定，做好免疫、消毒、检测、隔离、净化、消灭、无害化处理等动物防疫工作，承担动物防疫相关责任，防止疫病传播。

第九条　本市鼓励科研院所、高等学校、企业等创新研发动物疫病诊断、净化、防控技术，开展针对常见、多发动物疫病的新型生物兽药、兽用中药和兽用疫苗等的研制，为提升动物疫病防控水平提供技术支撑。

本市完善基层动物防疫人才培养、引进以及生活待遇保障等制度，对长期在基层服务的动物防疫人员在职称评审、晋升以及聘用中予以政策倾斜。

第十条　本市推动建立长江三角洲区域以及与其他省市动物防疫工作协同机制，在动物检验检疫、防疫风险评估、疫情分析预警、无规定动物疫病区和无规定动物疫病生物安全隔离区建设等方面，开展协作及信息交流，保障区域公共卫生安全。

市域外农场行政管理机构、市动物防疫主管部门应当加强与农场所在地政府沟通，推进落实域外农场的动物防疫工作。

第十一条　市动物防疫主管部门根据国内外和本市动物疫情以及保护养殖业发展和人体健康的需要，可以会同市卫生健康、绿化市容、海关等部门开展本市动物疫病风险评估，并落实动物疫病预防、控制、净化、消灭等措施。

市动物防疫主管部门可以根据国家要求或者风险评估情况，作出禁止或者限制特定动物、动物产品调入或者调出本市的决定。对于禁止或者限制的特定动物、动物产品，任何单位和个人不得擅自调入或者调出本市。

第十二条　市动物防疫主管部门按照国家规定，制定本市动物疫病强制免疫计划；根据本市动物疫病流行情况，以及对养殖业和人体健康的危害程度，提出增加实施强制免疫的动物疫病病种和区域，报市人民政府批准后执行，并报国务院农业农村主管部门备案。

动物防疫主管部门负责组织实施动物疫病强制免疫计划，对饲养动物的单位和个人履行强制免疫义务的情况进行监督检查，评估本行政区域的强制免疫计划实施情况和效果，并将评估结果向社会公布。乡镇人民政府、街道办事处组织本辖区饲养动物的单位和个人做好强制免疫，协助做好监督检查；村民委员会、居民委员会协助做好相关工作。

饲养动物的单位和个人应当履行动物疫病强制免疫义务，按照强制免疫计划和技术规范，对动物实施免疫接种，并按照国家有关规定，建立免疫档案、加施畜禽标识，确保可追溯。

第十三条　市动物防疫主管部门应当根据国家动物疫病监测计划，结合本市动物疫病流行特点，制定本市动物疫病监测计划。区动物防疫主管部门结合本行政区域实际情况，制定动物疫病监测计划实施方案。

绿化市容部门应当根据国家和本市有关规定，对候鸟等野生动物携带病原体的情况实施监测。

动物防疫、卫生健康、海关等部门按照各自职责，共同做好动物疫病或者人畜共患传染病的监测预警工作。

第十四条　本市支持动物饲养场建设无规定动物疫病生物安全隔离区，支持饲养动物的单位和个人开展动物疫病净化。

对于通过国家或者市级无规定动物疫病生物安全隔离区评估或者达到国家规定的净化标准的，市、区人民政府可以给予政策支持和经费补助。

第十五条　动物饲养场所、动物隔离场所、动物屠宰加工场所、动物和动物产品无害化处理场所应当符合国家规定的动物防疫条件，开办者应当提前向所在地的区动物防疫主管部门提出申请，提交相关材料，经审查合格的可以依法取得动物防疫条件合格证。进境动物隔离场所还应当符合海关的要求。

动物饲养场所、动物隔离场所、动物屠宰加工场所、动物和动物产品无害化处理场所应当通过建立车辆清洗消毒烘干中心等方式，保证运输动物、动物产品的车辆符合国家规定的动物防疫要求。

第十六条　本市对饲养的犬只实施狂犬病强制免疫。

区动物防疫主管部门应当按照合理布局、方便接种的原则设置狂犬病免疫点。狂犬病免疫点应当与动物诊疗区域有物理隔离，相对独立。

狂犬病免疫点对犬只实施免疫接种，应当建立免疫档案，记录相关信息，出具市动物疫病预防控制机构统一制式的狂犬病免疫证明。

饲养犬只的单位和个人凭狂犬病免疫证明向所在地公安部门办理养犬登记。携带犬只出户的，应当按照规定佩戴犬牌并采取系犬绳等措施，防止犬只伤人、疫病传播。

鼓励对饲养的猫实施狂犬病免疫，具体要求参照犬只的有关规定执行。

第十七条　区公安、动物防疫等部门应当按照本市有关犬类管理的规定，做好本辖区流浪犬的相关管理工作。

街道办事处、乡镇人民政府组织协调居民委员会、村民委员会，采取必要措施，做好本辖区流浪犬、猫的管控和处置，防止疫病传播。区公安、动物防疫等部门加强对流浪犬、猫管控和处置的指导和支持。

鼓励相关行业协会、物业服务企业等参与对流浪犬、猫的管理。

第十八条　在商场等公共场所开设室内动物展示及互动体验场馆，提供观赏、接触、投喂动物等经营服务，按照国家和本市规定应当取得行政许可、办理相关手续的，应当依法办理，并接受相关部门的检查；其中涉及受保护野生动物的，还应当取得人工繁育许可证。

室内动物展示及互动体验场馆的经营者应当按照国家和本市规定，取得相关动物的检疫证明或者进境动物检疫合格证明，确保饲养动物的区域与其他区域相对独立，并根据动物的规模和种类，配备必要的专业防疫人员、设施设备和药物耗材，对动物采取免疫、检测、消毒、驱虫、隔离、防逃逸等有效防疫措施，避免动物传播疫病。

行政许可证、动物检疫证明等材料应当在经营场所的显著位置予以公示。

商场等公共场所的经营者应当对行政许可证、动物检疫证明等材料进行核实。

第十九条　从事动物疫病监测、检测、检验检疫、研究、诊疗以及动物饲养、屠宰、经营、隔离、运输等活动的单位和个人发现动物染疫或者疑似染疫的，应当立即向所在地的区动物防疫主管部门或者动物疫病预防控制机构报告，并迅速采取隔离等控制措施，防止动物疫情扩散。其他单位和个人发现动物染疫或者疑似染疫的，应当及时报告。

任何单位和个人不得瞒报、谎报、迟报、漏报动物疫情，不得授意他人瞒报、谎报、迟报动物疫情，不得阻碍他人报告动物疫情。

第二十条　市、区人民政府应当根据上级重大动物疫情应急预案和本地区的实际情况，分别制定市、区重大动物疫情应急预案，定期开展培训和演练。动物防疫主管部门按照不同动物疫病病种及其流行特点和危害程度，结合本行政区域实际，分别制定实施方案。

动物防疫主管部门应当根据重大动物疫情应急预案的要求，科学储备应对重大动物疫情所需的生物制品、诊断试剂、消毒药物、防护用品、防疫器械、交通和通讯工具等应急物资，并建立相应的管理制度，保障应急物资的及时供应。

第二十一条　重大动物疫情发生后，市、区人民政府根据重大动物疫情应急预案，成立市级或者区级重大动物疫情应急处置指挥部，统一领导、指挥本市或者本区的重大动物疫情应急处置工作。

市动物防疫主管部门综合协调本市重大动物疫情的应急处置工作；公安、卫生健康、绿化市容、商务、市场监管、海关等有关部门和相关区人民政府、乡镇人民政府、街道办事处应当按照各自职责，共同做好重大动物疫情应急所需的物资紧急调度和运输、应急经费安排、疫区群众救济、人的疫病防治、动物及其产品市场监管、出入境检验检疫等工作。

第二十二条　区人民政府应当根据当地畜禽养殖规模和消费习惯，合理布局畜禽屠宰加工场所，引导畜禽屠宰企业在符合动物防疫要求的情况下，整合屠宰资源，调整优化屠宰工艺和布局，满足饲养场（户）对于不同畜禽的屠宰需求。

第二十三条　市、区人民政府可以根据重大动物疫病疫情防控工作需要，在一定区域、一定时间内禁止畜禽活体交易。

第二十四条　本市支持畜禽就近屠宰，采用冷链物流运输动物产品。除种畜、仔畜和符合"点对点"调运条件的畜禽外，逐步减少跨省份调运活畜禽。

畜禽调运应当直接运抵动物检疫合格证明标明的目的地，途中不得销售、调换、增减或者无正当理由转运。

第二十五条　通过道路向本市运输动物、动物产品的，应当经市人民政府设立的指定通道进入，并接受查证、验物、消毒等监督检查措施，经检查合格盖章后，方可进入本市。未经指定通道检查的，任何单位和个人不得接收。市动物防疫主管部门负责指定通道的管理，配备与指定通道监督检查工作相适应的执法人员以及辅助人员。

在非指定通道发现运输动物、动物产品的，由公安检查站、交通运政检查站交所在地的区动物防疫主管部门处理。非指定通道未设任何检查站的，由所在地的区人民政府设置公告牌、指示牌和禁令牌，必要时落实相关人员进行值勤检查。

第二十六条　市人民政府应当制定动物和动物产品集中无害化处理场所建设规划，统筹布局无害化处理场所，建立政府主导、公益为主兼顾市场运作的无害化处理机制。

区人民政府根据动物和动物产品集中无害化处理场所建设规划，以及本行政区域内畜禽养殖、宠物饲养等情况，合理设置区域性病死动物和病害动物产品收集场点。

市动物防疫主管部门统筹协调全市的病死动物和病害动物产品的处理工作，市动物无害化处理机构具体组织实施。

第二十七条　动物饲养场（户）、动物隔离场所的病死动物由区动物防疫主管部门负责组织统一收集，送交动物和动物产品无害化处理场所处理。

动物饲养场因开展无规定动物疫病生物安全隔离区建设或者动物疫病净化，需要自行集中处理病死动物的，经区动物防疫主管部门批准，可以建设符合相关规定的自用的无害化处理场所。

不具备无害化处理能力的生产经营、科研教学、动物诊疗等单位，应当按照国家和本市有关规定，将需要无害化处理的动物、动物产品及其相关物品送交相关无害化处理场所，委托其进行处理。委托进行无害化处理的，相关单位应当与无害化处理场所签订合同，明确双方的权利义务。

任何单位和个人不得买卖、屠宰、加工、随意弃置病死动物、病害动物产品。

第二十八条　财政对养殖环节的死亡动物、屠宰环节的病死动物和病害动物产品的无害化处理提供补助。具体补助标准和办法，由财政部门会同动物防疫主管部门制定。

对其他需要无害化处理的病死动物和病害动物产品，由处理场所按一定标准向委托人收取费用，收费标准应当公开，实行明码标价。

第二十九条　从事动物诊疗活动的机构，应当具备国家规定的条件，并取得区动物防疫主管部门颁发的动物诊疗许可证。

动物诊疗机构应当在诊疗场所的显著位置悬挂动物诊疗许可证，公示从业人员基本情况和诊疗收费标准，并定期向颁发动物诊疗许可证的部门报告动物疫病诊疗情况。

动物诊疗机构应当按照规定落实防疫措施，做好诊疗活动中的安全防护、检验检测、消毒卫生、隔离、病死动物和诊疗废弃物处置等工作，不得在动物诊疗区域内从事动物销售、美容、寄养等其他经营活动。

本市对动物诊疗机构实施监督量化分级管理，具体办法由市动物防疫主管部门制定。

第三十条　本市按照国家规定实行官方兽医任命制度。官方兽医由市动物防疫主管部门按照程序确认，由动物防疫主管部门任命。官方兽医依法履行动物、动物产品检疫职责，任何单位和个人不得拒绝或者阻碍。

本市推进兽医社会化服务发展，支持执业兽医、乡村兽医以及取得相应资质的机构和组织依法参与动物免疫、动物诊疗、检疫辅助等工作。

动物防疫主管部门可以根据工作需要和有关要求，购买兽医社会化服务。

第三十一条　本市依托政务服务"一网通办"和城市运行"一网统管"平台，推进动物防疫工作数字化转型，实现饲养、屠宰、经营、运输、无害化处理等全链条可追溯，以及动物疫病监测、重大动物疫情和人畜共患传染病疫情处置、动物防疫违法行为等信息互通与共享，提高动物疫病防控工作效能。

第三十二条　各有关部门应当按照国家和本市有关规定，将动物防疫违法行为予以记录，并依法向本市公共信用信息服务平台归集。

对存在动物防疫失信行为的单位和个人，相关部门应当实行重点监管，并由有关行政机关依法采取惩戒措施。

第三十三条　违反本条例规定的行为，法律、法规已有处理规定的，从其规定。

第三十四条　违反本条例第十一条第二款规定，擅自将禁止或者限制的特定动物、动物产品调入或者调出本市的，由区动物防疫主管部门责令改正，可以处一万元以上十万元以下罚款。

第三十五条　违反本条例第十六条第三款规定，狂犬病免疫点未建立狂犬病免疫档案，未记录相关信息，或者未出具统一制式狂犬病免疫证明的，由区动物防疫主管部门责令限期改正；逾期不改正的，处三千元以上三万元以下罚款。

第三十六条　违反本条例第二十五条第一款规定，未经本市指定通道运载动物产品进入本市的，由动物防疫主管部门对承运人处五千元以上一万元以下罚款；情节严重的，处一万元以上五万元以下罚款。

违反本条例第二十五条第一款规定，接收未经指定通道检查的动物、动物产品的，由动物防疫主管部门对接收单位或者个人予以警告，并处一万元以上十万元以下罚款。

第三十七条　本条例自 2022 年 12 月 1 日起施行。

32. 上海市浦东新区优化揭榜挂帅机制
促进新型研发机构发展若干规定

（2022 年 10 月 28 日上海市第十五届人民代表大会常务委员会第四十五次会议通过）

第一条 为了深入实施创新驱动发展战略，优化揭榜挂帅机制，营造新型研发机构良好的发展环境，推动浦东新区建设国际科技创新中心核心区，根据有关法律、行政法规的基本原则，结合浦东新区实际，制定本规定。

第二条 在浦东新区通过优化揭榜挂帅机制吸引科技领军人才承接创新项目，培育发展新型研发机构以及相关的促进、管理和保障等活动，适用本规定。

本规定所称创新项目，包括科学研究、技术开发、技术攻关、成果转化、示范应用、产业化等项目。

第三条 市人民政府应当支持浦东新区率先推进科技体制机制创新，建立促进新型研发机构发展的统筹协调机制，支持浦东新区持续优化创新创业环境、提升科技创新公共服务水平。

市科技、经济信息化、发展改革、财政、国有资产监管、审计等部门根据自身职责和本规定，支持浦东新区开展创新项目揭榜挂帅和新型研发机构发展等工作。

市规划资源、人力资源社会保障、公安、民政、地方金融监管、税务等部门以及海关等单位按照各自职责和本规定，支持新型研发机构在浦东新区发展。

第四条 浦东新区人民政府应当统筹协调本行政区域创新项目揭榜挂帅和促进新型研发机构发展的重大事项，增强自主创新能力，搭建为揭榜挂帅活动提供服务的公共平台，吸引社会力量参与和科技人才集聚，营造有利于创新的生态环境。

浦东新区科技经济部门负责创新项目揭榜挂帅的具体推进工作和新型研发机构的促进发展工作，完善项目、基地、人才、资金一体化调度和配置机制，提高承担国家和本市重大战略任务的能力。

浦东新区其他相关部门应当按照各自职责和本规定，共同做好创新项目揭榜挂帅的推进和新型研发机构的促进发展工作。

第五条　在浦东新区设立非营利性、公益性的创新项目揭榜挂帅公共服务平台（以下简称服务平台），承担汇集发布创新项目信息、组织实施创新项目揭榜挂帅等事项，并提供相关的公共服务。

服务平台应当按照专业化、社会化的运作要求委托专门机构运营，与有关企业、机构、产业基金和创投基金等开展合作，接受区科技经济部门监督管理。

通过服务平台开展创新项目揭榜挂帅活动的规则由浦东新区人民政府制定。服务平台应当建立信息公开制度，明确服务内容和监督办法，并向社会公布。

第六条　服务平台应当选聘科技创新领域知名专家组成专家委员会，建立专家库。专家委员会负责对服务平台组织开展创新项目揭榜挂帅等活动提供决策咨询。专家库中的专家根据相关参与方的需求对创新项目的发布、申报、评鉴、揭榜等活动提供专业支持。专家委员会和专家库的名单向社会公布。

第七条　在服务平台上发布的创新项目应当面向全社会征集，聚焦重点领域突破、关键核心技术攻关和重大成果转化，具备策源性强、影响力大和带动面广等特点。

本市政府部门、国有企业、事业单位的创新项目可以在服务平台上公开发布，但依法需要保密的除外。支持其他企业和社会组织的创新项目在服务平台上公开发布。

在服务平台上发布创新项目的，应当列明完成项目需要的科研能力要求、项目考核和评审验收标准、经费拨付和管理等事项。

第八条　创新项目申报主体应当按照项目需求提交方案，说明项目组织形式、首席科学家或其他重要科技领衔人、团队组成等，证明科研能力等情况。

不得以国籍、年龄、资历、学历和工作经历、单位属性等作为国内外人才和团队在浦东新区参与创新项目揭榜挂帅的资格条件。

第九条　创新项目发布方应当对申报主体提交的方案和有关情况开展尽职调查和评鉴，确定一个申报主体作为揭榜方承接创新项目。

无法确定唯一主体的，可以采用赛马制方式择优选择多个申报主体承接创新项目、各自独立揭榜攻关，并按合同约定开展科研活动。

第十条　鼓励参与创新项目揭榜挂帅活动的企业、单位在浦东新区开展有关科技成果转化和应用，实现集聚发展。

浦东新区应当采取措施，引进和培育符合创新规律、提升创新效能、满足创新需求的新型研发机构，并实施依章程管理的组织体系和治理结构。支持新型研发机构在浦东新区参与创新项目揭榜挂帅活动。

第十一条　创新项目发布方和揭榜方可以依法约定科技成果的知识产权归属。创新项目科技成果转化和应用符合本市和浦东新区发展战略定位的，市、区相关科技创新基金等应当提供支持，并按程序纳入用地保障范围。浦东新区应当给予融资担保、财政补助等政策支持。

鼓励社会资本与浦东新区政府投资基金合作，对在浦东新区实施的科技成果转化、示范应用、产业化项目等进行投资。浦东新区政府投资基金的投资收益，可以用于激励奖补。

支持社会力量通过设立基金、捐赠、股权投资等方式，重点支持新型研发机构开展科学研究、技术开发和技术攻关等活动。

第十二条　支持揭榜挂帅的创新项目建立以结果为导向的经费拨付机制，项目完成并通过验收的，按照合同约定拨付剩余资金。

支持新型研发机构对使用财政科研经费的创新项目实行包干制和负面清单管理。负面清单由财政部门会同有关部门根据财政资金来源予以编制。在承诺遵守科研伦理道德和作风学风诚信要求、经费除负面清单列明的禁止支出项目外全部用于本项目研究工作相关支出的基础上，有权自主管理和使用项目经费。

使用社会资金的创新项目，由发布方和揭榜方在相关合同中约定经费使用方式。

第十三条　浦东新区对新型研发机构培养、引进的相关人才，提供居留和出入境、落户、安居、医疗保险、子女教育等服务保障。在浦东新区新型研发机构工作的紧缺急需人才，按照规定享受浦东新区提供的财政补贴。支持浦东新区的新型研发机构按规定与高等学校联合培养研究生。

符合条件的境外人员可以担任浦东新区新型研发机构法定代表人。

第十四条　使用财政资金出资购置、建设大型科学仪器设施的管理单位，应当按照规定为浦东新区新型研发机构提供共享服务。

鼓励浦东新区新型研发机构与境外研究开发机构合作开展技术研究，通过举办国际性学术会议、科技创新展会、科技创新大赛等方式进行国际科技合作交流。

浦东新区新型研发机构进口设备、材料的，按照规定享受关税和进口环节增值税减免政策。

第十五条　支持浦东新区新型研发机构实行任务为导向的绩效评价管理模式。对运用财政性资金设立的新型研发机构，可以实行综合预算管理；对其他新型研发机构，可以研发和服务活动的公共性、稀缺性和引领性等评价结果，择优给予财政补助。

支持对浦东新区承担战略性任务的新型研发机构，建立以创新绩效为核心的中长期综合评价机制。

第十六条　浦东新区应当按照支持创新、权责一致、尽职免责、失职追责的原则，探索建立符合创新项目特点的容错机制，按照相关合同的约定开展监督。

第十七条　本规定有关用语的含义：

（一）揭榜挂帅，是指创新项目向社会公开发布，由科技领军人才作为项目负责人挂帅并组织团队提供解决方案，并以科研技术成果产出来兑现的非周期性科研资助机制。

（二）经费包干，是指由项目负责人按照规定或者约定，对项目资金自主管理使用的模式。

（三）赛马制，是指对创新项目在开展揭榜挂帅过程中实行择优选择、并行攻关、合同约定的组织管理方式。

第十八条　本规定自 2022 年 12 月 1 日起施行。

33. 上海市公共场所控制吸烟条例

（2009 年 12 月 10 日上海市第十三届人民代表大会常务委员会第十五次会议通过；根据 2016 年 11 月 11 日上海市第十四届人民代表大会常务委员会第三十三次会议《关于修改〈上海市公共场所控制吸烟条例〉的决定》第一次修正；根据 2022 年 10 月 28 日上海市第十五届人民代表大会常务委员会第四十五次会议《关于修改〈上海市公共场所控制吸烟条例〉等 5 件地方性法规和废止〈上海市企业名称登记管理规定〉的决定》第二次修正）

第一条　为了消除和减少烟草烟雾及电子烟释放物的危害，保障公众身体健康，创造良好的公共场所卫生环境，提高城市文明水平，根据有关法律、行政法规，结合本市实际，制定本条例。

第二条　本市公共场所的控制吸烟工作（以下简称控烟工作）适用本条例。

前款所称控烟工作，是指采取有效措施，禁止在本条例规定的禁烟场所吸烟（包括电子烟）。

第三条　本市控烟工作实行"限定场所、分类管理、单位负责、公众参与、综合治理"的原则。

第四条　市和区健康促进委员会在本级人民政府领导下，负责本行政区域内控烟工作的组织和协调，指导、监督各部门、各行业的控烟工作，组织开展控烟工作宣传教育活动。健康促进委员会的日常办事机构设在同级卫生健康部门。

卫生健康部门是本市公共场所控烟工作的主管部门。

教育、文化旅游、体育、市场监管、交通、商务、公安、城管执法等行政管理部门按照本条例和其他相关规定，做好控烟监督管理工作。

第五条　市健康促进委员会应当组织开展多种形式的控烟宣传教育工作，使公众了解烟草烟雾及电子烟释放物的危害，增强全社会营造无烟环境的意识。

有关行政管理部门、人民团体以及学校、医院等单位应当定期开展烟草烟雾及电子烟释放物危害和控烟的宣传教育活动。

广播、影视、报刊、通信、网站等媒体应当开展吸烟和被动吸烟有害健康的公益宣传活动。

第六条　室内公共场所、室内工作场所、公共交通工具内禁止吸烟。

第七条　下列公共场所的室外区域禁止吸烟：

（一）托儿所、幼儿园、中小学校、少年宫、青少年活动中心、教育培训机构以及儿童福利院等以未成年人为主要活动人群的公共场所；

（二）妇幼保健院（所）、儿童医院；

（三）体育场馆、演出场所的观众坐席和比赛、演出区域；

（四）对社会开放的文物保护单位；

（五）人群聚集的公共交通工具等候区域；

（六）法律、法规、规章规定的其他公共场所。

市和区人民政府可以根据大型活动的需要，将其他公共场所的室外区域设立为临时禁止吸烟区域。

第八条　除本条例第六条、第七条规定以外的其他公共场所、工作场所的室外区域，有条件的可以设立吸烟点。

吸烟点的设定应当遵守下列规定：

（一）远离人员聚集区域和行人必经的主要通道；

（二）设置吸烟点标识、引导标识，并在吸烟点设置吸烟危害健康的警示标识；

（三）放置收集烟灰、烟蒂等的器具；

（四）符合消防安全要求。

第九条　禁止吸烟场所所在单位应当履行下列义务：

（一）落实劝阻吸烟人员或者组织劝阻吸烟的志愿者；

（二）做好禁烟宣传教育工作；

（三）在醒目位置设置统一的禁止吸烟标识和监管电话；

（四）不设置任何与吸烟有关的器具；

（五）对吸烟者进行劝阻；

（六）对不听劝阻也不愿离开禁止吸烟场所的吸烟者，向监管部门举报。

第十条　任何个人可以要求吸烟者停止在禁止吸烟场所内吸烟；要求禁止吸烟场所所在单位履行禁止吸烟义务，并可以对不履行禁烟义务的单位，向监管部门举报。

第十一条　国家机关、事业单位及其工作人员应当遵守控烟有关规定，带头履行控制吸烟义务。市和区健康促进委员会应当定期开展控烟检查，通报控烟情况。

卫生健康、教育、文化旅游、体育、市场监管、交通、商务等有关行政管理部门以及相关行业协会应当将控烟工作纳入本系统、本行业日常管理。

第十二条　市和区健康促进委员会应当组织有关部门，加强对控烟工作的监测和评估。

市健康促进委员会应当每年向社会公布本市控烟工作情况。

第十三条　卫生健康部门应当组织开展对吸烟行为的干预工作，设立咨询热线，开展控烟咨询服务。

医疗机构应当为吸烟者提供戒烟指导和帮助。

第十四条　全社会都应当参与控烟工作。

鼓励控烟志愿者组织、其他社会组织和个人开展控烟宣传教育活动，组织开展社会监督，为吸烟者提供戒烟帮助，对控烟工作提出意见和建议。

鼓励单位和个人通过"12345"市民服务热线或者相关行业监管热线，对违反本条例规定的行为进行举报。

第十五条　控烟工作应当作为本市文明单位评比的内容之一。

第十六条　控烟工作的监督执法按照以下规定实施：

（一）教育行政部门负责对各级各类学校的控烟工作进行监督执法；

（二）文化旅游部门负责对文化、体育、娱乐场所、旅馆以及向社会开放的文物保护单位的控烟工作进行监督执法；

（三）承担机场、铁路执法工作的机构以及交通部门、轨道交通线路运营单位按照各自职责，对公共交通工具及其有关公共场所的控烟工作进行监督执法；

（四）市场监管部门负责对餐饮业经营场所的控烟工作进行监督执法；

（五）公安部门负责对网吧等互联网上网服务营业场所的控烟工作进行监督执法；

（六）城管执法部门负责对物业管理区域内的公共电梯的控烟工作进行监督执法；

（七）卫生健康部门负责对各级各类医疗卫生机构以及本条第一项至第六项以外的其他公共场所、工作场所的控烟工作进行监督执法。

第十七条　市和区人民政府应当对控烟监测及评估、科学研究、宣传教育、行为干预、人员培训、监督管理等控烟工作所需经费予以保障。

第十八条　禁止吸烟场所所在单位违反本条例第九条规定的，由本条例第十六条规定的有关部门责令限期改正，可处以两千元以上一万元以下的罚款；情节严重的，处以一万元以上三万元以下的罚款。

第十九条　个人在禁止吸烟场所吸烟且不听劝阻的，由本条例第十六条规定的有关部门责令改正，并处以五十元以上两百元以下的罚款。

第二十条　对在禁止吸烟场所内吸烟，不听劝阻且扰乱社会秩序，或者阻碍有关部门依法执行职务，违反《中华人民共和国治安管理处罚法》的，由公安部门予以处罚；构成犯罪的，依法追究刑事责任。

第二十一条　控烟行政管理部门、监督执法机构及其工作人员在控烟工作中，不依法履行职责或者徇私舞弊的，对直接负责的主管人员和其他直接责任人员依法给予处分；构成犯罪的，依法追究刑事责任。

第二十二条　因特殊情况设置的室内吸烟室的具体要求，由市人民政府作出规定。

第二十三条　本条例自 2010 年 3 月 1 日起施行。

34. 上海市河道管理条例

（1997年12月11日上海市第十届人民代表大会常务委员会第四十次会议通过；根据2003年10月10日上海市第十二届人民代表大会常务委员会第七次会议《关于修改〈上海市河道管理条例〉的决定》第一次修正；根据2006年6月22日上海市第十二届人民代表大会常务委员会第二十八次会议《关于修改〈上海市河道管理条例〉的决定》第二次修正；根据2010年9月17日上海市第十三届人民代表大会常务委员会第二十一次会议《关于修改本市部分地方性法规的决定》第三次修正；根据2011年12月22日上海市第十三届人民代表大会常务委员会第三十一次会议《关于修改本市部分地方性法规的决定》第四次修正；根据2016年2月23日上海市第十四届人民代表大会常务委员会第二十七次会议《关于修改〈上海市河道管理条例〉等7件地方性法规的决定》第五次修正；根据2017年11月23日上海市第十四届人民代表大会常务委员会第四十一次会议《关于修改本市部分地方性法规的决定》第六次修正；根据2018年11月22日上海市第十五届人民代表大会常务委员会第七次会议《关于修改本市部分地方性法规的决定》第七次修正；根据2018年12月20日上海市第十五届人民代表大会常务委员会第八次会议《关于修改〈上海市供水管理条例〉等9件地方性法规的决定》第八次修正；根据2021年10月28日上海市第十五届人民代表大会常务委员会第三十六次会议《关于修改本市部分地方性法规的决定》第九次修正；根据2022年10月28日上海市第十五届人民代表大会常务委员会第四十五次会议《关于修改〈上海市公共场所控制吸烟条例〉等5件地方性法规和废止〈上海市企业名称登记管理规定〉的决定》第十次修正）

第一章　总则

第一条　为了加强河道管理，保障防汛安全，改善城乡水环境，发挥江河湖泊的综合效益，根据《中华人民共和国水法》、《中华人民共和国防洪法》、《中华人民共和国河道管理条例》等法律、法规，结合本市实际情况，制定本条例。

第二条　本条例适用于本市行政区域内的河道（包括湖泊洼淀、人工水道、河道沟汊）的整治、利用、保护及其相关的管理活动。

河道内的航道，同时适用国家和本市有关航道管理规定。

本市现有港区和规划港区内河段的管理，法律、法规另有规定的从其规定。

第三条　本市河道实行统一规划、综合整治、合理利用、积极保护的原则。

本市河道修建、维护和管理（以下统称河道整治）实行统一管理与分级负责相结合的原则。

本市河道整治费用，按照政府投入同受益者合理承担相结合的原则筹集。

第四条　本市各级人民政府应当加强对河道整治工作的领导，组织有关部门、单位，动员社会力量，有计划地进行河道整治，提高河道的防洪排涝能力，发挥河道的综合功能。

第五条　上海市水务局是本市河道的行政主管部门（以下简称市水行政主管部门），负责对本市河道的监督管理和指导，并对市管河道实施管理。市水行政主管部门所属的上海市水务行政执法总队（以下简称市水务执法总队）具体负责本市河道的监督检查工作，并按照本条例的规定实施行政处罚。

区水行政主管部门是同级人民政府河道行政主管部门，按照其职责权限，负责本行政区域内河道的管理。

乡（镇）人民政府和乡（镇）水利机构按照其职责权限，负责乡（镇）管河道的管理；街道办事处按照本条例规定，对所在区域内的河道行使日常监督管理，其业务接受上级河道行政主管部门的指导。

本市各有关行政管理部门应当按照各自的职责分工，协同实施本条例。

第六条　市管河道的确定，由市水行政主管部门会同有关部门提出方案，报市人民政府批准；区管河道和乡（镇）管河道的划分，由区河道行政主管部门会同有关部门提出方案，报区人民政府批准，并报市水行政主管部门备案。

根据河道管理需要，市水行政主管部门可以将市管河道委托区河道行政主管部门实施日常监督管理；区河道行政主管部门也可以将区管河道委托乡（镇）人民政府或者街道办事处实施日常监督管理。委托管理部门应当负责落实委托管理项目所需的经费。

本市境内的长江河段以及其他跨省、市的重要河段、边界河道的管理分工，国家另有规定的从其规定。

第七条　有堤防（含防汛墙，下同）的河道管理范围为两岸堤防之间的全部水域、滩地，堤防、防汛通道或者护堤地；无堤防的河道管理范围按河道防洪规划所确定的设计洪水位划定。具体管理范围，由区以上人民政府划定。

第八条　市水行政主管部门、区河道行政主管部门应当依法加强河道监督管理，维护河道堤防等水工程安全，开展河道水质监测工作，协同环保行政管理部门对水污染防治实施监督管理。

乡（镇）人民政府和街道办事处应当加强对本区域内河道的日常检查和监督。

河道管理人员执行日常监督检查任务时，应当佩戴执法标志，持证执法。

第九条　任何单位和个人都有保护河道堤防等水工程安全、保护水环境和依法参加防汛抢险的义务，并有权制止和检举违反河道管理的行为。

第二章　河道整治

第十条　本市河道专业规划应当符合流域水利规划、区域水利综合规划和城市总体规划的要求，符合国家和本市规定的防洪排涝标准以及其他有关技术规定。

本市利用河道的其他各类专业规划应当与河道专业规划相协调。

第十一条　本市河道专业规划由市水行政主管部门会同有关部门组织编制，经市规划资源管理部门综合平衡后，纳入本市城市总体规划。

市管河道以及中心城区内其他河道的规划，由市水行政主管部门会同有关部门负责编制，经市规划资源管理部门综合平衡，报市人民政府批准后实施；中心城区外的其他河道规划，由区河道行政主管部门会同有关部门负责编制，经区规划行政管理部门综合平衡，报区人民政府批准后实施，并报市水行政主管部门、市规划资源管理部门备案。

编制河道规划涉及航道的，河道行政主管部门应当事先征求航道行政管理部门的意见。

河道规划的修改或者调整，应当经原批准机关批准。

第十二条　编制详细规划涉及河道的，应当事先征求河道行政主管部门意见，并按照规划管理权限，报规划行政管理部门批准后实施。

第十三条　市管河道以及中心城区内其他河道规划控制线（简称河道蓝线）方案，由市水行政主管部门提出，经市规划资源管理部门批准后施行；中心城区外的其他河道蓝线方案，由区河道行政主管部门提出，经区规划行政管理部门批准后施行，报市水行政主管部门、市规划资源管理部门备案。

河道行政主管部门提出通航河道蓝线方案前，应当征求航道行政管理部门的意见。

第十四条　市水行政主管部门或者区河道行政主管部门应当根据河道专业规划，制定河道整治年度计划，报同级人民政府批准后组织实施。

乡（镇）人民政府应当对其所管理的河道制定年度整治计划，并组织实施。

对淤积严重、影响防洪排涝的河道，市水行政主管部门或者区河道行政主管部门应当制定河道整治应急方案，并优先安排整治工程。

第十五条　河道行政主管部门进行河道整治涉及航道的，应当兼顾航运需要，并事先征求航道行政管理部门的意见。

航道行政管理部门进行航道整治，应当符合防汛安全要求，并事先征求河道行政主管部门的意见。

在重要的渔业水域进行河道、航道整治，应当兼顾渔业发展需要，并事先征求渔业行政管理部门的意见。

第十六条　沿河新建、扩建、改建的建设项目，建设单位在建设项目立项或者申请建设许可时，应当将区域内河段的部分整治项目纳入建设项目计划并与建设项目同步实施。所需经费，专用岸段由建设单位负担；非专用岸段的经营性建设项目，由建设单位按收益情况合理负担。

第十七条　河道整治需要占用的土地，由土地行政管理部门按照国家和本市的有关规定调剂解决。

河道整治所增加的土地，按照城市规划和土地利用规划安排使用，其土地转让得益应当用于河道整治。

第三章　河道利用

第十八条　河道管理范围内的建设项目，建设单位应当按照河道管理权限，将工程建设方案报送市水行政主管部门或者区河道行政主管部门审核同意。未经市水行政主管部门或者区河道行政主管部门审核同意的，建设单位不得开工建设。

第十九条　经批准在河道管理范围内的建设项目施工前，建设单位应当按照河道管理权限，将施工方案报市水行政主管部门或者区河道行政主管部门审核，并在规定的界限内进行施工。

第二十条　河道管理范围内的建设项目，按照国家有关法律、法规，进行竣工验收，并应当服从市水行政主管部门或者区河道行政主管部门的安全管理。

第二十一条　需要利用河道堤顶或者平台兼做道路的，建设单位应当报市水行政主管部门或者区河道行政主管部门批准，并向土地行政管理部门办理有关手续；但在建设河道堤防时已经明确可以利用堤顶或者平台兼做道路的，不再审批。

第二十二条　利用河道、水闸等水工程实施引清调水，改善水环境的，应当按照引清调水方案统一调度。

引清调水方案由市水行政主管部门会同市有关部门制定。

第二十三条　经批准在河道管理范围内从事建设活动，占用河道堤防等水工程设施或者水域的，建设单位应当予以补偿；由于施工原因对河道堤防等水工程设施造成损害或者造成河道淤积的，建设单位应当承担赔偿或者清淤的责任。

第二十四条　河道管理范围内的土地确权，由土地行政管理部门按照国家和本市的有关规定予以办理。

第四章　河道保护

第二十五条　禁止擅自填堵河道。

确因建设需要填堵河道的，建设单位应当委托具有相应资质的水利规划设计单位进行规划论证，并报市人民政府批准。

填堵河道需要实施水系调整的，所需经费由建设单位承担。

经批准填堵河道的，建设单位在施工前，应当按照本条例第十九条的规定办理施工审核手续。

第二十六条　对壅水、阻水严重的桥梁、码头或者其他跨河工程设施，根据国家和本市规定的防洪标准，由河道行政主管部门报经同级人民政府批准后，责成产权单位限期整改或者拆除。汛期影响行洪排涝安全的，应当服从防汛指挥部的紧急处理决定。

第二十七条　河道管理范围内不得设置阻水障碍物。

对河道管理范围内的阻水障碍物，按照谁设障、谁清除的原则，由市水务执法总队或者区河道行政主管部门提出清障实施方案，责令设障者在规定的期限内清除；逾期不清除的，由市水行政主管部门或者区河道行政主管部门强制清除，所需费用由设障者承担。

第二十八条　跨汛期的工程施工，建设单位应当落实汛期安全措施。

第二十九条　在河道中运输、存放竹木或者进行水产养殖、捕捞作业，不得影响河道行洪、排涝、灌溉以及危及水工程的安全。

汛期影响河道行洪排涝安全的下列物体，市水行政主管部门或者区河道行政主管部门应当会同交通、公安等部门采取清除措施或者进行紧急处置：

（一）在河道中存放竹木、放置养殖捕捞设施以及其他漂流物的；

（二）船舶在河道内滞留的。

第三十条　在保证堤防安全需要限制航速的河段，河道行政主管部门应当会同航道行政管理部门设立限制航速标志。

第三十一条　水闸运行、通航、纳潮、排涝、引清调水时，应当保障防汛安全及区域内船舶的通航安全。

本市水闸管理办法，由市人民政府另行制定。

第三十二条　河道行政主管部门应当采取措施，加强河道堤防和河岸的水土保持工作，组织植树种草，防止水土流失、河道淤积。

护堤护岸林木、植被，由河道管理机构组织营造并负责维护和管理。

第三十三条　根据河道堤防的重要程度以及堤基土质条件，经市水行政主管部门或者区河道行政主管部门报同级人民政府批准后，可以在河道管理范围的相连地域划定堤防安全保护区。

在河道管理范围及堤防安全保护区内，未经市水行政主管部门或者区河道行政主管部门批准，不得从事下列活动：

（一）开采地下资源、进行考古发掘、堆放物料；

（二）设置渔簖、网箱及其他捕捞装置；

（三）爆破、取土、钻探、打桩、打井、挖筑鱼塘等影响河道堤防安全。

第三十四条　在河道管理范围内，不得从事下列活动：

（一）倾倒工业、农业、建筑等废弃物以及生活垃圾、粪便；

（二）清洗装贮过油类或者有毒有害污染物的车辆、容器；

（三）搭建房屋、棚舍等建筑物或者构筑物；

（四）损毁河道堤防等水工程设施；

（五）放牧、垦殖、砍伐盗伐护堤护岸林木；

（六）水上水下作业影响河势稳定、危及河道堤防安全；

（七）其他妨碍河道防洪排涝活动。

第五章　保障措施

第三十五条　河道整治，应当纳入本市国民经济和社会发展计划。各级人民政府应当提高投入的总体水平。

第三十六条　各级人民政府应当按照河道规划所确定的分期目标，制定年度整治计划，所需经费应当在年度财政预算中专项安排。

第三十七条　各级人民政府按照国家有关规定设立的水利建设基金，应当主要用于防洪和河道整治。

第三十八条　本市按照法律规定征收河道工程修建维护管理费，具体征收、使用和管理办法由市人民政府另行制定。

第三十九条　各级人民政府应当根据国家的有关规定，安排一定比例的义务工和劳动积累工，对河道堤防工程进行修建和加固。

第四十条　任何单位和个人不得截留、挪用河道整治费用。

审计机关应当加强对河道整治费用征收和使用情况的审计监督。

第六章　法律责任

第四十一条　违反本条例规定，擅自填堵河道的，由市水务执法总队或者区河道行政主管部门责令其限期改正或者采取其他补救措施，并可处以一万元以上五万元以下的罚款。

第四十二条　违反本条例第十八条、第十九条规定，由市水务执法总队或者区河道行政主管部门责令其停止施工，限期改正或者采取其他补救措施，并可处以一千元以上五万元以下的罚款。

第四十三条　违反本条例第三十三条第二款规定，由市水务执法总队、区河道行政主管部门或者乡（镇）水利机构责令其停止违法行为，限期改正，并可处以一万元以下的罚款。

第四十四条　违反本条例第三十四条规定，由市水务执法总队、区河道行政主管部门或者乡（镇）水利机构责令其停止违法行为，限期改正，并可处以一万元以上五万元以下的罚款。

第四十五条　对下级河道行政主管部门或者组织作出的不适当决定，上级河道行政主管部门应当要求其改正或者予以撤销。

第四十六条　河道管理人员玩忽职守、滥用职权、徇私舞弊的，由其所在单位或者上级主管部门给予处分；构成犯罪的，依法追究刑事责任。

第四十七条　当事人对河道行政主管部门或者组织的具体行政行为不服的，可以依照《中华人民共和国行政复议法》或者《中华人民共和国行政诉讼法》的规定，申请复议或者提起诉讼。

当事人对具体行政行为在法定期限内不申请复议，不提起诉讼，又不履行的，作出具体行政行为的部门或者组织可以申请人民法院强制执行。

第七章　附则

第四十八条　市人民政府应当根据本条例制定具体管理办法。

第四十九条　本条例的具体应用问题，由市水行政主管部门负责解释。

第五十条　本条例自 1998 年 3 月 1 日起施行。

35.上海市建筑市场管理条例

（1997 年 10 月 21 日上海市第十届人民代表大会常务委员会第三十九次会议通过；根据 2003 年 10 月 10 日上海市第十二届人民代表大会常务委员会第七次会议《关于修改〈上海市建筑市场管理条例〉的决定》第一次修正；根据 2010 年 9 月 17 日上海市第十三届人民代表大会常务委员会第二十一次会议《关于修改本市部分地方性法规的决定》第二次修正；2014 年 7 月 25 日上海市第十四届人民代表大会常务委员会第十四次会议修订；根据 2018 年 12 月 20 日上海市第十五届人民代表大会常务委员会第八次会议《关于修改〈上海市供水管理条例〉等 9 件地方性法规的决定》第三次修正；根据 2020 年 12 月 30 日上海市第十五届人民代表大会常务委员会第二十八次会议《关于修改本市部分地方性法规的决定》第四次修正；根据 2022 年 10 月 28 日上海市第十五届人民代表大会常务委员会第四十五次会议《关于修改〈上海市公共场所控制吸烟条例〉等 5 件地方性法规和废止〈上海市企业名称登记管理规定〉的决定》第五次修正）

第一章　总则

第一条　为了加强本市建筑市场的管理，维护建筑市场秩序，保障当事人的合法权益，根据《中华人民共和国建筑法》等有关法律、行政法规的规定，结合本市实际情况，制定本条例。

第二条　在本市行政区域内从事建筑市场活动，实施建筑市场监督管理，适用本条例。

第三条　市建设行政管理部门负责全市建筑市场的统一监督管理。具体履行以下职责：

（一）组织制定本市建筑市场监督管理政策；

（二）组织编制工程建设地方标准和规范；

（三）建立全市统一的建设工程交易市场；

（四）负责建筑市场企业资质和从业人员资格管理；

（五）市人民政府规定的其他统一监督管理职责。

区建设行政管理部门按照其职责权限，负责本行政区域内建筑市场的监督管理。

本市交通、水务、海洋、绿化市容、民防、房屋等行政管理部门（以下简称其他有关部门）按照市人民政府规定的职责分工，负责专业建设工程建筑市场的监督管理。

本市发展改革、规划资源、环境保护、应急管理、市场监管、财政、公安、消防、经济信息化、人力资源社会保障等行政管理部门按照各自职责，协同实施本条例。

第四条　从事建筑市场活动应当遵循依法合规、诚实守信、有序竞争的原则；禁止以任何形式垄断建筑市场，或者以不正当手段扰乱建筑市场秩序。

建筑市场管理应当坚持统一、开放、公平、公正的原则。

第五条　建设项目实行统一代码制度。建设单位按照规定取得的项目代码，作为建设工程整个建设周期管理的统一身份标识。

第六条　鼓励建筑科学技术研究和人才培训，支持开发和采用建筑新技术、新工艺、新设备、新材料和现代管理方法，推动先进、成熟、适用的新技术上升为技术标准，促进建筑产业现代化。

第七条　建筑市场相关行业协会应当建立健全行业自律和交易活动的规章制度，引导行业健康发展，督促会员依法从事建筑市场活动；对违反自律规范的会员，行业协会应当按照协会章程的规定，采取相应的惩戒措施。

第二章　市场准入和建设许可

第八条　建设工程勘察、设计、施工、监理、造价咨询、工程质量检测等单位应当依法取得资质证书，并在资质许可范围内承接业务。

建设工程施工单位应当按照国家有关规定，取得安全生产许可证。

第九条　注册地在其他省市的单位进入本市从事建筑活动，应当向市建设行政管理部门报送国家或者省级相关行政管理部门颁发的资质证书、专业技术人员注册执业证书等相关信息。

第十条　国家规定实行注册执业制度的建筑活动专业技术人员，经资格考试合格，取得注册执业证书后，方可从事注册范围内的业务。

第十一条　注册执业人员不得有下列行为：

（一）出租、出借注册执业证书或者执业印章；

（二）超出注册执业范围或者聘用单位业务范围从事执业活动；

（三）在非本人负责完成的文件上签字或者盖章；

（四）法律、法规禁止的其他行为。

第十二条　按照国家和本市有关规定配备的施工员、质量员、安全员、标准员、材料员、机械员、劳务员、资料员等施工现场专业人员，应当经过聘用单位组织的岗位培训并通过职业能力评价。

第十三条　建设单位应当在建设工程发包前，向市、区建设行政管理部门报送项目信息。

第十四条　建设工程开工应当按照国家有关规定，取得施工许可。未经施工许可的建设工程不得开工。

除保密工程外，施工单位应当在施工现场的显著位置向社会公示建设工程施工许可文件的编号、工程名称、建设地址、建设规模、建设单位、设计单位、施工单位、监理单位、合同工期、项目经理等事项。

第三章　工程发包与承包

第十五条　依法必须进行招标发包的建设项目，建设单位应当在完成建设工程的项目审批、核准、备案手续后，方可进行工程总承包或者施工发包。

第十六条　工程总承包、勘察、设计、施工的发包应当具备下列条件：

（一）发包单位为依法成立的法人或者其他组织；

（二）有满足发包所需的资料或者文件；

（三）建设资金来源已经落实。

政府投资的建设工程的施工发包应当具有施工图设计文件。但是，建设工程技术特别复杂或者需要使用新技术、新工艺，经市建设行政管理部门审核同意的除外。

第十七条　建设工程的勘察、设计、施工，可以全部发包给一个承包单位实行工程总承包；也可以将建设工程的勘察、设计、施工分别发包给不同的承包单位。

发包单位不得将应当由一个承包单位完成的建设工程支解成若干部分发包给几个承包单位。市建设行政管理部门应当会同其他有关部门明确具体管理要求。

第十八条　建设工程的发包分为招标发包和直接发包。

建设工程招标发包分为公开招标发包和邀请招标发包。

第十九条　全部或者部分使用国有资金投资或者国家融资，以及使用国际组织或者外国政府贷款、援助资金之外的建设工程，可以不进行招标发包，但是国家另有规定的除外。

政府特许经营项目已通过招标方式选定投资人，投资人具有相应工程建设资质且自行建设的，可以不进行招标发包。

第二十条　具备勘察、设计或者施工资质的单位自行投资建设工程的，可以在其资质许可范围内承担相应的工作。

在建工程追加附属小型工程或者房屋建筑主体加层工程，原承包单位具备承包能力的，可以将工程总承包或者勘察、设计、施工直接发包给原承包单位。

第二十一条　依法必须公开招标发包的工程，发包单位应当按照国家和本市有关规定，在市建设行政管理部门等相关行政管理部门指定的媒介上发布招标公告。

鼓励使用市建设行政管理部门等相关行政管理部门制定的招标示范文本。

第二十二条　评标由招标人依法组建的评标委员会负责。

招标人与评标委员会成员串通确定中标人的，中标无效。

第二十三条　实行建设工程总承包的，总承包单位应当具备相应的设计或者施工资质，并建立与工程总承包业务相适应的项目管理体系。

实行总承包的建设工程，工程质量由总承包单位负责。总承包单位经发包单位同意将所承包工程中的部分工作分包给其他单位的，总承包单位和分包单位应当就分包工程向发包单位承担连带责任。

第二十四条　两个以上的勘察、设计、施工单位可以组成联合体承包工程。联合体各方应当签订联合体协议，确定一方作为联合体主办方，并对承包合同的履行承担连带责任。

联合体各方应当在各自的资质许可范围内承接工程；资质类别相同但资质等级不同的企业组成联合体的，应当按照资质等级低的承包单位的资质许可范围承接工程。

已经参加联合体的单位不得参加同一建设工程的单独投标或者其他联合体的投标。

第二十五条　实行施工总承包的，总承包单位应当自行完成主体结构工程的施工，在主体结构工程施工中应当承担下列责任：

（一）在施工现场设立项目管理机构；

（二）按照规定在施工现场配备本单位的管理人员；

（三）加强施工现场质量和安全管理；

（四）自行采购、供应主体结构工程的主要材料；

（五）法律、行政法规规定的其他责任。

总承包单位和建设单位应当在总承包合同中对分包工程、建设工程材料和设备供应方式等内容予以明确。

建设行政管理部门和其他有关部门应当加强对总承包单位施工现场的监管。

第二十六条　建设单位需要在施工总承包范围内确定专业分包单位或者建设工程材料、设备供应单位的，应当在招标文件中明示或者事先与总承包单位进行协商，并在施工总承包合同中约定；确定的专业分包单位或者材料、设备供应单位应当接受总承包单位的管理，并由总承包单位进行相关工程款项的结算和支付。

建设单位需要将施工总承包范围外的专业工程另行发包的，应当事先与施工总承包单位书面约定现场管理方式。

采取前两款发包方式的，建设单位与施工总承包单位的承包合同应当明确建设单位的责任。

第二十七条　工程总承包、勘察、设计、施工、监理单位承接建设工程时不得有下列行为：

（一）借用他人资质或者以他人名义承接工程；

（二）以贿赂等不正当手段承接工程；

（三）参与有利害关系的招标代理机构代理的建设项目的投标；

（四）提供伪造或者变造的资料；

（五）未以投标方式承接必须投标承包的建设工程；

（六）法律、法规禁止的其他行为。

第二十八条　承包单位不得转包工程。承包单位有下列情形之一的，属于转包行为：

（一）工程总承包单位将其资质范围内的全部设计或者施工业务交由其他单位或者个人完成；

（二）勘察、设计承包单位将全部的勘察或者设计业务交由其他单位或者个人完成；

（三）施工总承包单位将全部的施工业务交由其他单位或者个人完成。

第二十九条　施工承包单位不得违法分包工程。施工承包单位有下列情形之一的，属于违法分包行为：

（一）将建设工程分包给不具备相应资质的单位或者个人的；

（二）专业分包单位将其承包的建设工程再实行专业分包的；

（三）劳务分包单位将其承包的劳务作业再分包的；

（四）法律、行政法规规定属于违法分包的其他情形。

第三十条　建设单位可以自主委托招标代理、造价咨询等中介服务机构。招标代理机构、造价咨询机构不得同时接受同一建设工程招标人和投标人的委托，也不得同时接受同一建设工程两个以上投标人的委托。

第三十一条　建设单位可以委托具有建设工程设计、施工、监理或者造价咨询相应资质的项目管理单位，开展工程项目全过程或者若干阶段的项目管理服务。

项目管理单位应当配备具有相应执业能力的专业技术人员和管理人员，提供工程项目前期策划、项目设计、施工前准备、施工、竣工验收和保修等阶段的项目管理服务，也可以在其资质许可范围内，为同一工程提供工程监理、造价咨询等专业服务。

设计、施工单位从事项目管理的，不得承接同一建设工程的工程总承包、设计或者施工项目。

本市逐步推进政府投资的建设工程委托项目管理单位实行全过程管理。

第四章　工程合同和造价

第三十二条　承接建设工程总承包、勘察、设计、施工项目的，应当签订书面的建设工程合同。承接建设工程项目管理、招标代理、造价咨询、监理、检测等业务的，应当签订书面的委托合同。鼓励使用国家或者本市制定的合同示范文本。

实行招标发包的建设工程，其承发包合同的工程内容、合同价款及计价方式、合同工期、工程质量标准、项目负责人等主要条款应当与招标文件和中标人的投标文件的内容一致。

第三十三条　合同签订后三十日内，发包单位、委托单位应当向建设行政管理部门或者其他有关部门报送工程内容、合同价款、计价方式、项目负责人等合同信息。合同信息发生变更的，发包单位、委托单位应当于变更事项发生后十五日内，向原报送部门报送变更信息。

经依法报送并履行完毕的合同项目，方可作为业绩在企业申请资质升级增项、参与招标投标过程中予以使用。

第三十四条　合同履行过程中，市场价格波动超过正常幅度且合同未予约定的，合同当事人应当对合同价款的调整进行协商。

第三十五条　全部使用国有资金投资或者国有资金投资为主的建设工程的施工发包和承包应当采用工程量清单方式计价。工程量清单应当按照国家和本市的清单计价规范编制。

全部使用国有资金投资或者国有资金投资为主的建设工程实行施工招标，招标人应当在发布招标文件时，公布最高投标限价，并报送建设行政管理部门或者其他有关部门备查。

鼓励其他资金投资的建设工程的施工发包和承包采用工程量清单方式计价。

第三十六条　发包单位应当按照法律规定和合同约定，进行工程预付款、工程进度款、工程竣工价款的结算、支付。

建设工程竣工后，发包单位和承包单位应当按照合同约定进行工程竣工结算。

对当年开工、当年不能竣工的新开工建设工程推行过程结算，经发包单位和承包单位确认的过程结算文件作为工程竣工结算文件的组成部分。

承包单位应当在提交竣工验收报告后，按照合同约定的时间向发包单位递交竣工结算报告和完整的结算资料。发包单位或者发包单位委托的造价咨询机构应当在六十日内进行核实，并出具核实意见。合同另有约定的除外。

竣工结算文件确认后三十日内，发包单位应当将双方确认的竣工结算文件报建设行政管理部门或者其他有关部门备案。

第三十七条　市建设行政管理部门应当会同其他有关部门制定全市工程造价信息数据标准，建立全市工程造价信息平台。

全部使用国有资金投资或者国有资金投资为主的建设工程，建设行政管理部门和其他有关部门应当将最高投标限价、中标价、竣工结算价在市建设行政管理部门指定的网站上公开，接受社会监督。

第三十八条　建设工程合同当事人可以采取投标担保、履约担保、预付款担保、工程款支付担保等担保方式，降低合同履行的风险。

发包单位要求承包单位提供履约担保的，应当同时向承包单位提供工程款支付担保。

第三十九条　建设工程合同对建设工程质量责任采用质量保证金方式的，使用财政资金的建设工程应当按照国家有关规定，将质量保证金预留在财政部门或者发包单位。

建设工程合同对建设工程质量责任采用工程质量保险方式的，不再设立建设工程质量保证金。

第五章　市场服务与监督

第四十条　建设行政管理部门和其他有关部门应当通过全市统一的建设工程管理信息系统，实施行政许可、招标投标监督管理、合同管理、注册执业人员管理、工程质量和安全监督等监督管理活动。

市建设行政管理部门应当会同市人力资源和社会保障行政管理部门，建立施工作业人员劳务信息系统，向劳务用工单位提供实名登记的施工作业人员信息，并向劳务人员提供劳务用工单位的用工需求信息。

第四十一条　市建设行政管理部门应当建立统一规范的建设工程交易中心，为建设工程交易活动提供场所、设施以及信息、咨询等服务。

第四十二条　市建设行政管理部门应当会同其他有关部门，按照国家和本市有关规定以及本市建设工程技术评审管理的实际需求，建立建设工程评标专家库和专项技术评审专家库。

在本市建设工程交易中心进行评标，以及按照国家或者本市规定开展专项技术评审活动的，应当分别从本市建设工程评标专家库或者专项技术评审专家库中选取专家。

专家在评标或者开展专项技术评审过程中，应当客观、公正地履行职责，遵守职业道德，并对所提出的评审意见承担个人责任。

第四十三条　本市实行施工图设计文件审查制度。施工图设计文件审查机构应当经市建设行政管理部门或者其他有关部门依法确定并向社会公布。

第四十四条　施工图设计文件审查机构应当按照国家或者本市有关规定开展施工图设计文件审查活动，不得有下列行为：

（一）超出范围从事施工图审查；

（二）使用不符合条件的审查人员；

（三）未按照规定的内容进行审查；

（四）未按照规定的时间完成审查；

（五）法律、法规禁止的其他行为。

第四十五条　市建设行政管理部门或者其他有关部门应当加强对审查机构和审查人员的监督检查，并定期公开监督检查结果。

第四十六条　建设行政管理部门和其他有关部门应当对建筑市场活动开展动态监督管理。发现企业资质条件或者安全生产条件已经不符合许可条件的，应当责令限期改正，改正期内暂停承接新业务；逾期未改正的，由许可部门降低其资质等级或者吊销资质证书；属于进沪的其他省市企业的，应当提请发证部门依法作出处理。

建设行政管理部门和其他有关部门对承发包活动开展监督管理时，可以采取函询、风险警示等措施。

建设行政管理部门和其他有关部门在施工现场开展监督检查时，应当对合同的主要内容和现场情况进行比对。

第四十七条　本市建立健全建筑市场活动协同监管机制。发展改革、财政、审计、国资、规划资源、市场监管、公安、人力资源社会保障等行政管理部门应当按照职责，加强对建筑市场活动的协同监管。

对于政府投资建设工程，发展改革、财政、审计、国资等行政管理部门按照职责，重点从资金落实情况审查、资金拨付、资金监管、审计监督以及国有企业经营业绩考核等方面，开展监督管理。

第四十八条　市建设行政管理部门应当会同其他有关行政管理部门组织编制本市建设工程标准、管理规范、定额、计价规则等技术管理文件，并向社会公布。

第四十九条　本市推进建筑市场信用体系建设。建设行政管理部门和其他有关部门应当建立信用信息数据库，记载建筑市场活动中各单位和注册执业人员的信用信息。信用信息应当向市公共信用信息服务平台归集，并向社会公布。

政府投资建设工程的建设单位应当在招标投标活动中使用信用信息。鼓励其他主体在建筑市场活动中使用信用信息。

建设行政管理部门和其他有关部门应当根据建筑市场活动中各单位和注册执业人员的信用状况实行分类管理，加强对失信单位和人员的监管，对信用良好的单位和人员实施便利措施。

第五十条　本市按照国家有关规定开展建设领域稽查工作，对建设行政管理部门、其他有关部门贯彻执行法律、法规、规章、标准及相关政策的情况进行监督检查。

第六章　法律责任

第五十一条　违反本条例规定的行为，《中华人民共和国建筑法》《建设工程质量管理条例》及其他有关法律、行政法规已有处罚规定的，从其规定。

第五十二条　违反本条例第九条规定，其他省市企业未按照要求报送信息的，由市建设行政管理部门责令限期改正；逾期未改正的，处五千元以上三万元以下罚款。

第五十三条　违反本条例第十一条规定，注册执业人员违反规定从事执业活动或者出租、出借注册执业证书、执业印章的，由建设行政管理部门或者其他有关部门责令停止违法行为，处一万元以上三万元以下罚款；有违法所得的，没收违法所得，处违法所得两倍以上五倍以下罚款；情节严重的，提请发证部门吊销资格证书。

第五十四条　违反本条例第十四条第二款规定，施工单位未按照要求在建设工程施工现场进行公示的，由建设行政管理部门或者其他有关部门责令限期改正，处一万元以上三万元以下罚款。

第五十五条　违反本条例第二十七条规定，工程总承包、勘察、设计、施工、监理单位有下列情形之一的，由建设行政管理部门或者其他有关部门按照下列规定予以处罚：

（一）未取得资质证书，借用他人资质或者以他人名义承揽勘察、设计、监理工程的，责令停止违法行为，对违反规定的勘察、设计、监理单位分别处合同约定的勘察费、设计费、监理费两倍以上四倍以下罚款；对违反规定的工程总承包、施工单位处工程合同价款百分之五以上百分之十以下罚款；有违法所得的，没收违法所得；并可以责令停业整顿、降低资质等级；情节严重的，吊销资质证书。

（二）以贿赂等不正当手段承揽工程的，责令改正，对违反规定的勘察、设计、监理单位分别处合同约定的勘察费、设计费、监理费两倍以上四倍以下罚款；对违反规定的工程总承包、施工单位处工程合同价款百分之五以上百分之十以下罚款；并可以责令停业整顿、降低资质等级；情节严重的，吊销资质证书。

（三）提供伪造或者变造的资料的，责令限期改正，处十万元以上三十万元以下罚款；有违法所得的，没收违法所得；情节严重的，暂扣或者吊销资质证书。

（四）未以投标方式承接必须投标承包的建设工程的，责令停止建筑活动，处一万元以上三万元以下罚款。

第五十六条　违反本条例第三十条规定，造价咨询机构就同一建设工程同时接受招标人和投标人或者两个以上投标人委托的，由建设行政管理部门或者其他有关部门责令限期改正，予以警告，并处三万元以上十万元以下罚款。

第五十七条　违反本条例第三十三条第一款规定，发包单位、委托单位未按照要求报送合同信息的，由建设行政管理部门或者其他有关部门责令限期改正；逾期未改正的，处一千元以上五千元以下罚款。

第五十八条　违反本条例第三十六条第五款规定，发包单位未按照要求办理竣工结算文件备案手续的，由建设行政管理部门或者其他有关部门责令限期改正，处一万元以上三万元以下罚款。

第五十九条　违反本条例第四十二条第三款规定，评审专家未客观、公正履行职责的，由市建设行政管理部门责令改正；情节严重的，取消其担任评审专家的资格。

第六十条　施工图设计文件审查机构违反本条例第四十四条规定，未按照规定开展施工图设计文件审查活动的，由市建设行政管理部门或者其他有关部门责令改正，处一万元以上三万元以下罚款；已经出具审查合格书的施工图，仍有违反法律、法规和工程建设强制性标准的，处三万元以上十万元以下罚款；情节严重的，市建设行政管理部门或者其他有关部门不再将其列入审查机构名录。

第六十一条　相关行政管理部门的工作人员违反本条例规定，有下列情形之一的，由所在单位或者上级主管部门依法给予处分；构成犯罪的，依法追究刑事责任：

（一）违法实施行政许可或者行政处罚的；

（二）违法干预建设工程的发包和承包的；

（三）未按照本条例规定履行监督检查职责的；

（四）发现违法行为不及时查处，或者包庇、纵容违法行为，造成后果的；

（五）其他玩忽职守、滥用职权、徇私舞弊的行为。

第七章　附则

第六十二条　本条例有关用语的含义：

（一）建设工程，是指土木工程、建筑工程、线路管道和设备安装工程、装修工程、园林绿化工程及修缮工程。

（二）建筑市场活动，是指在建设工程新建、扩建、改建和既有建筑物、构筑物的装修、拆除、修缮过程中，各方主体进行发包、承包、中介服务，订立并履行合同等活动。

（三）政府投资，是指在本市行政区域内使用政府性资金进行的固定资产投资活动。政府性资金包括财政预算内投资资金、各类专项建设基金、统借国外贷款和其他政府性资金。

第六十三条　本条例自 2014 年 10 月 1 日起施行。

36. 上海市住宅物业管理规定

（2004 年 8 月 19 日上海市第十二届人民代表大会常务委员会第十四次会议通过；2010 年 12 月 23 日上海市第十三届人民代表大会常务委员会第二十三次会议修订；根据 2018 年 11 月 22 日上海市第十五届人民代表大会常务委员会第七次会议《关于修改〈上海市住宅物业管理规定〉的决定》第一次修正；根据 2020 年 12 月 30 日上海市第十五届人民代表大会常务委员会第二十八次会议《关于修改本市部分地方性法规的决定》第二次修正；根据 2022 年 10 月 28 日上海市第十五届人民代表大会常务委员会第四十五次会议《关于修改〈上海市公共场所控制吸烟条例〉等 5 件地方性法规和废止〈上海市企业名称登记管理规定〉的决定》第三次修正）

第一章　总则

第一条　为了规范住宅物业管理活动，维护业主和物业服务企业的合法权益，根据《中华人民共和国民法典》、国务院《物业管理条例》和其他有关法律、行政法规，结合本市实际情况，制定本规定。

第二条　本市行政区域内住宅物业管理、使用及其监督管理，适用本规定。

第三条　本规定所称住宅物业管理（以下简称物业管理），是指住宅区内的业主通过选聘物业服务企业，由业主和物业服务企业按照物业服务合同约定，或者通过其他形式，对房屋及配套的设施设备和相关场地进行维修、养护、管理，维护相关区域内的环境卫生和秩序的活动。

本规定所称业主，是指房屋的所有权人。

本规定所称使用人，是指房屋的承租人和实际居住人。

第四条　市房屋行政管理部门负责全市物业管理的监督管理工作。区房屋行政管理部门负责本辖区内物业管理的监督管理，指导和监督乡、镇人民政府和街道办事处实施与物业管理相关的行政管理工作。

市房屋行政管理部门履行以下职责：

（一）制定本市物业管理相关政策；

（二）建立完善本市物业管理分级培训体系；

（三）指导区房屋行政管理部门开展辖区内物业管理的监督管理工作；

（四）指导物业管理行业协会开展自律性规范的制定和实施工作；

（五）建立全市统一的物业管理监管与服务信息平台；

（六）实施对物业服务行业及其他物业管理相关工作的监督管理。

区房屋行政管理部门履行以下职责：

（一）组织实施物业管理相关政策和制度；

（二）实施辖区内物业服务企业和从业人员的监督管理；

（三）指导和监督物业管理招投标活动；

（四）实施业主大会成立前专项维修资金的归集和日常使用管理；

（五）实施物业管理区域核定、物业服务企业用房和业主委员会用房（以下合称物业管理用房）确认等事项；

（六）指导乡、镇人民政府和街道办事处对业主大会、业主委员会的工作以及其他物业管理工作实施监督管理；

（七）指导乡、镇人民政府和街道办事处开展物业管理业务培训；

（八）落实物业管理方面的其他监督管理职责。

本市发展改革、建设、交通、公安、水务、绿化市容、民政、规划资源、财政、税务、司法行政、城管执法、市场监管、应急管理等行政管理部门，按照各自职责协同实施本规定。

第五条 区人民政府应当建立住宅小区综合管理工作制度，组织区相关行政管理部门，乡、镇人民政府和街道办事处以及相关单位，部署、推进和协调辖区内物业管理各项工作。

乡、镇人民政府和街道办事处应当建立本辖区住宅小区综合管理工作制度，协调和处理辖区内物业管理综合事务和纠纷；其设立的房屋管理事务机构（以下简称房管机构）承担房屋管理的相关具体事务。

乡、镇人民政府和街道办事处履行以下职责：

（一）指导和监督业主大会、业主委员会的组建和换届改选，办理相关备案手续；

（二）指导和监督业主大会、业主委员会的日常运作，对业主大会筹备组（以下简称筹备组）成员、业主委员会委员和业主委员会换届改选小组成员进行培训；

（三）参加物业承接查验，指导和监督辖区内物业管理项目的移交和接管工作；

（四）办理物业服务合同备案，对物业管理区域内的物业服务实施日常监督检查，指导和监督物业服务企业履行法定的义务；

（五）监督业主、使用人按照规定使用和维护物业；

（六）建立物业管理纠纷调解和投诉、举报处理机制，调解物业管理纠纷，处理物业管理相关投诉和举报；

（七）建立物业应急服务保障机制；

（八）法律、法规、规章规定的其他职责。

第六条 本市建立健全以居民区党组织为领导核心，居民委员会或者村民委员会、业主委员会、物业服务企业、业主等共同参与的住宅小区治理架构，推动住宅物业管理创新。

居民委员会、村民委员会依法协助乡、镇人民政府和街道办事处开展社区管理、社区服务中与物业管理相关的工作，加强对业主委员会的指导和监督，引导其以自治方式规范运作。

第七条 市物业管理行业协会是实行行业服务和自律管理的社会组织，依法制定和组织实施自律性规范，组织业务培训，对物业服务企业之间的纠纷进行调解，维护物业服务企业合法权益。

本市鼓励物业服务企业加入市物业管理行业协会。

第二章 业主及业主大会

第八条 住宅小区，包括分期建设或者两个以上单位共同开发建设的住宅小区，其设置的配套设施设备是共用的，应当划分为一个物业管理区域；但被道路、河道等分割为两个以上自然街坊或者封闭小区，且能明确共用配套设施设备管理、维护责任的，可以分别划分为独立的物业管理区域。

第九条　区房屋行政管理部门负责核定物业管理区域。

建设单位在申请办理住宅建设工程规划许可证的同时，应当向区房屋行政管理部门提出划分物业管理区域的申请，区房屋行政管理部门应当在五日内核定物业管理区域。

建设单位在房屋销售时，应当将区房屋行政管理部门核定的物业管理区域范围，通过合同约定方式向物业买受人明示。

第十条　尚未划分或者需要调整物业管理区域的，区房屋行政管理部门应当会同乡、镇人民政府或者街道办事处，按照第八条的规定，结合当地居民委员会、村民委员会的布局划分物业管理区域。调整物业管理区域的，还应当由专有部分面积占比三分之二以上的业主且人数占比三分之二以上的业主参与表决，并应当经参与表决专有部分面积过半数的业主且参与表决人数过半数的业主同意。

物业管理区域调整后，区房屋行政管理部门应当在相关物业管理区域内公告。

第十一条　建设单位在办理房屋交付使用许可手续时，应当向房管机构提交下列资料：

（一）竣工总平面图，单体建筑、结构、设备竣工图，配套设施、地下管网工程竣工图等竣工验收资料；

（二）设施设备的安装、使用和维护保养等技术资料；

（三）物业质量保修文件和物业使用说明文件；

（四）物业管理所必需的其他资料。

建设单位在办理物业承接验收手续时，应当向物业服务企业移交前款规定的资料。

业主可以向房管机构、物业服务企业申请查询本物业管理区域内第一款规定的资料。

第十二条　业主在物业管理活动中，享有下列权利：

（一）按照物业服务合同的约定，接受物业服务企业提供的服务；

（二）提议召开业主大会会议、业主小组会议，并就物业管理的有关事项提出建议；

（三）提出制定和修改管理规约、专项维修资金管理规约、业主大会议事规则的建议；

（四）参加业主大会会议、业主小组会议，行使投票权；

（五）选举业主委员会委员，并享有被选举权；

（六）监督业主委员会的工作；

（七）监督物业服务企业履行物业服务合同；

（八）对物业管理区域内物业共用部位、共用设施设备和相关场地使用情况享有知情权和监督权；

（九）监督专项维修资金的管理和使用；

（十）法律、法规规定的其他权利。

业主在物业管理活动中，履行下列义务：

（一）遵守临时管理规约、管理规约、业主大会议事规则和专项维修资金管理规约；

（二）遵守物业管理区域内物业共用部位、共用设施设备和相关场地的使用，公共秩序、公共安全和环境卫生维护等方面的规章制度；

（三）执行业主大会的决定和业主大会授权业主委员会作出的决定；

（四）按照有关规定交纳专项维修资金；

（五）按时交纳物业服务费；

（六）履行其承担的房屋使用安全责任；

（七）向业主委员会提供联系地址、通讯方式；

（八）法律、法规规定的其他义务。

业主对建筑物专有部分以外的共有部分，享有权利，承担义务；不得以放弃权利不履行义务。

第十三条　业主大会由一个物业管理区域内的全体业主组成。

一个物业管理区域内，房屋出售并交付使用的建筑面积达到百分之五十以上，或者首套房屋出售并交付使用已满两年的，应当召开首次业主大会会议，成立业主大会。但只有一个业主的，或者业主人数较少且经全体业主一致同意，决定不成立业主大会的，由业主共同履行业主大会、业主委员会职责。

第十四条　物业管理区域符合本规定第十三条第二款所列应当成立业主大会条件之一的，建设单位应当在三十日内向物业所在地的乡、镇人民政府或者街道办事处提出成立业主大会的书面报告，并提供下列资料：

（一）物业管理区域核定意见；

（二）物业管理用房配置证明；

（三）业主清册和物业建筑面积；

（四）物业出售并交付使用时间；

（五）已筹集的专项维修资金清册。

建设单位未及时提出书面报告的，业主可以向乡、镇人民政府或者街道办事处提出成立业主大会的书面要求。

第十五条　乡、镇人民政府或者街道办事处应当在接到建设单位书面报告或者业主书面要求后的六十日内组建筹备组。筹备组应当自成立之日起七日内，将成员名单在物业管理区域内公告。

筹备组由业主代表，建设单位代表，乡、镇人民政府或者街道办事处代表，物业所在地居民委员会或者村民委员会代表组成。筹备组人数应当为单数，其中业主代表应当符合本规定第二十条第二款的规定，人数所占比例应当不低于筹备组总人数的二分之一。筹备组组长由乡、镇人民政府或者街道办事处代表担任。

筹备组中的业主代表，由乡、镇人民政府或者街道办事处组织业主推荐产生。

业主对筹备组成员有异议的，由乡、镇人民政府或者街道办事处协调解决。

乡、镇人民政府或者街道办事处应当在筹备组开展筹备工作前，组织筹备组成员进行培训。

第十六条　筹备组应当做好以下筹备工作：

（一）确认并公示业主身份、业主人数以及所拥有的专有部分面积；

（二）确定首次业主大会会议召开的时间、地点、形式和内容；

（三）草拟管理规约、业主大会议事规则；

（四）确定首次业主大会会议表决规则；

（五）制定业主委员会委员候选人产生办法，确定业主委员会委员候选人名单；

（六）制定业主委员会选举办法；

（七）完成召开首次业主大会会议的其他准备工作。

前款内容应当在首次业主大会会议召开十五日前在物业管理区域内公告。业主对公告内容有异议的，筹备组应当记录并作出答复。

筹备组应当自成立之日起九十日内，组织召开首次业主大会会议。

筹备组在业主委员会依法成立后自行解散。

第十七条　业主大会除履行《中华人民共和国民法典》、国务院《物业管理条例》规定的职责外，还可以决定业主委员会的工作经费、撤销业主小组不适当的决定。

第十八条　业主大会会议可以采用集体讨论形式，也可以采用书面征求意见的形式。业主大会会议应当由物业管理区域内专有部分面积占比三分之二以上的业主且人数占比三分之二以上的业主参与表决。

业主大会作出决定，应当经参与表决专有部分面积过半数的业主且参与表决人数过半数的业主同意。业主大会决定筹集建筑物及其附属设施的专项维修资金，改建、重建建筑物及其附属设施，或者改变共有部分的用途、利用共有部分从事经营活动的，应当经参与表决专有部分面积四分之三以上的业主且参与表决人数四分之三以上的业主同意。

业主可以委托代理人参加业主大会会议，代理人应当持业主书面委托书并依据委托人对所议事项的意见进行投票表决。

第十九条　首次业主大会会议通过的议事规则，应当就业主大会的议事方式、表决程序，业主小组的设立，业主委员会的组成、任期、罢免和补选等事项作出约定。

第二十条　业主委员会由业主大会会议选举产生，依法履行职责。业主委员会由五人以上单数组成，但建筑面积在一万平方米以下的住宅小区，业主委员会可以由三人组成。筹备组应当根据物业管理区域规模和建筑物区分所有权的比例，确定业主委员会委员的人数和构成比例。业主委员会的任期为三年到五年。

业主委员会委员应当符合国务院《物业管理条例》规定的条件，且本人、配偶及其直系亲属未在本物业管理区域服务的物业服务企业任职。业主在本物业管理区域内有损坏房屋承重结构、违法搭建、破坏房屋外貌、擅自改变物业使用性质、欠交专项维修资金、违法出租房屋等情形之一且未改正的，不得担任业主委员会委员。业主大会可以依法决定增加不得担任业主委员会委员的情形。

业主委员会委员候选人应当书面承诺符合前款规定的条件，全面履行工作职责，不以权谋私。

业主委员会履行下列职责：

（一）召集业主大会会议，报告年度物业管理的实施情况、业主委员会履职情况；

（二）执行业主大会决定，处理业主大会的日常管理事务；

（三）代表业主与业主大会选聘的物业服务企业签订物业服务合同；

（四）拟订业主大会年度财务预算方案和决算方案；

（五）拟订物业共用部分经营管理方案以及收益的管理、使用和分配方案；

（六）拟订印章管理、财务管理、档案管理、停车管理、宠物管理、装饰装修管理等规章制度；

（七）监督专项维修资金的使用以及组织专项维修资金的补建、再次筹集；

（八）及时了解业主、物业使用人的意见和建议，督促业主交纳物业服务费，监督和协助物业服务企业履行物业服务合同；

（九）监督管理规约的实施，对业主违反管理规约的行为进行制止；

（十）业主大会赋予的其他职责。

业主委员会应当接受业主大会和业主的监督，接受相关行政管理部门，乡、镇人民政府或者街道办事处，居民委员会或者村民委员会的指导和监督。

第二十一条　业主委员会委员候选人由筹备组通过直接听取业主意见、召开座谈会、发放推荐表等方式产生。筹备组应当审查候选人资格，提出候选人名单，并报送乡、镇人民政府或者街道办事处。候选人的基本信息，由筹备组在物业管理区域内公告。

业主委员会委员由业主大会会议选举产生。业主委员会主任、副主任在业主委员会委员中推选产生。筹备组应当自选举完成之日起三日内，在物业管理区域内公告业主委员会主任、副主任和其他委员的名单。

业主委员会主任负责主持业主委员会日常工作，并履行以下职责：

（一）召集和主持业主委员会会议；

（二）提出业主委员会会议议题；

（三）按照业主大会会议的决定，签署有关文书。

业主委员会主任因故不能履行职责时，由副主任履行。

第二十二条　乡、镇人民政府或者街道办事处应当会同区房屋行政管理部门定期组织业主委员会委员，进行物业管理相关法律、法规、规章、规范性文件和日常运作规范等培训。

第二十三条　业主委员会自选举产生之日起三十日内，持下列文件向乡、镇人民政府或者街道办事处备案：

（一）业主大会会议记录和会议决定；

（二）业主大会议事规则；

（三）管理规约；

（四）专项维修资金管理规约；

（五）业主委员会委员的名单、基本情况和书面承诺；

（六）业主委员会委员的培训记录。

乡、镇人民政府或者街道办事处对依法选举产生的业主委员会出具业主大会、业主委员会备案证明和印章刻制证明。备案证明应当载明业主大会名称，业主委员会名称、届别、任期、负责人和办公地址。

业主委员会应当依法刻制和使用印章。印章印文中应当包含业主委员会名称以及届别。

第二十四条　业主大会可以根据业主委员会工作情况决定给予业主委员会委员适当的津贴。津贴可以在公共收益中列支，也可以通过其他方式筹集。具体津贴标准、资金筹集、管理和使用办法应当由业主大会决定。

第二十五条　业主大会会议分为定期会议和临时会议。业主大会定期会议应当按照业主大会议事规则的规定召开。经百分之二十以上业主提议，业主委员会应当组织召开业主大会临时会议。

召开业主大会会议，业主委员会应当事先将会议时间、地点、议题和议程书面通知所在地房管机构、居民委员会或者村民委员会，邀请房管机构、居民委员会或者村民委员会派代表参加，并听取房管机构、居民委员会或者村民委员会的意见、建议。

业主委员会不依法组织召开业主大会会议的，乡、镇人民政府或者街道办事处应当督促其限期召开；逾期不召开的，乡、镇人民政府或者街道办事处可以应业主要求组织召开业主大会会议。

第二十六条　业主委员会会议分为定期会议和临时会议。业主委员会定期会议应当按照业主大会议事规则的规定召开，至少每两个月召开一次。经三分之一以上业主委员会委员提议，应当及时召开业主委员会临时会议。

业主委员会会议应当有全体委员过半数出席，并邀请物业所在地居民委员会或者村民委员会派员列席，也可以邀请业主旁听。业主委员会委员不得委托他人出席业主委员会会议。

业主委员会作出决定应当经全体委员过半数签字同意，在作出决定之日起三日内将会议情况以及决定事项在物业管理区域内公告，并告知物业所在地居民委员会或者村民委员会。

业主委员会主任、副主任无正当理由不召集业主委员会会议的，乡、镇人民政府或者街道办事处应业主书面要求可以指定一名其他委员召集和主持。

第二十七条　业主委员会应当建立定期接待制度，听取业主和使用人对物业管理和业主委员会日常工作的意见和建议，接受业主和使用人的咨询、投诉和监督。

业主委员会应当建立工作记录制度，做好业主大会会议、业主委员会会议、物业服务合同协商签订活动，以及物业管理中各项重要事项的记录，并妥善保管。

业主委员会应当建立信息公开制度，按照规定及时公布业主大会和业主委员会作出的决定，物业服务企业选聘、物业服务合同等物业管理中的各项决定和重大事项；定期公布专项维修资金和公共收益收支；接受业主查询所保管的物业管理信息。

第二十八条　业主委员会任期届满的五个月前，应当书面报告乡、镇人民政府或者街道办事处。乡、镇人民政府或者街道办事处应当在收到书面报告之日起六十日内组建换届改选小组，并在业主委员会任期届满前，由换届改选小组组织召开业主大会会议选举产生新一届业主委员会。

业主委员会未按照前款规定报告的，乡、镇人民政府或者街道办事处可以应业主书面要求组建换届改选小组，由换届改选小组组织召开业主大会会议选举产生新一届业主委员会。

换届改选小组由业主代表，乡、镇人民政府或者街道办事处代表，物业所在地居民委员会或者村民委员会代表组成。换届改选小组人数应当为单数，其中业主代表应当符合本规定第二十条第二款的规定，人数所占比例应当不低于换届改选小组总人数的二分之一。换届改选小组组长由乡、镇人民政府或者街道办事处代表担任。

自换届改选小组产生至新一届业主委员会选举产生期间，业主委员会不得组织召开业主大会会议对下列事项作出决定：

（一）选聘、解聘物业服务企业；

（二）调整物业收费标准；

（三）除管理规约规定情形之外的物业维修、更新、改造等重大事项；

（四）其他重大事项。

第二十九条　业主委员会应当自换届改选小组成立之日起十日内，将其保管的有关财务凭证、业主清册、会议纪要等档案资料、印章及其他属于业主大会所有的财物移交物业所在地房管机构保管。业主大会、业主委员会依法需要使用上述物品的，物业所在地房管机构应当及时提供。

新一届业主委员会选举产生后，应当在三十日内向乡、镇人民政府或者街道办事处办理换届备案手续，并由物业所在地房管机构在备案后十日内，将其保管的前款所述物品移交新一届业主委员会。

拒不移交第一款所述物品的，新一届业主委员会可以请求物业所在地乡、镇人民政府或者街道办事处督促移交，物业所在地公安机关应当予以协助。

第三十条　不再担任业主委员会委员的，应当在十日内将其保管的本规定第二十九条第一款所述物品移交业主委员会；拒不移交的，业主委员会可以按照本规定第二十九条第三款规定处理。

第三十一条　业主委员会委员有下列情形之一的，其业主委员会委员资格按照本条第二款处理：

（一）已不再是本物业管理区域内业主的；

（二）以书面形式向业主委员会提出辞职的；

（三）因健康等原因无法履行职责且未提出辞职的；

（四）拒不召集业主委员会会议的；

（五）一年内累计缺席业主委员会会议总次数一半以上的；

（六）违反书面承诺的。

属于前款第一项、第二项情形的，其委员资格自情形发生之日起自然终止；属于前款第三项情形的，经业主大会会议讨论通过，其委员资格终止；属于前款第四项至第六项情形的，经业主大会会议讨论通过，罢免其委员资格。业主委员会应当将委员资格终止或者罢免的情况在物业管理区域内公告。

第三十二条　业主委员会委员人数不足但超过半数的，业主大会可以补选业主委员会委员。

业主委员会出现下列情形之一时，乡、镇人民政府或者街道办事处应当组织召开业主大会会议；业主大会应当启动提前换届改选程序：

（一）业主委员会委员人数不足半数的；

（二）业主委员会连续六个月未开展工作的；

（三）业主委员会作出的决定严重违反法律、法规的；

（四）因其他原因导致业主委员会无法正常运作的。

业主大会决定对业主委员会提前换届改选的，乡、镇人民政府或者街道办事处应当依法组建换届改选小组，由换届改选小组组织召开业主大会会议选举产生新一届业主委员会。

第三十三条　业主委员会的名称、所辖区域范围、委员、业主大会议事规则和管理规约发生变更的，业主委员会应当在三十日内向乡、镇人民政府或者街道办事处办理变更备案手续。

因物业管理区域调整、房屋灭失或者其他原因致使业主委员会无法存续的，业主委员会应当在三十日内向乡、镇人民政府或者街道办事处办理注销备案手续。

第三十四条　按照本规定第二十三条、第二十九条、第三十三条规定，乡、镇人民政府或者街道办事处受理业主委员会备案后，应当在二十日内完成备案手续，并将备案资料抄送区房屋行政管理部门。

第三十五条　同一物业管理区域内有两幢以上房屋的，可以以幢、单元为单位成立业主小组。业主小组由该幢、单元的全体业主组成。

业主小组应当履行下列职责：

（一）推选业主代表出席业主大会会议，表达本小组业主的意愿；

（二）决定本小组范围内住宅共用部位、共用设施设备的维修、更新、改造和养护；

（三）决定本小组范围内的其他事项。

业主小组议事由该业主小组产生的业主代表主持。业主小组行使前款规定职责的程序，参照本物业管理区域业主大会议事规则执行。

第三十六条　居民委员会、村民委员会设立的人民调解委员会，可以依法调解本地区业主、业主委员会、物业服务企业之间的物业管理纠纷。

第三章　物业管理服务

第三十七条　房屋行政管理部门应当依法对物业服务企业服务活动实施监督检查。

物业服务项目经理承接物业管理区域数量和建筑面积的规范，由市房屋行政管理部门制定。

第三十八条　市房屋行政管理部门应当根据物业服务合同履行、投诉处理和日常检查等情况，建立物业服务企业信用档案库和物业服务项目经理信用档案库。

第三十九条　选聘物业服务企业前，业主委员会应当拟订选聘方案。选聘方案应当包括拟选聘物业服务企业的信用状况、专业管理人员的配备、管理实绩要求、物业服务内容和收费标准、物业服务合同期限和选聘方式等内容。

选聘方案经业主大会会议表决通过后，业主委员会应当在物业管理区域内公告。

第四十条　建设单位应当通过公开招标方式选聘物业服务企业，签订书面的前期物业服务合同，并作为房屋销售合同的附件。

鼓励业主大会采用招投标方式，公开、公平、公正地选聘物业服务企业。

采取招投标方式选聘物业服务企业的，应当通过本市统一的物业管理监管与服务信息平台进行招标。

第四十一条　建设单位在申请房屋预售许可前，应当参照市房屋行政管理部门制作的示范文本，制定临时管理规约和房屋使用说明书，作为房屋销售合同的附件。

临时管理规约应当对物业的使用和维护管理、业主义务、违反临时管理规约应当承担的责任等事项作出规定，但不得与法律、法规、规章相抵触，不得侵害物业买受人的合法权益。临时管理规约应当报区房屋行政管理部门备案。

房屋使用说明书应当载明房屋平面布局、结构、附属设备，注明房屋承重结构的房屋结构图，不得占用、移装的共用部位、共用设备，以及其他有关安全合理使用房屋的注意事项。

建设单位与物业买受人签订的房屋销售合同，应当包含前期物业服务合同约定的内容，以及建设工程规划许可文件载明的建设项目平面布局图，并在房屋交接书中列明物业管理区域内归全体业主所有的配套设施设备。

建设单位不得将物业共用部分的所有权或者使用权单独转让。

第四十二条　建设单位应当在物业管理区域地面上配置独用成套的物业管理用房，其中物业服务企业用房按照物业管理区域房屋总建筑面积的千分之二配置，但不得低于一百平方米；业主委员会用房按照不低于三十平方米配置。在物业交付时，物业管理用房由建设单位交付物业服务企业代管，并在业主大会成立后三十日内无偿移交给业主大会。

规划资源行政管理部门在核发建设工程规划许可证时，应当在许可证附图上注明物业管理用房的具体部位。

区房屋行政管理部门在核发房屋预售许可证和办理房屋所有权首次登记时，应当注明物业管理用房室号。

物业管理用房不得擅自变更位置，也不得分割、转让、抵押。

第四十三条　物业管理区域内的下列配套设施设备归业主共有：

（一）物业管理用房；

（二）门卫房、电话间、监控室、垃圾箱房、共用地面架空层、共用走廊；

（三）物业管理区域内按规划配建的非机动车车库；

（四）单独选址、集中建设的共有产权保障住房、征收安置住房小区的停车位；

（五）物业管理区域内的共有绿化、道路、场地；

（六）建设单位以房屋销售合同或者其他书面形式承诺归全体业主所有的物业；

（七）其他依法归业主共有的设施设备。

建设单位申请房屋所有权首次登记时，应当提出前款规定的配套设施设备登记申请，由不动产登记机构在不动产登记簿上予以记载，但不颁发不动产权属证书。建设单位应当在物业管理区域内显著位置公开业主共有配套设施设备的位置、面积等信息。

第四十四条　物业服务企业应当按照物业服务合同的约定，提供相应的服务。物业服务合同可以约定下列服务事项：

（一）物业共用部位、共用设施设备的使用管理和维护；

（二）共有绿化的维护；

（三）共有区域的保洁；

（四）共有区域的秩序维护；

（五）车辆的停放管理；

（六）物业使用中对禁止性行为的管理措施；

（七）物业维修、更新、改造和养护费用的账务管理；

（八）物业档案资料的保管；

（九）业主大会或者业主委托的其他物业服务事项。

物业服务企业将物业服务区域内的部分专项服务事项委托给专业性服务组织或者其他第三人的，应当就该部分专项服务事项向业主负责。物业服务企业不得将其应当提供的全部物业服务转委托给第三人，或者将全部物业服务支解后分别转委托给第三人。

物业服务企业应当在签订物业服务合同之日起三十日内，将物业服务合同报房管机构备案。

第四十五条　物业服务企业提供物业服务，应当遵守下列规定：

（一）符合国家和本市规定的技术标准、规范；

（二）及时向业主、使用人告知安全合理使用物业的注意事项；

（三）定期听取业主的意见和建议，改进和完善服务；

（四）配合居民委员会、村民委员会做好社区管理相关工作。

物业服务企业应当协助做好物业管理区域内的安全防范工作。

第四十六条　物业服务合同期限届满前，业主委员会应当组织召开业主大会，作出续聘或者另聘物业服务企业的决定，并将决定书面通知物业服务企业。业主大会决定续聘且物业服务企业接受的，业主委员会与物业服务企业应当在物业服务合同届满前重新签订物业服务合同。

物业服务企业决定物业服务合同期限届满后不再为该物业管理区域提供物业服务的，应当在合同期限届满前九十日书面通知业主或者业主委员会，但是合同对通知期限另有约定的除外。

物业服务合同期限届满后，业主大会没有依法作出续聘或者另聘物业服务企业决定，物业服务企业按照原合同继续提供物业服务的，原合同继续有效，但是服务期限为不定期。在原合同继续有效期间，任何一方可以随时解除不定期物业服务合同，但是应当提前六十日书面通知对方。

第四十七条　物业服务企业应当建立和保存下列档案和资料：

（一）小区共有部分经营管理档案；

（二）小区监控系统、电梯、水泵、电子防盗门等共用设施设备档案及其运行、维修、养护记录；

（三）水箱清洗记录及水箱检测报告；

（四）住宅装饰装修管理资料；

（五）业主清册；

（六）物业服务企业或者建设单位与相关公用事业单位签订的供水、供电、垃圾清运、电信覆盖等书面协议；

（七）物业服务活动中形成的与业主利益相关的其他重要资料。

物业服务企业对前款第一项至第三项规定的有关信息资料，应当定期予以公示。

物业服务企业应当采取有效措施，妥善保管在物业服务过程中获得的业主信息资料。

第四十八条　物业服务收费实行市场调节价，由业主和物业服务企业遵循合理、公开、质价相符的原则进行协商，并在物业服务合同中予以约定。

同一物业管理区域内实施同一物业服务内容和标准的，物业服务收费执行同一价格标准。

市房屋行政管理部门应当定期发布住宅小区物业服务标准。物业管理行业协会应当定期发布物业服务价格监测信息，供业主和物业服务企业在协商物业服务费用时参考。

物业服务企业应当将服务事项、服务标准、收费项目、收费标准等有关情况在物业管理区域内公告。实行物业服务酬金制收费方式的，物业服务企业应当每年向业主委员会或者全体业主报告经审计的上一年度物业服务项目收支情况，提出本年度物业服务项目收支预算，并在物业管理区域内公告；实行物业服务包干制收费方式的，物业服务企业应当在调整物业服务收费标准前，将经审计的物业服务费用收支情况或者经第三方机构评估的收费标准向业主委员会或者全体业主报告，并在物业管理区域内公告。

前款中的公告应当在物业管理区域内显著位置予以公示。

第四十九条　前期物业服务合同生效之日至出售房屋交付之日的当月发生的物业服务费用，由建设单位承担。

出售房屋交付之日的次月至前期物业服务合同终止之日的当月发生的物业服务费用，由物业买受人按照房屋销售合同约定的前期物业服务收费标准承担；房屋销售合同未约定的，由建设单位承担。

业主应当根据物业服务合同约定，按时支付物业服务费；业主逾期不支付物业服务费的，业主委员会应当督促其支付；物业服务企业可以催告其在合理期限内支付；合理期限届满仍不支付的，物业服务企业可以提起诉讼或者申请仲裁。

业主转让物业时，应当与物业服务企业结清物业服务费；未结清的，买卖双方应当对物业服务费的结算作出约定，并告知物业服务企业。

第五十条　物业服务企业应当自物业服务合同终止之日起十日内，向建设单位或者业主委员会移交下列资料和财物：

（一）本规定第十一条第一款、第四十七条规定的资料；

（二）物业服务期间形成的物业共用部分运行、维修、更新、改造和养护的有关资料；

（三）公共收益的结余；

（四）采用酬金制计费方式的，产生的物业服务资金结余以及用物业服务资金购置的财物；

（五）物业管理用房；

（六）应当移交的其他资料和财物。

第五十一条　利用物业共用部分从事广告、商业推广等活动的，应当经业主大会或者共同拥有该物业的业主同意，并在物业管理区域内公告。业主大会可以授权业主委员会同意利用全体业主共用部分从事相关活动。

公共收益归全体业主或者共同拥有该物业的业主所有，并应当单独列账。

公共收益应当主要用于补充专项维修资金，也可以按照业主大会的决定使用。公共收益主要用于补充专项维修资金的，应当按季度补充专项维修资金，补充比例应当高于百分之五十；剩余部分应当按照业主大会或者共同拥有该收益业主的决定，用于业主大会和业主委员会工作经费、物业管理活动的审计费用、拥有该收益业主的物业维护费用或者物业管理方面的其他需要。

第五十二条　区房屋行政管理部门应当建立临时物业服务企业预选库。物业服务企业退出且业主大会尚未选聘新物业服务企业的，由业主委员会报乡、镇人民政府或者街道办事处在预选库中选定物业服务企业提供临时服务。未成立业主委员会的，经百分之二十以上业主提请，由居民委员会或者村民委员会报乡、镇人民政府或者街道办事处在预选库中选定物业服务企业提供临时服务。

临时物业服务期限不超过六个月，费用由全体业主承担。

第五十三条　经物业管理区域内专有部分面积占比三分之二以上的业主且人数占比三分之二以上的业主参与表决，并经参与表决专有部分面积过半数的业主且参与表决人数过半数的业主同意，业主可以自行管理物业，并对下列事项作出决定：

（一）自行管理的执行机构以及负责人；

（二）自行管理的内容、标准、费用和期限；

（三）聘请专业机构的方案；

（四）其他有关自行管理的内容。

电梯、消防、技防等涉及人身、财产安全以及其他有特定要求的设施设备管理，应当委托专业机构进行维修和养护。

业主大会聘请单位或者自然人提供保洁、保安、绿化养护、设施设备保养等服务的，应当与其签订服务合同；聘请自然人的，被聘用人员可以根据约定自行购买意外伤害等保险，费用由业主大会承担。

业主自行管理物业需要开具收费票据的，业主委员会可以持房管机构的证明材料，向物业所在地的税务部门申请领取。

业主大会可以委托具有资质的中介机构对管理费用、专项维修资金、公共收益等进行财务管理，根据委托财务管理合同开通专项维修资金账户，并应当向业主每季度公布一次自行管理账目。

第四章　物业的使用和维护

第五十四条　建设单位在申请物业交付使用前，应当与物业服务企业共同对物业管理区域内的物业共用部分进行查验，共同确认现场查验的结果，签订物业承接查验协议，并向业主公开查验的结果。物业承接查验可以邀请业主代表以及物业所在地的房管机构参加。

承接查验协议应当对物业承接查验基本情况、存在问题、解决方法及其时限、双方权利义务、违约责任等事项作出约定。对于承接查验发现的问题，建设单位应当在三十日内予以整改，或者委托物业服务企业整改。

物业承接查验协议应当作为前期物业服务合同的补充协议。

物业承接查验的费用由建设单位承担，但另有约定的除外。

第五十五条　建设单位应当按照国家规定的保修期限和保修范围，承担物业的保修责任。建设单位委托物业服务企业维修的，应当与物业服务企业另行签订委托协议。

第五十六条　业主、使用人应当遵守国家和本市的规定以及临时管理规约、管理规约，按照房屋安全使用规定使用物业。

禁止下列损害公共利益及他人利益的行为：

（一）损坏房屋承重结构；

（二）违法搭建建筑物、构筑物；

（三）破坏房屋外貌；

（四）擅自改建、占用物业共用部分；

（五）损坏或者擅自占用、移装共用设施设备；

（六）存放不符合安全标准的易燃、易爆、剧毒、放射性等危险性物品，或者存放、铺设超负荷物品；

（七）排放有毒、有害物质；

（八）发出超过规定标准的噪声；

（九）法律、法规和规章禁止的其他行为。

第五十七条　业主、使用人装饰装修房屋，应当遵守国家和本市的规定以及临时管理规约、管理规约。

业主、使用人装饰装修房屋的，应当事先告知物业服务企业，并与物业服务企业签订装饰装修管理协议。装饰装修管理协议应当包括装饰装修工程的禁止行为、垃圾堆放和清运、施工时间等内容。

业主、使用人未与物业服务企业签订装饰装修管理协议的，物业服务企业可以按照临时管理规约或者管理规约，禁止装饰装修施工人员、材料进入物业管理区域。

物业服务企业对装饰装修活动进行巡查时，业主、使用人或者装饰装修施工人员应当予以配合。

第五十八条　业主、使用人应当按照规划资源行政管理部门批准或者不动产权属证书载明的用途使用物业，不得擅自改变物业使用性质。

确需改变物业使用性质的，由区规划资源行政管理部门会同区房屋行政管理部门提出允许改变物业使用性质的区域范围和方案，并召开听证会听取利害关系人意见后，报区人民政府决定。

在允许改变物业使用性质的区域范围内，具体房屋单元的业主需要改变使用性质的，应当符合法律、法规以及管理规约，经有利害关系的业主一致同意后报区房屋行政管理部门审批，并依法向其他行政管理部门办理有关手续。

第五十九条　物业服务企业发现业主、使用人在物业使用、装饰装修过程中有违反国家和本市有关规定以及临时管理规约、管理规约行为的，应当依据有关规定或者临时管理规约、管理规约予以劝阻、制止；劝阻、制止无效的，应当在二十四小时内报告业主委员会和有关行政管理部门。有关行政管理部门在接到物业服务企业的报告后，应当依法对违法行为予以制止或者处理。

第六十条　供水、供电、供气等专业单位应当承担分户计量表和分户计量表前管线、设施设备的维修养护责任。

第六十一条　物业管理区域内，建设单位所有的机动车停车位数量少于或者等于物业管理区域内房屋套数的，一户业主只能购买或者附赠一个停车位；超出物业管理区域内房屋套数的停车位，一户业主可以多购买或者附赠一个。

占用业主共有的道路或者其他场地用于停放机动车的车位，属于业主共有。

建设单位所有的机动车停车位向业主、使用人出租的，其收费标准应当在前期物业合同中予以约定。业主大会成立前，收费标准不得擅自调整；业主大会成立后，需要调整的，建设单位应当与业主大会按照公平、合理的原则协商后，向区房屋行政管理部门备案。

车辆在全体共用部分的停放、收费标准、费用列支和管理等事项，由业主大会决定。业主大会决定对车辆停放收费的，参照物业管理行业协会发布的价格监测信息确定收费标准。业主大会成立前，其收费标准由建设单位参照物业管理行业协会发布的价格监测信息确定。收费标准、费用列支和管理等事项应当在前期物业服务合同中予以约定。

车主对车辆有保管要求的，由车主和物业服务企业另行签订保管合同。

公安、消防、抢险、救护、环卫等特种车辆执行公务时在物业管理区域内停放，不得收费。

第六十二条　物业管理区域内的机动车停车位，应当提供给本物业管理区域内的业主、使用人使用。建设单位尚未出售的停车位，应当出租给业主、使用人停放车辆，不得以只售不租为由拒绝出租。停车位不得转让给物业管理区域外的单位、个人；停车位满足业主需要后仍有空余的，可以临时按月出租给物业管理区域外的单位、个人。

物业管理区域内停放车辆，不得影响其他车辆和行人的正常通行。

第六十三条　区人民政府应当组织区交通、公安、房屋、建设等行政管理部门建立停车资源共享协调制度。停车位供需矛盾突出的住宅小区，其周边商业配建停车场（库）、道路具备夜间等时段性停车条件的，乡、镇人民政府或者街道办事处应当提出错时停车方案。鼓励业主与住宅小区周边单位通过协商实现停车资源共享。

第六十四条　新建商品住宅、公有住宅以及住宅区内的非住宅物业出售时，物业出售人和买受人应当按照国家和本市的规定交纳专项维修资金。专项维修资金应当用于物业共用部分的维修、更新和改造，不得挪作他用。

物业出售人应当在办理房屋所有权首次登记前，交纳其应交的专项维修资金，并垫付尚未销售物业部分的应由物业买受人交纳的专项维修资金。

第六十五条　未建立首期专项维修资金或者专项维修资金余额不足首期筹集金额百分之三十的，业主应当按照国家和本市的相关规定、专项维修资金管理规约和业主大会的决定，及时补建或者再次筹集专项维修资金。

专项维修资金补建或者再次筹集的方式分为分期交纳和一次性交纳，具体方式及筹集金额、期限、程序、资金入账等事项应当由业主大会作出决定。

专项维修资金管理规约未就补建或者再次筹集专项维修资金进行约定，且业主大会在本条第一款规定的情形发生之日起九十日内未作出决定的，业主委员会应当书面通知专项维修资金开户银行向需要交纳专项维修资金的业主发出交款通知，通知其应交金额和交纳时间。业主应当自收到交款通知之日起九十日内，一次性将专项维修资金账户余额补至首期筹集金额的百分之五十。

乡、镇人民政府和街道办事处应当指导、协调专项维修资金补建或者再次筹集工作。

业主申请不动产转移登记或者抵押登记时，应当同时向不动产登记机构提供已足额交纳专项维修资金的相关凭证。

业主经催告后仍不交纳专项维修资金的，经业主大会决定，业主委员会可以依法向人民法院提起诉讼。

第六十六条　专项维修资金应当存入银行专户，按幢立账、按户核算。

业主委员会和受委托的物业服务企业应当至少每半年公布一次专项维修资金的收支情况，每季度公布一次公共收益的收支情况，并接受业主的监督。

第六十七条　专项维修资金和公共收益的使用实行工程审价和使用程序审核。

业主大会、业主委员会应当委托有资质的中介机构对专项维修资金、公共收益的收支情况以及业主委员会工作经费进行年度财务审计和换届财务审计。审计结果应当在物业管理区域内显著位置公告三十日。

第六十八条　物业维修、更新、改造和养护的费用，按照下列规定承担：

（一）专有部分的所需费用，由拥有专有部分的业主承担；

（二）部分共用部分的所需费用，由拥有部分共用部分业主按照各自拥有的房屋建筑面积比例共同承担；

（三）全体共用部分的所需费用，由物业管理区域内的全体业主按照各自拥有的房屋建筑面积比例共同承担。

按照本规定设立专项维修资金的，部分共用部分、全体共用部分的维修、更新和改造费用在专项维修资金中列支。但物业的共用部分属于人为损坏的，费用应当由责任人承担。

第六十九条　物业部分共用部分的维修、更新和改造，应当由部分共用的业主决定，由部分共用部分专有部分面积占比三分之二以上的业主且人数占比三分之二以上的业主参与表决，其中，涉及筹集专项维修资金或者改建、重建建筑物及其附属设施的，应当经参与表决专有部分面积四分之三以上的业主且参与表决人数四分之三以上的业主同意；其他决定事项，应当经参与表决专有部分面积过半数的业主且参与表决人数过半数的业主同意。

前款决定不得与业主大会对全体共用部分作出的决定相抵触；对上述决定，业主委员会应当执行。

第七十条　机动车停车场（库）的维修、养护费用由其所有人承担。机动车停车场（库）的专项维修资金按照物业管理专项维修资金标准交纳，纳入业主大会的专项维修资金账户管理，单独核算。

第七十一条　建设单位未按照规定提出成立业主大会书面报告前，专项维修资金不得动用，住宅共用部位、共用设施设备需要维修、更新和改造的，应当由建设单位承担物业维修责任。

建设单位已经按照规定提出成立业主大会的书面报告但业主大会尚未成立期间，需要动用专项维修资金的，物业服务企业应当提出维修实施方案，由物业所在地的居民委员会或者村民委员会组织征询业主意见，经全体共用部分业主依法讨论通过后，由物业服务企业组织实施。仅涉及部分共用部分的，可以提交涉及共用部分的业主依法讨论通过。

维修费用经市房屋行政管理部门指定的中介机构审价后，在专项维修资金中列支。

第七十二条　业主应当定期对物业进行维修养护，并按照规定检测和鉴定。

物业服务企业应当根据物业服务合同的约定，履行物业维修养护义务。

物业出现国家和本市规定的必须维修养护的情形时，业主或者物业服务企业应当及时履行维修养护义务。

第七十三条　发生危及房屋安全等紧急情况时，物业服务企业或者自行管理执行机构应当立即采取应急防范措施。

发生下列情况，需要对住宅共用部位、共用设施设备进行维修、更新的，物业服务企业或者自行管理执行机构应当及时制定维修、更新方案：

（一）水泵、水箱（池）故障，影响正常使用的；

（二）电梯故障，电梯专业检测机构出具整改通知书要求停运的；

（三）火灾自动报警系统、自动喷淋系统、消火栓系统损坏，消防部门出具整改通知书的；

（四）外墙墙面、建筑附属构件有脱落危险，经有资质的鉴定机构出具证明的；

（五）屋顶或外墙渗漏等情况，严重影响房屋使用，经有资质的鉴定机构出具证明的。

前款规定的维修、更新事项不属于工程质量保证范围，需要使用专项维修资金的，按照下列规定办理：

（一）业主大会成立前，物业服务企业应当持有关材料，报房管机构审核同意后组织实施。维修、更新费用经具有相应资质的中介机构审价后，报区房屋行政管理部门在专项维修资金中直接列支；

（二）业主大会成立后，物业服务企业或者自行管理执行机构应当持有关材料向业主委员会和物业所在地房管机构报告，并向业主委员会提出列支专项维修资金的申请，经业主委员会审核同意后组织实施。维修、更新费用经具有相应资质的中介机构审价后，在专项维修资金中列支。业主委员会对维修、更新方案未在七日内审核同意，且已出现影响房屋正常使用或者居民人身财产安全情形的，区房屋行政管理部门可以组织代为维修。维修费用经具有相应资质的中介机构审价后，凭审价报告和区房屋行政管理部门出具的支取通知，在专项维修资金中列支。

第七十四条　物业存在房屋结构安全隐患或者被鉴定为危险房屋，可能危及公共利益或者他人合法权益时，责任人应当及时维修养护，有关业主应当予以配合。责任人不履行维修养护义务的，可以由物业服务企业报经业主大会同意或者直接按照管理规约的规定，代为维修养护或者采取应急防范措施，费用由责任人承担。

第七十五条　物业管理区域内的房屋外墙应当保持整洁和完好，并定期进行清洗或者粉刷，具体办法由市人民政府另行制定。

第七十六条　物业共用部分需要维修、养护、更新、改造的，相关专有部分的业主、使用人应当予以配合。

供水、供电、供气、信息、环卫、邮政、民防等专业单位进行相关作业需要进入物业管理区域的，物业服务企业应当予以配合；需要进入专有部分的，相关业主、使用人应当予以配合。

上述作业造成共有部分或者专有部分损失的，责任人应当依法恢复原状、承担赔偿责任。

第七十七条　业主、业主委员会、物业服务企业应当按照本市生活垃圾分类管理的规定，履行相应的义务。

第五章　法律责任

第七十八条　违反本规定的行为，法律、行政法规或者本市其他法规有处罚规定的，依照有关法律、法规处理。

第七十九条　业主、使用人违反管理规约应当承担相应的民事责任。对违反管理规约的，业主委员会应当予以劝阻、制止；对不听劝阻的，业主委员会可以在物业管理区域内就相关情况予以公示；相关业主可以依法向人民法院提起民事诉讼。

第八十条　建设单位违反本规定第十四条第一款规定，未将物业管理区域符合业主大会成立条件的情况书面报告物业所在地乡、镇人民政府或者街道办事处，或者未按照规定提供有关资料的，由区房屋行政管理部门责令限期改正，可处一万元以上十万元以下的罚款。

第八十一条　违反本规定第五十条规定，物业服务企业不移交有关资料或者财物的，由区房屋行政管理部门责令限期改正；逾期不改正的，对物业服务企业予以通报，处一万元以上十万元以下的罚款。

第八十二条　违反本规定第五十一条规定，业主委员会委员、物业服务企业、自行管理执行机构或者代理记账机构挪用、侵占公共收益的，由区房屋行政管理部门追回挪用、侵占的公共收益，并归还业主，没收违法所得，并处挪用、侵占金额二倍以下的罚款；挪用、侵占公共收益构成犯罪的，依法追究直接负责的主管人员和其他直接责任人员的刑事责任。

第八十三条　违反本规定第五十六条第二款第一项规定，损坏房屋承重结构的，由区房屋行政管理部门责令立即改正，恢复原状，可处一万元以上十万元以下的罚款；情节严重的，可处十万元以上二十万元以下的罚款。

第八十四条　违反本规定第五十六条第二款第二项规定，违法搭建建筑物、构筑物的，由城管执法或者规划资源行政管理部门根据职责分工，依照《上海市拆除违法建筑若干规定》的相关规定予以拆除，可处一万元以上十万元以下的罚款。

第八十五条　违反本规定第五十六条第二款第三项、第四项、第五项规定，破坏房屋外貌，擅自改建、占用物业共用部分，损坏或者擅自占用、移装共用设施设备的，由区房屋行政管理部门责令改正，恢复原状，可处一千元以上一万元以下的罚款；情节严重的，可处一万元以上十万元以下的罚款。

第八十六条　业主、使用人违反本规定第五十八条规定，擅自改变物业使用性质的，由区房屋行政管理部门责令限期改正，恢复原状，可处一万元以上五万元以下的罚款。

第八十七条　物业服务企业违反本规定第五十九条规定，对业主、使用人的违法行为未予以劝阻、制止或者未在规定时间内报告有关行政管理部门的，由区房屋行政管理部门责令改正，可处一千元以上一万元以下的罚款。

第八十八条　建设单位违反本规定第六十二条第一款规定，不将机动车停车位提供给本物业管理区域内业主、使用人使用的，由区房屋行政管理部门责令立即改正，并处一万元以上十万元以下的罚款。

第八十九条　违反本规定第六十四条第一款规定，物业出售人未按规定交纳专项维修资金的，由区房屋行政管理部门责令限期改正，可处应交专项维修资金数额一倍以下的罚款。

违反本规定第六十五条第一款规定，业主未按要求补建或者再次筹集专项维修资金的，由区房屋行政管理部门责令限期改正。

第九十条　当事人对房屋行政管理部门以及其他有关行政管理部门的具体行政行为不服的，可以依照《中华人民共和国行政复议法》或者《中华人民共和国行政诉讼法》的规定，申请行政复议或者提起行政诉讼。

当事人对具体行政行为逾期不申请复议，不提起诉讼，又不履行的，作出具体行政行为的行政管理部门可以依法申请人民法院强制执行。

第九十一条　房屋行政管理部门，乡、镇人民政府，街道办事处，房管机构以及相关行政管理部门的工作人员违反本规定，有下列情形之一的，由其所在单位或者上级主管部门依法给予处分；构成犯罪的，依法追究刑事责任：

（一）违法实施行政许可或者行政处罚的；

（二）未按照本规定履行监督检查职责的；

（三）发现违法行为不及时查处，或者包庇、纵容违法行为，造成后果的；

（四）其他玩忽职守、滥用职权、徇私舞弊的情形。

第六章　附则

第九十二条　本规定中有关专业用语的含义：

（一）专有部分，是指在构造上及利用上具有独立性，由单个业主独立使用、处分的物业部位。

（二）部分共用部分，是指由部分业主共同使用、管理的物业部位、设施设备及场地等部分。

（三）全体共用部分，是指由全体业主共同使用、管理的物业部位、设施设备及场地等部分。

第九十三条　市房屋行政管理部门应当制定临时管理规约、管理规约、首次业主大会会议表决规则、业主大会议事规则、业主委员会委员候选人产生办法、业主委员会选举办法、物业服务合同等示范文本。

第九十四条　非住宅物业管理，参照本规定执行。

第九十五条　本规定自 2011 年 4 月 1 日起施行。

37. 上海市计量监督管理条例

（2000 年 9 月 22 日上海市第十一届人民代表大会常务委员会第二十二次会议通过；根据 2010 年 9 月 17 日上海市第十三届人民代表大会常务委员会第二十一次会议《关于修改本市部分地方性法规的决定》第一次修正；根据 2017 年 11 月 23 日上海市第十四届人民代表大会常务委员会第四十一次会议《关于修改本市部分地方性法规的决定》第二次修正；根据 2018 年 11 月 22 日上海市第十五届人民代表大会常务委员会第七次会议《关于修改本市部分地方性法规的决定》第三次修正；根据 2022 年 10 月 28 日上海市第十五届人民代表大会常务委员会第四十五次会议《关于修改〈上海市公共场所控制吸烟条例〉等 5 件地方性法规和废止〈上海市企业名称登记管理规定〉的决定》第四次修正）

第一章　总则

第一条　为了加强计量监督管理，保障国家计量单位制的统一和量值的准确可靠，促进生产、贸易和科学技术的发展，维护国家、法人和公民的利益，根据《中华人民共和国计量法》和其他有关法律、法规，结合本市实际情况，制定本条例。

第二条　本条例适用于本市行政区域内的计量活动及其监督管理。

本条例所称计量活动，是指建立计量标准器具，进行计量器具检定或者核准，制造、修理、销售、使用计量器具，使用计量单位以及采集、形成、出具、标称、公布计量数据等活动。

第三条　市计量行政部门负责本市的计量监督管理工作，组织实施本条例。

区计量行政部门在市计量行政部门的领导下，按照职责分工，负责本行政区域内的计量监督管理工作。

市计量行政部门的执法机构，按照本条例的授权实施行政处罚。

第四条　本市其他有关行政管理部门按照各自职责，协同实施本条例。

第五条　从事计量活动，应当遵循科学规范、诚实信用的原则，保障计量器具稳定可靠，保证计量数据准确一致。

第六条　市人民政府应当将计量科技进步纳入国民经济和社会发展计划，鼓励开展计量科学技术研究，建立科学的量值溯源体系，健全高效的量值传递体制，推广使用先进的计量器具。

第二章　计量单位的使用

第七条　国际单位制计量单位和国家选定的其他计量单位，为国家法定计量单位。国家法定计量单位的名称、符号按照国家有关规定执行。

第八条　从事下列活动应当使用国家法定计量单位：

（一）制发公文、公报、统计报表；

（二）编播广播、电视节目、传输信息；

（三）制作、发布广告和网页；

（四）制定标准、规程等技术文件；

（五）出版发行出版物；

（六）印制票据、票证、账册；

（七）出具计量、检测数据；

（八）生产、销售商品，标注商品标识，编制产品使用说明书；

（九）国家和本市规定应当使用国家法定计量单位的其他计量活动。

第九条　进出口商品，出版古籍和文学书籍及其他需要使用非国家法定计量单位的，按照国家有关规定执行。

第三章　计量器具的监督管理

第十条　市计量行政部门应当根据经济建设、社会发展和科技进步的需要，统一制定本市建立社会公用计量标准器具的规划，经市人民政府批准后实施。

第十一条　社会公用计量标准器具应当按照国家有关规定进行考核。

本市最高等级的社会公用计量标准器具，由国务院计量行政部门主持考核；其他等级的社会公用计量标准器具，由市计量行政部门主持考核。考核合格的，方可开展计量器具强制检定或者校准服务。

经考核合格投入使用的社会公用计量标准器具，应当定期接受计量器具强制检定。

第十二条　计量检定机构进行强制检定所使用的计量标准器具应当经市计量行政部门组织考核合格后方可使用。

计量器具制造企业以及定量包装商品生产企业建立的本企业最高等级的计量标准器具的管理，按照国家有关规定执行。

第十三条　本市用于贸易结算、安全防护、医疗卫生、环境监测以及行政监测、司法鉴定等方面的工作计量器具，列入强制检定目录的，实行计量器具强制检定。

实行强制检定的工作计量器具目录，按照国家规定执行；国家没有规定的，由市计量行政部门会同有关部门确定，由市计量行政部门发布。

第十四条　设计、研制、生产和销售计量器具新产品，应当符合计量检定规程和计量技术规范的要求。

本市鼓励采用国际标准和国内外先进技术标准进行计量器具新产品开发。

第十五条　经过修理的计量计费的工作计量器具应当经计量器具强制检定合格后，方可交付使用。

第十六条　集市贸易市场等商业经营场所设置的复测商品量所用的工作计量器具，应当接受计量器具强制检定，进行日常校验，保持其准确性。

第十七条　计量器具强制检定应当按照国家计量检定系统表进行，并执行计量检定规程。

使用实行强制检定计量器具的单位和个人，应当向法定计量检定机构或者经授权的计量器具检定机构申请计量器具强制检定。

计量器具检定机构应当依法履行计量器具强制检定职责，做好统计工作，并向市计量行政部门报告。

国家法定计量检定机构的计量检定人员以及被授权单位执行检定任务的人员，必须经考核合格，并使用合格的计量标准器具，按照计量检定规程及其他有关规定，公正、客观、准确地进行计量器具强制检定，不得伪造检定数据。

第十八条　本市推行计量器具量值溯源的校准活动。单位和个人根据生产经营需要，对强制检定以外的计量器具，可以自主进行量值溯源，或者选择计量校准机构进行量值溯源。

计量器具的校准应当按照计量器具校准规范和委托合同的要求进行，并向委托人出具校准报告。

第四章 计量数据的监督管理

第十九条　经营者经营商品或者提供服务以量值作为结算依据的，应当标明法定计量单位，并配备和使用与其经营或者服务项目相适应的、符合国家或者本市规定的计量器具。

第二十条　经营者经营商品或者提供服务，应当保证商品量或者服务计量的准确，其结算值应当与实际值相符，计量允许误差应当在国家和本市规定的范围内。

现场计量交易时，经营者应当明示计量过程和计量器具显示的量值。如有异议的，经营者应当重新操作计量过程和显示量值。

第二十一条　定量包装商品应当在商品包装的显著位置，用中文、数字和法定计量单位真实、清晰地标注商品的净含量。净含量的规格、数列选择应当符合国家规定。

经营者不得销售未标明净含量的定量包装商品。

第二十二条　本市推行生产资料交易计量鉴证制度。

企业、事业单位进行生产资料交易需要计量的，可以委托计量鉴证机构进行计量。

政府采购大宗物料需要计量的，可以委托计量鉴证机构进行计量。

第二十三条　以营利为目的的社会服务性机构出具计量数据和检测涉及人身安全、健康的商品，应当使用合格的计量器具，按照规定的程序测量，保证计量数据的准确。

第二十四条　实施列入市级范围的重大工程、重大项目、重大技术改造项目的单位，应当对计量单位的使用和计量器具的选用等是否符合国家规定进行审查，或者委托有资质的社会中介机构按照法律、法规和合同的约定，参与审查。

第五章 计量机构和人员的管理

第二十五条　开展计量器具强制检定业务的机构，由市计量行政部门统一组织设置。经市计量行政部门授权的有关技术机构可以承担部分计量器具强制检定业务。

第二十六条　开展计量器具校准或者计量鉴证业务的机构应当按照规范进行计量器

具校准、计量鉴证。

第二十七条　向社会出具检测数据的各类检测机构，应当符合设备、人员、制度、环境等方面的国家计量技术规范要求，并向市计量行政部门申请计量认证。

第二十八条　从事计量器具校准、计量鉴证等活动的社会中介服务机构，不得与行政机关存在隶属关系或者其他利益关系。

第二十九条　本市推行计量专业技术人员注册制度。

计量专业技术人员注册的具体办法，由市计量行政部门会同有关部门制定。

第三十条　本市计量协会是计量行业的自律组织，可以开展计量培训、计量咨询和发布计量信息等活动，并接受市计量行政部门的指导和监督。

第六章　法律责任

第三十一条　违反本条例第八条规定，使用非法定计量单位的，责令其改正；属出版物的，责令其停止销售，并可处一千元以下的罚款。

第三十二条　违反本条例第十三条第一款、第十六条规定，应当进行强制检定的计量器具，未按照规定申请强制检定以及经强制检定不合格继续使用的，责令其停止使用，并可处一千元以下的罚款。

第三十三条　违反本条例第十七条第四款规定，计量检定人员有下列行为之一的，给予处分；构成犯罪的，依法追究刑事责任：

（一）伪造检定数据的；

（二）出具错误数据，给送检一方造成损失的；

（三）违反计量检定规程进行检定活动的；

（四）使用未经考核合格的计量标准器具从事检定活动的；

（五）未经考核合格执行计量检定的。

有前款第（二）项情形的，计量检定人员所在单位应当承担相应的赔偿责任。

第三十四条　违反本条例第十九条规定，计量器具的配备和使用不符合国家和本市规定的，责令其停止使用，限期改正；逾期不改正的，处以五千元以下的罚款。

第三十五条　违反本条例第二十一条规定，定量包装商品未按照规定真实、清晰地标注商品的净含量的，或者净含量的规格、数列选择不符合国家规定的，责令其停止生产，限期改正；逾期不改正的，处以一千元以上一万元以下的罚款。

第三十六条　违反本条例第二十六条规定的，给予警告，没收违法所得，并可处五千元以上五万元以下的罚款。

第三十七条　违反本条例第二十七条规定，向社会出具检测数据的检测机构未经计量认证的，责令其停止相关活动，限期改正，没收违法所得，并可处一千元以上一万元以下的罚款。

第三十八条　本条例规定的行政处罚由市计量行政部门的执法机构或者区计量行政部门实施。其中，对违法制造重要计量器具的行政处罚，由市计量行政部门的执法机构实施。

第三十九条　市和区计量行政部门以及市计量行政部门的执法机构直接负责的主管人员和其他直接责任人员玩忽职守、滥用职权、徇私舞弊的，由其所在单位或者上级主管部门依法给予处分；构成犯罪的，依法追究刑事责任。

第七章　附则

第四十条　本条例下列用语的含义是：

计量器具校准，是指确定被校准计量器具与对应的计量标准器具量值关系的相关活动。

计量鉴证，是指为交易双方出具第三方计量数据的相关活动。

定量包装商品，是指以销售为目的，在一定量限范围内具有统一的质量、体积、长度标注的预包装商品。

净含量，是指去除包装容器和其他包装材料后内装物的实际质量、体积、长度。

第四十一条　本条例自 2001 年 1 月 1 日起施行。

38. 上海市实施《中华人民共和国全国人民代表大会和地方各级 人民代表大会代表法》办法

（2015 年 1 月 29 日上海市第十四届人民代表大会第三次会议通过；根据 2016 年 4 月 21 日上海市第十四届人民代表大会常务委员会第二十八次会议《关于修改〈上海市区县和乡镇人民代表大会代表直接选举实施细则〉等 5 件地方性法规的决定》第一次修正；根据 2022 年 10 月 28 日上海市第十五届人民代表大会常务委员会第四十五次会议《关于修改〈上海市实施《中华人民共和国全国人民代表大会和地方各级人民代表大会代表法》办法〉等 3 件地方性法规和废止〈上海市授予荣誉市民称号规定〉的决定》第二次修正）

第一章　总则

第一条　为了保证本市各级人民代表大会代表依法行使代表的职权，履行代表的义务，发挥代表作用，根据《中华人民共和国全国人民代表大会和地方各级人民代表大会代表法》，结合本市实际，制定本办法。

第二条　本市各级人民代表大会代表依照法律规定选举产生，是本市各级国家权力机关组成人员，代表人民的利益和意志，依照宪法和法律赋予本级人民代表大会的各项职权，参加行使国家权力。

第三条　代表享有下列权利：

（一）出席本级人民代表大会会议，参加审议各项议案、报告和其他议题，发表意见；

（二）依法联名提出议案、质询案、罢免案等；

（三）提出对各方面工作的建议、批评和意见；

（四）参加本级人民代表大会的各项选举；

（五）参加本级人民代表大会的各项表决；

（六）获得依法执行代表职务所需的信息和各项保障；

（七）法律、法规规定的其他权利。

第四条 代表应当履行下列义务：

（一）模范地遵守宪法和法律、法规，保守国家秘密，在自己参加的生产、工作和社会活动中，协助宪法和法律、法规的实施；

（二）按时出席本级人民代表大会会议，认真审议各项议案、报告和其他议题，发表意见，做好会议期间的各项工作；

（三）积极参加统一组织的视察、专题调研、执法检查等履职活动；

（四）加强履职学习和调查研究，不断提高执行代表职务的能力；

（五）与原选区选民或者原选举单位和人民群众保持密切联系，听取和反映他们的意见和要求，努力为人民服务；

（六）自觉遵守社会公德，廉洁自律，公道正派，勤勉尽责；

（七）法律、法规规定的其他义务。

第五条 代表依法在本级人民代表大会会议期间的工作和闭会期间的活动，都是执行代表职务。

本市国家机关、社会团体、企业事业单位等应当为代表执行代表职务提供保障。

代表不脱离各自的生产和工作。代表出席本级人民代表大会会议，参加闭会期间统一组织的履职活动，应当安排好本人的生产和工作，优先执行代表职务。

第六条 代表受原选区选民或者原选举单位的监督。

第二章 代表在本级人民代表大会会议期间的工作

第七条 代表应当按时出席本级人民代表大会会议。

代表因健康等特殊原因不能出席人民代表大会会议的，应当事先请假。市、区人民代表大会代表应当事先向本级人民代表大会常务委员会书面请假，由本级人民代表大会常务委员会主任会议委托的主任、副主任批准，乡、镇人民代表大会代表应当事先向乡、镇人民代表大会主席、副主席书面请假并得到批准。

代表在会议期间因健康等特殊原因需要临时请假的，市、区人民代表大会代表应当向本代表团团长请假并得到批准，乡、镇人民代表大会代表应当向乡、镇人民代表大会执行主席请假并得到批准。

第八条　代表在出席本级人民代表大会会议前，应当听取原选区选民或者原选举单位和人民群众的意见和建议，为会议期间执行代表职务做好准备。

第九条　代表应当按照本级人民代表大会会议日程的安排参加大会全体会议、代表团全体会议、小组会议、专题审议会议，审议列入会议议程的各项议案和报告。

代表可以被推选或者受邀请列席主席团会议、专门委员会会议，发表意见。

代表应当围绕会议议题发表审议意见，遵守议事规则。

第十条　市、区人民代表大会代表十人以上联名，乡、镇人民代表大会代表五人以上联名，有权向本级人民代表大会提出属于本级人民代表大会职权范围内的议案。代表提出的议案按照相关规定处理。

第十一条　市、区人民代表大会代表十人以上联名，乡、镇人民代表大会代表五人以上联名，可以按照规定对列入会议议程的议案或者准备交付大会表决的决议草案书面提出修正案。修正案由主席团决定是否提交各代表团审议和提请大会表决。

第十二条　代表要求在大会审议的全体会议上发言，可以在大会审议前向大会秘书处报名；发言的代表和顺序由大会执行主席安排。

代表在大会审议的全体会议上临时要求发言的，可以提出申请，并经大会执行主席许可。

第十三条　代表参加本级人民代表大会的各项选举时，有权依照法律规定对选举的人选提出意见。

市人民代表大会代表三十人以上联名，区人民代表大会代表十人以上联名，有权提出本级人民代表大会常务委员会组成人员、人民政府领导人员、监察委员会主任、人民法院院长、人民检察院检察长的人选。

市、区人民代表大会代表十人以上联名，有权提出上一级人民代表大会代表的人选。

乡、镇人民代表大会代表十人以上联名，有权提出本级人民代表大会主席、副主席和人民政府领导人员的人选。

本市各级人民代表大会代表有权对本级人民代表大会主席团的人选提出意见。

在选举日前，主席团根据代表的要求，可以安排本级国家机关领导人员的正式候选人与代表见面或者座谈。

代表对确定的候选人，可以投赞成票，可以投反对票，可以另选他人，也可以弃权。

第十四条　市、区人民代表大会代表参加表决通过本级人民代表大会各专门委员会组成人员的人选。

第十五条　代表在审议议案和报告时，可以口头或者书面向本级有关国家机关提出询问。有关国家机关应当派负责人或者由其委托的负责人员在会议期间回答代表的询问。如果询问涉及的问题比较复杂，由受询问机关提出申请，经主席团或者有关的代表团同意，可以在闭会后两个月内作出答复。

第十六条　市、区人民代表大会代表十人以上联名，有权书面提出对本级人民政府及其所属各部门，监察委员会，人民法院，人民检察院的质询案。乡、镇人民代表大会代表十人以上联名，有权书面提出对本级人民政府的质询案。质询案应当写明质询对象、质询的问题和内容。

质询案按照主席团的决定，由受质询机关负责人在主席团会议、大会全体会议或者有关的专门委员会会议上作出口头或者书面答复。

在主席团对质询案作出决定前，提出质询案的代表书面要求撤回，导致提出该质询案的代表不足法定人数的，经主席团同意，会议对该项质询案的审议即行终止。受质询机关负责人在主席团会议或者专门委员会会议上答复的，提出质询案的代表有权列席会议，发表意见。

提出质询案的代表半数以上对受质询机关的答复不满意的，可以提出再次答复的要求，由主席团交受质询机关再作答复。

市、区人民代表大会代表提出的质询案，受质询机关认为涉及的问题比较复杂，在会议期间答复有困难的，或者提出质询案的代表半数以上对再次答复仍不满意的，经主席团决定，可以在大会闭会后两个月内，由受质询机关负责人在人民代表大会常务委员会会议或者有关的专门委员会会议上作出答复，提出质询案的代表有权列席会议，发表意见。人民代表大会常务委员会根据答复的情况和代表的意见，必要时可以作出决定。

第十七条 市、区人民代表大会十分之一以上代表联名，有权书面提出对本级人民代表大会常务委员会组成人员、专门委员会成员、人民政府组成人员、监察委员会主任、人民法院院长、人民检察院检察长、由本级人民代表大会选出的上一级人民代表大会代表的罢免案。

乡、镇人民代表大会五分之一以上代表联名，有权书面提出对本级人民代表大会主席、副主席和人民政府领导人员的罢免案。

代表提出罢免案应当写明罢免的理由，并提供有关材料。

罢免案由主席团交各代表团审议后，提请大会全体会议表决；或者由主席团提议，经大会全体会议决定组织调查委员会，由本级人民代表大会下次会议根据调查委员会的调查报告审议决定。

第十八条 市、区人民代表大会十分之一以上代表联名，有权提议组织关于特定问题的调查委员会，由主席团提请大会全体会议决定。

调查委员会的组成人员，由主席团在本级人民代表大会代表中提名，提请大会全体会议通过。

第十九条 代表参加本级人民代表大会表决，可以投赞成票，可以投反对票，也可以弃权。

第二十条 代表有权向本级人民代表大会提出对各方面工作的建议、批评和意见。代表提出的建议、批评和意见按照相关规定处理。

第三章 代表在本级人民代表大会闭会期间的活动

第二十一条 市、区人民代表大会常务委员会组织本级人民代表大会代表开展闭会期间的活动。

市、区人民代表大会常务委员会受上一级人民代表大会常务委员会的委托，组织本级人民代表大会选举产生的上一级人民代表大会代表开展闭会期间的活动。

乡、镇人民代表大会主席、副主席根据主席团的安排，组织本级人民代表大会代表开展闭会期间的活动。

第二十二条　代表在闭会期间的活动以集体活动为主，以代表小组活动为基本形式。

市、区人民代表大会代表在市、区人民代表大会常务委员会组织或者协助下，乡、镇人民代表大会代表在本级人民代表大会主席团组织或者协助下，按照便于组织和开展活动的原则组成代表小组。

代表应当参加由本级人民代表大会代表组成的一个代表小组并参加活动，市、区人民代表大会代表也可以参加下级人民代表大会代表的小组活动。

每个代表小组应当推选一至三名代表为小组召集人。小组召集人负责制定小组年度活动计划，主持小组活动。

代表小组年度活动计划应当按照本级人民代表大会常务委员会代表工作机构或者乡、镇人民代表大会主席团的安排，明确活动次数、活动方式和内容。

第二十三条　代表小组可以开展以下活动：

（一）学习宪法和法律、法规以及上级和本级人民代表大会及其常务委员会的决议、决定；

（二）调研法律和法规在本行政区域内贯彻执行的情况；

（三）研究、反映人民群众的意见和要求；

（四）讨论、完善代表拟提出的议案或者建议、批评和意见，跟踪议案或者建议、批评和意见的办理和落实情况；

（五）交流执行代表职务的情况和经验等；

（六）符合法律、法规规定的其他代表活动。

第二十四条　市、区人民代表大会代表根据本级人民代表大会常务委员会的统一安排，对本级或者下级国家机关、组织和有关单位的工作进行视察。乡、镇人民代表大会代表根据本级人民代表大会主席团的安排，对本级人民政府和有关单位的工作进行视察。

代表按照前款规定进行视察，可以提出约见本级或者下级有关国家机关负责人。市、区人民代表大会常务委员会的办事机构和工作机构或者乡、镇人民代表大会主席团，联系安排约见。被约见的有关国家机关负责人或者由其委托的负责人员应当听取代表的建议、批评和意见，并及时向代表反馈有关情况。

代表持代表证在本行政区域内进行视察的，市、区人民代表大会常务委员会或者乡、镇人民代表大会主席团应当根据代表或者代表小组的要求负责联系安排。

代表在视察中，可以通过现场察看和同群众座谈、个别交谈等方式，了解情况，听取意见和要求，并可以向被视察单位提出建议、批评和意见，但不直接处理问题。

被视察单位应当认真接待代表，如实介绍情况，提供有关材料，听取代表的建议、批评和意见。

第二十五条　代表根据本级人民代表大会常务委员会或者乡、镇人民代表大会主席团的统一安排，围绕本行政区域内经济社会发展和关系人民群众切身利益、社会普遍关注的重大问题，开展具有针对性的专题调研。

第二十六条　代表参加统一安排的视察、专题调研形成的视察报告、调研报告，由本级人民代表大会常务委员会办事机构或者乡、镇人民代表大会主席团转交有关机关、组织研究处理。

有关机关、组织应当对视察报告、调研报告提出的意见和建议进行研究处理，并可以邀请代表参加。有关机关、组织将研究处理情况报告交办机构，交办机构应当将研究处理情况及时向代表反馈。

第二十七条　市、区人民代表大会代表根据本级人民代表大会常务委员会的统一安排，参加对本级人民政府及其所属各部门，人民法院，人民检察院工作的评议活动。

乡、镇人民代表大会代表根据本级人民代表大会主席团的统一安排，参加对本级人民政府工作的评议活动。

代表在评议活动中提出的建议、批评和意见，由组织评议的市、区人民代表大会常务委员会或者乡、镇人民代表大会主席团交被评议机关，督促其改进工作。

第二十八条　五分之一以上代表联名，可以向本级人民代表大会常务委员会或者乡、镇人民代表大会主席团提议临时召集本级人民代表大会会议。

第二十九条　市人民代表大会代表可以列席原选举单位的人民代表大会会议，可以应邀列席市人民代表大会常务委员会会议、市人民代表大会各专门委员会会议、市人民代表大会常务委员会各工作委员会会议、原选举单位的人民代表大会常务委员会会议，参加市人民代表大会常务委员会组织的有关立法和监督等活动。

区人民代表大会代表可以应邀列席区人民代表大会常务委员会会议，区人民代表大会各专门委员会会议和常务委员会各工作委员会会议，参加区人民代表大会常务委员会组织的有关监督等活动。

代表可以应邀参加市、区人民代表大会常务委员会和乡、镇人民代表大会主席团组织的执法检查、调研和其他活动。

第三十条　代表应当主动与原选区选民或者原选举单位和人民群众保持密切联系，宣传法律、法规、政策，可以通过走访、座谈、视察、调研、设立代表信箱或者电子邮箱等多种方式听取并反映原选区选民或者原选举单位和人民群众的意见和要求，监督本级国家机关依法履职、改进工作、解决问题，并接受人民群众监督。

代表应当参加进社区联系人民群众的活动，每年不少于两次。市、区人民代表大会常务委员会或者乡、镇人民代表大会主席团应当根据代表履职需要，做好组织安排。

代表可以参与市、区人民代表大会常务委员会和乡、镇人民代表大会的信访工作，了解、反映人民群众的意见和要求。

第三十一条　代表可以通过以下方式反映人民群众提出的意见和要求：

（一）在本级人民代表大会会议期间审议大会各项议题或者专题审议时发表审议意见；

（二）向本级人民代表大会或者其常务委员会提出议案或者建议、批评和意见；

（三）在列席和参加本级人民代表大会常务委员会或者乡、镇人民代表大会主席团组织的有关会议和活动时提出建议、批评和意见；

（四）向上一级人民代表大会代表反映；

（五）向乡、镇人民代表大会主席团或者区人民代表大会常务委员会街道工作委员会反映；

（六）向本级人民代表大会或者其常务委员会信访工作部门转交人民群众来信，或者提出建议、批评和意见；

（七）向本级人民代表大会常务委员会的办事机构或者工作机构反映；

（八）法律、法规规定的其他方式。

有关机关、组织应当对代表反映人民群众提出的意见和要求，及时研究办理，并向代表反馈。

第三十二条　代表在本级人民代表大会闭会期间，有权按照规定提出议案或者建议、批评和意见。代表提出的议案或者建议、批评和意见按照相关规定处理。

第三十三条　市、区人民代表大会代表根据本级人民代表大会或者本级人民代表大会常务委员会的决定，参加关于特定问题的调查委员会。

第三十四条　市、区人民代表大会代表在本级人民代表大会闭会期间，可以围绕本级人民代表大会常务委员会的工作，向本级人民代表大会常务委员会的办事机构或者工作机构提出约见本级人民代表大会常务委员会组成人员。

乡、镇人民代表大会代表在乡、镇人民代表大会闭会期间，可以围绕乡、镇人民代表大会的工作，提出约见乡、镇人民代表大会主席、副主席。

第四章　代表执行职务的保障

第三十五条　代表在人民代表大会各种会议上的发言和表决，不受法律追究。

第三十六条　市、区人民代表大会代表，在本级人民代表大会会议期间，非经本级人民代表大会主席团许可，在本级人民代表大会闭会期间，非经本级人民代表大会常务委员会许可，不受逮捕或者刑事审判和法律规定的其他人身自由的限制。如果因为是现行犯被拘留，执行拘留的机关应当在二十四小时以内向本级人民代表大会主席团或者人民代表大会常务委员会报告。

人民代表大会主席团或者常务委员会受理有关机关依照本条规定提请许可的申请，应当及时审查是否存在对代表在人民代表大会各种会议上的发言和表决进行法律追究，或者对代表提出建议、批评和意见等其他执行职务行为打击报复的情形，并据此作出决定。

乡、镇人民代表大会代表如果被逮捕、受刑事审判或者被采取法律规定的其他限制人身自由的措施，执行机关应当立即报告乡、镇人民代表大会。

第三十七条　代表执行代表职务，代表所在单位应当给予时间保障，按正常出勤对待，保证其工资和其他待遇不受影响。代表所在单位应当根据本单位实际情况为代表执行职务提供服务、帮助。

无固定工资收入的代表执行代表职务，根据实际情况由本级财政给予适当补贴。

第三十八条　代表活动经费由市、区人民代表大会常务委员会或者乡、镇人民代表大会主席团根据代表活动的实际需要制定计划，列入本级财政预算予以保障，专款专用。

区人民代表大会常务委员会受市人民代表大会常务委员会委托，组织市人民代表大会代表开展活动所需的经费，由市人民代表大会常务委员会拨付。

第三十九条　市、区人民代表大会常务委员会应当建立常务委员会联系代表制度，加强常务委员会组成人员与本级人民代表大会代表的联系，听取代表的建议、批评和意见。

第四十条　市、区人民代表大会专门委员会与常务委员会工作机构应当建立联系代表制度，听取代表的意见和要求，可以按照代表的意向邀请代表参加立法、监督等工作。

第四十一条　市、区人民代表大会常务委员会应当建立本市各级人民代表大会代表之间的联系制度，畅通代表了解和反映人民群众意见和要求的渠道。

第四十二条　市、区人民代表大会常务委员会，本市各级人民政府和人民法院、人民检察院应当采取举行报告会、通报会等方式，及时向本级人民代表大会代表通报工作情况，应当通过印发资料、网络等方式向本级人民代表大会代表提供有关信息，并根据代表的要求，为其执行代表职务提供有关信息，保障代表的知情权。

第四十三条　市、区人民代表大会常务委员会应当制定代表履职学习计划，组织代表参加履职学习、专题学习和专题报告会等，协助代表全面熟悉人民代表大会制度，掌握执行代表职务所需的法律知识、实务技能和其他专业知识。乡、镇人民代表大会主席、副主席根据主席团的安排应当组织本级人民代表大会代表参加履职学习。

乡、镇人民代表大会代表可以参加上级人民代表大会常务委员会组织的代表履职学习。

第四十四条　市、区人民代表大会常务委员会，乡、镇人民代表大会主席团应当建立代表联系原选区选民或者原选举单位和人民群众的制度。

第四十五条　市、区人民代表大会常务委员会应当为本行政区域内的代表执行代表职务提供必要的条件。

市、区人民代表大会常务委员会的办事机构和工作机构是代表执行代表职务的集体服务机构，为代表执行代表职务提供服务保障。

乡、镇人民代表大会代表联络机构、区人民代表大会常务委员会街道工作委员会应当为本行政区域内的各级人民代表大会代表执行代表职务提供服务保障，并向代表和社会公布联系方式。

市、区人民代表大会常务委员会的代表工作机构，乡、镇人民代表大会代表联络机构，区人民代表大会常务委员会街道工作委员会应当建立相互联系制度。

第四十六条　本市各级人民代表大会应当为本级人民代表大会代表制发代表证，方便代表执行代表职务。

第四十七条　有关机关、组织应当认真研究处理代表议案与建议、批评和意见。

代表议案与建议、批评和意见的处理情况，应当向本级人民代表大会或者其常务委员会或者乡、镇人民代表大会主席团报告，并向代表和社会公开。

第四十八条　一切组织和个人都应当尊重代表履职的权利，支持和保障代表依法执行代表职务。

有义务协助代表执行代表职务而拒绝履行义务的，有关单位应当予以批评教育，直至依法给予行政处分。

阻碍代表依法执行代表职务的，根据情节，由所在单位或者上级机关给予行政处分，或者适用《中华人民共和国治安管理处罚法》第五十条的处罚规定；以暴力、威胁方法阻碍代表依法执行代表职务的，依照刑法有关规定追究刑事责任。

对代表依法执行代表职务进行打击报复的，由所在单位或者上级机关责令改正或者给予行政处分；国家工作人员进行打击报复构成犯罪的，依照刑法有关规定追究刑事责任。

市、区人民代表大会及其常务委员会和乡、镇人民代表大会应当监督有关机关、单位，依法处理。有关机关、单位应当将处理结果及时报告本级人民代表大会或者其常务委员会。

第五章　对代表的监督

第四十九条　代表应当依法执行代表职务，采取多种方式经常听取原选区选民或者原选举单位和人民群众对代表履职的意见，回答原选区选民或者原选举单位对代表工作和代表活动的询问，自觉接受监督。

市人民代表大会代表应当根据原选举单位的人民代表大会常务委员会的统一安排，以口头或者书面等方式向原选举单位报告履职情况。

区和乡、镇人民代表大会代表应当根据区人民代表大会常务委员会和乡、镇人民代表大会主席团的统一安排，以口头或者书面等方式定期向原选区选民报告履职情况。

第五十条　代表的工作单位、职务、通讯方式应当向原选举单位或者原选区选民公开。

代表的工作单位、职务、通讯方式等发生变化的，市、区人民代表大会代表应当及时告知本级人民代表大会常务委员会的代表工作机构，乡、镇人民代表大会代表应当及时告知本级人民代表大会的代表联络机构。

第五十一条　本市各级人民代表大会或者其常务委员会，市、区人民代表大会专门委员会、常务委员会办事机构和工作机构组织代表参加的活动，都应当纳入代表履职活动的范围。

市、区人民代表大会常务委员会，乡、镇人民代表大会应当建立本级人民代表大会代表履职情况登记制度。与代表履职活动相关的信息，应当由活动的组织者及时进行登记，并定期与代表核对。代表对履职情况登记有异议的，应当在核实后予以调整。本市各级人民代表大会代表参加履职活动的情况，应当向原选举单位或者原选区选民公开。

第五十二条　代表应当正确处理从事个人职业活动与执行代表职务的关系，不得利用代表身份、执行代表职务干涉具体司法案件或者招标投标等经济活动牟取个人利益。

代表执行代表职务的活动，不得接受企业事业单位、社会团体和个人出资赞助。

第五十三条　选民或者选举单位有权依法罢免自己选出的代表。被提出罢免的代表有权出席罢免该代表的会议，口头或者书面提出申辩意见。

第五十四条　代表有下列情形之一的，暂时停止执行代表职务，由代表资格审查委员会向市、区人民代表大会常务委员会或者乡、镇人民代表大会主席团报告：

（一）因刑事案件被羁押正在受侦查、起诉、审判的；

（二）被依法判处管制、拘役或者有期徒刑而没有附加剥夺政治权利，正在服刑的。

前款所列情形在代表任期内消失后，恢复其执行代表职务，但代表资格终止者除外。

市人民代表大会代表暂时停止执行代表职务或者在代表任期内恢复执行代表职务的，市人民代表大会常务委员会应当通知代表本人，并通报代表原选举单位及其所在的代表小组。

区和乡、镇人民代表大会代表暂时停止执行代表职务或者在任期内恢复执行代表职务的，区人民代表大会常务委员会或者乡、镇人民代表大会主席团应当通知代表本人，并通报代表原选区及其所在的代表小组。

第五十五条　市人民代表大会代表可以向选举其的区人民代表大会的常务委员会书面提出辞职。区人民代表大会常务委员会接受其辞职的决议，应当报市人民代表大会常务委员会代表资格审查委员会备案、公告。

区人民代表大会代表可以向区人民代表大会常务委员会书面提出辞职；乡、镇人民代表大会代表可以向乡、镇人民代表大会书面提出辞职。区人民代表大会常务委员会或者乡、镇人民代表大会接受其辞职，应当予以公告。

第五十六条　代表有下列情形之一的，其代表资格终止：

（一）迁出或者调离本行政区域的；

（二）辞去代表职务并被接受的；

（三）未经批准两次不出席本级人民代表大会会议的；

（四）被罢免的；

（五）丧失中华人民共和国国籍的；

（六）依照法律被剥夺政治权利的；

（七）丧失行为能力的。

市、区人民代表大会代表资格的终止，由代表资格审查委员会报本级人民代表大会常务委员会，由本级人民代表大会常务委员会予以公告。

乡、镇人民代表大会代表资格的终止，由代表资格审查委员会报本级人民代表大会主席团，由本级人民代表大会予以公告。

第六章　附则

第五十七条　本办法自 2015 年 3 月 1 日起施行。1993 年 2 月 6 日上海市第九届人民代表大会常务委员会第四十一次会议通过、1998 年 1 月 14 日上海市第十届人民代表大会常务委员会第四十一次会议修正、2011 年 9 月 22 日上海市第十三届人民代表大会常务委员会第二十九次会议修订的《上海市实施〈中华人民共和国全国人民代表大会和地方各级人民代表大会代表法〉办法》同时废止。

39. 上海市人民代表大会关于代表议案的规定

（1988 年 4 月 20 日上海市第九届人民代表大会第一次会议通过；根据 1990 年 4 月 30 日上海市第九届人民代表大会第三次会议《关于修改〈上海市人民代表大会关于代表议案的规定〉的决定》第一次修正；根据 1995 年 1 月 18 日上海市第十届人民代表大会常务委员会第十五次会议《关于修改〈上海市人民代表大会关于代表议案的规定〉的决定》第二次修正；根据 2008 年 12 月 25 日上海市第十三届人民代表大会常务委员会第八次会议《关于修改〈上海市人民代表大会关于代表议案的规定〉的决定》第三次修正；2015 年 1 月 29 日上海市第十四届人民代表大会第三次会议修订；根据 2016 年 4 月 21 日上海市第十四届人民代表大会常务委员会第二十八次会议《关于修改〈上海市区县和乡镇人民代表大会代表直接选举实施细则〉等 5 件地方性法规的决定》第四次修正；根据 2022 年 10 月 28 日上海市第十五届人民代表大会常务委员会第四十五次会议《关于修改〈上海市实施《中华人民共和国全国人民代表大会和地方各级人民代表大会代表法》办法〉等 3 件地方性法规和废止〈上海市授予荣誉市民称号规定〉的决定》第五次修正）

第一条　为了做好市人民代表大会代表（以下简称代表）议案工作，根据《中华人民共和国地方各级人民代表大会和地方各级人民政府组织法》、《中华人民共和国全国人民代表大会和地方各级人民代表大会代表法》等法律的规定，结合本市实际，制定本规定。

第二条　代表依法向市人民代表大会提出议案，是法律赋予代表参与管理地方国家事务的权利。

第三条　处理代表议案是本市有关机关、组织的法定职责。市、区人民代表大会专门委员会、常务委员会的办事机构和工作机构以及本市有关机关、组织应当为代表酝酿、准备议案提供服务保障。

第四条　代表应当通过视察、专题调研、联系原选举单位和人民群众等活动，围绕本行政区域经济社会发展中的重大问题和人民群众普遍关心的问题，提出议案。

第五条　代表议案的内容应当属于市人民代表大会的职权范围。

代表议案应当有案由、案据和方案。案由应当明确清楚，案据应当充分合理，方案应当有具体内容。提出立法议案的，应当有法规草案或者立法要旨、主要内容及其说明。

代表议案应当由代表十人以上联名提出，并有领衔代表。议案的领衔代表应当向参加联名附议的代表提供议案文本，附议代表应当审阅议案文本。代表经过集体讨论，取得一致意见后签名提出议案。

代表提出议案应当一事一案，使用市人民代表大会秘书处（以下简称大会秘书处）统一印制的代表议案专用纸，并通过"上海市人大代表议案网上处理系统"提交。

第六条　符合本规定第五条的下列事项，可以作为代表议案提出，市人民代表大会主席团、专门委员会或者议案审查委员会应当作为代表议案处理：

（一）制定、修改、废止以及解释本市地方性法规；

（二）由市人民代表大会决定的关于宪法、法律、行政法规和地方性法规在本市实施中的重大问题；

（三）由市人民代表大会对本级人民政府、人民法院和人民检察院的工作实施监督的事项；

（四）由市人民代表大会作决议、决定的重大事项；

（五）市人民代表大会职权范围内的其他事项。

第七条　下列事项不作为代表议案提出：

（一）中央国家机关职权范围内的事项；

（二）行政机关、监察机关、司法机关职权范围内的事项；

（三）区和乡、镇人民代表大会职权范围内的事项；

（四）政党、社会团体、企业事业组织和个人的事务；

（五）其他不属于市人民代表大会职权范围内的事项。

第八条　代表议案一般应当在市人民代表大会会议期间提出。市人民代表大会会议期间提出的代表议案，是指自召开市人民代表大会会议之日起至市人民代表大会主席团决定的代表议案提出截止时间提出的议案。

市人民代表大会主席团决定的议案截止时间后形成的代表议案，按照本规定第十条处理。

第九条　市人民代表大会会议期间提出的代表议案送交大会秘书处登记、分类后，由大会秘书处送有关专门委员会研究，并提出处理意见；每届市人民代表大会第一次会议举行时，由大会秘书处送市人民代表大会议案审查委员会研究，并提出处理意见。

大会秘书处应当与提出议案的代表沟通、联系，听取其意见，对不符合本规定第五条要求的，可以建议代表修改、完善后重新提出，或者改作建议、批评和意见提出。

第十条　市人民代表大会闭会期间提出的代表议案，送交市人民代表大会常务委员会代表工作机构，做好登记、分类工作，对不符合本规定第五条的代表议案，可以建议代表修改、完善后重新提出，或者改作建议、批评和意见提出。

市人民代表大会常务委员会代表工作机构在收到代表议案之日起十五日内送市人民代表大会有关专门委员会研究。市人民代表大会专门委员会应当充分听取提出议案的代表的意见，并在收到议案后的三十日内书面提出代表议案处理意见，交市人民代表大会常务委员会代表工作机构。

市人民代表大会下一次会议举行时，市人民代表大会常务委员会代表工作机构应当将闭会期间提出的代表议案和市人民代表大会有关专门委员会提出的代表议案处理意见，同时送交大会秘书处，与会议期间提出的代表议案一并处理。

第十一条　大会秘书处根据市人民代表大会有关专门委员会或者议案审查委员会的处理意见，向市人民代表大会主席团提出代表议案处理意见的报告，由主席团决定是否列入本次大会议程，或者先交有关专门委员会或者议案审查委员会审查，提出审查意见，再由主席团决定是否列入本次大会议程。

经市人民代表大会主席团审议通过的代表议案处理意见的报告，印发大会全体代表。

第十二条　市人民代表大会主席团决定列入本次大会议程的代表议案，提出议案的代表应当向会议提出关于议案的说明，由主席团提交各代表团进行审议，市人民代表大会有关专门委员会或者议案审查委员会对各代表团的审议意见汇总研究后，提出对代表议案审议情况的报告，由主席团决定是否将该代表议案提请大会全体会议表决。

市人民代表大会主席团决定不列入本次大会议程的代表议案，交市人民代表大会有关专门委员会或者市人民代表大会常务委员会主任会议在大会闭会后审议。

市人民代表大会主席团决定不作为议案的，由按照本规定第九条提出处理意见的市人民代表大会有关专门委员会或者议案审查委员会书面告知代表，并说明理由。

第十三条　列入大会议程的代表议案在交付大会表决前，提出议案的部分代表要求撤回，坚持提出该议案的代表不足十人的，经市人民代表大会主席团同意，大会对该议案的审议即行终止。

不列入大会议程的代表议案，提出议案的部分代表要求撤回，坚持提出该议案的代表不足十人的，该议案的办理工作即行终止。

第十四条　提出议案的代表过半数且不少于十人对市人民代表大会主席团不作为代表议案的决定有异议的，可以在主席团最后一次会议召开的四小时前向主席团书面提出复议要求。

主席团应当将代表的复议要求交市人民代表大会有关专门委员会或者议案审查委员会研究，提出处理意见。主席团复议作出决定，或者交由市人民代表大会常务委员会在大会闭会后的第一次会议上复议作出决定。复议的决定应当答复提出议案的代表。

第十五条　市人民代表大会主席团决定交市人民代表大会有关专门委员会或者常务委员会主任会议在大会闭会后审议的代表议案，有关专门委员会或者常务委员会主任会议应当在大会闭会后的三个月内提出审议结果的报告，提请市人民代表大会常务委员会会议审议。

审议结果的报告应当包括议案的主要内容，听取和采纳本市有关机关、组织和提出议案的代表意见的情况，市人民代表大会专门委员会或者常务委员会主任会议的审议意见等内容。必要时可以以附件作详细说明。

第十六条　市人民代表大会专门委员会应当召开专门委员会会议审议代表议案，必要时可以召开座谈会、论证会、听证会等，并邀请提出议案的代表参与，充分听取其对议案的办理建议。

第十七条　市人民代表大会专门委员会审议代表议案，涉及需要先征求本市有关机关、组织的意见，再进行审议的事项时，应当在大会闭会之日起十五日内，将代表议案交由本市有关机关、组织进行研究。本市有关机关、组织应当在大会闭会之日起三十日内提出意见。

本市有关机关、组织在研究代表议案时，应当先听取领衔代表对议案的说明和对议案的办理建议。

第十八条　代表议案审议结果的报告应当采纳有关机关、组织和提出议案的代表的合理意见。对于切实可行的代表议案，市人民代表大会专门委员会应当建议列入下一次市人民代表大会会议议程或者常务委员会会议议程。对于暂时不能列入会议议程的议案，专门委员会可以建议列入市人民代表大会常务委员会的立法规划或者相关工作计划，也可以建议作为常务委员会工作参考。

第十九条　市人民代表大会常务委员会会议审议代表议案审议结果的报告，应当作出决定，将代表议案提请列入市人民代表大会下一次会议议程，或者将代表议案列入市人民代表大会常务委员会会议议程，或者将代表议案审议结果的报告交本市有关机关、组织办理。必要时市人民代表大会常务委员会可以决定将代表议案列入常务委员会的立法规划、工作计划，或者作为常务委员会工作参考。

市人民代表大会常务委员会会议审议代表议案审议结果的报告时，应当邀请提出议案的领衔代表列席会议。

第二十条　本市有关机关、组织对市人民代表大会常务委员会决定交付办理的代表议案审议结果的报告，应当自交办之日起三个月内向常务委员会提出办理情况的报告，同时抄送市人民代表大会有关专门委员会。办理情况的报告应当包含有明确的办理部门、措施、时间要求等内容的办理方案。

本市有关机关、组织在办理代表议案审议结果报告时，应当听取市人民代表大会有关专门委员会和提出议案的领衔代表对拟办方案的意见。

第二十一条　本市有关机关、组织提出的办理情况的报告，由市人民代表大会常务委员会主任会议提请常务委员会会议审议。市人民代表大会常务委员会会议经审议对办理情况的报告不同意的，由有关机关、组织再作办理，并在一个月内向常务委员会提出再次办理情况的报告，同时抄送市人民代表大会有关专门委员会。

市人民代表大会常务委员会会议审议本市有关机关、组织办理情况的报告和再次办理情况的报告时，应当邀请提出议案的领衔代表列席会议。

第二十二条　市人民代表大会及其常务委员会和有关专门委员会对本市有关机关、组织办理代表议案审议结果报告的情况，应当进行督促检查。

代表对本市有关机关办理代表议案审议结果报告的情况，可以进行视察，也可以依照法律规定提出询问或者质询。

第二十三条　市人民代表大会或者其常务委员会会议审议的地方性法规草案、重大事项决定草案等吸纳了代表议案有关内容的，应当在有关起草说明中予以阐述。

第二十四条　代表议案审议结果的报告和办理情况的报告，应当通过"上海人大代表履职平台"和《上海市人民代表大会常务委员会公报》等向代表和社会公开。

第二十五条　区和乡、镇人民代表大会代表议案的提出和处理参照本规定执行。

第二十六条　本规定自 2015 年 3 月 1 日起施行。

40. 上海市人民代表大会关于代表建议、批评和意见的规定

（1988 年 4 月 20 日上海市第九届人民代表大会第一次会议通过；2012 年 7 月 27 日上海市第十三届人民代表大会常务委员会第三十五次会议第一次修订；2015 年 1 月 29 日上海市第十四届人民代表大会第三次会议第二次修订；根据 2016 年 4 月 21 日上海市第十四届人民代表大会常务委员会第二十八次会议《关于修改〈上海市区县和乡镇人民代表大会代表直接选举实施细则〉等 5 件地方性法规的决定》第一次修正；根据 2022 年 10 月 28 日上海市第十五届人民代表大会常务委员会第四十五次会议《关于修改〈上海市实施《中华人民共和国全国人民代表大会和地方各级人民代表大会代表法》办法〉等 3 件地方性法规和废止〈上海市授予荣誉市民称号规定〉的决定》第二次修正）

第一条　为了做好市人民代表大会代表（以下简称代表）建议、批评和意见的办理等相关工作，根据《中华人民共和国地方各级人民代表大会和地方各级人民政府组织法》、《中华人民共和国全国人民代表大会和地方各级人民代表大会代表法》等法律的规定，结合本市实际，制定本规定。

第二条　代表依法享有向市人民代表大会及其常务委员会提出对本市各方面工作的建议、批评和意见的权利。

第三条　研究办理代表建议、批评和意见并负责答复，是本市有关机关、组织的法定职责。本市有关机关、组织应当自觉接受国家权力机关监督、尊重人民主体地位，认真听取代表对工作的意见、积极回应代表和人民群众的关切，支持代表执行职务。

市人民代表大会常务委员会应当加强对代表建议、批评和意见办理工作的督促、检查。市、区人民代表大会专门委员会、常务委员会的办事机构和工作机构应当为代表提出建议、批评和意见提供服务保障。

第四条　代表建议、批评和意见可以由代表一人提出，也可以由代表联名提出。联名提出的，领衔代表应当使参加联名的代表了解建议、批评和意见的内容。参加联名的代表应当确认建议、批评和意见的内容能够真实表达自己的意愿。

第五条　代表建议、批评和意见可以在市人民代表大会会议期间提出，也可以在闭会期间提出。

第六条　代表应当通过视察、专题调研、联系原选举单位和人民群众等活动，围绕本行政区域经济社会发展中的重大问题和人民群众普遍关心的问题，提出建议、批评和意见。

代表提出的建议、批评和意见，应当一事一议，注重反映实际情况和问题，有具体意见和建议。

第七条　代表通过"上海市人大代表建议、批评和意见网上处理系统"提交建议、批评和意见，也可以通过书面形式提交。

第八条　下列情形不作为代表建议、批评和意见提出：

（一）不属于本市有关机关、组织职权范围的；

（二）涉及解决代表本人及其亲属等个人问题或者本单位等个别问题的；

（三）涉及具体司法案件的；

（四）代转信件或者有关材料的；

（五）属于学术探讨、产品推介的；

（六）没有实际内容的；

（七）其他不应当作为代表建议、批评和意见提出的。

对属于上述情形的，市人民代表大会秘书处（以下简称大会秘书处）或者市人民代表大会常务委员会代表工作机构向代表说明情况后，可以退回代表或者作代表来信处理。

第九条　代表提出的建议、批评和意见及其办理情况涉及国家秘密的，有关机关、组织和代表应当依法做好保密工作。

第十条　代表在市人民代表大会会议期间要求撤回所提建议、批评和意见的，可以向大会秘书处书面提出；代表在市人民代表大会闭会期间要求撤回所提建议、批评和意见的，可以向市人民代表大会常务委员会代表工作机构书面提出。

代表联名提出的建议、批评和意见，经代表一致要求可以撤回。

第十一条　代表提出的建议、批评和意见，在市人民代表大会会议期间，由大会秘书处负责受理和交办；在市人民代表大会闭会期间，由市人民代表大会常务委员会代表工作机构负责受理，并在收到之日起七个工作日内交办。

代表提出的建议、批评和意见，由大会秘书处或者市人民代表大会常务委员会代表工作机构通过"上海市人大代表建议、批评和意见网上处理系统"交办。

代表对本市行政机关、监察机关、审判机关、检察机关工作提出的建议、批评和意见，分别交市人民政府、市监察委员会、市高级人民法院、市人民检察院办理。市人民政府办公厅负责对行政机关办理的建议、批评和意见进行分办协调。

代表对市人民代表大会及其常务委员会工作提出的建议、批评和意见，交市人民代表大会有关专门委员会、市人民代表大会及其常务委员会的办事机构或者工作机构负责办理。

代表对本市其他机关、组织的工作提出的建议、批评和意见，交本市有关机关、组织负责办理。

第十二条　负责办理代表建议、批评和意见的承办单位包括市人民代表大会专门委员会，市人民代表大会及其常务委员会的办事机构和工作机构，市人民政府有关部门，区人民政府，市监察委员会，市高级人民法院，市人民检察院和其他具有办理代表建议、批评和意见职责的有关机关、组织。

代表可以对承办单位的确定提出建议。交办或者分办时应当对代表的建议予以研究。

第十三条　代表建议、批评和意见需要两个以上承办单位共同研究办理的，交办或者分办时应当确定主办单位和会办单位；需要两个以上主办单位研究办理的，交办或者分办时应当明确各单位办理的内容。

第十四条　承办单位对不属于本单位职权范围的代表建议、批评和意见，应当在收到之日起七个工作日内，向市人民代表大会常务委员会代表工作机构或者市人民政府办公厅说明情况，经同意后退回，不得滞留或者自行转办。

市人民代表大会常务委员会代表工作机构或者市人民政府办公厅应当对承办单位退

回的代表建议、批评和意见及时研究并交办。

代表对交办或者分办有意见的，可以向市人民代表大会常务委员会代表工作机构提出。市人民代表大会常务委员会代表工作机构会同有关机关、组织研究后及时向代表反馈处理情况。

第十五条　市人民代表大会常务委员会办公厅、市人民政府办公厅等应当于市人民代表大会闭会后一个月内组织召开代表建议、批评和意见办理工作会议，对办理工作进行部署。

第十六条　承办单位应当建立和健全代表建议、批评和意见办理工作制度，配备工作人员，实行单位负责人和工作人员分级负责制。

涉及面广、处理难度大的代表建议、批评和意见，应当由承办单位主要负责人负责研究办理，必要时可以由市人民代表大会常务委员会、市人民政府、市监察委员会、市高级人民法院、市人民检察院或者其他有关机关、组织的负责人牵头研究，协调办理。

在研究办理代表建议、批评和意见的过程中，承办单位应当与代表加强联系沟通，可以邀请提出相关建议、批评和意见的代表参与，充分听取代表的意见和建议。

第十七条　由两个以上单位共同办理的代表建议、批评和意见，会办单位应当在收到代表建议、批评和意见之日起一个月内将会办意见书面送主办单位。主办单位答复代表时，应当向代表说明会办单位的办理意见。会办单位应当根据代表或者主办单位的要求，与主办单位共同走访和答复代表。

由两个以上主办单位共同办理的代表建议、批评和意见，各有关单位应当在充分沟通协商、形成一致意见后答复代表。

对处理难度大、各有关承办单位答复意见不一致、需要进行综合协调的代表建议、批评和意见，市人民代表大会常务委员会代表工作机构应当进行协调；对行政机关办理的代表建议、批评和意见，应当会同市人民政府办公厅进行协调。各有关承办单位应当共同向代表说明情况。

第十八条　承办单位应当针对代表建议、批评和意见的内容，区别不同情况，实事求是、具体明确地将办理结果答复代表：

（一）所提事项已经解决或者基本解决、部分解决，或者所提意见和建议已经被采纳、部分采纳的，应当将解决或者采纳的情况答复代表；

（二）所提事项已经列入年度工作方案，正在着手解决，并有明确解决时限的，应当将方案和解决时限答复代表；

（三）所提事项已经列入工作计划，逐步加以解决，并有计划解决时限的，应当将工作计划和解决时限答复代表；

（四）所提事项暂时无法解决，而所提意见和建议对加强和改进工作具有参考价值，拟在工作中研究参考的，应当将有关情况和理由答复代表。因法律、法规、政策的规定或者受条件限制确实不能解决的，应当如实向代表说明。

第十九条　承办单位应当自交办之日起三个月内将建议、批评和意见的办理结果答复代表。涉及面广、处理难度大、确实不能在限期内办理完毕的，应当向市人民代表大会常务委员会代表工作机构书面报告；承办单位为行政机关的，应当同时向市人民政府办公厅书面报告。经同意，可以适当延长，延长时间不得超过三个月，承办单位应当及时告知代表。

承办单位对市人民代表大会换届时仍未完成办理的代表建议、批评和意见，应当在换届后继续在限期内完成办理并答复该建议、批评和意见的提出人。市人民代表大会常务委员会代表工作机构督促承办单位按照规定办理。

第二十条　承办单位对代表的书面答复应当由本单位负责人审核签发，并加盖本单位公章。对代表联名提出的建议、批评和意见，承办单位应当答复每位代表。承办单位在答复代表的同时，应当将答复意见、承办人等信息录入"上海市人大代表建议、批评和意见网上处理系统"，并抄送市人民代表大会常务委员会代表工作机构；承办单位为行政机关的，应当同时将答复抄送市人民政府办公厅。

第二十一条　代表在收到承办单位对建议、批评和意见的答复后，通过"上海市人大代表建议、批评和意见网上处理系统"填写《代表建议、批评和意见办理情况意见反馈表》，对办理态度和办理结果提出意见。代表对办理态度或者办理结果不满意的，应当填写具体意见。

　　代表对答复不满意的，市人民代表大会常务委员会代表工作机构应当对代表的具体意见进行研究，必要时会同市人民政府办公厅共同研究，并将研究结果告知代表。对需要再次办理的代表建议、批评和意见，交承办单位再作研究办理，在一个月内再次答复代表。市人民代表大会常务委员会代表工作机构和市人民政府办公厅可以组织承办单位与代表当面沟通。

　　第二十二条　承办单位将办理结果答复代表后，应当对代表建议、批评和意见进行跟踪办理，落实办理结果。跟踪办理情况录入"上海市人大代表建议、批评和意见网上处理系统"。

　　答复承诺代表在相应期限内解决的，应当在解决问题后书面告知代表；年内尚未解决的，转下年度跟踪办理；到市人民代表大会换届时仍未解决的，应当向代表书面说明情况。因客观情况发生变化而未能落实答复意见的，承办单位应当及时向代表书面报告有关情况，书面报告应当由本单位负责人审核签发，并抄送市人民代表大会常务委员会代表工作机构；承办单位为行政机关的，应当同时将书面报告抄送市人民政府办公厅。

　　第二十三条　代表可以提出并经市人民代表大会常务委员会代表工作机构联系安排，对建议、批评和意见的办理情况和办理结果的落实情况进行视察。承办单位应当认真接待代表，如实介绍情况，听取代表意见。

　　第二十四条　承办单位应当对代表建议、批评和意见的办理情况组织自查。自查工作应当由承办单位负责人组织实施。

　　承办单位应当在每年年中和年末，向市人民代表大会常务委员会代表工作机构书面报告本单位办理代表建议、批评和意见的情况；承办单位为行政机关的，应当同时向市人民政府办公厅书面报告办理情况。

　　第二十五条　市人民代表大会常务委员会应当对办理工作或者办理结果的落实情况，组织提出建议、批评和意见的代表进行督促、检查。市人民代表大会常务委员会应当督促有关机关、组织对本单位、本系统的办理情况进行自查、开展评估考核。对于拖延、贻误办理并造成不良影响或者损失的，市人民代表大会常务委员会应当要求承办单位限期改正并报告处理结果；情节严重的，应当建议有关机关、组织依法追究承办单位负责人以及有关人员的责任。

市人民代表大会常务委员会主任会议可以按照代表建议、批评和意见的办理情况确定督办专题，对办理工作或者办理结果的落实情况进行督促、检查。

市人民代表大会各专门委员会应当对与本委员会有关的代表建议、批评和意见的办理工作或者办理结果的落实情况，组织提出建议、批评和意见的代表进行督促、检查。

市人民代表大会常务委员会代表工作机构应当加强与代表、承办单位的联系，及时听取代表的意见，督促代表建议、批评和意见办理结果的落实。

第二十六条　代表建议、批评和意见的办理情况由市人民政府、市高级人民法院、市人民检察院和市人民代表大会常务委员会代表工作机构在每年年中和下一次市人民代表大会会议召开之前，分别向市人民代表大会常务委员会报告，并通过"上海人大代表履职平台"和《上海市人民代表大会常务委员会公报》等向代表和社会公开。

第二十七条　市人民代表大会常务委员会可以根据代表建议、批评和意见集中反映的问题，确定听取和审议本市行政机关、监察机关、审判机关、检察机关专项工作报告的相关议题，组织对有关法律、法规的实施情况进行执法检查。

市人民代表大会专门委员会可以根据代表建议、批评和意见集中反映的问题，组织开展工作调研。

第二十八条　区和乡、镇人民代表大会代表建议、批评和意见的提出和处理参照本规定执行。

第二十九条　本规定自 2015 年 3 月 1 日起施行。

41. 上海市学前教育与托育服务条例

（2022年11月23日上海市第十五届人民代表大会常务委员会第四十六次会议通过）

第一章 总则

第一条 为了保障适龄儿童接受学前教育与托育服务的权利，规范学前教育与托育服务实施，促进学前教育事业与托育服务健康发展，根据有关法律、行政法规，结合本市实际，制定本条例。

第二条 本条例适用于在本市行政区域内实施的学前教育与托育服务，以及相关支持保障、监督管理等活动。

本条例所称学前教育，是指由幼儿园等学前教育机构对三周岁至入小学前的儿童（以下简称学前儿童）实施的保育和教育。

本条例所称托育服务，是指由幼儿园托班、托育机构以及社区托育点等对三周岁以下婴幼儿实施的照护和保育。

第三条 本市学前教育与托育服务坚持以人民为中心的发展思想，按照"人民城市"建设要求，坚持政府主导、社会参与、普惠多元、安全优质、方便可及的原则，遵循儿童身心发展规律，促进儿童健康成长，实现幼有善育。

第四条 本市实行学前教育与托育服务一体规划、一体实施、一体保障，建立健全家庭科学育儿指导服务网络。

本市普及学前教育，以政府举办的公办幼儿园为主，支持和规范社会力量举办民办幼儿园，大力发展普惠性学前教育，构建布局合理、公益普惠的学前教育公共服务体系。

本市发展托育服务，以家庭照护为基础，通过开设幼儿园托班，鼓励和引导社会力量举办托育机构，设置社区托育点，支持机关、企事业单位、园区、商务楼宇等提供福利性托育服务，构建普惠多元的托育公共服务体系。

本市为适龄儿童家庭提供科学育儿指导服务，加强对家庭照护的支持与指导，增强家庭科学育儿能力。

第五条　各级人民政府应当将学前教育与托育服务纳入本级国民经济和社会发展规划，并将相关重点工作纳入为民办实事项目予以推进。

市人民政府统筹规划和协调推进全市学前教育与托育服务发展。区人民政府应当履行推进学前教育与托育服务发展的主体责任，合理配置本行政区域内学前教育与托育服务资源，促进学前教育与托育服务协调发展。

市、区人民政府应当建立综合协调机制，统筹协调解决学前教育与托育服务发展中的重大问题。

乡镇人民政府和街道办事处应当组织推进辖区内学前教育与托育服务发展，落实相关政策措施和监督管理工作。

第六条　市教育部门主管本市行政区域内的学前教育与托育服务工作，牵头推进学前教育与托育公共服务体系建设，制定发展规划和相关标准、规范，负责监督管理和指导服务工作。区教育部门具体负责本行政区域内学前教育与托育服务的监督管理和指导服务工作。

卫生健康部门负责对幼儿园、托育机构和社区托育点的卫生保健、疾病预防控制等工作进行业务指导和日常监管，制定相关标准、规范，依法开展传染病防治、饮用水卫生等监督检查。

发展改革、财政、规划资源、住房城乡建设管理、房屋管理、市场监管、人力资源社会保障、民政、公安、应急管理等部门和消防救援机构按照各自职责，共同做好学前教育与托育服务的相关管理和保障工作。

第七条　父母或者其他监护人应当依法履行抚养与教育儿童的责任，学习家庭养育知识，接受科学育儿指导，创造良好家庭环境，科学开展家庭照护和教育。

第八条　工会、共产主义青年团、妇女联合会、残疾人联合会、关心下一代工作委员会以及有关社会组织应当结合自身工作，支持学前教育与托育服务发展。

居民委员会、村民委员会应当协助政府及有关部门宣传学前教育与托育服务的法律法规，指导、帮助和监督儿童的父母或者其他监护人依法履行抚养与教育责任。

鼓励自然人、法人和非法人组织通过捐赠资助、志愿服务等方式，支持普惠性学前教育与托育服务发展。

第九条　鼓励相关行业协会通过制定学前教育与托育服务行业标准和规范、参与服务质量评估、开展从业人员培训等方式，规范行业行为，加强行业自律，推动学前教育与托育服务规范健康发展。

第十条　广播、电视、报刊、网络等媒体应当广泛开展公益宣传，倡导科学育儿理念，营造尊重、关心、爱护儿童的社会氛围，为儿童健康成长创造良好环境。

第十一条　本市支持开展学前教育与托育服务相关基础理论、实务应用、行业管理等方向和领域的科学研究活动。

本市加强学前教育与托育服务相关标准规范、人才培养、支持保障、发展经验等方面的国内、国际合作交流。

第十二条　对在学前教育与托育服务工作中做出突出贡献的个人和组织，按照国家和本市规定予以表彰和奖励。

第二章　规划与建设

第十三条　市教育部门会同市规划资源部门根据本市人口、公共服务资源、学前教育与托育服务需求状况等因素，明确本市幼儿园及其托班建设用地标准、要求以及布局。本市幼儿园及其托班的布局经市规划资源部门进行综合平衡后，纳入相应的国土空间规划。区和乡镇人民政府负责相关规划在本行政区域的推进落实。

第十四条　新建居住区配套建设的幼儿园及其托班设施，符合国家有关划拨用地规定的，可以以划拨方式提供国有土地使用权。

农村地区符合规划要求建设的学前教育与托育服务设施，可以依法使用农民集体所有土地。

第十五条　本市按照区域内常住人口和需求配置学前教育与托育服务设施，学前教育万人学位数和托育服务千人托位数按照国家和本市有关规定确定。

新建居住区应当按照国家和本市规划要求与建设标准，配套建设幼儿园及其托班设施，与住宅同步规划、同步设计、同步建设、同步验收、同步交付使用，并由教育部门按照相关规定参与评审验收。配套建设的幼儿园及其托班应当举办成公办幼儿园或者委托办成普惠性民办幼儿园，提供普惠性学前教育与托育服务。

已建成居住区的幼儿园及其托班未达到规划要求或者建设标准的，所在地的区人民政府应当通过新建、扩建、改建以及支持社会力量参与等方式，予以补充和完善。

区人民政府应当加强学前特殊教育资源建设，根据本行政区域内有特殊需要的学前儿童数量、类型和分布情况，设置专门的特殊教育学前班或者学前特殊教育机构，确保学前特殊教育服务覆盖所有街镇。

第十六条　区人民政府应当统筹协调社区托育点的建设和管理工作。乡镇人民政府、街道办事处应当根据辖区内人口结构、托育服务需求以及社区公共服务设施等资源配置情况，建设社区托育点提供临时照护服务。

区人民政府应当将社区托育服务和家庭科学育儿指导服务纳入十五分钟社区生活圈、乡村社区生活圈和社区综合服务体系建设内容。

第十七条　幼儿园和托育机构应当按照国家和本市有关选址要求，设置在空气流通、日照充足、交通方便、基础设施完善，符合卫生、环保、抗震、消防、疏散等要求的安全区域内。

幼儿园和托育机构的建设应当符合国家和本市有关建设标准、规范和要求。

社区托育点可以单独设置，也可以依托社区公共服务设施等设置，有相对独立区隔的空间，符合卫生、环保、消防等标准和规范，有条件的可以设置户外活动场地。

第十八条　本市将学前教育与托育服务设施建设作为城市更新的重要内容，在保障公共利益、符合更新目标和安全要求的前提下，可以按照规定对用地性质、容积率、建筑高度等指标予以优化。

第十九条　未经法定程序，任何组织和个人不得擅自改变学前教育与托育服务设施建设用地用途或者设施使用性质，不得侵占、损坏或者擅自拆除学前教育与托育服务设施。

第三章　设立与管理

第二十条　设立幼儿园、托育机构，应当具备下列基本条件：

（一）有组织机构、章程和规范的名称；

（二）有符合要求的从业人员；

（三）有符合标准和规范的园舍场地、功能室和设施设备；

（四）有必备的举办资金和稳定的经费来源；

（五）法律、法规规定的其他条件。

第二十一条　设立公办幼儿园，应当按照国家和本市事业单位登记管理的规定，进行事业单位法人登记。

设立民办幼儿园，应当依法向所在地的区教育部门申请取得办学许可，并依法向民政或者市场监管部门办理登记。

设立托育机构，应当依法向民政或者市场监管部门办理登记；申请登记为社会服务机构的，应当依法经业务主管部门审查同意。托育机构应当在完成有关登记手续后十五个工作日内，向所在地的区教育部门进行备案，并提交能够证明符合本条例第二十条规定条件的材料。区教育部门应当向社会公布已备案的托育机构名单等信息，并及时更新。

幼儿园和托育机构变更与终止，应当按照国家和本市有关规定办理变更或者注销手续。

第二十二条　公办幼儿园和普惠性民办幼儿园应当按照规定提供普惠性学前教育服务。政府可以向民办幼儿园购买普惠性学前教育服务。

本市幼儿园应当按照规划要求开设托班。公办幼儿园开设的托班、民办幼儿园开设的普惠性托班以及普惠性托育机构应当按照规定，提供普惠性托育服务。政府可以向托育机构购买普惠性托育服务。

市教育部门会同相关部门制定普惠性民办幼儿园、普惠性托育机构的认定管理办法，区教育部门会同相关部门负责具体认定。

第二十三条　任何组织或者个人不得利用财政经费、国有资产、集体资产举办或者支持举办营利性民办幼儿园。

公办幼儿园不得转制为民办幼儿园。公办幼儿园不得举办或者参与举办营利性民办幼儿园和其他教育机构。

社会资本举办或者参与举办幼儿园，应当遵守国家有关投资、融资等方面的限制性规定。

第二十四条　幼儿园和托育机构实行园长（负责人）负责制。

幼儿园和托育机构应当建立健全信息公示制度，将条件配置、人员配备、招收要求、收费标准等信息向社会公示，接受社会监督。

第二十五条　幼儿园和托育机构应当依法建立健全财务、会计及资产管理制度，严格经费管理，提高经费使用效益。

幼儿园应当按照规定实行财务公开，接受社会监督。民办幼儿园应当每年向所在地的区教育部门提交经社会中介机构审计的财务会计报告，并公布审计结果。

第二十六条　公办幼儿园及其托班的收费标准实行政府指导价，相关收费标准统筹考虑政府投入、经济社会发展水平、运行成本和群众承受能力等因素合理确定，并建立动态调整机制。

普惠性民办幼儿园及其托班、普惠性托育机构的收费标准，参照本市学前教育生均经费基本标准确定。

幼儿园和托育机构应当将收费项目和标准、收费方式、服务内容、退费规则等内容告知家长。

第二十七条　社区托育点应当有符合条件的场地和设施设备，配备符合要求的从业人员，并按照标准和规范开展照护服务。

乡镇人民政府、街道办事处可以自行运营管理社区托育点，也可以通过购买服务、委托运营等方式委托具备相应资质、条件的学前教育机构或者托育机构运营管理。

第四章　保育与教育

第二十八条　学前教育与托育服务应当将保障儿童身心健康和安全放在首位。

学前教育应当坚持保育与教育相结合的原则，科学实施保育与教育活动，关注个体差异，注重良好习惯养成，促进学前儿童身心健康发展。

托育服务应当坚持保育为主、教养融合的原则，根据三周岁以下婴幼儿的身心发展特点，创设安全健康适宜的照护环境，促进婴幼儿健康成长。

第二十九条　幼儿园和托育机构应当建立健全安全保卫、消防、设施设备、食品药品等安全管理制度和安全责任制度，完善物防、技防设施设备，定期开展安全教育培训、安全检查和应急演练，及时消除安全隐患，保障儿童在园在托期间的人身安全。出入口、儿童活动场所、休息场所等区域应当安装视频监控设施，监控记录至少保存九十天。

发现儿童身心健康受到侵害、疑似受到侵害或者面临其他危险情形的，幼儿园和托育机构应当立即向教育、公安等部门报告；发生突发事件或者紧急情况，应当优先保护儿童人身安全，立即采取紧急救助和防护措施，并及时通知父母或者其他监护人，同时向有关部门报告。

幼儿园应当按照规定投保相应的责任保险。鼓励托育机构、社区托育点投保责任保险。

第三十条　幼儿园和托育机构应当合理安排在园在托儿童一日生活，科学合理安排营养膳食、体格锻炼，保证户外活动时间、效果与质量；做好健康检查和清洁消毒、传染病预防控制、常见病预防等卫生保健工作，促进儿童身体正常发育和心理健康。

发现传染病或者疑似传染病的，幼儿园和托育机构应当立即向卫生健康、教育部门或者疾病预防控制机构报告，并按照规定落实相关防控措施。

第三十一条　幼儿园应当以游戏为基本活动，帮助学前儿童通过亲近自然、实际操作、亲身体验等方式，获得有益于身心发展的经验，养成良好品行、生活和学习习惯。

托育机构应当在生活和游戏中，促进婴幼儿身体发育、动作、语言、认知、情感与社会性等方面的健康发展。

第三十二条　幼儿园应当接收能够适应集体生活的有特殊需要的学前儿童入园，通过随班就读、设置特殊教育班等方式，实施融合教育。

专门设置的特殊教育学前班或者学前特殊教育机构应当接收不具备接受普通学前教育能力的有特殊需要的儿童就读，提供有针对性的教育与康复、保健服务。

各区特殊教育指导机构应当为幼儿园、特殊教育学前班、学前特殊教育机构提供指导。

第三十三条　幼儿园和托育机构应当配备并使用符合国家和本市有关要求的设施设备、玩教具，以及儿童图画书、教师指导用书等教育教学、保育活动资料。

鼓励幼儿园和托育机构利用家庭、社区等各类活动资源和教育资源，拓展儿童生活与学习空间。

第三十四条　托育机构与幼儿园、幼儿园与小学应当相互配合，建立科学衔接机制，共同帮助儿童适应集体生活，做好入园入学准备。

第三十五条　幼儿园和托育机构应当经常与父母或者其他监护人交流儿童身心发展状况，指导家庭开展科学育儿。

幼儿园和托育机构应当建立健全家长委员会，有条件的可以开办家长学校。

父母或者其他监护人应当积极配合、支持幼儿园和托育机构开展保育教育。

第三十六条　幼儿园和托育机构不得使用小学化的教育方式，不得教授小学阶段的课程内容，不得组织任何形式的考试或者测试，不得开展违背儿童身心发展规律和年龄特点的活动。

幼儿园和托育机构不得向儿童及家长组织征订教材和教辅材料，不得推销或者变相推销商品、服务等。

第三十七条　社区托育点应当按照规定建立健全安全管理制度，完善安全管理措施，合理安排在托幼儿生活和活动，落实场所清洁消毒、传染病预防控制等要求，做好幼儿临时照护工作。

第五章　从业人员

第三十八条　学前教育与托育服务保育教育从业人员应当热爱学前教育事业与托育服务工作，尊重、爱护和平等对待儿童，遵循儿童发展规律，潜心培幼育人，不断提高专业素养和职业技能。

幼儿园和托育机构应当建立完善保育教育从业人员的培训和考核制度，不断提升其职业素质，提高保育教育、照护和服务能力。

第三十九条　幼儿园应当按照国家幼儿园教职工配备标准，配备教师、保育人员等工作人员。公办幼儿园教职工配备应当符合有关机构编制标准。

托育机构应当按照本市托育机构设置标准的规定，配备从事保育、卫生保健、营养等工作的从业人员。

社区托育点应当按照本市有关标准的规定，配备从事临时照护、保育、卫生保健等工作的人员。

幼儿园园长、教师、保育人员等工作人员和托育机构的负责人、从业人员应当符合国家规定的有关资质、从业经历等条件。

第四十条　幼儿园和托育机构应当按照国家有关规定，保障教师、保育人员及其他从业人员的工资福利和待遇，依法为其缴纳社会保险和住房公积金，改善工作和生活条件。

公办幼儿园教师的工资收入水平，根据国家和本市有关规定确定。民办幼儿园可以参照公办幼儿园教师工资收入水平，合理确定教师的工资收入。

区人民政府应当将公办幼儿园教师、保育人员工资纳入财政保障范畴，确保按时足额发放。

相关行业协会可以定期发布从事保育工作人员工资收入行业指导价，引导合理确定相关从业人员薪酬水平。

第四十一条　幼儿园教师在职称评定、岗位聘任（用）等方面享有与中小学教师同等的待遇。

符合条件的幼儿园卫生保健人员，纳入相关专业技术职称系列。相关部门应当优化职称评价标准，畅通幼儿园卫生保健人员职业发展路径。

符合条件的郊区幼儿园教师可以按照规定享受相应津贴、补贴。承担特殊教育任务的幼儿园教师按照规定享受特殊教育津贴。

托育机构相关从业人员的技术技能评价，按照国家和本市有关规定执行。

第四十二条　教育、卫生健康、人力资源社会保障等部门应当制定并实施学前教育与托育服务人才培养和职业培训规划，通过支持高等院校、职业学校开设相关专业、课程以及引进人才等方式，加强学前教育与托育服务从业人员队伍建设。

第四十三条　幼儿园和托育机构、社区托育点聘任（用）从业人员前，应当进行背景调查和健康检查，有以下情形之一的，不得聘任（用）：

（一）有犯罪记录的；

（二）因实施虐待、性侵害、性骚扰、暴力伤害等行为被处以治安管理处罚或者处分的；

（三）有吸毒、酗酒、赌博等违法或者不良行为的；

（四）患有不适合从事学前教育与托育服务工作的慢性传染病、精神病等疾病的；

（五）有严重违反师德师风行为的；

（六）有其他可能危害儿童身心安全，不宜从事学前教育与托育服务工作情形的。

幼儿园和托育机构、社区托育点的从业人员在岗期间患有前款第四项疾病的，应当立即离岗治疗。

第四十四条　幼儿园和托育机构、社区托育点的从业人员不得体罚或者变相体罚儿童，不得实施歧视、侮辱、虐待、性侵害以及其他违反职业道德规范或者损害儿童身心健康的行为。

第六章　家庭科学育儿指导

第四十五条　本市依托市、区家庭科学育儿指导机构和社区家庭科学育儿指导站（点），建立覆盖城乡社区的家庭科学育儿指导服务网络，通过线上、线下结合的模式，为适龄儿童家庭提供科学育儿指导服务。

教育、卫生健康等部门和妇女联合会应当健全家庭科学育儿指导机制，加强对家庭照护的支持和指导，提供多种形式的家庭科学育儿指导服务，增强家庭的科学育儿能力。

第四十六条　家庭科学育儿指导机构和指导站（点）应当通过入户指导、组织公益活动和亲子活动、家长课堂及联合幼儿园和托育机构开展线下指导服务等方式，推进科学育儿指导服务便利可及，丰富家庭科学育儿指导服务内容和形式。

本市开发建设移动客户端、网站等家庭科学育儿指导信息化平台，通过在线咨询、宣传培训等方式开展线上指导服务，提升获取服务的便利度。

第四十七条　开展家庭科学育儿指导应当针对不同年龄段儿童的身心特点和发展规律，注重个体差异，采取灵活多样的指导措施、途径和方式，帮助家庭树立科学育儿理念，掌握科学育儿方法。

父母或者其他监护人应当与家庭科学育儿指导机构和指导站（点）密切配合，积极参加其提供的公益性育儿指导和实践活动，共同促进儿童健康成长。

第四十八条　教育、卫生健康等部门和乡镇人民政府、街道办事处应当通过购买服务、聘用专兼职人员、配置社会工作者岗位、引入志愿者等方式，加强家庭科学育儿指导服务队伍建设。

本市依托高等院校、社区学校等建立家庭科学育儿指导培训的专兼职师资队伍，开展对家庭科学育儿指导工作研究，编制指导课程和方案，加强对家庭科学育儿指导人员的培训指导。

鼓励具有学前教育、保育、卫生保健等专业背景的人员参与家庭科学育儿指导服务工作。

第七章　支持与保障

第四十九条　学前教育实行政府投入为主、多渠道筹措的经费投入机制；托育服务实行政府支持、鼓励社会参与的经费投入机制。学前教育与托育服务财政补助经费按照事权和支出责任相适应的原则，分别列入市和区财政预算。

市人民政府制定公办幼儿园生均经费基本标准和生均公用经费基本标准，以及普惠性民办幼儿园补助标准，根据经济和社会发展状况适时调整。区人民政府应当按照不低于基本标准落实日常经费投入保障。

学前特殊教育生均经费基本标准和生均公用经费基本标准，应当考虑保育教育和康复需要适当提高。

各级人民政府应当完善普惠性托育服务经费支持机制。

第五十条　各级人民政府通过综合奖补、购买服务、减免租金等多种方式，支持普惠性民办幼儿园发展。

市、区人民政府应当综合采取规划、土地、住房、财政、金融、人才等措施，支持社会力量举办托育机构，支持普惠性托育机构和社区托育点的发展。

第五十一条　幼儿园和托育机构使用水、电、燃气、电话，按照居民生活类价格标准收费；使用有线电视，按照本市有关规定，享受付费优惠。

第五十二条　本市建立学前教育资助制度，为家庭经济困难儿童、孤儿、残疾儿童等接受普惠性学前教育提供资助。

鼓励和支持托育机构为家庭经济困难儿童减免托育费用。

第五十三条　市教育部门应当建立健全学前教育与托育服务信息服务平台，与政务服务"一网通办"平台对接，提供信息查询、政策咨询、网上办事等服务，接受投诉举报。

教育、市场监管、民政等部门应当加强信息共享，公开办事指南，简化和规范办事流程，为幼儿园和托育机构设立、登记、备案等提供指导和便利服务。

第五十四条　本市推动人工智能、物联网、云计算、大数据等新一代信息技术在学前教育与托育服务领域的应用，支持相关行业组织发布智慧学前教育与托育服务应用场景需求，引导社会力量开发支撑学前教育与托育服务的技术与应用。

鼓励和支持幼儿园和托育机构利用信息技术进行管理和保育教育，提升信息化应用水平。

第八章　监督管理

第五十五条　本市健全学前教育与托育服务综合监管机制，制定监管责任清单，明确相关职能部门以及区和乡镇人民政府、街道办事处的职责分工。各级人民政府应当统筹协调相关职能部门，加强对学前教育与托育服务的综合监督管理。

教育、规划资源、卫生健康、房屋管理、市场监管、公安、应急管理等部门和消防救援机构应当按照各自职责，依法加强对幼儿园和托育机构设立、规划、服务质量、建筑安全、收费管理、公共卫生、食品安全、消防安全等行为的监督检查，并依托"一网统管"平台，加强监管信息共享和执法协作。

第五十六条　教育部门应当加强幼儿园和托育机构安全风险防控体系建设，会同公安、应急管理等部门指导监督幼儿园和托育机构落实安全管理责任，及时排查和消除安全隐患。

第五十七条　财政、审计等部门应当按照各自职责，加强对幼儿园和托育机构财政经费投入和使用的监督管理。

任何单位或者个人不得侵占、挪用学前教育与托育服务经费，不得向幼儿园和托育机构违规收取或者摊派费用。

第五十八条　教育、卫生健康部门应当健全学前教育与托育服务质量评估监测体系，完善质量评估标准，定期对幼儿园、托育机构、社区托育点的保育教育和服务质量进行评估，并将评估结果向社会公布。

第五十九条　市、区人民政府教育督导机构应当依法对学前教育进行督导，督导报告应当定期向社会公开，并作为对被督导单位及其主要负责人进行考核、奖惩的重要依据。

第六十条　市、区人民代表大会常务委员会通过听取和审议专项工作报告、询问和质询、开展执法检查等方式，加强对本行政区域内学前教育与托育服务的监督。

市、区人民代表大会常务委员会充分发挥人大代表和基层立法联系点的作用，组织人大代表围绕学前教育与托育服务开展专题调研和视察等活动，汇集、反映人民群众的意见和建议，督促落实学前教育与托育服务相关工作。

第九章　法律责任

第六十一条　违反本条例规定的行为，法律、行政法规已有处理规定的，从其规定。

违反本条例规定，侵害幼儿园和托育机构、社区托育点及其在园在托儿童、从业人员合法权益，造成财产损失、人身损害的，依法承担民事责任；构成违反治安管理行为的，依法给予治安管理处罚；构成犯罪的，依法追究刑事责任。

第六十二条　幼儿园有下列情形之一的，由教育部门或者有关主管部门责令限期改正，并予以警告；有违法所得的，退还所收费用后没收违法所得；情节严重的，责令停止招生，吊销幼儿园的办学许可证：

（一）违反国家和本市规定收取费用，或者克扣、挪用相关费用的；

（二）未依法加强安全防范建设、履行安全保障责任，或者未依法履行卫生保健责任的；

（三）使用不符合国家和本市有关要求的教育教学、保育活动资料的；

（四）教授小学阶段的课程内容，或者开展违背儿童身心发展规律和年龄特点的活动的；

（五）组织考试或者测试的；

（六）发生体罚或者变相体罚、歧视、侮辱、虐待、性侵害等损害儿童身心健康的行为的。

第六十三条　托育机构违反本条例第二十一条第三款规定，未按要求进行备案或者在办理备案时隐瞒情况、提供虚假材料的，由所在地的区教育部门责令限期改正，可以处一千元以上一万元以下的罚款。

托育机构有本条例第六十二条规定的违法情形的，由教育部门或者有关主管部门责令限期改正，并予以警告；有违法所得的，退还所收费用后没收违法所得；情节严重的，责令停止托育服务。

第六十四条　幼儿园和托育机构、社区托育点的从业人员有本条例第四十四条规定的禁止行为的，由所在机构或者教育部门视情节给予当事人、机构负责人处分；情节严重的，由相关主管部门撤销其资格证书，限制其举办幼儿园、托育机构或者从事学前教育与托育服务工作。

第六十五条　违反本条例规定，未经法定程序擅自改变学前教育与托育服务设施建设用地用途，或者建设单位未按照核准的规划要求配套建设幼儿园及其托班的，由规划资源部门依法处理。

第六十六条　对违反本条例规定的行为，除依法追究相应法律责任外，有关部门还应当按照规定，将有关单位及个人失信信息向本市公共信用信息平台归集，并依法采取惩戒措施。

第六十七条　相关部门及其工作人员在学前教育与托育服务工作中不依法履行职责的，由其所在单位或者上级主管部门责令改正；玩忽职守、滥用职权、徇私舞弊的，依法给予处分；构成犯罪的，依法追究刑事责任。

第十章　附则

第六十八条　高校、普通中小学、特殊教育学校、儿童福利机构、康复机构等附设的幼儿园（班）、托儿所等学前教育机构与托育机构实施学前教育与托育服务，适用本条例。

机关、企事业单位、园区、商务楼宇等设立托育点提供福利性临时照护服务的，应当按照规定向所在地的区教育部门备案，其选址建设、人员配备、日常管理等参照社区托育点的有关规定执行。

第六十九条　本条例自 2023 年 1 月 1 日起施行。

42. 上海市住房租赁条例

（2022 年 11 月 23 日上海市第十五届人民代表大会常务委员会第四十六次会议通过）

第一章　总则

第一条　为了规范住房租赁行为，保障住房租赁当事人合法权益，促进住房租赁市场健康发展，根据《中华人民共和国民法典》《中华人民共和国城市房地产管理法》和其他有关法律、行政法规的规定，结合本市实际，制定本条例。

第二条　本市行政区域内的住房租赁及其监督管理，适用本条例。

第三条　本市践行人民城市重要理念，坚持房子是用来住的、不是用来炒的定位，培育和发展住房租赁市场，推动形成管理有序、服务规范、租赁关系稳定的住房租赁体系，加快建立多主体供给、多渠道保障、租购并举的住房制度，满足居民多层次的居住需求。

第四条　本市建立健全住房租赁市区统筹、条块结合、街镇（乡）负责、居村协助、行业自律的治理机制，将住房租赁活动纳入基层治理范畴。

第五条　市人民政府加强对本市住房租赁工作的领导，建立健全议事协调机制，研究、决定住房租赁工作的重大事项，统筹部署、协调和推进住房租赁相关工作。

区人民政府落实住房租赁属地管理责任，建立住房租赁协调推进机制，统筹推进本辖区住房租赁管理工作。

第六条　市住房城乡建设管理部门负责本市住房租赁工作的综合协调。

市房屋管理部门是本市住房租赁的行政主管部门，负责制定住房租赁相关规划和政策，并承担住房租赁监督管理和住房租赁经营、房地产经纪等行业管理职责。区房屋管理部门负责本辖区住房租赁具体监督管理工作，指导街道办事处、乡镇人民政府开展住房租赁相关工作。

公安部门负责住房租赁的治安管理和人口管理工作。

市场监管部门负责住房租赁有关市场主体登记，查处涉及住房租赁的不正当竞争、垄断以及广告、价格等违法行为。

发展改革、规划资源、农业农村、经济信息化、财政、税务、金融监管、民政、应急管理、城管执法、教育、人力资源社会保障、网信等部门以及消防救援机构按照各自职责，做好相关工作。

第七条　街道办事处、乡镇人民政府负责本辖区住房租赁的日常监督管理，指导居民委员会、村民委员会做好住房租赁相关工作。

居民委员会、村民委员会依法组织居民、村民开展住房租赁相关自治活动，协助街道办事处、乡镇人民政府做好住房租赁相关工作。

第八条　本市在统筹考虑人口、产业、土地和重点发展区域的基础上，聚焦不同群体租赁需求，合理规划租赁住房供给规模和结构，按照职住平衡、增存并举、布局优化、供需适配的原则，确定住房租赁发展目标、主要任务、配套措施等，并纳入住房发展规划。

编制年度住宅用地供应计划时，应当单列租赁住房用地供应计划。

第九条　本市通过新增国有建设用地和利用已有国有建设用地建设租赁住房、在新建商品住房项目中配建租赁住房、利用非居住存量房屋改建租赁住房、利用集体建设用地建设租赁住房以及将闲置住房出租等方式，多渠道增加租赁住房供给。

第十条　市、区人民政府及其有关部门应当完善住房租赁相关政策措施，深化制度创新，加大资源统筹力度，综合运用规划、土地、财政、税收、金融等政策，加大对住房租赁的支持力度。

第十一条　本市依托"一网通办""一网统管"平台，按照服务与管理相结合的原则，建立健全全市统一的住房租赁公共服务平台（以下简称住房租赁平台），充分运用信息化手段，推进数据共享，创新服务方式，提升管理效能。

第十二条　住房租赁相关行业组织应当加强行业自律，制定住房租赁服务标准、行为规范和自律准则，开展职业培训和评价，加强住房租赁纠纷的行业调解，促进企业合法公平竞争、诚信经营，引导企业不断提高服务质量和水平。

第十三条　本市建立健全住房租赁矛盾纠纷多元化解机制，综合运用人民调解、行业调解、行政调解和司法调解等多种方式，统筹开展住房租赁矛盾纠纷调解工作，及时妥善化解矛盾纠纷。有关部门应当依法对住房租赁矛盾纠纷的调解提供支持和指导。

第二章　出租与承租

第十四条　租赁当事人应当遵守《中华人民共和国民法典》等法律、法规的规定，按照平等、自愿、公平、诚信的原则，自觉履行法定和约定义务。

第十五条　出租住房应当遵守下列规定：

（一）房屋符合国家和本市建筑、消防、治安、防灾、卫生、环保等方面的标准和要求；

（二）具备供水、供电等必要的生活条件；

（三）以原始设计或者经有关部门批准改建的房间为最小出租单位；

（四）厨房、卫生间、阳台、贮藏室以及其他非居住空间不得单独出租用于居住；

（五）每个房间的居住人数和人均居住面积符合本市相关规定；

（六）法律、法规、规章的其他规定。

禁止违反前款第三项至第五项规定，将住房用于群租。

禁止将违法建筑、擅自改变使用性质的房屋以及其他依法不得出租的房屋用于出租。

第十六条　出租人和承租人应当依法订立住房租赁合同。鼓励出租人和承租人通过住房租赁平台进行网上签约。

住房租赁合同一般包括下列内容：

（一）出租人、承租人以及共同居住人员的身份信息和联系方式；

（二）增加共同居住人员的条件；

（三）房屋及其附属设施和设备的基本情况；

（四）租赁用途、房屋使用要求和维修责任；

（五）租赁期限和房屋交付日期；

（六）租金和押金的数额、支付方式和期限；

（七）物业服务、水、电、热、燃气等相关费用的承担方式；

（八）违约责任和争议的解决方式；

（九）租赁当事人约定的其他内容。

市房屋管理部门会同市市场监管部门制定和完善住房租赁合同示范文本。

鼓励租赁当事人订立长期住房租赁合同，建立稳定的租赁关系。

第十七条 出租人应当自住房租赁合同订立后三十日内，向区房屋管理部门办理登记备案。登记备案也可以通过社区事务受理服务机构或者住房租赁平台办理。登记备案内容发生变化的，出租人应当在三十日内办理变更手续。

办理登记备案应当提交住房租赁合同、身份证明、房屋权属证明等材料，不得提交虚假材料。任何单位和个人不得为办理登记备案出具虚假证明材料。

第十八条 出租人应当遵守下列规定：

（一）向承租人出示身份证明材料、房屋权属证明材料；

（二）不得向未提供身份证明材料的自然人、法人或者非法人组织出租房屋；

（三）负责出租房屋及提供的设施、设备的安全，告知承租人安全使用事项，与承租人约定进行安全检查；

（四）发现承租人在房屋内有违法违规行为的，及时报告有关部门，并配合有关部门开展调查、制止和处罚等工作；

（五）不得采取停止供水、供电、供热、供燃气以及其他故意降低服务标准等方式，或者采取暴力、威胁等非法方式，强迫承租人变更、解除住房租赁合同，提前收回租赁住房；

（六）法律、法规、规章的其他规定。

第十九条 承租人应当遵守下列规定：

（一）向出租人出示承租人、共同居住人员的身份证明材料；

（二）合理、安全使用房屋及设施、设备，不得擅自改变房屋用途、结构或者实施违法搭建行为；

（三）装修房屋或者增设设施、设备的，征得出租人同意；

（四）遵守管理规约或者村规民约，不得损害相邻权利人的合法权益；

（五）法律、法规、规章的其他规定。

第二十条　鼓励出租人、承租人投保租赁住房财产保险、人身意外保险。

第三章　住房租赁经营

第二十一条　住房租赁企业、房地产经纪机构应当依法办理市场主体登记。经营范围应当注明"住房租赁"或者"房地产经纪"。

个人以营利为目的转租房屋达到规定数量，从事住房租赁经营活动的，应当依法办理市场主体登记。具体规定，由市房屋管理部门会同市市场监管部门制定。

第二十二条　住房租赁企业、房地产经纪机构应当自领取营业执照之日起三十日内，向区房屋管理部门备案。

住房租赁企业、房地产经纪机构应当具备与经营规模相适应的自有资金、专业人员、管理制度和风险防控能力。

第二十三条　本市实行住房租赁企业、房地产经纪机构从业人员实名从业制度。

住房租赁企业、房地产经纪机构应当为从业人员办理从业信息卡。从业人员应当持从业信息卡实名从业，并在其提供服务的住房租赁合同、房地产经纪合同上，注明从业信息卡编号。

从业信息卡的内容和样式，由市房屋管理部门统一规定。

住房租赁企业、房地产经纪机构应当加强对从业人员的管理，督促其诚信、规范从业。

第二十四条　住房租赁企业、房地产经纪机构对外发布房源信息的，应当核实核验房屋权属证明和基本状况，确保房源信息真实有效，不得发布虚假房源信息。已成交的房源信息应当及时予以撤销。

住房租赁企业、房地产经纪机构通过网络信息平台发布房源信息的，应当同时注明企业备案信息和从业人员信息。

第二十五条　通过网络信息平台发布房源信息的，网络信息平台经营者应当要求信息发布者提交身份、地址、联系方式以及房源核验等信息；信息发布者为住房租赁企业、房地产经纪机构的，还应当要求其提交企业备案信息及其从业人员信息。

网络信息平台经营者应当对信息发布者提交的材料进行核实，并建立档案，留存不少于三年。

网络信息平台经营者可以接受信息发布者的委托，代为进行房源核验。

第二十六条　网络信息平台经营者知道或者应当知道信息发布者提供虚假材料、发布虚假信息的，应当及时采取删除、屏蔽相关信息等必要措施；未采取必要措施的，依法与该信息发布者承担连带责任。

对两年内因违法发布房源信息受到三次以上行政处罚，或者在停业整顿期间的信息发布者，由网络信息平台经营者依法采取一定期限内限制其发布房源信息的措施。

第二十七条　住房租赁企业、房地产经纪机构在订立住房租赁合同或者房地产经纪合同前，应当如实说明房屋状况，将可能影响租赁住房使用的因素和安全使用事项，书面告知承租人。

第二十八条　住房租赁企业出租房屋的，应当通过住房租赁平台，完成网上签约和登记备案。

租赁当事人通过房地产经纪机构订立住房租赁合同的，应当由房地产经纪机构通过住房租赁平台，完成网上签约和登记备案。

第二十九条　住房租赁企业承租个人住房从事转租业务的，应当按照规定，在商业银行开立住房租赁交易资金监管专用账户，并通过住房租赁平台向社会公示。

住房租赁企业向承租人一次性收取租金超过三个月的部分，以及收取押金超过一个月租金的部分，应当存入住房租赁交易资金监管专用账户。

住房租赁交易资金监管的具体规定，由市房屋管理部门会同金融管理部门制定。

第三十条　住房租赁企业、房地产经纪机构不得有下列行为：

（一）捏造、散布涨价信息，哄抬价格；

（二）以隐瞒、欺诈、胁迫、贿赂等不正当手段招揽业务，诱骗消费者交易或者强制交易；

（三）泄露或者不当处理租赁当事人的个人信息或者商业秘密；

（四）滥用市场支配地位，在交易时附加不合理的交易条件；

（五）侵占、挪用住房租赁交易资金；

（六）法律、法规、规章禁止的其他行为。

房地产经纪机构不得隐瞒真实的房屋交易信息，赚取租金差价；不得为禁止出租、转租的住房提供经纪服务。

第四章　保障性租赁住房

第三十一条　本市按照政府引导、市场运作原则，加快发展保障性租赁住房，扩大供需适配、租期稳定、租金优惠、公共服务配套的保障性租赁住房供给，有效缓解特定群体的住房需求，切实发挥保障性租赁住房在租赁市场中的示范引领作用。

第三十二条　市住房城乡建设管理、房屋管理部门会同市规划资源部门编制本市保障性租赁住房专项规划，明确发展目标和规模、空间布局、房源筹措渠道、建设要求、保障措施等内容。

保障性租赁住房重点在新城等人口导入区域、高校园区、产业和商务商业集聚区、轨道交通站点周边等租赁需求集中、生产生活便利、交通便捷的区域进行布局。

商业办公、旅馆、厂房、仓储、科研教育等非居住存量房屋改建为保障性租赁住房的，按照国家和本市有关规定实施。

第三十三条　本市针对不同层次需求，建设住宅型、宿舍型保障性租赁住房，其中住宅型保障性租赁住房以小户型为主。

保障性租赁住房实行全装修，配备必要的基本生活设施，并充分考虑承租人需求特点，合理配置公共服务和商业服务设施，适当增加公共活动和共享空间。

第三十四条　本市加强保障性租赁住房管理，合理设置准入条件和退出机制、优化申请审核流程、完善配租使用规范，通过住房租赁平台实现准入、使用、退出的全流程管理。

第三十五条　租赁保障性租赁住房，应当遵守下列规定：

（一）申请人按照本市有关规定提交申请材料，不得提交虚假材料；

（二）租赁合同终止时，承租人及时将房屋返还出租人；

（三）不得将保障性租赁住房转租、出借。

任何单位和个人不得为保障性租赁住房申请人出具虚假证明材料。

第三十六条　保障性租赁住房出租人应当按照规定程序，向符合准入条件的申请人出租保障性租赁住房。

保障性租赁住房不得销售、变相销售。

第三十七条　保障性租赁住房出租人应当以低于同地段同品质市场租赁住房的租金水平确定租赁价格，向区房屋管理部门备案，并向社会公布。列入政府定价目录的保障性租赁住房，租赁价格按照本市相关规定执行。

保障性租赁住房租金不得高于备案的租赁价格，并应当按月或者按季度收取；收取的押金不得超过一个月租金。

除承租人另有要求的，保障性租赁住房租赁期限不得少于一年。租赁期限届满，承租人符合规定条件并申请续租的，应当予以续租。

第三十八条　支持利用住房公积金计提的相关资金按照国家和本市有关规定，用于相关保障性租赁住房建设、供应。

第五章　服务与监督

第三十九条　市房屋管理部门通过住房租赁平台，向租赁当事人提供房源核验、信息查询、网上签约、登记备案等服务，并向住房租赁企业、房地产经纪机构和网络信息平台开放数据接口，为其批量办理相关业务提供便利。通过住房租赁平台完成网上签约的，无需另行办理登记备案。

市房屋管理部门依托住房租赁平台，建立与公安、市场监管、农业农村、金融监管、民政、城管执法、教育、人力资源社会保障、住房公积金等部门的数据共享和业务协同机制，并为街道办事处、乡镇人民政府开展住房租赁日常监督管理提供相关信息服务。

有关部门应当采取必要措施保护数据信息的安全，并对其中的个人信息、隐私和商业秘密严格保密，不得泄露、出售或者非法向他人提供。

第四十条　承租人按照有关规定，依法享受基本公共服务和便利。

承租人办理居住登记、落户、子女入学、公积金提取等需要提交住房租赁合同的公共服务事项，已经完成住房租赁登记备案的，可免于提交住房租赁合同。

第四十一条　房屋管理部门与公安部门加强协作，推动住房租赁、实有人口信息的协同采集和共享使用，为租赁当事人办理登记备案、居住登记等事项提供集中、便捷的服务。

第四十二条　住房租赁相关单位和个人依法享受行政事业性收费减免和税收优惠政策。

第四十三条　鼓励商业银行为租赁住房建设和运营提供期限匹配、利率适当、风险可控、商业可持续的信贷产品和服务。

支持符合条件的住房租赁企业发行公司信用类债券、担保债券、资产支持证券和不动产投资信托基金等，专门用于租赁住房建设和运营。

第四十四条　街道办事处、乡镇人民政府应当会同相关部门建立健全住房租赁联勤联动机制，发挥网格化管理作用，开展租赁住房安全巡查、人口信息采集、安全隐患整治和政策宣传等日常工作。房屋管理、公安、民政、城管执法等相关部门应当加强指导，提供支持和服务。

街道办事处、乡镇人民政府应当定期组织排查租赁住房违法搭建、群租以及擅自改变商业办公用房、厂房房屋结构和规划用途等隐患。发现存在违法情形的，应当督促整改，及时依法启动执法程序，必要时通过联合执法等方式开展整治。

对擅自改变商业办公用房、厂房房屋结构和规划用途的违法情形，在整治期间尚有承租人实际居住的，应当纳入基层治理范畴。

第四十五条　本市建立健全以居民区、村党组织为领导核心，居民委员会或者村民委员会、业主委员会、物业服务企业等共同参与的工作机制。倡导通过制定居民公约、村规民约、管理规约等方式，共同推进形成住房租赁共建共治共享格局。

第四十六条　宅基地房屋出租用于居住的，鼓励农村集体经济组织自行或者通过与住房租赁企业合作等方式，引导村民统一出租，实行统一管理。

第四十七条　集中出租房屋供他人居住，出租房间或者居住人数达到规定数量的，出租人应当建立管理制度，明确管理人员，落实安全管理责任，建立信息登记簿或者登记系统，并将相关登记信息报送公安部门。具体规定由市公安部门会同住房城乡建设管理、房屋管理、消防救援等部门和机构制定。

第四十八条　市房屋管理部门应当建立住房租赁价格监测机制，做好相关预警工作。住房租金显著上涨或者有可能显著上涨时，可以依法采取涨价申报、限定租金或者租金涨幅等价格干预措施，稳定租金水平。

对依法采取的价格干预措施，出租人应当执行；拒不执行的，由市场监管部门依法处理。

第四十九条　本市建立健全住房租赁守信激励和失信惩戒机制，出租人、承租人信用信息，住房租赁企业、房地产经纪机构及其从业人员信用信息依法归集至本市公共信用信息服务平台。

对存在失信行为的市场主体和个人，在财政资金支持、项目招投标、融资授信、获得相关奖励等方面依法予以限制。

支持住房租赁相关行业组织开展住房租赁企业、房地产经纪机构及其从业人员信用等级分类和信用评价。

第五十条　发生自然灾害、事故灾难或者公共卫生事件等突发事件时，街道办事处、乡镇人民政府应当将承租人及共同居住人员纳入基本生活必需品的供应范围，保障其基本生活。区应急管理、房屋管理、卫生健康等部门应当做好指导工作。

第六章　法律责任

第五十一条　违反本条例规定的行为，法律、行政法规已有处理规定的，从其规定。

违反本条例规定，当事人有违法所得，除依法应当退赔的外，应当按照《中华人民共和国行政处罚法》的规定予以没收。

第五十二条　违反本条例第十五条第二款、第三款规定，出租住房不符合相关规定的，由区房屋管理部门责令限期改正，处一万元以上五万元以下罚款；逾期不改正的，处五万元以上二十万元以下罚款。

第五十三条　违反本条例第十七条第一款、第二十八条规定，住房租赁企业、房地产经纪机构未办理登记备案的，由区房屋管理部门责令限期改正，可以处一千元以上五千元以下罚款；逾期不改正的，处五千元以上二万元以下罚款。

第五十四条　违反本条例第十七条第二款、第三十五条第一款第一项、第三十五条第二款规定，提交虚假材料或者出具虚假证明材料的，由区房屋管理部门责令限期改正，处五千元以上二万元以下罚款，并可以对住房租赁企业、房地产经纪机构暂停网上签约服务；对已经承租保障性租赁住房的，责令其限期腾退住房，按照市场价格补缴租金，并处二万元以上十万元以下罚款。

第五十五条　违反本条例第二十二条第一款规定，住房租赁企业、房地产经纪机构未按照要求备案的，由区房屋管理部门责令限期改正，可以处一千元以上五千元以下罚款；逾期不改正的，处五千元以上二万元以下罚款。

违反本条例第二十三条第二款规定，住房租赁企业、房地产经纪机构未为从业人员办理从业信息卡的，由区房屋管理部门责令限期改正；逾期不改正的，处一千元以上一万元以下罚款。

第五十六条　违反本条例第二十五条第一款规定，网络信息平台经营者未要求信息发布者提交房源核验信息的，由区房屋管理部门责令限期改正，处一千元以上五千元以下罚款；逾期不改正的，处五千元以上二万元以下罚款。情节严重的，网信部门可以采取暂停相关业务、停业整顿等措施。

违反本条例第二十五条第二款、第二十六条第二款规定，网络信息平台经营者未建立、留存档案，或者未采取限制信息发布等措施的，由房屋管理部门按照《中华人民共和国电子商务法》的相关规定处理。

第五十七条　违反本条例第二十九条规定，住房租赁企业未按照规定开立住房租赁交易资金监管专用账户，或者未按照规定将资金存入资金监管专用账户的，由区房屋管理部门责令限期改正，处一万元以上五万元以下罚款；逾期不改正的，处五万元以上二十万元以下罚款。

第五十八条　违反本条例第三十条第一款第五项、第二款规定，侵占、挪用住房租赁交易资金或者为禁止出租、转租的住房提供经纪服务的，由区房屋管理部门责令限期改正，暂停网上签约服务，处一万元以上十万元以下罚款，并可对相关责任人员处五千元以上三万元以下罚款。

第五十九条　违反本条例第三十五条第一款第二项规定，承租人未及时返还房屋的，由区房屋管理部门责令限期改正；逾期不改正的，处一万元以上五万元以下罚款。

违反本条例第三十五条第一款第三项规定，承租人转租、出借保障性租赁住房的，由区房屋管理部门责令限期改正，处一万元以上五万元以下罚款，并禁止五年内再次申请本市各类保障性住房。

第六十条　违反本条例第三十六条第一款规定，出租保障性租赁住房不符合要求的，由区房屋管理部门责令限期改正，处二万元以上十万元以下罚款；逾期不改正的，处十万元以上五十万元以下罚款。

违反本条例第三十六条第二款规定，销售或者变相销售保障性租赁住房的，由区房屋管理部门责令限期改正，处十万元以上五十万元以下罚款；逾期不改正的，处五十万元以上一百万元以下罚款。

第六十一条　违反本条例第三十七条第一款规定，未按照要求办理租赁价格备案的，由区房屋管理部门责令限期改正，处一万元以上五万元以下罚款；逾期不改正的，处五万元以上二十万元以下罚款。

违反本条例第三十七条第二款规定，收取的租金或者押金不符合要求的，由区房屋管理部门责令限期改正，处五万元以上二十万元以下罚款。

第六十二条　违反本条例第四十七条规定，出租人未履行相关安全管理责任的，由公安部门责令限期改正，可以处一万元以上三万元以下罚款；造成严重后果的，处三万元以上十万元以下罚款。

第六十三条　对本条例规定应当由房屋管理部门行使的行政处罚权及相关的行政检查权和行政强制权，由城管执法部门以及街道办事处、乡镇人民政府依法实施。

第六十四条　有关部门及其工作人员违反本条例规定，有滥用职权、玩忽职守、徇私舞弊行为的，对直接负责的主管人员和其他直接责任人员依法给予处分；构成犯罪的，依法追究刑事责任。

第七章　附则

第六十五条　公有房屋租赁的管理办法，由市人民政府另行制定。

第六十六条　本条例自 2023 年 2 月 1 日起施行。1999 年 12 月 27 日上海市第十一届人民代表大会常务委员会第十五次会议通过的《上海市房屋租赁条例》同时废止。

43. 上海市妇女权益保障条例

（2022 年 11 月 23 日上海市第十五届人民代表大会常务委员会第四十六次会议通过）

第一章　总则

第一条　为了保障妇女的合法权益，促进男女平等和妇女全面发展，充分发挥妇女在全面建设社会主义现代化国家中的作用，弘扬社会主义核心价值观，根据《中华人民共和国妇女权益保障法》等法律、行政法规，结合本市实际，制定本条例。

第二条　本市行政区域内的国家机关、社会团体、企业事业单位、基层群众性自治组织以及其他组织和个人，应当遵守本条例。

第三条　本市落实男女平等基本国策。妇女在政治的、经济的、文化的、社会的和家庭的生活等各方面享有同男子平等的权利。保障妇女的合法权益是全社会的共同责任。

本市采取必要措施，促进男女平等，消除对妇女一切形式的歧视，禁止排斥、限制妇女依法享有和行使各项权益。本市保护妇女依法享有的特殊权益。

本市采取有效措施，为妇女依法行使权利提供必要的条件，逐步完善各项制度，保障男女享有同等机会，获得同等资源，得到同等发展。

第四条　本市弘扬上海妇女运动优良传统，传承红色基因，引导妇女发扬爱国奉献精神，发挥妇女积极性、主动性、创造性，展现新时代女性风采，推动妇女事业高质量发展。

本市发挥妇女在经济社会建设、社会生活和家庭生活等方面的作用，支持妇女立足本职、巾帼建功，积极投身社会治理和社区公共事务。

鼓励妇女自尊、自信、自立、自强，运用法律维护自身合法权益。

第五条　坚持中国共产党对妇女权益保障工作的领导，建立政府主导、各方协同、社会参与的保障妇女权益工作机制。

各级人民政府应当重视和加强妇女权益的保障工作。

市、区人民政府设立的妇女儿童工作委员会负责组织、协调、指导、督促本行政区域内的有关部门做好妇女权益的保障工作。

教育、民政、财政、公安、司法行政、卫生健康、人力资源和社会保障、医疗保障、市场监管、网信、经济信息化、住房城乡建设管理、交通、农业农村、绿化市容、统计等有关部门在各自的职责范围内做好妇女权益的保障工作。

第六条　市、区人民政府成立妇女儿童工作委员会，下设办事机构，配备专职工作人员，保障工作经费。

乡镇人民政府、街道办事处成立妇女儿童工作委员会，配备工作人员，提供工作经费。

各级妇女儿童工作委员会组织本条例的实施，履行下列职责：

（一）组织宣传男女平等基本国策以及保障妇女权益的法律、法规、规章和其他规范性文件，检查、督促有关法律、法规、规章和其他规范性文件的贯彻实施；

（二）协调、推动妇女权益保障工作的重大事项，参与涉及妇女权益重大问题的地方性法规、政府规章和其他规范性文件的制定或者修改；

（三）协调、指导有关部门做好妇女权益保障工作；

（四）督促有关部门依法查处侵害妇女权益的行为；

（五）其他应当由妇女儿童工作委员会履行的职责。

第七条　市、区人民政府根据中国妇女发展纲要，制定和组织实施本行政区域的妇女发展规划，将其纳入国民经济和社会发展规划，并将妇女权益保障所需经费列入本级预算，建立与经济社会发展水平相适应的保障机制。

各有关部门应当在各自的职责范围内做好妇女发展规划的实施、监测、评估等工作。

第八条　妇女联合会应当发挥好党和政府联系妇女群众的桥梁和纽带作用，践行全过程人民民主重大理念，巩固和扩大妇女群众基础；依照法律、法规和章程，代表和维护各族各界妇女的利益，做好维护妇女权益、促进男女平等和妇女全面发展的工作。

工会、共产主义青年团、残疾人联合会等群团组织应当在各自的工作范围内，做好维护妇女权益的工作。

本市支持和鼓励社会组织为妇女提供专业化、个性化服务。

第九条　本市建立健全妇女发展状况统计调查制度，完善性别统计监测指标体系，定期开展妇女发展状况和权益保障统计调查和分析。市妇女儿童工作委员会会同有关部门定期发布社会性别统计报告，其他相关部门应当提供性别统计情况。

第十条　本市建立健全性别平等咨询评估制度，对涉及妇女权益的地方性法规、政府规章和其他规范性文件开展性别平等的社会咨询评估。

有关机关制定或者修改涉及妇女权益的地方性法规、政府规章和其他规范性文件，应当听取妇女联合会的意见，充分考虑妇女的特殊权益，必要时开展男女平等评估。

第十一条　本市将保障妇女合法权益、促进男女平等作为全面推进城市数字化转型的重要内容，加强妇女工作的数字化场景应用。

第十二条　本市将男女平等基本国策纳入国民教育体系，开展宣传教育，增强全社会的男女平等意识。

国家机关、群团组织、基层群众性自治组织应当开展保障妇女合法权益的宣传教育和公益活动。

新闻媒体应当开展男女平等和保障妇女合法权益方面的公益宣传并加强舆论监督。

本市对保障妇女合法权益成绩显著的组织和个人，按照有关规定给予表彰和奖励。

第二章　政治权利

第十三条　本市保障妇女享有与男子平等的政治权利。

妇女有权通过各种途径和形式，依法参与管理国家事务、管理经济和文化事业、管理社会事务。妇女和妇女组织有权向各级国家机关提出妇女权益保障方面的意见和建议。

第十四条　居民委员会、村民委员会应当组织妇女参与制定或者修改居民公约、村规民约，开展协商议事活动。

用人单位制定或者修改有关职工权益的规章制度，讨论涉及女职工保护事项时，应当依法保障女职工参与。

第十五条　妇女享有与男子平等的选举权和被选举权。

本市各级人民代表大会的代表中，应当保证有适当数量的妇女代表，并按照国家规定，逐步提高妇女代表的比例。

居民委员会、村民委员会成员中，应当保证有适当数量的妇女成员。

企业事业单位职工代表大会中的女职工代表比例一般与本单位女职工人数所占比例相适应。

第十六条　本市积极培养和选拔女干部，重视培养和选拔少数民族女干部，采取措施支持女性人才成长。

国家机关、群团组织、企业事业单位培养、选拔和任用干部，应当坚持男女平等的原则，并有适当数量的妇女担任领导成员。

妇女联合会及其团体会员，可以向国家机关、群团组织、企业事业单位推荐女干部。

第十七条　各级人民政府应当支持妇女联合会的工作。

本市国家机关、社会团体、企业事业单位等应当重视本单位妇女组织的工作，为妇女组织的活动提供必要的条件。

第十八条　妇女联合会代表妇女积极参与国家和社会事务的民主协商、民主决策、民主管理和民主监督。

妇女联合会等应当畅通诉求表达渠道，倾听妇女意见，反映妇女诉求。

妇女联合会应当积极参与涉及妇女权益的地方性法规、政府规章和其他规范性文件的制定或者修改。

第十九条　对于有关妇女权益保障工作的批评或者合理可行的建议，有关部门应当听取和采纳；对于有关侵害妇女权益的申诉、控告和检举，有关部门应当查清事实，负责处理，任何组织和个人不得压制或者打击报复。

第三章　人身和人格权益

第二十条　本市保障妇女享有与男子平等的人身和人格权益。

第二十一条　妇女的生命权、身体权、健康权不受侵犯。禁止下列行为：

（一）进行非医学需要的胎儿性别鉴定和选择性别的人工终止妊娠；

（二）虐待、遗弃、残害、买卖妇女；

（三）其他侵害女性生命健康权益的行为。

第二十二条　妇女的人身自由不受侵犯。禁止下列行为：

（一）非法拘禁或者以其他非法手段剥夺、限制妇女的人身自由；

（二）非法搜查妇女的身体；

（三）拐卖、绑架妇女，收买被拐卖、绑架的妇女，阻碍解救被拐卖、绑架的妇女；

（四）其他侵犯妇女人身自由的行为。

第二十三条　禁止以恋爱、交友为由或者在终止恋爱关系、离婚之后，纠缠、骚扰妇女，泄露、传播妇女隐私和个人信息。

妇女遭受上述侵害或者面临上述侵害现实危险的，可以向人民法院申请人身安全保护令。

第二十四条　妇女的人格尊严不受侵犯。禁止下列行为：

（一）通过广播、电视、报刊、网络等传播贬低损害妇女人格尊严的内容；

（二）在广告、招贴宣传以及商业经营活动中贬低损害妇女人格尊严；

（三）以刺探、侵扰、泄露、公开等方式侵害妇女的隐私权；

（四）侮辱、诽谤、性骚扰妇女；

（五）其他侵犯妇女人格尊严的行为。

妇女的姓名权、肖像权、名誉权、荣誉权、隐私权和个人信息等人格权益受法律保护。媒体报道涉及妇女事件应当客观、适度，不得侵害妇女的人格权益。

第二十五条　各级人民政府和公安、民政、人力资源和社会保障、卫生健康等部门以及居民委员会、村民委员会按照各自的职责及时发现报告，并采取措施解救被拐卖、绑架的妇女，做好被解救妇女的安置、救助和关爱等工作。妇女联合会协助和配合做好有关工作。

任何组织和个人不得歧视被拐卖、绑架的妇女。

第二十六条　禁止违背妇女意愿，以言语、文字、图像、肢体行为等方式对其实施性骚扰。

受害妇女可以向有关单位和国家机关投诉。接到投诉的有关单位和国家机关应当及时处理，并书面告知处理结果。

受害妇女可以向公安机关报案，也可以向人民法院提起民事诉讼，依法请求行为人承担民事责任。

第二十七条　学校应当加强男女平等教育。

学校应当根据女学生的年龄阶段，进行生理卫生、心理健康和自我保护教育，在教育、管理、设施等方面采取措施，提高其自我保护意识和能力。

学校应当建立有效预防和科学处置性侵害、性骚扰的工作制度。对性侵害、性骚扰女学生的违法犯罪行为，学校不得隐瞒，应当及时通知受害未成年女学生的父母或者其他监护人，依法报告并配合有关部门处理。

学校应当建立受害学生保护制度。对遭受性侵害、性骚扰的女学生，学校、公安机关、教育行政部门等相关单位和人员应当保护其隐私和个人信息，并提供必要的保护措施。

密切接触未成年人的单位招聘工作人员时，应当按照法律规定查询应聘者是否具有性侵害等违法犯罪记录；发现其具有前述行为记录的，不得录用。

第二十八条　用人单位应当依法采取措施，制定禁止性骚扰的规章制度，把预防和制止性骚扰纳入教育培训的内容，加强安全保卫和管理等工作，预防和制止对妇女的性骚扰。

用人单位应当畅通投诉渠道，建立和完善调查处置程序，保护受侵害妇女。

第二十九条　地铁、公交、车站、机场、轮渡等人员聚集和流动的公共场所，应当建立对性骚扰的防范和干预机制，对有关单位的投诉处理或者案件调查工作予以配合。

第三十条　文化娱乐场所的经营者，宾馆、旅馆等提供住宿服务的场所经营者，房屋出租人发现场所有卖淫嫖娼或者其他侵害妇女权益的违法犯罪行为，应当及时向公安机关报告。

第三十一条　本市建立健全妇女全生命周期健康服务体系，保障妇女享有基本医疗卫生服务，开展妇女常见病、多发病的预防、筛查和诊疗，提高妇女健康水平。

本市开展青春期、更年期、老年期以及经期、孕期、产期、哺乳期的健康知识普及、卫生保健和疾病防治，有关部门、群团组织等应当为有需要的妇女提供生理健康指导、心理健康服务，保障妇女特殊生理时期的健康需求。

第三十二条　用人单位应当定期为女职工安排妇科疾病、乳腺疾病检查以及妇女特殊需要的其他健康检查。鼓励有条件的单位增加检查次数和检查项目。

市、区人民政府应当至少每两年安排退休妇女和生活困难的妇女进行一次妇科疾病、乳腺疾病的筛查，并可以视情增加筛查项目。

鼓励群团组织、企业事业单位为生活困难的妇女进行妇科疾病、乳腺疾病的筛查提供帮助。

本市鼓励适龄女性接种宫颈癌疫苗，推动为适龄女性未成年人按照有关规定接种宫颈癌疫苗。具体办法由市卫生健康、财政等相关部门制定。

第三十三条　有关部门支持、鼓励保险公司开展妇女健康商业保险业务，提高健康保障水平。

第三十四条　各级人民政府在规划和建设基础设施、开展城市更新、推进新城等重点区域建设时，应当按照相关规定配建保护妇女隐私、满足妇女需要的公共厕所和母婴室等公共设施。

第四章　文化教育权益

第三十五条　本市保障妇女享有与男子平等的文化教育权利。

第三十六条　父母或者其他监护人应当履行保障适龄女性未成年人接受并完成义务教育的义务。

对无正当理由不送适龄女性未成年人入学的父母或者其他监护人，由当地乡镇人民政府或者区教育行政部门给予批评教育，依法责令其限期改正。居民委员会、村民委员会应当协助做好相关工作。

政府、学校应当采取有效措施，解决适龄女性未成年人就学存在的实际困难，并创造条件，保证适龄女性未成年人完成义务教育。

第三十七条　学校和有关部门应当执行国家有关规定，保障妇女在入学、升学、授予学位、派出留学、就业指导和服务等方面享有与男子平等的权利。

学校在录取学生时，除国家规定的特殊专业外，不得以性别为由拒绝录取女性或者提高对女性的录取标准。

第三十八条　本市健全全民终身学习体系，为妇女终身学习创造条件。

本市发展适合女性特点的职业教育事业，开展职业教育、创业和实用技能等培训，提高妇女的劳动技能和就业创业能力。

鼓励用人单位有计划地对女职工进行上岗、在岗、转岗的职业教育和技能等培训。

第三十九条　本市强化女性人才的培养、引进、评价激励、成长发展、服务保障等措施，发挥女性在高水平人才高地建设中的作用。

本市保障妇女从事科学、技术、文学、艺术和其他专业活动的权利，并提供必要的条件。根据有关规定，在高层次人才发展计划、有关评奖、项目申报中，对符合条件的妇女，可以适当放宽年龄限制。

第五章　劳动和社会保障权益

第四十条　本市保障妇女享有与男子平等的劳动权利和社会保障权利。

本市鼓励和支持妇女创新创业创造，依法保障妇女在就业创业、职业发展等方面的合法权益。各级人民政府和有关部门应当完善就业保障政策措施，为妇女创造公平的就业创业环境，防止和纠正就业性别歧视，并为就业困难的妇女提供必要的扶持和援助。

第四十一条　除国家另有规定外，用人单位不得以性别、婚育状况等为由，拒绝录（聘）用妇女或者差别化地提高对妇女的录（聘）用标准。

用人单位制定规章制度或者涉及女职工的劳动保护、福利待遇、社会保险等事项的相关规定，不得含有歧视妇女的内容。

在晋职、晋级、评聘专业技术职称和职务、培训等方面，应当坚持男女平等的原则，不得歧视妇女。

广播、电视、报刊、网络以及其他媒介不得违反国家有关规定，传播限制妇女就业的招工、招聘启事。

第四十二条　实行男女同工同酬，妇女在享受福利待遇方面享有与男子平等的权利。

用人单位在录（聘）用女职工时，应当依法与其签订劳动（聘用）合同或者服务协议。劳动（聘用）合同或者服务协议中，应当依法约定女职工的工作岗位、劳动报酬、社会保险、劳动保护、劳动条件和职业危害防护，以及女职工特殊保护等事项，并不得含有限制女职工婚育或者其他侵害女职工合法权益的内容。

用人单位与职工一方可以就男女平等、女职工权益保护进行集体协商，签订集体合同或者专项集体合同等。

第四十三条　人力资源和社会保障部门应当将招聘、录取、晋职、晋级、评聘专业技术职称和职务、培训、辞退等过程中的性别歧视行为纳入劳动保障监察范围。

第四十四条　用人单位应当执行法律、法规、规章以及国家和本市有关女职工劳动保护的规定，保障女职工的劳动安全和健康，遵守女职工禁忌从事的劳动范围的规定，采取必要措施预防女职工遭受职业病危害。

鼓励用人单位根据女职工的需要，建立女职工卫生室、孕妇休息室等妇幼保健设施，满足女职工在生理卫生、哺乳、照料婴幼儿等方面的需要。

第四十五条　妇女在经期、孕期、产期、哺乳期受特殊保护，并依照国家和本市规定享受相应的假期、待遇。

用人单位应当依法保障女职工享有产假、生育假、育儿假等相关待遇。

用人单位不得因结婚、怀孕、产假、哺乳等情形，违法降低女职工的工资和福利待遇，限制女职工晋职、晋级、评聘专业技术职称和职务，辞退女职工，单方解除劳动（聘用）合同或者服务协议。

女职工在孕期或者哺乳期不适应原工作岗位的，可以与用人单位协商调整该期间的工作岗位或者改善相应的工作条件。女职工在孕期或者哺乳期可以与用人单位协商采用弹性工作时间或者居家办公等灵活的工作方式。

经二级及以上医疗保健机构证明有习惯性流产史、严重的妊娠并发症、妊娠合并症等可能影响正常生育的，女职工本人提出申请，用人单位应当批准其产前假。

经二级及以上医疗保健机构证明患有产后严重影响母婴身体健康疾病的，女职工本人提出申请，用人单位应当批准其哺乳假。

女职工按照有关规定享受的产前假、哺乳假期间，其工资不得低于本人原工资的百分之八十，并不得低于本市最低工资标准；调整工资时，产前假、产假、哺乳假视作正常出勤。

第四十六条　各级人民政府和有关部门应当采取措施，按照有关规定为困难妇女提供就业创业支持等服务。本市关心关爱外来务工妇女，改善其劳动条件，提高其职业技能。

第四十七条　本市健全生育支持政策体系，按照国家规定实施生育保险制度，完善与生育相关的保障制度。

用人单位应当依法缴纳生育保险费。女职工依照国家和本市规定享受生育保险待遇。未就业妇女、领取失业保险金的妇女、灵活就业妇女按照国家和本市相关规定参加基本医疗保险，享受相应的生育待遇。

本市加强生殖健康服务，将分娩镇痛按程序纳入医保基金支付范围；按照国家部署，将适宜的辅助生殖技术项目按程序纳入医保基金支付范围。

各级人民政府和有关部门应当按照国家和本市有关规定，为符合条件的困难妇女提供必要的生育救助；鼓励群团组织、企业事业单位为生活困难的妇女生育提供帮助。

第四十八条　各级人民政府和有关部门应当增加普惠性托育服务供给，提供家庭科学育儿指导服务。

鼓励有条件的用人单位为职工提供托育服务。鼓励社会力量参与托育服务。

第六章　财产权益

第四十九条　本市保障妇女享有与男子平等的财产权利。

妇女享有与男子平等的继承权，不得以风俗习惯、婚姻状况等，剥夺妇女依法享有的继承权。

第五十条　在夫妻共同财产、家庭共有财产关系中，不得侵害妇女依法享有的权益。

妇女对夫妻共同财产享有与其配偶平等的占有、使用、收益、处分的权利，不受双方收入状况等情形的影响。

对夫妻共同所有的不动产以及可以联名登记的动产，女方有权要求在权属证书上记载其姓名；认为记载的权利人、标的物、权利比例等事项有错误的，有权依法申请更正登记或者异议登记，有关机构应当按照其申请依法办理相应登记手续。

第五十一条　妇女在农村集体经济组织成员身份确认、土地承包经营、集体经济组织收益分配、土地征收补偿安置或者征用补偿以及宅基地使用等方面，享有与男子平等的权利。

申请农村土地承包经营权、宅基地使用权等不动产登记，应当在不动产登记簿和权属证书上将享有权利的妇女等家庭成员全部列明。征收补偿安置或者征用补偿协议应当将享有相关权益的妇女列入，并记载权益内容。

第五十二条　村民自治章程、村规民约，村民会议、村民代表会议的决定以及其他涉及村民利益事项的决定，不得以妇女未婚、结婚、离婚、丧偶、户无男性等为由，侵害妇女在农村集体经济组织中的各项权益。

乡镇人民政府、街道办事处应当对村民自治章程、村规民约，村民会议、村民代表会议的决定以及其他涉及村民利益事项的决定进行指导，对其中违反相关法律、法规和国家政策规定，侵害妇女合法权益的内容责令改正。

第七章　婚姻家庭权益

第五十三条　本市保障妇女享有与男子平等的婚姻家庭权利。

第五十四条　各级人民政府及相关部门应当把妇女权益保障作为家庭教育工作的重要内容，为家庭提供婚姻家庭教育指导服务，引导建立平等、和睦、文明的婚姻家庭关系。

第五十五条　妇女的婚姻自主权不受侵犯。禁止任何组织和个人干涉妇女结婚、离婚自由。

女方在怀孕期间、分娩后一年内或者终止妊娠后六个月内，男方不得提出离婚；但是，女方提出离婚或者人民法院认为确有必要受理男方离婚请求的除外。男方不得在夫妻分居、离婚冷静期、离婚诉讼期间，侵害、限制女方的人身权益和人身自由。

第五十六条　鼓励男女双方在结婚登记前，共同进行医学检查或者相关健康体检。

第五十七条　妇女依法享有生育子女的权利，也有不生育子女的自由。

第五十八条　各级人民政府和有关部门应当把预防和制止家庭暴力工作纳入本地区、本单位平安建设工作范围。

司法行政机关应当将婚姻家庭纠纷人民调解工作纳入公共法律服务体系。妇女联合会会同司法行政等部门做好婚姻家庭纠纷预防化解工作。人民调解组织应当积极参与预防和制止家庭暴力，做好调解工作。

第五十九条　公安机关应当将家庭暴力案件纳入接警受理范围，及时出警，对正在实施的家庭暴力应当及时制止，做好调查取证工作。对家庭暴力情节较轻，依法不给予治安管理处罚的，对加害人给予批评教育或者出具告诫书。

妇女因遭受家庭暴力或者面临家庭暴力的现实危险，向人民法院申请人身安全保护令的，人民法院应当依法受理。符合法定条件的，人民法院应当作出人身安全保护令。

第六十条　离婚时，夫妻的共同财产由双方协议处理。协议不成的，由人民法院根据财产的具体情况，按照照顾子女、女方和无过错方权益的原则判决。

离婚诉讼期间，夫妻一方申请查询登记在对方名下财产状况且确因客观原因不能自行收集的，人民法院应当进行调查取证，有关部门和单位应当予以协助。

离婚诉讼期间，夫妻双方均有向人民法院申报全部夫妻共同财产的义务。一方隐藏、转移、变卖、损毁、挥霍夫妻共同财产，或者伪造夫妻共同债务企图侵占另一方财产的，在离婚分割夫妻共同财产时，对该方可以少分或者不分财产。

第六十一条　夫妻双方应当共同负担家庭义务，共同照顾家庭生活。

女方因抚育子女、照顾老人、协助男方工作等负担较多义务的，有权在离婚时要求男方予以补偿。

因男方重大过错导致离婚的，无过错的女方有权请求损害赔偿。

女方在离婚时生活困难的，有负担能力的男方应当给予适当帮助。

第八章　救济措施

第六十二条　对侵害妇女合法权益的行为，任何组织和个人都有权予以劝阻、制止或者向有关部门提出控告或者检举。

妇女的合法权益受到侵害的，有权要求有关部门依法处理，或者依法申请调解、仲裁，或者向人民法院起诉。

第六十三条　妇女因生命权、身体权、健康权、人身自由受到侵害或者因疾病、生育、灾害等处于危难情形的，公安、民政等部门、妇女联合会、医疗机构等组织和负有法定救助义务的个人应当及时施救，依法提供临时庇护或者其他必要的救助。

对符合条件的妇女，当地法律援助机构或者司法机关应当给予帮助，依法为其提供法律援助或者司法救助。

妇女因突发重大疾病、自然灾害等导致生活困难的，可以按照规定申请社会救助，符合条件的，应当依法提供救助。

有关部门在突发事件应对中，应当做好妇女和婴幼儿权益的保障工作。

本市鼓励和支持社会力量多渠道筹集资源，为生活困难的妇女提供救助帮扶。

第六十四条　妇女的合法权益受到侵害的，可以向妇女联合会等妇女组织求助。妇女联合会等妇女组织应当维护被侵害妇女的合法权益，有权要求并协助有关部门或者单位查处。有关部门或者单位应当依法查处，并予以答复；不予处理或者处理不当的，市、区妇女儿童工作委员会、妇女联合会可以向其提出督促处理意见，必要时可以提请同级人民政府开展督查。受害妇女进行诉讼需要帮助的，妇女联合会应当给予支持和帮助。

妇女联合会负责妇女权益保护服务热线的建设和运行，及时受理、移送有关侵害妇女合法权益的投诉、举报；有关部门或者单位接到投诉、举报后，应当及时予以处置。

第六十五条　侵害妇女合法权益，导致社会公共利益受损的，检察机关可以发出检察建议；有下列情形之一的，检察机关可以依法提起公益诉讼：

（一）确认农村妇女集体经济组织成员身份时侵害妇女权益或者侵害妇女享有的农村土地承包和集体收益、土地征收征用补偿分配权益和宅基地使用权益；

（二）侵害妇女平等就业权益；

（三）相关单位未采取合理措施预防和制止性骚扰；

（四）通过大众传播媒介或者其他方式贬低损害妇女人格；

（五）其他严重侵害妇女权益的情形。

第六十六条　国家机关、社会团体、企业事业单位对侵害妇女权益的行为，可以支持受侵害的妇女向人民法院起诉。

第九章　法律责任

第六十七条　违反本条例规定的行为，《中华人民共和国妇女权益保障法》等法律、法规已有处理规定的，从其规定。

第六十八条　用人单位侵害妇女劳动和社会保障权益的，人力资源和社会保障部门可以联合工会、妇女联合会约谈用人单位，依法进行监督并要求其限期纠正。

第六十九条　国家机关及其工作人员在妇女权益保障工作中，未依法履行职责的，由其所在单位或者上级主管部门责令改正；玩忽职守、滥用职权、徇私舞弊的，由其所在单位或者上级主管部门依法对直接负责的主管人员和其他责任人员给予处分；构成犯罪的，依法追究刑事责任。

第十章　附则

第七十条　本条例自 2023 年 1 月 1 日起施行。1994 年 12 月 8 日上海市第十届人民代表大会常务委员会第十四次会议通过，1997 年 5 月 27 日上海市第十届人民代表大会常务委员会第三十六次会议第一次修正，2007 年 4 月 26 日上海市第十二届人民代表大会常务委员会第三十五次会议第二次修正的《上海市实施〈中华人民共和国妇女权益保障法〉办法》同时废止。

44. 上海市浦东新区促进无驾驶人智能网联汽车创新应用规定

（2022 年 11 月 23 日上海市第十五届人民代表大会常务委员会第四十六次会议通过）

第一条　为了进一步规范和促进浦东新区无驾驶人智能网联汽车创新应用，推动产业高质量发展，保障道路交通安全，根据有关法律、行政法规的基本原则，结合浦东新区实际，制定本规定。

第二条　本规定适用于在浦东新区行政区域内划定的路段、区域开展无驾驶人智能网联汽车道路测试、示范应用、示范运营、商业化运营等创新应用活动以及相关监督管理工作。

本规定所称的无驾驶人智能网联汽车，是指车内不配备驾驶人和测试安全员的智能网联汽车。

第三条　浦东新区无驾驶人智能网联汽车创新应用活动应当坚持鼓励创新、包容审慎、循序渐进的原则，实行分级分类管理，按照从低风险场景到高风险场景、从简单类型到复杂类型的要求，确保安全有序、风险可控。

第四条　市人民政府应当建立完善促进智能网联汽车产业发展的工作协调机制和政策措施，优化创新应用环境。

市经济信息化、交通、公安等部门建立智能网联汽车测试与应用工作推进机制，协调推进全市智能网联汽车测试与应用工作，指导浦东新区智能网联汽车创新应用工作，并按照各自职责做好相关管理工作。

市发展改革部门负责协调智能网联汽车创新应用相关新型基础设施建设等工作。

浦东新区人民政府、中国（上海）自由贸易试验区临港新片区管理委员会（以下简称临港新片区管委会）应当建立促进智能网联汽车创新应用的工作机制，制定配套政策，落实支持措施，并按照各自职责具体负责辖区内的智能网联汽车创新应用管理工作。

市规划资源、市场监管、网信、通信管理等部门以及浦东新区科技经济、建设交通、公安、规划资源、大数据管理等部门按照各自职责，做好浦东新区智能网联汽车创新应用相关管理工作。

第五条　开展无驾驶人智能网联汽车道路测试、示范应用、示范运营的企业应当申请安全性自我声明的确认。无驾驶人智能网联汽车经安全性自我声明确认的，可以向公安机关交通管理部门申领车辆号牌；取得车辆号牌的，可以上道路行驶；经交通部门审核同意的，方可从事道路运输示范运营活动。

第六条　申请安全性自我声明确认的企业应当符合以下要求：

（一）具有独立法人资格；

（二）具备相关技术能力；

（三）具备符合道路测试、示范应用、示范运营等相应条件的车辆；

（四）配备远程监控系统和紧急接管人员，紧急接管人员应当具备无驾驶人智能网联汽车的操控能力和相应准驾车型的机动车驾驶证，经过专业知识、现场操作和应急处置培训；

（五）按照有关规定已经投保或者承诺投保机动车交通事故责任强制保险和一定金额的商业保险。

第七条　开展道路测试活动，申请安全性自我声明确认的车辆应当符合以下要求：

（一）具备最小风险运行模式，满足功能安全、信息安全等技术标准和要求，设计运行范围覆盖道路测试场景；

（二）配备处于无驾驶人状态的显示装置以及发生故障或者事故后的警示装置，设置符合标准的夜间反光装置；

（三）按照有关规定经过有驾驶人智能网联汽车道路测试并达到规定里程或者时间，且未发生交通违法行为以及因车辆原因造成的安全事故，人工接管率符合规定值。

开展高风险道路测试的，应当经过规定里程或者时间的低风险道路测试，且未发生严重交通违法行为以及因车辆原因造成的安全事故，人工接管率符合规定值。

第八条　开展具有试点、试行效果的载人、载货示范应用活动，申请安全性自我声明确认的车辆应当经过规定里程或者时间的道路测试，且未发生交通违法行为以及因车辆原因造成的安全事故，人工接管率符合规定值。

第九条　开展载人、载货或者特定场景作业的示范运营活动，申请安全性自我声明确认的车辆应当符合以下要求：

（一）符合开展示范运营所需的技术性能、外廓尺寸、轴荷、质量、安全性能等标准或者规范；

（二）经过规定里程或者时间的示范应用，且未发生交通违法行为以及因车辆原因造成的安全事故，人工接管率符合规定值。

第十条　申请开展无驾驶人智能网联汽车道路测试、示范应用、示范运营安全性自我声明确认的，由市经济信息化、交通、公安等部门和浦东新区科技经济部门、临港新片区管委会按照各自职责，组织有关部门、第三方机构和专家，对相应阶段的安全性自我声明进行确认。

浦东新区科技经济部门、临港新片区管委会负责收取企业提交的安全性自我声明和相关证明材料，并将是否确认的决定书面告知企业。

涉及跨区域事项的，市经济信息化、交通、公安等部门应当加强对浦东新区科技经济、建设交通、公安等部门以及临港新片区管委会的业务指导和沟通协调。

第十一条　有关主管部门对安全性自我声明进行确认时，可以将企业在浦东新区以外地区的测试结果作为参考依据，简化相关测试流程和测试项目。

开展无驾驶人智能网联汽车道路测试、示范应用、示范运营达到规定里程或者时间，且未发生交通违法行为以及因车辆原因造成的安全事故，人工接管率符合规定值的，企业可以向浦东新区科技经济部门或者临港新片区管委会提出同一阶段同一型号车辆批量申请确认，并提交一致性技术参数、性能和安全检测报告。有关主管部门应当组织第三方机构进行一致性抽查，并根据抽查结果做出决定。

第十二条　企业取得安全性自我声明确认的，可以向市公安机关交通管理部门提交申领车辆号牌需要的有关材料，申领临时行驶车号牌和车辆识别标牌。

临时行驶车号牌有效期届满的，可以凭有效的安全性自我声明和其他相关材料，申领新的临时行驶车号牌。在临时行驶车号牌有效期内取得下一阶段安全性自我声明确认的，无需申领新的临时行驶车号牌。

第十三条　无驾驶人智能网联汽车经道路测试安全性自我声明确认并且取得临时行驶车号牌、车辆识别标牌的，可以上道路行驶从事测试活动，但不得搭载与测试活动无关的人员和用于配重以外的货物。

第十四条　无驾驶人智能网联汽车经示范应用安全性自我声明确认并且临时行驶车号牌在有效期内的，按照规定搭载相关人员或者货物，但不得超出车辆的额定乘员和核定载质量，不得搭载危险货物。搭载相关人员或者货物的，应当向服务对象明示可能存在的风险，采取必要的安全措施。

第十五条　开展无驾驶人智能网联汽车示范运营活动的企业，应当符合以下要求：

（一）具备相应的道路运输经营资质或者条件，或者与具备相应道路运输经营资质的企业合作；

（二）具备与经营业务相适应并经检测合格的车辆；

（三）提出相对固定的运营区域和运营时段；

（四）具有健全的安全管理制度。

企业凭经确认的示范运营安全性自我声明、有效期内的临时行驶车号牌、运营方案以及其他相关材料，向浦东新区建设交通部门或者临港新片区管委会申请办理相关车辆营运证件。

取得前款规定的车辆营运证件的，可以利用无驾驶人智能网联汽车从事示范运营活动，并可以收费。依法纳入政府定价范围的收费实行政府定价或者政府指导价，其他收费实行市场调节价。收费标准应当在运营方案中载明，面向不特定对象收费的，收费标准应当向社会公示。

第十六条　获得产品准入或者具备同等条件的产品认定的无驾驶人智能网联汽车，经公安机关交通管理部门登记，可以取得车辆号牌、行驶证等登记凭证。

利用符合前款要求的无驾驶人智能网联汽车从事商业化运营的企业，应当取得道路运输经营资质。车辆应当与经营业务相适应，并经检测合格，依法取得车辆营运证件。

商业化运营的收费管理，按照有关法律、法规的规定执行。

第十七条　浦东新区科技经济部门和临港新片区管委会应当加强对无驾驶人智能网联汽车运行的日常监督管理，并采取措施强化后台监管。

开展无驾驶人智能网联汽车道路测试、示范应用、示范运营的企业应当按照规定安装监控装置，将相关数据接入指定的数据平台，实时上传到市级数据平台，并定期向浦东新区科技经济部门或者临港新片区管委会提交创新应用情况报告。

第十八条　开展智能网联汽车创新应用的路段、区域由市交通部门会同市公安、经济信息化、通信管理等部门根据道路基础条件和实际需要划定并组织开展验收。验收通过后，应当向社会公布，并在该路段、区域及周边设置相应标识和安全提示。

前款所称的路段、区域，是指用于社会机动车辆通行的路段、区域。

支持在浦东新区逐步扩大智能网联汽车创新应用的路段、区域范围，支持特定区域全域开放，丰富测试与应用场景。

第十九条　浦东新区科技经济、建设交通部门和临港新片区管委会应当统筹规划、协调推动建设车路协同基础设施和车路协同云控平台，支持车路协同基础设施在安全可控的条件下与云控平台、路侧信号控制设施、智能网联汽车实现信息共享。

车路协同基础设施和车路协同云控平台应当实现数据交互加密、通信网络防护、实时安全监测，有效防范数据篡改、数据泄露和网络攻击等风险。

第二十条　本市根据国家有关主管部门的授权，支持开展智能网联汽车创新应用的企业在浦东新区特定区域开展高精度地图应用试点。市和浦东新区规划资源部门应当加强对高精度地图应用试点工作的指导和监督管理。

开展智能网联汽车创新应用的企业应当按照有关规定，严格保护高精度地图数据安全。

第二十一条　开展无驾驶人智能网联汽车道路测试、示范应用、示范运营的企业对智能网联汽车进行可能影响车辆功能、性能的软件升级（包括远程升级）或者硬件变更的，应当向浦东新区科技经济部门或者临港新片区管委会报告。

发生影响车辆安全性能的重大升级或者变更的，企业应当提交新的安全性自我声明进行再次确认。

第二十二条　无驾驶人智能网联汽车上道路行驶的，应当具有显著标识，按照要求放置、粘贴临时行驶车号牌和车辆识别标牌，遵守道路交通安全法律、法规的有关通行规定。

开展无驾驶人智能网联汽车载人示范应用、示范运营，应当在有关主管部门的指导下有序推进。

第二十三条　开展无驾驶人智能网联汽车创新应用的企业应当加强车辆远程动态监管。

在恶劣天气、道路施工、大型活动等情形下，企业应当根据相关管理部门要求及时调整运行计划。公安机关依法实施现场临时管制时，企业应当按照公安机关的指令，立即采取避让、暂停运行、终止运行等处置措施。

第二十四条　开展无驾驶人智能网联汽车创新应用的企业应当按照网络安全相关法律、法规和信息安全标准的强制性要求，建立网络安全管理制度，落实网络安全等级保护制度，采取技术措施和其他必要措施，提高网络安全保护水平，保障网络安全稳定运行。

第二十五条　开展无驾驶人智能网联汽车创新应用的企业应当按照数据安全相关法律、法规要求，建立健全全流程数据安全和个人信息保护管理制度，落实数据安全和个人信息保护责任。发生或者可能发生涉及国家安全、个人信息等数据泄露、损毁、丢失等情况的，有关企业应当立即采取补救措施，按照规定及时告知用户并向有关主管部门报告。

开展创新应用过程中收集和产生的重要数据，应当依法在境内存储；因业务需要，确需向境外提供的，应当按照国家有关规定进行安全评估。个人信息数据的出境安全管理，按照有关法律、行政法规的规定执行。

第二十六条　开展创新应用期间，无驾驶人智能网联汽车发生故障的，企业应当按照有关技术要求作出判断，采取相应措施确保车辆处于安全状态。

创新应用企业应当将相关故障信息传输至指定的监管平台，并保存至少一年。

第二十七条　开展创新应用期间，无驾驶人智能网联汽车发生交通事故的，企业应当立即暂停车辆运行、开启危险警示装置，报警并视情派员现场处置；事故发生后两小时内，应当将事故发生前至少九十秒的视频信息上传至指定的数据平台。

开展无驾驶人智能网联汽车创新应用的企业应当在有关主管部门全程参与下对事故过程进行技术分析并形成事故分析报告。相关事故过程信息和事故分析报告应当及时报送浦东新区公安机关交通管理部门，并保存至少一年。

第二十八条　无驾驶人智能网联汽车在开展创新应用期间发生交通违法行为的，由公安机关按照道路交通安全法律、法规对车辆所有人或者管理人进行处理。

第二十九条　无驾驶人智能网联汽车在开展创新应用期间发生交通事故的，由公安机关交通管理部门按照道路交通安全法律、法规进行交通事故责任认定。

无驾驶人智能网联汽车发生交通事故并造成损害，依法应由智能网联汽车一方承担责任的，由该无驾驶人智能网联汽车所属的企业先行赔偿，并可以依法向负有责任的自动驾驶系统开发者、汽车制造者、设备提供者等进行追偿。已经投保机动车交通事故责任强制保险、商业保险的，按照相关规定执行。

无驾驶人智能网联汽车以及车路协同云控平台采集的数据，经公安机关交通管理部门调查核实无误后，可以作为认定交通违法行为和认定交通事故责任的依据。

第三十条　利用无驾驶人智能网联汽车开展道路货物运输经营的，企业应当投保承运人责任保险；开展旅客运输服务的，应当投保车上人员责任保险。

鼓励相关行业组织、企业等联合设立风险基金。鼓励保险公司开发适应无驾驶人智能网联汽车特点的保险产品。

第三十一条　无驾驶人智能网联汽车道路测试、示范应用、示范运营期间有下列情形之一的，由浦东新区科技经济部门或者临港新片区管委会暂停有关企业的相关创新应用活动，责令其限期整改；完成整改后，方可恢复相关创新应用活动：

（一）无驾驶人智能网联汽车经过测试不符合要求的；

（二）开展创新应用的企业、车辆或者紧急接管人员等发生变化，不再符合规定要求的；

（三）未按照安全性自我声明载明的阶段、时段、路段等开展相关创新应用活动的；

（四）违反载人、载货有关规定的；

（五）未按照规定将相关数据上传至指定的数据平台的；

（六）发生软件升级、硬件变更，未按照规定报告的；

（七）车辆发生故障或者交通事故，未按照规定采取相应措施的；

（八）未按照规定传输和保存车辆故障、事故信息，或者未提交事故分析报告的；

（九）存在重大软件、硬件系统性缺陷的；

（十）发生网络安全或者数据安全事故的。

开展无驾驶人智能网联汽车道路测试、示范应用、示范运营的车辆有下列情形之一的，由浦东新区科技经济部门或者临港新片区管委会暂停该车辆或者同型号车辆的相关创新应用活动，责令其限期整改；完成整改后，方可恢复相关创新应用活动：

（一）未按照要求放置车辆识别标牌的；

（二）发生三次以上一般道路交通违法行为，或者发生不按照交通信号指示通行、违反标志标线指示、逆向行驶等严重道路交通违法行为的；

（三）发生道路交通事故并承担同等及以上责任的。

第三十二条　无驾驶人智能网联汽车道路测试、示范应用、示范运营期间有下列情形之一的，由浦东新区科技经济部门或者临港新片区管委会终止有关企业的相关创新应用活动，相关号牌、标牌和营运证件失效：

（一）暂停创新应用活动后，拒不整改或者经整改仍不符合要求的；

（二）提供虚假的安全性自我声明或者数据、信息、报告等材料的；

（三）对国家安全、公共安全造成危害，或者程序设计违反伦理要求、存在重大安全风险的。

开展无驾驶人智能网联汽车道路测试、示范应用、示范运营的车辆有下列情形之一的，由浦东新区科技经济部门或者临港新片区管委会终止该车辆或者同型号车辆的相关创新应用活动；情节严重的，终止有关企业的相关创新应用活动：

（一）发生三次以上不按照交通信号指示通行、违反标志标线指示、逆向行驶等严重道路交通违法行为的；

（二）发生造成人员伤亡的道路交通事故，并承担主要或者全部责任的。

安全性自我声明未经确认或者未取得临时行驶车号牌、相关车辆营运证件擅自开展相关活动的，由浦东新区科技经济部门或者临港新片区管委会责令立即终止相关活动，并由有关主管部门依法进行处理。

第三十三条　无人配送、无人清扫等无人驾驶装备上道路行驶，参照适用道路交通安全法律、法规有关非机动车的通行规定。无人驾驶装备道路测试、示范运营等具体管理规定，由浦东新区、临港新片区管委会在市有关主管部门的指导下制定。

第三十四条　本规定自 2023 年 2 月 1 日起施行。

45. 上海市船舶污染防治条例

（2022年12月21日上海市第十五届人民代表大会常务委员会第四十七次会议通过）

第一章 总则

第一条 为了加强船舶污染防治，保护生态环境，推进生态文明建设，促进经济社会高质量发展，根据《中华人民共和国长江保护法》《中华人民共和国水污染防治法》《中华人民共和国海洋环境保护法》《防治船舶污染海洋环境管理条例》等有关法律、行政法规，结合本市实际，制定本条例。

第二条 在本市通航水域和国家授权管理的港口水域（以下统称管理水域）航行、停泊、作业的船舶，以及从事船舶修造、拆解、装卸、打捞等与水域环境有关作业活动的单位（以下统称有关作业单位）、个人，应当遵守本条例。

第三条 船舶污染防治，应当坚持预防为主、防治结合、统筹协调、综合治理、创新驱动的原则，加强源头控制和系统整治，推进绿色航运发展。

第四条 市、区人民政府应当加强对船舶污染防治工作的领导，将船舶污染防治作为环境保护重要内容纳入国民经济和社会发展规划，保障船舶污染防治的资金投入，并按照财政事权与支出责任相匹配的原则，将所需经费纳入同级财政预算。

第五条 国务院交通运输主管部门在本市设立的海事管理机构和市、区交通行政管理部门（以下统称船舶污染防治主管部门）按照职责分工，负责船舶污染防治的监督管理工作。

本市发展改革、规划资源、生态环境、水务、绿化市容、经济信息化、科技、应急、城管执法等行政管理部门按照各自职责，做好船舶污染防治相关工作。

第六条 船舶及有关作业单位、个人应当按照国家和本市的有关要求，建立健全船舶污染防治责任制度，采取有效措施，防止造成环境污染。

船舶所有人、经营人或者管理人以及有关作业单位的主要负责人是本单位防治船舶污染管理的第一责任人，对本单位的船舶污染防治工作全面负责。船长在防治船舶污水域环境方面，依法具有独立决定权，并负有最终责任。

第七条　本市鼓励和支持船舶污染防治科学技术研究，促进科技成果转化，发挥科学技术在船舶污染防治中的支撑作用。

本市支持推广先进适用的船舶污染防治新技术、新工艺、新材料、新装备，鼓励船舶使用清洁能源和新能源，提高船舶污染防治水平。

第八条　任何单位和个人有权对船舶及其有关作业活动污染环境的行为进行举报。船舶污染防治主管部门等有关行政管理部门应当按照职责权限，调查核实举报内容，并对举报人相关信息予以保密。

对在船舶污染防治工作中做出显著成绩的单位和个人，按照规定给予表彰或者奖励。

第二章　一般规定

第九条　船舶航行、停泊、作业，以及单位、个人从事船舶修造、拆解、装卸、打捞等与水域环境有关作业活动，应当遵守污染防治、饮用水水源保护等有关法律、法规，符合国家和本市有关污染防治的标准、规范和要求。

第十条　市、区人民政府应当统筹规划建设船舶污染物的接收转运处置设施，提高船舶污染物接收、转运和处置能力。

港口、码头、装卸站、船舶修造厂应当备有足够的船舶污染物接收设施，并做好与城市公共转运、处置设施的衔接。

新建、改建、扩建港口、码头的，应当按照要求建设船舶污染物接收设施，并与主体工程同步设计、同步施工、同步投入使用。

第十一条　从事船舶污染物接收、转运、处置的单位应当符合国家和本市规定的要求，并遵守下列规定：

（一）建立相应的防污染管理制度；

（二）组织本单位相关作业人员进行岗位培训；

（三）安装覆盖船舶污染物接收、转运、处置作业场所的视频监控系统，实施动态监控，并至少保存三个月的视频监控数据；

（四）使用符合要求的监督管理信息系统。

第十二条　船舶航行、停泊和作业，以及单位、个人从事船舶修造、拆解、装卸、打捞等与水域环境有关作业活动的，排放的噪声应当符合国家规定。

禁止船舶在黄浦江杨浦大桥至徐浦大桥之间水域以及外环线以内的内河通航水域鸣放号笛，但危及航行安全和按照避碰规则等应当使用声响装置的除外。

第十三条　本市可以划定特定水域为绿色航运示范区，实施更加严格的船舶污染防治措施。

船舶在绿色航运示范区航行、停泊和作业，其船型、船龄、防污染结构设备、载运货物种类、污染物排放与碳排放水平、岸电使用应当同时符合绿色航运示范区的有关要求。

第三章　船舶水污染防治

第十四条　船舶应当按照国家规定，配备足够数量和容量的船舶水污染物收集与储存舱（柜）或者容器，并及时对产生的水污染物进行收集、存放和处理。船舶使用生活污水处理装置、油水分离器等防污染设施的，应当做好维护保养和记录。

船舶按照本市规定需要设置生活垃圾等分类收集容器的，还应当符合本市市容环境卫生管理的相关标准，与垃圾产生量相适应，并保持正常使用。

第十五条　船舶应当及时处置或者移交水污染物。港口、码头、装卸站、船舶修造厂、水上服务区和其他船舶污染物接收单位应当按照规定接收船舶水污染物，并向船方出具符合船舶污染防治主管部门要求的接收单证。

内河船舶生活垃圾、生活污水应当每五天或者每航次至少送交一次，有合理理由的除外。

内河船舶应当向靠港的港口经营人主动出示接收单证；无法出示接收单证的，应当向港口经营人作出说明。港口经营人应当查看接收单证，并对船舶出示接收单证或者作出说明的情况予以记录。

内河船舶拒不出示接收单证或者作出说明的，港口经营人应当将有关情况报告船舶污染防治主管部门，并可以暂停装卸作业。

第十六条　含油污水等水污染物通过船舶接收后在接收船上临时储存、水上运输的，按照船舶水污染物实施管理；接收后经预处理在水上运输的，按照水路运输污染危害性货物实施管理。鼓励对生活污水、含油污水等水污染物进行预处理和再利用。

船舶污染物接收、转运单位应当将船舶水污染物移交具备相应资质的单位依法处置。禁止将接收、转运的水污染物排入水中。

第十七条　禁止船舶违规向水体直接排放未经处理的生活污水、含油污水。

禁止船舶向黄浦江、苏州河排放生活污水、含油污水，禁止船舶向其他内河通航水域排放含油污水。

第十八条　以船体外板为液货舱周界（包括单舷单底、双舷单底、单舷双底）的载运散装液体危险货物船舶，禁止在本市长江干流、黄浦江及其他内河通航水域停泊和作业。

第十九条　在黄浦江和其他内河通航水域航行、停泊、作业的内河船舶产生的船舶生活垃圾、生活污水、含油污水，由市、区人民政府通过政府购买服务方式，进行接收、转运和处置。

第二十条　内河船舶直接通往舷外的生活污水排放管路、阀门应当铅封或者盲断。

冲洗船舶甲板，应当事先进行清扫，并收集处理船舶污染物。船舶甲板上沾有污染物、有毒有害物质，或者船舶位于水源保护区、准水源保护区和海洋自然保护区等特别保护区域的，不得冲洗船舶甲板。

第二十一条　本市对船舶水污染物的接收、转运和处置实施联单管理。

船舶以及船舶水污染物接收、转运、处置单位应当使用规定的监督管理信息系统，并按照联单填报要求，准确计量并如实记录船舶水污染物的接收、转运和处置情况。

第二十二条　船舶污染防治主管部门和生态环境、水务、绿化市容等行政管理部门应当对船舶水污染物的送交、接收、转运和处置实施联合监管。

通过船舶或者港口接收或者通过船舶转移船舶水污染物的，由船舶污染防治主管部门按照职责实施监督管理。

含油污水的末端处置以及属于危险废物的船舶水污染物及其预处理产物通过岸上转

运和处置的，由生态环境部门实施监督管理。

收集处理的船舶生活污水排入市政排水管网的，由水务部门实施监督管理。

船舶生活垃圾的接收、转运和处置，由绿化市容部门按照本市生活垃圾管理的相关规定实施监督管理。

第二十三条 国际航行船舶排放压载水，应当采用压载水处理装置或者采取其他等效措施，对压载水进行灭活等处理，确保所排放压载水满足要求，并在排放前按照规定向船舶污染防治主管部门报告。

第四章 船舶大气污染防治

第二十四条 船舶不得超过国家和本市规定的排放标准向大气排放污染物。

禁止船舶在管理水域使用焚烧炉。

第二十五条 燃油供应单位供应的燃油，以及在管理水域航行、停泊、作业的船舶使用的燃油，应当符合国家和本市规定的质量标准。鼓励船舶使用更高环保标准的燃油。

船舶使用废气清洗系统的，产生的洗涤水及残渣应当按照规定处理，并做好记录，不得违规排放。

第二十六条 船舶污染防治主管部门应当通过现场检查监测、遥感监测等方式，对船舶的大气污染物排放状况进行监督检查。

第二十七条 本市推进港口、码头全面配备岸电设施。

市交通行政管理部门会同有关部门制定港口岸电设施、船舶受电设施的建设和改造计划，按照规定程序报批后组织实施。港口、码头和船舶应当按照计划以及相关标准规范实施建设和改造。岸电设施应当具备与靠泊船舶的用电需求相适应的供电能力，并能够与船舶安全、可靠、规范对接。

本市对港口岸电设施、船舶受电设施的改造和使用，按照规定给予资金补贴、电价优惠等扶持政策。

第二十八条 具备岸电供应条件的港口、码头、装卸站、水上服务区应当向具备受电设施的船舶提供岸电，但岸电设施临时发生故障，或者恶劣气候、意外事故等紧急情况下无法提供岸电的除外。岸电未覆盖所有泊位的，港口经营人应当为具备受电设施的靠港船舶优先安排岸电泊位进行港口作业。

具备受电设施的船舶靠泊岸电泊位，应当使用岸电，但国家另有规定的除外。

鼓励港口经营人等有关单位对使用岸电的船舶实施减免岸电服务费等措施。

第二十九条　港口经营人应当将岸电设施主要技术参数、检测情况、分布位置等信息向市或者区交通行政管理部门备案，并通过网站等渠道向社会公开。

港口经营人和船舶应当按照相关规定，如实记录岸电设施使用、故障、修复情况，并按照规定保存备查。

第五章　船舶有关作业活动污染防治

第三十条　从事船舶清舱、洗舱、污染物接收、燃料供受、装卸、过驳、修造、拆解、打捞、污染清除、浮船坞沉坞以及利用船舶进行水上水下施工等作业活动的，应当遵守相关操作规程，采取必要的污染防治措施，按照规定处理作业过程中产生的污染物。

作业活动开始前，作业单位应当按照规定，向船舶污染防治主管部门报告作业时间、作业内容等信息。

从事本条第一款规定的作业活动的人员，应当具备相关安全和污染防治的专业知识和技能。

第三十一条　燃油供应单位供应燃油，应当向船舶提供燃油供受单证和燃油样品。船舶和燃油供应单位应当将供受单证保存三年，燃油样品保存一年。

从事船舶燃料以及液化天然气等新燃料供应作业的单位应当按照规定，向船舶污染防治主管部门备案。

第三十二条　从事船舶燃料供受和散装液体污染危害性货物装卸、过驳作业的，作业双方应当在作业前对相关防污染措施进行确认，在作业过程中严格落实防污染措施。

第三十三条　在进行船舶水上修造作业前，船舶应当向船舶修造厂说明船上污染物的性质、数量、种类和位置等情况。船舶修造厂与船舶所有人或者经营人应当明确双方防污染管理主体责任，以及发生船舶污染事故后污染清除的主体责任。

在船坞内进行船舶修造作业的，船舶修造厂应当将坞内污染物清理完毕，确认不会造成水域污染后，方可沉起浮船坞或者开启坞门。

船舶污染防治主管部门、生态环境部门应当按照各自职责，加强对水上和岸上船舶修造及其有关作业活动的监督检查，防止作业活动造成环境污染。

第三十四条　船舶运输散发有毒有害气体或者粉尘物质等货物的，应当采取封闭或者其他防护措施。

从事前款货物的装卸、过驳作业，作业双方应当在作业过程中采取措施回收有毒有害气体、抑制扬尘。

本市发布空气重污染预警时，船舶及有关作业单位应当根据不同的污染预警等级，采取停止易产生扬尘的作业活动等应急措施。

第六章　船舶污染事故应急处置

第三十五条　船舶污染防治主管部门应当会同有关部门编制防治船舶及其有关作业活动污染环境应急能力建设规划，制定船舶污染事故应急预案，按照规定程序报批后实施。

本市加强水上污染事故应急专业力量建设，按照水陆统筹、资源共享的原则，建设和优化船舶污染应急设备库，为专业队伍培训、交流以及专业清污设施、装备的配备提供支持保障。

船舶污染防治主管部门及其他相关部门、相关区人民政府应当加强信息共享、协作联动，提升污染事故应急处置能力。

第三十六条　船舶所有人、经营人或者管理人应当制定防治船舶及其有关作业活动污染环境的应急预案，并定期组织演练。

港口、码头、装卸站、水上服务区以及从事船舶修造、拆解、打捞等作业活动的单位应当按照规定，制定防治船舶及其有关作业活动污染环境的应急预案，并定期组织演练，配备必要的应急设施、设备和器材，保持其良好的技术状态，并可以通过建立联防机制，实现应急设施、设备和器材的统一调配使用。

第三十七条　发生自然灾害、事故灾难或者公共卫生事件等突发事件期间，船舶和港口、码头、装卸站、水上服务区等应当执行市、区人民政府依法实施的船舶污染物送交、接收、转运、处置应急措施和其他管理措施。

来自疫区船舶产生的船舶垃圾、生活污水以及压载水和沉积物等，应当根据国家和本市防疫管理要求进行接收和处理。

第三十八条　船舶发生污染事故，应当立即启动应急预案，采取措施控制或者减轻对环境的污染危害，并及时向船舶污染防治主管部门报告。

相关作业船舶、港口经营人及有关作业单位发现船舶及其有关作业活动可能造成水域污染的，应当按照规定立即采取相应的应急处置措施，并向船舶污染防治主管部门报告。

第三十九条　接到船舶污染事故报告，船舶污染防治主管部门应当立即核实有关情况，按照国家和本市的有关规定上报上级行业主管部门，同时报告同级人民政府，由相应的搜救中心或者分中心立即复核有关情况，根据有关规定启动应急预案。

有关部门、单位应当按照应急预案的分工，开展相应的应急处置工作。

第四十条　船舶污染事故应急处置使用消油剂的，应当符合国家规定的标准，并在使用前向船舶污染防治主管部门报告。

禁止在本市内河通航水域以及海洋自然保护区等特别保护区域使用消油剂。

第四十一条　船舶污染防治主管部门因船舶污染事故应急处置的需要，可以依法采取组织清除、打捞、拖航、引航、卸载等必要措施。发生的费用，依法由责任船舶承担。

依法应当承担前款规定费用的船舶，应当在开航前缴清相关费用或者提供相应的财务担保。

需要调用污染清除设备和船舶参加清污的，有关单位、船舶应当服从统一指挥和协调。

第四十二条　船舶污染事故的调查处理及损害赔偿，按照国家有关规定执行。

第四十三条　按照国家有关规定必须办理污染责任保险或者取得相应的财务担保的船舶，应当持有相应的证明文件。

本市鼓励前款规定外的船舶办理污染责任保险。

第七章 长江三角洲区域合作

第四十四条 本市应当与长江三角洲区域相关省加强船舶污染防治沟通协调，协商解决船舶污染防治重大事项，推进船舶污染防治区域协作。

船舶污染防治主管部门和生态环境、水务、绿化市容等行政管理部门应当与长江三角洲区域相关省、市有关部门建立沟通协调机制，促进省际之间的船舶污染防治联防联控。

第四十五条 船舶污染防治主管部门和其他相关部门应当与长江三角洲区域相关省、市有关部门加强协商，共享以下信息：

（一）船舶污染监测预警信息；

（二）船舶污染物跨区域接收转运处置信息；

（三）船舶污染事故处置信息；

（四）船舶污染防治信用信息；

（五）其他需要共享的信息。

第四十六条 船舶污染防治主管部门应当加强与长江三角洲区域相关省、市有关部门的船舶污染防治执法联勤联动，在行政执法互助、案件移送、行刑衔接等方面形成一体化机制。

船舶污染防治主管部门应当推进与长江三角洲区域相关省、市有关部门建立船舶污染防治应急协作机制，开展区域联合演练，提升协同快速反应和应急处置能力。

第四十七条 船舶污染防治主管部门应当与长江三角洲区域相关省、市有关部门协商建立船舶污染防治信用联合奖惩机制，依法采取守信激励和失信约束措施。

第八章 法律责任

第四十八条 违反本条例规定的行为，法律、法规已有处理规定的，从其规定。

第四十九条 违反本条例第十四条第二款规定，船舶设置生活垃圾等分类收集容器，不符合本市市容环境卫生管理相关标准的，由城管执法部门责令改正，处三百元以上三千元以下罚款。

第五十条　违反本条例第十五条第一款规定，未按照规定接收靠泊船舶水污染物的，由船舶污染防治主管部门责令改正，处二万元以上十万元以下罚款。

违反本条例第十五条第一款规定，未向船方出具符合要求的接收单证的，由船舶污染防治主管部门责令改正，处二千元以上二万元以下罚款。

违反本条例第十五条第三款规定，港口经营人未查看接收单证或者未按照要求记录的，由交通行政管理部门责令改正，处二千元以上二万元以下罚款。

第五十一条　违反本条例第十六条第二款规定，船舶污染物接收、转运单位将船舶水污染物移交不具备相应资质的单位处置的，由船舶污染防治主管部门责令改正，处五千元以上五万元以下罚款。

第五十二条　违反本条例第十七条第二款规定，向禁止排放水域排放生活污水、含油污水的，由船舶污染防治主管部门责令改正，处二万元以上五万元以下罚款；情节严重的，处五万元以上二十万元以下罚款。

第五十三条　违反本条例第十八条规定，相关船舶在本市长江干流、黄浦江及其他内河通航水域停泊、作业的，由船舶污染防治主管部门责令改正，处三千元以上三万元以下罚款。

第五十四条　违反本条例第二十条第一款规定，内河船舶直接通往舷外的生活污水排放管路、阀门未铅封或者盲断的，由船舶污染防治主管部门责令改正，处一千元以上一万元以下罚款。

第五十五条　违反本条例第二十一条第二款规定，未使用规定的监督管理信息系统或者联单填报不符合要求的，由船舶污染防治主管部门责令改正，处二千元以上二万元以下罚款。

第五十六条　违反本条例第二十四条第二款规定，船舶在管理水域使用焚烧炉的，由船舶污染防治主管部门责令改正，处三千元以上三万元以下罚款。

第五十七条　违反本条例第二十八条第一款规定，拒绝向具备受电设施的船舶提供岸电的，由交通行政管理部门责令改正，处二万元以上十万元以下罚款。

第五十八条　违反本条例第三十四条第二款规定，未采取措施回收有毒有害气体的，由船舶污染防治主管部门责令改正，处一万元以上十万元以下罚款；拒不改正的，责令停工整治或者停业整治。

第五十九条　违反本条例第四十条第二款规定，在本市内河通航水域或者海洋自然保护区等特别保护区域使用消油剂的，由船舶污染防治主管部门责令改正，处一万元以上五万元以下罚款。

第六十条　违反本条例规定，船舶污染防治主管部门和其他有关部门及其工作人员有滥用职权、玩忽职守、徇私舞弊行为的，对直接负责的主管人员和其他直接责任人员依法给予处分；构成犯罪的，依法追究刑事责任。

第九章　附则

第六十一条　军事船舶、体育运动船舶、渔业船舶的污染防治工作，按照国家有关规定执行。

第六十二条　本条例自 2023 年 3 月 1 日起施行。

46. 上海市浦东新区固体废物资源化再利用若干规定

（2022年12月21日上海市第十五届人民代表大会常务委员会第四十七次会议通过）

第一条　为了推动浦东新区"无废城市"建设，加快形成与城市绿色发展相适应的固体废物处理模式，率先实现固体废物从源头分类到资源化再利用的全过程治理，全面提升资源化再利用的效率和水平，根据有关法律、行政法规的基本原则，结合浦东新区实际，制定本规定。

第二条　本规定适用于浦东新区行政区域内固体废物资源化再利用的相关活动。

第三条　浦东新区应当按照统筹规划、合理布局、政府引导、多元共治的原则，打造循环畅通、高效利用、生态友好、智慧创新的固体废物资源化再利用样板，在实现原生生活垃圾零填埋的基础上，率先实现固体废物近零填埋。

第四条　市人民政府应当加强固体废物资源化再利用工作的领导，深化与国家有关部门的协作，统筹协调浦东新区固体废物资源化再利用工作中的重大事项。

浦东新区人民政府应当加强本行政区域固体废物资源化再利用工作的领导，建立分工明确、权责明晰、协同增效的综合管理体制机制，推进落实相关工作。

第五条　市发展改革、绿化市容、规划资源、生态环境、住房城乡建设管理、经济信息化、商务、农业农村、交通、财政等部门应当按照规定履行各自职责，完善政策措施，深化制度创新，支持和保障浦东新区固体废物资源化再利用工作。

浦东新区发展改革、绿化市容、规划资源、生态环境、建设交通、科技经济、商务、农业农村、财政等部门按照各自职责，做好相关工作。

第六条　浦东新区应当构建固体废物资源化再利用体系，建立健全固体废物资源化再利用制度，明确政府、企业、个人等各类主体的责任，推动实现生产、流通、消费、处理各环节的绿色低碳循环发展。

第七条　浦东新区人民政府应当组织开展固体废物资源化再利用处置能力调查评估，按照应用尽用、能用尽用的要求，编制固体废物资源化再利用专项规划，明确发展目标、指标体系、主要任务、重点领域、项目布局、保障措施等内容。

第八条　浦东新区人民政府应当建立健全以资源产出率、资源化再利用率为核心指标的固体废物资源化再利用指标体系，并与绿色发展指标体系、"无废城市"建设指标体系相衔接。

第九条　浦东新区应当采取措施，支持企业采用先进的生产工艺和设备，减少工业固体废物的产生量；提高工业固体废物综合利用效率，推行绿色设计，提高产品可拆解性、可回收性；结合产业实际情况，确定重点行业和重点领域，落实生产者责任延伸制度，建成废弃产品逆向回收体系。

浦东新区支持高端再制造、智能再制造产业发展。

第十条　浦东新区应当促进主要农业固体废物全量利用，推动农作物秸秆、蔬菜废弃物、绿林废弃物多元化利用，加强废弃农膜和农药包装废弃物回收利用，推进畜禽粪污资源化利用。

第十一条　浦东新区应当逐步实现建筑垃圾全面资源化再利用，装修垃圾、拆房垃圾、建筑废弃混凝土应当全量收集，进入资源化再利用设施进行处置；制成的资源化再利用产品按照有关规定实施强制使用制度。

浦东新区可以在本市建筑垃圾资源化再利用产品强制使用要求的基础上，进一步拓展使用范围，提高使用比例。

浦东新区应当在市政建设项目中推广使用符合要求的建筑垃圾资源化再利用产品。

第十二条　浦东新区人民政府以及有关部门应当采取措施，畅通生活垃圾可回收物回收利用渠道，建立规范有序的回收利用链条，培育和支持主体企业集约化发展，鼓励标准化、规范化、连锁化经营。

浦东新区推广回收新技术、新模式，支持再生资源回收企业建立在线交易平台，实现线上交废与线下回收有机结合。

浦东新区应当探索湿垃圾资源化新工艺，拓展资源化利用方向，打通产品出路，提升利用价值。

第十三条　浦东新区应当加快固体废物资源化再利用体系建设，遵循环境友好的原则，按照规划和标准，设置可回收物交投服务点、中转站、集散场，建设生活垃圾、建筑垃圾、工业固体废物等资源化再利用设施，并将生活垃圾、建筑垃圾等固体废物分类收集设施纳入城市基础设施和公共设施范围。

第十四条　浦东新区应当鼓励和支持固体废物资源化再利用项目建设和企业稳定发展，在土地全生命周期管理中，更加注重环境效益和社会效益。

第十五条　按照本市和浦东新区固体废物资源化再利用发展需求，在浦东新区建设老港、黎明等固体废物资源化再利用园区。

老港园区应当建设成为固体废物综合处置战略保障基地、资源循环利用示范基地、环保科创科普先导基地、智慧绿色生态基地。

市和浦东新区人民政府可以指定特定主体负责固体废物资源化再利用园区的统一规划、统一开发建设、统一运营调度、统一管理服务。

浦东新区应当充分考虑固体废物资源化再利用园区的地理位置、目标定位及发展需求，规划配套园区周边的公共设施和道路交通设施。

第十六条　固体废物资源化再利用园区应当建立健全生态环保指标体系，运用先进的工艺设计、污染防治和低碳技术，减少污染物排放总量和碳排放总量。

鼓励固体废物资源化再利用园区通过整合、升级园区内的各类设施、资源、能源，逐步建立覆盖物质、能源、水等循环系统，实现资源能源利用效率的最大化。

探索老港、黎明等园区资源化再利用企业开展电力市场化交易模式创新。

第十七条　本市应当建立健全固体废物资源化再利用标准体系。市绿化市容、住房城乡建设管理、经济信息化、农业农村、交通等部门负责组织编制各自职责范围内固体废物资源化再利用相关标准和规范。

浦东新区应当建立固体废物资源化再利用产品使用制度。党政机关、事业单位应当优先使用资源化再利用产品。鼓励和引导单位和个人使用各类资源化再利用产品。

第十八条　浦东新区应当在规划产业用地中划出一定比例用地，专门用于发展固体废物资源化再利用产业。

资源化再利用园区新增的资源化再利用项目，其建设用地指标和耕地占补平衡指标由市级统筹安排。

对固体废物资源化再利用项目，可以采用"带方案"出让方式或者"带方案"租赁方式供地。工业用地出让起始价可以按照工业用地出让最低价标准执行。

第十九条　确需整体实施、整体建设的固体废物资源化再利用项目，在不突破国家出让规模底线要求和明确项目开竣工要求的前提下，鼓励创新优化土地供应方式。

第二十条　市规划资源部门应当加强老港园区国土资源利用计划统筹，在符合国土空间规划、落实国土空间用途管制总体要求的前提下，优先分配老港园区规划产业用地指标，保障固体废物资源化再利用项目实施。

老港园区内的储备土地由土地储备机构委托市人民政府指定的特定主体进行前期开发。前期开发的费用，应当列入土地收储成本。

第二十一条　浦东新区固体废物资源化再利用建设项目的环境影响评价，按照分类管理的规定，报浦东新区生态环境部门审批或者备案。

浦东新区生态环境部门可以对相同类型的固体废物资源化再利用建设项目环境影响评价，实施一次性受理和集中审批。

浦东新区固体废物资源化再利用园区已完成规划环境影响评价且有效落实规划环境影响评价有关措施的，建设项目环境影响评价手续可以按照规定予以简化。

第二十二条　浦东新区推进固体废物资源化再利用建设项目环境影响评价和排污许可"两证合一"办理，实现两项行政许可一套材料、一口受理、同步审批、一次办结。

市生态环境部门可以根据国家固定污染源排污许可分类管理名录，结合区域污染物减排和固体废物资源化再利用等实际情况，制定浦东新区排污许可管理细化名录，在浦东新区先行先试。

第二十三条　鼓励固体废物资源化再利用园区按照集约建设、共享治污的原则，探索由政府投资或者政府组织、多元投资，配套建设可供多个市场主体共享的污染治理设施或者集中工艺设施，实现污染物统一收集、集中治理、稳定达标排放。

第二十四条　浦东新区应当通过碳普惠、碳认证等制度，鼓励和支持固体废物资源化再利用企业充分发挥碳减排效益，推动企业实现减污降碳协同增效。

第二十五条　市和浦东新区人民政府应当加大固体废物资源化再利用的财政扶持力度，安排相关资金支持资源化再利用项目、园区基础设施及公共配套项目建设。

鼓励社会资本参与资源化再利用项目建设，积极引导金融机构通过绿色金融工具、不动产投资信托基金等，为符合条件的固体废物资源化再利用项目提供融资服务。

固体废物资源化再利用企业依法享受税收优惠政策。

第二十六条　浦东新区应当加大科技投入，加快固体废物资源化再利用新技术、新材料、新工艺、新设备的研发和推广。

老港园区应当推进固体废物环保科创中心建设，实现科技研发、中试验证、研制试制、展示交流等功能，形成自主的核心技术和能力体系。

第二十七条　浦东新区应当推进智慧化建设，拓展智慧化应用场景，运用大数据分析模型，通过数据采集、储存、应用、查询，实现固体废物资源化再利用全方位、全过程、全覆盖的智慧化管理。

浦东新区应当支持固体废物资源化再利用园区结合产业功能布局建设完善智慧化设施和系统，推进园区数字化转型，提升园区生产和运营管理效能。

第二十八条　浦东新区应当建立固体废物资源化再利用领域的信用管理机制，形成信用评价标准，依法对相关企业予以信用激励或惩戒。

第二十九条　本规定自 2023 年 2 月 1 日起施行。

图书在版编目(CIP)数据

上海地方立法蓝皮书.2022年/上海市立法研究所
编.—上海:上海人民出版社,2023
ISBN 978-7-208-18654-5

Ⅰ.①上… Ⅱ.①上… Ⅲ.①地方法规-立法-研究
-上海-2022 Ⅳ.①D927.210.0

中国国家版本馆 CIP 数据核字(2023)第 221044 号

责任编辑 夏红梅
封面设计 孙 康

上海地方立法蓝皮书(2022 年)
上海市立法研究所 编

出 版 上海人民出版社
      (201101 上海市闵行区号景路 159 弄 C 座)
发 行 上海人民出版社发行中心
印 刷 上海商务联西印刷有限公司
开 本 720×1000 1/16
印 张 45
插 页 4
字 数 611,000
版 次 2023 年 12 月第 1 版
印 次 2023 年 12 月第 1 次印刷
ISBN 978-7-208-18654-5/D·4241
定 价 180.00 元